世界传世藏书

# 世界枭雄大传

刘宇庚◎主编

线装書局

世界枭雄大传

# 一代斗士

綫裝書局

# 卷首语

在纷繁复杂的国际政治舞台上，那些更多地充盈在我们视线的，往往是政治家们忙碌的身影。而那些曾经或此刻依然保持浓厚战斗精神的政治人物，正是因强悍或者刚烈的特殊性格成为其中的焦点。

卡斯特罗、内贾德、查韦斯……他们在与美国等西方国家的抗衡中，淋漓尽致地彰显着个人"魅力"，而他们自己也因所处的特殊位置被悄悄改变着。

卡斯特罗说："不必挂念，你知道我有铁的意志，至死也会名副其实。"卡斯特罗被公认为一个铁腕领导人。半个世纪以来，卡斯特罗天经地义地担负起古巴最高领导人的职责。"人们知道为什么密西西比河奔流不息，但有多少人知道卡斯特罗如何做到了奔流不息？"一位美国作家这样说。

如果没有了查韦斯，美国无疑最为欢欣鼓舞。以"反美斗士"著称的查韦斯一直是令美国政府头痛不已的人物。专家指出，查韦斯在石油能源、意识形态及地区主导权等方面与美国政府存在严重冲突。如若查韦斯不再掌控委内瑞拉，美国将扫去其主导美洲的一大障碍，同时还可稳固其石油供应链，收一箭双雕之效。如果政坛上没有了查韦斯这样的斗士，又会怎么样？

世界大地，风云变幻，像卡斯特罗、查韦斯这样的枭雄斗士，令人关注。本卷真实再现了包括查韦斯、穆巴拉克、阿拉法特、萨达姆、本·拉登、卡扎菲等在内的几十位风云人物的生动个性和传奇生涯，勾画出了国际舞台上一代斗士的丰满形象。

# 目　录

世界传世藏书·世界枭雄大传·一代斗士卷·

4

世界传世藏书·

世界枭雄大传

·一代斗士卷·

# 暗杀恺撒的元凶

## ——布鲁图斯

## 人物档案

简　　历：原名马可·布鲁图斯，出生贵族，是晚期罗马共和国的一名元老院议员，他组织并参与对恺撒的谋杀。

生卒年月：无。

安葬之地：不详。

性格特征：坚强、温和、有野心、聪明。

历史功过：与贵族结成同盟，刺杀恺撒，结束罗马共和制。

## 成长的烦恼

生于乱世，体质孱弱的马可·布鲁图斯能够活下来是个奇迹。

他的父亲，一位著名的贵族、元老院的实权派、富有的财主，在苏拉和马略的内战中被作为公敌而被放逐。逃亡生活充满艰辛，虽然在外省还有一些财产，亦有不少追随者，但父亲被杀后，树倒猢狲散，母亲塞尔维利亚忍泪含悲，抚育小马可。他给了母亲重振家业的信心。塞尔维利亚同样出身于罗马豪门，她的曾祖父是上个世纪罗马著名的监察官加图，这个家族素以俭朴和克制出名，塞尔维利亚秉承家风，性格坚强，以纤弱的肩头担起抚育小马可的重任，她亲自哺乳这个孩子，而不像其他罗马贵妇那样，把孩子交给奶妈。

小马可天资聪颖，童言稚语为寂寥的寡母增添了不少乐趣。只是他的身体始终那么多病多灾，成为塞尔维利亚一块心病。于是在辽阔的大海边，每当海风柔柔，水波不兴的时候，总有这一大一小两个人，手牵着手，在海滩上留下一串串深深浅浅的脚印。塞尔维利亚希望新鲜的空气、适当的锻炼可以令这个孩子强壮起来，到后来她失望了，疾病成了常例，好在小马可每次都侥幸地逃脱了死神的追索。

缠绵病榻的孩子最富于想象力。何况塞尔维利亚一向以夫家与娘家的显赫历史自豪，母子俩个每天夜里都聚在一起谈家史，一个讲，一个听，讲的人慷慨激昂，听的人热血沸腾，马可眼前随着母亲的描述浮现出一幕幕笼罩着神圣光环的往事，幼小的心灵被祖先正义和光荣的事迹激励着,以至于总在梦中伴随着先祖,出生入死。也只有在梦中才能实现他的金戈铁马的雄心,白天里,他总是那么瘦弱单薄,不堪一击。

同龄的男孩子所玩的游戏与他无缘,不过他不缺少友谊。他性格温和,聪明机敏,母亲们称赞他懂事,孩子们敬重他高明,病榻前竟形成了一个小小的社交圈。他自小就善于操纵同伴,让那些比自己强壮得多的男孩子们服服帖帖。更让塞尔维利亚欣慰的是,马可酷爱读书,从《伊利亚特》到拉丁韵文诗,或者希腊先贤的哲学著作,只要他能找见的,他都读得如饥似渴,他甚至弄到了老加图的《农业志》,一本正经地欣赏起来,尽管那部书主要是对于农庄管理方法的一个总结,这孩子却在字里行间寻觅先祖伟岸的身躯。

马可最崇敬那位驱逐国王的老布鲁图斯。他不畏强暴,带领贵族们驱逐暴虐的国王塔魁尼阿斯,一手缔造了罗马共和国,并且成为共和国的第一任执政官,以他的仁慈干练创立了罗马的共和制。因此,他的雕像被陈列在卡皮托神庙,和历代罗马国王的雕像一起,受到人们的膜拜,以纪念他对罗马的贡献。父亲对于马可只是个概念,无形中,这位老布鲁图斯几乎成了他精神上的父亲。

这时一位男子闯入了马可的视野,并从此与他结下一生的恩怨。

那是在一个阴冷的冬日黄昏,母子俩照例围坐在炉边,絮絮而谈。一阵马蹄声由远而近,接着一个不速之客闯入,打断了谈话,那一种惊心动魄的印象布鲁图斯终生难忘:绣金的长袍风尘仆仆,英俊的面容透出精明,年轻的身躯清瘦却富有活力,目光深邃,锐利的黑色眼睛只一瞥就把整个大厅扫视了个遍。他对小马可极温和,眼睛里透出怜爱之情。这一切深深地吸引着马可,但小马可本能地抗拒着他的吸引,或许是因为那张男子气十足的面容令他感觉陌生,或许是那种洞察一切的眼神,或许只是因为母亲在这个人面前现出一种从未有过的女性的娇柔,她面色微红,是炉火的映衬还是……小马可心烦意乱,两个大人在低声密语,马可有生以来第一次感到被忽视了。对于母亲,这个性格温顺的孩子由于多病已形成了极大的依赖,甚至是一种在感情上的霸占,今天他的绝对中心地位受到了挑战。他跳下软榻,故意光着脚在客厅里跑来跑去,可气的是母亲竟恍若不知,倒是他微微一笑,马可觉得自己的小心眼被揭穿了,有点害羞,有点气恼。好在母亲来解了围,她命令马可去吃药睡觉。

这一夜客厅灯火通明,毕毕剥剥的炭火伴着两个大人的轻言细语,在暗夜中响了很久。马可失眠了。这个始终被妇女抚养的孩子习惯了作为家中唯一的男子汉的地位,但今晚这个陌生人对他构成了一种威胁。他决定不喜欢他,可是那英俊的面容又时时浮现眼前,强烈地吸引了小马可。他开始怀念他那早逝的父亲,却始终记不得一点点,倒是那双黑眼睛似笑非笑的样子拂之不去。

这是布鲁图斯第一次见到尤利乌斯·恺撒,他一生中遇到的最出色的将领、最伟大的政治家。那一夜小马可做了许多奇奇怪怪的梦,第二天起得很晚。他连忙下楼,早不见了那个恺撒叔叔,马可心里竟有些怅然。只见母亲坐在桌边,正在吩咐着什么,家里所有的奴仆环伺身边,恭敬如常。奇怪的是,每个人都喜上眉梢,究竟发生了什么事?

母亲好像说完了,挥挥手让仆人们散去,把马可抱到膝上,欣喜地说:"我们可以回罗马了!"

罗马! 这个令马可魂牵梦萦的地方,难道真的要接纳他们了吗? 马可知道,罗马记载了祖辈的光荣,可也是母亲的伤心地,在内战中,家产被没收,家人流离失所,父亲又在流亡中丧生,因而以前马可从不敢主动提起罗马。这一次,在恺撒的帮助之下,他们终于可以回去了。

罗马城多么令人陶醉! 美丽的建筑比比皆是,高大宏伟的神庙、剧场超出了马可的想象。车如流水马如龙,宽阔的大街上熙熙攘攘的人群华衣美服,令人目不暇接。在罗马,所有的人都对他彬彬有礼,为的是他先祖的光荣,马可骄傲极了,但他最喜欢的,还是徜徉在广场、圣路,追寻昔日的踪迹。夕阳西下,广场后边巨大的希腊式雕花柱廊沐浴在最后一抹阳光里,光与影的变幻瑰丽无比。马可小小的身影被拖得很长,他沉醉其中,久久忘返。

塞尔维利亚回到罗马,如鱼得水,重新成为社交界举足轻重的人物。她喜欢这种生活,人也变得年轻妩媚,只是马可很少再能同她谈话了,偶尔一次母亲也不再像以前那么耐心,她的心思完全放在现实中,对于马可过于迷恋往事觉得有些可笑,又有些担心。

的确,自小没有父爱,母亲性格专断,管教甚严,但她毕竟是女人,无法真正代替父亲的作用。渐渐长大的马可性格温和,感情丰富,非常机智灵活,另一方面,掩盖在柔弱外表下,他的意志非常坚强,甚至有些固执死板。他还极为骄傲,可以说,唯其骄傲,才使他待人接物分外温和,因为他觉得这是与自己的家世匹配的风度。

他再次见到了恺撒,恺撒的英雄气概照例深深地吸引着他,两个人这次建立起了一种男人与男人之间的默契。恺撒从不敷衍他,而是以一种很认真很平等的态度对待这个一本正经的小大人。恺撒还施加影响,让马可在罗马的公共场合露面,马可进退有度,颇有世家风范,得到了罗马人上下一致的赞许。

罗马城不是一个清静之地。各种居心叵测的人随时能在空气中嗅到异味,恺撒对小布鲁图斯的关心招来了流言纷纷。有人说他野心很大,试图拉拢布鲁图斯家族的孤儿寡母,作为政治投资,有人说小马可根本就是恺撒的儿子,理由是小马可出生的时候,恺撒是塞尔维利亚的情人。

聪慧敏感的布鲁图斯从人们戏谑的语气、指指点点的神情中感到了什么。他已初通世情,罗马人的生活奢侈放荡,男人与女人在婚姻之外不断寻求新的恋情,花开何处总是成为贵族社会公开谈论的话题。塞尔维利亚有财有貌,是罗马城地位最高的寡妇之一,求婚者络绎不绝,其中不乏门户相当、家资巨万者,可塞尔维利亚只是含笑摇头,怨不得思慕者百般猜忌,以为她心有所属。与塞尔维利亚有过一段恋情又常出入布鲁图斯家的恺撒自然成了众矢之的。可是当马可鼓起勇气要探问个究竟的时候,塞尔维利亚只是叹了口气,微微一笑,不置可否。

不久,流言不攻自破,但是布鲁图斯心里的疑问却无人解得,伴随他度过沉闷的青春期。恺撒忙于政事,步步高升,罗马城到处有人称颂他的慷慨大度,他与马可见面的机会却少得多了。有时候,布鲁图斯在冥想中也曾偷偷地把他设想为父亲,可是又禁不住产生强烈的负罪感。家族的光荣不容他有丝毫的越轨。

布鲁图斯穿上成人的宽袍时,母亲塞尔维利亚开始关注儿子的婚事。布鲁图斯家族世代显赫,哪一个姑娘不想嫁呢? 但其中,真正门第相当又人品出众的委实不多,尤其在母亲挑剔的眼里,儿子娶任何一个姑娘都是屈尊了。

布鲁图斯成长中的烦恼被表妹波喜阿信手抛开。

波喜阿小他几岁,自幼两人谁都不买谁的账。波喜阿对这个药罐子表哥很不耐烦,她自己习惯在家中的农庄里无拘无束地疯,甚至敢和家奴的孩子们玩得热火朝天。而表哥总是一副小大人模样,一起玩怕摔着累着,捉弄捉弄他又招大人骂,好不扫兴。布鲁图斯呢,波喜阿的做派大大超乎他的意料之外,经常衣衫不整在野地里疯跑,乱蓬蓬的金发随意地披散在肩头,哪里有一点名媛淑女的样子。

女大18变。不经意之间,波喜阿成了一个沉稳又机敏的大姑娘,她不乏似水柔情,但不同于寻常脂粉,她从不矫情做作。她倾听布鲁图斯充满哲理的话,有时甚至是一些断断续续的呓语,她很少插嘴,但每一句总能击中要害,即便不说话,布鲁图斯也能从她明亮的眼睛、微翘的唇角读出信任、理解。在波喜阿身边,他忘了烦恼,心如止水。再说,从现实的角度来看,与加图家族联姻对于未来的政治前程大有好处,熟知政界内幕的布鲁图斯不知不觉已学会了权衡利弊,连婚姻也不过是政治结盟的手段罢了。

塞尔维利亚看在眼里,喜在心头,不久为这一对少年佳偶操办了婚事。

结婚意味着成年。为承继布鲁图斯家族的光荣,马可进入了政界。

## 政治的困惑

苏拉死后,罗马政界出现新的一轮群雄争霸,三个风云人物登上历史舞台,他们是克拉苏、庞培和恺撒。

克拉苏出身于罗马古老的平民家族。父亲在内战中被罗马民主派放逐后自杀,他召集了一支部队,投靠了民主派的死敌苏拉,得到赏识,从此在罗马军界和政界崭露头角。他长袖善舞,敛财有术,从经营高利贷和投机商业中大获其利。尤其在苏拉进行公敌宣告、整个罗马陷于恐慌之中的时候,克拉苏软硬兼施,用种种欺骗性的手段低价收购大量产业,成为罗马首富。公元前73年,斯巴达克斯起义爆发,克拉苏作为前任大法官受命出征,由于起义者内部的纠纷,克拉苏最终使斯巴达克陷入困境并杀死了他,6000名起义奴隶被钉死在阿庇安大道两侧。他的"赫赫战功"为罗马人解除了迫在眉睫的威胁,大大提高了他的声望,加上他人又巧舌如簧,善于以金钱笼络的手段和极其灵活的态度周旋于政界,因此,与庞培并驾齐驱,同为罗马名噪一时的显赫人物。总的来说,他是一个大胆的财政上的投机家,也是一个谨慎的政治家,长于幕后指挥。

庞培是苏拉的部将和女婿,随之征战南北,并代表苏拉在西西里和北非连续取得胜利,俨然一个春风得意的少年将军。公元前77年底,29岁的庞培被派往西班牙去对付一个反苏拉分子建立起来的独立政府。庞培的军事才能在这时受到挑战,但是当这个颇具才能的将军被一个平庸的下属杀害之后,庞培轻而易举地打败了其余的人,这个戏剧性的结果提高了他的军事声誉。

这两个野心勃勃的人在公元71年都带领着一支忠于自己的军队,尽管互相猜疑,他们却仍然达成了一项协议,向元老院要求成为公元前70年的执政官。从法律上讲,没有遣散自己的军队,他们俩谁也没有成为候选人的资格,而庞培因为年轻甚至还没有取得元老的职位,遑论执政官。但最后元老院仍不得不让步,公民大会通过了由他们任下年执政官的提案。这给未来的政治家一个重要的启示,野心勃勃的人们紧密联系在一起就能挫败共和制。克拉苏和庞培的这次联合恰恰成为以后三巨头联盟的前奏。

他们在任期内专注于推翻苏拉的制度——一项使他们获利甚多的制度。罗马政治旧有的灵活性和无政府状态恢复了。克拉苏在任满之后仍满足于在家中积累他的经济财富和政治影响,而庞培等到了一个使他的军事威望迅速提高的机会,他被授予地中海的指挥权和12万士兵去查禁海盗,期限三年,而他在三个月内消灭了半个多世纪以来一直困扰罗马商船的大量海盗。他的才能为人赞叹,同本都的米特拉达特斯六世作战的任务又落在他肩头。他的战略天才几乎没受到什么考验就获得了胜利,米特拉达特斯六世被同盟者抛弃,而他的儿子也背叛了他,英雄一世,米特拉达特斯六世被迫自杀。庞培着手对西亚事务做一个彻底的了结,在东方他建立和恢复了40多个希腊化城市,作为罗马政治影响和被庇护者的中心。庞培证明他不仅是一个出众的战略家,也是一个第一流的行政官员,他为罗马增加了百分之四十的收入,而战利品和东方小君主的大量赠品使他的财富几乎可与克拉苏相媲美。

这时候,布鲁图斯年轻的恺撒叔叔在军功上不能跟庞培竞争,在财富上无法与克拉苏相提并论,但他出身名门,作为马略的内侄,秦纳的女婿,与民主派有密切的关系。苏拉死后他进入罗马政治生活,这时正是苏拉的部将们叱咤风云的时候,恺撒年龄与之相差无多,想要出头很难。但他通过揭露前马其顿总督的贪污案,震惊了罗马政坛。继而在姑母尤利娅去世的时候,恺撒大肆操办追悼活动,公开地赞扬姑父马略,在送葬时还抬出了马略的模拟像,这是自苏拉宣布马略为公敌后,马略的像第一次在公共场合出现,引起罗马各界很大的震动,恺撒由此提高了自己的身价。之后,恺撒出任罗马市政官等职,逐渐和庞培及克拉苏接近,为了笼络人心恺撒出手豪阔,欠下了大量的债务,多亏大富翁克拉苏作担保,他才得以赴任西班牙总督。西班牙是恺撒一生霸业的起点,他的军事天才和理财能力得到了出色的发挥,获得了士兵的爱戴。

在公元前60年,也就是青年布鲁图斯踌躇满志的时候,克拉苏、庞培和恺撒是罗马最具实力的三个人物,可是固执守旧的元老院极为短视的同时冒犯了这三位将军和财主。他们首先指责庞培在东方的政策没有与首都商量,是庞培一大串专横、越轨行为中的一次,另外,庞培代替元老院的一名成员在东方作战并取得胜利,无形中丢了元老院的脸,因此他们拒绝了庞培的要求,不承认他在东方措施为政府的合法决定;其次,无视克拉苏和庞培的分歧,在一项财政决定中否决了克拉苏的要求,从而把可能的同盟者推向敌人一边;仿佛这些错误仍不够似的,元老院继续冷落了第三个共和国的英雄恺撒,恺撒希望竞选前59年的执政官,但元老院趁机迫使他放弃举行凯旋、扩大个人影响的机会,并在恺撒很可能竞选成功的情况下为未来的执政官分配了极不重要的行省。可以说元老院的种种行为是对恺撒个人的一种蓄意侮辱。

在这种情况下,三个被冒犯的人放弃了他们之间的分歧,通力合作来对付那些侮辱他们的人,他们建立了强有力的联盟,恺撒如愿成了执政官,三头联盟集中了

5

共和国大部分权力，不久就为公众所知。元老院被大大地削弱了，它第一次成为纯粹的政治团体，而不是有效的政府。贵族寡头政治从此一蹶不振。

这就是布鲁图斯步入成人世界以后所面临的政局。他是一个稚气未脱的少年，缺乏政治经验，只觉得目中所见与他的共和制理想格格不入。由于年轻而高贵，他只担任了几个尊贵的宗教职位，冷眼旁观之下，罗马政坛竟无几人是清白的：庞培是个骄傲自大的人，冷漠而狡猾，克拉苏和蔼可亲的表面下掩盖着阴谋与贪婪，而恺撒，始终让布鲁图斯心烦意乱，他为人慷慨，做事机敏，具备了一切领袖的才能，但每次布鲁图斯试图与他谈论政治，尤其是如何摆脱共和制危机的时候，他都浮现出一种似笑非笑的表情，黑眼珠也仿佛看得很远，超出了凡世，不知是在笑话布鲁图斯的幼稚呢，还是在倾听神秘的呼唤。

与布鲁图斯爱好相近的似乎是西塞罗。作为一名有志于政治活动的富家子弟，西塞罗受过良好的教育，在那个时代，政治家的核心就是雄辩术，西塞罗的天才和完善的教育使他能熟练运用华丽的拉丁语，藉此他一次次地说服并征服了元老院。这是一个富有幽默感、热心又奢侈的人，他不是贵族，却又过分崇敬贵族，强烈地希望得到承认，从而过分地顾影自怜，他鼓吹"等级和谐"，刻薄的人不免要说他是想弥补出身平民的先天缺陷。吸引布鲁图斯的或许是他的博学，西塞罗在希腊和罗马都受过全面的训练，出口成章，才华横溢，完全不同于那些靠吃祖宗老本的纨绔子弟，言谈举止大胜过唯利是图的银行家、粗鲁简单的骑士。在接触中布鲁图斯渐渐发现，西塞罗尽管获得了政治上的成功，但他缺乏罗马公共生活中所需的冷酷无情的果断性，相反，他具有一种致命的对于每一问题的双方都进行审查的律师式的才能，这造成了他犹豫不决的特点，往往丧失良机。

布鲁图斯冷静地审视着这位洋洋自得的"新人"。对于西塞罗极力鼓吹的"等级和谐"，布鲁图斯觉得无可无不可，他所推崇的是共和国一直以来奉为圭臬的共和理想，表现在政治上就是贵族寡头政体。目前的紧要任务是如何改变共和政体步履维艰的现状，而不是奢谈什么各等级的和谐。布鲁图斯认为，只要奴隶主贵族们在政治上强大起来，摆脱个人独裁的威胁，元老院重振雄风，那么，骑士、银行家、商人、平民、奴隶各安其位，各司其职，等级和谐自然而然地就建立起来了。所以，最根本的是要强化元老院，对抗三巨头。可是这个设想与现实反差太大，他只能等待，伺机而动。

布鲁图斯忧郁地注视着春风得意的恺撒。他抛出了一系列有利于三头同盟的提案，直指通向独裁的道路，完全把反对意见撇在一边，他甚至派人殴打他的执政官同僚以获得自己提案的通过；克拉苏在财政上的要求得到满足：他的女儿尤利娅被他嫁给了庞培，从而与这位大他六岁的新女婿共享主宰政权的巨大利益。作为回报，他的两头同伙迫使元老院把重要的山南高卢分配给他，任期长达五年，从而给予恺撒一展才华的机会。

即将长期离开罗马的恺撒必须保证后方稳定。除了把尤利娅嫁给庞培之外，他亲自上阵，娶了下一年执政官之一派索的女儿卡尔柏尼亚，监察官加图抱怨共和国成了一个单纯的婚姻介绍所。他还提拔了一个有才干的年轻政治家克劳狄乌斯任保民官，尽管克劳狄乌斯是个有名的花花公子，并被控告在宗教仪式中和恺撒的妻子庞培娅私通，不敬神祇。这控告或许是想使恺撒难堪，但恺撒只和妻子离婚了事,从而把一个私人的遗憾变成为一个有利的计划,对敌人施以恩惠,借此打击另一个更危险的敌人。

恺撒离开罗马后,布鲁图斯反而觉得与他在情感上近了一些。恺撒的军事天才得到了充分体现,他用分化瓦解和武力征服相结合的方法,经过三年苦战基本上并吞了整个高卢地区。其后,他一方面平定了高卢地区的叛乱,另一方面远征不列颠岛,展示了他的军队的极大的能量,更是一个声明:罗马的边境和他本人的抱负都是没有止境的。市坊间流传着恺撒每一封粘着桂树枝的报告胜利

古罗马广场

的信,罗马人喜欢能够把领土扩张得超过他们的地理知识,恺撒成了传播共和国威仪的理想的经纪人。恺撒也给布鲁图斯写过许多信,多数是纵马扬鞭时口授给随从文书的,质朴的叙述掩不住胜利的喜悦。阅读加上想象,布鲁图斯仿佛身临其境,与恺撒大军一起策马扬鞭,纵横捭阖。与西塞罗华丽无比的拉丁文相比,恺撒字里行间透出来的令人畏惧的才华和清楚简明的拉丁文使这些朴素得多的作品成了另一种杰作。布鲁图斯知道恺撒身体孱弱,更知道他在战场上总是身先士卒,与士兵同甘共苦,因此赢得士兵交口称赞。

这是一个危险的信号。布鲁图斯一边神往遥远的战场,一边禁不住思绪翻滚:这样一个才情出众、人物风流的世家子弟,为了取悦民众不惜挥金如土,几乎被搞到破产,为了政治安全不顾克劳狄乌斯令他当众难堪,反而施以恩惠,为了巩固三头联盟他改变了女儿的婚约。并且,在兵连祸结的年代里,他精心培植了一支长期追随他、忠心耿耿的精锐之师,——这一切表明他胸有大志,绝不甘居任何人之下。

恺撒的成就直逼庞培以前在东方的功劳,他的功劳与引起的嫉恨成正比,最后,罗马城内三个人的死亡加快了恺撒与庞培之间矛盾的爆发。

公元前54年,恺撒的女儿、庞培的妻子尤里娅去世了,从而大大削弱了这两个领导人之间的联系。次年,他们的第三位同僚克拉苏因为自觉财富有余军功不足而下决心远征帕提亚人,被诱敌深入后遇难,三头政治自此不复存在,各怀竞争目的和野心的庞培和恺撒处于直接对抗的地位。再下一年,克劳狄乌斯被谋杀了,作为恺撒一个极有效的代理人,他曾长期与西塞罗、庞培等人对抗。他的死使庞培没有任何阻碍地成为罗马城最有权力的人,凭借西塞罗的帮助,庞培获得了为罗马供应粮食五年的非常权力。他第三次担任执政官职务,而且在罗马处于极度混乱时一人任职达数月,出于妒忌他拒绝了恺撒再度联姻的建议,通过新的政治联姻,通过西塞罗的往来穿梭,他和贵族派联系起来。庞培向贵族派靠拢说明他害怕恺撒,试图借与元老们的联盟抗击恺撒。

恺撒作为一个杰出统帅的个人特点就是速度、时机的选择和对突变情况的极强的适应性,他思考和行动的速度远远快于他的敌人。面对庞培的挑战和元老院明显的偏袒一方,恺撒先是进行试探性的议和,不出所料,元老院仗着与庞培的联

盟,迫切想要置敌于死地,因此把恺撒的提议视作挑战。恺撒于是主动出击,在公元前49年1月10日晚上,渡过卢比孔河,这条宁静的小河构成了山南高卢和东部意大利之间的边界。当他率领一个军团的士兵走过霜结的小桥时,没有战斗的口号,士兵们沉默地服从他的一切命令,他们知道他正在触犯罗马叛国法,这项法令禁止总督率领部队到他的行省之外去。这一天的行动是罗马历史上的转折点之一,它意味着在苏拉内战之后30年的和平宣告结束,共和制进入了大变动的晚期。

布鲁图斯困惑了,他自己的路,该如何走下去?

## 矛盾的选择

自走出书斋以来,布鲁图斯尚远离政治斗争的漩涡,主要从事宗教的和法律的一些职务。按照惯例,贵族子弟首先要在这种无足轻重的职位上消磨长短不等的一段时间,当然职位仍有高低等级之分,主要取决于家庭的权势地位。古代人成熟得很早,度过童年期就是成人期了,对于罗马的贵族世袭传统而言,必须使这些未来的元老们很早就在公共场合露面,获得一定的知名度,可能的话,最好是从担任宗教职务开始,这些职务往往是荣誉性的,既代表着家族的地位,又享有很高的声望。这段时期,他们要熟悉宗教仪式,培养对共和国的忠诚,父亲们会给他们细述家史以及各个显赫家族的世系,输入流行的政治道德,还会为他们选择社交的伙伴,当然必须是门户相当、利益相关的。最后,在他们积累起一定的经验之后,另一件人生大事就是婚姻。在政治几乎等同于交易的时代,婚姻往往成为两个家族的政治联盟手段,反正,婚外的寻欢作乐早已成为心照不宣的默契。

对于布鲁图斯而言,母亲塞尔维利亚是生活中最好的顾问,妻子波喜阿是医治烦恼的灵丹妙药。通过两代联姻,他的家族与加图家族获得了紧密的联系。此时的加图是一个极有原则性、甚至有些冷酷无情的人,他极力反对恺撒发展一己势力只是出于他对于共和制的忠心,出于同样的理由他也反对元老院任命庞培为独裁官。从某种意义上讲,加图是当时少有的置共和理想于最高追求的一个政治家。可能由于自身体质虚弱罢,布鲁图斯小时候不大喜欢这个嗜酒成性,待人严厉的亲戚,但随着岁月的流逝,他越来越尊重这位意志坚强的政治家,为了追求理想,他能够置个人利益于不顾,使布鲁图斯敬爱有加。由于加图和西塞罗的大力推荐,年轻的布鲁图斯开始在政界崭露头角。

布鲁图斯同时成了恺撒、加图和西塞罗的被庇护者。这是一个令多少人艳羡不已的地位,但布鲁图斯自己却毫无乐趣可言。加图是他的至亲,西塞罗鼓吹的正与他的思想暗合,而恺撒始终以他独特的气质吸引着布鲁图斯,那极富男子气的神情变幻莫测,盖世的天才令人惊叹,而那神秘的流言始终在布鲁图斯心中萦绕,不可否认,恺撒的形象总是与布鲁图斯对父亲的想象重合,有时候他宁愿那是真的。往事如烟,但无论是母亲塞尔维利亚还是恺撒本人都没有丝毫更接近的迹象,生活已改变了他们很多很多,年少轻狂的花季早已不再。在讲求实际的罗马,连恋情都带上了势利的色彩。自幼丧父的布鲁图斯对恺撒有一种特殊的情感,唯其如此,他才更为严厉地看待恺撒的所作所为,情感的矛盾导致了布鲁图斯政治选择的困惑。

恺撒逼近罗马的消息比瘟疫传得都快。意大利所有乡村的人都在慌乱痛哭,没有人知道实际的情况，只是认为被惹怒的恺撒带着一支巨大的军队全力进攻。流言纷纷，各种迷信的说法迅速流传开来，去神庙祈福的人川流不息。元老院有点后悔了，起码，应该做好对付恺撒的准备工作以后才好决裂。再次审视恺撒的条件，这次西塞罗觉得信中的要求可以予以考虑，他主张与恺撒议和。

但庞培不肯放过这次机会，他的军事才能是元老们信心的基础，通过软硬兼施的手段他劝诱执政官们离开罗马，对于留恋家园不愿逃亡的人进行恐吓。罗马贵族中出现了混乱。

恺撒的渡河行动对于布鲁图斯而言无疑是一种解脱。这种公然冒犯共和制的行为与他贵族的身份相对立。布鲁图斯认为恺撒虽然聪明，这次未免太妄自尊大了，以区区几个兵团的力量对抗整个共和国，无异以卵击石。权衡利弊之后，布鲁图斯决定加入反恺撒派，冷眼旁观恺撒与庞培的争斗。身体虚弱的布鲁图斯有敏锐的观察力和惊人的学习能力，在与权贵们的周旋应酬中，他看到了口蜜腹剑、落井下石、趋炎附势……伪装像一层薄薄的糖衣，很快就融化了，丑陋的现实是一种赤裸裸的争斗。

现在庞培拥有两个执政官和大部分的元老的支持，从而使他的行为有了合法性。他带着这些惊慌失措的贵族前往卡普亚，在那里有一些军队可供调遣。之后，庞培放弃了意大利，从卡普亚到了努塞里亚，又跑到勃隆度辛，从那里渡过亚得里亚海，到伊壁鲁斯去。他寄希望于他的海上部队和东方的各城市、部落的王公贵族，这些东方的君主对他的神威和精明记忆犹新，也感激十多年前他在东方的政治措施，因此，东方各行省为庞培派遣了大量的军队。他们驻扎在提累基阿姆，企图从希腊反攻意大利。

布鲁图斯意兴索然地与那些悲悲凄凄的元老们同行到了卡普亚。这些人不停地抱怨，怀念他们不得不留在意大利的财产奴隶。布鲁图斯遂前往西西里，那里由加图控制。

与亚平宁半岛一水相隔的西西里风光旖旎，在布鲁图斯眼里充满异域风情，与罗马相比，这里空气清新，民风淳朴，布鲁图斯喜欢踏青野外，他的新朋友、伊壁鲁斯人斯图拉特时时伴他左右。斯图拉特温柔敦厚，崇拜伊壁鸠鲁，布鲁图斯惊叹于他心如止水，从不大喜大悲，仿佛世间万事尽在他预料之中一样。布鲁图斯甚至怀疑他是否真正关心这刀光剑影的现实，斯图拉特认真地看了他一眼，说："罗马人如果少关心一点别人的生活，这世界会宁静得多。"

从意大利不断传来的消息大致都是一个模式，无非是恺撒如何无往而不胜，如何对败军之将施以恩惠。他也派了一支部队来到西西里，加图势单力薄，不愿意作无谓的牺牲，涂炭生灵，便没有进行任何抵抗，西西里被和平移交给恺撒的将军。这时，布鲁图斯已经在他的朋友斯图拉特的陪伴下，开始了他的东方之旅。

越过浩瀚的海洋，翻过青青的山岗，他们在希腊世界四处漫游。希腊文明的灿烂光芒曾随着希腊勇士的征战照亮了无数蒙昧的未开化的人民，现在，希腊各城市虽然已是罗马俯首帖耳的被庇护者，但希腊的文明依然从各个方面影响着周边各国，罗马的哲学、文学、建筑等等深深烙下了希腊文化的影子，甚至罗马贵族子弟也以受希腊式教育为荣。在希腊，上至王公，下至平民，人人看上去都彬彬有礼，对比之下，喧闹的罗马人像一群没有教养的乌合之众，好胜又好斗，有一点家底就挺胸腆肚，恨不得贴到脸上。

布鲁图斯在雅典的公共图书馆潜心阅读，在宏伟的神庙前回味历史的沧桑。可是梁园虽好不是久恋之地，异乡愈美，乡愁愈浓，布鲁图斯开始怀念起罗马。此时恺撒早已进入罗马，出乎大部分人意料之外，没有屠杀，没有公敌宣告，恺撒心平气和地安抚了留在城内的元老和骑士们，任命他所信任的人负责管理意大利和各行省。他对待政敌非常温和，反而让这些人反思庞培是否无中生有搅浑水。恺撒在意大利已无事可做，于是他前往西班牙，在那里庞培早就安置了大量的精锐部队。一场不可避免的恶战即将开始。

大约同时，布鲁图斯也投奔了庞培，正式与恺撒为敌。

庞培在积极备战。新造的三列桨大战舰威风凛凛地陈列在海港中，从意大利、埃及归来的罗马军团聚集在一起日夜操练，来自爱奥尼亚、马其顿、彼奥提亚、克里特、色雷斯等地的辅助兵、弓箭手、投石手、标枪手等使这次内战成了大罗马共和国治下的各地军事力量的大荟萃。这些人相貌各异其趣，说话不知所云，服装五彩缤纷，习俗千奇百怪，煞是好看，当地人成群结队地去看他们的军事训练，就像是去看表演一样。白发苍苍的庞培是人们眼中一个焦点人物，他亲自参加士兵的训练，时而站在步兵的前列，时而策马奔驰在骑兵阵前，赢得了士兵和人民的爱戴。

对于体质虚弱的布鲁图斯而言，他不得不暂时收拾起万丈雄心，在庞培人数众多的智囊团中担任个不甚起眼的角色。可是他善于周旋，颇有智谋，加之出身显贵，很快就被刮目相看。

庞培把主要的注意力放在海上，以己所长克敌所短。恺撒在这时没有合用的舰船，他的有些士兵不得不搭乘商船过海。庞培认准在风高浪急的冬季结束之前，恺撒不可能渡过来亚得里亚海，他的臆测导致他把军队分开驻防，一部被派往马其顿等地的冬营中去养精蓄锐去了。

布鲁图斯没有料到，不同凡响的恺撒竟以惊人的速度抵达勃隆度辛，他集结了几个兵团，打破了冬季不作战的惯例，乘商船登陆，袭击小城俄利康，进军阿波罗尼亚，直逼庞培的军械库提累基阿姆，一路所向无敌，他的目的是显明的，极乏给养的恺撒要把庞培储备一夏的装备据为己有。

庞培大为震惊，一场速度的较量在双方军队展开。庞培从马其顿、恺撒从阿波罗尼亚调兵前往提累基阿姆。结果，兵强器利的庞培率先抵达，双方最后隔河相望，虎视眈眈。

布鲁图斯感到了一种莫名的兴奋。他注视着对岸迎风飘摇的鹰旗微笑了，对方军营里士气涣散，恺撒疲惫的士兵雄风不再，饥饿使这些身经百战的老兵对一次次征战充满怨恨，恺撒不断向他们许诺，又不断地落空。庞培希望能够毕其功于一役。果然，恺撒被接连打败两次，他的士兵甫一受创就迫不及待地逃回军营，庞培的军队夺得了许多战利品，恺撒的鹰旗都几乎失手。

或许庞培最后的失败此刻已肇其端。在乘胜追击的时候，他疑心恺撒败中有诈，下令只追杀士兵，不敢直捣恺撒的军营。事后证明，这是一个极错误的决定。恺撒由此获得喘息机会，安抚了战败的士兵，转回阿波罗尼亚，获得了军队急需的食物、休息和装备。

审时度势，布鲁图斯感到庞培应该回到意大利去，那里现在没有军队，又拥有众多的拥护者，对付恺撒区区几个军团尚绰绰有余，这几个军团里尽是些年老思归的老兵，跟随恺撒多年，无疑已被他无尽的欲望摧折得精疲力尽，叛乱时有发生。只要意大利的局势得到控制，恺撒失去大后方，也就会完全失去士兵的拥戴。

可是年近六旬的庞培不愿再拖下去了，他只想尽快把恺撒彻底打翻在地，这个天生的敌人令他如芒在背已经好多年了，他们彼此熟悉，谁也不肯向对方低头。设若天假以年，庞培会有耐心和信心奉陪到底，但岁月不饶人，庞培不愿迂回曲折，他真正的敌人只有恺撒。所以，他没有听从布鲁图斯们的建议，而是领着他的军队前进，驻扎在法萨卢附近恺撒的军营对面。

表面看上去，庞培的优势是显而易见的，士兵都是新招募的年轻人，虎虎有生气，军粮通过陆路和海路从各地源源不断地运来，而恺撒只有很少量的费了很大力气才积聚起来的一点装备。但庞培越看越沉默，恺撒的老兵显然已摆脱了失败的阴影，在上一次战役中他们可耻地失败了，现在，出于一种雪耻求战的迫切心情，他们紧密地团结在恺撒周围，发誓要积聚十年的军事训练和作战经验打败庞培那些华而不实的新兵。庞培和布鲁图斯离老远就能感到一种秣马厉兵的紧张气氛。

庞培感到前些时的确有些操之过急了，但事已至此，他决定发挥自己储备充足的优势，拖延战争，使敌军在饥饿难耐的时候不战自溃。

无奈他被许多和他官阶相当的元老们、著名的骑士们以及来自东方各国的国王和王公们所包围。这些人本是依靠他才鼓起勇气的，这时，其中一些人因为缺乏战争的经验，一些人因为在提累基阿姆的大胜而得意忘形，另外一些人厌倦战争，渴望速战速胜，以便早日回到罗马去料理家事，何况，每一个人都看得清清楚楚，庞培的士兵人数要多得多，——所有的人都失去耐心了，极力主张立即作战。

庞培竭力想向他们说明他的战术，可是没有人肯听他。吵吵闹闹的元老们直把异乡认故乡，像在元老院一样发挥着雄辩的口才，要求庞培即刻出兵，有的人甚至冷嘲热讽，好像他们流落他乡如此凄凉如此无私，而庞培不知出于什么目的还要拖延这场早该结束的战争。

庞培精疲力尽了，他看着这些自以为是的王公贵族，不由得怀疑，牺牲和恺撒的联盟来屈就这些不学无术的混蛋，是不是值得。或许恺撒是对的，和这些只会侈谈什么国家利益的人有什么道理好讲，刀架在脖子上时，他们比谁都溜得快。

布鲁图斯偷偷觑了庞培一眼，突然间发现将军的白发增加了许多，他垂着头好像陷入了沉思。高谈阔论的人们渐渐静了下来，满怀希望地看着庞培。庞培如梦初醒，环视一周，到处都是被妄想烧红了的眼睛，他终于开口了："准备作战吧。"

人群欢呼起来，相互拥抱，犹如已经回到了罗马。反正只要说服庞培应战，就不关他们的事了。庞培站起身，迅速地穿过人群走出帐外。

繁星点点，夜色清新。即将开战的消息随夜风传遍整个军营，到处都是狂欢的人群，不知从哪里弄来的月桂枝被精心装饰在营帐上，好像胜利女神已经向他们微笑了一样。贵族们摆起了盛宴，追花逐月的狂呼滥笑在风中传得很远，人们甚至开始讨论该由谁接替恺撒的最高僧侣的地位。

这是庞培一生中唯一一次违背自己意愿所进行的战争。截至目前，他从来都是幸运的，没有尝过失败的滋味，但这次他不再是一个令出如山的司令官，而是一个受人指挥的人，他所做的一切都违背了他的意愿。

法萨卢战役是庞培厄运的开端。布鲁图斯眼睁睁地看着恺撒吃苦耐劳的老兵如神兵突降，疯狂地冲上来，用他们的矛向敌人脸上刺过去，庞培缺乏经验的新兵正值青春时期，他们无法摆脱刺向面上和眼上的尖利的长矛，于是狼狈而逃。恺撒的部队被自己的胜利激励着，夺取了战争的主动权。布鲁图斯觉得整个战争就像一场噩梦，没有多余的口号和呐喊，各种各样的屠杀和伤害无声无息地进行，死去的人越来越多，但是恺撒下令只追杀辅助兵，而宽恕本国的同胞。

庞培的意大利士兵因这意外的恩惠而感恩，他们抛下武器，听从恺撒的命令，站在原地。庞培弃营而逃，大部分贵族目睹了恺撒对待士兵的仁慈，料想他不会不尊重这些共和国最尊贵的人，所以都留下了。而布鲁图斯更是恺撒特令保护的对象。

当受命的恺撒士兵找见布鲁图斯的时候，他正目送着庞培远去的背影，为这个末路英雄而叹息。至于他自己，可不愿因为党派之争作无谓的牺牲，败迹方显，他就下决心转投恺撒，在恺撒卵翼之下，开拓自己的事业。

恺撒见到了布鲁图斯。他是作为胜利者而出现在这些显赫的罗马人面前的，空气中有一丝很微妙的紧张。但恺撒完全是一副和解的口吻，他允诺保留这些人的政治地位和财产，他谦和的态度逐渐使元老们平静下来，起码，在经过两年的流亡之后，他们终于可以安全地回到罗马了。

布鲁图斯的目光追逐着那双明亮的黑眼睛，掩不住的疲劳使那张英俊的脸上显出了几分苍老。四目相对，恺撒欣慰地微笑了，使他的目光在刹那间显得柔和，布鲁图斯突然觉得自己像个任性出走的孩子，在回家的路上徘徊。

# 独裁的威胁

不幸的消息从埃及传来，庞培在那里被埃及年幼的统治者杀掉了。虎落平阳，末路英雄庞培含恨冤死异国他乡。借惩处凶手的名义，恺撒的势力扩张到了埃及。

在埃及，恺撒遇到了他生命中最重要的一个女人——埃及国王的姐姐克娄帕特拉，立她为埃及女皇，不仅赢得了克娄帕特拉的芳心，而且为自己也为罗马赢得了富有金钱、粮食、士兵、武器和战舰的埃及。21岁的克娄帕特拉是一个对自己美貌极有信心的女人，一个精通六七国语言的谋略家，还是一个承继了埃及托勒密王朝统治思想的专制君主，她对罗马的民主思想嗤之以鼻。在埃及，恺撒体会到了专制的乐趣，没有元老的聒噪，他自由地行使权力。

恺撒对于罗马人的拖拉的民主政体夙有怨言，在埃及初尝禁果之后，他的余生再也不能忘情于独裁。无疑，在他想达到自己目的的时候，专制制度是最少阻碍，最有效率的。恺撒对罗马无休无止的争论厌倦极了，他盼望着给罗马人一个新的、更有效力的政体。

但庞培留下的军事力量现在分驻阿非利加和西班牙。恺撒打败了米特拉达特斯六世的儿子法那西斯，处理了罗马的债务人叛乱，又准备前往阿非利加去作战。

出征前夕，恺撒为自己最器重的一些人分配了任务，布鲁图斯被派往山南高卢任总督。山南高卢即北意大利，是罗马最重要的行省之一。过去，英勇善战的高卢人是罗马人的死敌，罗马人在与他们作战的历史中蒙受了奇耻大辱，为此甚至专门在国库里为和高卢人的战争备有大量的黄金作为军费。好男儿谁不想建功立业，布鲁图斯知道他的好意，何况这样一个重要的行省恺撒苦心经营已十余年，最大的危险已经解除了。恺撒了解布鲁图斯，他温文尔雅的样子虽不是创业的猛帅，倒堪作守成的良将，山南高卢正是这样一个光荣而较容易的职位。另一个布鲁图斯，狄西摩斯·布鲁图斯是恺撒在高卢作战时的一员猛将，甚得器重，这次被任命为山外高卢的总督。

白雪皑皑的阿尔卑斯山舒展地横亘在意大利北部，在这个时代它是罗马国家内部两个行省的边界线。这两个布鲁图斯一路结伴而行，狄西摩斯追随恺撒多年，熟悉高卢的风土人情，这一次故地重游简直有点衣锦还乡的味道。一路上，他向马可讲述了他们彻底打败高卢人一次次进攻和叛乱的经过，旅途因此颇不寂寞。在阿尔卑斯山已清晰得仿佛伸手就能摸到的时候，两个人恋恋道别，各奔前程。

布鲁图斯一路留心着地形地势，往日在恺撒信中出现过的地名成了具体可感的山川河流，他不由得惊叹恺撒的敏锐，他简短的描述总是恰到好处，击中要害。高卢人比罗马人要高大得多，一路上，肤色白皙、金发碧眼的高卢人对新来的罗马总督兴趣盎然，指点不已。

布鲁图斯任上并无大事发生，恺撒在这里的威慑力显而易见。布鲁图斯温和亲善的态度在当地高卢人中赢得好评，应他们的邀请，布鲁图斯多次参加了他们的宗教仪式，神秘的凯尔特巫师完全攫住了这些高卢人的心灵，使他们随之兴奋、呐喊、哭泣、舞蹈。高卢人的盛宴出名的美味可口，布鲁图斯不禁哑然失笑：如果他们把操在食物上的心减少一点点，恺撒要取胜说不定还得再要十年吧。

返回罗马后，布鲁图斯被视作恺撒的特殊被保护人，人们都知道法萨卢战役中恺撒对他的特殊关护，以及对于他曾为庞培效力不以为忤，反而授予高官。羡慕他白羡慕，当事人布鲁图斯却觉得烦恼在缠绕着他。

他听说了加图的遇难。从阿非利加回来的人私下里向人们描述他死时的惨烈。那是在乌提卡，加图在这里守卫着一个军械库，他们的精锐部队被恺撒击败，乌提卡成了下一个进攻目标。加图从容地安排好一切，他的平静令仆人们害怕，他们偷偷地藏起他的短剑，但是被加图发现，在他的坚持下，仆人不得不交还那把锋利无比的武器。夜里，加图趁人放松警惕的时候用短剑刺入自己的胸膛，冲进来的仆人请医生匀他包扎，然而他再一次撕开了绷带，扯出内脏，鲜血流光而死。

布鲁图斯为他的死而难过。这个高贵的罗马人像一个野兽一样死去，以实现他绝不妥协的誓言。布鲁图斯钦佩加图身处政治斗争的漩涡中心，却不阿附任何派别，坚持自己独立的人格。恺撒明智地避开他，就是庞培又何曾不想摆脱他呢？他一生为自己的理想而战，在罗马人中享有公正无私的名声。西塞罗，这个雄辩的政治家，现在也不得不屈从于恺撒，可是在加图的心目中，没有什么事高于原则，他为共和国和共和制而死，无怨无悔。

布鲁图斯的哀伤只是出于敬重加图的人格，至于他自己则别有打算。在罗马，崇尚的是一种实用的政治道德，人们都在正义的名义下追求自我利益的最大化，布鲁图斯认为加图虽然惨烈却未免迂腐，毕竟恺撒只是一名执政官，他还不是国王。他感到在恺撒手下，自己仍可有一番作为：庞培和恺撒这两个人之间的战争使全意大利的人口减少了近一半，荒芜的乡村，没落的城市随处可见，意大利百废待举，不堪再战,人民需要休养生息。布鲁图斯盼望自己能在政坛出人头地,他对自己的军事才能有一个清醒的认识,在这个强将如云的时代,他无法脱颖而出,但他的智谋、家世、名声使他能够在和平建设时成为一代骄子,而且,恺撒对他的恃宠是他最好的外部条件。当初克拉苏和庞培就是在苏拉手下日渐高升的,日后当他们功成名就的时候,有谁会追究他们的当初呢?他决心利用恺撒的恩宠,达到权力顶峰,最终达到维护共和的目的。

元老院中冒出了许多新贵,每次与他们议事,都令布鲁图斯感到与这些从社会中下层爆发出来的新贵们同事着实难以忍受。在他心目中,元老院是贵族的禁脔,这些昔日的穷措大一朝得志,既没有平民的淳朴,又无贵族的气派,还想充作一代天骄,举止猥琐,言语粗鄙,布鲁图斯简直羞与为伍,自己的忍耐且不提,怕是祖先在地下也要蒙羞了。只是因为恺撒对他总是另眼相看,这些人因此分外巴结布鲁图斯,在布鲁图斯的高贵孤傲面前不敢造次,布鲁图斯才忍而未发。从长计议,姑且再忍忍罢。

恺撒永远在追求着军事征服的胜利。他在罗马举行的大规模的凯旋式还令罗马人记忆犹新,赞叹不已,而他自己又转身投入西班牙南部的战斗。在那里,他亲自结束了这次大规模的、代价无法估量的内战。从此以后,他用"元帅"这一头衔作为个人的专用称号,表示他是所有将军的首领。他的军事天才和功劳使他无愧于这一称号,罗马贵族敢怒而不敢言。

公元前45年,在生命的最后一年里,恺撒显示了他作为一个最高行政长官的天才。首先,在意大利和各行省,恺撒建立了广大的殖民地以安置他的老兵,使这些新建的城市成为拱卫本土的重要堡垒。其次,他以极大的耐心处理了债务问题,作为一个曾深受其苦的前债务人,恺撒把几个世纪以来困扰着历代政治家的债务问题做了一个了结,使罗马的经济生活摆脱了桎梏。

不仅在制度上,现在罗马在外观上也大大地不同了。恺撒用他的财富建立了宏伟的建筑。命名为尤利娅的一座新的办公大厅正在罗马的广场上兴建,紧挨着它的一个以恺撒本人命名的广场开始初具规模,这广场饰有巨大雕花柱廊的围地位于维纳斯女神神殿的侧面,这是尤利乌斯家族奉为先祖的神,在维纳斯的塑像边恺撒摆上了克娄帕特拉的金色青铜塑像,女皇美丽安详地注视着罗马人,显然,这是恺撒的另一种战利品。

罗马人得以亲眼见到这位风华绝代的女皇,在与恺撒共商国是的名义下她来过罗马。她盛大的仪仗、奢华的做派充满异国情调,她对恺撒进而对这个国家施加影响:恺撒建立的宏伟的公共图书馆显然受了著名的托勒密王朝图书馆的影响,他雄心勃勃的运河工程大都归功于埃及的工程师,因为埃及是这些技术的发源地;在一位亚历山大里亚的天文学家的指导下,恺撒修订罗马的历法,这历法直到本世纪还被一些东正教国家沿用。

克娄帕特拉还以其君主制思想深刻地改变了恺撒。他的行动越来越带有急不可待的专制倾向,他按自己的意图和需要塑造了元老院,人数增加了三分之一,吸收了大批曾经帮助他取得权力的银行家、军官、地主,使元老院不再为贵族阶层所垄断,从内部产生了分化,因而永久地改变了元老院的性质。他的半身雕像分布在意大利和各行省,向世界显示他既是一个伟大人物又是一个有特色的个人,巧妙地把现实主义和宏伟庄严混合在一起,使恺撒如同国王一样显著。当他的头像第一次出现在罗马的铸币上时,当他以各种方式拥有执政官、监察官、终身保民官和大祭司长等头衔,集国家大权于一身时,当他进而宣布就任终身独裁官时,布鲁图斯忍不住拍案而起!

这样的政治还谈什么民主、共和!贵族成了唯唯诺诺、毫无独立意志可言的摆设,选举成了由恺撒一手控制的戏剧表演,国家官吏成了恺撒的家臣,军队无异于恺撒个人野心的工具。连西塞罗也在苦笑:"我们是恺撒的奴隶"了。人们在猜测、怀疑,几乎所有的人都在私下里认定恺撒的最终目的将是在罗马恢复君主制,实际上,现在恺撒本人只缺少一个君主的称号罢了,他对罗马所做的一切比国王还像个国王。流言纷纷,在宴会和沙龙里传开了去。

布鲁图斯感到由于恺撒的声誉的急剧下降,恺撒对自己的优待开始使他在贵族中的地位受到了影响。他可以有两个选择,一个是继续与恺撒站在一起,可是看上去恺撒必然要走向君主制,而他不愿意拥戴一个独裁者;另一个就是现在就反对恺撒,可是恺撒权倾一时,他又势单力薄,以卵击石,无异自取灭亡。此时,命运女神仿佛在向他频频招手,两条路摆在眼前,他一生的机遇或许就系乎于此。

# 横剑杀恺撒

到现在为止,恺撒一如既往地信任布鲁图斯。当时他已和喀西乌斯同时受命为大法官,在 16 位大法官中,罗马城市大法官是最有权力的一位,执政官不在罗马时可以代理其职位。喀西乌斯本人是一个勇敢的将领,曾在庞培麾下对抗恺撒,后来率领他的大批战舰投降恺撒,很受器重。布鲁图斯和喀西乌斯两人都自认是罗马城市大法官不争的人选,两人因此明争暗斗,官司闹到恺撒那里去,据说恺撒对他的朋友说,公理似乎在喀西乌斯一边,但是他将袒护布鲁图斯。

正因如此,布鲁图斯觉得,为了取得政治上的突破,他必须以行动表明立场。审时度势,他认为,恺撒正在独裁的道路上越走越远,这使他的威信受到极大的影响,也损害了布鲁图斯在贵族中的地位。布鲁图斯自知缺乏金戈铁马纵横天下的能力,政治上的优势不过是贵族的出身和良好的声誉,至于恺撒的优待,在目下的情势中,对他来说有害无利。元老院的贵族们近来与他已疏远了好多,长此以往,布鲁图斯苦心经营的政治基础将大受损失。布鲁图斯忧心忡忡。

恺撒,这个同亚历山大大帝一样永不言败的勇者,凡是他看到的土地,都被他征服了,当他死去时,他正在计划征伐新的国土。公元前 44 年,远征帕提亚人再次列入罗马的对外战争计划,他计划在这一年的三月离开罗马,他的两个主要秘书俄彼乌斯和巴尔布斯将长期代表他,执行他的命令。这个消息在贵族中引起了强烈的对立情绪,被一个尚在岗位上的终身独裁官统治已足够令人生厌了,由他的助手或秘书在他离开时进行统治的前景简直令人无法忍受,况且,这两个秘书现在甚至还不是元老,恺撒对元老院的轻慢由此可见。布鲁图斯被这种蓄意污辱所激怒,但另一方面又感到这或许是一次绝好的机会。他相信,贵族们虽然因内战的失败而不得不屈从于恺撒的专制统治,但天生的骄傲会使他们不再听从任何暴君的代理人。他还相信,管理国家是贵族的天职,自由是罗马人最宝贵的财富,可是恺撒在临行前已经替罗马人安排好了未来五年的行政长官,这不仅是对贵族权力的干涉,更是对罗马人自由权力的亵渎。

布鲁图斯认为他了解罗马历史因而也了解罗马人民。他以为纯正的罗马人民仍然是那种在老布鲁图斯驱逐国王时的罗马人民,那时候他们热爱民主和自由,仅仅因为国王的儿子强暴了一位罗马妇女就揭竿而起,为自己争取权利。那是一个平民的尊严得到承认的时代,可是,自那以后,平民自身就发生了变化,民族融合的结果使所谓纯正的罗马人已不存在了,被解放的奴隶和他们在服饰、公民权方面和他们一样,其中一些有手艺的解放奴隶拥有的财富比许多平

恺撒训话

民都多,平民丧失了他们在早期所拥有的特权;并且共和国的分配谷物给贫民是仅在罗马实行的,因此,全意大利的懒汉、乞丐、流氓都跑到罗马来了,这些人有奶便是娘,在历次党派相争的时候都是被争取的对象,他们善于讨价还价,毫无廉耻可言,他们的理想就是尽量争取最高价的贿赂,自由民主公正,有谁会去管它。

在上层为了利益之争丑事做尽、甚至不惜使国家陷入内战的时代,布鲁图斯还妄想在平民中找到高尚的共和理想,真的是鬼迷心窍了。这个"鬼"不是别人,正是那位在卡皮托山上像国王一样备受礼遇的老布鲁图斯。小布鲁图斯具有文人的一切特质,包括天赋予文人的弱点,他迷恋祖先的光荣,迷恋贵族寡头统治主导罗马政治生活的时代,为了逃避现实的重重矛盾,他把昔日的一切都涂上一层玫瑰色。如果他是一个诗人或哲学家,他可能满足于纸上谈兵罢了,但他恰恰踏入了政治生活,居然要在政坛实现他那几近虚无缥缈的共和理想。他无视恺撒把罗马的疆土扩展到超过罗马人地理知识范围之外,无视士兵和平民因恺撒的德政而欢呼,无视作为个人恺撒一再地向他表示了极大的关爱,只是因为要挽救老朽的共和制、谋求自己的光荣而一步步走上毁灭,他自知势单力薄,因而不惜以极端的暗杀手段对待罗马人的英雄。这样的人实际是最危险的,他作恶但又不自知,还冠之以种种高尚的名称,这样的人也是最可怜的,他被自己的想象蒙蔽,既得不到人民的赞许又得不到荣华富贵,落得个亡命天涯的下场。

因为他的缘故,恺撒成了一个阴谋的牺牲品。这个可怕而自私的阴谋的策划和执行者都是他所亲幸的人,他们的核心就是布鲁图斯。

布鲁图斯首先团结了表亲喀西乌斯。喀西乌斯在内战中投降了恺撒,他是一个妄自尊大的人,认为自己没有得到应有的权力而对恺撒怀恨在心。罗马人都知道布鲁图斯与他是竞争的对手,但布鲁图斯恰恰选择了他作为合作伙伴,不能不说是棋高一着。他也深知身体衰弱、富有仁慈和智慧美名的哲学家布鲁图斯迷恋传说中祖先作为共和国拯救者的光荣,野心勃勃地想要爬上高位。这两个人一拍即合,布鲁图斯发挥了足智多谋的优势,一个完美的阴谋形成了。

许多讽刺性的字条被人秘密地贴在了卡皮托神庙里的老布鲁图斯雕像上,出现在布鲁图斯自己办公的法庭里,对布鲁图斯极尽嘲笑挖苦之能事。布鲁图斯表面上显得很狼狈,实则静观其变,果然一切恰如所料,人们对字条事件议论纷纷,布鲁图斯趁机在恺撒信任的人当中,网罗了一批同党。这中间包括备受恺撒宠爱的狄西摩斯·布鲁图斯,已被恺撒任命为山南高卢总督,得到小亚细亚的特累邦尼阿斯,分得俾泰尼亚的西姆柏,等等。布鲁图斯坚持要在恺撒的亲近中寻求同盟军,唯其如此,才能表明他们不顾个人利害,为共和国而战的决心。喀西乌斯们对这个天才的阴谋家极佩服,因而言听计从。

布鲁图斯决定要暗杀恺撒。他深知恺撒党羽众多,尤其握有重兵,非采取迅速和极端的手段不可。至于事后的报复,布鲁图斯倒不担心,他太了解罗马人了,没有什么绝对的忠诚,树倒猢狲散,只要恺撒本人一死,余孽何足惧。

布鲁图斯证明自己是一个智慧出众的人,他巧妙地发展了十余个同伙后就中止了,以免泄露秘密。说到底,恺撒也是肉身凡人,戕害他的身体这么多人足矣。至于行刺地点,大家议论纷纷,认为必须在私人的没有防备的场合。布鲁图斯出语惊人,建议在元老院行刺。他竭力把一件暴行作成一个大义凛然的样子,在众多的元老面前表明无私无畏的决心,这个建议在赞赏声中被接受下来。

嗜杀的喀西乌斯提议刺杀安东尼等恺撒的干将,以免除后患,但布鲁图斯不同意,因为这样就难免带有党派之争的嫌疑。刺杀必须只针对恺撒一个人,以表示这不是一个私人的阴谋,而是为了反对独裁,为了拯救祖国,为了公众的利益。从心底里讲,布鲁图斯还愿意恺撒派人数越多越好,这样,恺撒死后他们内部的斗争才激烈呢。

那一天是公元前44年3月15日,元老院开会的日子。布鲁图斯早早就到了元老院,嘴角挂着若有若无的微笑,但他的双眸阴不可测。陆续来了许多人,嘈杂声中他看到恺撒乘着肩舆来了,一些人跑上去致敬交谈。毫无戒心的恺撒早就拒绝使用他的西班牙卫队,这使他的生命如任何一个56岁的老人一样脆弱。他很不耐烦地按惯例进行占卜,看上去似乎有些不顺利。

布鲁图斯果断地下了命令,恺撒刚刚步入,行刺者就一拥而上,像屠夫一样集体进行了一场暴行。猝不及防的恺撒反应灵敏,抵抗了一阵,但当他受到布鲁图斯的一剑后终于绝望了,不再反抗,倒在地上,承受背叛的伤害。

或许是天意,他恰恰倒在老对头庞培的雕像脚边。紫袍盖住了他的脸,好像不愿意再看这穷凶极恶的一幕。可是刺杀还在继续,凶手们生怕他死不了,这说明当他们作恶时是多么的心虚。

元老们被这巨大的变故惊呆了,这些被恺撒或庇护、或宽恕、或宠爱的人,现在驻足不前,最后恺撒总共受了23处重伤,毫无抵抗或支援地死去了。

在作恶后的狂乱心情中,布鲁图斯忽然有一种手脚冰凉的感觉。他对自己产生了怀疑,对沸腾的罗马平民、士兵感到担心,他听从母亲塞尔维利亚的安排,和伙伴们一起逃往卡皮托,因为这个名字代表着罗马的自由与民主,也代表布鲁图斯家族最辉煌的过去,他们希望在那里避开可能的袭击。

罗马城在混乱中接受了这个事实。元老院的大多数人想方设法要帮助布鲁图斯他们脱离险境,一部分平民被收买,恺撒党人为了自己的野心而向凶手们妥协。

在避免内乱、保护公众利益的口号下,恺撒的朋友和恺撒的敌人取得了妥协,布鲁图斯们获得了大赦,这时,他们才敢从卡皮托山走下来。

恺撒的遗嘱被公布于众,他的花园赠予罗马人民,他的财产中的很大一部分分给了每一个罗马人,由于他没有子嗣,他把姐姐的外孙屋大维过继为子,最悲惨的是凶手之一,狄西摩斯·布鲁图斯被指定为第二继承人,如果第一继承人屋大维不能继承时即可递补。

舆论哗然,人们想起了恺撒的好处,想起了他的惨死,不由得悲从中来,哭声震天。在人人欲得而食之的紧张气氛下,凶手们四散而去,那些从恺撒手中取得行省总督职务的人堂而皇之地去就任了,但布鲁图斯和喀西乌斯还在罗马大法官任上,必须留在罗马城内。民众骚动使布鲁图斯和喀西乌斯感到极度不安,他们不再寄希望于平民和老兵,也不相信反复无常的安东尼,同时,共和国令人失望地并没有巩固下来,元老院再次充满了争吵,他们只信任和他们处境相同的狄西摩斯等人。为了安全也为了政治前程,布鲁图斯极想去接收马其顿,那是恺撒死前分配给他的。

元老院为他们解了围,让他们管理从世界各地运来罗马的谷物,这一个莫须有的职务倒使他们能够体面地离开罗马,在外省消磨这一年剩下的时光,等待明年赴任。

随后发生的事就不那么合意了。执政官安东尼和多拉培拉合作,分别夺取了马其顿和叙利亚,对布鲁图斯和喀西乌斯的补偿是两个微不足道的行省。布鲁图斯和喀西乌斯决定以武力夺取这两个行省,为此,布鲁图斯聚集了一支军队,战舰、运输船、武器和金钱充裕。这种对峙的态势持续没多久,元老院就宣布安东尼为公敌而重新表决喀西乌斯任职叙利亚,布鲁图斯则除了马其顿又加上了伊利里亚,并且命令亚得里亚海和叙利亚之间的所有其他罗马行省的总督和军队司令官都得服从喀西乌斯和布鲁图斯的号令。

恺撒的继子屋大维这时成为罗马的新焦点人物,大群追随者从意大利各地集合在他周围,特别是恺撒的老兵,他们为恺撒痛哭,恨安东尼、雷必达不惩办凶手。经过一段时间分分合合的较量,公元前43年1月,恺撒党人安东尼、雷必达和屋大维在意大利北部公开结盟,依靠军队支持,借口为恺撒报仇,议决共同执政五年,史称后三头政治联盟。他们对意大利进行势力划分,喀西乌斯和布鲁图斯占据的亚得里亚海以东地区由安东尼和屋大维负责征讨。

后三头的结盟是共和派灭亡的开始。布鲁图斯听说了他们充满挑战性的结盟,不由得仰天长叹,为共和国的命运感伤,顾影自怜,究竟是造化弄人,还是自己生错了时代?

## 天涯亡命客

喀西乌斯和布鲁图斯很好地利用了元老院的恩宠。

喀西乌斯抢在多拉培拉之前进入叙利亚,在那里升起总督的旗帜,戏剧性地得到了那里12个军团的士兵,其中一个军团是恺撒的一个亲戚率领的,由于兵变,恺撒不得不另派几个军团去包围叛乱者,在双方的僵持状态中,喀西乌斯渔人得利,取得双方的兵权。除此之外,他手下还有一些帕提亚的弓箭手,因为在他作为部队财政官随从克拉苏远征帕提亚人的时候,他的精明能干使帕提亚人对他比对克拉苏还看重,此时这些帕提亚勇士出于对他的尊敬和对与罗马人对立的前景的担心而追随他。

多拉培拉这时在爱奥尼亚,他向各市镇征收贡税,招募水手,精心组织了一支海军,前往叙利亚准备进攻喀西乌斯。在雷俄狄西亚双方发生了两次战斗,喀西乌斯在海上击败了对手,又秘密收买了守城的敌人,最后攻下了雷俄狄西亚。多拉培拉被杀,这个人在恺撒被杀的时候浑水摸鱼,痛骂那个提拔他为执政官的恺撒,试图分享杀死"暴君"的光荣,此计不成又重披执政官的官袍,转与安东尼联合,此时他为自己的反复无常、忘恩负义付出了代价。

这时布鲁图斯传来了一个消息,说屋大维和安东尼将要渡过亚得里亚海来到马其顿。面临一场恶战,喀西乌斯不得不放弃对埃及的欲望,两个人进行了协商,布鲁图斯建议将马其顿作为他们的主要基地,而喀西乌斯认为恶战不可避免,目前首要问题是保证决战时的后方,因此他们决定分兵进攻小亚细亚的吕西亚人和罗得斯人。

喀西乌斯把目标放在罗得斯有点擒贼先擒王的味道。他生长在罗得斯,深知这个城市是意大利、希腊、小亚细亚和埃及各地海上商路的重要中转站,居民富庶,文化发达,对于周边各民族很有影响力。加上罗得斯人热爱自由,从不屈从于外力的威胁,从马其顿的狄密多留到本国国王米特拉达特斯六世,接连不断的强大进攻都没有使这个城市就范,罗得斯人为此而骄傲。但这次他们过分地自信了,轻率地把希望寄托在它的航海技术上。两军对垒,罗马人庞大众多的战舰包围并将敌舰挤入狭窄的海湾,海战以罗得斯人的失败告终,喀西乌斯乘胜攻城,罗得斯抵挡不住,终于陷落。

喀西乌斯以严格的纪律约束他的士兵,但以死亡威胁罗得斯人,从而得到了罗得斯人的大量金钱,由于这个城市几百年来从未被劫掠过,从神庙、国库和私人手中喀西乌斯得到了数量惊人的财富。喀西乌斯乘机向所有亚细亚其他民族征收十年的贡税,那些城市因罗得斯人的遭遇而心惊,这笔款项在很短的时间内就交纳了。

至于布鲁图斯,他得到了亚细亚的某些士兵和贡款后进入彼奥提亚,现在伊利里亚和马其顿都经过元老院的表决合法地归他所有。希腊曾以它的文明打动了布鲁图斯的心,但他永远只能是欣赏而已,他没办法像他的朋友斯图拉特那样,心清如水,不为所动,作为一个典型的罗马人,他有一颗躁动好胜的心,尽管另一方面,在外表和性格上,他显得谦和温文。

他的外表博得了人们的好感,从罗马到意大利,从希腊到小亚细亚,投奔和报效他的人如潮水般涌来。几经周折,他手中掌握了8个军团的兵力。其中包括他在亚细亚收服的,从伊利里亚得到的,其中大部分都在恺撒部下服务过,训练有素。他以智慧和金钱使他们心甘情愿地服从他的指挥。

布鲁图斯还曾与安东尼的弟弟作战,同恺撒在法萨卢对待罗马人的态度一样,将他们围而不攻,反而命士兵向他们致礼,几擒几纵,颇有仁者风度,从而招降了这个军团,杀了安东尼之弟。除此之外,布鲁图斯自己又招募了一些马其顿士兵,他认为马其顿士兵的战斗力和忍耐力都是第一流的,因此以罗马的方式精心训练,希望他们能融合马其顿和罗马的优势。

他为自己制造了仁慈的名声,而名声远扬,又为他带回了幸运和金钱。一个色雷斯王公的遗孀把儿子和家产托付给他,希望得到他的照拂,抚育儿子长大夺回王位。布鲁图斯在其中发现了大量的金银,他把这些金属铸成货币,作为军费使用。罗马人灵活的经济观念可见一斑,布鲁图斯认为这意外的财富是幸运的赐予,并没有义利之辩的烦恼:如果这笔钱使他脱离困境他就会成功,才有可能完成孤儿寡母的复国愿望;而如果他顾虑万千,坐失良机,他就会失去一切,遑论替人复仇。

小亚细亚半岛的桑萨斯与埃及隔海相望,背倚高山,可进可退,具有重要的战略位置。住在这里的桑萨斯人为了保护家园在城郊坚壁清野,使布鲁图斯的士兵没有住所和食物,城墙边挖掘了深深的壕沟和高与墙平的堤坝。面临几道封锁线,布鲁图斯安排士兵组成了巨大的包围圈,时而用撞城机轰击城墙,时而用步兵进攻城门。守城者坚持作战,双方相持不下,布鲁图斯佯装退兵,诱敌夜袭,使敌人遭到重大损失。

兵不厌诈,布鲁图斯再次佯退,桑萨斯人果然上当,气势汹汹,杀将出来。潮水般涌上前去的罗马士兵趁机追杀到城内,升始面对面的肉搏战。布鲁图斯早就联络了桑萨斯人的仇人,他们带领罗马士兵从城后的高山上爬进城去,打开城门,内外夹攻,桑萨斯陷落了。

气贯如虹的布鲁图斯乘势而下,迫降了巴塔拉,为自己赢得了一个港口和许多金钱。吕西亚同盟现在派遣大使与布鲁图斯订立了军事同盟,他们答应供应所有的金钱并提供舰队。胜利征服吕西亚之后,布鲁图斯航海到达阿卑多斯,在那里等待喀西乌斯的到来。

与此同时,守在勃隆度辛的共和党人封锁了安东尼,他不得不向屋大维求援,而屋大维这时正在和庞培的幼子绥克斯都为争夺西西里岛而战。战事频繁的年代,地中海遍布从事劫掠的海盗,商人和沿海居民为了自卫也将自己武装起来,天长日久,盗即是民,民即是盗。父亲死后,小庞培趁机网罗人众,发展实力,夺取了西西里。屋大维希望获得夺取西西里的光荣,但小庞培在海战中将其击败,屋大维不得已暂时放弃征服西西里,前往勃隆度辛与安东尼会合。

我们无法知道出于何种原因,布鲁图斯、喀西乌斯和小庞培不进行有效联合,合作对付后三头。这时候,意大利各地因为后三头的血腥屠杀,普遍存在对立情绪,屋大维和安东尼内部矛盾重重,而布鲁图斯和喀西乌斯在陆上拥有20个兵团,海军力量在富裕的伯罗奔尼撒地区驻扎,获得充足给养,后又停泊在勃隆度辛港口附近,扼制安东尼向马其顿进军,而小庞培以西西里为基地,拥有一支强大的舰队,能迅速地来往于地中海之间任意两地。如果共和党人密切合作,由庞培拖住屋大维,布鲁图斯一人趁安东尼运兵渡过亚得里亚海时,水陆夹攻,杀他个措手不及,必能予敌重创,或许还能够扭转他们个人的命运。

但这一切都是事后的推测罢了,屋大维终于航海前往勃隆度辛,和安东尼联合在一起。他们乘着顺风,把大军运过亚得里亚海,同时,他们预先派往马其顿的8个军团开始从马其顿走过长长的路程,向色雷斯的山岳地带进军。他们越过腓力比,夺取了色雷斯人占领的险要关隘,控制了从欧罗巴到亚细亚的唯一通道,切断了布鲁图斯和喀西乌斯的后路,使他们处于腹背受敌的地步。

布鲁图斯和喀西乌斯错误地估计了敌人的意图,他们认为饥饿的敌人大概是要通过那里往色雷斯去掠夺军需。遂率大军从阿卑多斯出发,渡过色雷斯的刻索尼苏斯地峡,抵达墨拉斯湾。这里,屋大维的先遣部队守着山脉之间的关隘,一夫当关,万夫莫开,成为共和党人前进的阻碍,当地的色雷斯人给他们指点了另一条迂回曲折的道路,非常难走而且很远。布鲁图斯没有采纳,而决定迎敌而上,突破天险。

墨拉斯湾是色雷斯和色雷斯的刻索尼苏斯半岛之间的一个海湾,布鲁图斯和喀西乌斯在这里举行了盛大的阅兵式。

军旗猎猎,随海风舞动,发出很大的声音,惊动了海鸟,它们成群结队地飞向辽阔的蓝色大海,把喧闹的人声留在身后。布鲁图斯满意地看着他们的大军:巨大的讲坛上,坐着一些元老,他们是在三头的血腥屠杀中逃出罗马投奔到军中来的,讲坛下一排排一列列的士兵整装待命,他们的服装和肤色差别很大,居中心的是罗马步兵军团,周围和前方是近万名色雷斯人、伊利里亚人、帖撒利人、高卢人、西班牙人的骑兵和阿拉伯人、帕提亚人的骑兵弓箭手,后方色彩鲜明的仪仗是来自亚细亚加拉西亚人的同盟国的王公们,他们带领着一支数量巨大的步兵队伍,5000 骑兵紧随其后。

首先是洗罪典礼。在杀人放火司空见惯的年代,这样的洗罪礼是维持心理平衡所必需的。由于武器和战术的原因,敌我之间近在咫尺,血肉横流的景象会使士兵们害怕死者灵魂的报复,加之迷信认为罪责是一种物质性的东西,可以转嫁洗清,因此许多地方,比如罗马在每年春天时疫流行的时候,都要举行这样的仪式,军队则在每次重大战争之前举行。布鲁图斯虔诚地行礼如仪,但莫名地感到一阵悲凉,在外奔波的两年间,他只是凭借求生的本能在做各种不得不做的事情,顾不上思想,顾不上享受哪怕是片刻的安宁。到今天终于规模初具了,他却忽然想起了恺撒,两年多来,在梦中他总摆脱不了那一袭染血的紫袍。今天,布鲁图斯第一次感到所有的理由都那么苍白,掩盖不了失败的事实:他们以反抗暴君为借口残忍地杀害了他,而现在,他们死的死,逃的逃,罗马的暴君成了三个,可奈其何!

当他这样黯然神伤的时候,年长些的喀西乌斯转向台下的大军,向他们做了一番慷慨激昂的动员演说。喀西乌斯果然是一个激情澎湃的鼓动家,他以手势、语言和许诺使士兵们随着他的演说,时而愤怒,时而欢呼,万马长嘶,好一派排山倒海的气势。

布鲁图斯和喀西乌斯积聚的大量金钱派上了用场。自马略和苏拉的时代以来,罗马的公民兵变成了忠于金钱的雇佣军。慷慨的赏赐使恺撒的士兵乐于为杀恺撒的凶手征讨前来复仇的小恺撒。

## 魂断腓力比

布鲁图斯和喀西乌斯沿着海岸线前进。前方有两个险要的关隘,科彼利山峡和萨彼亚山峡,分别由屋大维的两支先遣部队据守。布鲁图斯略施小计,就通过了第一道山峡,可是暴露了他们的前进目标,于是两处关隘的守军合到一起,严密把守萨彼亚山峡。

布鲁图斯望山兴叹，色雷斯的森林此时正值最美丽的秋季，林木繁茂，遮住了林间山民的小道，敌人就在山间的峡谷中盘踞。在当地人的指引下，布鲁图斯不得不走一条迂回前进的道路，预计要走三天才能到达一条小河，从那里再有一天的路程就可抵达腓力比。一队士兵被先期派往，开辟一条临时通道。

到了第四天，因艰苦的工作、缺水而疲惫的士兵开始恐慌，稠密的森林黑沉沉地横在前头，哪里有河流的影子。有的人意志消沉，有的人破口大骂，直到这一天的傍晚，最前面的士兵看到了那条潺潺流动的河，他们欢呼起来，因为喜悦，因为要使后面的兄弟们分享这个喜悦。这欢呼依次传了下去，直达后卫。浩浩荡荡的大军在布鲁图斯和喀西乌斯的领导下踏上那条开辟好了的小路前进。

归巢的飞鸟从林中惊起，在空中不安地盘旋，欢呼声也惊动了屋大维的守军，布鲁图斯或许对自己的实力具有信心，不屑于做掩护，或许认为这条小路极隐秘，连野兽也不能通过，或许是没顾上，总之他的行动被敌人发现了。萨彼亚山峡的守军火速行军，退守安菲玻里。

布鲁图斯全军到达了腓力比。这是一个美丽的地方，小山不高但很险峻，山顶较平坦，适于扎营，北面是森林，南面的沼泽地延伸到海滨，东面即是刚刚绕过的两个山峡，西面是一块肥沃的平原，草木润泽，花树团团。山周围有许多泉水从地底涌出，因此，这里原名就叫"众泉"，马其顿的腓力二世把这里作为对抗色雷斯人的绝好要塞，因此改名腓力比。

布鲁图斯和喀西乌斯发别驻扎在腓力比南北两座小山上，两山之间是从欧罗巴到亚细亚的主要通道，他们在山间建筑一道堡垒，把两个军营连在了一起，海军在背后保卫物资运输的安全，从各方面讲，这都是一个完美的军营。

安东尼就没有那么幸运了。他从安菲玻里前进，在腓力比，唯一能安营扎寨的就是腓力比西面的平原，燃料、饮水、物资供应都成问题，布鲁图斯居高临下，但安东尼的勇敢是第一流的，他在离敌营很近的地方建立塔楼，用壕沟、壁垒和栅栏防御起来。

双方各有 19 个兵团的步兵，数量相当的骑兵，这样两支庞大的军队平静地对峙数日，布鲁图斯决定发挥物资和地理的优势，以拖延战术来消耗敌人。时已入秋，安东尼的军需愈来愈少，维持这一支庞大的军队成为很沉重的负担，为此，安东尼千方百计，极想速战速决。

战斗在一个多云的午后突然发生。安东尼率军挑战，进攻喀西乌斯的军营，布鲁图斯的士兵按捺不住，没有得到军官的命令，就从侧面杀向安东尼，接着又进攻与他们对垒的屋大维的士兵。

战争事实上已经发生，安东尼大为兴奋，他冒着暴雨般迎面而来的投射器，勇敢地冲破敌人的前沿阵地，破坏了一道道封锁线，最后冲入喀西乌斯的军营，他的士兵紧随着他，击溃了喀西乌斯的抵抗，士兵毫无秩序地四散逃去。

广阔的平原上杀声震天，尘土漫漫。安东尼攻下了喀西乌斯的军营，与之同时布鲁图斯攻下了安东尼和屋大维共同的军营，双方胜负相当。但在混乱中，谁也不知道彼此的命运，喀西乌斯被逐出军营，赶到腓力比城，可是蔽天的尘土把什么都遮住了，他只知道自己的军营被攻陷了。

后来发生的事当时人也在争执不休。有人说喀西乌斯把布鲁图斯向他报告胜利的使者认作敌人，因此绝望自杀；有人说喀西乌斯被他的手下为邀功请赏而暗杀。无论是哪种情况，这一天是喀西乌斯的死期，恰恰又是他的生日。

痛失患难与共的友伴，现在布鲁图斯是孤军作战了。他顿时觉得一种极度的疲惫袭上心头，从他们举起屠刀开始，就成为众矢之的，他的同伙在意大利、亚细亚、高卢等地一个个被复仇之剑割去头颅，往日的誓言犹在耳边回荡，那些热血沸腾的同伴都已安眠地下。可是他认为他们是幸福的，死亡替人免除了烦恼和痛苦，只有他，承受了长久的折磨，现在，最后一个朋友喀西乌斯也走了，或许上天就是选择了他进行最严酷的惩罚。

军营外，安东尼的军队吵吵嚷嚷地向他挑战，辱骂他讥笑他，并在寻找突袭的时机。冬季就要到了，敌人嚣张的叫喊掩不住脸上的菜色，布鲁图斯决心继续执行拖延战术。为此他忙忙碌碌地奔波在军营中，顾不上休息，可是他的命令现在没有人认真地执行了。

一直以来，布鲁图斯和喀西乌斯总是各司其职，一个唱红脸，一个唱白脸，喀西乌斯性格严肃刚愎，军队无条件地服从他的命令，不敢过问太多。而布鲁图斯外表温和，人的天性总是有些欺软怕硬，军官们因此而意欲分享指挥权，士兵们公开地要求速战，都不把这位落了单的指挥官放在眼里。

在烦恼中，布鲁图斯让步了。他想起了法萨卢，在那里他眼睁睁地看着伟大的庞培被迫应战并一战而亡。他甚至还不如庞培，因为他的士兵很大一部分都曾为恺撒服务过，他担心他们会产生不满情绪，投向敌人，因而从一开始他和喀西乌斯就担心这一点，一直小心翼翼地不使士兵有这种不满的借口。眼下，没有了喀西乌斯的威慑力，他没有办法不让步。况且，布鲁图斯确实疲惫了，战争还没有开始，他就几乎要被巨大的悲哀和长期的心理压力拖垮了。

一开始，战斗就是可怕的。布鲁图斯的士兵们是为了向他们的将军证明自己的勇猛，回敬敌人持续的辱骂，而安东尼的士兵们简直是为了生存而战，与其饥饿而死，不如力战而生。渐渐地双方高下已分，布鲁图斯和士兵开始后退，最后变成毫无秩序的溃逃。安东尼乘势而上，大获全胜。

除了主营以外，现在布鲁图斯所有的军营都被摧毁了，所有的交通要道都被敌军把守着，布鲁图斯带着一支数量颇多的部队逃往山中，想在夜间回到主营里去，或向海边转移。但所有的通路都被敌人守卫着，那些士兵们享用着久违的美餐，在夜风中狂呼乱喊。

淡月残星，在乌云飘过的间隙映照着苍茫大地。团团簇簇的花树高低错落，油绿的野橄榄枝条错落，布鲁图斯颓然独立，一袭肥肥大大的玄色长袍在风中激荡，恰恰衬出他清瘦孤傲的形象。到处是暗默的黑色：山，树，衣。只有腰间的长剑和他的眼珠发出冷冷的光。

在即将来临的黎明，布鲁图斯将迎接他的死亡。赴死前的这一夜，成了他一生中最漫长然而又最平静的一夜。往事历历，如影如幻，死去的人，他爱的，他恨的，甚至他从不曾在意的，轮番在他眼前出现，安慰他，斥骂他。他在痛苦中挣扎，仰望星辰，心里如海浪翻滚，到口边却只剩得一句："不要忘记，宙斯，这一切灾难的制造者。"

布鲁图斯的军官们聚在一起,嘀嘀咕咕地说些什么,布鲁图斯无心去听,但他们却不得不让他听,等到天亮,他们终于对布鲁图斯说明,他们为自己的轻率而惭愧,但他们不愿再战。

布鲁图斯回过头去,这么多天以来,他第一次浮现出了笑容,苦涩无比,他的同胞选择了妥协,他的祖国不再需要他了,他如释重负。

下山的士兵一步三回头,布鲁图斯把剑递给老朋友斯图拉特,他忠实地跟随布鲁图斯多年,苦乐与共,心心相印,此时,四目相对,斯图拉特怆然泪下……

寒光闪处,布鲁图斯无声无息地倒下了。这是罗马命运的一个转折点,从此以后,再没有人以共和对抗独裁,腓力比,也被史家称为共和派的坟墓。

马可·布鲁图斯自幼接受贵族传统教育,浸淫其中,深深迷恋先祖驱逐暴君、建立共和制的光荣,成人后他的政治理想就是在贵族寡头制的政体之下,实现所谓民主共和。他具有优越的个人条件:出身高贵,颇有名望,善于玩弄权术与阴谋,但历史偏偏与他过意不去:苏拉时期的短期独裁已开专制先河,而当布鲁图斯步入政坛时,恰值庞培、克拉苏和恺撒秘密建立的前三头政治联盟把持罗马政治生活。元老院成为三头的工具。布鲁图斯先是追随庞培,后被恺撒收降,但他极度不满恺撒越来越独裁的统治,并且错误地估计了罗马人民的民心向背,企图借对恺撒个人的消灭重建罗马共和国,从而达到自己的政治野心。这显然不符合罗马历史的自身发展要求,当他和其他凶手们不得不逃亡时,实际上已经昭示着他们的失败。

所以,总的来说,马可·布鲁图斯是一个出色的谋略家,他亲自策划、组织和参加了谋杀恺撒的阴谋,可是他又是一个失败的政治家,缺乏政治敏锐性,一厢情愿地向罗马人兜售他的政治蓝图。殊不知,时移事易,在民族和阶级大变动的年代里,他所迷恋的遥远的美好时光已一去不复返了。在他死前一年,安东尼、雷必达和屋大维建立了公开的、以军事力量为支柱的后三头政治联盟。布鲁图斯政治理想就这样被时代大潮冲得一干二净。因此他始以一杀惊天下,终以一死报天下。

新的元首政治确立了,罗马的平民现在满足于"演剧加竞技"的和平的公共生活,时不时举行的赛会和凯旋为他们带来一些意外的财富,对于不知不觉中丧失的选举权力他们并不怎么在意。他们拒绝了恺撒的专制,却心平气和地接受了屋大维严格得多的控制。他们怀念恺撒,赞美屋大维,至于布鲁图斯,大概只有贵族们偶尔会为他的命运而感叹,为自己失去的乐园而悲鸣。

布鲁图斯家族的两个人贯穿了罗马共和国的始与终:老布鲁图斯建立共和,赢得无上的光荣,小布鲁图斯为共和制殉葬,身后凄凉。马可·布鲁图斯谋略超群,但他逆时代大潮而行,从而一步步走上毁灭,与罗马共和国一起被埋葬。

# 法兰西政坛九头鸟

## ——塔列朗

### 人物档案

**简　　历:**法国资产阶级革命时期著名外交家,为法国资本主义革命的巩固做出了极大的贡献。

**生卒年月:**1754 年 2 月 13~1838 年 5 月 17 日。

**安葬之地:**不详。

**性格特征:**大胆、机智、狡诈、无耻。

**历史功过:**宣传反革命的思想,支持拿破仑并且背叛拿破仑,同时策划复辟,参加维也纳会议。

## 幼年多舛

1754 年 2 月 13 日,巴黎的加朗西埃街四号,塔列朗来到人世。他的家族世居高位,徽章上的题铭"只信上帝"甚至对王权不屑一顾。法国加贝王朝的第一王雨格·加贝问他的一位先人:"是谁封你为伯爵的?""那么,是谁封你为国王的?"这位先人反唇相讥。塔列朗五岁时,他的父亲便荣任法国王太子的青年侍从。出生在这样一个名门望族,是塔列朗的幸运,也是他的不幸。那个时代,上层社会的人们普遍对子女漫不经心,一个丈夫若让妻子用自己的乳汁哺育孩子,就会被视为是企图摆脱妻子,成为众矢之的。

出生不久,塔列朗便被寄养在巴黎近郊的一个小镇上。四岁时,他从桌上摔下,右脚受伤。保姆对此视而不见,结果延误了治疗,造成终身残疾。对此,塔列朗一直满不在乎,早晨起床和当众沐浴时,他毫无顾忌地亮出那只可怕的残脚。并且,他还轻松地调侃说:"我这只脚是猪咬伤的,保姆放下我,去和一个丑男人调情。"

塔列朗的叔父去看望他时,他正跛着脚和保姆喂养的另一个孩子在白雪皑皑的野地里追逐云雀,两人身上全是破衣烂衫。叔父见状十分不忍,立刻带他回家。

塔列朗的母亲正在华丽的客厅里与客人优雅地谈笑。叔父指着可怜巴巴的小塔列朗大声道:"嫂子,看看自己的孩子吧!来,乖侄儿,亲吻这位太太,她便是你

　　结果,塔列朗被送往佩里戈尔的夏莱古堡,与曾祖母同住。佩里戈尔的古老城堡神秘而高贵,光线不够充足,却很温柔。曾祖母和蔼可亲,对塔列朗照顾得无微不至,使他体会到世间最美好的情感。

　　八岁时,塔列朗来到巴黎的一所著名的贵族学校学习。这里由神父执教,古板而严厉。每星期,学生只可回家与父母团聚一次。父母总是对塔列朗说:"孩子,要听话,要让神父先生高兴。"一次,塔列朗惨遭鞭打,他的父亲对此毫不同情,并告诉他说,就连最杰出的人物屁股上也挨过鞭子。

　　长期缺少父母的关怀,使塔列朗养成了独立思考的习惯。他清楚地认识到:父母为了他们所谓的家族利益。决心把他培养成合乎他们理想的人,完全不顾他的天赋和愿望。

# 多情教士

　　哥哥早逝后,塔列朗成为长子,父母将他送入教会的神学院学习。

　　神学院的日子刻板而漫长,情窦初开的塔列朗却偷偷找到了自己的快乐。

　　街对面住着一个金发少女,俩人悄悄眉目传情,感情日炽。她是烤肉商的女儿,名叫朱莉。一个黄昏,朱莉女扮男装,叩开塔列朗的房门。她摘去棉布白帽,金发倾泻而出,遮住了面容。夕阳的余晖柔柔地包围着她,温馨迷人。塔列朗激情万分,紧紧拥抱她……

　　教堂的长椅上,一个身材修长的女子正在做弥撒,神情朴实而谦恭。空中飘起霏霏细雨,塔列朗拿出一把雨伞,送她回家。雨点密密地打在清凉的石板路面上,伞下的两人却都有暖暖的感觉。她叫多罗德,在法兰西喜剧院扮侍女角色,她家大门壁柱上有两个狮身人面浮雕。她进喜剧院是父母所迫,他进神学院也并非己愿。同病相怜,他们很快成为知己。他说她如同一朵绽放的红玫瑰,两人缠缠绵绵,如胶似漆。

　　1775年6月11日,兰斯大教堂,路易十六加冕。"愿国王有犀牛般的力量,疾风扫落叶般,将敢于……"

　　对于祈祷漫不经心的塔列朗却紧盯着在场的拉瓦尔男爵夫人。她身材窈窕,生性风流,很快堕入情网。她丈夫大腹便便,整日昏睡。意乱情迷的夫人竟要塔列朗与丈夫去决斗一场,以便长相厮守。塔列朗大吃一惊,对她说男爵太胖,射击命中率会很高,决斗失之公平,而不公平的事是自己所不齿的。夫人只得作罢。

　　当教士的同时,他也扮演着唐璜的角色。天生的温雅,不凡的谈吐,奔放的热情,使他在脂粉堆里游刃有余。

　　1780年,容貌出众的布里约纳夫人成为他的情人。夫人长他20岁,这并未使塔列朗退却。征服一个与自己年龄悬殊的女人,一样令他愉悦。后来,他又迷上了夫人之女洛林公主。夫人嫉恨万分,想方设法分开了他们。藕断丝连,两人仍情意绵绵。公主病危弥留之际,仍紧紧握着塔列朗的双手。

　　1784年,他闯入了阿黛拉的生活。他们心心相印,有一个儿子。

　　餐桌上,朋友们问他:"你的情事何时才是尽头?""与生命相始终。"塔列朗答道。他巧妙地与一切情人——包括那些浮光掠影的,全都保持着密友关系。因为,他深刻地认识到：这将有利于他在权力道路上的进取。

# 咸于维新

1778年2月，伏尔泰出现在巴黎。

塔列朗跪在他面前，老人将枯瘦的手轻轻放在他头顶，为他祝福。

这个怀疑宗教的人，给塔列朗带来了广泛的知名度，却丝毫未影响他在教会内的晋升。

塔列朗在公众场合总是一副冷漠而矜持的面孔，但是当他为教会集钱款、分年薪和征什一税时，却热心勤恳。为表彰他，议会给他特别嘉奖。他还同英国财政大臣皮特建立了友谊，与"欧洲驭手"瓦舍尔公爵拉上了关系，大力开拓着交往面。

布尔热主教去世，塔列朗跃跃欲试，四处活动，却竹篮打水一场空。

天无绝人之路。不久，奥坦主教之位悬空。塔列朗孤注一掷，请父亲相助。任摄政的父亲巡视归来，重病在床。他恳请路易十六将奥坦主教之位授予儿子，作为最后的赏赐。

路易十六对老臣托孤大为感动，准备签署任命状。母亲却站出来坚决反对，指出儿子嗜好美色和赌博，放荡不羁，不宜担任高级圣职。"夫人，职责会改变您的儿子。"路易十六不改初衷。

1789年1月16日，塔列朗就任奥坦主教。僧侣会议上，他发表演讲，指出：当务之急是制订一部保证全体人民权利的宪章，应当宣布自今以后，国家的任何文件，只有得到全民族的正式认可，才能成为法律。这个大胆而时髦的观点，令人耳目一新。很快，塔列朗当选为奥坦的僧侣议员。

1789年5月4日，法国三级会议开幕。薄暮中的凡尔赛钟声悠扬，彩旗飘飘，和风拂面。教堂前的广场，人头攒动，议员们手执蜡烛，寻找各自的位置。前边是身着黑色毛料的第三等级；帽子插白色羽毛的贵族随后；以乐队为先导的教会代表压阵。

塔列朗就在32名教会代表之中，他头发上扑着白粉，挂着十字架，紫色长袍熠熠生辉，一手拿着蜡烛，一手拄着拐杖。

他敏感地觉察到法国正面临着革命风暴。在会议上，他明智待人，冷静理事，保持着稳健的作风。

不久，第三等级宣布成立国民议会。米拉波在网球场上义正辞严地宣誓："我们为民请命。"六月下旬，三个等级重新聚在一起开会，塔列朗成为国民议会议员。然而，为获得最大利益，他暗中向国王献策道："拖延、谨慎与恩典，都无法消除陛下和法兰西所面临的危险；明智而巧妙地强化王权，才是上策。"

7月14日，革命群众攻陷巴士底狱。午夜，塔列朗偷偷拜见国王之弟阿图瓦伯爵，建议采取断然行动，诉诸武力。然而，懦弱的路易十六已决定让步。

失望之至的塔列朗对伯爵说："既然这样，殿下，大家各自相保吧！""是啊！这正是我对你的忠告，不论形势如何发展，我都不怪罪你。你永远可以相信我们的友谊。"未来的查理十世答道。事已至此，塔列朗决定跻身革命。他很快谋得国民议会秘书一职。在讨论震撼世界的《人权宣言》时，提议并起草第六条。

10月6日，群众迫使国王回到土伊勒里宫。"今天我们的革命，是时代发展之必然,它最终会成为有益于法兰西和全人类的事件!"塔列朗热情洋溢地讴歌革命,并预言:"第三等级必获胜利!"

财政状况在恶化,人们的目光渐渐盯住了教会拥有的巨额财富。塔列朗不失时机地说:"谁是这笔教会财产的真正主人?回答只会有一个:国家!"很快,国民议会决定没收教会财产。塔列朗宣称:"在我处的阶层中,几乎只有我一人支持这种侵犯本阶层利益的做法。"并且,他还惺惺作态道:"身为教士,我非常理解僧侣们的痛楚和不满;然而,作为一个公民,我将正视现实……"在拍卖教会财产过程中,塔列朗捞到了5万利弗尔。

1790年2月26日,他当选议会主席。不久,路易十六指定他主持弥撒。在40万听众簇拥的祭坛上,塔列朗与众人一起举行了忠于国家、法律和国王的宣誓仪式。路易十六许诺维护宪法。这时,太阳冲破云层,射出万丈光芒,群情振奋,山呼万岁声响彻云霄。

11月23日,议会要求僧侣宣誓效忠宪法。对此,塔列朗半推半就。两天后,塔列朗敦促索纳·罗亚尔省的官员教士宣誓,遭到强烈反对。震怒的教皇,撤销了他的一切教职,并限期悔过。"我被逐出教门了。人人都拒绝给我火和水,今晚只有冻肉和冷酒了,来安慰我吧!"他耸耸肩道。接着,他又严肃地讲:"革命使法兰西获得新生,我誓与民族共进退。为了法兰西,什么样的牺牲我都无所谓。"

米拉波曾说:"塔列朗无疑是个无赖。不过,他现在还有利用价值。"米拉波病重卧床,塔列朗闻讯飞奔去探望他,并说:"我一日三次来到你的门前,站在人群中等待你的消息,默默为你祈祷。"米拉波热泪盈眶,将遗嘱交予塔列朗。塔列朗在议会宣读遗嘱,并为米拉波致悼词道:"米拉波,这个时代的巨人,亲切的友人,法兰西自由的捍卫者和保护人离我们而去了。这对于我们是多么大的损失啊!整个法兰西都在怆然泪下。"

以米拉波的灵柩为跳板,塔列朗将自己扮成米拉波的继承者,捞到了丰厚的政治资本。然而,米拉波尸骨未寒,塔列朗就攻击米拉波收受贿赂。

王室逃跑未遂,国王遭囚。但是王室势力还非同小可,塔列朗暗地里对王室频送秋波,"唯有尽快制定宪法,才能使陛下重获自由。"并且,他还让人捎话给国王,愿为国王效忠。然而,国王对塔列朗并不放心。他便改换手段,支使情人弗拉奥夫人公开鼓吹共和,在国王面前显露进步书刊。"他定不胜惊讶,你则可若无其事地说,这是为了迎合我,我已对王室失去了兴趣。然后,做出一副泄露了天机并后悔不已的样子。"他教她道。

同时,塔列朗又与罗伯斯庇尔·罗兰和布里索等共和派交往频繁,赢得了他们的信任。就这样,他巧妙地在王室和共和派间玩着走钢丝的游戏。他声称自己的政治座右铭是:"不论法国形势怎样,我都将为之效劳。"而本质上,他所关注的只有自己的利益。

## 一波三折

革命引发战争。

然而,革命者也不能树敌太多,必须争取英国保持善意中立。

塔列朗受命赴英,展开外交周旋。

他向英王递交了路易十六的一封信——其实是他亲自起草的——信中引用米拉波的话:"英法联合方能保持欧洲的和平。"

英国朝野反应冷淡。

塔列朗并不在意,此时法国局势的发展引起了他的关注。革命群众将路易十六投入监狱。应丹东之请,塔列朗在外国列强面前为废黜国王一事辩护,他指出:"路易十六以难以觉察的方式破坏宪法,罪不可赦。"

这时,在土伊勒里宫法王暗藏文件的铁柜子里,发现了一封国王年俸总监德拉波特的信。信里明确指出,他曾将塔列朗的一封信转呈路易十六,并说:"他对我说,陛下可赐给他一个合适的职务,借以考验他的热忱和诚实。"

塔列朗的两面派面目再也掩藏不住了。革命党人发出通缉令。塔列朗背着牛头不认赃,在《箴言报》上撰文,声称自己"从未与国王和拉波特先生有过任何直接或间接联系。"可是,他也只能流亡国外了。路易十六被送上断头台后,塔列朗身穿孝服,头戴白帽,表示哀悼。

即使在流亡之中,他也绯闻不断。一次,德·斯达尔夫人朗诵其新作《论激情对个人和民族幸福的影响》。塔列朗评论说,她的朗诵节奏紊乱、语气单调,不堪入耳。自恃才高的斯达尔夫人气恼万分,又看到弗拉奥夫人在他身边,气势汹汹地发难道:"若我与弗拉奥夫人同处一将沉之舟,你先救谁?""当然不是你,夫人,您的游泳水平要略胜她一筹。"塔列朗冷冷地说。

1794年1月底,一位英国官员向塔列朗宣布说,依据国家有关外国人的法令——艾林法,旨在保护英国不受"革命感染"——限他五天内离开英国。

"最大可能是,奥地利皇帝和普鲁士国王请英王驱逐我出境。看来,他们惧怕我这颗活跃的头脑,整个欧洲都因我的存在而发抖。"他向斯达尔夫人炫耀道。

他来到美国。在这里,他四处游历,对美国生活方式批评道:"豪华却粗野,没有人不想随时把他们的狗卖给我。"

同时,他还认识到,"美国将日益强盛,举世无敌。未来的新发现一旦使它接近欧洲,它将会积极干涉欧洲事务,古老的欧洲各国皆必须审慎对待之。"

法国政局几经周折,恐怖时期已告结束。塔列朗给国民公会寄去一份回国申请,声称拥护共和制。

他辗转请人在国民公会中发言道:"他(指塔列朗)高尚的心灵和执着的信念无愧为一名共和卫士。他现在置身在一个共和国,那是本杰明·富兰克林的国度。他注视着一个自由民族所从事的伟大事业,等待法国出现建设者而不是杀人狂,等待法国成为共和天堂而不是徒有宪法的无政府状态。我请求诸位允许塔列朗回来,为共和国尽一份力。"

同时,塔列朗在美国报纸上发表《对法国最新局势之感想》,极力赞美了新成立的督政府,确信在它领导下,法国将重新变成"人们最向往的国度"。国民公会一致同意塔列朗归国,1796年9月21日,他回到巴黎,结束了四年的流亡生活。

## 台前幕后

1796年的巴黎,舞会、演出和焰火取代了监牢和血腥,沉浸在一片灯红酒绿之中。

塔列朗与好友前往卢森堡宫，门卫要他交出手杖，他诙谐地说："亲爱的，我看您的政府像是怕人给它当头一棒哟。"此语一出，人们纷纷议论他蔑视督政府。他急于挽回影响，在报上发表一封公开信，声称"始终希望法兰西共和国日益强盛。"

督政府三巨头之一的巴拉斯，被他视为重登仕途的突破口。这个重担落在他的情人斯达尔夫人肩上。

"塔列朗需要一个职位，为国效力。"斯达尔夫人对巴拉斯妩媚地说。她安排了一次约会，陪同塔列朗来到卢森堡宫。"此人极像罗伯斯庇尔。"巴拉斯皱着眉说。"他要好得多，没有什么朋友能比他更好、更可靠。他为人诚恳，定会忠实于您，为您赴汤蹈火、万死不辞的。""您的仆人……您虔诚的仆人……对您感恩戴德的仆人，唯有对您的崇拜方能同对您的尊敬和感激相提并论。"塔列朗满脸恭顺道。

翌日，斯达尔夫人再次向巴拉斯发起了攻势道："塔列朗对您崇拜得五体投地，没有比他对您更忠诚的人了。应当任命他为大臣，您已见到他的文雅和才气，至少让他当外交大臣。"她紧握巴拉斯的双手，强使他靠自己坐下，半乞求半胁迫道："巴拉斯，巴拉斯，我的朋友，我只有靠您了，没有您，我们就完啦。您知道吗？他说您若不让他当外交大臣，他就跳塞纳河一死了之！"她的胸脯强烈地一起一伏，纠缠同妩媚一样有强大的力量。巴拉斯让步了，答应与同事商量此事。

但由于塔列朗的出言不逊和他以往的表现，舆论对他很不利。有人甚至写诗讽刺他道：

"机智的塔列朗，
步履优雅。

无情前额心冷酷，
骑墙望风为其本。

一只可疑的脚，
悄悄伸进付钱者阵营。

另一只留在反对派一边，
原来是那只瘸的。"

"您向我推荐的人，政府内几乎无人对他有好感。"无人响应的巴拉斯灰心丧气地对斯达尔夫人说。

"妙极了，巴拉斯，正因为他最受其他人憎恨，您赏识他，他才会对您感激涕零，当您的耳目。这是您能找到的最忠诚的下属！"斯达尔夫人巧舌如簧道。

1797年7月，政府改组。巴拉斯力排众议，使塔列朗得到外交大臣一职。

这时，法国政坛一颗新星正在崛起，这便是拿破仑，他刚刚在意大利取得史诗般的伟大胜利。

就任外交大臣不几天，塔列朗便致信拿破仑："我对自己职务带来的风险深感不安，然而，您的威名可以给外交事务提供方便和帮助，这慰藉了我不安的心灵。要知道，拿破仑这一大名足以平息一切危机。"令人惊异的先知先觉，已使他认识到：未来属于拿破仑。

在扫荡保王分子的活动中，拿破仑出了大力。塔列朗立即致信他，"将军公民，贺喜您，您天才地指挥了这一革命举动，挽救了共和国，功不可没！"

随后，他致函准备同奥地利谈判的拿破仑，劝他尽量强硬："若我们得到莱茵河为界，威尼斯又不落入奥皇之手，那样，才无愧将军您的威名。"

结果，莱茵河左岸划入法国，作为交换，奥地利得到威尼斯。变化多端的塔列朗又写信给拿破仑："或许，意大利人会大发牢骚，却无碍大局。祝贺您，缔造和平的勇士！"拿破仑回信道："政府选您任外交大臣，足以证明它远见卓识。您才具不凡，不会有辱于共和国的尊严。能与您通信，使我感到无上光荣，借此机会向您表达我对阁下的敬重之情。"

1797年12月5日，拿破仑一身布尔乔亚（资产者）打扮，回到巴黎，旋即拜会塔列朗，会见气氛热烈而和谐。

在督政府举行的盛大欢迎仪式上，拿破仑进场，全场起立，合唱《自由之歌》。接着，塔列朗致辞："诸位督政官公民，十分荣幸地向你们介绍拿破仑公民。他带来了和平，令我们忆起无数美好的往事。为了满足他的心愿，我要说，荣耀归于我们的革命。"

不久，拿破仑夫人约瑟芬从意大利归来。塔列朗为之接风，俊杰名流汇集一堂。斯达尔夫人向拿破仑递去一枝月桂。"应该把它留给缪斯。"拿破仑冷冷地说。斯达尔夫人没有注意到拿破仑的厌烦，又冒失地问："将军，谁是您最爱的女人？""我妻子。""您最敬重的女人呢？""最善于操持家务的那一个。""那么，最杰出的女人呢？""生孩子最多的。"说完，拿破仑便转身离开。"斯达尔夫人是怎样的女人？"他见到塔列朗时问道。"一个阴谋家。"塔列朗道。"可以做好朋友吗？""朋友？她能先将朋友扔进河里，再用鱼竿钓起来。"拿破仑开怀大笑。舞会结束时，站在约瑟芬背后的塔列朗举杯道："为享有最光荣姓氏的女公民干杯！"

1798年1月21日，督政府决定庆祝路易十六断头日，特派塔列朗请拿破仑出席。"什么？"拿破仑惊呼道，"您是想让我参加一个纪念屠杀的仪式吗？不，我对这样残酷的活动毫无兴趣。""您明白，将军公民，从某种意义说，您我观点一致。但是，这一庄严活动有其政治目的；再说，世界上无论哪个国家，暴君死了总值得庆贺。想必您是天主教徒吧？""当然。""可您却跟着一个土耳其苏丹去清真寺？""是的，那时我需要他的帮助。""那么，现在也是一样，关于庆祝的事是对还是错，暂且不要去考虑。只要1月21日能成为一个节日，您就应该去参加庆祝活动，因为您需要法兰西的支持。"拿破仑点头称是。

为打击英国势力，拿破仑向督政府请命远征英属埃及。塔列朗主张与英和好，但他也不愿开罪拿破仑，还是表示了赞同。

拿破仑走后，法军在欧陆各战场节节败退，形势危急。人们将这归罪于外交大臣塔列朗。《世界自由人报》和《共和党人报》指责他："无耻地迎合拿破仑因年轻和卓越而生发的勃勃野心，让他远离，造成国内空虚"。

这时，酝酿了一年多的若利事件给了塔列朗以致命一击。将军助理若利从塔列朗那里领到1400法郎，去意大利执行公务。但他却滞留巴黎，挥霍公款，寻欢作乐。督政府依据塔列朗的报告逮捕了他，旋又释放。

出狱后，他反诬塔列朗不曾给他指示，并上诉法庭。法庭做出了有利于若利的判决。两天后，塔列朗辞职。

经历了革命动乱的法国疲倦之至，它认清了一个腐败的政体，对督政府的失望与憎恨在与日俱增，山雨欲来风满楼。

1798年8月，拿破仑抛开军队，潜回法国。不满现实者蜂拥而至，而拿破仑最早接见了塔列朗。塔列朗强调：应迅速夺权。"这可能吗？"拿破仑问。"四分之三已经到位。"塔列朗指出应以西哀耶斯为内应,推翻督政府。"您要的是政权,"塔列朗说,"西哀耶斯要的是一部新宪法,你们可以携起手来,废除现在的宪法,它是你们二人共同的障碍。"

雾月18日,秋风扫落叶,拿破仑上台,与西哀耶斯、罗歇·迪科组成三人执政府。塔列朗再次出任外交大臣。他致信拿破仑:"执政公民,承蒙您委任我为外交大臣,我决不辜负您的信任。我将为阁下效绵薄之力,阁下应出任第一执政,掌握一切方针大政,直接领导内务、警务及外交,其他两位执政可分管司法和财政。唯有这样,您才可以振兴法兰西。""你知道,塔列朗很会出主意,很有头脑。"拿破仑对秘书说。

一次,拿破仑问塔列朗:"你如何聚敛财富?""噢,这很简单,雾月17日买一份年金,三天后倒手卖掉。"塔列朗的直言不讳大获拿破仑的信任。

塔列朗偶尔也将外交事务告知另两位执政官,然而,他更经常的却是在土伊勒里宫,与拿破仑一连好几个小时讨论国事。他清楚拿破仑希望从他身上得到的东西——赋予新制度它所缺乏的典雅,清除政府依然存在的革命习惯,向外界表明:一切已走上正轨。用拿破仑的话说,便是:"我需要一个王子般玩世不恭的贵族。"善解人意的塔列朗是最佳人选。

在别人看来,塔列朗权倾一时。实际上,拿破仑主宰一切。外交部给塔列朗带来了丰厚的利益,对于这种地位,他倒也处之泰然。

在对上应付自如的同时,塔列朗对合作者和下属也自有一套巧妙的领导策略和方法。对手下人,他认为应该让那些能干的人去干活。

一天,一个部属走进塔列朗的办公室。他半睁眼睛,示意部属讲话。"这是封信,是选帝侯来的,先生。""那又怎么样?""要立即回复,先生。""若让你回信的话,你是否知道怎样写才算是得体的?""当然,先生。""那么,你就以我的名义回这封信吧!"塔列朗微笑道。

对于下属递上的材料,塔列朗总是迅速阅读,不满便还给写材料者,绝不做太多的评价。而下属必须揣摩他的心思,修改到他满意。塔列朗常说:"今天不易做好的事,最好明天再说。对重要的事拖拉一些,才会显得尊贵,给人以审慎的印象。"

1802年,他对受命出使伦敦的安德西说:"为了在政治交易中获得一个缓作答复的时间,可以拿没有接到指示作借口,这样,对方定无法拒绝。即使你有了明确立场,但由于害怕于己不利,或担心出差错,也可以这样做。在政治交易中,少有不容人缓冲的。在当今欧洲,任何拖延都不会导致恶果。"

塔列朗很少做长篇大论,他的话不是字优句雅,就是言辞刻薄,无人可以模仿。拿破仑就曾说:"塔列朗与众不同,他不让人察觉他的真实思想,但他能够从对方言谈中看出其之所思。"

一天,塔列朗对一些企盼从事外交事务的年轻人说:"首先我问你们:你们有没有财产?""没有。""我不是指大笔财产。可你们至少有六千利弗尔年金吧?""也没有。""既然这样,你们根本别想进入外交界。假如你们不愿损害自己的独立人格,就必须时刻做好被革职和主动辞职的准备。为此,必须有足够的钱财维持良好的生活,我认为做到这一点,六千利弗尔是可以的。既然你们没有,我就以长辈身份劝告你们,干别的去吧!"

恰恰在说这番话前不久，塔列朗雇用了一位青年外交官。这个青年欣喜若狂，在向塔列朗致谢时说，他这是头一次交好运。塔列朗于是大声道："你始终也没有交过好运！我决定解除对你的任命。"

对合作者，塔列朗善于表现出宽容大度。但有时他也会用几乎是顺便提一句的口气对他们说："我看贝松先生需要跟您谈一谈。"贝松是外交部司库，掌管奖金分配。听别人说话时，塔列朗往往精神集中，并常将客人礼送出门。有时他也会打断对方谈话，同时将那条瘸脚跷在长沙发上表示不耐烦。

一天，有人对他说："宪法要短。"塔列朗接过他的话说："要短，并且措辞含糊。"

塔列朗充满智慧的话语常被人在沙龙里引用，并广为流传。"诸如生活中人们总说：'以后再说吧'，随后又总对自己说'已太晚了'。"

"要控制自己的原始反应，它几乎总是发自内心的。""人的智慧受阻于官能。""我原谅别人不同意我的观点，但不原谅他们自行其是。""在这个世界上立身行事，要的是头脑，绝非诚实，人能说话往往是为了掩饰思想。""要想发财，需要的是头脑，最不需要的是诚实。"

1802年8月19日，拿破仑签发命令，"依据教皇庇护七世6月9日敕书，外交大臣塔列朗完全恢复非教会的世俗生活。"很快，约瑟芬和另两个执政，签署了塔列朗和卡特琳娜的婚约。

卡特琳娜身材颀长，腰肢纤细，蓝色的双眸炯炯有神，一头金发柔滑飘逸。她喜好追逐时髦。人们评价她：愚蠢且虚荣。在婚礼上，拿破仑对她说："我希望塔列朗女公民永远如此端庄贤淑。"卡特琳娜回答说："在这方面，阁下的夫人是我最好的榜样。"塔列朗很欣赏自己的妻子，他说："她像玫瑰般鲜嫩，我不敢奢望找到一个更好的妻子了。"

这时期，塔列朗与波旁王室秘密接触，对使者说："请转告亲王殿下，尽管我现在不能为他效力，我对他本人仍万分忠诚，没有比他更和蔼可亲、更受敬爱的人了。"他似乎记起了巴士底狱陷落后第二天与阿图瓦伯爵的一席话，略带遗憾地说："要不是这条腿，我很可能过戎马生涯了。也许，像您一样作王室使者了。"

波旁家族的当甘公爵在巴登的艾丁汉聚集党羽，图谋复辟。拿破仑派军队抓住了他，在巴黎将其处决。深受过王室恩泽的塔列朗后来辩白道："拿破仑处决当甘公爵，是巩固他的地位之必须，任何人劝也没用。"这件事引起的国际纠葛，还是由塔列朗来一手处理的。瑞典索要当甘公爵的遗嘱。塔列朗致信瑞典政府，指出："我们不干涉瑞典内政，也决不允许他人干涉我国内政。"

奥地利提出了强烈的抗议。富有远见的塔列朗急忙致信法国驻奥大使尚皮尼，说："对他们可能提出的抗议一定要加以驳斥，甚至可以用揶揄的方法。"

奥地利的抗议无疾而终。俄国却不依不饶，亚历山大及其宫廷为当甘公爵服丧，并要求对公爵的死做出解释。在回信中，塔列朗巧妙地提起保罗一世被其军官暗杀一事。保罗一世被杀后，因为他的儿子亚历山大赞成这一阴谋，故凶手一直未受到惩罚。自那以后，这一直是亚历山大心虚之处。塔列朗故意说："如果英国人在密谋杀害保罗一世时，有人来告知亚历山大陛下，说谋杀分子就在距俄国边界一法里远的地方，他难道不认为自己有权利派人将他们逮捕归案吗？"沙皇恼羞成怒，却只能无可奈何地将驻法大使申斥一番了事。

外交上取得胜利的同时,法军愈战愈勇。拿破仑踌躇满志,建立帝国如箭在弦。

# 帝国明月

1804 年 12 月 2 日,拿破仑加冕称帝,塔列朗兼宫廷侍卫长一职。

奥斯特里茨一役,奥地利溃败。塔列朗与奥签《普列斯堡和约》,奥地利割地赔款,损失惨重。就是这样,塔列朗还索取了奥地利大笔的酬金,以免掉某些苛刻的条件。

次年,拿破仑迫使奥皇放弃神圣罗马皇帝称号。他指令塔列朗调整德意志的部分领土,组建莱茵同盟。

这样,外交大臣的办公室成了欧洲的转盘。各国大使、特使、谈判代表、被废黜的亲王和即将荣升亲王的人,争相贿赂塔列朗。

一位亲王不愿降为附庸,送给塔列朗 50 万法郎。可是,他的王国不降格,另一位亲王就在劫难逃。塔列朗收到后者的 80 万法郎,便施惠于之。"我们的 50 万呢?"使者赶来质问。"你们? 白扔了。"塔列朗冷面以对。这一次,他总共捞了上千万法郎。

1806 年,拿破仑封塔列朗为贝内旺亲王,领地是那不勒斯北部一块由教皇手里抢来的土地。这一时期,拿破仑与塔列朗合作密切。谈论国事时,塔列朗认真倾听,很少阐述自己的观点,只简明扼要地回答询问。拿破仑很欣赏他的谈话艺术,说:"他是我唯一的交谈对手。"塔列朗也很喜欢同拿破仑谈话,他说:"我要与之谈判的主要对象不是欧洲,而是拿破仑。"

一天,拿破仑问他:"您在欧洲堪称谈话艺术之王,诀窍是什么呢?""陛下,您作战时,要选择适当的战场;而我也要选择谈话内容。我只就自己熟悉的话题与人交谈。他人的问题,我一般不作答,当然,您除外;我总是启发对方问我想回答的问题。"

法军势如破竹,向东挺进,占领华沙。1806 年,塔列朗来到这里,协助拿破仑处理波兰问题。在这里,他结识了玛丽·泰莉丝,她对他一见钟情,疯狂地迷恋他。无奈塔列朗身后总有一群美艳的女人。玛丽·泰莉丝柔肠寸断、黯然泪下。

华沙的大贵族通过玛丽,给塔列朗送去大批金钱,求他帮助恢复波兰。可是,拿破仑与沙皇撇开塔列朗,决定在涅瓦河和易北河之间,建立一个疆土有限的波兰国家——华沙大公国,作为法俄之间的缓冲带。

塔列朗只得悻悻地将钱归还原主。他上书拿破仑,指出:"在法兰西,恢复宗教、道德和秩序;遏制英国,同时欢迎她的文明;以莱茵联邦为帝国藩篱;从奥地利手中解放意大利;以波兰抵制沙俄,这应是帝国的永久性目标。"然而,此时法军横扫欧陆,所向无敌。被胜利冲昏头脑的拿破仑对塔列朗的精心策划置若罔闻,他野心勃勃地企图征服海峡对面的英国。

英、法特拉法加海战,法国海军一蹶不振,武力征服英国已不可能。拿破仑认为:英国是工业国,若切断英国商品进入欧陆的途径,必能置之死地。1807 年 11 月,拿破仑颁布米兰敕令,规定:无论什么货物,若来自英国或其领地,或运往这些地区,一概没收,开始对英实施大陆封锁。

为防英国商品自伊比利亚半岛渗入欧陆,法军越过比利牛斯山脉,先后入侵葡萄牙、西班牙。这大大违逆了塔列朗的总体规划,同时,卷入难缠的西班牙事务,也是塔列朗所不赞同的。

道不同,则不相为谋,塔列朗开始对拿破仑持保留态度。对此,拿破仑非常气恼,甚至责骂塔列朗道:"听着,你是装在丝袜子里的一堆狗屎",塔列朗以沉默对之。被任命为副大选帝侯时,他辞去了外长之职。对此,他说:"我效力拿破仑,是因为他忠于法兰西。当他开始给法兰西来带来深重灾难时,我便立刻辞职。"

同时,他也悄悄开始寻找后路。拿破仑与沙皇会晤,塔列朗作陪。借观剧之机,他同沙皇谈起了真诚的友谊,并对沙皇说:"要想拯救欧洲,必与拿破仑抗衡。在法兰西人民眼中,拿破仑帝国并不等同于法兰西。法兰西人民是文明的,拿破仑是不文明的。陛下应联合法兰西人民。"

回到巴黎,在与奥地利大使密谈中,他指出:"唯俄奥之携手,方能拯救欧洲于水火。"

1809年,拿破仑与约瑟芬离婚。拿破仑召见塔列朗,咨询应娶怎样一位新娘。"当然是奥地利公主",塔列朗说,"哈布斯堡家族乃欧洲最古老的高贵家族,以多子多孙著称。陛下若与这一家族联姻,真乃今昔荣耀之结合,且能早得贵子。"其实,他想通过促使拿破仑与旧王朝的联姻,来将他引回自己设计的轨道。"您简直是个魔鬼,有时候,不得不听从您的。"拿破仑道。不久,拿破仑迎娶奥地利公主玛丽·路易丝。但是,他的野心却并未因此而稍稍有所收敛。

1812年,拿破仑远征俄国惨败,元气大伤。他请塔列朗复出,收拾残局。"我不了解您的事务。"塔列朗冷冷地回绝道。其实,他早已见风使舵,图谋复辟波旁王朝。

1813年,俄、英、奥、普等国再次结成反法同盟。莱比锡一役,法军溃败。

1814年3月6日,一辆四轮马车从通往里昂的路上驶离巴黎。车上坐着一个心事重重的人,他40岁左右,是一个下级官员,名叫维特尔罗。他带着一封由塔列朗口述,用密写墨水写的信。信中指出:盟军可乘虚直下巴黎。沙皇亚历山大得信大喜,挥师直指巴黎。1814年3月31日,反法盟军轻取巴黎。

沙皇下榻塔列朗府邸。"只能有一个原则:路易十八是法国的合法国王。"塔列朗向沙皇陈辞道。"我尊重合法权利,"沙皇声明道,"并且很高兴听到你这样的见解。但是,据我的见闻,你们的人民似乎并不欢迎波旁家族。"流亡的路易十八曾到过俄国,沙皇对他印象欠佳。

沙皇提议将贝尔纳多特、奥尔良公爵等人作为王位候选人考虑。塔列朗强烈反对,他说:"陛下,不论是您、各大盟国、还是您认为有几分影响的我,我们谁也不能给法国一位国王。法国被征服了,是被您的武力所征服的。但今天您却不能强加给人民一个国王。要想建立一个持久的东西,并让所有的人都接受,必须依据一个原则行事。说到底,还是那句话,原则只能有一个:路易十八是法国唯一的合法国王。""我怎么能知道法国民众也同意这个原则呢?"沙皇问道。"陛下,我负责让参议院讨论,您很快就会看到结果的。""您能肯定?""当然,陛下。""好吧!我拭目以待。"沙皇点头道。

不几天,在塔列朗一手操纵下,参议院做出决议,欢迎路易十八回国任法国国王。同时,反法盟军发布《告巴黎民众书》,宣布:"不再与拿破仑·波拿巴及其家族的任何人对话;尊重旧时法国合法君主统治时期的领土完整;承认并保证法兰西民族制定的宪法。"文告的末尾还说:"保持法国的强大是保证欧洲幸福的一个原则。"

塔列朗向尚在负隅顽抗的拿破仑士兵们发出公开信,说:"士兵们,你们是祖国最高贵的儿子,不要再跟随拿破仑,他让祖国陷入了灾难之中,破坏了我们民族的名声。参议院已代表全体法国人民解除了你们对他的誓言。"

穷途末路的拿破仑渐渐不支,4月6日,他宣布投降,被押往厄尔巴岛。百合花王旗又在巴黎上空飘扬,路易十八登上王位,波旁王朝在外国刺刀保护下复辟。外交大臣之职非塔列朗莫属。

# 力挽狂澜

1814年9月,塔列朗代表法国出席维也纳和会。这次会议实际上是俄、奥、普、英操纵的一次分赃的聚会,赃物便是庞大的拿破仑帝国。作为战败国的代表,塔列朗的处境非常艰难。会议伊始,四大国处处孤立法国。塔列朗审时度势,与四国外长接触中,闭口不言政事;另一方面,却极力拉拢同样被冷落一旁的二流国家,影响力日增。

四大国逐渐感到不能等闲视之,邀塔列朗参加预备性会议。抓住文件中"盟国列强"一词,塔列朗大发异议。"盟国?"他故作惊诧道,"结盟对付什么人? 不再是拿破仑:他如今在厄尔巴岛。法国国王? 他是和平的保障。先生们,我们开诚布公吧! 若还存在盟国列强,我在这里就是个多余的人了。""用'盟国'一词,仅仅只是为了使词句简练嘛。"

"先生们,你们怎么能因简练而破坏准确呢? 现在欧洲的第一需要是永远消除能够凭借征服而获得权力的观念,恢复正统王位继承权这一神圣原则是秩序与稳定的保障,也是此次会议目的之所在。我作为路易十八的一位大臣,太阳王(法王路易十四的美称)后代的一位大臣出现在这里,正是对此强有力的实证。今天,你们的举动似乎是在说,正统的法国是此次会议的障碍,这完全背离了此次会议的宗旨,是多么的荒唐可笑。"一席话掷地有声,各国代表肃然起敬。

会议斗争异常激烈,萨克森问题渐渐成为各方关注的焦点。俄国企图独占华沙大公国,一心把萨克森划给普鲁士,以补偿其在波兰的损失。

萨克森国王是奥地利皇帝的近亲,奥地利当然替萨克森说话。同时,奥地利也想分华沙大公国一杯羹,反对沙俄独占之,而且普鲁士的强大也是奥地利所不愿看到的。

英国希望欧洲大陆势力均衡,反对沙俄的扩张和普鲁士的崛起,与奥站在一起反对俄、普。

诚然,将萨克森划归普鲁士,使东邻坐大,有损于法国的根本利益。塔列朗洞悉一切,巧妙地在各国间周旋。

沙皇接见他,说:"问题要在此解决!""这取决于陛下。""应该让各国各得其所。""每个国家也应享有其权利。""我决不会放弃我占领的地区。"沙皇指俄军当时仍驻扎在波兰。

"陛下只是想占有属于您的合法的那些东西吧?""我赞同的是各大国的共

识。""不知陛下所谓的大国之中是否包括有法国?""当然。"沙皇勉强答道,接着又问:"如果您不想让各国各得其所,您的主张又是什么呢?""第一是权利,第二才是各得其所。"

再次接见塔列朗时,沙皇改头换面地问道:"在巴黎时,您曾支持重建一个波兰,为何改变主意?""陛下,我从未改变过观点。"塔列朗平静地解释说,"在巴黎,问题是重建整个波兰,并让该国独立,现在我仍赞成这一主张。现在事情有了变化,这个问题牵扯到边界的确定,这一边界必须保证奥地利和普鲁士的安全。"

"这两国不应感到不安,"沙皇高声道,"我将萨克森给了普鲁士,奥地利毫无异议。"塔列朗冷冷地说,"我很难想象它会赞同,况且,这件事并非一两个国家说了就算的。"

又一次,沙皇对塔列朗道:"告诉我,法国是否真的还在制造武器?""是的,陛下。""法王有多少军队?""和平时期所需要的数量。""那么,让我们做一笔交易吧!"沙皇提议道,"你在萨克森问题上帮我一把,我将说服各国改善法国处境。""陛下很清楚,这两个问题没有关联,这种交易是做不成的。"塔列朗不为所动地说道。

塔列朗拜会奥地利外交大臣梅特涅,指出:"匈牙利和波希米亚是你们的重要领地,怎么能听任它们陷入俄国的包围之中呢?"他又说:"贵国的公主嫁到一个昔日的好表兄(指萨克森王)家中,你们怎能眼睁睁地看着将他的遗产送给你们的天然敌人呢? 我们尚出于义愤从中反对,你们若袖手旁观的话,必遭世人耻笑!"

沙皇与奥皇会晤。"现今时代,"沙皇说,"我们这些君主不得不顺乎民意呀,萨克森民众不愿受分割之苦,要求全部归于普鲁士。""您的理论有些古怪,我认为:一个国君,如果他愿意,可以让出他的一部分领土,但不能将整个国家和全体百姓让给他人。假如他逊位,他的权力将转到其合法继承人手里。他无权剥夺继承人的权力,整个欧洲也没有这样的权力。"奥皇冷冷答道。

"这不符合时代精神!"沙皇嚷道。"这是我的观点,"奥皇平静地说,"也应当是所有国君的观点,因此也应当是您的观点。我永远不会改变!"

沙皇气急败坏,他找来塔列朗,对他说:"先生,就请您去说服普鲁士人吧,我无法收回自己的承诺。""我与普鲁士人打交道很少,一定无法说服他们。""那你说怎么办呢?""陛下倒是拥有说服他们的一切手段,定可以让普鲁士人百依百顺。""您的意思是……""波兰的地盘给他们一点。""好奇怪的办法!"沙皇怒气冲冲地喊道,"你要我把自己的地盘让给他们? 休想!"不出所料,沙皇的狂暴和贪得无厌很快传遍了维也纳全城,威望扫地。

不久,塔列朗拜见英国代表卡斯尔雷,指出,若沙皇得逞,维也纳便朝不保夕,欧洲大陆必将出现势力倾斜,势必危及英国的利益。他还表白说,当法国在武装起来的欧洲面前瑟瑟发抖时,不能想象法国还敢有什么荒唐的野心。"就算是这样吧!"卡斯尔雷说,"但如果一支法国军队为某种原因穿过德意志,那将会引起强烈的反响,唤起过多的往事。"塔列朗安抚他说:"没有必要进行战争。只要欧洲团结一致,共同对俄国即可。"接着,又建议说:"应当承认萨克森王的权力。在这个问题上,您、梅特涅先生和我,我们可以达成一个小小的协议嘛。""协议?"卡斯尔雷颇为惊诧,"您是建议我们结盟了?""达成协议完全可以不缔结同盟。"塔列朗说,"但假如您愿意,也可以说一个同盟。""可同盟就意味着战争,而我们是要尽力避免战争的。""我和您的想法相同,应当尽力避免战争,但不能以牺牲荣誉、正义和欧洲的未来为代价!""战争在我国会不受欢迎的。""假如您赋予战争一个伟大的、真正为欧洲利益考虑的宗旨,它就会赢得民众的支持。""这个宗旨是什么?""重建波兰。"

其实同波兰人的命运相比,塔列朗更关心的是萨克森人的命运,他走这步棋只是想摸清卡斯尔雷的意向,看他可以接受哪些东西。他接着对卡斯尔雷说:"关于重建波兰的问题先放在一边。关键是在承认萨克森王的权力的问题上,用协议或纪要的形式,您、我和梅特涅先生签署一个意向书。其实形式对我们并不重要,重要的是事情本身。""奥地利已正式承认萨克森的权力,贵国也正式承认了他的权力,我也明确承认。您所建议的行动似乎是多此一举。"卡斯尔雷有所保留地说。

然而,普鲁士的态度却帮助英、法、奥走上了结盟之路。普鲁士代表狂热地叫嚷说:"我的国王将不惜余力地占有萨克森,整个王国的军队都在枕戈待旦。"

1815年1月3日,英、奥、法签订秘密同盟条约,维也纳和会上出现对峙局面。经过一番艰难的讨价还价,萨克森保住了五分之三的领土,普鲁士受挫。法国得以保持1790年的所谓"正统疆界",地位也大大改善。塔列朗向路易十八报捷道:"陛下,法兰西不再孤立,您已可以同两个最强大的国家和那些二流大国站在一起,所有不信仰革命原则和信条的国家不久也会加入进来。您将是这一联盟的真正首脑,它的诞生是为了捍卫您率先提出的原则。"

接着,维也纳和会对如何处置拿破仑展开讨论。路易十八坚持不愿解开钱袋,给拿破仑200万法郎的年金。"陛下,饥饿会引狼出林的,小不忍则乱大谋,还是破费一点吧!"塔列朗在信中劝说道。"若让这个恶棍待在遥远的亚速尔群岛的话,我可以不考虑钱财。"路易十八亮出底牌道。

塔列朗立即将这个建议提交大会讨论。出席和会的代表们认为亚速尔群岛还是离欧洲太近,应将拿破仑送到僻远的圣赫勒拿岛去为妥。有人甚至明确说:"绝对应当这样做。这个魔头离欧洲大陆每近一点,我们的恐惧就会增加一分。"

2月10日,维也纳和会一致通过决议,将拿破仑流放到圣赫勒拿岛去。代表们拍手称快。可是这种愉悦并未持续多久,3月初,拿破仑重返法国。塔列朗闻讯后强作镇静,求见梅特涅。他问道:"您是否有关于拿破仑的确切消息?""目前尚无。"梅特涅答道。"不论怎样,他都是一只出笼的恶狼,必须集中全力对付他。"各大国授权塔列朗起草声明。指出:"拿破仑撕毁将其安置在厄尔巴岛的协定,从而自己剥夺了他一生唯一合法的地位。他怀着制造动乱的企图重新出现在法国,从而剥夺了自己受法律保护的权利,并且向全世界表明:有了他,世界就永无宁日。

各大国郑重宣布,他们不惜一切手段,团结一致,以保证和平不再遭到破坏,使各国人民不被任何罪恶行径重新推入动乱和痛苦的深渊。团结在其合法君主周围的全体法国人民,一定能将这个疯狂的罪犯的最后挣扎一步步彻底击溃。尽管如此,我们仍要郑重声明,只要法国国王、法兰西人民,或任何一个遭受攻击的国家的政府提出请求,我们都将毫无保留地同他们站在一起,共同对付这个破坏稳定的罪犯。"

不久,拿破仑便在万众拥护下进入巴黎,路易十八仓皇出逃。维也纳会议就是否出兵进行讨论时,气氛十分压抑。"拿破仑有的不是尊严,"塔列朗站出来说,"而是放肆和粗鲁。""不错,"有人附和道,"观看演出时,他常常让人等好几个小时。""他是所有君主中最粗暴最卑鄙的一个,"塔列朗接着说,"埃尔富特会晤期间,一群国王向他献媚,他却不停地羞辱他们。想起这些我就感到厌恶。他知道强大意味着什么;但毫无尊严可言,人们越是对他卑躬屈膝,他就越发无耻地侮辱他们。而且据我所知,他其实是个懦夫。""可他的名声恰恰与此相反。"有人不解地问。"这是因为不是人人都了解他,"塔列朗解释道,"他从不喝饭桌上放在他旁边的水,总是要桌子另一头的水;动身去外地,他的车总是防护得严严实实,生怕被子弹击中;甚至,在野外碰见打雷,他便藏到一棵树的后面,完全吓破了胆子。""阁下讲的这些,"有人说,"越发使我们觉得拿破仑非同一般,因为他竟能让人相信他无比勇敢。""这是因为,"塔列朗回答说,"拿破仑是迄今世界上最大的骗子。他的最大本事便是欺骗。他身上的一切无不证明了他的本性,他走路的神态活像个软体动物!""我估计很快他便会派人来要求和平的,"塔列朗断续说道,"这肯定又是一个大骗局。我们决不能上当,必须在他端息未定之时消灭他。若让他的野心得逞,必然是后患无穷的。"

果然,拿破仑派蒙特隆为和平使者来到维也纳。蒙特隆向梅特涅建议奥皇和女婿拿破仑单独结盟,给予支持。"无此可能。"梅特涅冷面以对。蒙特隆托人询问沙皇的意向。"摧毁拿破仑。"沙皇无情地说。

鉴于形势,各国结束了他们无休止的争论,在维也纳会议的最终协定上签字,同时决定纠集一支大军帮助路易十八复位。

塔列朗应召回到流亡的路易十八身边。国王召开盛大欢迎宴会。席间,有人问塔列朗:"先生,您在维也纳做了些什么?""瘸着腿走路。"他淡淡地答道。

拿破仑在滑铁卢大败。塔列朗落井下石,敦促各国将拿破仑流放到遥远的圣赫勒那岛。并且,他还建议国王任命极端保王党人,德·蒙克努侯爵为厄尔巴岛总督。他后来解释说:"这是对付拿破仑这种人的最好办法。不得不成天与一个唠唠叨叨、愚昧无知而又自命不凡的人生活在一起,这是何等残酷的折磨!我了解拿破仑,他定无法抵御这种烦恼,会因此而生病,然后慢慢地死去。"1815年9月20日,(反拿破仑)同盟向法国提出了苛刻的最后通牒:要求法国割让大片领土,并赔款8亿法郎。

塔列朗坚持要求与盟国谈判,据理力争。"不论我们对陛下如何忠诚,"塔列朗郑重其事地对路易十八说,"倘若陛下不明确保证给我们支持并不惜任何人的反对,我们都很难应付眼下的困境和可能遇到的侮辱。假如不是这样,就请陛下另请高明吧。"

路易十八决意退让,他沉默片刻说:"那好吧!我任命一个新政府。"会见结束了。塔列朗呆在那里,一句话也说不出来。

"他是那样的冷漠,毫无掩饰地忘恩负义,太令我心寒了。"他后来回忆道。

隐退后,塔列朗开始接近日益崛起的奥尔良家族。后来的法国王后玛丽·埃梅丽接待过他,她在日记中说:"在他那里,我的好奇心得到了充分的满足。他完全符合我的想象:外表优雅,风趣诙谐,温和可亲。他的言语不多,但都经过细细思考。"

奥尔良公爵路易·菲力浦则真诚地表示:希望塔列朗东山再起,重掌大权。这时,西班牙局势动荡,国王费迪南向法国求援。

路易十八冒充好汉,宣布:"为捍卫亨利四世一个后代的王位(西班牙国王亦属于波旁家族),10万法国军队随时准备出征",一定要"将这个美丽的王国从废墟中拯救出来!"

然而,国际局势却证明路易十八这一举动将会是愚蠢的:英国坚决反对外国军队介入西班牙事件;奥地利担心法国过于强大会扮演欧洲宪兵的角色;俄国则声称只支持法国的和平努力。

同时,要让10万士兵出征,就需要钱;每人1000法郎,总共就要1亿法郎! 虚弱的法国怎能承担这样重的负担? 身为贵族院议员的塔列朗发言指出:"16年前,当时统治世界的那个人进军西班牙,我表示了异议。但是,遭到疏远是我的诚实所得到的结果。多年以后,我又不得不向合法君主提出相同的建议。这是何等奇特的相似!"他预言说:"当年,拿破仑冒险去西班牙捅马蜂窝,结果损兵折将,走上了下坡路。现在,假如我们坚持进军西班牙,历史就会重演。我们就会走向失败!"

路易十八恼羞成怒,对塔列朗说:"先生,也许到乡村休息一下对您不无好处。""不,陛下,除非您去乡村,那我很荣幸能陪您去。""不,不,我是说,"国王又平静地说,"我是问您是否准备回您的乡村宅第去。""不,陛下。""噢! 您可否告诉我,从巴黎到您的别墅有多远路程?"塔列朗沉默片刻,假装在计算,随后说:"陛下,具体路程我不大清楚,但跟巴黎到根特(路易十八曾在此设流亡政府)的路程差不多。"在塔列朗的据理力争下,路易十八终于同意不再出兵西班牙。

1824年9月,路易十八驾崩,阿图瓦伯爵即位,称查理十世。塔列朗主持加冕典礼。

典礼持续达三个小时。查理十世头戴沉重的王冠,右手握着君主权杖,左手握着正义权杖,出现在大厅中高呼"国王万岁"的人群面前。顿时,钟声齐鸣。数千只鸽子腾空而起。人们评论查理十世说:"他大概不是个坏人。在寻常时代,他是一位不错的国王;在一个非常时期,他则会落入地狱。"

查理十世喜欢重复一句话:"我不想和哥哥一样被送上断头台。在这样一个乱世,做一个国王,或是顽强地抓住权柄,或是上断头台,此外别无选择。"他独断专行,任命了一个合他口味的政府,国人普遍不满。

被查理十世疏远的塔列朗后来解释说:"当查理十世选择那些国内最不得民心,除对他固执盲目地顺从外,别无任何长处的人组成内阁,并日益变本加厉时,他的失败便成为定局。"

1830年7月25日,查理十世签发敕令:取缔言论自由,解散议会,修改选举法。高压引发反抗,巴黎动荡起来,集会接连出现。政府各部门前,人们发出阵阵嘘声;装饰在公共建筑正墙上的百合花(波旁家族的象征)遭到石块袭击。到7月28日,巴黎响起炮声,人民揭竿而起,敲响了进攻市府的钟声。

塔列朗在家中召开反对派自由党贵族院议员会议,并派人告诉奥尔良公爵:应尽快进入巴黎领导起义。30日到31日的夜里,查理十世仓皇出逃,波旁王朝的统治土崩瓦解。8月2日,查理十世逊位。8月7日,立法议会修改宪法,推举奥尔良公爵为法国国王。8月9日,奥尔良公爵路易·菲力浦即位为法国国王。他的王朝被称为七月王朝。

在向路易·菲力浦宣誓效忠后,塔列朗不无得意地说:"陛下,这是我第13次宣誓了!""先生,任政治制度更迭变化,你却岿然不动。诀窍何在呢?"塔列朗答道:"恳请陛下相信,我在其中没起任何的作用。但我身上似乎有某种不可解释的东西,它总给轻视我的政府带来不幸!"

# 英伦夕阳

路易十八和查理十世都是"神圣同盟"（维也纳和会后欧洲各国君主建立的同盟，以维护正统王朝为己任）的积极拥护者，而路易·菲力浦之父曾支持处死路易十六，被称为弑君者"平等的菲力浦"。故欧洲各国对七月王朝都持观望态度，不承认法国新国王。英国的圣·詹姆斯政府却首先承认了七月王朝。

路易·菲力浦立刻就此事咨询塔列朗。"应当同英国改善关系。"塔列朗强调道。路易·菲力浦深表赞同，任命塔列朗出任驻英大使。

72岁高龄的塔列朗受命前往英伦。他首先拜访威灵顿。这位滑铁卢战役的胜利者暗示：七月革命是场不幸事件。塔列朗解释说："阁下应当相信，这场革命对于法国和法国希望与之友好相处的所有国家来说，都不是一场不幸……"一席话令威灵顿心悦诚服，他许诺支持新王朝，条件是"人们不再做蠢事。"塔列朗拜会俄驻英大使利埃万公主。女大使说："说什么都没有用，法国发生的是明目张胆的篡位活动。""完全正确，"塔列朗冷冷答道，"不过遗憾的是，它不像您的君主亚历山大希望的那样发生在16年前。"

他还见到了吕西安·波拿巴和约瑟夫·波拿巴，他说："我对这家人一直都很敬重。拿破仑做了有损于我的祖国的事，但我却不能忘怀他曾对我的恩惠。我对这家人的感激之情，却是一点也影响不到我的政治信念的。"

驻英期间，塔列朗将大部分时间和精力用于处理棘手的比利时问题。自维也纳会议以后，比利时被划归荷兰。比利时人对此很不满意。他们要求在获得社会地位方面与荷兰人享有同等权利：信仰自由；使用语言和接受教育自由；所有人都可以平等自由地在报刊上发表言论等。这些要求被写进了无数请愿书中，但荷兰议会却视之为"孩子的妄想"，根本不予理睬。

比利时人不甘心做荷兰的藩属。七月革命将自由之风吹到布鲁塞尔，9月24日，荷兰国王举办的庆祝活动受到拒绝，布鲁塞尔人高呼："今日受侮辱，明天闹革命！"

人群拥向荷兰王后的宫廷侍从长加夫尔亲王的府邸，口中高呼："打倒荷兰人和他们的走狗！比利时人万岁！"雨点般的石块飞向亲王府邸的玻璃窗。

25日，布鲁塞尔的莫奈歌剧院上演歌颂那不勒斯反抗西班牙的英雄马萨尼罗的剧目，全场高唱"宁死不做奴隶！"布鲁塞尔响彻着愤怒的呼声，燃烧的烈火冲天而起。现在不再是少数人的游行示威，而是呼声震天的巨大人流。军队开始镇压，街道上洒满了鲜血。但很快，军队便弹压不住，向城外撤退，四五千比利时人聚集在中心广场上，市府门上飘起了红黄黑三色旗帜。布鲁塞尔的暴动很快变成了一场革命，三色旗在比利时全国各地迎风招展。

荷兰国王调集军队进攻布鲁塞尔，惨遭失败；深受爱戴的比利时流亡者路易·德·波特回到国内；革命胜利了，临时政府宣告成立。

维也纳协定的保证国蠢蠢欲动。同比利时接壤的普鲁士准备帮助荷兰，秣马厉兵；奥地利认为这破坏了维也纳会议确定的欧洲秩序；英国更是将1815年的荷兰视为他们的杰作，绝不允许任何人乱碰！

而在法国，一些激进分子视比利时革命为七月革命的产儿，强烈要求国王派一支军队支持比利时人。战争阴云笼罩在欧洲上空。塔列朗深知战争将不利于法国,他费了不少口舌才使巴黎的狂热分子平静下去,并且每天都在为"不干涉原则"四处奔走。

这时,伦敦汇集了不少外交官,他们为了难以解决的希腊问题空谈了将近一年。塔列朗四处穿梭,呼吁召集1815年协定签字国会议,得到了热烈的响应。1830年11月4日,比利时问题伦敦会议开幕,塔列朗致辞道:"我并没有给会议带来法国的声音。作为一个老朋友,我来和大家商谈一些事情。"他巧妙地使自己成为维也纳会议期间那样举足轻重的人物。在他斡旋下,各国很快达成了初步的一致。但是,比利时局势也在迅速地发展。11月10日,比利时人在布鲁塞尔召开代表大会。11月18日,会议宣布比利时独立,并要求各国予以承认。

法国的外交大臣塞巴斯迪亚尼派弗拉奥给伦敦带来一项提案,建议:将比利时一部分划给普鲁士,一部分给荷兰,第三部分给法国,英国将获得安特卫普和斯海尔德河河口。

塔列朗坚决反对,他指出:"安特卫普!安特卫普交给英国人!怎么!让英国出现在欧洲大陆!只要法国还存在,不管她多么弱小,欧洲大陆就不会有,也不能有英国的存在。此案断不可行!"

终于,1830年12月20日,伦敦会议达成协议,规定:比利时脱离荷兰,由英、法、俄、奥、普五大国保证其永远中立,该国的领土完整不可侵犯。

塔列朗对此成果非常满意。巴黎获悉伦敦协议后,路易·菲力浦国王向他祝贺,称伦敦会议"具有划时代的意义"。但是,荷兰国王还占据着安特卫普,不肯归还比利时的全部领土。英法两国决定合作以促使伦敦协议得以执行。一支英国舰队封锁了海岸,杰拉尔元帅率领的法军包围了安特卫普。

1832年12月22日,安特卫普宣布投降,比利时问题得以彻底解决。塔列朗在给法国新任外交大臣德·布罗葛利的信中洋洋得意地说:"从安特卫普投降之日起,比利时可以真正成为一个独立国家了。""更重要的是,法国重又恢复了她的重要地位。"他十分自豪地补充道。

抓住这个英法通力合作的契机,塔列朗再接再厉,迎来了英法关系阳光明媚的春天。1834年4月22日,英国、法国、西班牙、葡萄牙签署了四国同盟。塔列朗心满意足地说:"从我的政治生涯开始之日直到现在,建立法英两国间的亲密盟国关系,始终是我最美好的愿望。因为我深信:世界的和平、自由的巩固和文明的发展,都只能建立在这一基础之上。"

在伦敦期间,塔列朗异常繁忙。伦敦会议往往通宵达旦,使年近八旬的他精疲力尽,健康状况恶化。弗拉奥夫人劝他道:"您来伦敦出色地完成了国家赋予的任务,应该感到满足了。您知道,年岁是不饶人的,年轻人可以奋斗不息,年长者却应该选择合适的时机急流勇退。历史对一个人晚年的评价要比对他早年的评价严厉得多,在一片赞美声中退出是非常明智的。而且自己宣布老了,别人反而不觉得您老。我说这番话主要是不忍繁忙的工作使您飞速地老去,赶快抢在所有人之前庄严地说:退休的时候已经到了!"塔列朗接受了她的建议,在工作告一段落后,向国王提出辞呈。

路易·菲力浦再三劝他收回决定,但塔列朗的决心已定。法国舆论界对此好评如潮,有家大报公开赞扬道:"塔列朗先生完成了一项初时伟大、日后将会更加伟大的事业。"

隐退后,塔列朗隐居在小镇瓦朗塞。有人向他引见了一位声音尖细,话语滔滔不绝的年轻人,这便是法国未来的国家元首梯也尔。

"他是一个新贵。"旁边的人对塔列朗介绍道。望着手舞足蹈、夸夸其谈的梯也尔,塔列朗说:"小伙子真是热情激昂。"同时,他告诫年轻人,缺乏节制会导致失败,一切过分的东西都没有意义。

年轻的梯也尔为自己的不得民心而苦恼。塔列朗耸耸肩膀对他说:"40 年来,我一直被人视为欧洲最不道德的人。可是我却始终大权在握。"

事后,塔列朗评价梯也尔道:"他称不上是一位新贵,但他将会是一个成功者。"1834 年 12 月 13 日,塔列朗出席为梯也尔举行的法兰西学院欢迎新院士典礼。当这位昔日的法国外交大臣进入大厅时,全场起立向他致意。

在生命的最后四年,塔列朗不断自豪地总结他的一生,追忆非同寻常的往事。"您看,德·拉马丁(法国当时的著名诗人和政治家),"他对拉马丁先生说,"人们对我的名字做种种解释,进行各种各样的污蔑,他们说我不道德,像马基雅维里。我对这一切无动于衷,嗤之以鼻。我从未给任何政府出过什么坏主意,我也没有因他们的倒台而倒台。因为轮船遇难后,总还是需要有舵手拯救遇难者,我总是扮演着舵手的角色。我认为公众的愚蠢评价不值一提。一个国务活动家有多种方式表现他的正直。"

1838 年 5 月 17 日,84 岁高龄的塔列朗走到了生命的尽头。

临死前,他为自己辩白道:"我一生中的密谋活动都是为了拯救我亲爱的祖国,可以说,大多数法国人是我的同谋,所以密谋才能成功。也许有人认为我对拿破仑太忘恩负义了。但是他们却忘记了一个事实,战败的拿破仑只会给法兰西带来耻辱和灾难。我坚信:政体可以变化,政权可以更迭,法兰西却永远是我的祖国,我只为祖国效劳。"

# 沙俄末日的灾星

## ——拉斯普庭

## 人物档案

简　历：西伯利亚农民，当过盗马贼，以宗教名义被荐入宫，干预朝政，权势日隆。

生卒年月：1869 年 1 月 10 日～1916 年 12 月 26 日。

安葬之地：不详。

性格特征：卑鄙、无耻。

历史功过：勾结权贵控制国家经济命脉，干预朝政，操纵大臣任免权。

## 家运多舛

拉斯普庭的父亲名叫叶菲姆·维尔金，是萨拉托夫的农民，用公家马车运送地方当局的邮件。他由于经常在驿道旁的酒馆酗酒而生活贫困。一家人时常忍饥挨饿。

有一次，叶菲姆赶马车运送邮件，他在斯涅任诺驿站喝得酩酊大醉，不省人事，完全不知道有人从车辕中偷走了辕马，扒手们把全部邮件都拿去烧了火。这是天大的渎职罪，要交付法庭审判的。叶菲姆被关进监狱。他在狱中痛心疾首，可是不管他如何痛哭流涕，表示要幡然悔悟，但依然没有放他回家。

在此期间，他家已一贫如洗。妻子应雇去给小市民粉刷墙壁，大儿子拉弗鲁沙给过路的先生刷洗马车，家里还有两个嗷嗷待哺的孩子：患癫痫病的玛丽尤什卡和躺在火炕上的格里申卡（即后来的拉斯普庭）。一年之后，叶菲姆获释回家，他吻着圣像说，"我对你发誓，从今后滴酒不沾"。

他没有食言，戒了酒。虽然叶菲姆为人老实，但由于那次过错，再没有人要他用驿马迎送客人、运送邮件。他想在商人手下找活干，但商人们不愿雇他，说他坐过监狱。叶菲姆深感绝望，心想只有一条路，去讨饭。

但是时间不长，萨拉托夫省号召当地农民到广阔的西伯利亚去寻找新的生活。西伯利亚肥沃的土地自古以来尚未开发，白白地荒芜着。叶菲姆卖掉房子，带着一家人，与亲戚亲吻告别，坐上行李不多的马车，向东方奔去。他们被安置在距秋明

80俄里的生荒地上,因此西伯利亚人按自己的习惯把叶菲姆·维尔金叫作"诺威赫"(意为"新人")。按当地的习惯把叶菲姆的子女也都叫作"诺威赫"。一个新的姓就这样诞生了。对此叶菲姆未表示异议,因为他就是来寻找新生活的。在原始森林里,很快就出现了一个新村,按照教会的方式取名为波克罗夫斯科耶村,该村农民对见过世面、又会写字的叶菲姆甚为推崇。

叶菲姆因为识文断字,头脑好使,一开始就被推选为东正教徒小组长。当波克罗夫斯科耶村与毗邻村落改组为乡时,叶菲姆又被推选为乡长。萨拉托夫的暴风雪对他来说已成为年代久远的梦境了,叶菲姆心情不错。逢年过节,或者在假日,他对白酒看也不看,同时很自尊地对乡亲们说,"我很乐于听你们的吩咐,但不能喝酒。因为上帝分给我的那份酒,我已经喝完了,现在即便是白喝,也不能随大流,请诸位原谅!"

叶菲姆一家富裕起来了,每个人都添置了羊皮大衣和毡靴,家里所有的人都干活,只有格里什卡一个人冬天躺在热炕上,春天把皮褥子铺在篱笆下面,躺在那里晒太阳。叶菲姆为了教训儿子,抽断了几根马缰绳,但最终也未能使他养成劳动的习惯,后来也就让步了,心想,让他躺着去吧,我们现在不是穷人了,养个懒虫也还能过得去。

但是,天有不测风云,人有旦夕祸福。叶菲姆的妻子别拉盖娅忽然病得要死,大儿子外出去请巫婆。等儿子回来时,母亲已经躺在灵床上了。儿子也躺倒了,他骑马时出了汗,风一吹,着了凉,得了奔马痨,40天后死去。两座新坟还没长满青草,家中又遭受新的灾难。有一次,他唯一的女儿玛丽娅去河边给爸爸洗衣服。这姑娘癫痫病发作,扑通一声掉进河里。接二连三的不幸打击,叶菲姆精神垮了。在复活节前,他在教堂里开了斋,并向同村人宣布说,"看来我得罪了上帝。从现在起,我要同流合污了。"

叶菲姆开始酗酒了,从出卖马车开始,家业日益破败。到最后,连神像也换了酒喝。叶菲姆的教徒组长职务被革除。省长也不让他当乡长了。土地荒芜了,因为父亲酗酒,儿子懒惰。他们干脆不种地了,叶菲姆把地也换了酒喝,不但自己酗酒,而且还灌自己的儿子。

格里什卡生来沉默寡言,当他试着喝酒时,最多不过15岁。他长得骨瘦如柴,嘴边流着口水,不言不语,很早就长出胡子。有一天,叶菲姆酒后头疼,从邻居的篱笆上偷了一块破布做的擦鞋毡,带到小酒馆去。对于这种经常性的偷盗作风,农民决定以自己的农民审判会处理。他们闯进叶菲姆家,使劲揍他,被打得半死的叶菲姆昏厥过去。格里什卡把半死不活的父亲送往秋明,不久叶菲姆便离开人世。

格里什卡留在了医院里,住在楼梯下,吃的是残汤剩饭。当时秋明的医生中有不少被放逐的大学生,他们抱有善良的志愿,帮助格里什卡识字,时间不长他居然能念出店铺的招牌了。每天医院安静下来,他喜欢坐在角落里听人们理智的谈语。他虽然不理解复杂的事物,但还是记住了一些东西。可是他好吃懒做,恶习难改。虽然说给病人端尿端屎不是一件好差事,可是在医院里毕竟可以穿得暖、吃得饱。并且也没有人欺侮他。如果过个三年五载,他本来可以当上护士。可是格里什卡鬼迷心窍,他偷了病人枕头下的钱包,医生们把他从医院赶了出来。

格里什卡无家无业,到处流浪,信手偷盗,后来流窜到省城托波尔斯克,在一个低级旅馆里当堂倌。小旅馆名声不太好,可是这儿很热闹,最重要的是这儿有酒喝。客人们剩在杯里的酒很多,有些客人甚至赏给这个小堂倌酒喝。格里什卡在这里混得酒足饭饱。

有一次,旅店来了两个人,穿戴入时,举止机警,只喝茶吃糖果,眼睛却盯着格里什卡。其中一个人把格里什卡叫到跟前说:"喂,大鼻子,你过来,我想问问你,你是不是知道:马是买来的便宜,还是偷来的便宜?"

格里卡回答,当然是偷来的便宜。那两人问道:"愿不愿意跟我们走"。就这样,格里什卡被拉进了一种强悍的、危险的生涯。在这种生活里,他一贫如洗,今天不知道明天是否还能活着。在广阔的西伯利亚,人们的性格大胆而冷酷,但多半很诚实。他们痛恨偷盗行径,因此对待偷盗犯,往往自行审判后处以私刑。当盗马贼的都是些对他人疾苦不知同情,身强力壮的男子汉,他们都有随时准备被农民打死的冒险劲头。盗马贼无形之中变成离经叛道的人,每偷一匹马,他就远离农民一步,盗马贼不仅反对任何法律,并且与人民为敌。

# 淫逸放荡

几年过去了,格里什卡回到了故乡波克罗夫斯科耶村,大大方方地住进了空房子。谁也没想到原乡长的儿子竟重返故土。在他高高的额头上有一块疤痕,这是在酒馆斗殴中挨打留下的痕迹。村民们问:"你是什么人?"

"我是上帝的儿子,生活的过客,我就是这样的人!"格里什卡这样回答。

他不是孑然一身回来的,还带着妻子普拉斯科薇拉。格里什卡不想以劳动为生。为了不挨饿,有时他去当马车夫。每次赶脚回来,他总是喝得酩酊大醉。由于经常斗殴,他遍体鳞伤。而一回到家里,就痛打妻子。

农民的生活不轻松,夏天在地里当牛做马,还要准备好柴禾;冬天也不能闲着,要做毡靴,做挽具,还要揉羊皮。可是格里什卡却躺在大炕上养膘。村民们说:"这怎么行啊!你看看,你破衣烂衫,老婆也没饱饭吃。钱要靠干活挣来。"而格里什卡却说:"如果上帝要我生在世上,那么他就应当让我吃饱。干活吗? 不干! 我又不是一匹马。干吗要干活呢? 不管干活的还是不干活的,反正都要死。"村民们给他取个恶名"坏蛋"。众所周知,俄国农村很纯朴,听不到脏字。可是格里什卡经常骂人,还打架斗殴。他从不怜惜马匹,总是往死里赶。别看他外表阴郁,不与人交,可是却喜欢凑热闹。他嗅觉极灵,有酒必去喝,不请自到。同乡们一半是出于怜悯,一半是出于害怕报复,总给他酒喝。

这个格里什卡身上可能有某种与众不同的地方,当时的村长别洛夫向县警察局长报告说,"我并不怕他这个长毛鬼,可是我从来不瞧他的眼睛! 他一瞧我,就像有人把一条蛇放进我的脖颈里似的……"大自然赋予格里什卡一副坚如钢铁的身躯。后来新闻记者对他的耐劳能力做了一个总结。在 50 岁时,他从中午狂欢到次日凌晨 4 点。纵情酒色之后,他马上去教堂晨祷,做祷告一直站到 8 点钟;回家后喝点茶,格里什卡像没事人儿一样,接待来访者,一直到 2 点;他打电话约定各种幕后活动,然后选上几个女人一起去浴室,从浴室出来,直奔郊区餐厅,又继续前一天晚上的勾当——这种休息制度是任何一个正常人都经受不住的……

由于干坏事,村民们在村子里把格里什卡叫拉斯普庭,这个名字就像粘在他身上一样,怎么也甩不掉。县警察局长在巡视自己管辖的地段时,不想把格里什卡算在"诺威赫"姓下。格里什卡说那就用旧姓:维尔金。局长哈哈大笑说,"你算什么维尔金,这个姓有叉子的意思,老爷们都用它来吃饭;而拉斯普庭含有淫逸放荡的意思。我比你有学问,我了解姓氏来源的微妙之处……"于是拉斯普庭就成为格里什卡的正式姓氏了。

波克罗夫斯科耶村的村社向当局提出请求,把拉斯普庭驱逐到东西伯利亚去。但拉斯普庭没等人们把他赶走,就脱了鞋,光着脚开始去出门远游。在村口,他对干活的村妇说,"我要出远门,去朝拜上图尔斯克修道院"。

一连好几个月,拉斯普庭音讯全无。后来他回来了,半裸着身体走来,没戴帽子,长发把脸都遮住了。他目中无人,只是不断地挥舞着双手并念念有词。在教堂里,他凶恶的目光环视四周,忽然莫名其妙地用嘶哑的嗓音唱起圣歌。看来,他的神情举止发生了变化,可能是在上图尔斯克修道院遇到了一些什么人,而这些人对他的心理产生了很大的影响。他举止怪异,动作局促不安。他的言语有时毫无联系。精神兴奋一阵之后,进入严重的抑郁状态。拉斯普庭从上图尔斯克回来以后,在村民眼里是明显地失常了,但他自己却对同乡们说,他得到神的启示,他已成为"神人"并具有非凡的本领。

在这段生活期间,拉斯普庭侈谈对上帝之爱以及在世上建立什么"农民王国",还真有人相信他的圣性,认为他的确是个具有本领的圣徒。一些妇女从遥远的村落来到这里。她们不去教堂向神父祈祷,而是向这位新的圣徒忏悔罪过。甚至有一些身穿半修女服装的女巡礼人经常来到拉斯普庭的木房,他们日落以后前来,踏着晨曦的露水离去……

拉斯普庭像小鬼怕神看一样害怕干活。这个懒汉厚颜无耻的搜索那些女崇拜者的背包,而且不嫌弃任何东西:腌黄瓜、凝乳点心、葱头等他都要。他就是以此为生。

拉斯普庭的盗马贼生涯对他也是有帮助的。盗马贼和兽医总是交往甚密,比如有时要阉个马驹,有时为了多卖些钱,把瘦马喂肥。拉斯普庭以盗马为生时,见过不少兽医。他从兽医那里了解到不少治马的秘方,而且派上了用场。

波克罗夫斯科耶村的农民虽然看不惯拉斯普庭,可有时候还得求他帮忙。有一次,一个小男孩用镰刀把脚割破,孩子的血在草地上流了一片,拉斯普庭念念有词,给他敷上一些草,血竟然凝结了。在骡马交易大会上,拉斯普庭也创造了奇迹。在买卖开始时,他拉来一匹老马,关在一间草棚里,用脱脂牛奶掺麸子喂了它一个星期,拉斯普庭用吉卜赛人的办法,用烧红的烙铁在马牙上烙出小坑,就像小马一样。当他把马拉到交易大会上,人们大吃一惊,看到的是一匹欢蹦乱跳、毛皮光亮的骏马。村长别洛夫说,拉斯普庭是个骗子手! 有必要向县警察局长报告,风声传到拉斯普庭耳朵里,他无所畏惧地斥责村长说,"你脖子上挂了奖章,可是,不要干涉我的事。我是上帝的人,我随时可能去远游。"

拉斯普庭虽然没有身份证,没有钱,甚至连双草鞋也没有,但他却敢于去远游。在过了许多日子,他回来之后,在与农民聊天时突然泄露天机地说,"我看见皇后了,裸体的,就像夏娃一样。"村民们说他胡扯,拉斯普庭说,当皇后在萨罗沃沐浴时,他从丛林后面看见她了。村民们好奇地问,"皇后怎么样?我们的皇后是个什么样子?"拉斯普庭不以为然地说,"在黑夜里,她们这些女人都是一个样子,我只看到她很瘦,一点儿也不丰满……"

同乡们也看到,拉斯普庭朝拜过圣地之后,显得阔气起来了。他购置了马拉的两轮车,头上戴起地方神父常戴的黑色高帽子。村民们窃窃私语,"他是不是贪财害命了,外出云游是捞不到好处的……"

有一次,孀居的百万女富豪巴施玛科娃驾着一辆带铃铛的三套马车,忽然来到波克罗夫斯科耶村,她送给拉斯普庭的妻儿们许多东西,有衣服和糖果。拉斯普庭在村外盖了一个新浴室,设有蒸气浴的石炉,每天晚上把这位百万富豪带了去,两人一起洗个痛快,他对这位阔妇人说:"你不必怕犯罪,因为所有的罪过我都包在自己身上。这样,在上帝面前你就不会有罪了。我会与上帝说清!"拉斯普庭内心根本不信上帝,也不是什么虔诚的教徒,他只相信一个真理,"我何必等着进天堂呢?我要那些云啊雾啊有什么用?我想在地面上生活得像沙皇一样。我要看女人跳舞!我要饮不尽的美酒!我要滚烫的茶饮!我要走起路来咔咔作响的皮靴!我要绣花的上衣!把你们都气死!"

不修边幅的拉斯普庭

不久,波克罗夫斯科耶村来了一位新牧师,名叫尼古拉·伊利因,他为人耿直,积极反对加邦牧师及其对工人的影响,因而被东正教最高会议流放到西伯利亚来。尼古拉神父衷心希望拉斯普庭脱离鞭身教派,每天晚上都请他来吃茶。他同拉斯普庭进行关于拯救灵魂的谈话,规劝他迷途知返。这次结识对拉斯普庭是有益的,他从神父那里学会了许多教会辞令,侈谈神力以及各种奇迹。从前他鄙视教堂,现在却变成了最殷勤的教徒,他长期吃素,当然是做做样子。拉斯普庭转向官方教会,这不是出于信仰,而是出于恐惧,因为他生怕参加鞭身教派将遭到官方教会迫害而被放逐到荒无人烟的地方去……

1905 年革命的消息没能立即传到西伯利亚的穷乡僻壤,后来谣言四起,说什么在俄国将召开人民杜马,以便考虑人民的需求。拉斯普庭说:"真是发疯了,对我们这些人来说,杜马有什么用?似乎要同我们玩猫逮耗子的游戏了……"

但正是提名"民众代表"的竞选运动把拉斯普庭这类人物推到俄国生活的水面上。

# 引荐入宫

　　像拉斯普庭这样的"下三滥"浮上社会生活的水面,通过教会、黑色百人团、秘密警察的安排和穿针引线,举荐给皇室,并被皇帝所接纳。这的确是一股力量不小的势力运动的结果,这股势力的典型特征就是贪婪、自私、愚昧、无知、迷信、固执。而当时的俄国末代沙皇尼古拉二世夫妇就是这股势力的典型的和最高代表。只有了解了俄国皇室的状况,才能解释拉斯普庭为什么能被皇室所接纳。在这里从一个侧面就能看清沙皇尼古拉二世夫妇是多么地愚昧无知和迷信固执。

　　创造上帝的工厂向来是设在尘世。什么地方期待奇迹出现,什么地方理智逻辑就失去作用,一切健康的东西都变成有害的。皇后亚历山德拉·费奥多罗芙娜认为,僧侣、游僧这些人是俄国人民的精华。这个神经质的女人被一个问题困扰着,就是想要生一个王位继承人。于是身边所谓的"先知""预言家""救世主"像走马灯似的川流不息,实际上都是些骗子,他们投其所好,预言皇后要生王位继承人了。这些骗子冒险家们有俄国本土生长的,还有一些是来自国外的。

　　还在 1897 年沙皇夫妇访问法国,皇后在法国访问期间丢尽了脸,整天神经质,怀疑有人会暗杀她,弄得法国警方极不高兴,认为这是一个没有修养、神经衰弱的女人。在法国康边的一次偶然停车中,一位名叫瓦肖尔·菲利浦的里昂人以医生身份来到皇后身边,他说会治妇女病,可以控制胎儿的发育,预言说皇后已怀上皇太子。已经生了三胎公主的皇后心花怒放,把这位"医生"带到彼得堡。九个月过去了。皇后生下了第四个女儿。菲利浦又预言皇后第五胎一定是个皇太子,而且已经怀上了。时间流逝,到了第九个月,沙皇正式向宫廷宣布,他快有继承人了。产期已过,宫廷助产士奥特教授请求沙皇允许他对皇后进行临产检查。检查结束时,发生一场混乱。奥特教授恶声恶气地对皇后说,"您根本没怀孕,这都是宫廷里的坏蛋在骗您……"沙皇不得不发表正式公报:皇后怀孕的消息原来是假的。

　　此时,身居巴黎的沙俄国外特务局首脑拉契科夫斯基搞到了有关菲利浦的重要材料。为了慎重起见,他亲自来到彼得堡向内务大臣西皮亚金汇报。原来菲利浦是臭名远扬的恶棍,因为诈骗和伪造,多次被里昂法庭判刑。他冒充医生,实际上据法国方面的证明,他是肉铺的学徒。内务大臣可能是太了解皇室了,他说"我给你出个好主意,把这些材料都扔进壁炉烧掉"。拉契科夫斯基没听内务大臣的话,把材料转交给皇太后。不久,拉契科夫斯基被免职,连养老金也不发。沙皇蔑视自己的这个特务,还提升了菲利浦。吩咐军医科学院,让它的学术委员会授予菲利浦以医学博士学位。虽然学术委员会不同意,但最后还是绕过它,以陆军部的名义授予了菲利浦博士学位。沙皇还授予这个无赖以高级文官的官衔。此后,他向沙皇要了一笔车马费,收拾起在俄国攫取的财物,溜之大吉了。

　　类似这样的丑闻在皇室接连不断。这使得俄国宗教界深感不安和恐惧。

　　亚历山大·涅夫斯基一级修道院方丈,神学硕士、神学院督学费奥凡得知来自国外的洋预言家经常出没宫廷,深感不安,他说,"这种事不能再这样继续下去了。我们怎么竟落到这步田地?自古以来,都是俄国本土为沙皇提供圣者。可是,现在在搞些什么名堂呢?难道受过拜占庭恩泽的俄国土地真是这样贫瘠吗?在俄国,预言者多如牛毛,比比皆是……"费奥凡这帮僧侣共同决定向冬宫皇室派遣自己的代表。

第一个潜入宫中接近皇后的是总主教安东尼,此人通晓多种外语,过去是近卫军中一位漂亮军官,善于交际,聪明俏皮,满口华丽辞藻。但是教会司令部打错了算盘,皇后根本不需要华丽辞藻。宗教界立即纠正自己的战术,跑遍大帝国的国内市场,寻找需要的货色。不久,彼得堡就传说蜂起,在俄罗斯的内地发现了一个能预卜未来的神童。宫廷侍从武官科连卡·奥鲍连斯基公爵向皇后禀报说,"我作为科泽尔斯克的地主,可以向您保证:天神在一个童子身上附体了。您想想看,我们庄园的女邻居阿巴梅利克·拉扎列娃公爵夫人怎么也不能怀孕。神童告诉她说,她将生儿子,结果真的! 生了一个儿子!"皇后兴奋起来,表示要见见这个神童。

神童被带进宫,实际上是一个身患癫痫病的男孩,名叫米吉卡。此时皇后已是身孕四个月,最担心的是生女还是生男。故经常观看神童显灵,但那神童实际上是癫痫病发作。有一次,在观看这种神童显灵时,皇后也开始歇斯底里大发作。两个人在地板上打滚:一个是癫痫病患者,一个是翻白眼的皇后。由于受到精神刺激,皇后早产了。

宗教界势力仍不断地把自己的代理人派往宫中,其中有流浪僧瓦夏、跛足修女玛特廖努什卡,以及专治妇女病用谩骂进行预言的达莉娅·奥西波娃。因为存在着这方面的市场需求,拉斯普庭出现在宫廷并被皇室接纳,那就是迟早的事了。

早先,亚历山大·涅夫斯基一级修道院方丈费奥凡收到卡赞一位百万富翁太太的来信,信中说"在西伯利亚出了一位名叫格里哥里(指拉斯普庭)的真正苦行僧。他成功地从她身上驱走了妖魔……"这是 1902 年的事,拉斯普庭外出云游,第一次到首都,就是这一次他躲在丛林后看到在萨罗沃沐浴时半裸的皇后。费奥凡想把他引荐给东正教最高会议总主教安东尼,然而这位总主教先生对拉斯普庭早有所闻,挥挥手说:"什么拉斯普庭,我知道他。谁不知道这个魔鬼! 快把他赶走!不要相信他,他在卡赞玩女人,他算什么布道者……"拉斯普庭没有被教会接受,他马上溜之大吉。

1905 年俄国发生革命。地主的庄园被焚烧,车床停止转动,工厂空无一人,机车毫无生气地停在铁轨上。革命不仅在人民中激起一股以前一直未能发挥的崇高力量,也使俄国历时维艰、年代久远的历史中的一些沉渣纷纷泛起。当时出现了"俄罗斯人民同盟",即黑色百人团。该团体喜欢别人把他们称为"盟员"。我们不能幼稚地以为黑色百人团分子都是些身穿粗布外衣,腰系围裙,头脑简单的马车夫,时常从事一些恐怖暴力活动。虽然这类的"盟员"也有,但他们不过是别人意志的执行者。领导"俄罗斯人民同盟"的是些反动的企业家、将军、律师、文学家、教师、医生等,总之是些有文化的人。其中有一位司祭长约翰·沃斯多尔戈夫。他是教会的演说家、新闻记者、报纸出版人,还著有一些小册子。据说他是黑色百人团中的积极分子,他为人干练,勇于完成"同盟"交给的任何任务。沙皇关于召开杜马的宣言,使得"盟员"们非常兴奋。他们议论说,"为了进行宣传,我们不怕到最荒凉的地方去,我们的代表应当走遍天涯海角。"当时抓阄,沃斯多尔戈夫抓到了托波尔斯克省。这次出差很成功,他捞到不少差旅费,更大的收获是他发现了拉斯普庭并把他引荐到莫斯科和彼得堡。

沃斯多尔戈夫司祭长在县警察局长的陪同下来到波克罗夫斯科耶村。村长别洛夫叫大家去开会，说说杜马的事。这位司祭长对农民胡扯说，是沙皇亲自派他来到彼克罗夫斯科耶村"动员人民选举人们信赖的最尊敬的人"去参加即将召开的杜马会议。农民看着这位城里来的人滔滔不绝，不敢吭声，唯有拉斯普庭偶尔同这位司祭长辩论几句。司祭长说，杜马应当按照"俄罗斯人民同盟"的党内名单进行，其他人休想进天国。拉斯普庭反问道，你这个城里来的人少谈进天国的事，你最好说说什么时候在尘世上才能有农民的天堂。这位富有演说经验的司祭长竟一时无言以对。事后县警察局长说要对拉斯普庭关禁闭一星期，司祭长却说不要这样做。返回莫斯科，他对保皇党组织汇报出差的成果时说，"不管我们换上什么样的农民服装，总要露出袈裟或者礼服。如果农民同农民讲话，那效果会更好。因此我建议，从穷乡僻壤中挑出善于讲话，不怕群众批评的人，让他们进一个特别的训练班，他们将成为伟大的民族运动的鼓动员。他们来自人民，又回到人民中间去传播有益的、永恒的、善良的东西……因此我向大家宣布一个好消息，我已经物色到一位农民雄辩家，他就是波克罗夫斯科耶村的拉斯普庭。"

沃斯多尔戈夫出面东奔西跑，为拉斯普庭募集车费，问题提到财政大臣科科夫采夫的面前，他虽然不同意给这个乡巴佬这笔经费，但仍挡不住身边染上"盟员"观点的官员们的劝说，"请你理解这一点：我们民族的实力将靠拉斯普庭这样的人来加强。"沃斯多尔戈夫对拉斯普庭寄予厚望，他打算先让"盟员们"看看这位农民雄辩家，然后再把拉斯普庭向上推荐至皇室。经费问题一落实，沃斯多尔戈夫就给彼得堡的费奥凡方丈发去电报："我从西伯利亚带来了农民雄辩家拉斯普庭，请祝福他吧"。

就这样，俄国的教会，黑色百人团、秘密警察一起把后来欧洲报刊称之为"俄国超人"的拉斯普庭唤醒，并把他引入政治生活。

"俄罗斯人民同盟"向拉斯普庭所在的秋明县发了一份电报，电文是"立即将拉斯普庭送往莫斯科"。县警察局长看到电报，内心一阵紧张，联想到拉斯普庭平时的恶行，局长认定拉斯普庭大难临头。于是立即用绳子捆上拉斯普庭，派人送往莫斯科。一路上拉斯普庭神情忧郁，搞不清这是怎么回事。车到莫斯科，拉斯普庭从车窗里一眼就认出了沃斯多尔戈夫，司祭长在车站月台上迎接他呢。沃斯多尔戈夫把拉斯普庭介绍给"盟员们"，黑色百人团一致否决了拉斯普庭。但司祭长坚持自己的看法，认为拉斯普庭有农民的纯朴味道，而自己的盟员们则是脱离群众。经过司祭长的引荐，不久在莫斯科的各个沙龙里都谈起了拉斯普庭。有些人评价道，"这个乡巴佬挺有意思。大家说他有圣性，恐怕不是吧，现在都 20 世纪，还有什么先知？但是应该承认，在他的眼睛里有股难以摆脱的魔力。"

沃斯多尔戈夫加紧包装拉斯普庭，用自己的观点去影响他。并且俩人配合默契，蒙骗大家。在莫斯科的上层交游结束后，他们向帝国首都彼得堡挺进。

到彼得堡后，沃斯多尔戈夫带领拉斯普庭会见一位公爵夫人，她能见到沙皇，随便进入东正教最高会议。他俩来到公爵夫人家，先在等候厅入座，拉斯普庭看见一幅画面上一个女人即将钻进被窝的油画。他问司祭长，这是谁呀？司祭长说这幅油画名叫《娜娜》，画的是法国作家左拉小说中的女主人公：巴黎的一位名妓。拉斯普庭见过公爵夫人后说，"在这里挂上这种不堪入眼的画，不合神的意志。你还不知道,神已经降临在你家了……"在客厅吃茶闲谈时,仆人进来对公爵夫人耳边说了几句话,夫人站起来说,"格里哥里长老完全正确:神已降临在我家了。在等候厅《娜娜》没脸再呆下去……它已经遭到偷袭了!"实际上,这是司祭长沃斯多尔戈夫用身上带的小刀划破的。

沃斯多尔戈夫和拉斯普庭在彼得堡上流社会的交往中,一步一步向皇室接近。不久,经人引荐拉斯普庭就同皇叔彼得·尼古拉耶维奇的妻子米莉扎·尼古拉耶芙娜认识了。于是,皇叔也结识了这位"长老"。皇叔在侄子尼古拉二世沙皇面前谈到了拉斯普庭,他赞扬这个乡巴佬性格刚强、头脑清晰。他说,"法国人菲利浦之流不过是纤细的稻草,而我推荐你的则是一根大圆木头,不管出什么危险,你都可以抱住它。"

尼古拉二世沙皇说:"皇叔,你说得对,没有依靠啊!宫廷官吏都是些混账!当御前侍从把盘子放在我面前时,我从他的表情可以看到,他以能在我身边服侍而感幸福。可是在背后就发表自由派言论,进行一些不规矩的谈话,议论我,议论我的阿莉克斯(指皇后)。我能相信谁呢?"

皇叔向侄子保证说,"拉斯普庭不会作假,他不需要御前侍从的金钥匙。只要能给他做一条蓝天鹅绒马裤,他就感激不尽了。"

尼古拉二世犹豫不决,害怕让一个普通的乡巴佬接近自己,他甚至问过自己的赎罪神父费奥凡,关于拉斯普庭的一些丑闻是否真有其事。费奥凡说,确有其事,可是拉斯普庭没有向他隐瞒过自己的罪过。赎罪神父向沙皇夫妇推荐说,"您和皇后听听拉斯普庭的话不会有什么坏处……"沙皇身边的人都在谈论拉斯普庭,"是的,皇上!他将给您带来很多好处,因为从他的嘴里,您可以听到被震撼的伟大俄罗斯大地的声音。"1905年11月1日,尼古拉二世在日记中写道,他"结识了托波尔斯克省的圣者格里哥里"。

拉斯普庭成为宫廷放不下离不了的话题,人们都想和这位来自西伯利亚的圣者交往,希望得到他的祈祷和祝福。拉斯普庭结识了沙皇的侍从女官兼情妇安纽特卡。在安纽特卡的安排下,拉斯普庭见到了皇后。当时安纽特卡和皇后坐在钢琴跟前正在四手联弹。拉斯普庭悄悄走到跟前,他留着中分的长发,头发上抹过油,因而看起来显得不自然;他的眼睛在半暗的房间里有些奇怪,但具有一种吸引力。皇后由于神经紧张而浑身颤抖。安纽特卡低声介绍,"萨娜(皇后小名),不要怕,这就是格里哥里!他是个善良的人,他不会做任何坏事。萨娜,请你像相信我那样地相信他吧!"拉斯普庭沉默不语,忽然,他把皇后相片鹅毛一样轻轻托起。他抱着皇后在房中漫步,一边抚摸着她,一边低声说:"亲爱的,你安静一下……看你哆嗦成这个样子!我的上帝,你怎么这么胆小?我的妈妈(拉斯普庭叫皇后是妈妈,叫沙皇是爸爸),要知道,所有的人都是亲人……"皇后失声痛哭,用双手搂住圣者长老的脖子。

拉斯普庭对于这个神经质、多疑和惯于歇斯底里的女人来说的确是一种安慰和依靠。

## 执掌"神灯"

1907年8月12日,恐怖主义者炸毁了帝国内阁总理大臣斯托雷平的别墅。13

日,在彼得戈夫站台上,镇压过莫斯科起义的米恩上校被枪杀。14日,华沙总督被炸成碎片。沙皇尼古拉二世怒火万丈,他写信怒斥斯托雷平说:"……我认为在亚历山大里亚宫我不得已的软弱不仅是屈辱,而且是可耻!"这意思是说沙皇的安全也没有保障。8月末,尼古拉二世把全家送上"标准"号军舰,这艘船在芬兰湾漂流了三个星期,没有靠岸。沙皇夫妇担心安全,越是这种心理,就越需要圣者长老拉斯普庭的祈祷和安慰,皇上夫妇不相信周围的所有人,在心理上已有了依赖性。沙皇一家人刚上岸,就派人去找拉斯普庭。

拉斯普庭已经成了皇室亲近的,可以信赖的自己人。他称沙皇是"爸爸",皇后是"妈妈",太子是"小娃娃"。随后,皇室家族也学会了他的这种叫法,尼古拉二世称妻子为"妈妈",皇后称他为"爸爸"。拉斯普庭还跟皇太子建立了亲密关系,逗孩子玩,讲述盗马贼的故事。说实在的,对于一个生长在宫廷中的孩子,这是很新鲜的。孩子对父母已习以为常,而且还有那么多的繁褥礼仪。可是与这位格里哥里叔叔一起特别有趣。如果拉斯普庭有一两天不来,孩子就想他并乞求说:"格里哥里叔叔什么时候来?……"拉斯普庭在玩弄一场恬不知耻的游戏,他以"圣者""神人"的口吻安慰沙皇夫妇说:"只要我能见到你们,就不会有灾难临头!"

拉斯普庭心里盘算着,如何进一步取得皇室的信任,并从沙皇这里弄到钱财。有一天,拉斯普庭突然大叫一声,然后在各房间的摆设中间跑来跑去。沙皇夫妇目瞪口呆,拉斯普庭一下子跑到沙皇夫妇面前,激动地低声说:"妈妈,你让我看看小娃娃在哪里玩耍呢?"他被带到皇太子阿列克塞的游戏室,这是一间堆满玩具的明亮的大房间,天花板上挂着一具沉重的大吊灯。拉斯普庭对皇后说:"吩咐仆人们,不要让小娃娃到这屋里来,千万不要出事!妈妈,你相信我吧,我是这么看的……"

这间屋子被封了起来。几天之后,一声巨响震动了整个亚历山大里亚宫:游戏室的吊灯掉下来了,在地板上摔得粉碎。人们立刻打电话召来拉斯普庭,皇后跪在圣者面前说:"格里哥里,如果不是你的话……你是我们的救星!"拉斯普庭自豪地说,"这没什么,你不要害怕。我听到了上帝的声音……"

老近卫侍官沃尔科夫在吊灯的灯枝间仔细地察看,心想这东西挂了这么多年,怎么忽然会掉下来了。这位老人发现吊灯的链子被事先锯过。他把锯痕指给大家看,"看这里,锯痕还是新的……"

拉斯普庭看了灯链上的锯痕,立刻做出回答:"我也这么想过,当然是锯过了!妈妈看,那些坏人,你的那些敌人可没睡觉。幸亏上帝对我说了,不然的话,俄国的希望就一命呜呼了……"

拉斯普庭还通过沙皇侍从女官安纽特卡来影响沙皇夫妇,让他们彻底相信他是个神人、先知。因为宫廷中毕竟有人不信拉斯普庭,例如沙皇的弟弟米哈伊尔就不信,一次在亚历山大里亚宫花园门口,亲王把拉斯普庭揍了一顿。安纽特卡在沙皇夫妇面前讲到这样一件事:"有一次我同格里哥里坐雪橇经过法兰西滨河路。天气晴朗,骏马奔驰,在严寒中雪光刺眼。但格里哥里忽然闭上眼睛,紧紧抓住我的大腿,他浑身发抖……可怕极了。忽然,他高声喊道,他看到了……在涅瓦河的坚冰上,他看到了尸骨如山,其中有亲王和形形色色的伯爵们的尸体;没结冰的地方,河水都被染红了……格里哥里对我说:'将来就是这样,但这一切将发生在我离开沙皇的时候!'"

不能不承认,拉斯普庭很善于窥探沙皇夫妇的内心世界,沙皇害怕革命,害怕专制政体受到削弱,并整天不得安宁。

皇后建议沙皇,"应该解决我们朋友的问题了,他为我们祈祷,我们一直还没有感谢过他。"见到拉斯普庭时,沙皇有些难为情地从钱包里取出 20 卢布,想了想,又添了 20 卢布,共 40 卢布,递给拉斯普庭:"光靠祈祷你也吃不饱饭,格里哥里拿着。"拉斯普庭望着放在他面前 40 卢布的犒赏,内心极为不悦,心想,我从沃斯多戈夫司祭长那儿拿到的钱比这多多了。他皱皱眉头,思索着:"拿,还是不拿呢?"然后他坚决地把沙皇给的 40 卢布推到一旁。

"我不爱财,"他断然地说,"金钱只会使人产生邪念和忧虑,这都是魔鬼的愚弄,去它的吧!"

沙皇夫妇压根儿没料到拉斯普庭会拒收金钱!他们小瞧了这个乡巴佬,原以为这乡下人会见钱眼开,像麻雀见到麦粒一样扑上去。

钱太少,拉斯普庭不收,如何感谢这位圣者呢?皇后对沙皇说:"应当让格里哥里有权进入我们的内宫,在进宫时不受搜查,马上放行。"

沙皇同意皇后的意见,"阿莉克斯,我知道对格里哥里该怎么了:我们授予他沙皇神灯掌灯官的宫廷头衔!"

这样,就各得其所了!一个没有固定职业、出身卑贱的乡下人总来拜见沙皇优俪对罗曼诺夫家族来说的确很不方便。现在拉斯普庭作为宫廷中的一名职员就有了合法身份。事后,皇后打电话给彼得堡密探局局长格拉西莫夫说:"如果有人敢于侮辱我们的朋友,我将非常痛心。如果警察局对他进行可靠的保护,我对您本人将非常感谢。"

也就是发生 40 卢布事件的那一天,拉斯普庭回家后,破口大骂:"这些吝啬鬼!手里有亿万巨资,可是却一毛不拔,不会好好地感谢人,白为他们祈祷了。让他们都浑身长蛆……"8 月 21 日那次爆炸事件,斯托雷平的别墅被炸塌。女儿一只脚受伤,拉斯普庭被请去祈祷和祝福。事后,斯托雷平给了 10 卢布,拉斯普庭走出来后就大骂这位内阁总理,而且后来在沙皇面前说他的坏话。

尼古拉二世夫妇确实是世界上最富有的人,但很吝啬,他们很宠爱拉斯普庭,但给的钱却很少。拉斯普庭明白了,在沙皇那里他赚不到大钱,在宫廷中他只能捞到影响,而金钱得到别处去捞。拉斯普庭也是逐渐的有了政治头脑,在皇宫中他保持一种谦虚、谨慎和神圣的农民姿态,尤其他不爱金钱给沙皇留下深刻的印象,骗取沙皇夫妇的信任和庇护,至于金钱美色到宫外去寻找。他的这套把戏还真管用,以至于沙皇夫妇把任何对拉斯普庭的指控告状都看作是和他们过不去,是难为他们,是对沙皇权威的挑战。拉斯普庭开始介入政治生活,不光是为沙皇夫妇进行祈祷,光祈祷也搞不到金钱。通过干预朝政,他结交大臣、企业家、商人、银行家,于是金钱滚滚而来。甚至德国总参谋部的间谍也钻到拉斯普庭的身边,照总参谋部的说法,"社会渣滓也是干部嘛!"拉斯普庭的地位在上流社会已经是稳固了。

我们看一看前财政大臣、内阁总理维特是如何巴结拉斯普庭的。维特对于失去显赫职位一直心怀不满,并企图有朝一日东山再起。在和拉斯普庭喝酒时,维特许诺说:"在我手下您可以得到在斯托雷平那里永远得不到的东西!"

拉斯普庭明白维特的意思,是想让他在沙皇面前说好话,重新出任内阁总理。

拉斯普庭说:"伯爵,你再当不上内阁总理了。'爸爸'天性软弱!他胡思乱想,对他要加以看管,很费神哪!而'妈妈'性情急躁。她是当家做主的人!可是她不喜欢你。大家都说:统治者是沙皇,沙皇。而我要说:不是沙皇,而是皇后!事情就是这样……"维特在拉斯普庭身上投资不少,他给拉斯普庭一叠支票,劝他收下。拉斯普庭收下后说:"你力量太小,干不掉斯托雷平。但我可以安慰你一下:没有你,斯托雷平也要垮台……我是这么看的!"维特在有生之年一直在暗中巧妙地把拉斯普庭当成国家急需人才加以宣传。

拉斯普庭在首都站稳了脚跟,就衣锦还乡走了一趟。波克罗夫斯科耶村的人早就把拉斯普庭忘掉了。突然有一天,在村口大道上出现由四辆马车组成的车队,县警察局长在前面开道。原来是拉斯普庭回来了。拉斯普庭招呼乡亲们帮他把马车上的东西卸下来,抬到屋里。他的老婆带着孩子跑出来,扑通一声跪在丈夫脚下:"格里什卡,当家的……你可回来了。"

拉斯普庭带来了许多东西,3个茶饮,一部脚踏式缝纫机、几个衣箱、留声机等。还有一架三只脚的大钢琴,这东西老乡不认识。因为房子小,钢琴抬不进,就只好放到牛圈里。乡亲们问,这些财宝从哪里弄来的?拉斯普庭抖抖裤子说:"钱对我算什么,我们自己才是纯金。"他为了炫耀自己,把鼓鼓囊囊的钱包在众人面前打开,让同乡们瞧。拉斯普庭好不风光。他还撩起自己的衬衫说:"看这是皇后亲手绣的,下摆上有她的记号。"村里人相信这是沙皇的衬衫,但都以为是拉斯普庭偷来的。

拉斯普庭在村子里很快为全家盖起一幢漂亮的两层楼房。房顶上铺上铁皮,房间里铺上地毯,挂满镜子,在村里极其显眼。一些头戴饰花宽檐帽、身穿钟形大裙子,手执手杖式洋伞,来自彼得堡的贵妇开始到这里拜访拉斯普庭。她们以虔诚的心情拜见这位"圣者""先知"。首都各报的记者也纷纷到波克罗夫斯科耶村,采访拍照,好不热闹。在那些日子里,一辆辆三套马车从秋明火车站驰向这个偏僻的村庄。

拉斯普庭衣锦还乡,心情异常好。但他并没有忘记要给那些仇人们点颜色看看。村里的伊利因神父曾经开导和规劝过拉斯普庭,但因拉斯普庭当初被县警察局长捆住送往莫斯科,神父以为拉斯普庭恶行暴露必受严惩,就向莫斯科宗教当局写了揭发信,揭露拉斯普庭是鞭身派信徒,奸淫妇女,偷盗。拉斯普庭把神父家的玻璃窗捣碎,神父说你拉斯普庭是什么人,竟敢殴打神职人员。拉斯普庭举起双拳大声喊道:"我是什么人,现在我是宫廷神灯掌灯官,掌灯官,掌灯官……"

## 左右朝政

拉斯普庭的公开身份是宫廷神灯掌灯官,但他并不满足于这种宫廷职务,通过沙皇夫妇开始干预朝政,尤其是大臣的任免。虽然不断有教会人士和政府官员向皇上告状,但他们发现自己不是被调往帝国的边远地区,就是完全被排除有权势的职位,而"神人""长老"却依然得到沙皇的宠信。

1911 年是拉斯普庭在宫中巩固地位的一年:罗曼诺夫家族的成员们要低三下四地恳请沙皇伉俪恩准进宫喝茶;而这个乡巴佬却在方便的时候,随便地来觐见皇

上和皇后。从那时起,拉斯普庭口述的简明扼要的记事就保存下来了:

"皇上有个朋友,这就是我。我无需禀报,敲一下门就行! 如果我两天不去,就有人打电话来。似乎我是他们的榜样(即总理)。他们尊重我。皇后很漂亮,是个不错的娘儿们。皇太子也很好。他们都对我很亲。有一次,我又来到皇宫。我打开门,发现亲王在那里。他讨厌我,我却满不在乎。他对皇上说,'你最好把他(指拉斯普庭)赶走。'我对亲王说:'你干吗大喊大叫。'他还说,'我怎么能跟他谈公务?'我对皇上说,'如果亲王不能跟我待在一间房里,那就请他走! 亲王一跺脚走了,临走把门摔得砰砰作响。"

从血缘关系上来讲,亲王是皇上的弟弟,但亲王还年轻,而且地位也不显赫。拉斯普庭目中无人,敢于冒险。连当时的内阁总理兼内务部大臣的斯托雷平对他也无可奈何。当然是尼古拉二世不喜欢这位内阁总理,因为这位铁腕人物不太听话。沙皇在瞅机会要制服斯托雷平。

有一次,皇上对斯托雷平说:"你不妨见见拉斯普庭……请你相信我,从他身上可以感受到明显的神力。"斯托雷平对皇上推荐的朋友并不领情,"陛下,神力是旧时代的残余,我们生活在 20 世纪,据我猜想,本世纪将是革命的世纪……您的拉斯普庭能够告诉我什么聪明事呢? 您是否以为我没见过这位乡下佬?"

斯托雷平为了消除拉斯普庭对沙皇的不良影响,早在 1909 年就下令警察局调查拉斯普庭,搞了许多材料,并批准在报纸上开展一场反对和揭露拉斯普庭的宣传运动。内阁总理说:"这次命令秘而不宣,让报纸上不必客气。"于是全帝国掀起一场攻讦拉斯普庭的宣传战,各报纸纷纷刊载抨击文章和照片。甚至杜马也卷入这场战斗。内阁总理掀起的这一场宣传运动使得拉斯普庭名震遐迩:如果以前有人还不知道他,现在没有人不知道拉斯普庭这个淫逸放荡的名字,并且是无法消灭的。而且这场宣传运动也使斯托雷平恶化了同皇室的关系。宣传运动的矛头对准拉斯普庭,但痛在沙皇家族心上。当时拉斯普庭回到老家躲起来了,大骂斯托雷平和费奥凡。躲过这阵风,拉斯普庭又回到首都。

斯托雷平把一份关于拉斯普庭丑行的文件材料上呈沙皇,并请求把这个苦役犯放逐到西伯利亚去。沙皇不肯看文件,说为什么要这样为难一位敬神的人呢? 斯托雷平说拉斯普庭品行恶劣,把一些宫廷贵妇和宫廷女官拉到浴室去一同洗澡,顺手还拉上妓女。沙皇驳回了内阁总理的报告,说这些朕都知道,拉斯普庭在浴室里也在布道。并批评斯托雷平,说我们这样一个大帝国的内阁总理要做得事情很多,不应当只收集这些流言蜚语。临完还劝他,最好亲自见一见这位神人。

斯托雷平决定执行沙皇的旨意,同拉斯普庭见一面。关于这次会见斯托雷平本人有记述,"拉斯普庭用他那双灰白的眼睛把我打量了一番,念了新旧全书的一些奥妙的、互不联系的箴言,还奇怪地挥舞着双臂。我当时难以抑制对这个恶棍的愤怒,但我感到这个人有一股催眠的力量,给我留下强烈的印象。我直言不讳地说,根据有关部门的材料,按法律规定,可以交付法庭审判,我命令他立即无条件地离开彼得堡,回到他的老家并永远不许再到彼得堡。"

拉斯普庭只说了一句话:"我是无党派人士!"然后摔门而去。拉斯普庭根本没去西伯利亚,他仍在首都,更加起劲地破坏内阁总理的声誉。沙皇对总理态度也更冷淡了。

拉斯普庭悠然自得仍在首都生活。倒是从前推荐过而后来反对过拉斯普庭的费奥凡方丈被放逐到边远地区。这件事使拉斯普庭大受鼓舞：因为他意识到自己的力量，并得出结论：要安插一个自己人在东正教最高会议当首领。他决心介入这件事情。当时沙皇和皇后在任命东正教最高会议首领的人选上发生分歧。

　　拉斯普庭赶往皇村。皇后同意萨布勒代替卢基扬诺夫，但沙皇不肯让步，认为萨布勒影响不好，是个无赖汉。拉斯普庭举起拳头砰地一下敲在桌上。所有的人都害怕得大吃一惊。拉斯普庭伸出一个指头，指着皇上说："怎么啦，爸爸？什么地方出声儿了？是这里还是那里？"他指着额头和心口问道。皇上指着心口说："这里，心都跳了。"拉斯普庭笑了起来，"就是嘛，以后要永远这样：如果需要做什么，就先问问良心，而别问头脑。"皇后走到"长老"跟前，亲吻了他的手说："谢谢，导师，理智本该任命卢基扬诺夫，但良心提示我们，只有萨布勒才能主持东正教最高会议的全部工作。"

　　就这样，萨布勒出任东正教最高会议首领的职位。这种任命，气得斯托雷平呼呼直喘气。萨布勒为酬谢长老相助，给拉斯普庭一笔钱，而且以后还得给下去，甚至还给拉斯普庭深鞠一躬。从这件事上看出，拉斯普庭能够左右沙皇夫妇，而后得到一大笔酬金。长老说得非常干脆，他可不能瞎忙乎。

　　事后，拉斯普庭的同伙问起，是不是他让萨布勒担任东正教最高会议首领，他不以为然的回答说，那又怎么样。你们瞧着，我很快就把斯托雷平也赶下台！

　　斯托雷平于 1906—1911 年出任帝国内阁总理。上任时他 43 岁，体格健壮，身材魁梧，总系着领带，衬衫领子浆得绷硬，胡子威风地向上翘着。斯托雷平仪表堂堂，不同凡响。他是政权的代表，相形之下尼古拉二世显得渺小和微不足道。这似乎是对专制制度的一幅讽刺画。斯托雷平甚为反动，思想方法有时过激，他总想打破陈规旧习。他不像其他官僚，他是一个说到做到、很有魄力的人，他使得沙皇相形见绌。沙皇对内阁总理的不满，斯托雷平也是早就感觉到的，他似乎对自己命运有所预感。他在杜马主席罗将科面前感叹，事情快收场了，请记住我的话：我很快就要被杀死，而杀死我的将是暗探局的密探！

　　1911 年基辅庆典活动已准备就绪。8 月底斯托雷平夫妇先于沙皇家族到达基辅。在火车站台迎接沙皇到达的仪式上，斯托雷平受到冷遇，并得知拉斯普庭也先期来到基辅。可怜的斯托雷平没有保卫人员跟随，乘坐自己租来的马车。拉斯普庭对内阁总理的马车喊道："死神在身后！死神在望着彼得……"9 月 4 日斯托雷平和沙皇夫妇在基辅剧院看戏时被刺，身受重伤，几天后死去。斯托雷平生前预料没错，就是暗探局的密探所为。这是沙皇默许、秘密警察策划、拉斯普庭同伙参与的一起谋杀事件。

　　9 月 8 日，即举行斯托雷平葬礼的前一天晚上，尼古拉二世问拉斯普庭，任命谁为内务部大臣。拉斯普庭对沙皇说，这有什么可选择的，当然是赫沃斯托夫。于是沙皇下令，任命下诺夫戈罗德省长赫沃斯托夫为内务部大臣。本来斯托雷平计划在参加基辅庆典后，前往下诺夫戈罗德省去处理这个恶棍。当时在沙皇身边的财政大臣科科夫采夫，劝沙皇不要起用这个流氓。沙皇主意已定，无法改变。同时沙皇任命这位财政大臣担任内阁总理，但是沙皇明明白白地告诉他："朕希望，您不会像已故的斯托雷平那样妨碍朕的手脚！"

这句话里隐藏着斯托雷平被刺的谜底。

科科夫采夫刚出任内阁总理。拉斯普庭就到处散布说,沃洛佳是自己人。但科科夫采夫不承认这种说法。拉斯普庭在上流社会到处放风说,是他提名科科夫采夫当内阁总理的。很明显,拉斯普庭这样做的目的,是为了想从内阁总理那里得到一笔"报酬"。但是他没能达到目的,这位内阁总理没有理睬他。拉斯普庭干预朝政,在宫外肆无忌惮的丑恶行径,激起教会人士和政府官员的不满和愤怒。甚至当初推举过拉斯普庭的教会人士也在谴责拉斯普庭。

当时的杜马主席罗将科,虽然是大地主政党十月党的头目,但当他从君主主义者立场出发,也不能容忍这种现状,他认为拉斯普庭已成为君主政体的毒瘤,必须割除。为了君主主义的信念,他不怕得罪沙皇夫妇和皇室家族。他首先拜见了皇太后,这位老太太历来对儿媳妇不满意。皇太后询问杜马主席,杜马和社会上有那么多人攻击这位庄稼人(指拉斯普庭),这里有没有革命的因素?

罗将科回答说,杜马中反响强烈实质上是想安抚人心,把这事压下去,这与革命无关。罗将科给皇太后读了几段没收的报纸和小册子中的摘录,其中讲到拉斯普庭毫无道理的飞黄腾达……皇太后沉思说,"他(指拉斯普庭)是一个圣者,这也许是真的? 我对此不相信,但您知道,普通老百姓中总有一些狂言苦行的教徒……"

罗将科回答说:"问题就出在这里,普通老百姓根本不相信拉斯普庭的圣性。正是我们阶层的人把他抬进了沙皇的宫殿里。皇太后,我们君主主义者再也不能沉默不语啦。后果对皇朝太危险……"

然后,罗将科去见沙皇,谈完杜马的问题后,罗将科执意要谈拉斯普庭的事,于是他滔滔不绝,"任何革命宣传都起不到拉斯普庭出现在皇室中所起的作用……拉斯普庭对宗教和国家事务所起的影响使所有诚实的人都感到愤慨。可是,上至东正教最高会议的上层人物,下至大批密探的整个国家机构都在保卫这个头号骗子……这是史无前例的现象!"

沙皇反问道,你们为什么都认为他是个有害的人呢? 罗将科拿出流行的小册子及照片,说服沙皇,并请求皇上辞退拉斯普庭。沙皇思忖半晌并难为情地回答说,"我不能答应这件事"。

罗将科一走,沙皇就不高兴,而信仰东正教的皇后则一头倒在床上,哭啊、喊啊说是生病了。当然任何医生都不起作用,不管是鲍特金还是别赫杰烈夫,只有拉斯普庭才能挽救她的性命。过了几天,内阁总理科科夫采夫拜见皇上,沙皇要求内阁总理,让帝国的报刊不许再提起拉斯普庭的名字。科科夫采夫说,"陛下,只有一种方法能令人住嘴,那就是拉斯普庭离开皇村"。沙皇说,我亲自告诉拉斯普庭,让他走……

内阁总理简直不相信自己的耳朵,感到很兴奋,没过几天,皇上的列车准备去克里米亚,侍从女官安纽特卡把拉斯普庭安排在列车上,负责安全工作的准科夫斯基将军在列车途中的小站把拉斯普庭赶下了车。但是,沙皇夫妇已离不开拉斯普庭。5月份,帝国的显贵聚集在克里米亚的新里瓦基亚宫,祝贺皇后的命名日。内阁总理发现,拉斯普庭又在这里。他问陛下,这是怎么回事。沙皇神圣的回答:"有一个拉斯普庭比一天里数十次歇斯底里大发作强。"看来,尼古拉二世是经不住皇后的歇斯底里的折腾，又允许召回拉斯普庭。恰如后来叛逆东正教的神父伊利奥多尔抨击的那样："你们听着，你们听着！我告诉你们，在俄国没有沙皇，在俄国没有东正教最高会议，在俄国没有政府，也没有人民的杜马……只有一个大恶棍拉斯普庭。他是个败类和小偷，他代替了皇上、东正教最高会议、杜马和我们整个政府！"

在1913年6月的巴尔干战争期间，拉斯普庭开始插手帝国的国际政治事务。更确切些说，是人们把他推进了政治，由于他在朝廷的显赫地位，迫使他谈论政治，而且是国家间的政治。那些小市民气息浓厚的报纸记者接连不断的采访这位"先知""预言家"，请拉斯普庭对国际局势发表看法。

当时俄国的《祖国炊烟报》记者拉祖莫夫斯基采访这位"先知"，拉斯普庭说，"你要知道，在巴尔干半岛打过仗。于是各种各样的下流人就开始大叫大嚷：要开战了，要开战了！我想问问作家们：难道打仗好吗？要克制激情，而不要给它火上加油。"记者又问，"您是一位俄国的农民，难道您对于处在奥地利和土耳其压迫下的斯拉夫人兄弟的苦难完全无动于衷吗？"拉斯普庭捋了一下胡须，对此回答说，"也许这是上帝让斯拉夫民族受土耳其的考验呢？在朝拜圣地时，我到过土耳其，那里没有什么不好！那里没有人酗酒，小偷也少。可是，你的斯拉夫人在车站偷去了我的钱……世界上的战争不好，胜利者不会有太平日子过，因为他睡觉时总得睁一只眼，害怕战败者报仇。"

乍一看，这拉斯普庭还是一个和平主义者，但是根本不是这么回事，原因很简单：他从内心预感到，战争一开始，革命就得到来，而他现在来之不易的惬意、快活的生活就必然结束了。所以他反对战争。另外，拉斯普庭不了解德国，可是他去察里津（即现在伏尔加格勒）寻找同伙时，经常拜访伏尔加河流域的德国侨民区，他们清洁的地板、讲究的家具摆设、德国造的农业机器等这些使他大为惊愕。而最使拉斯普庭惊讶不已的是：德国农民每天早晨喝咖啡。我的妈呀，如果德国人每天早晨喝咖啡，我们怎么能战胜德国人呢？

拉斯普庭的这些想法和说法，是从感性知识得来的，但完全同帝国统治集团那种好战情绪和跃跃欲试的亢奋背道而驰。因而当时外交大臣萨佐诺夫，虽然和拉斯普庭私交不错，但对他的这些"高见"颇有微词。由于"先知"地位显赫，所以也没人奈何他，他依然我行我素。

1913年底，保加利亚国王抵达圣彼得堡。尼古拉二世没接见他，这时保加利亚国王直接来到拉斯普庭的住所。拉斯普庭不以为然地说，"不就想见见皇上？那你就去吧，你会见到的……"此后，俄国皇帝接见了保加利亚国王。

时间在流逝，临近战争的日子在一天天到来。俄罗斯帝国在加快战争的准备工作。当时的陆军大臣苏霍姆利诺夫在自己的办公室对记者说，面对德国狂妄的军国主义，我们一点也不能退让。我们要对柏林的战争贩子以应有的回击，当然是在报纸上。这位大臣大吹牛皮说，在未来的战斗中，俄国炮兵永远不会抱怨弹药不足，我们的仓库满满的。我们可以自豪地说，对俄国来说，外国威胁的时代已经过去。任何喝叫也吓不倒俄国，俄国准备好了！……防御的思想已被抛弃，俄国军队将是进攻型的，我们的军队现在是世界上最好的和先进的军队。

1914年8月，第一次世界大战爆发，俄国站在协约国一边参加对德战争。即使在战争期间,拉斯普庭的影响力也丝毫未损。

战争开始后,在国内出现两个政权并存的不便局面:一个是沙皇之下的政府,一个是负责前线军事的大本营。战争爆发后,国家转上战争军事轨道,大本营的权力很大,其威望凌驾于政府,有时甚至在皇上本人之上,在决策方面占了上风。沙皇夫妇和拉斯普庭对这种状况越来越不满。拉斯普庭心里明白,大本营对国家生活的影响是巨大的,于是向大本营总司令尼古拉皇叔拍发一封电报,请求允许他到大本营去。目的很明确,他要干预军国大事。皇叔回电说,"你来,我就把你揍出去。"拉斯普庭不愿相信,有人敢揍他。他又发一封电报,皇叔回电说:"你来,我就吊死你。"这样,拉斯普庭想到大本营的目的没达到。但是,他并不罢休。

拉斯普庭在琢磨着他如何才能实现攫取更大权力的计划。他想让沙皇统帅大本营,前往大本营,让皇上陷入军务,那时他和皇后就可以掌管帝国的内政事务了。于是,他开始活动,他对所有人说,"既然我们在前线打不过德国人,那就是说,皇叔不合上帝的心愿……"

而这位皇叔尼古拉·尼古拉耶维奇的确是个金玉其外败絮其中的人物,外表风流倜傥,但作为总司令指挥前线作战是不行的,经常要靠白兰地和吗啡来"增强"意志。国内舆论对皇叔也不利。况且,沙皇也在经受着前线失利的责任压力,他决定要担负起军事统帅的重任。同时他心里也明白,只要皇叔皇后在,安纽特卡和拉斯普庭使他难于做任何一件事。考虑到前些天,莫斯科红场上百姓责骂皇亲国戚,要求把皇后削发为尼,要求皇上退位,把王位让给皇叔,要求绞死拉斯普庭等等。于是沙皇下定决心,到设在巴拉诺维济的大本营去。在大本营,沙皇做出两项重要的决定:第一,关闭杜马;第二,任命谢尔巴托夫接替马克拉科夫的内务部大臣职务。沙皇的举动在皇村引起不快:皇后用力掰双手,安纽特卡揪自己的头发,拉斯普庭愁眉不展地走来走去。因为沙皇在大本营做出独立自主的决定,而他们无能为力,无法塞给沙皇一个"自己人"。拉斯普庭无精打采地问道:"怎么能这样呢? 怎么能没有我的祝福就任命大臣呢?"当时俄国在前线的形势极糟,大本营决定紧急号召二级非常后备军士兵服役。警察局的差役来到拉斯普庭住所通知主人,他的儿子被列入二级非常后备役士兵,应该应征入伍。拉斯普庭大声吼叫,"这是根据什么法律?"差役也不示弱,"国难当头,每个俄国人都应挺起胸脯保卫祖国,你还要什么法律根据?"拉斯普庭关心自己的儿子,为了拯救儿子,他下定决心要取消这该死的动员令。他眼圈发黑,穿戴整齐、表情严峻地来见皇后。"我祈祷了好几夜! 我看到圣灵。天上的声音说不该征集非常后备军士兵……"皇后的哀叫飞到了大本营,她恳求丈夫说:"我求求你,不要批准征集二级非常后备军士兵入伍。你尽力使它推迟。他们应该在田野上、在工厂里劳动。就是明年你招募也好啊。请你就听从他的劝告吧! 他说得非常严重,为这件事几夜未眠。因为犯这么一个错误,我们可能都要付出代价……他坚决请求你快些下令,以便某天在全国安排一次全俄宗教仪式,祈祷上帝赐予我们胜利……"于是,在拉斯普庭的干预之下,没有招募后备军士兵入伍,但进行了祷告。在预定期限内,增援部队没能抵达前线,德军的进攻加强了。

沙皇尼古拉二世前往大本营,统帅军事。这是拉斯普庭的阴谋诡计,也是沙皇夫妇不愿失去权力的逞强之举。在罗曼诺夫家族的经历中,还没有过皇上统率武装力量的先例。只有彼得大帝生平曾负此重任。皇太后、内阁大臣们、杜马主席、法国大使都反对皇上去干预军务。杜马主席罗将科拜见皇上时说，"现在，当前线失利的时候，可以审判皇叔。假如军队照样后撤，而统领这退却军队的又是您自己，那么审判谁呢?"沙皇回答道:"我宁肯去死，也要拯救俄国。"各部大臣也纷纷进谏皇上，但沙皇固执己见，而皇后却对此大加赞扬，"你终于表现出自己是位君主，一位真正的俄国离不了的专制君主……我们的朋友(指拉斯普庭)日以继夜为你祈祷的声音将扶摇直上天堂，这是你光荣执政的开端!"

1915 年 8 月，沙皇动身去了大本营，这时大本营已转移到莫吉廖夫，沙皇留在了这里。皇后开始独揽帝国事务。拉斯普庭马上回到戈罗霍瓦亚街的住所，还写信把女儿们召来，把儿子安排在皇后本人赞助的救护列车上……然后照样过着舒适享乐的生活。每天早晨，外面挤满了求见者，拉斯普庭在纸条上写介绍信，拿着这种介绍信可以见到内阁总理和各部大臣，能办到各种想办的事情。于是各种各样的人都来巴结这位"长老"，甚至还有外国间谍。

沙皇专列运行在大本营和前线之间，运行时刻表由内务大臣赫沃斯托夫掌管，此事责任重大，要是遇上德国飞机扔下的炸弹，罗曼诺夫王朝就会被炸飞。运行路线加了保密，可是内务大臣无论如何也不能理解:为什么皇上和皇太子乘坐的列车在什么时候，到什么车站，柏林方面都知道得一清二楚。赫沃斯托夫只让皇后一人知道专列运行的时刻表。原来是皇后把运行路线时刻表告诉了拉斯普庭，理由是让这位长老在各处都保佑沙皇，为沙皇祈祷。协约国英法驻俄国的使馆人员一直确认，有关大本营的各项机密就是从拉斯普庭的好友犹太巨商马努斯的寓所飞到德国总参谋部的。

拉斯普庭不仅交游不慎，而且只要"三杯下肚"，他就把知道的一切和盘托出，以此来炫耀他对国家大事了如指掌。拉斯普庭还借助"上帝的意志""天意"对前线的军事行动进行干预。沙皇在给皇后的信中详细描述了前线的情况和未来的作战计划，同时提醒皇后不要泄露给任何人。愚蠢的沙皇不知道同皇后讲，就意味着同拉斯普庭讲。皇后本人对军事一窍不通，可是对拉斯普庭的指示却百依百顺，言听计从，而这些所谓的"指示"都是拉斯普庭在酒后昏头昏脑的时候想出来的，有的纯粹是胡话梦呓。在 11 月，皇后命令沙皇说，"我要把我们的朋友在夜梦中得到的使命转达给你。他(指拉斯普庭)请你下令，在里加附近开始进攻……"结果，沙皇下令在巴比特湖附近发动了一次可怕的夜袭，俄军炮兵误射了自己人，伤亡严重。前线是否发动进攻，什么时候发动进攻，就看拉斯普庭的"预言"如何。在尼古拉二世领导下，大本营的情况发生了变化，拉斯普庭当然不敢公开干涉总部的计划。但是，他利用"预言""上天启示""托梦"等形式严重地干扰着前线军事行动。

1916 年初。前线上寒雾迷漫，这不利于军事行动，沙皇下令进攻。拉斯普庭大骂安纽特卡，因为她根本没有告诉他前线有雾。然后，长老又把怒火发在总司令沙皇身上，沙皇竟没同他拉斯普庭打招呼，就下令进攻。拉斯普庭说，"我怎么为你们祈祷呢? 妈妈，这可不成! 你对爸爸监视不周……如果他问我一声，我就会告诉他:进攻为时过早。而血已经流得过多了。"

拉斯普庭的行径已经是天怒人怨，但是沙皇还是宠信他。1916 年秋冬，米哈依尔亲王到大本营看望沙皇哥哥，亲王劝沙皇把拉斯普庭赶走。沙皇表示决不让步。

# 葬身冰窟

正如亲王对沙皇所说的那样,如果说拉斯普庭以前是块笑料,那现在已成为一个毒瘤,必须割去。刚愎自用的沙皇和迷信固执歇斯底里的皇后宠信拉斯普庭,已经到了无以复加的地步。沙皇曾对杜马主席罗将科说:"这是我的家务事,请你们不要干涉。"罗将科一针见血指出:"在君主政体国家,沙皇的家务事就是国家大事。"拉斯普庭施展阴谋诡计,安插党羽,操纵朝政,介入司法事务,甚至直接干预内阁总理和大臣的任免。在斯托雷平被刺后的那五年多时间,内阁总理换了 4 个,内务大臣换了 6 个,外交大臣换了 3 个,陆军大臣换了 4 个。像走马灯似的,连面目都看不清就换了。这不仅为人民所痛恨,而且在统治集团内部也引起不满。1916年底,君主主义者尤苏波夫公爵,德米特里·帕甫洛维奇亲王,杜马中最反动的代表之一普利什凯维奇等人同谋杀死了拉斯普庭。

实际上,谋杀拉斯普庭的行动已经有过多次了。第一次是神父伊利奥多尔策划的。先前他帮助过拉斯普庭,后来发现这是个地痞无赖,就向东正教最高会议提出请求把拉斯普庭驱逐出首都彼得堡,后来由于受到教会当局的迫害,放弃神父职务,脱下教服,与东正教最高当局决裂了。他策划要用大剪刀阉割拉斯普庭,使其成为"公马"。在行刑时的搏斗中,拉斯普庭逃脱。伊利奥多尔改名为特鲁法诺夫,隐姓埋名,后逃往瑞典,写过一本名为《神圣的魔鬼或关于格里什卡·拉斯普庭的真相》的书。第二次是一个名叫古谢娃的妇女,在拉斯普庭的家乡波克洛夫斯科耶村行刺,尖刀捅破了拉斯普庭的肚子,肠子都出来了,但拉斯普庭又逃脱了。古谢娃为此坐牢,她是一个受拉斯普庭伤害的人,发誓要报仇。第三次是大本营的骑兵大尉奥布拉茨佐夫,到拉斯普庭经常寻欢作乐的"罗德饭店"行刺,但左轮手枪卡壳了,一帮暗探扑了上来。暗杀未遂。事后,拉斯普庭还说:"什么子弹卡壳了,这是上帝在亲自保护我。"这几次谋杀事件,都没有经过周密的策划。

君主主义者、保皇党人甚至也不能容忍拉斯普庭的胡作非为和目空一切。尤苏波夫在《拉斯普庭之死》回忆录中,记述了他与拉斯普庭的一次交谈内容。谈话涉及了政治,拉斯普庭对杜马进行攻击说:"那里光散布我的坏话,想叫沙皇难堪……哼,他们也胡说不了多久啦:我马上把杜马解散,把议员统统打发到前线去打仗。我给他们点颜色瞧瞧,那时候他们会想起我的。"骂完国家杜马,拉斯普庭又说到皇室:"眼下我只跟你说,皇后真是个英明透顶的女主……我同她合起来,干什么都干得成,办什么都办得到。至于皇上他吗,是个大圣大贤,可他算什么皇上呢?最好是逗逗孩子,摆弄摆弄花草,种种菜园子,哪里治得了天下……够难为他的,所以上帝祝福我们辅佐他。"

拉斯普庭以傲慢的口气说:"上帝的意志是不能违抗的!上帝他可不是白白派我来辅佐皇帝的……我告诉你:要不是我,皇上、皇后就彻底完了。我不跟他们客气,如果不照我的办,我马上拍桌子,站起来就走。他们来追我,求我:'别走,格里哥里。您吩咐什么我们都照办,只要您别离开我们。'你瞧,亲爱的,他们多喜欢我多尊敬我。"拉斯普庭继续说,"前几天我对他们提起一个人,说是该任命他,可是他们老是拖啊拖……于是我吓唬他们：'我走了，离开你们回西伯利亚去。没有我，你们大家在这里都会倒霉的，还会把你们的儿子给毁了，因为你们抛弃上帝，投向魔鬼。'我就是这么干的。"尤苏波夫在回忆录中写道，他内心对这个自命不凡的乡巴佬兼盗马贼如此傲慢地以轻蔑的口气谈及俄罗斯皇帝，感到满腔怒火。他们感到不能再忍耐了，于是开始策划谋杀拉斯普庭。

也是拉斯普庭自取灭亡，他全然不顾上层社会的情绪已发生变化。就在这年1月10日特列波夫出任内阁总理后，把拉斯普庭召到自己的办公室，开诚布公地把20万卢布放在他面前说："你把钱拿走，但是你再不要干预国家大事。"拉斯普庭对内阁总理说："钱我同意收下，可我首先得跟一个人商量一下"。几天以后，拉斯普庭来找特列波夫说，"我同自己的那个人商量过了，他对我说，格里哥里，不要拿特列波夫的钱。我给你的钱会更多！"特列波夫问，"这个人是谁？""这个人就是我们的沙皇。"拉斯普庭说罢扬长而去。特列波夫仅仅支撑了一个月就下台了。显然特列波夫是小看了拉斯普庭，他哪里知道，拉斯普庭介入司法事务，使银行家鲁宾斯坦获释，这位银行家给拉斯普庭50万卢布表示酬谢。

尤苏波夫公爵会见了杜马代表、立宪民主党人法学家马克拉科夫（他的哥哥是前内务大臣），坦率地对他说："如果有人干掉拉斯普庭，我愿出100万卢布。"马克拉科夫回答说："作为法学家，我告诉你，杀人这事很简单，就是处理尸体很复杂。雇佣杀手也很简单，但他有可能从手里捞走100万，可是为了10戈比的啤酒，就把你出卖给警方。"

最后，他们商定把拉斯普庭骗到尤苏波夫公爵的地下室干掉。尤苏波夫公爵跟拉斯普庭的私人交往也不错，不会引起他的怀疑。于是为了不引起"长老"的怀疑，尤苏波夫就雇人把地下室装修收拾的像座富丽堂皇的小宫殿，地下室安全，外面听不到响声。他们搞来了一副运动员用的哑铃，说是趁长老不注意的时候给脑门上来一下。搞到了氰化钾，准备放在酒里毒死这个恶棍。正如法学家马克拉科夫所说，处理尸体很复杂，为这事他们绞尽脑汁，最后他们共同决定：最好的方法是把拉斯普庭的尸体用铁链捆上再加一块铁，塞到冰窟窿里。事先寻找好溺尸的冰窟窿，就在皇村车站旁边。

当然，尤苏波夫、普利什凯维奇还征求了杜马主席罗将科的意见，主席先生说，他本人乐于亲手掐死这个恶棍，但干这种事，只是他年岁太大。他们请马克拉科夫一块干，这位法学家表示，让他干这种事可能误事，但他保证，一旦露馅被捕，他将贡献出所有法律知识和经验，使他们免于死刑。普利什凯维奇大骂这个法学家是滑头。普利什凯维奇又拉图拉舒尔金一起干，这是个头脑机灵的家伙，他说，"难道拉斯普庭是万恶之源吗？蛇已经咬了人，再打死还有什么意义？拉斯普庭的毒汁已经渗入到帝国的血液里，专制制度已经无可救药。即使他们把他杀死，难道俄国的状况就能改善吗？你们动手太晚了，本该在1905年就动手！"这倒是切中要害的批评。虽然道不同，不相谋，尤苏波夫、普利什凯维奇还是出于强烈的君主主义思想干这种事的。然而他们征求意见的这些人，都没有阻止他们这样干。酒已倒出，就得喝下去。他们决定干，时间定在12月16日下半夜。有关谋杀拉斯普庭的详细情节，尤苏波夫公爵后来写了回忆录《拉斯普庭之死》，其中描述非常引人入胜，由此看出拉斯普庭确有某种"神力"。

12月15日，尤苏波夫去见拉斯普庭，约定次日夜晚12点到公爵家。拉斯普庭一直想认识公爵夫人，在以前的交往中也多次提到过。尤苏波夫哄骗长老说，"我的妻子刚从克里米亚回来，她想同你在幽静的地方谈一谈。你明天来吧……不过，她要求你晚些来，到夜晚12点吧，因为岳母和一些太太将在我们家吃饭……"拉斯普庭欣然同意，但提个要求让公爵亲自接送。

12月16日夜，尤苏波夫同伙把一切都准备妥当。公爵去接来了拉斯普庭，长老走进公爵的院子，进了楼门，听见了留声机放着美国歌曲《花花公子美国佬》，拉斯普庭爱听这曲子。尤苏波夫解释说，"这是我妻子的客人，快走了"。他把长老引进经过装修的豪华的地下室。

长老脱去大衣，一眼看上迷宫橱，像个小孩那样细细欣赏。一开始他拒不喝茶，也不喝酒，这叫公爵很是着急。他们坐下后，开始聊天，把共同的熟人一个个谈论过了，提到了安纽特卡，也说起皇村。长老还发了一阵牢骚。他说："……贵族们看不惯一个普通老百姓在皇宫里出出进进，这全都是因为嫉妒和仇恨……可我怕他们怎么的？他们对我毫无办法：大家都知道我专能对付阴谋诡计。他们试过，试过不止一次，可是上帝一直叫我清醒着。这不，连赫沃斯托夫也没有得手，受到惩罚，给撵走了。说老实话，他们只要敢碰我，全都没有好下场。"

过了一阵子，拉斯普庭把他爱谈的话题都谈了个够，牢骚发完了，心情开朗了。他想起了喝茶。公爵倒了一杯茶，把投了氰化钾的点心碟推到长老面前，长老不吃，说太甜了。但过了一会，他开始拿了一块吃下去，又过了一会又吃下去一块，这样把七块点心都吃下去。但是拉斯普庭仍然跟公爵聊天，若无其事，尤苏波夫心里挺紧张，这氰化钾该起作用了，莫不是马克拉科夫这小子拿来的不是真家伙。

公爵又拿来长老爱喝的马德拉酒，把酒斟在放了氰化钾的酒杯里，这样喝过几杯，长老仍是脸不变色，只是三番五次地用手按喉咙，仿佛有什么东西妨碍他吞咽，但他精神极好，几次站起来，在房间里踱来踱去。公爵问，长老有什么不适吗？长老说没什么，不要紧，无非是嗓子发痒。公爵又劝长老喝了两杯，一共是三杯了。公爵不得不承认，长老非同一般。心想莫非真是"神人"不行。长老还在房间里走来走去，看见墙上挂着吉他，长老请尤苏波夫弹个快活的曲子。听过几曲后，长老说，怎么不见你妻子来。公爵一看表，已是凌晨两点半了，说上去看看妻子的客人们怎么还没走。拉斯普庭同意了。公爵走上楼去和同伙商量怎么办，同伙们说冲下去干掉长老。公爵认为会坏事，拉斯普庭并非等闲之辈。公爵走下楼梯，说妻子马上就下来。可能是毒力发作，拉斯普庭神情呆滞。公爵问长老，"怎么不舒服？"长老说，"是的，有些头重脚轻，肚子里灼得很。再给我一杯酒，会好过些的。"公爵斟了马德拉酒，长老一口喝干，马上精神抖擞，快活了起来。突然，长老要公爵跟他到茨冈人（吉卜赛人）那里去。公爵借口时间太晚来托辞。尤苏波夫绕到长老身后，拔出手枪，这时长老正在欣赏墙上挂的水晶耶稣受难像，"呼"的一枪，拉斯普庭中弹，疯狂地野兽般地大吼一声，笨重地仰面倒在地上。

同伙们听到枪声，赶快从楼上跑下来，想助一臂之力。拉斯普庭仰面躺着，脸不时的抽搐，手在痉挛中握紧，闭着眼睛。伤口很小，几乎看不见血。长老没睁开眼睛，几分钟后就断气了。公爵检验了伤口，子弹洞穿心区。毫无疑问，是死了，同谋者建议再补上一枪，但担心出血过多，没有补。锁上门，一齐到了楼上公爵的书房。

剩下要做两件事：第一，万一拉斯普庭来时暗探曾跟踪，因此要假装拉斯普庭离开了公爵家。这由苏霍京中尉装扮成拉斯普庭，穿上长老的大衣，戴上他的皮帽，乘坐普利什凯维奇的敞篷汽车，朝长老住所戈罗霍瓦亚街开去。第二，带上长老的衣服，送往华沙车站，在普利什凯维奇的医疗列车上焚毁。他们个个精神振奋，似乎他们的英勇行为将拯救俄国，使它避免沦亡和耻辱。于是大家准备分头行动。

公爵蓦地隐隐感到一阵惊惶，急忙向楼下走去，再看看情况。他打开通往地下室餐厅的门锁，发现拉斯普庭仍躺在老地方。公爵摸一摸，长老的尸体尚温，但找不到脉搏。这下肯定是必死无疑了，公爵是这样认为的。

尤苏波夫要准备离开了，他突然发现长老的左眼皮轻微的跳动了几下。他又走到长老跟前，发现长老脸面痉挛抽搐着，越来越厉害。左眼猛一下睁开，一刹那，右眼也睁开了。两只眼睛流露出凶狠的目光，盯着公爵。公爵想跑，腿不听使唤，想喊，喊不出声来。站在那里发呆。

拉斯普庭陡地猛一打挺，跳起来站住，口吐白沫，样子可怕极了。冲向前来，一双铁手抓住公爵的肩膀，想掐住喉咙。死而复生的拉斯普庭嘴里念叨着尤苏波夫的名字。公爵恐怖极了，用尽力气挣脱了魔掌。

拉斯普庭嘶哑地呼噜着，仰面倒下，一只手里捏着从公爵肩上撕下的肩章，全身蜷缩，躺着不动。

公爵迅速奔上楼，去拿手枪，刚才他把枪放在书房里。嘴里喊着，"赶快、赶快拿枪！开枪打他，他没有死！"

拉斯普庭此时正从地下室往上爬，手脚并用，一级级爬得很快，咆哮着，活像一头受伤的野兽。他一使劲跳到通向庭院的暗门前面，一下把门撞开了。拉斯普庭出了门，消失在黑暗中。尤苏波夫不可理解，半小时前自己看到拉斯普庭在咽气，而现在踉踉跄跄地在庭院中沿着邻街的铁栅栏，踏着疏松的积雪飞快地跑着……普利什凯维奇寻着拉斯普庭的脚印和叫声跟在后面，拉斯普庭声音凄惨地叫喊：费利克斯、费利克斯，我要绞死你（指尤苏波夫）。普利什凯维奇连开两枪，一枪击中背部，一枪击中头部。拉斯普庭摇着头，在雪地上转了几圈，慢慢蹲下身去，最后沉重地倒在雪地里。同伙们把拉斯普庭拖进房子，他脸朝上平躺着，喉咙里发出呼噜呼噜的响声，睁开右眼，又爬了起来。尤苏波夫用哑铃在拉斯普庭的太阳穴上连击几下。后被同伙抱住，害怕弄出好多血来。

同伙们把拉斯普庭的尸体用窗帘包起来抬到车上，扔进事先察看好的冰窟窿里。当时已经是凌晨5点钟。拉斯普庭的生命力之强无法理解，事后，经法医解剖检查说，拉斯普庭是溺水而死，因为肺部有积水，就是说他被扔进冰窟窿里后还在呼吸，大约活了7分钟。

尤苏波夫、普利什凯维奇、德米特里·米哈伊洛维奇亲王的党羽们一直认为，暗杀拉斯普庭的凶手是俄国的救星。但是，谁都知道，这伙凶手拯救的不是俄国，而是专制制度。俄国的真正救星是后来发生的人民革命。

12月17日，天一亮，拉斯普庭家人就告诉暗探们，说长老一夜未归。暗探们心想，这是常有的事，不必大惊小怪。

皇村的人们还希望"长老"有上帝的庇护，不致死去。然而，警方的调查证明，长老确已被谋杀。一封封电报飞向大本营，请沙皇火速回驾首都。兔死狐悲，物伤其类。12月20日长老的尸体被找到。沙皇夫妇、安纽特卡非常悲伤。但皇族中也有人内心暗喜，在罗曼诺夫家族中有人起草了一份反对迫害杀死拉斯普庭的凶手的抗议书，有17人签名，为首的是希腊皇后奥尔加（尼古拉二世的亲姑母，德米特里亲王的祖母）。皇后看

俄国妖僧拉斯普庭被杀

到抗议书，怒不可遏地说，"这简直是罗曼诺夫家族中的革命！"沙皇在抗议书上批示道："谁也无权杀人。"沙皇的批示看起来非常虚伪，鲍维尔·亚历山大罗维奇愤怒地喊道，"对！谁也无权杀人，可是就不算你这个涂过圣油的教徒，你自己亲自批准了千万人的死刑！"

内务大臣普罗托波波夫对报界和首都各界广泛宣传说，装殓着拉斯普庭尸体的棺椁已用火车运往波克罗夫斯科耶村，并按照教会仪式在该村安葬。

实际上，拉斯普庭被停放在国家教堂里，它坐落于沙皇的大亚历山大行宫旁边。在这里为"无辜被杀的"格里什卡举行了超度仪式，闲人一律免进，只有沙皇夫妇、安纽特卡深切悼念，神经质的哭泣。

拉斯普庭死了，长老的职位空出来了。普利什凯维奇说得对，这是个肥缺，而这样的位置是不会空着的！内务大臣普罗托波波夫已经觊觎补缺，这位大臣使出浑身解数，企图代替拉斯普庭，他到处张扬说，"长老"在离开人世之际，把他不朽的灵魂托附在他普罗托波波夫身上了。除此之外，这位大臣还接过了拉斯普庭的恶习：他不断预言，告诉皇室说，只要他普罗托波波夫活着，罗曼诺夫家族就平安无事。

拉斯普庭最后埋葬在属于安纽特卡的一块荒地上，她要在这里盖一座小教堂。后来小教堂盖起来，常有女性崇拜者前来为他祈祷。沙皇夫妇还曾为这个小教堂的命名争议过，皇后说，"我们就命名这个修道院为拉斯普庭修道院吧。"沙皇说，"亲爱的，这个名字在百姓中会引起误解，因为这个姓听起来不体面。这个修道院最好叫格里哥里修道院。"皇后坚持说，"就叫拉斯普庭修道院，格里哥里在俄国有几十万，而拉斯普庭只有一个……"

二月革命后，人们偶然发现这座小教堂的地下室停放着拉斯普庭的大黑棺材。于是抬出来游街示众，然后打开棺盖，看着"长老"的尸体连同棺材一同烧掉了。

# 凶残狡诈的西班牙独裁者

## ——佛朗哥

## 人物档案

**简　　历**：西班牙前国家元首,法西斯军事独裁者,上世纪30年代西班牙内战的始作俑者。

**生卒年月**：1892年12月4日~1975年11月20日。

**性格特征**：冷酷、孤傲、狡诈。

**历史功过**：西班牙内战推翻共和政府,建立独裁统治,建立长枪党,保持中立态度,并同时实行镇压与安抚策略。

## 初露头角

1892年12月4日,佛朗哥出生于西班牙西北方的埃尔费罗尔市。父亲是西班牙海军后勤部门的军官,母亲出身于中产阶级家庭,是虔诚而保守的天主教徒,他们共有四个孩子。佛朗哥童年时,全家人的生活比较贫寒。母亲家教甚严,顽皮好胜的佛朗哥从小就受到严格管束,因而养成了冷酷、孤傲的性格。

佛朗哥在家庭环境的熏陶下,从小就梦想能像父亲和兄长一样成为一名威武的海军军官,但是由于考试成绩不佳,他未能考取海军学校。1907年,他考入托莱多步兵学校,毕业后被提升为少尉。1912年,西班牙的殖民地摩洛哥爆发了人民起义,佛朗哥毛遂自荐,要求前往镇压。在激烈的战斗中,佛朗哥以狡诈多谋、凶残狠毒而闻名,次年即被提拔为摩洛哥土著骑兵团中尉。

1915年,佛朗哥晋升为少校,成为一名职业军人。因为他身材矮小,故人称"小少校"。第二年,他在战斗中腹部受重伤,不得不回国治疗;1917~1919年,佛朗哥痊愈后和他的堂兄弗朗西斯科·佛朗哥·萨尔加多——阿劳霍上尉一起被编入驻守奥维亚多省的团队。那时,正值第一次世界大战,他们的薪金只有400个比塞塔左右,生活拮据,连矿工都不如,只能寄宿在简陋的客店里。幸亏店主慷慨好客,他们才受到很好的款待。在此期间,佛朗哥积极参加了对国内工人罢工运动的镇压。

1920年,佛朗哥被任命为专为对付西属殖民地的民族解放运动而组建的西班牙外籍志愿军团的副司令。1921 年,摩洛哥里夫地区人民在其天才领袖阿卜杜·克里姆的领导下,奋起反抗西班牙侵略军,同入侵者展开了长达 6 年之久的抵抗战争。这年夏季,费·西尔维斯特雷将军指挥的 15000 人的西班牙军团企图对里夫共和国进行突袭,结果在阿努瓦勒附近大败而归,数千人伤亡,700 多人被俘,西尔维斯特雷将军也在撤退途中被击毙,整个西班牙为之震惊。西班牙政府的腐败无能和军队的战斗素质之差由此可见一斑。1923 年 9 月 13 日,加泰罗尼亚军区司令普里莫·德·里维拉发动军事政变,建立了军事独裁政府,决定不惜一切代价夺取在非洲的殖民战争的胜利。佛朗哥指挥的外籍志愿军团在这场战争中扮演了刽子手的角色,血腥屠杀当地人民,被殖民者视为"英雄"。起初,西班牙外籍军团纪律松弛,开小差事件层出不穷。为了整肃军纪,佛朗哥亲临军营视察。当他获悉一位士兵拒吃盒饭并将之砸到部队军官的脸上时,勃然大怒。他立刻下令全体集合,将那个士兵五花大绑,押到队前,命令一排士兵当众将其乱枪打死,然后让军团列队从这个被处死的士兵尸体前走过。这一杀一儆百的做法果然奏效,以后再也没有发生过违反军纪的事件,外籍军团的战斗力大增。1923 年,佛朗哥升任军团司令官。鉴于佛朗哥在摩洛哥的特殊贡献,西班牙国王阿尔丰斯十三世授予他贵族称号,并亲自主持了他和他的妻子卡门的婚礼。

1924 年夏,里夫军队向西班牙殖民者展开了大举进攻,短短几个月里就歼敌两万多人。西班牙国内的反对派要求政府放弃征服里夫地区的计划,但是遭到佛朗哥的坚决反对。1925 年,佛朗哥与法国殖民者相勾结,合谋进攻里夫军队。9月,佛朗哥调集数倍于敌方的兵力,向里夫地区进行猛攻。10 月 20 日,攻占了里夫共和国首都丹吉尔。次年 5 月,歼灭了里夫队军的主力,结束了战争。在最后的决定性战役中,佛朗哥指挥的外籍志愿军团发挥了最主要的作用。1926 年 2 月 3 日,佛朗哥被晋升为准将。

1928 年,佛朗哥奉命在西班牙东北部的埃布罗河河畔建立了萨拉戈萨军事学院并出任院长。

1929~1933 年,资本主义世界发生了空前的全球性经济大危机,西班牙政局动荡不堪。1929 年 1 月 28 日,普里莫军事独裁政府垮台。期间,佛朗哥差点被任命为陆军部副部长,因为上司从中作梗而未果。这一时期,君主制的存废成为西班牙社会的核心问题。1931 年 4 月 12 日,西班牙举行了全国大选,结果,共和派在地方政权中获胜。在各大城市约有 70%的西班牙人拥护共和国,君主派在政治上趋于孤立。4 月 14 日,阿尔丰斯十三世离开首都逃往国外。同日,西班牙宣布成立共和国。

佛朗哥靠国王发迹,对王室感恩戴德,是忠实的保皇派。数十年后,他曾对他的堂兄阿劳霍中将说:"如果那时我被任命为陆军部副部长,那么我就可以很顺利地进行干预,支持合法的君主制度。后来的政局可能会按照另一个方向发展,而君主制的命运也就不会是那样了。"但是,当佛朗哥看到共和国的建立大局已定时,他又摇身一变,成为服从共和国政府的将军。尽管如此,在新的共和国政府为了克服财政上的困难而实施的裁军过程中,佛朗哥所领导的军事学院仍被解散,他本人也被取消了现役军人的资格。这一突如其来的打击并未使佛朗哥消沉,他隐忍不发,等待命运的转机。1932 年,佛朗哥被派往戈鲁尼亚,不久,又被派往巴利阿里群岛任指挥官,负责构筑该岛的防御工事。1933 年 12 月 3 日,在西班牙共和国第二届议会选举中,由西达党、农民党、西班牙复兴党和传统派联合组成的"右派力量选举联合阵线"获胜,共和国进入了"黑暗的两年"时期(1934～1935年)。佛朗哥时来运转,被允许重返现役,并于1934年被擢升为少将。

1934年10月5日,为了反对三名西达党的成员——他们被社会舆论看成是法西斯主义的象征进入新组成的亚·莱鲁斯政府,在西班牙工人社会党及其领导的革命委员会领导下,西班牙全国爆发了政治总罢工和革命起义。根据西达党的提议,佛朗哥被委以全权指挥全国的镇压活动,第一次登上了共和国时期政治斗争的前台。他从摩洛哥调来外籍军团的分队,特别是以粗暴和残酷著称的摩洛哥土著部队,与政府军联手对

佛朗哥骑马像

各地的起义进行残酷的镇压。这次起义的中心在阿斯图里亚斯,武装的工人队伍占领了米耶雷斯、拉费尔赫拉等许多工业城市,并把这些城市交给"革命委员会"管辖。佛朗哥经过精心策划后,指挥政府军从陆路进攻起义者,同时在10月10日调集外籍军团从希洪港登陆,对起义者形成南北夹击之势,佛朗哥毫不心慈手软,怂恿那些野蛮的士兵对处于劣势的起义者大开杀戒,打死1335人,伤2951人,随后,全国又有数万人被捕入狱。1935年5月14日,佛朗哥踩着起义者的血尸,爬上了西班牙军队总参谋长的宝座,他的许多非洲派同党也同时被委以重任,范胡尔将军任陆军部副部长,戈德将军任航空管理局局长,莫拉将军任摩洛哥驻军总司令。佛朗哥的地位迅速上升,成为西班牙军界炙手可热的人物,从而为他日后发动叛乱、夺取政权打下了基础。

## 密谋叛乱

30年代中期,国际法西斯主义像瘟疫一样到处流行。西班牙的法西斯势力和共和派也展开了一场生死决战。

1934年2月,"西班牙长枪党"与"国家工团主义者进军洪达"联合组成了统一的法西斯政党——"西班牙长枪党与国家工团主义者进军洪达",他们打着"民族革命"的幌子,反对共和制度,要求在西班牙建立极权主义的国家制度。其领导者还频频和德意法西斯领导人举行秘密会晤。1935年,长枪党通过了举行武装暴动的计划。军队中的秘密反动组织——"西班牙军事联盟"也准备发动武装政变,以佛朗哥为首的一批高级军官则采取了韬光养晦之计,他们为了保全自己的声誉,没有直接参加这一非法组织,但却酝酿着同样的计划。

法西斯主义威胁的加强和右派政府在10月起义中残酷镇压人民的反动暴行引起了西班牙广大民众的强烈关注和愤慨。1936年1月15日,左翼共和党、共和联盟、劳工总会、西班牙共产党和工团主义党等左派和中间派力量联合组成了反法西斯人民阵线。2月16日,人民阵线在议会选举中获胜,随即组成了以曼·阿萨

尼亚为首的左翼共和党和共和联盟联合政府。人民阵线的胜利表明了绝大多数西班牙人拥护共和国，反对反革命专政。对于反动派来说，这意味着惨重的失败。

西班牙人民欢欣鼓舞。为了庆祝人民阵线的胜利，全国所有的城市都举行了盛大的示威游行。在人民的强烈要求下，曼·阿萨尼亚政府通过了一系列反法西斯的重要措施，镇压10月起义的刽子手佛朗哥自然未能幸免。1936年3月，他被免去了总参谋长的职务，调往加那利群岛担任一名无足轻重的司令官，地位一落千丈。为此，佛朗哥对人民阵线恨之入骨，发誓要推翻共和国，夺回失去的权威和荣耀。

为了恢复大地主、大资产阶级和反动僧侣们的统治，法西斯分子开始着手准备武装暴动，企图以暴力摧毁共和国，建立法西斯专政。以何·安·普里莫·德·里维拉为首的"西班牙长枪党与国家工团主义者进军洪达"和以何·卡尔沃·索特洛为首的西班牙革新会是军事阴谋最狂热的拥护者，但是，圣胡尔霍、佛朗哥、莫拉、戈德等反动将领则是这场叛乱的主谋。1932年8月，当时担任宪兵总监的圣胡尔霍将军因对共和国不满，在一些反对新政权的军人鼓动下，曾发动了一场旨在推翻共和国的武装政变。佛朗哥见人民对共和国极力拥护，政变成功的可能性不大，因而不愿意与之联合。果不其然，政变不出三天即被粉碎，圣胡尔霍锒铛入狱。但这一次则不同了，被群众革命运动新浪潮吓坏了的大资产阶级、土地贵族和大地主都渴望建立一个"铁腕政府"来保护他们的利益，各级教会也倾向于建立独裁政权，以寻求"尘世的和平"，反共和国的力量大增。佛朗哥闭门谢客，反复思忖，最后决定孤注一掷。他满怀信心，准备以生命和前途来迎接命运的挑战。

1936年3月9日早上，佛朗哥、莫拉将军、巴雷拉上校和加拉尔萨上校在交易所经纪人胡安·德尔加多家里举行秘密集会，商讨有关武装暴动问题，他们一致认为，如果共和国政府按照目前的道路继续走下去，如果它解散民警部队或陆军，他们就将以此为由"举行武装起义"。莫拉在会上提出了两个条件：第一，这场起义不反对共和国；第二，继续使用紫色国旗。佛朗哥当即正色回答说：

"我不能向你保证这场运动不推翻共和国，因为对西班牙人来说，共和国就意味着混乱，它正在把我们很快地引向共产主义，这一点已经得到证明。至于现在的国旗，对我们西班牙人毫无意义。共和国政权的一切强盗行径都是在这面旗帜下进行的。另一方面，红黄两色旗，才是真正的国旗，甚至连第一共和国也保留了这面旗帜。从传统的观点来看，它将受到一切参加武装起义的人们的尊敬，因此一开始就应竖起这面旗帜。"

经过一番讨论后，莫拉接受了佛朗哥的意见，答应在纳瓦拉、布尔戈斯和洛格罗尼奥进行"起义"，占领他所管辖的军区范围内的一切地方。会议决定由萨利克特组织加泰罗尼亚的"武装起义"，戈德将军组织巴伦西亚的武装起义。与会者推举佛朗哥来领导整个"起义"，但是老谋深算的佛朗哥没有接受，他担心戈德将军不会心悦诚服地听命于他，因而提出由圣胡尔霍中将出任"武装起义"的领袖，见于圣胡尔霍将军的级别和在军队里的威望，佛朗哥认为他的领导将会被所有的将军所接受，圣胡尔霍具有谦虚谨慎、平易近人的性格，他会在一切关系到起义胜利的问题上听取别人的意见。但是，戈德后来却托人捎口信给佛朗哥，说在未来的武装起义中，他愿意做佛朗哥的后盾。

会议结束后，佛朗哥便于当天下午从马德里出发到加的斯省转赴加那利群岛，就任该岛的军区司令。临行前,他还匆匆忙忙地赶到军人医院里拜访了在陆军中具有很高威望的罗德里格斯·德尔·巴里奥将军。佛朗哥巧舌如簧,他以"拯救祖国"为由说服了巴里奥将军参加将由圣胡尔霍中将所领导的武装暴动。

在叛乱的准备过程中,反动派把主要希望寄托在雇佣殖民军——摩洛哥部队和"外籍军团"(必要时能立即把他们从非洲海运到西班牙本土)以及国民警卫军身上。当时,西班牙全部陆军兵力连同约22000人的国民警卫军和16000人的边防军(宪兵)共有近20万人。海军由2艘战列舰、6艘巡洋舰、12艘驱逐舰、10艘潜水艇、10艘护卫舰和10艘炮艇组成,空军由陆军航空队的三个航空大队、水上航空队的两个航空大队和一个航空中队共约500架各种类型的飞机组成。所以反动派把主要努力放在巩固自己在军队中的地位上。

军队中的将领们一面伪装忠于共和国,一面磨刀霍霍,准备举行法西斯叛乱。"别触动军队,别让军队介入政治",2月16日以后,反动派在这一旗号的掩盖下,按照精心制订的计划在军队中进行了技术准备工作,在全国所有地区都储存了武器。在叛乱的准备工作中,"西班牙军事联盟"起着重大作用。这个秘密组织成立了自己的委员会,与西班牙所有省份和西属摩洛哥保持联系。佛朗哥、戈德、莫拉等叛军将领发往全国各地的有关叛乱的命令、指示和通告就是通过该委员会转达的。叛军在国内准备的同时,还派长枪党首领何塞·安东尼奥·普里莫·德·里维拉及拟议中的叛军领袖圣胡尔霍将军前往柏林和罗马寻求德意法西斯的军事援助,并与之达成了秘密协议,墨索里尼、希特勒都答应给叛军以军事援助。

1936年夏天,叛乱准备就绪。7月12日,突击警卫团中尉,反法西斯主义者何塞·德尔·卡斯蒂略在马德里被杀害。第二天,他的朋友们杀死了叛乱的主要组织者何·卡尔沃·索特洛。7月15日,西共总书记何塞·狄亚士在议会大声疾呼:"大家要当心!反动派准备叛乱!"但是,两个营垒的冲突已无法避免。7月17日,35000名叛军在西属摩洛哥首先发难。这天深夜,扼直布罗陀海峡北岸的休达广播电台播出了叛乱行动的暗号——"整个西班牙晴空万里"。7月18日,西班牙的所有城市和军事重镇,几乎同时爆发了反对合法政府的武装暴乱(佛朗哥后来把这一天定为"民族运动"正式爆发纪念日)。武装力量的80%——12万名官兵和部分国民警卫军倒向叛乱分子一边,到处是死亡和枪毙。西班牙进入了历史上最悲惨的三年内战时期。

## 血洗共和国

武装叛乱爆发时,佛朗哥尚远在加那利群岛的军区司令任上。1936年7月19日凌晨,他和担任他的副官的堂兄阿劳霍一起乘飞机从拉斯帕尔马斯飞往得土安(西属摩洛哥首府),去领导那里反对共和国政府的所谓"民族运动"。当时,形势非常混乱,他们弄不清机场到底是掌握在自己人手中还是共和派手中。因此,佛朗哥不敢贸然降落,他命令英国驾驶员在未弄明情况之前,不要降落。飞机在机场上空进行低空盘旋,佛朗哥站在机舱的窗口,不停地向外张望。突然,他高兴地叫起来:"我们可以降落了!我看到了鲁维托,鲁维托在那!"鲁维托是佛朗哥的好友,他和其他一些军官正把守着机场。

命运女神好像对佛朗哥特别关照。7月20日,叛军首领圣胡尔霍将军在从葡萄牙飞回西班牙的途中,在极其异常的情况下因飞机失事身亡。于是,佛朗哥在一夜之间成了整个叛军的魁首。他指挥在摩洛哥的 35000 名叛军(其中 11000 人是外籍军团,14000 人是摩洛哥雇佣军)残酷地击溃了共和派的一些单独抵抗之后,迅速占领了梅利利亚、休达和得土安等几座城市,控制了摩洛哥的局势,忠于共和国的军官被就地枪毙。

但是,战局的发展远非佛朗哥想象的那么顺利。在人民阵线的领导下,在共产党的大力支持下,西班牙人民同仇敌忾!叛乱的头几天,就有 30 万男人和妇女来到集合点报名参战。他们手持各种武装,在街垒和战壕里跟叛乱分子展开殊死搏斗。这时,空军和几乎整个海军仍站在共和国方面,从而保证共和国政府成功地封锁了海岸,使摩洛哥的叛军主力无法向西班牙本土增援。共和军在许多省份和城市平息了叛乱,法西斯分子只能在南方和北方的部分地区站住脚跟,并且被巴达霍斯省分隔成两部分:莫拉将军指挥的北方部队和佛朗哥指挥的南方部队。

不过佛朗哥并没有被眼前的挫折所击垮。在西班牙法西斯分子的积极活动下,法西斯德国、意大利和葡萄牙开始援助西班牙叛军。墨索里尼和希特勒出于其扩张战略的需要,非常害怕西班牙布尔什维克化,急需在比利牛斯山脉的那边建立法西斯专政。德意军事当局还把西班牙看成是未来战争的一个合适的战略基地和试验自己的军事技术装备及其战术潜力的一种演习场。因此,他们沆瀣一气,成立了专门机构来援助佛朗哥叛军。7 月 30 日,德、意两国共派出 40 架飞机把 14000 多名叛军和大量军用物资从摩洛哥运往西班牙本土。萨拉查的葡萄牙还为佛朗哥叛军开放了自己的边界,大批武器弹药由此转运到佛朗哥军队手中。佛朗哥叛军逐渐扭转了战局,8 月中旬,占领了战略要地巴达霍斯,南北叛军会合。8 月 15 日,佛朗哥提议将二色旗(两条红色和一条黄色)定为自己的国旗,并在塞维利亚市政府大楼前举行了升旗仪式。佛朗哥发表了即席演说,诬蔑共和国给西班牙造成了混乱,准备把西班牙引向共产主义,号召军队为"拯救祖国"而战。9 月 3 日,叛军占领了伊伦,切断了共和国与法国的联系。9 月 4 日,攻占了通往马德里的重要据点塔拉—德拉—雷纳。叛军首领被一连串的胜利冲昏了头脑,自以为攻占马德里指日可待,于是,他在 9 月底迫不及待地召开会议,讨论选举最高统帅和国家元首,并宣布将一切权利赋予国家元首。10 月 1 日,佛朗哥被拥立为新的国家元首和叛军最高统帅。是日午夜,踌躇满志的佛朗哥向全国发表广播演说,扬言必须建立强大的极权主义国家。在谈到组织劳动和工人的义务时,他说:"所有的西班牙人,毫无例外,必须工作,新的国家不能养活寄生虫。"为了拉拢农民阶级,佛朗哥许诺要改善他们的福利和待遇。

佛朗哥俨然是一个真正的国家元首了,言谈举止中流露出掩饰不住的骄气。他一面着手组建新的国家机器,一面加紧对共和国的围攻。为了尽快消灭共和国,拿下马德里,佛朗哥颁布的第一个命令就是改组军队。他下令建立了由埃·莫拉将军统帅的北方军,以凯波德·利亚诺将军为首的南方军和何塞·莫斯卡尔多将军领导下的新中央军。此时,叛军已完成了总攻马德里的准备工作。11 月初,叛军攻到了离马德里只有 10 公里的地方。指挥进攻的莫拉将军夸口说,马德里将由四路纵队在市内"第五纵队"的协助下加以占领。所谓"第五纵队",是指那些早就潜伏在共和国军事参谋部、政府各部、人民阵线委员会和工会内部的法西斯分子和间谍。他们到处为叛军收集情报,制造怠工事件,挑拨离间,并从事各种破坏活动。

当叛军逼近马德里时,他们也蠢蠢欲动,准备来个里应外合,为叛军打开马德里的城门。11月6日清晨,叛军对马德里的总攻开始了。刹那间,炮声轰鸣,天摇地动,马德里陷入一片火海之中。佛朗哥计划在11月7日攻占马德里,他把最精锐的部队全投入了战斗。骄悍凶猛的摩洛哥士兵狂呼乱叫着,像狼群一样向马德里的防御工事扑去。佛朗哥不顾市内平民的死活,命令空军连续不断地轰炸市区。马德里已经近在眼前,佛朗哥满以为胜利在望,急不可耐地为自己准备好了一匹举行入城仪式时乘坐的白马,憧憬着以主人的身份入驻马德里。

然而佛朗哥的野心再次受挫。当共和国首都受到严重威胁时,马德里的人民万众一心,起来保卫首都,就连妇女儿童也加入了挖掘壕堑的行列。大街上悬挂着醒目的横幅:"他们通不过去!法西斯主义企图征服马德里,马德里定将成为法西斯主义的坟墓!"共和国军民高唱歌曲:"马德里,你太有名。敌人想把你占领……但你英雄的儿女不会辱没你。"源源不断地投入战斗。11月8日和9日,战斗达到空前激烈的程度。这时,由54个国家的共产党人和反法西斯进步人士组成的举世闻名的"国际纵队"投入了战斗。他们和西班牙共和军一起为争夺每一寸土地、每一条战壕和每幢房子与叛军展开血战。整个街区被摧毁了,曼萨纳雷斯河的河水被鲜血染红了,但是叛军企图突入市区的阴谋仍未得逞。由于共产党人的坚决斗争和人民阵线采取的防范措施,佛朗哥所寄予重大希望的"第五纵队"受到了迎头痛击,没有起到多大作用。11月11日,马德里保卫者开始转入反攻。11月25日,法西斯进攻被击溃了。

马德里保卫战表明,佛朗哥要在短时间内消灭共和国是不可能的,战争将是长期的和残酷的。为了做好持久战的准备,佛朗哥积极争取法西斯国家和国内反动势力的全力支持。11月中旬,佛朗哥政府得到了德、意后来还有阿尔巴尼亚的承认。11月28日,与意大利签订了秘密合作协定;1937年3月20日,又与德国签订了类似的协定。在两年零八个月的内战当中,佛朗哥从意大利得到了2000门大炮,10000件自动武器,24万支步枪,900辆坦克,12000辆汽车,800台拖拉机,2艘潜水艇,4艘驱逐舰和15万正规军的援助,总价值达140亿里拉(尚未含1000架飞机)。佛朗哥从德国得到的武器援助并不亚于意大利,同时还有装备精良的5万名士兵,这些援助成为佛朗哥夺取内战胜利的重要保证。1937年4月19日,佛朗哥承认了西班牙法西斯组织"长枪党",并把反共的主要力量——保皇派(阿尔丰斯派)、卡洛斯派和长枪党合并为在他领导下的统一的法西斯政党"西班牙传统主义者长枪党与国家工团主义者进军洪达"。佛朗哥正式成为西班牙法西斯主义的领袖,操纵了叛乱分子的一切政治力量。土地贵族、教会的主教们、银行家和企业主也对其倾囊相助。这些努力使佛朗哥的政治地位更加巩固,并拥有了一支力量强大、装备精良的军队。

而共和国则不然。在人民阵线内部,各党派之间争权夺利,斗争激烈,每个党派都拥有自己的队伍和军队,各自为战,缺乏统一的军事指挥,从而丧失了许多战机,直到1936年10月,新成立的卡瓦列罗政府(11月6日后迁至巴伦西亚)才慢腾腾地颁布法令,开始把民兵改编为正规军。佛朗哥利用共和国的这些弱点及时调整战略,进行休整,使双方的力量对比很快向有利于自己的方面发展。在国际上,共和国的处境也极为不利,1936年9月9日,在伦敦成立了由欧洲27国组成的"不干涉委员会",它严禁向西班牙交战双方输出和转运武器及军用物资,从而使西班牙共和国失去了从国外购买武器的合法权利,而叛军却可以自由地从德意得到各种援助。

1937年2~3月,佛朗哥为了包围马德里并截断马德里与巴伦西亚的联系,先后发动了哈拉马河战役和瓜拉哈拉战役,均遭失败。这时,所有的军工厂和全国大部分工业仍掌握在共和国手里,叛军所需的物资仍有赖于进口。所以,佛朗哥把战略进攻的重点转向北方濒临比斯开湾的狭长地带,以夺取毕尔巴鄂的工业和阿斯图里亚斯的煤炭。1937年3月31日,莫拉率领的叛军和德意干涉军共60000人向毕尔巴鄂发起猛烈进攻,4月27日,德国空军"神鹰军团"对距毕尔巴鄂12英里的格尔尼卡镇(巴斯克民族自由的圣地和象征)进行了大规模空袭,炸死无辜居民1700多人,该城2/3的建筑物被夷为平地。毕加索的世界名画"格尔尼卡"表现的就是这一惨绝人寰的悲剧。60年后(1997年4月27日),德国总统赫尔佐克为此向当年格尔尼卡的幸存者们表示公开道歉。

当时,在进攻毕尔巴鄂的问题上,佛朗哥与意大利大使比奥拉及巴斯蒂科将军发生了激烈的争执。意大利人想参加攻占毕尔巴鄂的军事行动,特别是希望攻打共产党人驻守的"钢铁防卫圈",狡猾的佛朗哥不想在关键时刻让外国人抢走即将到手的胜利花环,因此,他便假惺惺地提出让意军去完成另一项比较容易完成的任务:攻占毕尔巴鄂附近的城镇,从而巧妙地调和了这一矛盾。10月20日开始,叛军和武装干涉者集中胜过共和军好几倍的兵力,经过50天激战,占领了共和国在北方的最后一个堡垒——阿斯图里亚斯。北方工业区的沦陷对于几乎断绝了外援的共和国来说是一个沉重的打击。

到1937年底,法西斯分子已经占领了60%的国土,英、法、美三国的领事馆一个接一个地开设在叛军占领的领土上。1937年11月6日,佛朗哥与英国政府达成了互派代表的协议,这就意味着英国在事实上承认了佛朗哥政府。这些不利因素助长了人民阵线内部的投降主义情绪,英法统治集团对之大加鼓励。为了分化瓦解人民阵线,佛朗哥抓住机会派代表到伦敦和巴黎同共和派营垒中的投降分子进行谈判,以利诱之。1937年5月,新成立的内格林政府的国防部长普列托成为追求媾和投降的急先锋。他想方设法地打击坚持抵抗的共产党人,大肆培植自己的亲信,使共和军战斗力锐减。1938年3月9日,普列托错误地发动了特鲁埃尔战役。佛朗哥继续运用集中优势兵力的战略,把自己的精锐兵力"纳瓦拉""阿拉贡""摩洛哥"和"加利西亚"诸军团及意大利远征军,都调往特鲁埃尔。经过两个多月的战斗,佛朗哥占领了马德里东部的这一重镇,并乘胜进击,由特鲁埃尔一直推进到地中海岸。1938年4月15日,实现了把共和国领土分割为北部(大体上包括加泰罗尼亚)和中南部(包括马德里、巴伦西亚、阿利坎特等省)两部分的战略目标。共和国的军事和政治局势大大恶化。

1938年7月初,伦敦的"不干涉委员会"通过了所谓"召回外国志愿军的计划"。共和国同意撤出一万名国际纵队队员,这个数目占当时共和军中全部外国人的80%,10月底共和国在巴塞罗那和加泰罗尼亚全境欢送这些参加了共和国历次战役的英雄们。按照相应比例,佛朗哥也应当撤出12万德意军队,这对于严重依赖外国干涉军的西班牙法西斯来说,无异于釜底抽薪。因此,佛朗哥从一开始就玩弄阴谋抵制伦敦委员会的决议。在给伦敦委员会的答复函中,佛朗哥只同意按同等数量撤出德意干涉军,即只撤出一万人,而最后撤出的大多都是伤残者。共和国在这个问题上又吃了败仗。

在完成了对共和国领土的分割后,有段时间佛朗哥在向加泰罗尼亚还是向巴伦西亚进攻的问题上犹豫不决。6月初,叛军决定先攻巴伦西亚。在佛朗哥看来,占领了巴伦西亚就可以出口那里出产的橘子和其他水果,相反,由于没有外汇来给加泰罗尼亚的工厂提供棉花,他就不急于占领巴塞罗那。但是,对巴伦西亚的进攻遇到了共和军出乎意外的顽强抵抗。双方在埃布罗河战斗了4个月之久。佛朗哥把几乎所有的摩托部队、坦克、炮兵和空军都投入了战斗,埃布罗河战役是西班牙战争年代最大的一次战役。叛军伤亡8万多人,损毁飞机200架。共和军的精锐部队也损失惨重,从此一蹶不振。双方的伤亡之大以至于使前线一度出现了令人惊异的寂静。

1938年9月底,慕尼黑协定签署后,共和国境内的投降主义者和失败主义者变得越来越肆无忌惮,甚至密谋发动叛乱。在共和国内外交困的情况下,佛朗哥分子于1938年12月23日开始进攻加泰罗尼亚。在那里,只有3.7万支步枪的不足12万名共和国军士兵,对抗着差不多30万人的佛朗哥军队和德意军队。这时,苏联向共和国提供的总值超过一亿美元的武器却在共和国最急需的时候被法国卡在法西边境地带不许出境。1939年1月26日,法西斯分子占领了巴塞罗那。2月1日,共和国议会提出在"保持西班牙的独立地位,人民选择制度的完全自由和战争结束后不得采取镇压手段"三项条件的基础上与叛军签订和约。可是,野心勃勃的佛朗哥和德意干涉军对这一无力的求和嗤之以鼻。他们要用刀和剑来建立自己的和平。2月9日,内格林政府被迫迁往法国。两天后,大约50万名不甘忍受法西斯奴役的共和国士兵和民众涌入法国避难。佛朗哥占领了整个加泰罗尼亚。这时,共和国只剩下约占全国领土1/4、人口约1000万的中部地区了。

1939年2月11日,内格林政府又匆匆忙忙地从法国迁回马德里。但是已无力扭转败局。

佛朗哥抓住这一有利时机,在1939年2月27日,赢得了英、法政府的正式承认。使之断绝了同共和国西班牙的外交关系。当共和国危在旦夕时,"第五纵队"乘机作乱。3月5日,共和国上校加萨多和右翼社会党人头目贝斯太罗发动反革命政变,成立了所谓的"国防委员会",3月19日,他们假惺惺地向佛朗哥提议和谈。佛朗哥则毫不客气地要求他们无条件投降。就在他们动身乘英国军舰逃往英国的时候,佛朗哥下令军队在各条战线展开了全面进攻。3月28日,佛朗哥占领了梦寐以求的马德里。共和国最终倒在了血泊之中。4月1日,佛朗哥发布了最后一份战报,不无得意的宣布:"战争结束了。"后来,他把这一天定为民族运动的胜利纪念日。

## 建立独裁统治

内战的枪声刚一停息,佛朗哥便主持内阁在布尔戈斯召开了战后第一次会议,讨论和平和战后西班牙的体制问题。1939年5月19日,举行了盛大的"国民军"胜利阅兵典礼。这一耀武扬威的典礼持续了几个小时,身材矮胖、留着八字胡的佛朗哥穿着蓝色衬衫,头戴红色圆形软帽,昂首挺胸地站在观礼台上。他的眼睛里闪烁着奇异的光芒,脸上流露出掩饰不住的骄傲神情。参加阅兵式的队伍不时行法西斯举手礼通过观礼台,佛朗哥也不时地将右手伸向前方,向这些刚刚赢得了战争的趾高气扬的士兵还礼。在阅兵典礼上,佛朗哥发表了关于和平、建立伟大祖国和希望参加欧洲"绥靖"体系的演说。5 月 20 日,佛朗哥在圣巴巴拉教堂举行庄严的弥撒,为和平祈祷。然而,不管佛朗哥是真心还是假意,对许多西班牙人来说,这却是死亡的祈祷。

佛朗哥在政治上所面临的首要任务就是巩固极权制度。从 1939 年 4 月 1 日起"关于一切权力归国家元首"的法令(1939 年 9 月 29 日发布)在全西班牙领土上生效。1939 年 8 月 8 日颁布的新法令追认将一切立法行政和司法大权统统交给佛朗哥,确认他在确定法律规范和指导政府活动方面拥有无限的权力。内阁由佛朗哥亲自领导,由他任命内阁各部部长,批准法令和法律。所有高级官员、将军,甚至主教的任命,都必须得到他的同意。佛朗哥只对历史和上帝负责。后来,当有人问佛朗哥为什么不任命一个行政首脑时,他回答说:"如果那样做,我这个元首就成了空架子,起政治上的领导作用就不那么容易了。想要依照自己的意见和根据民族的利益来确定政治方针也不那么容易了。"

西班牙独裁者佛朗哥

为了扑灭共和派继续战斗的任何希望,佛朗哥照搬法西斯德国对付民主组织的经验,在国内建立了一整套的国家恐怖制度。首先,是对直接或间接参加民主运动的人进行审讯。1940 年 3 月 14 日,佛朗哥颁布法律,宣布凡参加过共产党和任何其他秘密组织(首先是共济会组织)的人犯有罪行。根据这项法律,凡共产党员和共济会员都得送交由两名军人、两名长枪党人和两名高级官员组成的"政治责任"特别法庭审讯,并规定被告人无权聘请律师。内战后的最初几年中,大约有 20 万西班牙人被处死或监禁致死。据官方资料,到 1939 年底,西班牙监狱关押了 271000 名政治犯,而这些监狱按照国际司法标准顶多只能容纳 15000 人。在集中营,还关押着 27 万人。其次,为了彻底消灭反对党,宣布"西班牙传统主义者长枪党与国家工团主义者进军洪达"为唯一合法组织,它包括了在内战时期支持过佛朗哥的一切右翼政党和组织,同时禁止其他一切政党和组织活动。佛朗哥分子为了将国家变成为全国统一事业服务的极权主义的工具,明文规定:"政党制必须毫不留情地予以废除,由政党制所产生的一切弊病也必须连同这个制度一起予以废除。"

7 月底,佛朗哥下令制订了新的长枪党章程,并任命其妹夫拉蒙·塞拉诺·苏涅尔为新设立的长枪党政治洪达主席。为了填补因为禁止从前的一切政党活动所造成的这一真空,让西班牙人"为祖国的伟大和共同的幸福"牺牲"阶级的和个人的私利",佛朗哥和长枪党思想家们在《长枪党纲领》中大肆鼓吹民族主义和法西斯思想。该纲领指出:"我们相信西班牙最优秀的、真正的本质。巩固它,提高它,完善它——这就是全西班牙人刻不容缓的共同任务。个人的、集团的和阶级的利益必须无条件地服从于这个目标。"为了把长枪党人塑造成极权制度的忠实顺从的工具,佛朗哥不仅从外表上,而且在思想方式上对长枪党人都做了严格规定。按照佛朗哥的命令,从 1939 年 1 月 25 日起,长枪党人采用统一的制服——衬衫和红色圆形软帽。长枪党人见面时必须按照"古代罗马人的方式"(即向前伸手)互致敬礼。长枪党要求该组织的每个成员遵守最严格的纪律和绝对服从命令。每个长枪党成员都要按照长枪党誓词宣誓遵守下列原则:"我许诺,除了祖国的自豪感之外,别无其他的自豪感;我许诺在'西班牙传统主义者长枪党与国家工团主义者进军洪达'的领导下顺从而快乐、热情而忍耐、勇敢而缄默地生活……我许诺不接受和不理会有损于我们长枪党精神的言论,不管它来自朋友还是敌人。"青年组织也根据同一精神制订了相应的 12 条原则。至于西班牙广大的工人阶级,佛朗哥则把他们全部纳入了在国家机关严密监督之下、分级管理的"产业工会"系统。"产业工会"是一个金字塔式的等级结构,它由各行各业的工会自下而上的组成。工会中的各级职务都由长枪党积极分子把持。佛朗哥试图以此来消除一切有可能破坏政权稳定的因素。

1939 年 8 月 10 日,佛朗哥组成新的政府内阁。新内阁的组成充分体现了佛朗哥善于玩弄力量平衡的政治手腕。在这个内阁里,不仅文职人员和军界人士之间要保持平衡,而且长枪党人和非长枪党人之间,亲德派分子和亲英派分子之间也要保持平衡。保皇派分子何塞·巴雷拉将军(亲英派分子)主持陆军部,长枪党人胡安·亚格(亲德派分子)主持空军部,而有亲英情绪的莫雷诺海军上将则主持海军部。出任外交部长的贝格维德上校是一个保皇派和亲英派分子。内政部长塞拉诺·苏涅尔和公共工程部长阿隆索·培尼亚是从旧内阁转来的。公开具有亲德情绪的穆尼奥斯·格兰德斯(佛朗哥的密友)成了长枪党总书记。大体来说,西班牙内阁通常都是由 5 名长枪党人部长和 6 名具有其他倾向的部长(两名传统派分子、两名自由保皇派、两名独立派分子)组成。佛朗哥这样做是有特殊政治目的的。他原本想组织一个清一色的长枪党内阁,但这样做无疑会使所有的君主派别都立即站到对立面并制造舆论和气氛来反对他,所以他便把各部部长的职位分配给各个为其夺取内战胜利卖过命并有相似理想的各派力量的代表。佛朗哥希望保持的就是这种"力量平衡"原则,它不仅在组成政府内阁时要遵守,在地方行政中也要遵守。例如,部长如果是长枪党人,那么副部长通常是传统派分子或自由保皇派。在国内各城市,文官省长通常都是长枪党人,而军人省长大部分则是保皇派的职业军官。佛朗哥就是通过这种小心翼翼的政策来尽力扩大新政权的统治基础。

除了建立新的组织外,佛朗哥还通过恢复天主教会的许多特权,换得了教会对独裁制度的经常帮助。在内战时就站在叛军一边的教会人士一方面通过刚刚恢复的对戏剧、出版、书刊的检查来控制人们的精神生活,一方面通过对人们进行思想说服工作来为佛朗哥独裁统治效力。为了将西班牙的大学置于极权主义的国家意识形态的支配之下,1943 年 7 月 28 日,佛朗哥政府制定了大学规则,要求高等学校"必须使教育和运动(即长枪党)的纲领性目标协调一致",并"根据天主教的教义和道德及现行教规法的规范进行教学"。所有学生都必须加入法西斯主义的学生会——"瑟乌"(西班牙大学联合会),以实现对师生活动的全面控制。

当时,佛朗哥一方面要稳固新政权的基础,一方面还竭力恢复被战争破坏了的经济。内战结束后,西班牙许多地区变成了一片废墟,近 60% 的房屋被毁,40% 的铁路机车车辆损坏,许多桥梁和道路设施均遭破坏。国内商品匮乏,居民挨饿,还有为了扼杀共和国而接受德、意援助所欠下它们的军事债务也有待偿还。面对这种严峻的经济局面,佛朗哥政府提出了建立自给自足经济的口号。德国和意大利也乐于支持这一能够排挤西班牙市场的竞争者的制度。在建立自给自足经济的过程中,佛朗哥政府先后两次颁布法律,加强了国家对经济的直接干预。国家通过工业局来调整原料、燃料、电力的分配,以解决新企业开办和旧企业现代化问题,规定标准和价格,直接为大垄断企业的利益服务。在农业方面,佛朗哥废除了共和国的土地改革,并将大地产交还给大部分地主,恢复了大地主土地所有制。国家还通过土地买卖、严格控制农产品销售和低价征购制度来盘剥农民。

对社会政治生活和精神生活的统治与对经济的统治相结合,构成了佛朗哥主义的主要内容。

由于种种因素的影响,西班牙经济恢复的步伐十分缓慢。政治上的不稳定和经济上的衰败直接影响了西班牙在未来的世界大战中的对外政策。

# 狡诈中立

1939 年 9 月 1 日,德国法西斯的铁蹄踏进了波兰的国土,第二次世界大战正式爆发了。

二战的爆发对于刚刚结束了三年内战,精疲力竭、千疮百孔的西班牙来说殊非善事。当时,西班牙所面临的主要问题是稳定政局,恢复经济。而要做到这一点,唯一的出路就是避免卷入战争,保持中立。所以尽管西班牙已于 1939 年 3 月 27 日和德、意、日一起签订了“反共产国际协定”,又于同年 3 月 31 日和德国签订了友好条约,但是,当战争真正降临时,佛朗哥和他的阁僚们仍采取了明哲保身的态度。1939 年 9 月 4 日,佛朗哥在布尔戈斯发表广播演说,宣布西班牙在已发生的军事冲突中保持中立。同日,佛朗哥和他的外长贝格维德签署了中立法令。西班牙驻华盛顿代办塞尔瓦向美国国务卿赫尔递交了佛朗哥的备忘录,佛朗哥在备忘录中貌似公允的写道:“我向各国领导人的良知和责任感呼吁,呼吁他们尽一切努力来制止当前的冲突。”

佛朗哥一面高唱中立论调,一面又想趁火打劫,西班牙政府依然大肆吹嘘入侵丹吉尔和摩洛哥地区以及“收回”直布罗陀的侵略计划。1940 年 5、6 月间,当德军在西线连连获胜,攻占比利时、荷兰、卢森堡等国的时候,佛朗哥的确有点坐不住了。6 月 21 日,他宣布西班牙为“非交战国”,并声称这是同情轴心国的一种方式。6 月 14 日,德军攻陷巴黎,西班牙不顾有关国际条约之规定,派兵占领了丹吉尔港。6 月 19 日,佛朗哥向柏林递交了备忘录,宣称如果有必要的话,西班牙随时准备放弃中立参战,但是要以获得直布罗陀和法国在非洲的部分殖民地作为条件。这时,希特勒已经被德军的胜利冲昏了头脑,他认为大英帝国很快就会像法国一样俯首称臣,所以对佛朗哥的声援毫无回应。五年后希特勒对此懊悔不已,但当时他却把西班牙的中立看成是其能给德国的唯一可能的帮助。希特勒不无揶揄地指出:“老实说,负担一个意大利已经够沉重了。不管西班牙士兵的素质如何,考虑到西班牙的极端贫困和毫无准备,西班牙与其说是个难得的伙伴,不如说是个沉重的负担。”在佛朗哥的热情被浇灭后不久,希特勒进攻英国的“海狮计划”受挫失败。于是,德国司令部企图派遣一个集团军假道西班牙去夺取直布罗陀。佛朗哥对此大为不满,无论如何,他都不愿意看到外国军队在自己的领土上开来开去,因而对柏林的要求迟迟不予答复。1940年9月,佛朗哥派内阁部长塞拉诺·苏涅尔出访柏林,苏涅尔此行意在缓和对德关系中的一些摩擦,然而柏林在西班牙参战这一主要问题上仍旧一无所获。于是,希特勒决定亲自出马,劝说佛朗哥参战。10月23日,德意志帝国元首和西班牙元首在法西边境的昂代市举行会晤。佛朗哥首先请希特勒检阅了西班牙军队。这位德国元首在检阅那些与德国军人的威仪相去甚远的西班牙部队并接受他们敬礼时,挺直身子,高昂起头,紧绷着脸,一言不发。直到进了大轿车之后,他才改变了严肃的神情,露出平静和微笑的面容,所以佛朗哥对希特勒的第一印象就是这是一个戏剧性的人物。在会谈室里,希特勒眉飞色舞,滔滔不绝地吹嘘他已经赢得了胜利,英国人即将投降。为了维护和平,德国希望和西班牙结盟。他对佛朗哥说,在欧洲即将建立的新秩序中,历史已为西班牙留下了位置,让它起光辉的作用。他仿佛一个通神的术士一样在描绘着胜利的前景。面对这个已经占领了大半个欧洲,正处于人生和事业顶峰的富有煽动力的演说家,佛朗哥采取了以静制动、以守为攻的策略。当希特勒安静下来的时候,佛朗哥冷静地告诉他:战争还远远谈不上已经打赢,丘吉尔既然拒绝和谈,这就意味着他深信美国迟早将会加入战争,英国将在英国本土以及庞大的英帝国的任何地方继续战斗下去。因此,只能说战争刚刚拉开了序幕。希特勒看见佛朗哥并未被自己的高谈阔论所打动,不无惊讶地问道:"你认为战争会拖得很长吗?战争拖长了对我们就非常麻烦啊!"

佛朗哥回答说:"你丝毫也不要怀疑这一点。因此,尽管西班牙相信德国能取胜,但它还没有条件参战,因为它还有许多的问题没有解决。最重要的一个问题是人民的供应问题。"佛朗哥诉说了国内的诸多困难,表明西班牙无力参加长期的战争。事实上,佛朗哥的参战热情已经随着"海狮计划"的受挫渐渐冷却了,他对德国取胜的信心已远不如几个月前那么坚定了。既然战争的前景已变得扑朔迷离,那么何不静观鹬蚌相争,坐收渔人之利呢?况且,即使西班牙参战获胜,战争也将使其遭受损失,甚至得不偿失。为了不让希特勒识破自己的诡计,佛朗哥又提出许多非分的要求:如修改比利牛斯山脉的边界,割让法国的加泰罗尼亚、阿尔及利亚(由奥兰到布兰科角的地方)以及实际上整个摩洛哥给西班牙,以此作为参战的条件。这次谈判持续了整整9个小时,但最后在联合议定书上只有进行军事谈判这项协议。无论希特勒如何努力,佛朗哥总是转弯抹角,不做保证参战的承诺。虽然希特勒一直保持常态,表现得不急不躁,一点也没有像往常一样暴跳如雷,但佛朗哥仍旧清楚地意识到了希特勒掩藏在内心深处的失望和不满。几天后,希特勒在同墨索里尼会谈时指责佛朗哥提出的要求是与西班牙的实力绝对不相称的,并且满腔怨怨地说:"我宁可被拔掉三四颗牙齿,也不愿再搞这样的谈判。"

佛朗哥心里明白,面对强大凶悍的德国,国力弱小的西班牙只是个小兄弟,所以对德国三番五次催促其参战的要求,他只能采取边谈边拖和口惠而实不至的方针。1940年10月17日,佛朗哥任命有亲德派名声的塞拉诺·苏涅尔代替贝格维德(他在对德关系上不够热情)出任外交部长,以此向希特勒表示西班牙政府的亲德倾向。11月18日,苏涅尔在贝希德斯加登拜访了希特勒,双方举行了4个多小时的会谈,希特勒向苏涅尔宣布了进攻直布罗陀的决定,这一代号为"伊萨贝拉——非利克斯"的战役计划,连最后的细节都做了明确的规定。但苏涅尔按照佛朗哥的指示仍未作具体答复,只是含糊其词地宣布西班牙将继续做好参战的准备。

随着时间的迫近,德国建议西班牙按规定于1941年1月完成进攻直布罗陀的准备工作,佛朗哥和苏涅尔则表示西班牙不能在上述日期参战。

1940年底,西班牙国内局势逐渐恶化,整个国家濒临最严重的饥馑。甚至连军队也得不到足够的粮食供应,部分士兵正在密谋叛乱,人民怨声载道,共产党人在残酷的恐怖政策下仍坚持斗争,游击队在北方一些省区活动频繁,形势非常尖锐。佛朗哥如果贸然参战,其政权就有被推翻的危险。因此,当希特勒在1940年12月6日致函佛朗哥再次要求他迅速行动时,佛朗哥迟迟不作答复。佛朗哥的一味推脱惹恼了德国人,希特勒发表演说,猛烈抨击苏涅尔和佛朗哥的做事方式。他说:"苏涅尔是伪善者,佛朗哥是忘恩负义的懦夫,他们喋喋不休地感谢我们,但就是不想拿出东西来帮助我们。"佛朗哥后来却说:"希特勒应当懂得,我不能为了报恩而把我的祖国拖进一场毁灭性的战争中去,而且这场战争的结局还很渺茫。我永远感激他给我的帮助,但是我没有必要用西班牙人民的鲜血作为报答,拿祖国的独立去冒险。"因此,当德国要求在1941年1月10日越过西班牙边界进攻直布罗陀时,又遭到了佛朗哥的拒绝。佛朗哥为了保卫西班牙的中立,使它免遭可能的侵犯,下令加强了比利牛斯山地区的防务,修建了一道道混凝土战壕,并把整个地区划分为五个战区。对德国来说,如果违反佛朗哥的意愿开进西班牙领土,那将是一种极其危险的和没有把握的行动。希特勒对此愤恨不已,却又无可奈何。因为保持一个对德友好的西班牙总比把它推到敌对的立场上要好。

佛朗哥保持中立还有另外一个目的,那就是乘机从盟国方面得到好处。当时盟国处境非常艰难,如果西班牙倒向希特勒一方参战,那么轴心国就可以封锁地中海,切断英国和印度、埃及的联系,对盟国造成沉重的打击。因此,英美等国利用西班牙国内的经济困难和饥馑,以提供原料和小麦为诱饵,诱使佛朗哥保持中立。丘吉尔还向西班牙驻伦敦大使阿尔瓦公爵许诺,如果西班牙保持中立而不站在德国人一边参战,英国在战后就把海峡地区的佩尼翁山地区归还给西班牙。佛朗哥不费一兵一卒,就可得到这么多好处,哪还有心思去冒险参战?因此,佛朗哥在2月12日同墨索里尼会晤并求得其谅解之后,才给希特勒回信请求希特勒相信他的忠诚,同意继续准备进攻直布罗陀,但却提出新的条件:必须由德国武器装备起来的西班牙军队单独参加这次战役,而做到这一点还需要时间。德国人终于发现,佛朗哥现在根本无意打仗。随着东线战事的迫近,希特勒已不再说服西班牙参战了。

1941年6月22日,苏德战争爆发。西班牙对这场反对布尔什维克的斗争表示了极大的热情。为了报答德国在1936~1939年内战中对佛朗哥政权的"兄弟般的援助",西班牙政府决定派遣长枪党志愿军组成"蓝色师团"参加对苏作战,并以此代替对苏宣战。轴心国对佛朗哥的把戏看得一清二楚,但德国政府仍很高兴接受长枪党志愿军部队。1941年7月上旬,"蓝色师团"很快组成了。它包括641名军官、2272名军士、15780名士兵,拥有三个步兵团、四个炮兵营、一个侦察营、一个工兵营、一个反坦克营、一个通讯营、一个医疗队和一个参谋处。司令官是佛朗哥的密友穆尼奥斯·格兰德斯。7月13日,"蓝色师团"乘运输列车开往德国,在格拉劳弗尔附近的兵营换下蓝色衬衫和红色圆形帽,穿上德军服装于8月20日出发进攻苏联。"蓝色师团"在对苏作战中损失惨重,1942年8月,经过多次补充后被调到列宁格勒战线。到1943年2月间,师团损失了32000人。1943年10月,"蓝色师团"奉命撤回,但仍留下2500名官兵组成"西班牙军团"继续参加对苏作战,一直到 1945 年 4 月。

西班牙虽然没有直接加入"轴心国"正式参战,但它却在经济方面和轴心国密切合作。特别是通过提供战略原料和粮食为后者输血打气。当德国在战争开始后断绝了从英帝国各成员国获得原料的途径时,西班牙输出总额中向德国输出的比重则由 1939 年的 24.8%增加到 1941 年的 46.5%。据官方资料,除了战略物资外,西班牙运往德国的还有植物油、水果、酒、罐头等食品。1941 年,西班牙向德国出口了价值 1.67 亿德国马克的货物。1943 年,德国要求西班牙提供的货物达 3.8 亿德国马克,其中每月从西班牙获得 100 吨钨。1943 年底德国又要求西班牙提供价值为 1 亿德国马克的物资。西班牙向德国提供的粮食和原料,部分是从美国、英帝国各成员国、巴西、比属刚果和阿根廷进口的,例如美国提供的汽油、航空汽油也被转口到了德国。西班牙从这些倒手贸易中获利颇丰。然而它国内的居民却都在挨饿,各地都在实行严格的食品配给制。1941 年 11 月西班牙向德国运送粮食甚至还引起了纳瓦拉人民的反德示威游行。在巴塞罗那省,有 18000 多人饿死。也许,佛朗哥正是依靠这些"无私"的援助抑制了希特勒对西班牙采取极端行动的意图。

西班牙的中立还使其得到了一个意外的有利地位:即对战争双方居中调停。在西班牙政府看来,二战在两方面展开:在东方是反对共产主义的战争,这一冲突的结局对西班牙是利害攸关的;在西方是盎格鲁撒克逊民族各国和德、意两国的冲突,西班牙不打算介入这一冲突。为此,佛朗哥在德国的怂恿下,一直企图分裂世界反法西斯同盟,诱使英国与德国单独媾和,建立所谓全欧洲的反布尔什维克主义战线。为了支持佛朗哥在扮演调停者方面所做的努力,希特勒把德国最有声望的外交家亨利·马·迪克霍夫派到马德里,然而,佛朗哥的一切努力都是徒劳:英国不愿背叛俄国盟友。佛朗哥仍不死心,1944 年 10 月 18 日,他又致函丘吉尔,建议缔结英西同盟,认为只有如此才能抵抗布尔什维克的"破坏活动",使西欧免遭共产党俄国的祸害。但在报刊上的公开声明中,佛朗哥却表示愿意在建立和平的工作中同反希特勒同盟各国(包括苏联在内)合作。1944 年 11 月 3 日,佛朗哥在接见合众社记者时竟大言不惭地宣称西班牙从来不是纳粹或法西斯国家,也从来没有同轴心国有过联系。佛朗哥在二战时一直把希特勒像挂在办公室里,对希特勒推崇备至,但到战争结束前两国关系冷淡后即取了下来。

佛朗哥惯于见风使舵,脚踩两只船。1943 年斯大林格勒战役和北非战役的结束使第二次世界大战发生了根本性逆转,"轴心国"江河日下。佛朗哥变得悲观失望,不再相信苏联会被彻底击溃,也看不出如何才能击败英国和美国。1943 年 10 月,佛朗哥宣布西班牙从非交战国状态转为中立,并下令召回"蓝色师团"。的确,他已为自己的政权在未来的生存感到担忧了。1943 年 6 月,当美国希望以增加航空汽油和其他石油产品的供应换取美国民航飞机过境并在西班牙领土着陆的许可时,佛朗哥还犹豫不决,生怕惹怒了希特勒。但到了 11 月,他却同意了美国的要求。1944 年 12 月 2 日,西班牙和美国签订了关于美国民航飞机在西班牙领土着陆的协定。尽管如此,罗斯福总统也并没有被佛朗哥的投机政策所迷惑。当盟国面临胜利之际,罗斯福并没有因此而忘记佛朗哥政府的法西斯主义本质及其给盟国的敌人所提供的种种援助。

佛朗哥分裂反希特勒同盟和在欧洲建立新的反共联盟的主要目的是为了保住自己的国际地位,并借以稳定国内的局势。因为从 1943 年开始,佛朗哥主义的反对派更加壮大了。西班牙共产党在国内建立了几个庞大的地下组织,并且在西班牙和法国领导成立了全国统一洪达,把国内外的共产党员和其他政党和组织的抵抗分子团结在自己周围。1944年,在墨西哥成立了由社会党人和共和派参加的西班牙解放洪达。1944年10月,在西班牙又成立了全国民主力量联盟。甚至有一些保皇派也参加了反佛朗哥主义运动。1945年3月,侨居国外的巴斯克人的所有政党和组织成立了常设政治机构——协商会议。然而这些反对派并没有团结起来汇成一股统一的、能摧毁佛朗哥政权的强大洪流。它们所起的唯一作用就是使西班牙国内政局不稳,从而防止了西班牙加入法西斯战争。但是,因此而走运和获益的不是他们,而是佛朗哥政权。因为正是西班牙的中立避免了佛朗哥政权随着德意日法西斯的败亡而垮台,佛朗哥又一次成为胜利者。

## 摆脱孤立

1945年5月欧洲战争结束后,在"中立"的幌子下与轴心国合作的佛朗哥政权陷入了四面楚歌、极端孤立的境地。为了从世人的记忆中抹去他们在战时同轴心国合作的可耻历史,佛朗哥在6月16日,即联合国创始国会议在旧金山开幕的前一天同合众社记者谈话时指出:"西班牙正处于走向自由的道路上","长枪党处于进步过程中,而且是实施社会改革纲领以利于人民群众的最有效的工具。"还说:西班牙从来就不是希特勒的同盟国,从来就不想参加战争,并表示愿意同英美两国合作。但是,联合国创始国会议根据刚刚通过的墨西哥代表团提出的拒绝接纳那些在轴心国武力帮助下建立政权的国家参加联合国的决议案,没有批准西班牙加入联合国的申请。

为了稳定政局,欺骗世界舆论,混入联合国,佛朗哥在苏、美、英三国领导人举行波茨坦会议期间,又做出实行国家政治自由的姿态。7月18日,他批准颁布了《西班牙人宪章》,保证教育、通信自由和通信秘密、住宅和人身不受侵犯等权利,保障有限的结社和言论自由。7月19日,他宣布改组政府,除了劳工部长和司法部长仍由长枪党人担任外,其余长枪党人均被逐出了政府,就连"国民运动"总书记何塞·阿雷塞也没有参加政府。另外,还废除了长枪党式敬礼,解散了长枪党警察部队,从政府机关中摘掉了必须悬挂的普里莫·德·里维拉的肖像。佛朗哥企图以这些假自由化的姿态表明西班牙已放弃了国家极权主义形式和制度。然而三大国政府在波茨坦决议中仍表示:"将不支持现行西班牙政府提出的加入联合国的要求。"佛朗哥大为失望。

佛朗哥在国际上陷于困境的同时,还面临国内各种反佛朗哥主义党派的巨大压力。德意法西斯灭亡后,反佛朗哥主义势力迅速活跃起来,希望借此东风一举摧毁佛朗哥政权。1945年8月,在墨西哥成立了以何塞·希拉尔为首的流亡共和政府。1946年4月,西班牙共产党为了团结反佛朗哥主义力量加入了流亡政府。游击队在卡斯特利翁、巴伦西亚、爪达拉哈拉省也十分活跃。为了对付这种局面,佛朗哥政府成立了"反游击行动"组织,在1945~1947年实行了内战结束以来最严厉的恐怖政策,大肆镇压共产党人和其他反对派,经常动用大兵团去镇压游击队。1945年底,佛朗哥政府不顾世界舆论的强烈反对,逮捕并杀害了10名游击运动领导人(共产党员),其中包括已经获得了法国政府颁发的荣誉军团勋章的法国抵抗运动英雄克斯蒂诺·加西亚。为此,联合国大会于 1946 年 1 月 24 日重申了拒绝接纳西班牙加入联合国的决议;2 月 23 日,英国政府向西班牙政府递交了一份抗议书,2 月 26 日,法国政府宣布关闭法西边界;3 月 4 日,英、法、美三国政府发表联合声明,表示在佛朗哥继续统治西班牙时,不与之进行全面友好的往来。12 月 12 日,联合国大会通过决议,要求各成员国从西班牙召回本国大使,只要西班牙仍保存现有制度,今后就不接纳西班牙加入联合国及其专门机构。佛朗哥对此恼羞成怒,竟然让政府和长枪党组织群众在英、法、美三国大使馆门前举行游行示威,甚至在讲话中公开诬蔑联合国大会为"僵尸"。

佛朗哥既不想使其国家制度"自由化",更不想使之彻底民主化。然而,为了减缓国际社会的强大压力,仍被迫做出了一些形式上的让步。1945 年 10 月 22 日通过了《全民投票法》,规定当国家元首认为协商是"及时和有益"时就"与国民直接协商"。1947 年 7 月 6 日,佛朗哥要求西班牙人就他们是否希望西班牙成为君主国举行全民投票。据官方资料,在参加投票的 17178800 多人中,有 14145000 多人做出了肯定回答。20 天后,佛朗哥签署了《国家元首关于国家元首职位继承法》,宣布西班牙是"天主教的、社会的和代议制的国家,按其传统规定为立宪王国",佛朗哥为国家元首,下设摄政委员会(由议会议长、教会中教职最高的人、武装力量最高代表和王国委员会主席组成)和王国委员会(咨询机关),这两个机构和政府一起有责任选出国王和摄政王,交由议会批准,佛朗哥有权提出他死后继任国王或摄政王的人选。这样佛朗哥便巧妙地为他的独裁统治披上了"合法"的外衣,仿佛这一切都得到了人民的支持。

1947 年,国际风云骤变,美苏"冷战"开始。这对于在孤立中挣扎的佛朗哥政权来说无疑是绝处逢生,佛朗哥迅速做出了反应。1947 年 7 月,佛朗哥在同国际新闻记者谈话时表示:"西班牙将是比法国更为良好的西方防务堡垒,美国如果希望的话,可以在西班牙获得基地。"佛朗哥对同美国建立更为密切的关系极为积极,但同时宣称,这种合作必须以接纳西班牙加入联合国、按"马歇尔计划"援助西班牙以及西方国家大使返回马德里为先决条件。1948 年 10 月 11 日,美国国务卿马歇尔宣称,联合国 1946 年关于西班牙问题的决议已不符合新的情况,美国愿意支持撤销该决议的任何提案。美国还四处活动,企图把西班牙拉入北大西洋公约组织。朝鲜战争爆发后,佛朗哥指示西班牙驻华盛顿大使立即发表正式声明:表示西班牙同意参加在朝鲜的反对"共产主义侵略"的斗争。

佛朗哥政权受到了美国军界和政界的极大欢迎。1950 年 11 月 5 日,美国操纵联合国大会特别委员会撤销了联合国关于西班牙问题的 1946 年决议,从而迫使西方国家修改对西班牙的政策,实现同佛朗哥政权的和解。

佛朗哥的对外政策可谓是一石二鸟:既改善了与西方国家的关系,同时也打击了佛朗哥主义的反对派。1950 年 9 月,法国当局宣布西班牙共产党在法国领土上的活动为非法,1951 年 7 月以后,美国也不准西班牙一切共和派组织在美国领土上活动,反佛朗哥主义运动受到打击后一时陷于低潮。1951 年 8 月 26 日,佛朗哥政府在对教会做出重大让步的基础上又和梵蒂冈签订了宗教条约,双方达成了默契,佛朗哥取得了教会对独裁政权的支持,对西班牙宗教界的反政府行为加以惩治,在佛朗哥看来,一个好的天主教徒应该履行他忠于现政权的誓言。为了力争西班牙加入联合国教育、科学和文化组织并最终加入联合国,佛朗哥在 1951 年 7 月 19 日改组政府,保皇派分子巴列利亚诺伯爵和"天主教行动党"著名活动家阿塔霍和华金·路·希门尼斯的参加政府,造成了这个政权表面上的"自由化"。与此同时,美国海军上将 F·谢尔曼正式对西班牙进行了访问,世界民主舆论认为这是美国政府对佛朗哥政权的公开支持。1953 年 9 月 26 日,美国和西班牙签订了《马德里条约》,美国在西班牙获得三个空军基地和一个海军基地,西班牙则从美国得到经济和军事援助,仅 1954 年就达 2.26 亿美元。1955 年 12 月 14 日,西班牙与其他 15 个国家一起被联合国接纳为会员国,从而结束了在国际社会中的孤立状态。

为了避免国际纠纷和可能发生的殖民战争,佛朗哥忍痛割爱,放弃了摩洛哥这块西班牙最重要的殖民地。1956 年 4 月 7 日,西班牙和摩洛哥签订了关于摩洛哥(由前法属和西属保护地合并而成)独立的协议。但是,仍保留了休达和梅利利亚两座城市、伊夫尼地区西属撒哈拉和木尼河区。

# 走向现代化

佛朗哥通过内战夺取政权后,国内许多地区变成了一片废墟。为了恢复和发展经济,保证极权国家的政治安定,佛朗哥在全国实行了法西斯式的统治经济制度,把经济置于国家的管理之下,国家对工业生产和分配实行严格控制,强迫工人遵守"严格的战地纪律",以此来提高工作量。1945 年 6 月又公布了《赎罪法令》,大量使用罪犯劳动来恢复经济。各类私营承包人利用罪犯的低报酬和强迫劳动,为国家建造了许多工程建筑物、桥梁、道路和楼房。

为了保持政治稳定,佛朗哥政府实行了一系列的社会调整措施,对劳动人民做出了某些让步。他利用西班牙劳动人民害怕失业,宁愿干低报酬的固定工作,而不愿干报酬较高的不固定工作的习惯,把工业中 3/4 和农业中 1/5 的雇佣劳动在企业中固定下来,以低微的工资保证了固定工人就业的稳定。国家禁止企业解雇固定工人,但同时也禁止罢工。事实上,却有不少工人宁可处于无权罢工的地位,也不愿以企业主有解雇权的代价来获得罢工权。佛朗哥政府建立了比较发达的社会保险制度(由企业负担费用,但可以转嫁到商品价格中)。政府控制下的产业工会还建造了一些医院、疗养院、膳宿公寓、休养所、体育馆、文化馆和第一流的职业学校即"工人大学"来感化工人阶级,并收买其中某些代表人物。50 年代初,佛朗哥政府颁布了对劳动人民实施免费医疗的法案,但遭到大部分大资产阶级的强烈反对,佛朗哥政府利用左翼长枪党人反资本主义的言论来恐吓他们做出让步。在农村,政府禁止把小佃农从土地上赶走,佃农交付地租减半,将 1936 年以前出租的房屋租金冻结在低水平上。由于国家把主要农产品价格维持在对低效率农户有利的水平上,所以农村的社会分化很缓慢。

佛朗哥政权摆脱了在国际社会中的孤立状况后,外国的商品和投资大量涌入西班牙,大量的新企业开始建立起来,这对于加速西班牙的工业化起了很大的促进作用。从 1950 年到 1960 年,炼钢增加了 1.5 倍,水泥生产增加了 2 倍,电力增加了 1.7 倍。西班牙从一个农业——工业国家变成了一个工业——农业国家。1955 年 10 月 28 日,佛朗哥在一次有全国 51 个省的省长、厅长出席的会议上讲话时不无骄傲地说:"我们可以向过去的几代要人挑战,请他们拿出可以与我们这一代的成就相媲美的成绩来。"尽管生产发展了,但是劳动人民的收入却明显地落后于经济的发展和劳动生产率增长的速度。佛朗哥政府为了提高投资总额,采取了强制积累的政策。国家通过通货膨胀、增加税收等方式向劳动人民搜刮钱财。对工资的增长实行严格的控制和抑制,以便保持比较高的积累率。这样,生产的发展便与国内市场的狭窄发生了尖锐的矛盾,自给自足的政策与统制经济成了生产力进一步发展的巨大障碍。这种矛盾导致西班牙在50年代后期爆发了严重的货币财政危机,国家预算的赤字超过了20%,1955~1958年入超达15亿美元之巨,通货膨胀加剧,生活费用飞快上升,引起了各阶层人民对佛朗哥政权社会经济政策的不满。1956年,马德里、巴塞罗那、比斯开等地大小工厂20多万工人为提高工资而罢工,农村各阶层对土地政策不满的人们更是群情鼎沸,形势一触即发。

佛朗哥为稳定经济和政治局势,消除危机,不得不起用技术人才和专家。1957年2月25日,佛朗哥重新改组政府,将商业部、财政部、农业部、公共工程部、不管部等有关经济的几个部几乎所有的职务都给了"上帝事工派"的骨干成员及其追随者。这个组织在西班牙学术界和知识界有很大影响,报刊认为"上帝事工派"的部长们是技术专家,后来又把他们看作是专家治国论者。"上帝事工派"于1958年起实行了企业集体合同制度,表明佛朗哥政府力图避免工人阶级同国家直接的和经常的对抗。新政府的组成打破了长枪党自上而下实现国家长枪党化的企图。当佛朗哥看到长枪党对其政治统治产生了不良影响时,他毫不犹豫地开始削弱长枪党的势力和威望。但是,佛朗哥的独裁地位丝毫未损。为了加入欧洲共同市场,并和所有国家开展贸易往来,佛朗哥不得不在政治事务和社会秩序问题上尽量保持冷静慎重和克制的态度。面对学生游行、工人罢工、反政府人士的敌对宣传,许多支持政府的人士特别是一些军界人士认为政府的政策软弱无力,佛朗哥仍反复强调要忍耐,按法律准则办事。内战结束20周年纪念日前夕,耗资巨大,从1940年就开始动工的阵亡将士陵园建成并隆重揭幕。根据佛朗哥的命令,1936~1939年战争中阵亡的"国民军"和"共和军"的遗骨一起被迁到这里来。为此,人们褒贬不一,但佛朗哥则说这是他受到一种非常正确的启发——天主教会的启发,以便忘掉死难者中派别的分野。他说:"在赤色分子中,有许多人进行斗争是误以为在为共和国尽义务,而另外一些人则是被强迫动员参加斗争。修建纪念碑不是为了把西班牙人继续分成势不两立的两派,而是为了纪念战胜企图统治西班牙的共产主义,故把天主教两派都安葬在陵园里。"佛朗哥对这项工程十分重视,他亲自设计了祭坛的装饰,还设计了碑门上耶稣受难的浮雕等其他东西。佛朗哥的这一怀柔政策引起了外国舆论的极大关注。佛朗哥希望以此使原来的敌对双方趋向于宽恕和忘记过去,从而遏制国内政治斗争的发展。消弭反佛朗哥主义各派势力的敌对情绪,为经济改革创造条件。

为了促进国家在市场经济条件下的活动,避免在通货膨胀的狂风巨浪中翻船的危险,西班牙于1958年加入了"经济合作与发展组织"和"国际货币基金组织",并被迫向这两个组织及美国私人银行和美国政府求援。1959年6月,经过长期艰巨的谈判,西班牙取得了4.18亿美元的巨额贷款。作为交换条件,西班牙答应实行由双方共同制订的改善经济的"稳定计划";佛朗哥政府在规定的期限内逐步取消在对外贸易数量上的限制,让更多的外国商品进入国内市场,改用关税来调节进口。比塞塔必须贬值(从42比塞塔增到60比塞塔兑换1美元),并成为可兑换的货币。同时,必须逐步取消国家对经济活动的行政监督,把支出固定在1958年的水平上以缩小财政赤字。"稳定计划"的最终目标是西班牙准备加入欧洲"共同市场"。实行这一计划佛朗哥政权是冒着一定危险的，果然，计划的实施立即引起了工商业的下降，失业增多，数十万人为了谋生跑到西欧去工作。政府内部冲突加剧，对此，佛朗哥采取强硬态度，反对这一计划的政府部长被撤职，罢工者、政敌遭到了佛朗哥政府残酷的镇压。为了吓唬反对派，1959 年 7 月，佛朗哥指示议会通过了《社会秩序法》，授予政府宣布紧急状态的权力，如有必要还可宣布战时状态，佛朗哥主义的反对派因此受到巨大损失。在克服了重重困难后，"稳定计划"渡过险滩终于实现。"稳定计划"的实行，使西班牙经济在 60 年代获得了较大的发展。从 1961 年开始的贸易自由化，吸引外资和准备进入"共同市场"，促进了竞争，并使固定资本更新过程具有广泛的规模，这就使工业从根本上改进了生产工艺，提高了劳动生产率。1961 年到 1971 国民生产总值平均每年增长 7.6%，工业高速发展，工业生产总值从 1963 年至 1972 年平均每年增加 10.7%。这使西班牙工业生产量超过比利时、荷兰、澳大利亚、瑞典，占欧洲第 5 位和资本主义世界第 8 位。钢产量从 1962 年至 1972 年增长了 3 倍，耐用商品产量从 1961 年至 1972 年增加了 14 倍，其中汽车生产增加了 10 倍。对外贸易额在 1962～1972 年期间增长了 2.4 倍，其中出口增长了 2.8 倍。旅游业也获得了迅猛发展。参观访问西班牙的人从 1969 年的 610 万人增加到 1972 年的 3200 万人，大大超过了法国和意大利的旅游者。旅游业的发展带动了建筑业和交通运输业的突飞猛进。劳动人民的生活也大大改善，从 1960 年至 1970 年实际工资提高了 76.1%，每年平均增长 5.8%。1968 年，38% 的家庭有电视机，39% 的有洗衣机，35% 的有冰箱，13% 的有汽车。1970 年，西班牙对 14 岁以下的适龄儿童实行了义务初等教育。从 1950 年到 1970 年，20 年内农业在业人口所占比重减少了 1/3 以上，而工业在业人口所占比重几乎以同样比重增加。不过 20 年的时间，西班牙的经济就发生了本质的变化，这个国家已明显地向发达的工业国家接近了。

## 恢复君主制

随着经济的迅速发展，佛朗哥主义的极权政体和自由的市场经济之间的矛盾愈来愈尖锐。为了维护独裁统治，佛朗哥采取了镇压和安抚并举的政策。

60 年代，佛朗哥政府提心吊胆地实行了一些温和的自由化政策：如放松书报检查，承认纯经济性质罢工的权利，宣布原则上可以从事不带政党性质的结社，颁布部分特赦政治犯的法令等。佛朗哥政府本希望以此来缓和社会各阶层人士对独裁制度的不满，然而它却从客观上促进了工人运动和民主运动的高涨。从 60 年代到 70 年代初，西班牙爆发了 12 次大规模的工人罢工运动，佛朗哥采取了软硬兼施的镇压政策，先出动军警进行镇压，大肆逮捕和屠杀工人，镇压失败后则对工人实行一些让步政策：如提高工人的工资，承认工人的罢工权利等。在反对独裁制度的过程中，工人阶级、大学生、农民、知识分子逐渐团结起来，相互支持，建立了一条广泛的反佛朗哥主义的阵线。佛朗哥认为这些运动都是由国外共产党暗中策划的。为了杀一儆百，他不顾世界舆论的强烈抗议，甚至连英国女王伊丽莎白二世和苏联领导人赫鲁晓夫的赦免请求也置之不理，下令在 1963 年 4 月 20 日枪毙了西共中央委员胡利安·格里莫，罪名是他在共和国年代领导契卡杀死了许多人。8 月 7 日，又以尚未完全证实的罪名绞死了伊比利亚自由青年联盟的两名成员；同时还将统治集团内部的一些右翼反对派政治家如迪奥尼西奥·里德鲁埃霍、萨特鲁斯特吉、希尔·罗夫莱斯等人驱逐出境。其中迪奥尼西奥·里德鲁埃霍是长枪党的创始人之一，又是长枪党党歌《向着太阳》的作者，他到达纽约后受到流亡中的共和派人士的热烈欢迎。佛朗哥对此评论说："这个人由于其个人野心未能实现而叛党，可见他从未理解长枪党的理想。"尽管佛朗哥的独裁政府遭到了国内外越来越多的人的反对，但佛朗哥却大言不惭地说："现政权是经过人民投票产生的。敌人很清楚，我得到绝大多数西班牙人民和军队的支持和爱戴。西班牙人民知道全国90%的人都支持我，我推行的是一项大公无私的政策。今天，人民享有最大的自由。西班牙实行的是'有组织的民主'，而并不是我一个人的独裁。如果现政权被推翻，那么伊比利亚半岛就会变成铁幕后的另一个卫星国。"

佛朗哥政府在对内加强镇压的同时，始终把加强外交联系看作是稳定现制度的最重要的因素。为了赢得美国对西班牙加入欧洲经济合作组织和军事经济方面的支持，佛朗哥邀请美国总统艾森豪威尔在1959年12月对西班牙进行了访问。1963年佛朗哥政府利用戴高乐拒绝接受美国提出的建立多边核力量的提议而引起美法关系紧张之机，加强了西班牙和法国的军事关系，并以此迫使急欲把西班牙的海军基地罗塔变成配备有"北极星"式导弹的原子潜艇基地的美国向西班牙提供了总值约3.4亿美元的军事经济援助，双方缔结了独立于北约之外的新的军事政治同盟，从而大大巩固了西班牙的国际地位。美国加强罗塔海军基地的战略意图给了西班牙采取更为独立的对外政策的机会，当西班牙加入西欧共同市场的努力受挫时，佛朗哥政府乘机打开了古巴、苏联和东欧各社会主义国家的市场。这些成功的外交努力大大拓宽了极权政治的生存空间。

佛朗哥是100%的佛朗哥主义者。他多次公开表示，只要他还健康，还有体力和思维功能，他就不会放弃国家元首的职位。为了保持健康，他在晚年经常外出打猎或乘游艇到海上捕鱼。佛朗哥捕鱼成瘾，有时候甚至连晚上也要外出捕鱼。1958年8月底，佛朗哥乘坐"亚速尔"号游艇捕到了一条大约两万公斤的鲸鱼，他非常兴奋，逢人便说："我同这家伙搏斗了20多个小时，一直斗到它最后彻底屈服。这种活动是一种很好的休息，我感到非常愉快，我希望捕到一条更大的鲸鱼。"当他回到帕尔多宫同前来欢迎的部长们谈话时，也是关于他捕鱼的情况，部长们还必须装出极大的热情，否则，佛朗哥就会把他们都转入二级预备役。佛朗哥捕鱼兴师动众，耗资惊人，引起了朝野上下的不满。群众作歌讽刺道："帕科（佛朗哥名字的俗称）老爹，牵着孙子，为沼泽地工程剪彩开张，钓鱼是最最拿手的本事，帕科老爹！"佛朗哥对此却满不在乎。佛朗哥出外打猎，更是气势浩大，经常要陆军部长、空军部长、农业部长、贸易部长以及元首府部长等作陪，有时一个月中竟有17天都在打猎，结果使得政府各部门的正常工作都为之瘫痪。而那些组织这种游猎活动的人却大获其利，他们借机讨得佛朗哥的欢心，从而获得了进口各种物品的权利；或者以与元首有交情作资本招摇过市，以便逃减赋税或免纳罚款等。作为国家元首和政府首脑，佛朗哥治理国家的时间本来就不够，却把许多精力都浪费在这些无谓的活动上，以至于大大损害了自己的形象。

佛朗哥为了把权利牢牢控制在自己手中，经常玩弄政治手腕。他一会儿摆弄这些人，一会儿又摆弄那些人，对任何事情都不做肯定的承诺，用他的手腕弄得所有人都晕头转向。如他任命穆尼奥斯·格兰德斯为陆军部长，因其不善处理行政事务，故而把工作搞得一团糟，弄得陆军部上下怨声载道，从而使其成为废品。如果格兰德斯想要当西班牙之主,他就不得不放弃依靠陆军而转依长枪党人和"蓝色师团"。除了自己的妻子卡门外,佛朗哥对任何人都不信任。尽管西班牙政府已经老朽,但佛朗哥却不愿改变它。他宁愿任用那些被自己识透的人,哪怕是坏人,也不愿和一些素昧平生的人士共事。他对他的亲信以及那些摸透了他的脾气和阿谀奉承的人很热情,而对那些行止严肃、直言不讳的人却冷若冰霜。佛朗哥经常任命许多无能的人出任领导,甚至把许多应由国家元首处理的事情交给政府各部部长去处理。而这些部长却工作拖沓,独断专行,为所欲为。弄得民众怨声载道,许多人愤愤不平地说:"西班牙表面上是在接受佛朗哥的独裁,其实是在接受各部部长的独裁。"为此许多议员要求对政府各部的部长们提出质询并监督他们的工作,佛朗哥坚决反对。他说:"这种治病的方法恐怕比病症的本身还要糟糕。"实际上,佛朗哥真正担心的是自己的独裁权利因此而受到限制。

随着岁月的流逝,佛朗哥的精力日渐衰退。他不得不开始考虑独裁制度的前途和自己的接班人问题。在西班牙,公众舆论中存在着一条欢迎君主制的广泛战线,作为政府支柱的三军将领大部分都是君主派人士,这正是1947年7月佛朗哥根据全民投票宣布西班牙为天主教的代议制的立宪王国的根本原因。佛朗哥说:"君主制是唯一能在最大程度上保证我国政治上稳定的政体。"现在,摆在佛朗哥面前的首要任务就是,如何确保将来恢复的君主制政体以民族运动的宗旨为基础,并与现政权一脉相承。换句话说,佛朗哥不但要维护自己现时的独裁统治,还要让这一制度在自己死后继续维持下去。尽管反对派对极权制度极尽攻击之能事,但是佛朗哥却认为:既然世界上所有的国家都可以出人意料地选择它的制度,就像俄国和它的卫星国那样,那么,为什么西班牙不能拥有自己在牺牲了近100万人的战争中建立的制度呢?而要做到这一点,就必须扶持一个遵从"民族运动"宗旨的王位继承人。

那么,谁是最合适的王位继承人人选呢?在西班牙,王位追求者分为两派:阿尔丰斯派拥护西班牙最后一个国王阿尔丰斯十三世的儿子胡安·巴塞罗那伯爵;卡洛斯派拥护的是费利佩五世的继承人唐·卡洛斯·乌戈·德·波旁·帕尔马伯爵。乌戈是法国人,西班牙人民对他毫无感情,因此,佛朗哥一开始就把他排除在王位继承人之外。胡安是阿尔丰斯十三世的直系后裔,是西班牙王位的合法继承人。在内战中,当胡安要求参军作战时,佛朗哥出于政治考虑没有同意这一要求。然而到了1945年3月,胡安在反法西斯战争胜利前夕,发表了一封致佛朗哥和西班牙人民的公开信,强烈谴责极权主义的国家制度,要求恢复君主制,从而走上了与佛朗哥政权为敌的道路。佛朗哥对此耿耿于怀,始终不愿原谅胡安的"这一错误"。胡安长期生活在英国,受到自由主义思想的熏陶,那些反对佛朗哥主义的人都逐渐汇集在他的周围,因此,佛朗哥认为胡安在政治上已不可救药,如果让他上台,势必恢复自由主义的君主制,全面否定"民族运动",推翻现政权,从而为共产主义和共和国大开方便之门,那样的话,西班牙就会重新陷入内战的深渊。在排除了胡安之后,佛朗哥把希望寄托到胡安的长子胡安·卡洛斯王子身上。

为了把胡安·卡洛斯培养成"民族运动"的忠实接班人,佛朗哥费尽了心机。从1948年到1954年,几经谈判之后,胡安终于同意了佛朗哥提出的要求,让儿子回国接受教育。佛朗哥精心挑选出那些对自己绝对忠诚的人担任王子的任课教员。从1954年12月开始,胡安·卡洛斯先后在国家军官总校、萨拉戈萨军事学院接受军事教育,并获得了三军上尉证书。然后,佛朗哥又让他留在马德里上大学,接受理科、经济学和其他领域的广泛教育。1962 年 3 月，卡洛斯王子大学毕业后，佛朗哥又劝说他留在西班牙，以便"更好地了解祖国和人民的愿望。"为了拉拢王子，佛朗哥郑重地对卡洛斯说："我向你保证，殿下，你比你父亲更有可能成为西班牙的国王。"1962 年 7 月，胡安·卡洛斯与希腊公主索菲亚在雅典举行结婚典礼，佛朗哥派海军部长代表他前往祝贺。婚后，王子夫妇遵从佛朗哥的建议在西班牙居住了下来。卡洛斯为了自己的政治前途渐渐地和他的父亲拉开了距离。佛朗哥非常高兴，经常夸奖王子聪明，有才能，堪当重任。

1966 年 6 月 13 日，西班牙举行重大的阅兵式。73 岁高龄的佛朗哥冒着倾盆大雨，站在敞篷车上检阅队伍，他想以此向群众和世人证明他的身体仍很健康。事后他还风趣地说："我们淋得像落汤鸡，电视的镜头全照出来了。"尽管如此，佛朗哥还是认为，一个政府领导人到了他这个年龄，对一切都应该有所准备了。这年年底，佛朗哥已经明确表示，在他一旦没有精力治理国家或者去世时，将由胡安·卡洛斯继承西班牙王位。虽然胡安并未宣布放弃王位继承权，但佛朗哥相信到了关键的时候，胡安为了王朝的命运和君主制度本身的命运，是会同意把继承权转让给儿子的。1969 年 1 月，胡安·卡洛斯在报刊上发表文章，公开表明了自己拥护民族运动的政治立场。同年 7 月，佛朗哥按照 1947 年继承法所赋予的权利，正式指定胡安·卡洛斯在他死后担任国王。

在王位继承人问题上，狡猾的佛朗哥早就做好了第二手准备，如果胡安或他的儿子不能维护"民族运动"的宗旨的话，他就要任命一个忠于自己的摄政王。1962 年 7 月，佛朗哥任命穆尼奥斯·格兰德斯为政府的第二把手，并指定他在自己万一生病或死亡时代行其职务。按照《继承法》，枢密院有最终拥立或废黜国王的权利，但佛朗哥事实上并不信任它。他要按照自己的意志，把政权牢牢控制在自己所指定的人手里。

1973 年，佛朗哥辞去了政府总理职务，但仍保留了国家元首、武装部队总司令和"民族运动"领袖的头衔。凭着这些权力，他在一切重大问题上依然独断专行。同年，刚刚接任总理职务的海军上将卡·布兰科遇刺身亡，在佛朗哥政府中享有很高威望的"上帝事工派"因此失去了在政府中的地位。长枪党势力重新猖獗起来。1975 年 9 月底，佛朗哥以杀害警察罪下令逮捕了一批反法西斯革命爱国阵线的成员。政府和军事法庭对他们仅仅进行了两个半小时的匆促审讯，便把其中三个小伙子和两名姑娘判处死刑。政治警察对他们进行了严刑逼供，被告的辩护人也被军事法庭逐出门外。9 月 27 日，他们被分头枪毙。根据法庭判决书，其中只有两名肇事者，另三人最多只能算从犯或教唆犯。这是佛朗哥临死前最后一批下令处死的人。

1975 年 11 月 20 日，83 岁的佛朗哥带着对权力的无限贪恋死去了。和西班牙关系密切的西方大国的政治家们没有一个人来参加这个独夫民贼的葬礼。在佛朗哥出殡时，西班牙人最后一次领略了这个独裁政权从前公开推行的法西斯礼仪。内战老战士、"蓝色师团"、佛朗哥卫队老战士——所有这些人都身穿蓝色长枪党制服，举起右手行法西斯礼，高唱着长枪党的赞歌《向着太阳》《我们有过一位同伴》。在一遍接一遍低回沉闷的哀歌声中，他们将佛朗哥送进了墓地。两天后，胡安·卡洛斯在西班牙议会上宣誓效忠宪法，登上了西班牙王位，称为胡安·卡洛斯一世。这样，经历了 8 年共和和 36 年独裁统治的西班牙又变成了一个君主政体的国家。

# 缔造巴勒斯坦的商人

## ——阿拉法特

## 人物档案

**简　　历**:巴勒斯坦民族解放阵线主席,巴勒斯坦争取民族权利的斗士。

**生卒年月**:1929 年 8 月 24 日～2004 年 11 月 11 日。

**安葬之地**:拉姆安拉官邸。

**性格特征**:坚强、不屈不挠。

**历史功过**:创建巴勒斯坦民族权力机构,对内不搞"窝里斗",对外主张"和为贵"。

## 伶俐的武器贩卖者

阿拉法特 1929 年 8 月 24 日出生于埃及开罗,他的童年是不幸的。4 岁时,母亲因病去世。父亲便把他兄弟俩送到叔叔萨利姆家。萨利姆是地地道道的一贫如洗。尽管叔叔和婶婶倾其所有抚养这两个孩子,他们仍是饥一餐饱一顿的。

阿拉法特不喜欢在学校学习,经常逃课。经常有人打电话给姐姐,要她把他送到学校里去。但是伊娜姆刚把阿拉法特送到学校,他又偷偷地逃走了。

少年时期的阿拉法特就对政治产生了浓厚的兴趣。他一方面积极参加各种游行示威活动,另一方面试图到政府部门去看一看政治是怎么运作的。

阿拉法特在十三四岁时,到埃及议会当了一名服务员。这个职务最大的好处是能自由地出入要人们的聚会场所,听到和看到埃及上流社会的政治倾轧和斗争。这使他初步接触到了政治的严酷性。后来,阿拉法特又在不同的政府机关充当服务员。

随着年龄的增长,阿拉法特开始从事真正的政治活动。当时在巴勒斯坦出现了反抗英国人和犹太人的武装斗争。武器是武装斗争所急需的,在埃及开罗就有许多人向巴勒斯坦的地下组织偷运武器。阿拉法特虽然年仅 17 岁,已成为武器运送最关键的人物。开始,阿拉法特是搜集有关武器供应商的情报,了解他们能供应武器的数量和种类。后来,他直接参与武器交易。由于他的阿拉伯语带有开罗口音,武器供应商们均把他当成了埃及人,不敢任意提高价格。

由于埃及的控制,购买武器变成了危险的事情,阿拉法特提出要在沙漠部落中寻购武器。但是携带大量的金钱要冒被土匪抢劫或杀害的危险。阿拉法特自愿承担了这项危险的任务,成为一名真正的军火商人。为巴勒斯坦地下组织购买军火的壮举,使他成为人们心中的英雄。

1950年,21岁的阿拉法特重新进入福阿德大学学习。

1954年,阿拉法特第一次宣布要建立独立的巴勒斯坦国。1956年7月,阿拉法特大学毕业,成了工程师。大学毕业后,阿拉法特依然关注着巴勒斯坦的局势。当纳赛尔宣布使苏伊士运河国有化时,阿拉法特感到时机已经到来,马上志愿到埃及军队服役,并被授予少尉军衔。

退役以后,阿拉法特在1957年到达了科威特。旋即在英国和当地政府合资的一家建筑公司任职,并分配到了一间平房,此后,阿拉法特每天到建筑工地当工程监理。这项工作虽然艰苦,但是工资高,当时阿拉法特的年薪为3万美元。后来因为发现有大量的石油,科威特变成了一个巨大的建筑工地。阿拉法特决定不再为别人打工,他要建立自己的公司。不久,阿拉法特成立了一家建筑公司,时间不长他就成了百万富翁。他有一辆雷诺放在黎巴嫩,一辆福特在大马士革,还有一辆雪佛兰放在科威特。

作为百万富翁的阿拉法特总是不能忘记巴勒斯坦,他决定成立一个以武装收复巴勒斯坦为目标的地下武装组织。这个武装组织是完全不受任何国家控制的。

阿拉法特变卖了资产,投入到了武装斗争的生涯。

# 成立秘密组织

1957年10月,阿拉法特建立了第一个地下秘密小组,共5个成员。但是还不到24个小时,便有人宣布退出。最后,只剩下阿拉法特和另外一个朋友。

面对逆境,阿拉法特没有气馁。他知道必须开展卓有成效的宣传活动,才能发动人民参加战斗。他们决定创办一份定期的杂志,经过反复思考,阿拉法特将这份刊物定名为《我们的巴勒斯坦:生命的号角》。

随着杂志的不断出版发行,加入的成员越来越多,再也不是惨淡经营的时候了。

《我们的巴勒斯坦:生命的号角》共出版了40期。到最后一期出版时,越来越多的人同阿拉法特联系,希望能加入他的武装斗争的行列中。法塔赫是阿拉法特定的一个组织名称。阿拉法特又一次抓住了机会。

在正式成立这个组织之前,阿拉法特希望他应该是政策的最后决定者,因为是他和阿布·杰哈德发起并推动这个运动,他不仅在同级人员中是首席代表,而且是他们的领袖。但是为了动员更广泛的社会力量,必须要有其他有影响力的人物参加,于是阿拉法特实际上被降级了。从日后的运作情况看,权力主要集中在阿拉法特和哈拉德·哈桑两人身上。哈拉德·哈桑千方百计制约阿拉法特的权力扩张,防止他成为独裁者。

法塔赫奠定了巴勒斯坦解放事业的坚实基础。阿拉法特为了争取他做出最后决定的权力,奋斗了许多年,最后才成为法塔赫至高无上的领导人。

1964 年 5 月 28 日,400 多名巴勒斯坦和阿拉伯国家的代表,在耶路撒冷举行巴勒斯坦人国民大会,决定成立巴勒斯坦解放组织(简称巴解组织),这给中央委员会中以哈拉德·哈桑为代表的稳步开展斗争的路线派以沉重打击,阿拉法特武装斗争的方针,得到了委员会的认可。阿拉法特掀起了波澜壮阔的武装斗争。

阿拉法特必须寻找一个得力的助手,担任参谋长和军事行动的协调者。这个职务最适合的人选是老朋友阿布·杰哈德。可是阿布·杰哈德脱不开身。后来阿布·杰哈德推荐了新婚的妻子英蒂沙来担任参谋长。这位女参谋长对阿拉法特事业的帮助特别大。

## 取得卡尔玛战役胜利

1967 年 6 门中东"六日战争"和随后的联合国二四二号决议,使巴勒斯坦人民被称为难民,从逻辑上讲阿拉法特和他代表的巴勒斯坦事业已经结束了,然而,阿拉法特率先打响了第一枪,成为人们关注的热点问题。

第三次中尔战争后,阿拉法特和他的法塔赫在叙利亚、约旦和黎巴嫩等国家遭到了普遍的排挤,阿拉法特和他的 300 多名战士只能实行流动作战方式。

南于巴勒斯坦家园被侵占,很多巴勒斯坦人成为难民。当时在约旦国卡尔玛难民营的难民们为法塔赫提供服务。

卡尔玛胜利的消息传到了阿拉伯世界的每一个角落,巴勒斯坦人彻夜欢呼这来之不易的胜利。

卡尔玛战役的胜利,使阿拉法特立刻成为阿拉伯的英雄人物。从此,阿拉法特奠定了在法塔赫中的绝对领导地位。阿拉法特早就同纳赛尔有过间接的联系,但从未谋面。后来,两位聪明的政治家经过了几次大起大落的关系变化才走到了一起。

1967 年 11 月,阿拉法特从约旦河西岸来到开罗。纳赛尔的安全保卫人员要求阿拉法特交出他的手枪,被他拒绝了。埃及情报机关向纳赛尔汇报说,无论如何不能接见全副武装的阿拉法特。纳赛尔表现出了一个政治家的风度,他说,阿拉法特是他的客人,当然可以自由携带手枪。两个伟人终于见面了。纳赛尔对阿拉法特讲:"我的情报人员说,你坚持要携带手枪,是因为你一直想杀死我。"

在这个关键的时刻,阿拉法特又机智地化解了这位埃及总统的责备。阿拉法特解开手枪腰带,然后用双手把枪送到纳赛尔面前,说:"尊敬的总统先生,您的情报人员搞错了,我一直想把自由战士的手枪奉献给您。"

见阿拉法特如此爽快,纳赛尔也温和了许多:"不,手枪只能留在自由战士手中,你好好地留着吧。"

卡尔玛胜利后,纳赛尔向阿拉法特提出一项请求,他希望法塔赫能接受一个军官代表团的考察,让他们学习一下卡尔玛战役的经验。

纳赛尔关注着阿拉法特的一举一动,感到他充满活力而又踏实努力,实在是一位不错的领袖人物。不久他就安排阿拉法特担任了巴勒斯坦解放组织的主席,阿拉法特成为巴勒斯坦人民真正的领袖。

阿拉法特认为,如果听任约旦继续执掌巴勒斯坦人民的命运,有可能成为复杂的中东政治的牺牲品,因此他准备在摩洛哥拉巴特会议上彻底扭转对他不利的形势。但是侯赛因国王极力反对阿拉法特试图改变此状态。

在拉巴特会议召开的前几个月,阿拉法特就同沙特阿拉伯国王贯萨尔和摩洛哥国王洛桑二世进行过频繁的磋商,并得到了他们的支持。最后会议通过了两项决议:一是承认巴勒斯坦解放组织为巴勒斯坦人民的唯一合法代表;二是要求侯赛因国王在约旦河西岸解放后,把其交还巴勒斯坦解放组织。

这两项决议对巴勒斯坦有着相当重要的作用,第一项决议说明巴解组织享有政府级的地位,第二项决议是侯赛因国王不能自行解决巴勒斯坦问题。从此,巴勒斯坦解放组织和阿拉法特就享有了实质性的国际地位,奠定了巴勒斯坦解放组织和阿拉法特走向国际舞台的坚实基础。

拉巴特会议结束后,费萨尔国王向国际社会发出了要求承认巴勒斯坦解放组织的呼吁。沙特外交大臣奥马尔·萨卡夫四处游说,得到了阿尔及利亚总统布迈西和联合国大会执行主席阿卜杜勒·阿齐兹·布特费利卡的响应。于是,阿拉法特受到邀请参加联合国大会召开的关于巴勒斯坦问题的讨论会。

阿拉法特做了精彩的演讲,回顾了巴勒斯坦人民为争取独立和解放的奋斗历程,他呼吁犹太人和巴勒斯坦人和睦相处,共同建设美好的明天。为了实现这个目标,他准备同以色列妥协以实现和平。

除了美国和以色列外,联合国的成员国一致承认了巴勒斯坦人生存的权利。联合国关于巴勒斯坦问题的决议赋予阿拉法特联合国观察员的身份。阿拉法特得到了全世界的承认。当时以色列在军事上取得胜利,在战场上不断失败的巴勒斯坦人却在政治上取得了辉煌的胜利。

1993 年 8 月 18 日凌晨,挪威接到了阿拉法特和佩雷斯传来的信息:立场已经澄清,信任已产生,达成协议的时机已经成熟。至此,阿拉法特和佩雷斯导演的和平谈判取得了可喜的成功。以色列总理拉宾和外交部长佩雷斯在这里发挥了重要作用。

为了表彰阿拉法特为和平做出的贡献,1993 年 9 月,联合国教科文组织授予他"博瓦尼和平奖"。1994 年,阿拉法特与以色列总理拉宾和外长佩雷斯共同被授予诺贝尔和平奖。

然而,和平的道路并非坦途。2000 年 9 月,巴以再次爆发大规模流血冲突,以色列一再指责阿拉法特是恐怖主义的"幕后主使"。因此,从 2001 年底开始,阿拉法特一直被以色列软禁在拉姆安拉的官邸内,人身安全一度受到严重威胁。美旧政府也对巴民族权力机构施加了极大的压力。

2002 年 6 月,美国总统布什表示"巴勒斯坦必须更换领导层",这使阿拉法特的处境更为艰难。

2004 年 10 月,阿拉法特病情恶化的消息传出,紧接着赴巴黎治疗。

2004 年 11 月 11 日,阿拉法特在巴黎病逝。

# 聪明才智，稳坐高台

## ——侯赛因

## 人物档案

简　　历：约旦国王，同中东地区国家周旋，保持约旦平稳的发展。

生卒年月：1935 年 11 月 4 日~1999 年。

安葬之地：不详。

性格特征：机智、温和、稳健。

历史功过：使约旦反抗以色列；在政治、经济上得到很好的发展，推动中东和平发展进程。

名家评点：阿拉伯国家的一些历史学家称："阿卡杜拉称作约旦的创立者，把侯赛因国王称作建设者"。

## 聪明的军校高才生

1935 年 11 月 14 日，在外约旦的首都安曼，侯赛因国王出生了。侯赛因的父亲埃米尔·塔拉勒和母亲埃米拉·扎因，按照父亲的吩咐把自己的独生子叫作侯赛因。阿卜杜拉酋长希望孙子能继承自己的事业，把哈希姆家族发扬光大。

等侯赛因稍微年长一些，祖父决定把他带在身边。但是作为酋长的阿卜杜拉对生活的要求并不高，他过着沙漠游牧的贝都因人似的生活。他同所有的来访者在同一个大盘子里吃饭，娱乐活动是下棋和背诵诗词。在近乎苦行僧的生活中，侯赛因看到祖父得到了臣民的衷心爱戴和祖父处理国家大班的快速准确，培养了他的平民作风。

侯赛因到了上学的年龄时，祖父和父亲却产生了严重的分歧。父亲坚持侯赛因在开始时应该学习阿拉伯语，但是祖父却认为应该进行伊斯兰宗教教育。两人相持不下，从而使侯赛因不断地转学，他在上中学前换过 6 个学校。

侯赛因似乎更喜欢骑自行年和与同龄的孩子们一起玩耍。他的祖父特别喜欢他，但因与父亲间的矛盾，使他十分为难。阿卜杜拉把孙子送到埃及亚历山大维多利亚学院，并支付了一部分的费用。侯赛因发现外面的世界是如此宽阔，他结交了许多朋友。维多利亚学院给他留下了美好的印象。

1946 年 5 月 25 日，阿卜杜拉宣布外约旦为哈希姆约旦王国并登基为王。

为了让侯赛因完成学业，父母决定把他送到哈罗公学。侯赛因在哈罗公学除了课程方面的压力之外,学校对学生行为和性格的约束使他尤其不适应。这里还保留着战时的供给制度,食品的匮乏和单调使侯赛因也感到忍无可忍。幸好有表兄弟费萨尔在一起,使艰苦的日子稍微好过了一些。侯赛因毕业后要进入阿拉伯军团军官学校学习,成为一个真正的军人。

父亲的退位使他放弃了在哈罗公学的学业,并打消了到军事学院学习的念头。侯赛因回约旦时,机场上的仪仗队在等待他检阅,约旦所有的高级官员在等候他接见,侯赛因对于这一切感到木然。但是,当汽车走进安曼市区,看到兴高采烈欢迎他的人民时,侯赛因被感动了。侯赛因国王发誓要努力工作,领导约旦人民走向繁荣富强的未来。然而侯赛因只有年满18岁才能正式担负起国王职责,因此他实际上还有一年零3个月的空闲时间。首相安排他到全国各地视察民情,侯赛因把整个约旦游览了一遍。

# 以机智改造约旦

侯赛因于1953年5月2日举行了他的加冕典礼。侯赛因上台后,明智地进行了改革。

他决定把年轻有为的人安排到要害部门,遇到老臣们的反对,但侯赛因不为所动。半年之内,约旦驻英国大使法奇被召回国担任了首相,驻英武官阿里回到宫廷任国王的首席副官,他的表兄扎耶德担任了国王的私人顾问,在侯赛因的周围形成了有力的改革班子。

侯赛因接着把目标对准了在约旦军队中的英国军官。因为英国人占据了军队的所有主管职位,而约旦士兵又非常顺从,国王实际上控制不了这支军队。因此,国王想把所有英国军人从岗位上撤下来,由可靠的约旦人取代。

1957年1月5日,美国总统艾森豪威尔要求授权他派遣美国军队到中东对付苏联的威胁。侯赛因立即给首相纳卜勒希写信,表示自己将支持艾森豪威尔的中东政策。国王的做法使纳卜勒希极为不满,他和阿里联合要求国王收回那封信,但遭到了侯赛因的拒绝。纳卜勒希便把与国王的矛盾公之于世,使约旦的局势陡然紧张起来。

4月8日,国王在视察时,突然发现约旦军队第一装甲团在通往安曼的主要道路上设置了障碍。侯赛因勃然大怒,下令士兵们撤离。第二天晚上,侯赛因的舅舅和其他几位王室人员向侯赛因通报了安曼的形势:军队已经控制了安曼,把警察从他们的岗位上赶走了。他们问侯赛因:"是坚持住,还是流亡到国外?"侯赛因国王显示出了坚定的态度,说:"我将坚持战斗,不管结果是什么。"侯赛因要求首相辞职,阿里也劝纳卜勒希以退为进。

谁知道纳卜勒希刚辞职,侯赛因就任命赛义德·穆夫提为首相。阿里立即邀请赛义德·穆夫提参加军事会议,并在会上让赛义德·穆夫提转告国王,要求国王任命军队指定的人选为首相,否则军队对将要出现的一切后果不负责任。

侯赛因突然接到了第一装甲团全体军官联合签名的信。信中说,他们对高级军官要捉拿国王的命令很反感,他们宣誓效忠国王。

但是坏消息接踵而至,安曼的大街上到处充满叫喊的人群,军队中到处谣传国王已经被杀,军官们已经控制不了暴动的士兵们。侯赛因马上身着军装亲自开车赶到军营。侯赛因同士兵们握手、拥抱,并问候他们,命令他们立即返国自己的岗位。

等候赛因国王回到王宫的时候,第一装甲团已经将阿里和他的同党们囚禁在王宫内。

危机之后,侯赛因再也不敢相信军队高级军官们了。他任命卜拉欣·哈希姆为首相,萨米尔·里法伊为外长。

## 奋起抗击以色列

埃及革命后,侯赛因与埃及总统纳赛尔的关系一直很紧张。

1967年春,以色列扬言要对叙利亚发动进攻,必要时占领叙利亚首都大马士革。以色列军队还派出飞机侵犯叙利亚的领空,叙空军派出6架战斗机迎战,不幸全部被以色列空军击落。与叙利亚签署共同防御协定的埃及总统纳赛尔,立即宣布埃及军队进入紧急状态,纳赛尔的举动博得了阿拉伯世界的一片喝彩。

侯赛因认为在将要爆发的战争中埃及人必然要失败。在约旦的巴勒斯坦人占约旦总人口的65%,他们在约旦国内形成了一股强大的主战势力。如果侯赛因不做任何表示,境内的巴勒斯坦人就可能起来推翻他的王位。

侯赛因派哈马什到开罗商谈联合同以色列作战的问题,但是他遇到了冷淡的接待。经过反复权衡和思考,侯赛因决定亲自去敲开埃及的大门。侯赛因直飞开罗,纳赛尔同埃及的4位副总统、总理和陆军元帅阿密尔在开罗阿勒马扎宅军基地迎接侯赛因一行。纳赛尔对侯赛因的到来给予了高规格的礼遇,态度却十分冷淡。

在举行欢迎仪式后,纳赛尔问侯赛因是否要求对他的埃及之行保密,侯赛因有些不解地反问道:"向谁保密?难道阿拉伯世界不知道我今天在这里吗?"纳赛尔的态度缓和了许多。侯赛因乘机告诉纳赛尔说,约旦准备加入阿拉伯国家同以色列的战斗中去。

在库比赫宫侯赛因和纳赛尔进行了长时间的单独会谈,随后又把埃及阿密尔元帅叫进去。阿密尔元帅对埃及和叙利亚的战斗力评价很高,认为不需要约旦的帮助。

侯赛因和纳赛尔签订防务条约时,艾哈迈德·舒凯里坐在侯赛因的旁边。签约仪式结束后,舒凯里站起来向大家发表讲话,他称赞侯赛因国王是巴勒斯坦人民真正的领袖,并说他将在不久的将来访问约旦。纳赛尔打断了他的讲话说:"不是在不久的将来,而是在今天搭乘侯赛因国王的专机到约旦。"

长期与约旦为敌的冤家从此变成了亲密的朋友。

侯赛因国王不但解除了多年来同埃及纳赛尔总统的敌视关系,还签订了防务条约,按照防务条约规定,约旦军队划归埃及统一指挥。

约旦军队于上午11时左右投入战斗。不久,侯赛因收到了以色列总理的一封信,信中说:"以色列与埃及的战争已经结束了,如果约旦能保持中立,以色列将不会有反对约旦的行动。"侯赛因把以色列人发出的信息当作了诱降行动,他断然回信说:"你们已经挑起了战争,现在将从空中得到我们炮弹的答复。"以色列人接着发动了对约旦的反击。不到两个小时,约旦小小的空军丧失殆尽。然后,以色列空军转头轰炸侯赛因的王宫。

以色列的地面部队向耶路撒冷和约旦河西岸发动进攻,到6月6日上午10时,圣城耶路撒冷和西岸被以色列军队攻占。此时如果再不用政治方式停止战斗,约旦很快就会被以色列全部占领。

到联合国下令停火，侯赛因的空军已经全部被摧毁，装备有 90 辆坦克的王牌部队只剩下了 8 辆坦克。更重要的是以色列牢牢地占领了约旦河西岸和全部耶路撒冷。侯赛因遭受了沉重打击。他忍痛向约旦人民发表讲话："我们英勇地战斗了，总有一天阿拉伯世界会承认约旦在这次战争中起到的作用。但现在约旦河西岸失去了，耶路撒冷失去了。我们所遭受的苦难是任何人所不能想象的，但是我们坚决不能动摇我们收复失去的一切的决心。"

## 赢得全世界的赞誉

中东和平进程一再受挫，阿拉伯国家把愤怒的目标对准了美国。在阿拉伯人看来，不管事情如何，美国人都会支持以色列，任何一届美国政府都没有采取得罪犹太人的政策。

美国为了摆脱在中东问题上的困境，从里根时期就希望约旦同以色列进行谈判。自侯赛因参加拉巴特会议以来，始终遵循着阿拉伯首脑会议的决议，尽管侯赛因同阿拉法特之间并不友好。

1987 年 4 月，侯赛因派首相到美国同国务卿舒尔茨商讨召开一次国际会议，但是遭到了美国的拒绝。

侯赛因在巴勒斯坦问题上的态度，得到了阿拉伯国家的高度评价，多年的努力终于得到了回报。1987 年初，阿拉伯各国首脑一致同意，新一次阿拉伯国家最高首脑会议将在约旦的安曼召开。

为了使安曼首脑会议顺利进行，侯赛因做了大量艰苦的幕后工作，使得安曼首脑会议取得了巨大的成功，这次会议后，侯赛因被阿拉伯国家公认为是公平的裁决者和协调者。

约旦是一个很小的国家，它的经济主要依赖于沙特阿拉伯等海湾国家和美国等西方国家的援助。为了维护自己的安全，约旦建立了一支总兵力达 9.8 万人的正规军和 3.5 万人的后备役军队，每年的国防预算占其国民生产总值的 25% 左右。

约旦在地区事务和国际舞台的分量却要远远超出其国土面积和经济规模的比例，这要完全归功于侯赛因国王。侯赛因国王在近半个世纪的统治生涯中，以稳健和温和的态度得到了国际社会的理解和赞誉。1998 年 10 月，在美国总统克林顿的撮合下，阿拉法特和内塔尼亚胡在美国达成了新的和平协议。在协议签字时，除了克林顿外，侯赛因国王是唯一的见证人。

约旦在复杂的环境中经历了一次次危机，但并没有能阻挡它发展的步伐。在侯赛因国王的治理下，约旦的内外面貌都发生了质的变化。阿拉伯国家的一些历史学家把阿卜杜拉称作约旦的创立者，把侯赛因国王称作建设者。在他刚刚继位时，约旦人会说自己是巴勒斯坦人、某部落的贝都因人或土库曼人，而今天他们会自豪地说自己是约旦人。正是侯赛因国王在约旦的国土上培育了约旦人共同的民族精神。

侯赛因可以无愧于他的祖父阿卜杜拉国王。经过近半个世纪的发展，约旦已经在动荡的阿拉伯世界以稳定著称，许多阿拉伯大公司和国际机构把总部和办事机构设在了安曼。

约旦人大都认为国家的发展在很大程度上归功于侯赛因国王，那位腼腆的年轻王子已经成为约旦国父和享誉世界的政治家。

# 卓才大恶费评说

## ——伊藤博文

## 人物档案

简　　历:日本近代政治家,首任内阁首相,是使日本迈进现代化国家的功臣。

生卒年月:1841 年 9 月 2 日~1909 年 10 月。

安葬之地:不详。

性格特征:勇取、聪明、有野心。

历史功过:主持制定了《大日本帝国宪法》;充当了明治政府对外扩张政策的决策人,蓄意挑起了对中国和朝鲜的侵略战争,是侵略中国和朝鲜的主谋和元凶。

## 倒幕志士

　　1841 年 9 月 2 日,长州藩周防国(今山口县境内)熊毛郡东荷村农民林十藏家喜得贵子。十藏给这个孩子取名利助。后来大名鼎鼎的首任日本首相伊藤博文,就有了呱呱坠地后的第一个名字:林利助。

　　30 年后,当这个长州藩贫农之子位极人臣时,却突然攀上了皇室的高枝。伊藤家的家谱赫然宣布:追根溯源,其家族竟然是日本第七代天皇孝灵天皇末支桔氏朝臣的后代。其实,这不过是家谱编制者的一番操作而已。

　　幕府末年,封建领主的盘剥日甚一日。林十藏实在难靠务农养家糊口,不得已而离乡背井,携妻带子来到长州藩的萩城讨生计。在这里,林十藏经人介绍,到监管藩营仓储品出纳的"藏元付仲间"、下级武士永井武兵卫家当佣人。林十藏夫妇手脚勤快,又懂规矩,很得永井的信任,一家人总算有了个存身养命之所。后来永井的同事伊藤直右卫门因未生育子女,家门无后,有意收养林十藏。于是,小利助随父母入继伊藤家,也就改了姓氏,名字也先后改称利介、利辅、俊辅、舜辅、春辅等,土百姓的味道日见淡薄,武士的治者意识却越来越浓烈了。

　　武士虽高据农工商之首,但内部也有许多等级。下级武士在高级、中级武士面前只有唯唯诺诺的份儿,进退举止,都得严格遵守上尊下卑的礼法。在家禄收入方面,更是尊者丰而卑者寡。伊藤直右卫门是个下级武士,家禄低微。因此,养子小伊藤虽有农转士的荣耀，却依旧得忍耐贫困生活的清苦，有时甚至寄宿寺院，以求温饱。

1853年至1854年，美国佩利舰队两次闯进江户湾（今东京湾），以武力相威胁，迫使幕府订立不平等条约，开放港口。美国舰队撤走后，1856年幕府抽调诸藩官兵守卫江户湾，长州藩被指定警卫相模国（今神奈川境内）海岸。15岁的伊藤随队出发，远赴相模。为有机会佩刀奉公而欣喜不已的伊藤在服军役期间，忠于职守，办事麻利，颇得带队官来原良藏的赏识，收其为亲信侍童。来原是位开国论者，对布阵用兵颇有研究。在来原的点拨下，伊藤愈加起劲地学文习武，在严格的军旅生涯中，体尝劳苦，才思大进。

对年少志高的伊藤来说，追随来原乃人生一大幸事。来原不仅使他衣食有着、得到启蒙教育，更由于来原的热心引举，伊藤被引进通向政治大舞台的入口，受益匪浅。

之所以这样说，一则是由于来原的面命耳提，启发伊藤认识世界大势，迅速开阔了眼界。1858年，来原带伊藤入幕府开办的长崎炮术讲习所学习，边学军事，边学英语，边交接诸藩俊才。特别是伊藤早学、苦学英语，为日后发展烧制了一块外语敲门砖。二则是通过来原的引荐，1859年伊藤结识了长州藩厅要员桂小五郎。桂小五郎是来原的盟兄弟，凭借这层关系，伊藤得到他的长期多方关照。而且，随着桂小五郎更名为木户孝允，并在倒幕维新运动中地位急速升迁，伊藤也背靠木户这棵大树，在奔走于江户、京都、长州的政治活动中渐有名望，积累了从政资本而不至于埋没在草莽群中。三则是通过来原的介绍，1857年伊藤入松下村塾读书。在这里，伊藤得到非一般私塾所能受到的教育，结识了一批志同道合的有为之士，互通声气，彼此提携，开始了从尊王攘夷到武力倒幕的激荡的青春时代。

伊藤就读松下村塾的时间前后约半年。虽时间不长，却能产生如此深远影响的原因，与松下村塾掌门人吉田松阴的教育思想、办学风格等因素有密切关系。松下村塾原本为吉田叔父玉木文之进创办于萩城东郊松本村的私塾。1856年转归吉田主持后，迅速形成其他私塾难望其项背的独特学风：其一，学以致用，大倡尊王攘夷的经世之道。吉田主持村塾之时，正值欧美殖民主义列强向东北亚各国掀起新一轮扩张浪潮的危急时期。1856年英、法两国挑动第二次鸦片战争，劫掠中国，法国舰队入侵朝鲜忠清道长古岛，荷兰与日本订立《日荷友好条约》，形成新的不平等条约框架。同年10月，美国驻日首任总领事哈理斯进入江户城，乘英、法两国侵华之机，向幕府提出新的要求，迫其于1858年订立《日美友好通商条约》，掠取殖民权益。日本的民族危机日益深重，国内阶级冲突、统治集团内部矛盾也随之激化。如何制定应时之策，以挽大厦之将倾，成为幕藩领主、各藩武士之间意见分歧的主要问题之一。

在长州藩，藩厅老臣循规蹈矩，惟幕府对外屈从的妥协政策是瞻。培养贵族子弟的藩校明伦馆，只管照旧讲授经书、史学、兵学和文学，宣扬效忠幕府的武家名分论。吉田松阴与明伦馆的教师爷们展开激烈辩论，宣扬尊王攘夷的主张。吉田认为尊王是振兴国家的"大义"，强调"此大义乃圣经明训，岂不可知"。要求其门生务必"明皇道而建国体"，"尽七生之忠"，辅翼天皇朝迁。吉田痛恨压迫日本的"夷狄"，认为"夷谋"的目的在于"控制我国"，口唱自由贸易以"诱我之民"，兴天主教以扰乱人心，最终必断送"我神州"。吉田主张建立以天皇为元首的一君万民体制,使"普天率土之民皆以天下为己任,誓死报效天子而不问贵贱尊卑"。上述主张,成为松下村塾教育的基调,对入塾门生,包括伊藤等均有深刻影响。特别是随着时局的变化,吉田从锁国攘夷论者转变为开国攘夷论、海外雄飞论者。为转移民族压迫,吉田主张通过割占朝鲜、中国的领土来弥补屈从欧美的损失,即所谓"失之西洋,补之东洋",积蓄国力,称霸东北亚。1859年吉田被幕府囚杀,但其侵华并称霸东洋的构想被他的门生们付诸行动,其中"业绩"最大者,则非伊藤博文而莫属。

其二,师生平等,不问门第,共议天下时势的明朗塾风。吉田松阴主持村塾时,年仅26岁,生性豪放、好动,向往自由人生。虽因自行脱藩或打算偷渡美国而一再受到处罚,但仍不失其自订目标、全力实行的秉性。入村塾者多为无资格进藩校明伦馆的下级武士子弟,也有不少农商、医生、僧侣的子弟。吉田与其门生相处,常不以师父自居,师生关系相当融洽。松下村塾超越门第意识,师生同求经国之策的自由清新的氛围,与藩校明伦馆等级森严、古板呆滞的习气成鲜明对比。在村塾里,出身寒门的伊藤不受拘束,愉快成长。

其三,松下村塾又一特色,是它几乎汇聚了长州藩的所有的有为青年,成了培养倒幕维新人才的孵化器。求教于吉田松阴的八十余名门人中,先后涌现出多名倒幕维新的风云人物,如高杉晋作、久坂玄瑞、木户孝允、山县有朋、井上馨、前原一城、吉田荣太郎等,伊藤博文也是其中一人。据统计,在明治政府论功行赏的功劳簿中,37名松下村塾塾生获得各级爵位或被追赠官位。伊藤本人也因此写诗赞曰:"道德文章叙彝伦,精忠大节成明神。如今廊庙栋梁器,多是松门受教人。"

毋庸赘言,在倒幕维新运动的激荡时代,松门子弟迅速分化:久坂玄瑞、高杉晋作等,在倒幕的战场上以身殉义;前原一诚等则成为明治初年政治斗争的牺牲品。但在倒幕运动时期,松门弟子同倡尊王攘夷,组成长州藩最有活力的政治集团。对伊藤博文来说,得益终生的好友是高杉晋作和井上馨。高杉家俸禄150石,出身长州藩家臣名门,很喜爱身份比其低的伊藤。在倒幕斗争中,志士们多用化名以掩护其行动。伊藤的几个化名都由高杉命名,即使后来的官名伊藤博文,也是高杉采《论语》的"以博约成文"句而得之。井上馨则在明治政府成立后,与伊藤为同僚,彼此在政坛携手合作,赢得"管鲍之交"的赞誉。

19世纪60年代的日本如同一个大旋转舞台,各种势力乱哄哄,你方唱罢我登台,竞相演出人间的悲喜剧。1860年开春第一件震动全国的大事件,就是3月3日女儿节那一天,尊王攘夷派志士在光天化日之下,将血腥镇压反对派的幕府高官"大老"井伊直弼乱刀砍死于樱田门外的大街上,史称"樱田门外事件"。这一事件表明以中下级武士为主力的尊王攘夷派已不满足于云聚京都、策动朝廷公卿的幕后活动,他们急于冲到政治斗争的前沿,显示自身的存在和力量。上级公卿和幕藩领主为制止"下犯上"的乱局,坚持维护现存统治秩序,热衷于公家(朝廷)与武家(幕府、雄藩大名)之间的妥协与联合,形成"公武合体派"。于是,尊王攘夷派与公武合体派的斗争与冲突成了政坛较量的焦点。

在长州藩,家禄150石的藩臣"直目付"长井雅乐于1861年提出放弃攘夷,公武合体、举国一致以图谋海外发展的航海远略策,并赴江户、京都,奔走于幕府与朝廷之间,兜售其主张,一时颇占风头。长州的尊攘派把长井视为献谄幕府的奸贼,急欲除之而后快。1862年6月,久坂玄瑞、寺岛忠三郎等预谋刺杀长井。伊藤闻讯,也跑来请命,并与久坂、寺岛等写下遗书,准备与长井拼命。在尊攘声浪的压力下,藩主毛利庆亲急命长井归藩,闭门思过。藩内舆论为之一转,公武合体派忍声吞气,尊王攘夷派气焰逼人。

在此前后,日本国内尊攘派四处行动。1861年1月美国驻日公使馆译员修斯肯在麻布中桥被暗杀。7月位于东禅寺的英国公使馆受到水户藩尊攘派武士有贺半弥的袭击,馆员受伤。1862年6月,英国使馆警卫人员、松本藩武士伊藤军兵卫又与英国水兵发生流血冲突。9月鹿儿岛藩武士奈良原喜左卫门等又在生麦斩杀围观大名出巡队列的英国商人。防不胜防的袭击事件弄得幕府十分头疼,幕府只得把外国公使馆搬迁到品川御殿山新开辟的使馆区,派兵护卫。但此举愈发激怒了宣称要把"夷狄"逐出日本的尊攘派。

1862年12月12日,高杉、伊藤、井上、久坂、寺岛等13名长州尊攘派志士秘密集会于品川,策划袭击英国使馆。按照分工,伊藤在附近的商店中买了一把锋利的锯子,寺岛则弄来硝石、硫磺等引火物,井上负责放火。当天夜里,一伙人悄悄摸到新建成的英国使馆木栅栏前。伊藤迅速地锯断两根栅栏,与同伙潜入英国使馆,投掷燃烧弹。刹那间,大火冲天而起,木制门窗被烧得噼啪作响。高杉、伊藤等13人乘乱溜出使馆区,为行动得手而兴奋得手舞足蹈。

尊攘派志士搞攘夷的目的是给幕府不断制造外交麻烦,为本藩、也为他们自己造成轰动效应,增强发言权。其实,在他们的内心,倒是对国外形势比较了解,对列强的先进军事技术、工业实力羡慕不已,对海外新鲜事物兴趣浓厚。因此,这些在国内热衷闹事的尊攘派们一般都不放过出洋的机会,并且都能在赴洋学习、考察过程中,发生思想转变。伊藤博文就属于这类尊攘派志士。

1863年3月,伊藤从藩厅得到消息,将委派他为长州洋式小军舰的水手,并正式将其提拔为武士。伊藤就此事找木户孝允商量,木户以为只当一名近海小舰的水手难成大气候,劝伊藤把眼光放得远一些。于是,伊藤向藩厅递交报告书,婉请收回成命,藩主同意了伊藤的请求。更令伊藤喜出望外的是,3月20日藩主还是特批其为正式武士。其令曰:"伊藤春辅几年前拜吉田松阴为师,明辨尊王攘夷之大义,举止颇知礼法,故授一代武士。"此后,伊藤愈加得到木户的扶植和鼓励,出海远航的愿望也愈加强烈。

与伊藤怀有同样志向的,还有井上馨、山尾庸三、远藤谨助和野村弥吉等年轻武士。五个人一合计,决定由山尾出面,找英国领事詹姆士·戈瓦联系出国。戈瓦一口答应,预定伊藤等乘坐麦奇逊公司的商船"契尔斯威克号",前往英国。但据戈瓦的计算,五人的旅费、学费两项高达金5000两,这使伊藤等人大吃一惊。

伊藤建议向藩厅申请资金,借用长州藩为购置武器的金1万两来培养留学生"活武器"。井上馨以为申请经费手续太烦琐,徒耗时日,不如向御用商人大黑屋借款更便捷。经藩厅要员周布政之助、木户等多方协助,得到大黑屋的借款,也得到藩主的支持。1863年5月12日,剪掉武士发髻、改穿西装的伊藤等五人,在横滨秘密登上"契尔斯威克号",鼓轮远航。

伊藤等赴英国期间,长州、萨摩藩依旧涌动着攘夷狂潮。1863年6月,长州藩兵开炮轰击路过下关海峡的美国商船和法国、荷兰的军舰。虽一时偷袭得手,但一个月后,即被前来报复的美、法舰队击败,炮台被占领并遭到严重破坏。7月,英国舰队又同萨摩藩炮队激战3日。欧美舆论大哗,扬言要组织多国联合军事行动,严惩攘夷急先锋长州、萨摩两藩。伊藤等从《泰晤士报》上得知这一消息后,担心一且与列强开战,必然大祸临头。伊藤和井上决心中止留学,尽快返回长州藩,阻止以卵击石的攘夷冒险行动。伊藤、井上所以这样做,固然同武士的效忠意识和奉公精神有关,但另一更重要的原因,是通过留学英国的实地感受,认识到盲目攘夷的危险性,由攘夷派转变为开国派。1899 年 2 月,伊藤在一次讲演中回顾 36 年前的往事时,说:"我参与国家大事,是在 36 年前。当时,首次出洋到英国留学……三十多年前日本形势如何?当时国内存在两种主张,即力倡与外国交往的开国论和凡外国事物一概排斥的攘夷论。那时,我也是一个攘夷论者。但是,第一次远赴海外,观察欧洲的形势及其文明的进步状况,感到攘夷行不通。锁国乃愚不可及,锁国危害国家……我主张与外国友好,使日本受惠于欧洲的文明进步,于是我与井上一起回国,其他三人留在英国继续实现其留学志向。"

1864 年 3 月,伊藤和井上离开伦敦,经两个多月的海上颠簸之苦,6 月初抵达横滨。两人一登陆,立即走访领事戈瓦,并请后者联系,去拜会英国驻日公使阿礼国,自荐回藩说服长州藩厅放弃攘夷政策,请求英、美、法、荷兰等四国舰队暂缓攻击长州。阿礼国乐得不战而屈人之兵,暂且答应了伊藤的请求,派军舰将其送至丰后国(今大分县境内)姬岛,转赴长州,带走一封致长州藩主的信件。

伊藤、井上连忙赶往萩城,向藩主毛利敬亲和重臣们说明自行回藩的原委,呈送了阿礼国的信件,还打开带回来的世界地图和英国军舰、大炮绘图,叙述欧洲和东亚国际形势、列强的政治和军事实力,强调不顾力量对比的悬殊,盲目攘夷不可取,力说应开国图强。藩主和重臣们采纳了伊藤们的意见,并委派其与四国公使交涉。然而,长州藩内攘夷论仍难以扼制。奇兵队军监山县有朋等扬言:"即使下关化为焦土,也要坚持尊王攘夷的方针"。伊藤又去说服山县,极言欧洲国家兵器杀伤力强,士兵训练得好,如其被击败,不如放弃攘夷方针。山县等仍固执己见,拒绝了伊藤的劝告。情绪激烈的尊攘派袭击井上馨,使其身负重伤。长州藩与四国公使交涉随之搁浅。

就在长州藩厅行动迟缓,藩内主战的攘夷派放言孤注一掷之时,四国舰队逼近下关海峡。8 月 4 日,双方展开激烈的炮战,长州藩兵大败。8 月 6 日,四国舰队的海军陆战队登陆,再次占领并彻底破坏了长州藩的海岸炮台。8 月 8 日,藩厅被迫与四国舰队举行停战谈判。藩主起用高杉晋作为正使,委派伊藤、井上为译员,登上英国军舰,交涉谈判。8 月 14 日,双方达成协议,长州方面答应下关海峡自由通航、拆毁炮台、供应外国舰船生活必需品,由幕府支付 300 万银圆的赔款等。在谈判过程中,伊藤协助高杉并利用英法之间的矛盾,拒绝了英国舰队司令库巴租借长州彦岛的要求。1909 年伊藤路过彦岛,回忆起当年与高杉拒租彦岛的往事,不胜感慨地说:如果彦岛落入英国之手,势必如香港、九龙一样,令人不寒而栗。为此,伊藤特赋诗述怀:"持护掌大弹丸地,得免神州御侮疏。"

1864 年 8 月,四国舰队进攻长州的硝烟未灭,幕府乘机调集三十余藩的大军,发动了第一次征长战争。以世禄之士为核心的俗论党保守派力主对幕府妥协,他们借口保存毛利氏社稷,恢复旧政,加紧迫害革新派,以至逼死周布政之助,监禁益田等三家老,逮捕宍户等六参谋,令高杉蛰居家中,挤走伊藤,实行向幕府"恭顺谢罪"的投降方针。幕府军不战而胜,决定日本历史命运的倒幕运动危在旦夕。

在俗论党的威压下,高杉化装逃至九州,伊藤则设法躲避迫害,惨淡经营着一支小武装力士队,等待时机。1865 年 11 月,高杉秘密潜回马关,找到由其创立的奇兵队，鼓动队干部"共同决起"。但现任队长赤根武人态度暧昧，高杉费尽口舌，未带出奇兵队一兵一卒，仅借得一匹马。关键时刻，伊藤率力士队赶来，支援高杉。12月15日，高杉凭借伊藤力士队、石川小五郎游击队的百余人部队，在功山寺宣布起义，飞檄四方，号召全藩士民推翻俗论党政府。俗论党派兵前来镇压，并强令收缴草莽队伍的武器，结果逼反了奇兵队，山县有朋率队加入起义。山口、小郡等地的农民、町人纷纷响应，起义军声威大振。1865年1月初至2月中旬，起义军先后在绘堂、大田、山口等地击败俗论党军，合围萩城并一举摧垮俗论党政权。3月，革新政府成立，木户孝允、广泽真臣、大村益次郎等一批倒幕革新派执掌幕政。高杉与伊藤赴长崎准备去伦敦考察，后来听从英商格伦威尔和英国领事洛德的劝告，返回长州负责外交事务。革新政府变"谢罪恭顺"为"武备恭顺"，加紧战备，实行倒幕大割据政策。高杉举行的马关起义成功，倒幕运动由此渡过危机而步入坦途，而伊藤的襄助之功不可埋没。

大割据政策的提出者是高杉晋作。这是他在1862年赴中国上海考察之后，几经思索的结果。其基本内容是：其一，取列强军事技术先进之长，输入欧式装备，实现强兵目标；其二，以强兵为基础，举藩一致，割地自立，形成不受幕府控制的独立藩国，伺机与幕府较量。显然，这种主张既不同于盲目攘夷，也不同于只关注在京都朝廷开展上层活动的勤王，赞成者寥寥。当时，伊藤也对大割据政策不以为意。但在赴英留学，特别是经过马关起义之后，伊藤转而坚定支持大割据政策。他曾向革新政府要员木户陈述治藩意见，认为要振兴国家，必须采取与各国交往的开国方针；为此需要实现国内统一，统一的前提是长州充实武备；一旦时机成熟，则断然使用武力，实现统一大业。为此，伊藤再次打消了赴英国的念头，按照木户的指派，与井上赶往长崎。经坂本龙马协助，购进洋枪。7000枝、轮船1艘，组建长州的欧式陆海军。

伊藤除拥护大割据政策外，也坚决支持长州与萨摩藩联合倒幕的方针。萨长两藩原本是丰臣氏的旧臣，1603年德川幕府成立后，同为不受幕府信任的"外样大名"。在幕末激烈的政争中，萨摩藩为压制竞争对手长州藩，一度站在幕府一边，削弱打击长州。在1864年长州军兵进京都的"禁门之变"和1864年幕府发动的第一次征长战争中，凶悍的萨摩兵处处以长州为敌，两藩势如水火。长州武士对为虎作伥的萨摩人恨之入骨，乃至将"萨贼"二字书于鞋底，踩在脚下。然而，长州实行大割据政策后，痛感仅凭本藩之力难以独撑大局、对抗幕府，急需盟友，扩大阵营。恰值此时，萨摩藩也因追随德川将军却未得到预期的参政权，同幕府闹翻。西乡隆盛、大久保利通等力主倒幕的革新派在藩内掌权，出现萨长化敌为友的契机。但两藩为敌多年，彼此戒心很重。缔盟会谈常因缺乏互谅互信而搁浅。在这一过程中，坂本龙马居中斡旋、促成萨长军火贸易，从而密切了两藩的联系；高杉、伊藤则化解矛盾，解除误会，说动长州代表木户以大局为重，不计前嫌实现联合，做了许多有益的幕后工作，为萨长联合做出了贡献。某次会谈时，西乡因故未出现在谈判桌旁，木户自尊心大受伤害，十分不满，准备打道回藩。伊藤连忙赶来劝说，使木户留下来并与坂本就拟定萨长盟约的细节达成协议。1866年1月，萨长缔结盟约，为击败幕府针对长州发动的新围剿，奠定了基础。同年2月，伊藤被任命为接待萨摩的副使，愈加得力地协助木户，维护了萨长两藩的攻守同盟关系。

1866年6月，幕府调集二十余藩征伐军，第二次围攻长州。由于萨长结盟，萨摩藩拒不出兵,加之诸藩士气不高、各怀异志,以及幕府后方不稳,结果第二次征长之战以长州的全面胜利告终。鉴于伊藤的贡献,1867年3月藩主发布命令,提升伊藤为世袭武士,统领侍卒30人。

从1859年入松下村塾,到1867年升任长州世禄之士,出身寒门的伊藤博文在八年的动荡生涯中,作为时代的弄潮儿,追随木户、高杉等长州藩头面人物而崭露头角,为日后升迁铺平了道路。

## 政界新星

1868年1月3日,明治政府成立。在第一份政府文告《王政复古大号令》中,宣布废除大贵族专擅朝政的摄关政治和将军独揽大权的幕府,"诸事以神武创业为准绳,一扫历来的骄情陋习","王政复古"。由此,开始了改变日本国家与民族命运的明治维新。

从1868年至1878年,维新变革处于高潮时期。明治政府提出"与万国对峙"的最高国策目标,以摧毁幕府政权、版籍奉还和废藩置县作为实现"政令归一"、建立中央集权体制的三大步骤,营造令行禁止的改革大环境。通过推行"富国强兵""殖产兴业""文明开化"等一系列资本主义新政,在较短的时间内,迅速改变了日本社会的历史面貌。

急剧展开的十年新政改革,历程曲折。国内各种矛盾交织,困难重重。国外列强固守不平等条约所规定的领事裁判权、关税协议制等条款,日本仍处于半殖民地化的危机之中。勇开新局面,在改革中求生存、求发展,成为社会转型时期的时代需要,呼唤着一代新人执掌日本之舟的舵轮。在新的历史考验关头,伊藤博文追随大久保、木户等第一代改革派领袖,活跃在外交、财政、政治改革、基础建设等领域,成为激流勇进的政界新星、年轻有为的维新官僚和第二代近代日本的领导人。

1868—1878年,伊藤的职位变迁表,划出这位新星腾跃政坛的轨迹:

1868年1月13日,伊藤出任处理外交事务的"外国事务挂"。15日陪同主管外交的少将东久世通禧前往神户,向各国公使通报日本政权更替、王政复古,争取列国承认天皇政府。1月25日授参与职。

2月20日任外国事务局判事。

4月19日任主管开港地神户外交事务的官员。

5月3日任大阪府判事兼外国官判事,兼管兵库、神户外交事务。5月6日叙官位从五位下。5月23日出任兵库县知事。此年伊藤年仅28岁,显示了处理棘手的外交难题、任职的才干,一年后调回东京。

1869年5月16日任通商司知事,18日任会计官权判事,涉足政府财政事务。其时国家财政混乱,诚如任命书所说:"会计之事关系国家治乱,工作艰难。"伊藤知难而进,卓有成效。7月18日升任大藏省少辅,8月11日叙官从五位,同日兼任民部省少辅。11月10日被委以全权,与英国订立修筑铁路的借款合同。12月28日因一年来"奉职鞅掌,励精尽力",天皇特赐其日本刀一把、奖金银300两。

1870年闰10月3日出使美国。同月20日,因"复古以来勤于职守",升官位二等,叙从四位。

1871年7月28日任大藏省负责全国税制改革的要员"租税头"。9月20日任工部省大辅,指导基础建设。10月8日任赴欧美考察的岩仓使节团特命全权副使,与同行的大久保、木户平级,伊藤的地位明显提高。

1873年9月13日回国,10月25日升任参议兼工部卿。

1874年2月18日叙官正四位。7月7日出任地方官会议议长。8月2日政府下令,在内务卿大久保赴华谈判期间,由伊藤代理其职。

1875年3月17日负责调查处理政体事务,7月3日任法制局长官。从此,伊藤介入近代立宪政体的策划与组建。

1876年10月12日,身兼工部卿、法制局长官和赏勋事务局长三职。

1877年1月至2月陪同天皇巡幸大和、京都,开始近侍天皇,踏上"通天"之途。11月2日获勋一等旭日大绶章。12月25日任刑法草案审查总裁。同年5月26日本户病故,9月24日西乡败亡,声望和地位高于伊藤者,惟余大久保一人而已。

1878年3月5日,任地方官会议议长。5月14日大久保被刺杀,5月15日,任内务卿兼议定官、法制局长官,取得了大久保生前的显赫地位。5月28日任博览会事务总裁。8月29日在大藏卿陪同天皇巡幸期间代理大藏卿,伊藤兼管内务、大藏两省,权柄日重。

十年之间,伊藤博文由处理一般外交事务的"外国事务挂"升迁为大权在握的内务卿,成为继西乡、木户、大久保等"维新前三杰"之后的第一人,一颗大而亮的政坛巨星。究其因,主要在于:

其一,维新变革充满矛盾与冲突,对改革者的淘汰率极高。明治维新是一场由封建社会向资本主义转型的巨大社会变革,同时又是一个东北亚国家在"文明开化"的旗号下,实行欧化的复杂社会实验。因此,维新的过程中始终围绕着两条主线,即利益调整和文化冲突而展开。其成败的关键,则是如何改造封建时代拥有诸多特权的武士阶级。明治政府通过版籍奉还(1869)、废藩置县(1871),最终切断武士家臣与主君的联系,使之成为天皇的臣民;通过宣布四民平等(1869—1871)、发布《散发脱刀令》(1871)、《废刀令》(1876)和《学制》(1872),取消了武士佩刀称姓和垄断文化的特权;通过发布《征兵令》(1873),剥夺了武士职业军人的社会专职;通过地税改革(1873)和秩禄处理(1875—1876),武士丧失领取家禄、不劳而获的权利;同时,也通过士族授产(1870—1878),鼓励武士务农、做工、经商或垦荒,提供自谋生路的机会。然而,较之仅够从事小本经营的士族授产拨款,数百年来抗颜坐食的武士所失掉的既得利益与特权,远远大于所得到的政府补偿,大批武士心怀不满。政府倡导的欧化政策,也使那些自幼饱受儒学、国家熏陶的武士十分反感。这样,社会上出现一批以"不平士族"自许的新政反对势力。他们横议新政、聚众闹事乃至发动武装叛乱,并且与不习惯新政的农民的暴动遥相呼应,构成十年改革时期特有的社会现象。

由于"不平士族"有组织、能量大、颇具政治斗争经验,也由于维新政权中不乏其政治代表人物,因此,对维新政权构成最大威胁。明治政府采用镇抚并行的两手政策,竭力遏制不平士族的抵抗。在这一过程中,曾享有巨大声望、地位颇高的西乡隆盛、前原一诚、江藤新平等倒幕维新功臣终因难脱旧武士的旧臼而走向新政改革的对立面,发动武装叛乱并最终倒在了他们舍生忘死开创的新政权脚下。这样,就为身居后位的伊藤等地位的升迁提供了机会。政府革新集团内部,也充满了政策分歧、意气之争,经常闹得不可开交而酿成政治倾轧。当权派或挂冠而去或死于非命,又为伊藤等的升迁腾出了位置。1873 年 10 月"征轮论"政争之后,板垣退助、由利公正等退出政府后,伊藤出任参议兼工部卿。1878 年大久保被不平士族岛田一郎等刺杀的次日,伊藤就由工部卿改任权柄最重、统管全局的内务卿。

其二,伊藤本人具备改革家的政治眼光,能应时而动且政绩昭著,积累了必要的声望和政治资本。维新变革淘汰率高,只是为伊藤升迁提供了有利的客观环境。能否在风云变幻的改革大舞台上站住脚并且逐渐向中心位置靠拢,需要见识和魄力,能够对纷繁复杂的形势做出准确的判断和选择,推动改革不断走向深入,确保改革中的领导地位。

1858 年 1 月明治政府成立后,百废待兴。伊藤敏锐地判断局势,认为最重要的是首先建立统一政权。于是,他向总裁局顾问木户提出建议,认为"今日之急务"在于废诸藩、设郡县,使朝廷权力直接支配全国各地,国家强盛之道,取决于朝廷尽快统一全国的兵力、财力。1868 年闰 4 月,在明治政府军进驻江户城的前后,木户建议长州藩藩主毛利敬亲带头奉还版籍,这是受伊藤建议的启发,还是自身也早有此意虽不得而知,但至少说明在建立统一国家的政见上,木户与伊藤持相同立场。同年 11 月,当伊藤得知姬路藩藩主酒井忠邦上表天皇朝廷,欲自行奉还版籍后,立即向朝廷奏呈建议书,其文称:"苟欲使我国与海外各国并立,实施文明开化之政治,使天性同体之民贤愚各得其所,上下均沐圣德,莫如使全国政治归一。欲使政治归一,须铲除如今各藩各自拥兵、互相抗衡之弊端,使权力悉归朝廷。"急切之下,伊藤甚至还代天皇草拟版籍奉还、政令归一的诏书,其文曰:"去冬德川庆喜虽迫于宇内形势,仅奉还政权,而土地兵马之权犹未奉还,终而招致动用干戈征伐之。此实为朕所不忍,但为形势所迫又不得已也。今汝熟察宇内大势,真诚希望王政复古,欲使天下大政归一,请准奉还土地兵马之权。此实皇室之万幸,并符合朕平生欲慰皇祖在天之灵之愿望。朕深嘉许汝之忠诚,特进爵位,赐俸禄并列为公卿。自今而后,益加勉励,为皇国尽力,以期辅佐朕之大业。"

在建书中,伊藤还不无兴奋地预言:"圣上一旦如此宸断,必将震惊天下耳目,三百诸侯孰敢违抗?朝威由此将煊赫于海内。然后将其领地按府县之制处置,选藩士强壮者充当朝廷之兵,有才能者任为官吏……建立皇国之根本。"两个月后,长州的木户、萨摩的大久保、土佐的板垣退助和肥前的大隈重信等四巨头密谋,决定敦促各自藩主带头将领地版图、领民户籍的领有权归还朝廷。同月,萨长土肥四藩主联名上奏《版籍奉还表》。随后,其他各藩诸侯群起效法,朝廷乐而受之。1871年 7 月,天皇下达《废藩置县诏书》,建立统一的中央集权体制,实现了政令归一。在这一过程中,伊藤虽未进入决策圈,但其关于废藩置县的建议却先声压人,给人们留下深刻印象。

政治统一的经济基础是国内市场的充实与完善。为此,必须实现国内的货币统一。明治初期,日本国内币制混乱。除了幕府发行的各种金、银、铜币外,各藩还自行发行不兑换的藩札,给国内流通领域和国外贸易带来诸多消极影响。伊藤在出任大藏省少辅期间,建议政府整顿货币,并毛遂自荐地申请赴美考察。1870 年11 月,伊藤远赴美国,有针对性地调查国家货币的币制及发行方法、国内债券的募集与发行、银行组织法、金本位与银本位制度的利弊及其兑换制度等,并写出结合日本国情的实施报告,提出铸币和发行新纸币的具体措施。以此为基础,1871 年 5

月,维新政府颁布了《新货条例》《造币章程》,规定统一发行的太政官官札采用十进位制,以元为基本单位,元以下为钱、厘。同月,伊藤回国,亲自去大阪督造新币。自此,结束了币制的混乱。币制的划一,为资本主义市场经济的发展,创造了便利条件。

在日本资本主义发展的初期,注重学习、引进欧美资本主义的物质文明。其中,铁路的敷设、港口的修整、矿山的开发和电信事业的发展,是资本主义工业文明在日本安家落户的基础建设。伊藤在出任工部大辅和工部卿期间,大力引进国外先进技术、设备,聘用外国技师,在较短时间内,初步奠定了以国营企业为核心的资本主义产业基础。在伊藤的积极参与和指导下,工部省大张旗鼓地致力开发,基础产业发展迅速。其中,铁路:1872 年建成日本第一条铁路东京新桥至横滨线,1874年建成大阪至神户线,1877 年建成京都至大阪线。电信业:1872 年至 1877 年的五年期间,电报线总里长由 34 日里猛增至 2827 日里,增长了 82 倍。矿业:1873 年颁布《日本矿业法》,宣布矿业资源为国家所有,禁止外国人占有或参与矿业经营,责成工部省全面负责矿业的开发。依据此法,工部省输入国外先进技术设备,扩建开发大葛的金矿,佐渡、生野、小坂的银矿,阿仁的铜矿和三池、高岛的煤矿,矿业出现繁荣景象。工科教育:1873 年设工部大学(东京大学工学部前身),1874 年设工部小学,培养本国的技术人才。

一个岛国武士之所以能够在急剧的社会转型时期,着着得手,展现其才华,是因为明治维新以欧美资本主义为模仿的样板,而伊藤有幸于 1863 年最早前往当时欧美资本主义的头号强国英国去留学,亲眼看见了英国资本主义的文制物度,找到缩小差距的途径。1871 年 10 月至 1873 年 9 月的欧美 12 国之行,更使伊藤开阔了眼界,对日本的维新变革和世界大势、国际关系行为准则等,有了更加明确的认识。

1871 年 10 月 8 日,以右大臣兼外务卿岩仓具视为首的使节团离开横滨港,开始了其欧美之行。工部大辅伊藤与参议木户、大藏卿大久保、外务少辅山口尚芳同为副使,使节团一行 48 人,第一站直奔美国。使节团出使的目的主要有三:向缔约国家元首递交国书;学习考察欧美发达国家的典章制度,推进日本的资本主义化;1858 年(安政 5 年)缔结的安政条约至 1872 年 7 月有效期满,借机举行修改不平等条约的谈判。1872 年 1 月 21 日,使节团抵达华盛顿。1 月 25 日,出席了美国总统格兰特举行的盛大招待会。一路上,美国的航海技术、横穿北美大陆的铁路和政界活动的新奇方式,使岩仓、伊藤等一行慨叹不已。但是,当岩仓向美国国务卿菲休提出举行改约谈判的要求时,菲休却援引国际惯例,要求岩仓出示天皇授予的交涉全权委托书。无此外交常识、也并未携带全权委托书的岩仓们目瞪口呆,只得派大久保和伊藤返回日本,领取全权委托书。

经过太平洋上的又一番颠簸之苦,3 月 24 日,大久保和伊藤抵达东京。他们急忙向太政大臣三条实美、参议西乡和板垣等留守政府的要员们报告情况,希望尽快出具全权委托书。但西乡、板垣们不想让使节团取得过多的耀眼成果而威胁自身地位,故强调出使目的一是加强友好,二是研究调查外国的典章法制,反对过早地举行改约谈判。大久保和伊藤只得再三说明日美交涉已有进展,希望留守政府看在岩仓大使的面子上,发给全权委托书。几经请求,留守政府同意出具委托书,但条件是推迟改约谈判。为监视使节团的行动,留守政府任命外务大辅寺岛宗则为新任驻英公使,与大久保、伊藤同赴美国。由于留守政府的掣肘和美国无意带头修改不平等条约,改约交涉首先在美国搁浅。后来,在欧洲各国也被无限期推迟。这一挫折给伊藤留下难忘的印象:弱国无外交。23年后,1895年2月清廷派出张荫桓、邵友濂等赴广岛与伊藤交涉停战,伊藤也摆出菲休式的面孔,首先查验清方全权证书,并以张邵所受的全权不完备为借口,将中国使臣逐出日本。清使被拒同样是弱国无外交,只是实施这一强权政治游戏规则的庄家,换成了伊藤本人。

尽管美国之行并不顺利,但令伊藤感到欣慰的是:在美国,作为副使加上能说英语的有利条件,使他有机会以明治政府发言人的身份向美国国会议员发表题为《天皇陛下预期目标施行要点》的演说,比较早,也比较系统地宣讲日本正在进行中的资本主义新政改革。在演说中,伊藤用"未流一滴血"来论证王政复古的正统性与合法性,竭力美化实际上充满曲折和牺牲的政权更替过程。继而,伊藤对明治维新的基本内容做了如下的概括:

"为使国力凝为一体,必须破除封建事物;尊重人民权利,裁减武士的世禄;废除旧习陋俗,实行公明政治,故举贤才不论门第;振兴教育,扩充知识,故创办学校,聘用外国教师;修筑铁路以谋求交通的便利,开通电信以快递书信,建船厂、修理船舶,振兴贸易而改铸货币;设立议院以广取公论;统一兵制以巩固国防。"在这里,伊藤向美国国会议员勾画了新政改革的全景图,尽管其中有若干课题,如教育改革、国民皆兵制、秩禄改革等尚在规划或试点阶段,但其演说将新兴日本的朝气勃勃形象展现出来,给国会议员们留下良好印象。

在演说中,伊藤还特别强调:"日本所要仿效的,就是欧美各国实行的各种制度。"以欧美为师,不加选择地全面效仿,是明治初期文明开化时期的突出特点。伊藤斯言不谬,且贯穿于岩仓使节团的出行之中。在此后访问英、法、德、俄、卢森堡、比利时、波兰等欧洲11国时,使节团不仅参观欧洲国家的议会、工厂、农场、兵营、医院、福利院等各种机构设施,还特意向俾斯麦、老毛奇等德国政要请教小国富强之道。按照事先的分工,大久保全面考察欧美国家的殖产兴业、政府的主导作用及其措施;木户负责政治改革、特别是典章制度的调查研究。身为工部大辅的伊藤,自然侧重于欧美各种产业的考察,与大久保考察的领域关联密切。在访问欧美的过程中,大久保与木户日益疏远,经常发生意见分歧。多年来追随木户的伊藤与大久保之间的共同语言越来越多,逐渐远离木户而亲近大久保,另攀进入权力中枢的高枝。

回国后,大久保与岩仓、三条等合谋,以内治优先为旗号,将主张"征韩"的西乡、板垣等留守政府要员挤出权力圈,建立了以大久保为中心的"有司专制"政权,通称大久保体制。在这个体制的主导下,急行军式的殖产兴业全面展开。身为工部卿的伊藤博文筹办各种产业,作为大久保的左膀右臂,官运亨通,声望日隆。

## 宪政之父

东京千代田区永田町的官厅街,是日本政治的心脏地带。国会议事堂、首相官邸、主要省厅、最高法院和日本宪政纪念馆等建筑物都集中在这一带。漫步在永田町,不难发现伊藤博文的存在。在国会议事堂正门前方,耸立着伊藤的全身铜像。在议事堂前厅的四角,竖立着伊藤、板垣、大隈的纪念像。余出的一角,仍静悄悄地等待着可与伊藤等比肩而立的人物出现,以立像纪念。在宪政纪念馆,伊藤的事迹被置于相当突出的地位展出,1909年韩国义士安重根射中伊藤的三颗子弹头,也存放在展柜中,供游人观赏和联想。

凡此种种,无非是在提醒人们勿忘伊藤博文对日本近代宪政的贡献。

宪政,即宪法政治,其核心是制定宪法。近代制宪的方式主要有两种,其一是召开国会,制定宪法,民主立宪;其二是少数精英官僚草拟,君主钦定,君主立宪。明治政府成立后,日本国内围绕制宪问题,歧见丛生。

维新官僚的基本立场是牢牢把握制宪权,控制国内局势,自上而下地御赐宪法。1868年闰3月,在木户孝允定稿的维新纲领《五条誓文》第一条中提出"广兴会议,万机决于公论"意即设立议院、国会,实行尊重民意公论的开明政治。1871—1873年岩仓使节团访问欧美期间,副使木户在美国指示随员久米邦武翻译美国宪法备用,在英国伦敦又责成曾留学德国的青木周藏根据日本国情并参照欧洲国家的宪法,草拟日本国宪法草案。1873年6月,青木起草了《制定宪法理由书》和《大日本政规》5编84条,《政规》乃明治初年第一部比较完整的宪法草案。同年7月木户回国后,立即向太政官提出《制定政规典则意见书》,认为应当以《五条誓文》为依据,制定体现君民同治、限制君权、约束官吏、提高人民地位等原则的典则,即宪法。同年11月,大久保也提出《关于立宪政体的意见书》,主张上限君权,下限民权,至公至正,使君民均不得其私,实现君民共治。1875年4月,天皇发布《建立立宪政体诏书》,表示要扩充《五条誓文》的意义,设元老院专司立法,设最高法院大审院负责司法,逐步建立国家立宪政体。天皇诏书的发布,自然有对抗自由民权运动的政治目的。但若溯其源,早在明治政府设立之初,尤其是岩仓使节团的欧美之行前后,开明官僚已无始构思君主立宪体制,只是由于木户和大久保先后于1877、1878年谢世,才使伊藤完成木户、大久保的未竟事业,赢得宪政之父的赞誉。

除当权的开明官僚之外,下野的前官僚们也为攻击政敌,举起设立民选议院和制定宪法的旗帜。1874年1月17日,因"征韩论"之争退出政府的板垣退助、后藤象二郎、江藤新平、副岛种臣、由利公正等八人联名起草《设立民选议院建议书》,提交给太政官左院。建议书猛烈攻击大久保体制专制,指责"方今政权之所归,上不在帝室,下不在人民,而独归有司",致使弊端百出;还依据纳税代议制原则,要求设立民选议院以打破有司专制,伸张天下公论,保护人民权利。以此为标志,自由民权运动兴起。几经曲折,1880年3月民权运动扩展至全国,成立了统一组织"国会期成同盟"。同年11月"同盟"举行第二次代表大会,号召入盟团体和个人起草宪法。各地民权组织纷纷参照欧美国家宪法,拟定了二十多份日本国宪法草案。其中,嘤鸣社的《宪法草案》和交询社的《私拟宪法草案》主张建立英国式君主立宪制,采用两院制,建立政党内阁,天皇与国会共同拥有立法权,限制国民的人权保障。立志社的《日本国宪法希望草案》、民权运动理论家植木枝盛的《东洋大日本国案法草案》以法国卢梭的天赋人权说为原则,主张主权在民,限制君权,扩大国会的权力;更主张无条件地保障基本人权,采用一院制,并把人民抵抗权、革命权列入宪法草案。

民权运动的声浪吓坏了宫廷保守派。1879年8月,明治天皇的儒学侍讲元田永孚等以德育问题为突破口,向文明开化、学西方的改革发起攻击。元田指责一味倾倒于西洋,造成无君无父的"风俗紊乱",鼓吹以"祖宗的训典"为据,重新树立"仁义忠孝"的"道德之学",以"淳化风俗",收拢人心,对抗民权运动。作为政府官僚,伊藤在压制民权运动方面,与元田一致。但作为开明派,伊藤又对元田的复古论调颇不以为意。同年9月,伊藤提出《教育议》,认为"风俗紊乱"虽然与身份制道德观的崩溃和民权运动的冲击有关,但绝非元田所理解的那样肤浅,乃是文明开化过程中难以避免的现象,不应该为纠正一时出现的弊病而丢弃维新变革的大方针。伊藤的反驳,招致保守派的围攻,只得保持沉默。之所以如此,是因为伊藤等开明官僚不可能向站在保守派背后的天皇发难,同时,开明派和保守派还要共同对付民权运动,因此停止了内部论争。为同民权派争夺民心,1879年12月,太政官开始秘密征询参议们的意见,着手制宪调查。伊藤博文、大隈重信、井上馨、黑田清隆等四巨头多次聚合讨论开设国会及制宪等问题。在这一过程中,以伊藤为首的渐进派与大隈为首的急进派产生严重分歧。

1880年12月,伊藤提出建议,主张先扩充强化元老院等官僚机构,再召开国会,确保制定天皇总揽统治权的钦定宪法。1881年3月,大隈也提出建议,虽然也同意钦定宪法,但力主说明主权所在并保障人民的权利,反对天皇总揽大权;要求尽快采用英国式政党内阁体制,由取得国会多数席位的政党组阁;并开列了时间表,1882年选举议员,1883年召开国会。大隈的建议与伊藤的政见形成对立。6月下旬,伊藤得知大隈将建议书送给了左大臣有栖川宫亲王,还特意嘱咐"不要给其他参议、大臣们看",有栖川宫亲王将大隈建议书拿给三条、岩仓看,却对伊藤等封锁消息的情况后,不禁怒火中烧。后来,伊藤总算通过三条看到了大隈的建议书。阅后,立即面陈三条并致信岩仓,指责大隈的建议"荒唐""过激",断然不能接受。岩仓支持伊藤,准备同大隈摊牌。

恰值此时,北海道国有财产处理事件骤发,将争斗公开化。1881年7月,萨摩藩出身的北海道开拓长官黑田清隆以权谋私,计划将政府经营了十年、资产总值达1400万元的北海道国有财产,以38万元的低廉价格,不计利息、分30年还清的优惠条件,出售给同乡、政商五代友厚和长州的中野梧一合办的关西贸易商会。大隈与土佐藩出身的"海运王"三菱岩崎家族关系密切,对萨长藩阀与政商合伙自肥强烈不满,暗中将这一消息捅给报社。7月26日,民权派报纸《东京横滨每日新闻》以《关西贸易商会之近况》为题,发表社论予以曝光。舆论顿时大哗,猛烈指责政府。三菱家族为垄断北海道海运权,打击关西贸易商会,向《东京横滨每日新闻》捐助15000元,鼓励报纸揭露黑幕,搅垮黑田的计划。同时,还出钱给庆应义塾的学生到北海道四处活动,反对出售国有财产。福泽谕吉系的报刊《邮便报知新闻》也加入讨伐官商勾结、压制自由竞争的列行,风波越搞越大。

9月28日,佐佐木高行、谷干城等宫廷派、元老院派提出罢黜大隈,停止出售北海道国有财产以平息事态的主张。10月9日,伊藤找岩仓密谋政变并商定召开国会的日期。同日,三条召集在京参议在岩仓家聚会,确定了行动计划。10月11日,巡视北海道和东北地区的天皇车驾抵达千住火车站。三条、岩仓、伊藤、佐佐木等前去接驾,向明治天皇汇报平息事态的举措。天皇平素即对大隈无甚好感,斥其为"韩信、彭越之辈",因此很痛快地接受了岩仓等人的建议。君臣做出决定:罢免大隈,停止出售北海道国有财产,公布召开国会的诏书,修改太政官及元老院议事章程。12日,《召开国会敕谕》和内定的其他几项决定同时发表,此即"明治十四年政变"。敕谕强调"以明治23年为期,集合议员,召开国会","倘仍有故求躁进、煽动事端、妨碍国家治安者,将处之以国法"。天皇诏书的发布,表明伊藤的渐进立宪路线得到最高当局的认可。罢免大隈,更是为伊藤排除了强有力的竞争对手,使之取得类似当年大久保赶走西乡一样的胜利。

13 日,大隈派的官员矢野文雄、犬养毅、尾崎行雄等联名上书,反对罢免大隈。被拒绝后,集体辞职。一周后,农商务卿河野敏镰也提出辞呈,大隈派全部脱离政府。岩仓和伊藤乘机实行政府人事大调整,将专职参议由八名缩减为三名,由伊藤、山县、黑田充任;九名省卿,除工部、文部、司法卿分别由土佐的佐佐木高行、福冈孝第,肥前的大木乔任担当外,其余六省卿均由萨长出身者担任,即长州的井上馨、山田显义分别任外务、内务卿,萨摩的松方正义、大山岩、川村纯义、西乡从道分别任大藏、陆军、海军、农商务卿。在十二名政府要员中,萨长藩阀占九人,牢牢控制了政府的实权。身为首席参议的伊藤,既有天皇青睐垂顾,又得到三条、岩仓的支持,成为明治十四年政变的大赢家。凭借政治优势,伊藤贯彻其立宪渐进论,开始循序组建君主立宪的近代天皇制。

1882 年 2 月,明治天皇和太政大臣三条决定免去伊藤参议兼参事院议长之职,派其赴欧洲考察各国宪法。3 月 3 日伊藤拜见天皇,领取敕语及调查要点。要点包括①欧洲立宪君主国宪法的渊源、沿革及实施现状、成败得失;②关于皇室的各种特权;③皇室及皇族财产;④内阁组织及立法、行政、司法、外交各部门职权;⑤内阁责任法;⑥内阁大臣与上下两院的关系;⑦上院及下院;⑧贵族的制度特权;⑨上院及下院的权限及两院之间的关系;⑩皇室的特权地位等 19 项内容。临行前,岩仓又向伊藤面授机宜:制宪不能违背宪法钦定、天皇大权不得旁落两大方针。

3 月 14 日,伊藤率伊东巳代治、西园寺公望等赴欧,重点考察德国、奥地利等国的政情及立宪状况。伊藤之所以选中德奥两国,是因为其国情与日本最接近,都是君权至上的后起之秀。特别是德奥不同于英法,主管立法的国会地位不高,负责行政的政府执掌实权,强调萨长藩阀优越地位的伊藤对此很感兴趣。4 月 20 日,伊藤在驻德公使青木周藏的陪同下,拜访了柏林大学教授、宪法学权威戈奈斯特。此后,商定由戈奈斯特的助手毛茨每周给伊藤讲解三次宪法,由青木担任翻译,伊东作笔录。同年夏天,伊藤一行又前往维也纳大学,听取熟知国家法、行政学的教授斯泰因讲解国家组织法及英、法、德政体的沿革。

伊藤在德奥两国的考察,使他愈加明确日本制宪,必须以德国宪法为蓝本。在写给岩仓的信中,伊藤颇有感慨地说:"目前我国有一股将英、美、法自由论、过激论者的著述误信为金科玉律的势力,任其发展必不利于国家。虽其势力颇强,但必须重申我等的主义。"他解释说:"国家体制有君主立宪政体与共和国两种类型。若论君主立宪政体,则君位、君权高踞立法、行政机关之上,此即我国的元首。元首不受法律的束缚,其地位不可侵犯,应总揽国家统治权,不经君主元首的批准,任何一项法律均不能成立,任何一项命令均不得发布。这种权利为君位、君权所固有,仅属于君主。"在强调君主绝对权力的同时,伊藤也很重视行政机构政府,即内阁的权力,认为"法律由两院即议会讨论通过,政令由政府发布,法律与法令拥有同等效力。所有的法律草案应由政府即内阁起草并提交国会。即使立法机构议会通过了违反政府意愿的法律,若无政府的承诺,君主也不能批准、发布该项法律"。以伊藤的智力而言,国会为唯一的最高立法机构,应为考察欧洲法制自然得出的结论。伊藤之所以竭力强调政府的权力,是因为他已习惯于萨长藩阀组成政府令行禁止,对政党入主众议院的国会心存疑虑。德国皇帝威廉一世的一席话,更坚定了伊藤的信念。

1882年8月下旬,威廉一世在接见伊藤时说:"听说伊藤先生正在进行有关宪法的调查,但我认为,从日本天皇的利益出发,召开国会并不值得庆贺。"伊藤闻听,似有所悟。在当天举行的晚宴招待会上,威廉一世又谈到对国会的看法:"即使迫不得已而召开国会,也不必在宪法中规定政府预算须经国会批准。伊藤先生应设法解决万一议会不批准预算时的周全之策。"威廉一世对国会的观感直接影响了伊藤。其后不久,在写给松方正义的信中,伊藤强调:"即使明治23年(1890)年制定宪法、召开国会,也决不能像自由民权论者所主张的那样以国会议席的多寡来决定内阁的更替和首相的人选。这种所谓议会主义不适用于日本,因为它并非确立君权的纯正政治。"

一年有余的赴欧宪法考察,使伊藤有足够的时间构思日本宪法的框架。至少在回国之前,伊藤已在确立了下述立宪方针:宪法钦定;有关皇室事项不在宪法规定之内;赋予天皇广泛的权力;国务大臣只对天皇负责,不对臣民负责;议会采用两院制;实行纳税人有权参加选举的限制选举;议会若不批准政府提出的预算草案,政府沿用上一个年度的预算额度,等。以上制宪要点,后来被逐一写进宪法之中。其中,除宪法钦定和天皇主权两原则早在赴欧之前业已确定外,其他原则均为伊藤学用德国宪法的重要补充。

就在伊藤踌躇满志于柏林,准备回国完成制宪大业时,在东京翘首期待伊藤早日归来的岩仓已病入膏肓。1883年6月下旬,岩仓恳求御医倍尔茨设法让他多活一些时日,以便能在生前向伊藤面授机宜。岩仓急命伊藤乘坐最早航班的客船回国,并在弥留之际召井上馨至病榻旁,请他传达给伊藤的临终遗言。7月20日,岩仓病故。8月3日,伊藤一行抵达横滨。得知岩仓去世的消息,伊藤免不了一番悲泣。自明治十四年政变前后,岩仓与伊藤结成密切的政治盟友关系。岩仓之死,对伊藤来说意味着失掉强有力的后援,难免在制宪过程中平添诸多麻烦。每念及此,伊藤不禁悲从中来,却也愈加小心周密地规划着每项行动,竭力使制宪立法过程环环相扣,无懈可击。

伊藤很清楚,制宪的关键,是如何保障天皇的大权不致旁落,维护皇室的利益和尊严。也唯有如此,才能得到天皇、皇室和宫廷侧近势力的支持,保证制宪流程畅通。

在伊藤建议下,1884年3月17日太政官下令在宫中设置了起草宪法的专门机构"制度调查局",伊藤出任长官。3月21日,伊藤兼任负责皇室事务的宫内卿。3月22日,有"伊藤怀中之刀"之称的亲信、参事院议官井上毅和候补议官伊东巳代治、太政官权少书记官荒川邦藏、权大书记官金子坚太郎等出任制度调查局的官员"御用挂",并聘请德国法学家罗艾斯特莱尔、毛斯等为顾问,在伊藤的指挥下,分头起草宪法和有关法律。为确保皇权至上和皇室的尊荣,伊藤所采取的步骤是:其一,参照德国在宪体制的运作方式,在宪法之外,另订专管皇位继承、皇族名分和皇室财产的《皇室典范》,使皇室事务超然于宪法、国务和议会之上,责成井上毅起草《宪法》《皇室典范》。其二,为钳制将由政党支配的众议院,设置议员主要由天皇选任而不经民选的贵族院,并赋予其凌驾于众议院之上的特权,责成金子、伊东分别起草《议院法》和《众议院议员选举法》《华族令》。其三,在贵族院中强化护卫皇室的势力集团,使之成为皇权的屏障。1884年7月,伊藤为省卿的宫内省发布《华族令》,将维新以来效忠天皇的公卿、大名、神宫、在朝的维新功臣等,按公、侯、伯、子、男五等爵位,一一授爵,使之成为新华族,其户籍和身份则由宫内省掌管。为了进一步确保天皇大权不受众议院的制约,伊藤于1885年1月提出政府组织改革方案,此举导致内阁制的创立,伊藤也因此出任了第一任首相。

# 总理大臣

明治初年政府体制调整频繁。1868年1月维新政府初建,采用总裁、议定、参与等三职制。1868年1月增设神祇、内国、外国、海陆军、会计等七科称三职七科制。同月,又改为总裁局、神祇、内国、外国、军防等八局制称三职八局制。同年6月改行太政官制,下设议政、行政、神祇等八官。1869年7月再行调整,在神祇、太政官之下,设民部、大藏、兵部、外务省等六省,1870年12月增设工部省,合称二官七省制。1871年7月,太政官制重新调整,太政官之下设内务、外务、大藏、陆军、海军、司法、工部、宫内等八省,称一官八省制。此后,虽然在1881年4月增设农商务省,但官制大体稳定下来。从形式上看,太政官制复古色彩浓厚,太政大臣、左右大臣、大纳言、参议等官职,直接沿用了7世纪大化革新时仿唐制建立的古代太政官制的官职称谓。从实质内容来看,明治初年官制的多次调整,一是为政府机能适应近代化的需要,满足富国强兵、对外开放的要求;二是中下级武士出身的革新派通过每次官制的调整逐步掌握权力,取代年高位尊的公卿、大名们。然而,随着组建欧式立宪政体的日益来临,复古气味颇浓的太政官制已越来越难以适应时局变化和形成新体制的需要,政府体制改革势在必行。多次赴欧美考察的伊藤有感于形势的急迫,加之处心积虑地要建立效忠天皇、抗衡议会的政府,1885年1月提出废止太政官制,改行内阁制的建议,主张选用有能力的人才出任总理大臣。但是,将建议变成现实,足足耗费了近一年的时间。

伊藤首先必须说服乃至压服太政大臣三条实美同意官制改革。1885年1月建议提出不久,2月伊藤被任命为全权大使,赴天津与李鸿章举行关于朝鲜甲申政变善后事宜的谈判。4月18日,双方订立条约,规定中日两国同时从半岛撤军,将来派兵时相互知照等。伊藤取得重大外交成果,满意而归。同年5月,伊藤再次向三条提出官制改革的建议,力说在实施立宪政治时,应由一位总理大臣统领各省专任大臣,执掌政务并制衡议会。长期在萨长藩阀中搞平衡的三条虽口头上赞成改制,但他担心一人担任总理大臣必导致萨长力量对比失衡,引起内争,婉言拒绝。看到伊藤面露失望之色,三条又安抚伊藤说:岩仓公去世后右大臣一职空缺,若伊藤君出任右大臣,足以协调政府内部的要员配置。当右大臣虽然能显达地位、光耀门庭,但这个右大臣是太政官制的三大臣之一,并非内阁制的总理大臣。伊藤明白三条是在用右大臣之职替代内阁制,因而多方拒绝出任右大臣。

天皇赞同三条调整左、右大臣人选以维持太政官制的主张。于是,三条进一步设想让左大臣有栖川宫亲王辞职,由长州的伊藤任之,右大臣则由萨摩的黑田清隆担当。但一心要实施内阁制的伊藤如同前次拒绝任右大臣一样,这次也拒绝出任左大臣。三条试图先让黑田就任右大臣之后,再来说服伊藤。

然而,天皇却表示反对黑田的高就,认为右大臣之职极为重要,出任此职者须有德识、声望并经众人推举,黑田不是合适人选。参议佐佐木高行等也极力阻挠提名黑田，以为右大臣为执政者的师表，必须德才兼备，立宪后尤其如此；但黑田饮酒成癖，北海道国有财产出售事件已使他名声不佳，决不可出任右大臣。经三条劝说，佐佐木改变态度，但被人数落多日、很没面子的黑田本人又以萨摩的先辈西乡、大久保尚无此殊荣，作为晚辈难堪此显位为理由，谢绝出任右大臣。

急得团团转的三条只好把山县有朋、西乡从道、大山岩等参议招到自己家中开会商议，众参议倒是一致赞成伊藤任左大臣、黑田任右大臣，三条总算松了一口气。但是，当井上馨将此消息报告伊藤后，伊藤却毫不松口："什么右大臣、左大臣，全都不值一谈。现在，我只关心实行新的内阁制度。"生性懦弱的三条闻讯后彻底泄了气，只好放弃太政官制，转而为实现内阁制而奔走。坚持官制大调整强硬立场的伊藤如愿以偿。

其次，伊藤出任总理大臣必须获得天皇的认可。

一旦决定实施内阁制，首相人选立即成为尖锐的问题。由谁出任总理大臣为宜，天皇自有一番心思。在明治天皇睦仁看来，总理大臣应当像太政大臣一样，须由血统高贵或门庭显赫的贵族担任。在日本历史上，自671年（天智4年），大友皇子首任太政大臣至1885年（明治18年）三条实美在职，凡1214年间，出任太政大臣者不足百人。其中，出身皇族和藤原氏大贵族者90人。非皇族、贵族出身者，不过道境、平清盛、足利义满、丰臣秀吉、德川家康、德川秀忠、德川家齐等七人。此七人之中，道镜为7世纪奈良朝女带孝谦天皇宠幸的禅师、法王，余者六人均为武家政权的创始人或征夷大将军，位极人臣，显赫一时。因此，天皇认为现任太政大臣三条实美为藤原氏之后，出任总理大臣最为适宜。

1885年12月4日，三条召集参议会议。在讨论了内阁制改革方案之后，进入关于总理大臣人选的实质性讨论。按照会前伊藤、山县、井上的约定和伊藤与黑田等其他参议达成的默契，先由山县带头发言，推荐伊藤出任总理大臣，而后众人附议，一举商定首相人选。但不知何故，在会议讨论的关键时刻，表情冷峻的山县却一声不吭。还是同赴英国留学的老朋友井上馨肯帮忙，率先表态说：今后出任总理大臣的人，应当掌握英语。因为无论是引进国外先进事物还是开展对外交涉，都离不开英语。这时，山县才附合说：若这样说，除伊藤君之外，无人适合出任总理大臣。其他诸参议也纷纷表示赞成，会议决定伊藤出任首任首相。伊藤松了一口气，颇为实现了会前的谋划而暗自高兴。

会后，三条急忙谒见天皇，奏报内阁制度的改革方案，并推举伊藤为总理大臣。然而，天皇对此并未表态认可。只是说总理大臣人选事关重大，容朕再考虑考虑。于是，伊藤找个机会晋见天皇，说如果岩仓出任总理大臣，可以为之辅，若三条出任，则不能当其助手，堵住三条任总理大臣的路。天皇之所以踌躇再三，倒不是因为伊藤欠缺才智能力，而是觉得出身寒门的伊藤家格低微，难以同总理大臣的地位相称。这时，那份在明治初年伊藤托人编造的宣称其为孝灵天皇之后的家谱，自然派上了用场。三条再次拜见天皇，恳请恩准伊藤出任首相。重视血统家门的睦仁原本就赏识伊藤的才能，在制宪、开设国会等事关国家命运的大事上，伊藤又处处表现了皇权至上的耿耿忠心。国家正值用人之际，好歹又有那份家谱可以应付门面，加上三条的一再恳求恩准，12月7日，天皇也感到"伊藤等势已如斯"，终于下达了任命伊藤为总理大臣的敕命。

天皇的认可，使伊藤渡过推行内阁制途中的一大难关。但是，在具体组阁过程中萨摩藩出身的官僚是否给予合作，又成了新的问题。

在天皇任命下达的当天，伊藤前往三条官邸，商讨立即邀请各参议和内阁顾问黑田清隆出席组阁会议。所以要指名请黑田与会，是估计身为内阁顾问的黑田对选定首相心存芥蒂，如果考虑不周密而未将其纳入内阁，萨长藩阀的争斗在所难免。是日，组阁会议召开，诸参议陆续到场，但不见黑田踪影。派人去请黑田赴会，在家喝得醉醺醺的黑田以参议开会与其无关为理由，拒绝出席。伊藤得知此事，满脸涨红，十分恼火却又无可奈何地宣布散会。

12月8日，组阁会议再次在三条官邸举行。井上馨奉命邀请黑田出席会议。黑田一脸傲慢，只顾大杯不停地狂饮清酒，醉眼蒙眬地听井上请其赴会的理由。未及片刻，黑田大耍酒疯，肆意漫骂井上，并抓起手枪来胡乱挥舞。井上愤而离席，组阁会议再次流产。性情温和的三条也对黑田的狂傲无礼十分不满。12月9日，三条写信给黑田，斥责其行为有失检点，令其反省自律。黑田感到事态严重，连忙拜访三条致歉，并通过萨摩的参议松方，以书面方式表态拥护组阁。黑田闹事得不偿失，作为代价，在第一届内阁成员的名单中，抹掉了他的名字。

在送天皇审议的阁僚名单中，十名阁僚、萨长各占其四，土佐和旧幕臣各占其一，萨长据优势且旗鼓相当。伊藤正兴冲冲地等待天皇认可，不意天皇侍讲、六年前与伊藤有过一番德育争论的老儒元田永孚反对前驻美公使森有礼入阁任文部大臣，理由是森入信天主教，不适合入阁当主管教育的文相。明治天皇也对森入教问题感到担心，迟疑难决。伊藤闻讯，亲自进宫拜谒天皇陈情并做出保证说："本人既然已是内阁首相，断然不会使阁僚问题烦恼圣意，一切由首相负全部责任。"在伊藤的恳请下，天皇批准了阁僚人选名单。

12月22日，太政官制正式废止。未入内阁的前太政官官僚皆有新的安排：前太政大臣三条实美转任宫中席位高于首相的内大臣，前左大臣有栖川宫炽仁亲王改任参谋总长，前参议大木乔任为元老院议长，前参议川村纯义、福冈孝弟、佐佐木高行等转任宫中顾问官。同日，新设递信省，撤销工部省、参事院和制度调查局。同日，还宣布了内阁职权范围，主要规定：总理大臣为各省大臣的领班，统管监督各行政部门；但军机事项仅限于接受陆军大臣的报告，据此，军队统帅权独立成文法化。同日，公布了内阁成员名单：首相伊藤兼宫内相，山县任内务相，井上馨任外务相，山田显义任法务相，以上四人长州出身；松方正义任大藏相，大山岩任陆军相，西乡从道任海军相，森有礼任文部相，以上四相为萨摩出身；此外，出身土佐的谷干城任农商务相，旧幕臣出身的榎本武扬任递信相。至此，日本近代史上的第一届内阁正式宣布成立，伊藤也成为首届内阁的首任首相，实现了他访德奥归来后"首任首相，舍我其谁"的政治目标。

第一届伊藤内阁执政至1888年4月30日。在执政的40个月中，首相伊藤所做的几件大事是：

其一，推进官僚机构的近代化、法制化和正规化，提高办事效率。1885年12月23日，在内阁设置法制局，指派井上毅任局长，主管法令的起草和审查。12月26日，又向各省大臣下达处理省厅事务的官纪五条，即"明确职守""量才授官""简化繁文""节省冗费"和"严守纪律"。1886年2月27日，公布各省官制，规定了各省大臣的权限和各省官员编制，各省置次官一人等。1887年7月25日和30日，分别以天皇名义公布《文官考试补则及见习规则》和《官吏服务纪律改正》，参照欧美文官制度,将文官录用的考试分为高等文官和普通文官两种;规定了考试与实习的细则,杜绝私人推荐,任用庸才;重视国立大学学历,尤其是东京帝国大学的法律系、文学系毕业生可以直接采用;强调各级文官效忠天皇与政府,服从命令,保守机密,禁止家属经商、铺张浪费或发生与身份不符的借债等行为。这样,通过法制手段,培养效忠天皇、讲究学历和办事效率高的官吏队伍,并由此树立考上帝国大学,当文官、做大臣的传统,使东京大学成为培养首相的摇篮。

其二,加快制宪步伐。组阁以后,伊藤继续把制定宪法作为头等大事看待,亲自率领制宪班子,草拟相关法律。1886年6月,伊藤向内大臣三条提交了《皇室典范》的草案《帝室典则》。1887年3月,伊藤等开始讨论《皇室典范》《皇族条例》草案。1887年4月罗艾斯特莱尔用德文写成宪法草案。5月井上毅向伊藤提交宪法草案甲案。自1887年6月1日起,先在神奈川县的金泽,后在夏岛的伊藤别墅中,历时两个月,突击拟成名曰"夏岛草案"的宪法初稿。在"夏岛草案"中,写进"日本帝国由万世一系的天皇统治之""天皇乃神圣不可侵犯之帝国元首"等体现天皇主权的条文;取消了井上草案中关于议会向天皇的上奏权、对政府的质问权和法案的立案权、人民请愿的受理权等条文。"夏岛草案"强调皇权至上,议会形同虚设,其保守程度甚至超过了德国宪法,连老成持重的制宪顾问罗艾斯特莱尔也提出了批评。后来,因外有民权运动的压力,内有批评意见,"夏岛草案"中取消的议会权利被恢复,但天皇主权的立宪原则被保留并进一步强化,明文宣布"天皇总揽统治权"。

1888年4月5日,伊藤向三条报告《帝国宪法》与《皇室典范》全部定稿,只待审议。4月30日,伊藤被任命为负责审议宪法的枢密院议长。同日,伊藤辞去首相职,但得到特许,可出席黑田清隆为继任首相的内阁会议。5月8日,枢密院挂牌办公,院内特设制法制定会议。自5月25日至7月13日,天皇亲临会场,逐条审议并钦定了《皇室典范》和《帝国宪法》。1889年1月13日,全部定稿。2月11日("纪元节")那天,在宫中举行颁宪仪式。由伊藤捧送宪法于内大臣三条,三条呈天皇,天皇取过并朗读《颁宪敕语》,再下赐给首相黑田清隆。乐队奏国歌《君之代》,鸣礼炮,天皇退场,仪式结束。与会者直到此时方领到日文或英文版的《帝国宪法》《皇室典范》及议会法等有关法律文件,在形式上体现天皇下赐宪法。在场的达官贵人和外国使节都忘不了这样一个场面:宪法文本的传递,首先是从伊藤开始。

在宪法审议过程中,如何界定君权、民权与议会权限是引起争论的主要问题。伊藤坚持认为"起草宪法的目的在于强化君权,尤其是尊重君权"。反对将弹劾政府或行政审议权交给议会。同时,伊藤又主张"制定宪法的精神,第一是限制君权,第二是保护臣民的权利。因此,如果宪法中只载明臣民的责任而未列入臣民的权利,则没有必要制定宪法"。从伊藤的上述主张中,不难看出,一方面,他基本上把握了君主立宪制的框架。君主立宪制也称有限君主制,即君主权力领受宪法的限制,这就是伊藤所谓制宪的精神"第一是限制君权",即《帝国宪法》第四条所明确的"天皇为国家元首,总揽统治权,并依据宪法条规行使之"。但另一方面,又强调尊重、强化君权。日本帝国宪法以德国宪法为范本,采用的是君权与三权分立原则相混合的二元制。一般说来,所谓二元制即君主通过向其负责的内阁,控制行政权;议会行使立法权,君主则拥有否决权;法院行使司法权,但须受君权制约。由伊藤负责起草的《帝国宪法》,赋予天皇各种权力,较之《德意志帝国宪法》赋予德皇的权力,可谓有过之而无不及。具体说来,天皇在帝国议会协赞下使行立法权(第5条);有权召集帝国议会或解散众议院(第7条);有权在议会休会期间发布代替法律的敕令(第8条);有权决定部门的官制、文武官员的薪俸及官吏的任免(第10条);拥有陆海军的统帅权及军队编制、常备兵额的决定权(第11、12条);有宣战、媾和、缔约权(第13条),戒严宣布权(第14条),爵位、勋章及其他荣誉称号的授予权(第15条),大赦、特赦、减刑及复权的命令权(第16条)。宪法还规定内阁各国务大臣辅弼天皇,以承担其责任(第55条);司法权以天皇的名义并依法律,由法院行使之(第57条)。这些方面,也体现了伊藤立宪的一贯主张:天皇主权。总之,天皇总揽统治权,但须依宪法各条规定而使行之,这样的条文涵盖了君主立宪的基本内容。后世的研究者过分强调天皇的专权或过分突出对皇权的限制,都有值得商榷之处。

其三,镇压民权运动。1874 年兴起的自由民权运动,在政府的挤压与收买并行的两手政策之下,经过十年的曲折斗争历程,至 1884 年基本告一段落。但由于民族矛盾、阶级矛盾、藩阀政府与民权派之间的矛盾并未消除,因此,1886 年 10 月至 1887 年 5 月,民权运动各派别又在"存小异、求大同"的口号下,再显余威,史称"大同团结运动"。1887 年 10 月,民权派领导人片冈健吉向元老院提出减轻地税、言论集会自由、纠正外交失误等《三大事件建议书》,引发新一轮的反政府冲击波。一时间,三十多个府县的民权派竞相仿效,各类建议书雪片般地涌向元老院,"三大事件建议运动"进入高潮。同年 11 月,各地民权派代表四百余人云聚东京,四处上访、演说,对政府施加压力。首相伊藤以宪法即将颁布,必须维持社会治安为理由,准备镇压;同时强调纳税、当兵是人民的两大义务,外交应由政府掌管,拒绝了民权派的要求。12 月 2 日,民权派将起草的上奏文递交宫内省,力驳伊藤并强调维护国家独立则必须修改不平等条约,要求减轻税收以救民于贫困之中。伊藤对民权派的顽强抗争又气又恨。12 月 15 日,2 府 18 县的 90 余名民权派代表再次向元老院提交建议书,重申其要求。伊藤决心镇压,17 日在山县有朋家中,与镇压民权运动起家的警视厅总监三岛通庸等策划了镇压的具体步骤。12 月 26 日,发布《保安条例》,宣布严禁秘密结社,也严禁室外集会;严禁印刷"教唆内乱""妨碍治安"的书籍和宣传品,违者没收印刷机;宣布皇宫以外、方圆 12 公里的地区内,不准妨碍治安者居住或停留。大批警察连夜出动,逮捕民权派的主要代表,并将近 600 名民权派人士全部逐出东京。在伊藤内阁的严厉镇压下,民权运动的余波声威大减。

其四,继续修改不平等条约。从 1886 年至 1887 年,是伊藤组阁后政务极其繁忙的两年。在强化官僚体制,起草宪法及《皇室典范》等相关法律、对付民权派反政府运动和处理国内其他事务的同时,伊藤内阁也关注外交,力图在修改不平等条约方面创造政绩。遵照伊藤的指示,1886 年 5 月外相井上馨在外务省举行修改条约会议,向出席谈判的各国公使,正式提出日方的改约草案。至 1887 年 7 月,共举行了 27 次谈判。井上为数年后取消领事裁判权,不惜以牺牲国家主权为让步条件,如向外国人全面开放内地,参照欧美法律制定日本法律,在日本法院聘用外国法官以及审理旅日外国人案件时,审判席上外国法官多于日本法官,等等。上述让步给欧美国家提供了干涉日本内政的便利,等于拱手让出司法权乃至立法权,取消领事裁判权变成一纸空文。因此,井上的让步条件在明治政府内部引起不安,议论纷纷:政府法律顾问、法国法学家波索那德提出意见书,认为井上方案后患无穷;井上毅指责改约新草案比旧条约更加有损国家法权,必将陷国家于前所未有的危机之中,建议伊藤撤销井上改约草案;农商务相谷干城更是义愤填膺,抨击井上方案取媚外国,危害国家,同年7月向伊藤提交了堪称弹劾政府的意见书。与此同时,为给欧美国家造成日本已文明开化的好印象,伊藤和井上热衷于在1883年落成的洋楼鹿鸣馆或首相官邸中举行交谊舞会和联欢会,邀请驻日公使及其夫人、小姐出席,通宵达旦地狂欢群舞。这种怪诞的上层欧化现象,也激起社会的指责与不满。

面对政府内部的反对意见,伊藤和井上或充耳不闻,或反唇相讥,只顾在谈判桌上得到收回法权的虚名。脾气暴躁的谷干城索性辞职,与伊藤、井上分道扬镳。谷的行动受到舆论的大声喝彩,8月1日国民在靖国神社举行"谷君名誉表彰运动会",谷干城一时成了铁骨铮铮的民族英雄。在此之前,秘密印刷的"谷干城意见书"和"波索那德意见书"不胫而走,流传城乡,民权派纷纷涌到元老院,递交批判井上改约草案的意见书,东京的学生则举行示威抗议活动。在一片抗议声中,伊藤只得改变态度。7月29日,外相井上无可奈何地通告各国驻日公使,改约会谈无限期推迟举行。

修改不平等条约本来是日本民族正当的要求,伊藤指示井上继续修改不平等条约也是首相分内的事。但此次改约谈判劳而无功,甚至在一片指责声中草草收场,是由于伊藤以急于创政绩的一己之私而有所偏失,反映了其作为政治家的短视和藩阀首相的狭隘。伊藤也因此被舆论谑称为"阅兵式上的将军",意思是太平之日威风凛凛,故作好大喜功之态,难局临头则萎靡不振,逃避责任。从伊藤参加倒幕维新运动,到出任一国首相的主要经历来看,虽并非"阅兵式上的将军",而是敢作敢为的政治家,但一旦位极人臣,却难脱声望、权位之累,在某些时候处理某些问题时,或刚愎自用或手足无措。井上改约谈判的前前后后,清楚不过地表明了伊藤好大喜功的另一副面孔。

# 日本俾斯麦

在倒幕斗争中,华盛顿、拿破仑等欧美杰出历史人物在日本颇受志士们的推崇。但一旦掌权,德国的铁血宰相俾斯麦(1815~1898)最让维新官僚们着迷。俾斯麦自1862年出任普鲁士首相后,通过王朝统一战争和对外穷兵黩武创立德意志帝国并于1871年兼任帝国首相的业绩,使大久保、伊藤等心驰神往,竞相仿效。1873年大久保自欧洲归来后,一度以"东洋俾斯麦"自居,建立了以强权著称的大久保体制。然而,1878年大久保被刺,未来得及实现称霸东北亚的野心。伊藤自视为大久保的继承人,不仅接过了内务卿的职位,也接过了大久保的称号,同样以"日本的俾斯麦"自居。1883年8月自德国归来后,伊藤在东京高轮的府邸中招待西乡从道。席间,伊藤只管兴奋不已地大谈赴德考察宪法的感想和旅途见闻,对俾斯麦的政治手腕赞不绝口。一直沉默不语的西乡看看时间已过去了两小时,伊藤还在滔滔不绝地谈论俾斯麦,忍不住劈头来了一句"伊藤君和俾斯麦一模一样的嘛!"话中不无讥讽之意。伊藤顿时住了嘴,虽脸上有些发烧,但心中暗藏几分得意。

至1891年,出任过首任首相的伊藤创下了制订《帝国宪法》和《皇室典范》等法律,整顿官纪、强化官僚机构并对民权运动厉行镇压等一系列政绩;身兼贵族院议长、枢密院议长、皇室经济顾问等数职;天皇对其褒奖有加,1889年在《宪法》颁布当日,授予旭日桐花大绶章。1890年5月,特意发布敕语,称赞伊藤在木户、大久保去世之后,"一人独处枢机十余年","功勋卓著";另外,自1885年以来,德国皇帝、瑞典国王、奥匈帝国皇帝、意大利国王、葡萄牙和暹罗国王等,纷纷锦上添花,将各种勋章授予伊藤,使其成为国际名人,名高震主。1891年3月9日,明治天皇对近臣佐佐木高行抱怨说:"伊藤恃才,独往独来。时至今日,若有堪与伊藤匹敌者与之相互制衡,则最为适宜,惜乎无此人也。在这种情况下,伊藤颇为自得,放言欧洲有俾斯麦,中国有李鸿章,日本有他本人,可谓大言不惭。"话虽如此说,天皇还是支持、重用、信任伊藤,期待他为国建功立业。在同僚面前爱摆老资格的伊藤在天皇面前却很识窍,进退举止,谨守臣道,竭力在天皇的庇护下,率领群僚去实现"日本俾斯麦"的抱负。

1892年8月8日,伊藤受命再次组阁。至1896年8月30日内阁辞职,第二届伊藤内阁执政四年有余。这期间,东北亚的国际格局和日本的国际地位均发生了今非昔比的重大变化。究其原因,在于"日本的俾斯麦"伊藤博文引发的甲午中日战争产生了巨大的震撼力量,牵动了全局,决定了中日两国近半个世纪兴衰隆替的命运。

至1892年8月,中日两国围绕朝鲜半岛问题,已开展多次较量。第一回合发生在1875—1876年。其间,日本政府为转移国内斗争视线和民族压迫,实现雄飞海外的帝国梦,于1875年9月蓄意制造了日舰"云扬号"炮击朝鲜江华岛的挑衅事件。1876年2月将第一个不平等条约《日朝修好条规》(亦名《江华岛条约》)强加给朝鲜。当时清朝与朝鲜之间仍维系着宗藩关系,清朝作为宗主国,有护卫朝鲜国家安全的责任。因此,抹煞中朝宗藩关系,乃日本政府称霸东北亚所必须克服的第一道阻碍。所以,在《日朝修好条规》的第一条中,日方故意写上"朝鲜为自主之邦,保有与日本国平等之权"等字句,向传统的宗藩关系发起挑战。

第二回合在1882~1885年展开。其间,驻朝清军先于1882年平息壬午兵变,提高了宗主国的声威,后于1884年挫败亲日开化派发动的甲申政变,将日军逐出王宫并解救朝鲜国王,稳固了清朝在朝鲜半岛的阵地,强化了宗主权。表面上,日本政府接连受挫,实际上却通过迫使朝鲜订立《济物浦条约》《日朝修好条规续约》(1882)和《汉城条约》(1885)等不平等条约,勒索赔偿,取得公使馆驻兵权、扩大居留地等新的殖民特权。特别是1885年4月伊藤赴华、与李鸿章就甲申政变善后问题的谈判过程中,取得颇多令伊藤惊喜不已的成果。李鸿章在4月10日举行的第四次谈判即将结束时,发表了"一大议论",竟称日本"现无侵占朝鲜之意"进而又说"嗣后若日本有此事,中国必派兵争战;若中国有侵占朝鲜之事,日本亦可派兵争战……目前无事,姑议撤兵可耳"。伊藤闻听,正中下怀,因为他深知李鸿章的"大议论"等于为实现中日两国从朝鲜撤军,将日后的派兵权拱手让于日本,立即随声附和说:"中堂之言,光明正大,与我意见相同,当谨识勿忘。"作为"谨识勿忘"的国际法凭据,双方在4月18日订立的《天津条约》中,规定:"将来朝鲜国若有变乱重大事件,中日两国或一国要派兵,应先互行文知照,乃其事定,仍即撤回,不再留防。"据此,日本取得与清朝在朝鲜的同等地位,数年来李鸿章惨淡维护的清朝宗藩关系,复经其手而尽失其实、彻底地形式化,播下了甲午中日战争的祸种。

119

中日《天津条约》订立后，除1886年8月北洋水师提督丁汝昌率"定远""镇远""威远""修远"等四艘主力舰访日，在长崎发生清军水兵与日本警察流血冲突事件外，两国再无其他重大冲突。1888年由22艘大小舰艇编成北洋水师后，清廷自恃拥有了足够威慑日本的海军力量，不再添置新舰而日益热衷于西太后60大寿庆典的铺张浪费。反观日本，早在1879年就由桂太郎等十余名军官在探察中国之后，制定了对清作战计划。1880年参谋本部刊行《邻邦兵备略》《中国地志》，确定以中国为假想敌，主张加紧扩军备战。1882年8月参谋总长山县有朋制定了紧急扩军方案，提出在十年之内将现有的14个步兵联队扩充为28个联队、14个旅团，并编组骑兵7个大队、野战炮兵21个大队，工兵和辎重兵各7个大队，使常备军兵员达到6万余人。同年11月，天皇下达密诏，要求尽速扩军备战，以防不测事态的发生。海军卿川村纯义提出海军扩军计划，力求在八年内，在现有25艘舰艇的基础上，再新造或购进42艘舰艇，以夺取制海权。1883—1886年，针对7000吨级的中国"定远""镇远"舰，日本从英订购3700吨级的"高千穗"舰、"浪速"舰，从法国订购3600吨级的"亩傍"舰。1888年5月，天皇以敕令方式，颁发《陆军参谋本部条例》和《海军参谋条例》，调整充实军队指挥部门；同月，颁发《师团司令部条例》《旅团司令部条例》，正式废除用之于国内镇压和防卫的镇台制，改行用之于对外作战的师团制。1890年10月，天皇发布《教允敕语》，要求学生克忠克孝，"一旦有缓急"（发生战争），"则义勇奉公"，同年12月，首相山县在其施政演说中，提出捍卫日本的"主权线"、争夺"利益线"的大陆政策，制造战争舆论。1893年2月，天皇向文武百官和国会议员发布"造舰诏书"，表示：为实现造舰计划，扩充海军，皇室将在六年内，以每年30万元的额度，捐助造舰经费；要求全体文武官员也必须在同期内捐献其薪俸的十分之一，资助造舰。同年5月，颁布《海军军令部条例》，新设海军军令部，部长直属天皇，掌管军令事项。同月，公布《战时大本营条例》，准备协调战时最高统帅部——大本营。突出海军建设，制海权志在必得，表明日本君臣颇懂对清开战的关键所在，甲午中日战争以半岛海战开始并以威海卫歼灭北洋舰队而告基本结束也就并非偶然了。

与紧锣密鼓的扩军备战同步，第二届伊藤内阁注重与欧美大国，尤其同当时世界头号强国英国协调并密切关系，竭力为侵略战争创造有利的国际环境，其突破口即订立新的《日英通商航海条约》。

继1887年第一届伊藤内阁外相井上修改不平等条约受挫搁浅之后，1888年11月，黑田清隆内阁的外相大隈重信再次举行改约的秘密谈判。1889年，大隈主张在最高法院"大审院"中聘任外国法官的底牌，被《泰晤士报》曝光，激怒了日本舆论。同年10月，玄洋社成员来岛恒喜用炸弹炸断了大隈半条腿，改约无果而终。1890年2月山县有朋内阁外相青木周藏恢复改约谈判，向英国等各国驻日公使送交备忘录，主张在六年内取消领事裁判权并收回海关税权。7月，英国公使回复，大体上同意日方的改约要求，但强调取消领事裁判权的前提是按国际准则制定日本法律。1891年3月，外相青木就此与英国公使交涉。就在日英改约谈判即将取得突破性进展时，同年5月狂热的反俄巡查津田三藏在滋贺县大津重伤来日访问的俄国皇太子尼古拉。外相青木引咎辞职，改约谈判再度中断。1892年3月，继任的外相榎本武扬与枢密院议长伊藤、驻德公使青木周藏研讨改约问题。4月，成立以伊藤、榎本等为中心的修改条约委员会，伺机行动。同年6月，葡萄牙政府因财政、人事问题撤销驻日总领事馆,召回总领事。日本以领事回国为理由,7月由外相梗本出面,训令驻法公使野村靖,通告葡萄牙政府取消其领事裁判权。日本政府的这一投石探路之举,虽立即引起葡萄牙的抗议,但英国等欧美大国反应平静。英国甚至愈加主动地开展对日交涉,打算抢在其他大国之前与日本订立新条约。

英国之所以持如此态度,与19世纪80年代以来,英俄在东北亚的争夺愈演愈烈密切相关。1885年,英国舰队占领朝鲜的巨文岛。沙皇亚历山大二世下令修筑西伯利亚大铁路,以强化在东北亚的扩张阵地。1891年3月西伯利亚大铁路开工,英国痛感在远东的利益受到严重威胁,要联合日本构筑阻挡俄国的防波堤。早已确定大陆扩张目标的日本,欲背靠世界一号强国英国以减缓俄国的压力。日英双方的战略利益拉近了彼此距离,迅速找到了改约谈判取得突破性进展的共同点。

1893年7月,伊藤召集内阁临时会议,确定改约谈判的基本方针,以允许外国人杂居日本内地,为交换条件,取消领事裁判权并适当提高关税率。据此方针,外相陆奥宗光开始与英、德、美三国的改约谈判。同年11月,为使对英谈判顺利进展,特命驻德公使青木兼任驻英公使,同英国外相举行秘密谈判。

之所以如此,是因为日本国内的对外强硬派正在掀起大规模的反伊藤内阁的运动。其导火索则是1892年11月自法国远航归来的军舰"千岛丸"在爱媛县濑户内海一侧与英国太平洋轮船公司的"拉温那号"相撞,造成舰毁人亡的严重事件。日方认为英国轮船应负主要责任,1893年5月伊藤内阁以天皇的名义,向驻横滨的英国领事提出控告,要求赔偿50万元。太平洋轮船公司则认为责任在日方,一份状纸将天皇告到驻上海的英国高等法院。1893年10月日方败诉,上海英国高等法院宣判濑户内海为"公海",事件责任在日本天皇。消息传来,日本国内舆论沸腾。众议院内外的反政府势力随即组成民族主义团体大日本协会,反对外国人杂居日本内地,追究"千岛丸"败诉的责任,矛头直指伊藤内阁。伊藤借助天皇支持,多次下令议会休会,12月索性取缔大日本协会,解散众议院。伊藤内阁与众议院对外强硬派的矛盾愈加难以调和,伊藤不断施加压力,削弱其力量。但对外强硬派攻势不减,5月31日众议院通过弹劾伊藤内阁的上奏案。在严重的政府危机面前,伊藤和陆奥更加倚重对英改约谈判,电令青木适时做出让步,务求谈判成功。

就在伊藤、陆奥陷入国内政争而狼狈不堪之时,6月1日,驻朝鲜代理公使杉村濬来电报告朝鲜政府请求清朝出兵镇压东学道农民起义,伊藤等顿时松了一口气。日本国内舆论也在一夜之间变调,"出兵朝鲜""对清强硬"的喧嚣铺天盖地。6月2日,伊藤邀请参谋总长有栖川宫炽仁亲王、次长川上操六等出席内阁会议,决定出兵朝鲜。同日,天皇撤销弹劾政府案,伊藤入宫面见天皇汇报,获准出兵朝鲜和解散众议院。伊藤额手称庆:"真乃天助我也。"

朝鲜半岛战云密布,日英改约谈判因而具有了新的意味。日本急需缔结新约,做好开战前的外交准备。英国则期待伊藤将当年4月做出的不同俄法结盟,支持英国在远东地位的保证付诸行动。双方互作让步,1894年7月16日,青木与英国外交大臣基姆巴莱在伦敦签订了新的《日英通商航海条约》。该条约规定:在条约批准五年后,英国取消领事裁判权,日本对英国人全面开放内地;双方对等享有最惠国待遇,英方同意日方适当上调关税率。日英新约的订立具有多方面的作用:日本由此摆脱了半殖民地化的民族危机,国家主权基本恢复;日英关系大致对等,并为后来的日英同盟奠定了基础,等等。其中,最为现实的作用,是日本取得英国的支持,打开了放手侵略邻国的方便之门。无怪乎英国外相在庆贺新条约签订的祝酒词中,公开表示:"英日新约的签订胜似日本击败清朝的大军。"俨然是在预祝日本战胜中国了。

就在日英伦敦改约谈判加紧进行的同时,伊藤内阁也在不断恶化半岛局势,制造侵略战争的借口。从1894年6月上旬至7月下旬,中日两国在朝鲜半岛形成军事对峙。但对峙并不等于开战。若日本政府果真如其所言,为保护公使馆、领事馆和侨民的安全而出兵,则已无理由赖着不走。6月10日,农民军已同本国封建政府缔结了"全州和议",双方休战,事态趋于平缓。6月14日朝鲜政府要求日清两国同时撤军。在此前后,消极避战的李鸿章已训令驻朝大员袁世凯对日交涉撤军,又委托俄国居中斡旋,避免日清开战的机会俯拾即是。

然而,伊藤内阁决心点燃战火。在出兵理由失效之后,又提出日清两国主导朝鲜内政改革的新理由,拒不撤军,并不断调兵遣将,蓄意挑动战争,拒绝和平。6月14日早就在驻日朝鲜公使向外相陆奥提出日本撤军要求的当天,伊藤召开临时内阁紧急会议,提出了由其本人拟定的朝鲜内政改革方案。内称:日本政府希望与清政府合力镇压"乱民",一俟平定"乱民",则应改革朝鲜政治,为此由日清两国组成常设委员会,共同负责。与会阁僚赞同伊藤的方案,而外相陆奥补充的两点意见,也得到伊藤的完全同意。陆奥主张:无论清政府如何表态,"日前派往韩国的我国军队决不撤回";若清政府不同意日方的提案,"帝国政府则以自身的力量,使朝鲜政府推行上述改革"。

6月15日,伊藤入宫拜见天皇,汇报内阁的决议。天皇以为一旦开战,胜算未卜,未便当即批准。当天,伊藤授意陆奥面陈天皇,接着,本人也入宫面君,与陆奥一起向天皇说明目前形势和开战的胜算把握,强调"时至今日,除此之外别无他途"。于是,天皇批准了内阁的决议。

6月17日,陆奥向中国驻日公使汪凤藻正式提出日清共同主导朝鲜内阁改革的外交公文,同时电告驻华公使小村寿太郎向清政府递交日方提议。21日,清政府正式回复,主张朝鲜内政改革应由朝鲜自行展开,中日两国不宜干涉,并坚持朝鲜内乱既平,中日两国应各自撤回其军队。6月27日,陆奥致信伊藤,建议不惜以任何名义,挑起与清军的冲突。伊藤对此表示赞同。28日命陆奥电令驻朝公使大鸟圭介采取行动,逼迫朝鲜国王实行改革,以激化日清矛盾。朝鲜政府呼吁欧美国家给以支持,促成日清两国撤军。俄国驻日公使希特罗渥奉命照会陆奥:若日军不与清军同时从朝鲜撤军,则一切严重后果应由日本自负。陆奥接此照会,急忙送呈伊藤,伊藤阅后大叫:"时至今日,我等岂可服从俄国的意图!"指示陆奥于7月2日回拒了俄国的要求。同日,伊藤还告诉陆奥与英国驻日公使奥康纳秘密联系,务求英国给予理解与支持。7月19日,伊藤又命陆奥电告驻朝公使大鸟,立即要求朝鲜政府废除朝清之间所有条约,尽快驱逐驻朝清军;若朝鲜政府未接受日方要求,则立即自行采取必要行动。7月23日,大鸟派兵攻占朝鲜王宫。24日组成亲日政府。25日日军进攻驻扎在牙山的清军,海军第一游击舰队攻击清军运兵船,甲午中日战争爆发。

从以上过程不难看出,在日本陆海军出动之前,曾多次出现避免爆发战争的机会。但是,伊藤自恃有英国支持,按照既定的方针挑动战争,多次拒绝了送上门来的和平,亲手点燃了甲午中日战争的战火。

战争期间，伊藤促请天皇对中国宣战；出席广岛大本营的军事会议，直接参与作战部署的谋划；多次协同阁僚，筹集军费；配合军事行动，发起外交攻势；委派井上馨转任驻朝公使，操纵朝鲜内政改革，扩大殖民权益，以俾斯麦式的效率和姿态，四处奔忙，以至一度累病卧床。

在肆意宰割中国领土主权、勒索巨额赔款方面，"日本的俾斯麦"也丝毫不比他所崇拜的"大先生"逊色。当然，伊藤之所作所为并非孤立的个人行为，而是随着战场上的胜利，日本国内帝国主义扩张狂热化的反映。

战争爆发后，日军处处得手。1894 年 9 月 1 日以大将山县有朋为司令的第一军出动，9 月 6 日攻占平壤，10 月 24 日渡过鸭绿江，攻入中国，连下九连城、安东、长甸等地。10 月 3 日，以大将大山岩为司令官的第二军出动，10 月 24 日在辽东半岛花园口登陆，11 月 6 日占领金州。11 月 21 日攻占旅顺，制造了震惊世界舆论的屠城事件。12 月 13 日，第一军占领海城，整个辽东半岛即将沦陷。日军攻城略地的捷报，刺激了日本国内扩张舆论：陆军扬言占领战略要地辽东半岛，海军主张领有台湾以利南进，改进党鼓吹夺取山东、江苏、福建、广东四省，自由党则要求割尽吉林、盛京、黑龙江等东三省之地和台湾。在一片民族沙文主义的喧嚣声中，伊藤和陆奥拟定了控制朝鲜、宰割中国的具体方案。

1894 年 12 月 13 日，就在日军攻战海城的当天，清政府通过美国公使，提出停战谈判的要求。1895 年 1 月 27 日，在清政府谈判全权委员张荫桓等即将抵达广岛的前四天，天皇在大本营召御前会议。外相陆奥提出媾和三条件，即迫使清政府承认朝鲜独立、割让辽东半岛和台湾并赔偿军费、与日本签订不平等条约等。伊藤则从战略高度，强调此战为"我朝开辟以来的空前大事件"，事关"我国将来隆替"，"宜慎重熟筹，鉴时察机，以求适妥之计"；认为陆奥所提三条件是订立日清媾和条约的核心内容；预言张荫桓等来日谈判"十之八九难定妥当的了局"，第三国可能会乘机干涉；要求文武官僚齐心合力，严守谈判底牌秘密，贯彻帝国政府的对清要求。天皇批准以陆奥的条件为谈判基础，任命伊藤、陆奥为全权办理大臣，将宰割中国的操刀权授予伊藤。

操刀在手的伊藤根本不把被其视为"二流大员"的张荫桓等放在眼里，2 月 1 日与张荫桓等敷衍一番后，第二天以其全权委任状"不完备"为理由，拒绝谈判。张荫桓一行只得经长崎回国，无功而返。

2 月 19 日，清廷任命北洋大臣、直隶总督李鸿章为钦差头等全权大臣赴日谈判。3 月 19 日，李鸿章一行抵达马关，20 日双方在春帆楼举行第一次谈判。此时，北洋舰队已在 2 月 17 日覆灭于威海卫军港，湘军则在 3 月 5 日、6 日接连丢掉牛庄、营口，日军兵锋直指山海关、京津，混成旅团即将在澎湖列岛登陆。李鸿章处于极其软弱的谈判地位，唯有称颂明治维新后日本的进步，赞扬伊藤治国有方，徒谈日清携手、共同抵御西洋侵凌等不着边际的空论，指望打动伊藤，以尽快实现停战并降低停战的要价。但这番议论，对伊藤来说，无疑是对牛弹琴。

3 月 21 日，第二次谈判一开始，伊藤就提出停战的四个条件：其一，日军占领大沽、天津、山海关及其城池堡垒；其二，上述各处清军向日军缴械；其三，天津至山海关间的铁路由日本军务官管理；其四，清政府承担停战期间日军的全部费用。对此条件，李鸿章大呼"苛酷"，请求给时间再考虑其他解决办法。伊藤无动于衷，不容协商地说：根据目前战况，我方毫无停战的必要，只不过是在考虑你方的要求。

除此四条件，绝无另立其他方案的余地！后又经李鸿章反复哀求，伊藤只答应给三天时间考虑，便宣布谈判结束。

3月24日，双方举行第三次谈判。李鸿章遵照清廷旨意，不谈停战问题，转而提出议和的备忘录，索求日方的议和条款。伊藤答应将于次日答复。谈判结束后，伊藤立即函告陆奥，指示其利用日军南北夹击的军事压力，准备议和条款，边打边谈，迫使李鸿章就范。然而，多年来日本政府以中国为假想敌的仇华宣传和开战后沙文主义狂热的极度升温，终于酿成令伊藤一时狼狈不堪的突发事件。

就在第三次谈判结束，李鸿章乘轿返回驻地引接寺的途中，突遭无业游民小山丰太郎的近距离枪击。子弹击中李鸿章左颊，血流不止，随即昏厥过去。伊藤闻讯，大惊失色，急忙从住所梅之坊赶来探望。天皇得知此凶变，派军医总监石黑忠直、医学博士伊藤前来治疗，并于次日下诏训戒百僚臣庶，不得恣意妄动而有损国家名誉。皇后则让两名护士带来亲手制作的绷带，护理重伤卧床的李鸿章。日本朝野手忙脚乱，一是由于公然向议和使臣行凶事件引起国际舆论的指责，日本声望大跌；二是由于李鸿章年事已高，一旦身亡则失掉了宰割中国的最佳谈判对手。作为一国首相的伊藤更是焦灼不安，生怕暴徒的枪弹使其如意算盘落空。为平息事态，伊藤当即决定满足李鸿章最初提出的要求，实施停战。3月26日，亲自赶往广岛，协调阁僚的意见，并举行紧急会议，决定在奉大、直隶、山东三省停战21天。经天皇认可后，29日伊藤赶回马关，30日，伊藤与身卧病榻的李鸿章达成停战协议。小山行凶的风波告一段落，伊藤又恢复了常态，按照既定方针，继续在谈判桌上实施其宰割中国的计划。

4月1日，按照伊藤的指示，陆奥会晤清方谈判参议官僚李经方，要求重开议和谈判。同日，派外务省书记官井上胜之助等，将日方的议和条约草案送交李鸿章，要求必须在四天内答复。其草案的要点为：清政府承认朝鲜独立；将奉天以南的辽东半岛、台湾及澎湖列岛割让给日本；对日赔偿军费库平银3亿两，五年内付清；开放北京、沙市、湘潭、重庆等17处口岸和长江、湘江等内河，在贸易、开办工厂和货币使用等方面，给日本国民各种特权，等等。李鸿章对日方如此狮子大开口的割地赔款要求大出意外、颇感棘手，不敢擅作主张。一方面再用"以夷制夷"的老战术，将日方条款转告英俄法三国公使，寄希望于欧美列强的介入；另方面急电清廷，请示对应之策。清朝君臣意见分歧，莫衷一是。

另外一件使李鸿章未曾想到的事情，是陆奥从电报局取来中方的电稿并加以破译，对李鸿章的底牌摸得一清二楚，并立即密报伊藤。4月5日，李鸿章如期照会伊藤，就日方条约草案所提之朝鲜独立、割地、赔款、通商权利等四项条款做出答复。除对朝鲜独立无异议外，对其他三项均提出理由充足的反驳。其中，尤其以割地之无理有害的驳述最有长远眼光。照会说：若割地一条"勒令中国照办，不但不能杜绝争端，且必令日后两国争端纷纷而起，两国子孙永成仇敌，传之无穷矣。我辈既为两国全权大臣，不能不为彼此臣民深谋远虑，自应立一永远和好互相援助之约，以保东方大局。中日系紧邻之国，史册文字，艺事商务，一一相同，何必结此仇衅？国家所有之地，皆列代相传数千年数百年无价之基业，一旦令其割弃，其臣民势必饮恨含冤，日思报复"。照会还提醒伊藤说："日本与中国开战之时，令其公使布告各国曰：我与中国打仗，所争者朝鲜自主而已，非贪中国之土地也。日本如果不负初心，自可与中国将此约稿第二款并以下所指各款，酌量更改，成为一永远和好彼此援助之约，屹然为亚洲东方筑一长城，不受欧洲各国之狎侮。日本如不此之图,徒恃其一时兵力,任情需索,则中国臣民势必尝胆卧薪,力筹报复,东方两国同室操戈,不相援助,适来外人之攘夺耳。"

从过去和当时的角度看。李鸿章所论囿于传统观念,仍视日本为文字史册相同的亚洲邻国,乃至同受欧美列强欺侮的患难兄弟国,其日本观依旧停留在1871年中日订立《修好条规》阶段,看不到"脱亚入欧"的日本已成侵掠中国的新霸权国,观念与现实产生极大偏差。但是,从未来的角度来看,他关于割地而势必使近邻之国成为仇敌,埋下争端不绝的祸根;中国军民必饮恨含冤,誓雪国耻,故日本虽恃一时兵力任意割取中国领土而终将酿成远东大患等语,则确属真知灼见,并为此后50年的历史所验证。陆奥读过此照会后,也认为其文"笔意精到,仔细周详,将其所欲言者尽情地说了出来,不失为一篇好文章"。但伊藤对李鸿章的照会不屑一顾,主张彻底拒绝,沿着胜于力而屈于理的错误道路,不计长远后果地走下去。

4月7日,伊藤邀李经方来其住所,恃强施压,劈头即质问中方为何不对日方条约草案给予明确答复,并威胁说:距停战期限还有11天,若徒然浪费时间,日方必再动干戈。届时,"我一声令下,将有六七十艘运输船只搭载增派之大军,舳舻相接,陆续开往战地,如此,北京的安危亦有不忍言者。如再进一步言之,谈判一旦破裂,中国全权大臣离开此地,能否再安然出入北京城门,恐亦不能保证。"

在伊藤的压力下,4月9日,李鸿章向日方提出中方关于缔约的修正要点:割让辽南的安东、宽甸两县及凤凰厅、岫岩州和澎湖列岛,赔款1亿两白银,并增设国际仲裁一款,即中日两国发生彼此难以解决的争端,则"两国约明应公请友邦,保荐公正人,代为决断";若仍不能调和,"则由美国总统保荐一人充当公正人,代为决断"。日本步步紧逼,清政府独力难支,故李鸿章试图援用欧美势力,增加对日交涉筹码的分量。

李鸿章亮明底牌,第四次谈判遂于4月10日举行。双方争论的焦点仍集中在割地、赔款两项。伊藤以不断增强的军事压力为后盾,提出日方的条约修订草案,坚持割取辽东、台湾、澎湖列岛,赔偿军费两亿两的贪婪要求,态度强硬,只问李鸿章"允与不允两句话而已"。李鸿章且辩且退,反复要求减缩勒索的数额,伊藤则坚称"不能减"。11日,伊藤致函李鸿章,必须在四日内对日方条约修订草案的条款要求做出答复。4月13日针对李鸿章的讨价还价,伊藤再次致函李鸿章,声称"实已让到极处,无可再让"强调"所宜回复者,唯有允否两字耳"。同日,伊藤又转告李鸿章:停战期限将至,已派三十余艘运兵船赴大连湾,若再拖延,议和只能决裂。伊藤一再施加的压力,通过李鸿章一封封催促旨意的电文,直达北京。光绪皇帝只求尽快达成和议,总理衙门诸臣计无所出。14日,李鸿章终于得到清帝同意订约的旨意,伊藤施压策略奏效。

4月15日,双方举行第五次,也是最后一次达成协议的谈判。已得到订约授权的李鸿章试图利用与伊藤私交甚笃,力图争取日方的最后让步。他一再恳求伊藤减少赔款若干,开价为"五千万不能让,二千万可乎?"伊藤毫不让步。转到割地话题后,李鸿章再次挣扎,说:"赔款既不肯减,地可稍减乎? 到底不能一毛不拔。"伊藤不肯稍吐到嘴的肥肉,答曰:"两件皆不能稍减,屡次言明,此系尽头地步,不能少改。"在谈到交割台湾时,李鸿章以为头绪纷繁,需用两个月时间,说:"贵国何必急急? 台湾已是口之物。"伊藤答:"尚未下咽,饥甚!"寥寥数语,活画出"日本俾斯麦"的贪婪嘴脸。

4月17日,《马关条约》订立。中日关系进入整整半个世纪不共戴天的敌对状态。尤其是台湾的被割取,遗患深远。所有这一切,伊藤都难逃历史罪责。

# 饮弹哈尔滨

1909年10月26日上午9时,身穿大礼服、头戴圆顶礼帽的伊藤博文,在"满铁"总裁中村是公等大批随从的陪同下。乘车抵达哈尔滨火车站。早已迎候在那里的俄国财政大臣科科夫采夫进入伊藤专列,双方互致问候,伊藤首先致辞说:"阁下先前曾为视察东清铁路来到满洲,如果您的旅行路线能延伸到日本,将有益于加强日俄友谊,因为每当日俄之间出现厉害抵触的问题时,您总能以公正、理智的态度加以解决。但因您公务繁忙,我国政府特命本人前往满洲欢迎阁下。"科科夫采夫在致辞中,首先对受到世界名人伊藤的褒奖表示"诚惶诚恐",但话锋一转,强调"本人不过是深得我国皇帝的信任,执行公务而已,若无沙皇圣裁,肯定一事无成。"伊藤改口说:"本人想就各种事情同阁下商谈。不过有言在先:如果本人的意见招致贵国皇帝的不满或对贵国不利的话,请予体谅。""愿闻高论。"科科夫采夫一面回答,一面引导伊藤一行走出专列。

站台上立刻乐声大作,俄国军乐团起劲地吹奏迎宾曲。在科科夫采夫的陪同下,伊藤检阅了俄国卫队,又来到各国驻华领事队列前,握手致意。随后,走向异常兴奋的日本侨民队列。这时,俄国乐队的奏鸣声与日本侨民"万岁!""万岁!"的欢呼声响成一片,震耳欲聋。伊藤的精神为之一振。突然之间,一名壮汉从欢迎的人群中挤上前来,迅速拔出手枪,对准伊藤连发数弹。只见伊藤身体一歪,跌倒下去。车站秩序顿时大乱。"满铁"总裁中村等连忙抢步向前,将伊藤扶进车内。科科夫采夫等俄国官员一脸惊慌地站在伊藤四周,不知如何是好。随访的医师小山善等急忙对垂危中的伊藤进行紧急医疗处理。伊藤创痛难忍,脸色苍白,双眉紧皱。在连饮小山递来的两杯白兰地酒,骂了一句"蠢货"后,停止了呼吸。

因为事出突然、猝不及防,射击者临场沉着,加之是近距离射击,枪内的六发子弹,三弹射入伊藤体内,另外三弹分别击伤日本驻哈尔滨总领事川上俊彦、"满铁"理事田中和秘书官森某,可谓弹无虚发。刺杀伊藤博文的韩国爱国志士名安重根,1879年生于黄海道海州。自青少年时代起,目睹了日本政府侵略韩国的种种行径,义愤填膺,立誓报效国家。1905年曾奔走于中国烟台、威海、胶州和上海等地,寻求图存救亡之道。1906年回国,在平安道南浦创办敦义学校,热心培养救国人才。1907年参加江原道反日义兵运动,又前往俄国滨海州和中国东北地区,与禹德淳等组织300人的抗日独立军,为祖国独立而战。同年3月,安重根与14名同志切断左手无名指明誓:若未斩尽卖国的韩国高官并在三年内刺杀首任韩国统监伊藤博文,宁肯自杀,以谢国家。

安重根提前实现了誓言。在行刺现场,他神色坦然地等待俄国卫队前来逮捕并被引渡给日本警宪。在旅顺监狱关押期间,安重根把法庭当成讲坛,大义凛然地阐述刺杀伊藤绝非个人恐怖行为,而是义兵对敌作战的行动,并列举事实,采取刺杀行动的理由,痛斥日本政府和伊藤侵略韩国的桩桩罪行,使坐在审判席上的日本法官气急败坏、目瞪口呆。1910年3月26日,安重根在旅顺从容就义。

韩国爱国志士们之所以将伊藤视为不共戴天的仇敌,必欲除之而后快,是因为伊藤忠实地执行明治政府侵略、灭亡韩国的既定方针，并在许多场合以"日本俾斯麦"的姿态出现，充当了日本帝国意志执行人的这一令韩国爱国志士切齿痛恨的角色。

自古代起，日本曾多次入侵朝鲜半岛。明治彻年，"征韩论"又在维新官僚中甚嚣尘上。当时，政府核心人物本户孝允、西乡隆盛、大久得利通处于策划、实施"征韩"的前列位置，伊藤不过随声附和而已。进入19世纪80至90年代后，手握重权的伊藤取代了木户、大久保，成为致使韩国半殖民地化乃至殖民地化的元凶。

1895年4月17日，《马关条约》订立，伊藤迫使李鸿章承认朝鲜独立，迈出"独立"名义下独吞朝鲜的决定性步伐。仅过了六天，即4月23日，俄国联合法、德两国发动"三国干涉还辽"，逼迫日本吐出辽东半岛，进而加紧在朝鲜半岛扩充势力，扶植亲俄派，与日本展开激烈争夺。6月4日，伊藤在内阁会议上发表谈话，主张暂时对俄做出不干涉朝鲜内政的低姿态，伺机再作打算。不久，转而亲俄的闵妃集团将亲日派排挤出政府，形势对日本日益不利。是年9月，经伊藤同意，新任驻韩公使、陆军中将三浦梧楼来到汉城。三浦赴任后，联络蛰伏在孔德里别墅的大院君和亲日派，于10月8日发动政变，残杀闵妃，再次组成以金宏集为总理的亲日派政府，史称"乙未事变"。三浦的暴行激起国际社会的一片指责，伊藤内阁被迫召回三浦等48名事变的参与者回国，另派政务局长小村寿太郎为驻韩公使。1896年1月广岛地方法院以证据不足为理由，宣判三浦等无罪。

1896年2月11日拂晓，国王高宗在俄国士兵的保护下，携世子进入俄国驻韩公使馆，史称"俄馆播迁"。播迁期间，高宗发布诏令罢免金宏集以下亲日派高官，宣布重刑处罚"乙未事变"的主谋。俄国在朝鲜半岛的影响力猛增，日本的势力相形见绌。伊藤内阁对此无可奈何，日本国内反政府的声浪却日益高涨。在这种情况下，伊藤采用以守为攻方针，竭力稳定日本在朝鲜半岛的殖民阵脚。同年5月，指示公使小村与俄驻韩公使韦贝订立备忘录，约定：日方承认国王播迁俄国公使馆后的行动均属正当，一俟条件成熟，双方劝告国王尽快还宫；俄方同意200名日本宪兵留驻半岛，保护釜山汉城间的电信线，800名士兵驻守汉城和各开港地，保护日本侨民，若将来局势恢复平静，全部撤离；日方同意俄方驻扎数量与日军相同的军队，保护公使馆及领事馆并视形势缓和而撤离。在无力单独对抗俄国的不利形势下，伊藤宁肯对俄做出必要让步，力保与俄对等的地位。同年5月26日，沙皇尼古拉二世举行加冕典礼。在内阁会议上，伊藤自告奋勇，欲借机亲赴俄国，开展外交活动。无奈阁僚均认为国内事务繁多，总理大臣不宜远行。在御前会议上，伊藤再次毛遂自荐，争当赴俄大使，仍被婉拒。结果，山县有朋被任命为赴俄特命全权大使，令伊藤十分失望。

1898年1月8日，伊藤受命第三次组阁。在10日举行的御前会议上，伊藤强调东北亚局势复杂，除韩国独立问题外，中国面临被列强分割的危机，日本应临危不乱，首先确立可以自我从容决定去就的地位，伺机待发。1900年10月19日，伊藤组成第四届内阁，至1901年5月2日伊藤内阁总辞职，正值八国联军肆虐中国，列强迫使清政府订立《辛丑条约》的动荡时期。其间，伊藤一面应付内阁与帝国议会的争斗，一面关注俄国兵占中国东北地区的严重事态。像其他政府要员一样，伊藤愈加将中国东北地区与朝鲜半岛问题联系起来考虑，苦思良策。

在当时的日本决策集团内部存在两种意见，即日英同盟论与日俄协商论。伊藤一度倾向后者,热衷于日俄瓜分朝鲜半岛和中国东北"韩满互换论",后来则游移于上述两种意见之间。因此,对日英同盟持谨慎态度。1901年4月9日,驻英公使林董请示伊藤,要求准许就日英同盟问题与英国政府开始交涉。伊藤与外相加藤高明协商后,电训林董:事关重大,须经天皇批准。但若有机会,不妨先以公使个人身份开展交涉。17日,林董奉命拜会英国外相兰斯顿,表示远东正值多事之秋,日英两国应步调一致,双方有必要订立某种长期协定。见兰斯顿反应积极,林董随即起草了日英同盟大纲,主要内容是:日英两国维护中国的门户开放及领土完整;英国承认日本在韩国拥有优先于他国的利益,有权自由行动;若同盟双方的一方与他国开战,另一方将保持中立并在第三国援助敌国时投入战争。外相加藤收到林董关于日英同盟大纲的电报后,立即请示伊藤。伊藤指示:商讨如此具体的条文为时尚早,应探寻德国意向如何。不久,伊藤内阁总辞职,未来得及在任内缔结日英同盟。继任的首相桂太郎主张继续日英同盟的外交谈判,同年8月3日曾亲自赴大矶沧浪阁拜见伊藤征询意见,伊藤告诉桂太郎:若英国同意我方要求,则应毫不犹豫地答应英国的条件。但要注意不要发生外交错误。次日,伊藤至叶山别墅回访桂太郎,亲自起草发给林董的电报稿,叮嘱在对英谈判中摸清英国政府的意图。相对于元老山县有朋、西方从道、大山岩、松方正义等均热心日英同盟,支持伊藤日俄协商论的,只有老友井上馨。

在井上的鼓动下,伊藤决心借美国耶鲁大学庆祝成立百周年授予其名誉博士称号之机,前往欧美访问,亲自探明各国虚实,确定最有利于帝国扩张的联盟方式。1901年9月18日,伊藤离开横滨港,10月20日抵达华盛顿,拜会美国总统老罗斯福。23日在耶鲁大学接受法学博士称号。11月4日抵达法国,拜会法国总统卢贝。11月28日抵达圣彼得堡,拜会沙皇尼古拉二世,12月2日、3日,分别与俄国外相拉姆斯道夫、财相维特会谈。4日,伊藤向拉姆斯道夫提出日俄协商备忘录。其中要求:相互保证韩国独立;相互保证不将韩国任何领土用于军事战略目的;不危及韩国海峡的自由交通;俄国承认日本在韩国拥有行动自由、援助韩国并使之尽良好政府义务的专权,包括为镇压韩国内乱及破坏日韩和平关系的动乱,在必要范围内提供军事援助等。在提出上述要求后,伊藤利用俄方答复期间的闲暇,访问德国。由于伊藤的要求无疑是将朝鲜半岛变成日本的囊中之物,自然为俄国所不容。17日俄国驻德大使向伊藤送交了俄方的答复函件,逐条拒绝了伊藤吞占朝鲜半岛的要求。这期间,伊藤得知桂太郎、山县有朋主导下的日英同盟谈判进展顺利,遂彻底打消了日俄协商的念头,23日致函拉姆斯道夫,停止了对俄交涉。次日转道赶赴英国。在伦敦,伊藤受到英国国王爱德华七世和首相索尔兹伯里的欢迎。1902年1月3日和6日,伊藤两次拜访英国外相兰斯顿,介入日英同盟交涉。针对英方多次对其访俄表示疑虑,伊藤明确表态说:日俄皆与韩国为邻,有直接利害关系,日本绝对不能容忍俄国染指韩国,为此不惜动用各种手段,乃至付诸战争。伊藤的表态消除了英方的疑虑,同年1月30日,林董和兰斯顿分别代表两国政府,订立针对俄国的军事攻守同盟《日英同盟协约》。在这过程中,伊藤虽在起初态度游移,但后来在关键时刻发挥了关键性作用。日英同盟对俄国形成压力,日本欲借此不战而屈俄国之兵,攫取朝鲜半岛。1903年8月,日本向俄国提出日俄相互承认在韩国和中国东北的特殊权益的建议,双方开始谈判。俄国态度强硬,至1904年1月谈判破裂。2月8日,日俄战争爆发。

伴随着在中国东北展开的日俄战争,日本不断扩大在韩国的殖民权益。1904年2月23日,驻韩公使林权助与韩国外务部大臣李址镕订立《日韩议定书》,赋予日本在朝鲜半岛军事行动自由的特权,规定韩国政府信任日本政府、接受其改善施政的忠告,为日本恣意干涉韩国内政并独霸半岛提供了极大的便利。3月17日,伊藤作为天皇慰问韩国皇帝高宗李熙的特使,来到汉城。伊藤两次拜会李熙,侈谈和平与文明进步,要求韩国奉行与日本相同的主义,实行改良以求国家生存,与日本共存亡,共同维护东亚和平,对抗俄国。在标榜"和平"与"文明"的同时,加强对韩国的影响与控制。

1905年9月5日,日俄订立《朴次茅斯和约》,规定:俄国将中国旅顺、大连的租借权以及长春至旅顺口的铁路转让给日本;割让南库页岛;承认日本在韩国的优先利益,不妨碍其对韩国实行保护与监理。

在1905年10月17日召开的御前会议上,决定派遣全权大使,分别前往中韩两国落实和约赋予日本的殖民权益。但是,日本要在朝鲜半岛"自由行动"并非易事。1904年8月成立的亲日卖国团体"一进会"遭人唾弃,同年9月京畿道始兴郡的农民举行反日暴动,12月平安道太川义兵运动兴起,1905年2月儒生崔益铉上疏极言日本侵略的危险。韩国各阶层正汇集成强大的力量,阻挡日本的殖民扩张。

在这种情况下,伊藤主动表示愿为扩张帝国利益而出使韩国。11月2日,天皇任命伊藤、外相小村寿太郎分别为赴韩国、中国的全权大使,执行御前会议的既定方针。同月10日,伊藤一行抵达汉城。15日,伊藤将置韩国为日本保护国的《日韩协约》提交给高宗李熙,并以"杜绝东亚未来的祸端"为理由,公然要求韩国将外交权"委托"给日本,韩国政府只保有内政的自治权。李熙不愿沦为被保护国的君主,婉言拒绝。伊藤蛮横地宣称订立《日韩协约》不许拖延,要李熙连夜召见外务大臣,尽速与驻韩公使林权助缔约。

16日,伊藤命林权助将协约文本送交韩国外务大臣朴齐纯,自己则约见其他大臣,分别施以威胁利诱。17日下午,韩国君臣会商协约,虽然林权助到场巧舌如簧,但仍有反对意见。直到夜晚,仍无结果。这时,伊藤带领驻韩日军司令长谷川好道及宪兵闯进会场,气势汹汹地逐个质问各大臣,强迫他们表态。主管财政的度支大臣闵泳绮、参政大臣韩圭卨断然拒绝签订《日韩协约》,外务大臣朴齐纯惟君命是从,其他如法部大臣李夏荣、学部大臣李完用、军部大臣李根泽、内务大臣李址镕、农商工部大臣权重显等,向伊藤表态赞成订约。尤其是李完用带头表态,其献媚邀宠的奴才相,给伊藤留下了印象。

为造成立即签约的事实,伊藤接受了韩国君臣一些无关宏旨要求,亲自动笔在条约草案上加入了"日本政府保证维护韩国皇室的安宁与尊严"、条约执行至"认为韩国已取得富强之实效时"等条文、字句。18日零点20分,在大批日本宪兵的护送下,伊藤心满意足地返回住所。凌晨1点,林权助与朴齐纯在《日韩协约》上签了字。这份在黑夜里订立的条约(亦称《乙巳保护条约》)公然规定:今后韩国的外交由日本外务省监理指挥;日本政府在韩国设置统监作为其代表,驻扎汉城并主管外交事务,有权亲自拜会韩国皇帝;不经日本同意,韩国不得订立国际性质的任何条约,等等,在近代日本外交史上,再次写下日本政府恃强凌弱,恣意践踏邻国主权的黑暗一页。

伊藤以老迈之躯，为扩充日本的殖民权益而不遗余力，赢得日本统治集团的赞赏。11月21日明治天皇拍来电报，称赞伊藤"理解朕之旨意，措施得当，辛劳堪嘉!"22日，据天皇敕令，日本政府公开宣布：不久将在汉城设统监府，在汉城、仁川、釜山、元山、镇南浦、木浦、马山等地设置理事厅，实行统监统治。在美国的带动下，各国纷纷撤销驻韩公使馆，仅暂时保留了作为通商监督机构的领事馆，所有外交事务均转由各国驻日公使馆处理。韩国沦为日本的保护国的残酷现实，使韩国上下悲愤交加。多名爱国朝臣自杀于宫门之外，以命抗争。各地爆发了废除"乙巳保护条约"、严惩李完用等"乙巳五贼臣"的抗议运动。反日的义兵斗争扩展全国。胁迫韩国君臣接受《日韩协约》的伊藤博文，理所当然地被韩国民众视为民族的仇敌，恨之入骨。11月22日，就在日本政府发布公告的当天，当伊藤从水原八达山游猎归来，乘火车途经永登浦车站时，一名韩国爱国壮士瞅准坐在车厢里的伊藤，猛然投出手中的石块。被打碎的车厢玻璃四处飞进，划伤了伊藤。飞石投击事件表达了韩国的民心民意，但沉迷于帝国梦的伊藤依旧执迷不悟。1906年2月1日，统监府挂牌办公。3月2日，伊藤来到汉城，出任首届统监。

根据1905年12月20日日本政府制定的统监府官制，统监直属天皇，作为帝国政府代表，驻扎汉城统监府；统辖外国驻韩领事馆及外国人事务，监督韩国与外国人交往的事务，并依据《日韩协约》，监督日本驻韩官宪及公署的各种政务；统监在认为有必要时，可向驻韩日军司令官下达使用兵力的命令；统监为促使韩国政府履行条约所规定的义务，有权就韩国内政转咨韩国政府，并要求其听命执行，在急需施行的情况下，统监可直接命韩国地方官员执行，事后通报韩国政府即可；统监有权监督韩国政府聘用的官员；统监可发布附有监禁一年以内或罚款200元以内罚则的统监命令；统监统督所属官员计有总务长官、外务总长、农商务总长、警务总长、秘书等。除驻军司令外，其他各类官员配置齐全，首任统监伊藤大权在握，俨然殖民地总督。

伊藤上任伊始，即以韩国关税为担保，从日本兴业银行贷款1000万日元给韩国政府，用作改善设施的"起业资金"。由伊藤策划并指导韩国政府实施的事业包括：兴办各类学校，但必须配备日本教师，推行亲日的奴化教育；命警务顾问丸山重俊负责强化警察机构，在全国新设26个警察分遣所和122个分派所，分别配置日本警察；在汉城、平壤、大邱、全州、晋州、光州等地增设农工银行，为日本金融资本向韩国扩张提供便利；新设治道局，改善各城市港口之间的交通条件，敷设殖民镇压与掠夺的网络，等等。1906年7月，伊藤借口出入王宫的巫师愚昧、儒生清谈误国，向高宗提出"宫禁整肃"的要求，随后即实行持通行证入宫的制度，将李熙封锁于宫中，严密控制。同月，伊藤指导制定《日本居留民团法的施行规则》，在汉城、仁川、釜山、平壤等大城市设置日侨民团，在其他地方设立日本人会或居留民会，使之成为殖民统治的重要补充工具。同年11月，推行地方行政改革，将韩国划分为13道11府333郡，各道府郡行政机关均派日本官吏进驻，赋予监督乃至主导地方行政的权力。伊藤在赴任后半年多的奔忙中，迅速编制成密不透风的殖民统治网。

目睹三千里江山沦丧的韩国爱国力量坚持各种形式的抗日斗争。1906年忠清、江原、全罗、庆尚各道四十余郡的义兵，四处袭击日本官吏警宪，武力抵抗进入活跃时期；宪政研究会、大韩自强会、西友学社等爱国文化运动团体则口诛笔伐，揭露日本统监府的祸心。即使软弱的高宗李熙，也不甘心充当伊藤支配下的傀儡皇帝,希望列强主持公道,恢复独立国家的地位。1907年1月16日,侨居汉城的英国人托马斯·贝塞尔主办的《大韩每日申报》刊登了李熙致俄、德、美、法等四国元首的信件,陈诉强邻日本侵夺韩国外交权,致使韩国君臣怵愤忧郁,呼吁四大国发扬道义,设法维护韩国的独立。韩国顿时民心沸腾,迅速成立了国债报偿会,号召人人捐款,还清伊藤贷来的国债,摆脱日本的羁绊。一时间,韩国国内反日舆论炽烈,搞得统监府狼狈不堪。面对韩国人心激昂的局面,伊藤采用"枪打出头鸟""以韩制韩"的手段,3月20日会见李熙,命高宗本人出面,发表声明否认报载信件的真实性。5月22日,伊藤借参政大臣朴齐纯辞职的机会,当天就指令亲日派首领李完用组阁,还亲自推荐赵重应、宋秉峻、任善准、李秉武等一帮亲日卖国分子充当法部、农商工部、内部、军部、学部、度支部大臣,拼凑了一个俯首帖耳的清一色韩奸亲日政府,卖国魁首李完用当上了总理大臣。30日,伊藤将李完用以下各大臣招至统监府,亲自训话。伊藤指责韩国人士要求独立是"轻举妄动",必导致亡国;韩国欲生存下去,必须诚实地"对日友好","存亡与共";要求李完用等努力开发韩国的富源,选用对社会有益的人才,即多网罗亲日派,继续按照日本的需要,加快施政改革。在认贼作父的李完用内阁的运作下,韩国国运日益凋零,高宗更加被架空。

1907年4月,当高宗得知国际和平会议将在6月于荷兰海牙举行时,与皇侄赵南升、美籍教师哈尔伯特密议派代表出席会议,以争取国际援助,取消日本对韩国的保护权,恢复国家独立。4月下旬,前议政府参赞李相卨、平理院检事李俊等作为韩国密使,携带高宗授予的全权委任状和致沙皇尼古拉二世的亲笔信,经俄国,并会同前驻俄公使馆参事官李玮锺前往荷兰。三位韩国代表遍访海牙和平会议的俄国主席涅夫柳道夫和英、法、美等国的全权委员,诉说《日韩协约》是日本强加于韩国的条约,韩皇期待各国声援以恢复主权,并出示全权委任状,要求出席会议。但列强以丧失外交权的韩国已非独立国家,委任状需要核实为借口,将三位韩国代表拒之于会场之外。不久,和会向高宗核实委任状的电报落入伊藤之手。伊藤命李完用电告海牙和会,谎称委任状系伪造。三位韩国代表的处境更加艰难险恶。极度悲愤的李俊怒火难平,自杀殉国,其他两位代表则流落异国他乡。

伊藤把海牙密使事件视为逼迫高宗退位,一举剥夺韩国兵权、税权和法权的良机。7月3日,他带领一群海军军官闯进王宫,声色俱厉地威胁李熙说:"如其否认日本的保护权,还不如干脆向日本宣战!"同一天,伊藤又命李完用奏告高宗:无视保护条约就是阴谋背叛宗主国,日本有理由向韩国宣战。接着,伊藤又电告日本首相西园寺公望,表示将迫使高宗退位并订立进一步攫取韩国主权的新条约,并请转奏天皇。7月13日,天皇表态支持,赐1000元为伊藤的酒肴费,以资慰劳。7月15日,西园寺电告伊藤,元老会议同意伊藤相机行事。

较之日本政要,伊藤一手选定的韩奸李完用一伙行动更快。7月6日,李完用内阁全体阁僚秉承伊藤旨意,来到庆运宫,公开指责高宗派密使赴海牙,农商工部大臣宋秉峻竟然要求李熙亲至东京谢罪或在大汉门前向驻韩日军司令长谷川负荆请罪。内奸比外寇更凶恶可耻,古来如此。高宗盛怒,拂袖而去。7月16日,李完用内阁决议高宗让位。当天晚上,李完用一伙演出了逼宫的丑剧。1日,伊藤见高宗,声称让位乃韩国宗室内事,外臣不便多说,鼓励韩奸们放手去干。18日,李完用等再次逼宫。在伊藤及李完用内阁的夹击下,19日李熙无可奈何地让位于皇太子李坧。

逼宫既然得手,7月24日伊藤向李完用内阁提出扩充统监权限的新约草案,当即订立了新的《日韩协约》(亦称"丁未七条约")。通过这个条约,李完用将施政改善指导权、立法权、高级官吏任免权、聘用外国顾问权和日本人出任韩国官吏的推荐权等统统拱手奉献给统监伊藤,至此,韩国已名存实亡。但伊藤意犹未尽,7月31日诱使李坧下诏解散韩国军队,铲除任何敢于向日本殖民统治挑战的武装力量;8月7日,任命一大批日本官吏充当各部次官,推行彻底剥夺韩国政府行政权力的"次官政治"。至此,日韩合并、灭亡韩国已是水到渠成。8月20日,天皇对伊藤担任统监的"业绩"大加褒奖,称赞他"体知朕意,拮据尽萃,效果维举。现又订立新协约,足见卿之忠诚,朕深嘉其功"。9月21日,特晋升伊藤为公爵。

伊藤蚕食韩国主权体现了日本帝国主义的贪婪和侵略本性,刺激了日本国内的沙文主义狂热不断升温。至1909年年初,伊藤豢养的韩奸团体"一进会"与日本军国主义的别动队黑龙会遥相呼应,发起所谓日韩的"合邦"运动。同年3月,日本外务省起草了《合并韩国方案》。4月10日,首相桂太郎与外相小村寿太郎前往枢密院议长官邸,拜访回国休假的统监伊藤。伊藤完全赞成合并计划,并叮嘱切勿引起重大外交问题。4月20日,伊藤在东洋协会主办的会议上公开表态,强调:"日至今日,日韩两国应由共存并立而转入携手前进,进而合为一家,如此,则死亦瞑目"。作为推动日本独吞韩国的具体行动,同年6月14日,伊藤辞去韩国统监一职,回国转任枢密院议长。7月6日,内阁确定日韩合并方针。日韩一旦合并,俄国就成了与日本领土接壤的邻国,中国东北将成为日俄展开新一轮较量的重要地区。伊藤再次将眼光转向他生平从未到过的中国东北,决定前去实地考察,与俄国财政大臣会见,协调两国在中国东北的利益。10月16日,伊藤搭乘"铁岭丸"驰离门司港,远航大连。在大连、旅顺停留期间,伊藤多次在欢迎会上发表讲演,谈及中国东北之行的目的。伊藤说:"远东的和平与我日本帝国有着直接的重大关系。因此,日本在维护和平方面负有重大责任。而满洲与远东和平的关系最为密切。"宣称"日本的方针是门户开放与工商业机会均等","有一日之长者负有诱导启发落后国国民的义务",日本应直接或间接地援助中国的改革,"为整个远东的和平做贡献"。伊藤将他所说的和平称为"武装的和平",即"一面主张和平,一面大力扩充军备,以求国运的发达"。扩充军备必然会加重国民的负担,伊藤对在场的日本侨民们说:"为了将来不至丧失国威,多么沉重的军费开支,国民也有义务将其承担起来。"无论在何种"和平"的名义下,"日本的

朝鲜义士安重根刺杀伊藤博文时候的火车站

俾斯麦"所关注的还是扩充军备,扩大帝国的权益。

10月21日,伊藤乘火车离开旅顺北上,经奉天、长春到达哈尔滨。在那里,伊

藤找到了其终焉之地。伊藤被刺,轰动了世界舆论。日本政府以此为借口,加快吞并韩国的步伐。1910年8月22日,日本将《日韩合并条约》强加给韩国,实现了伊藤吞并韩国的遗愿。在有生之年,为将韩国纳入日本版图而费尽心机,死后仍能为日本吞并韩国发挥作用,这就是将身心全部奉献给大日本帝国的伊藤博文。

纵观伊藤博文的一生,一个贫苦农民的儿子跨出等级身份制的藩篱,在二三十年间,由幕末的一介寒士跃升为明治时代的政界新星,从工部卿升至内阁总理大臣、枢密院议长,大权在握,位极人臣。伊藤身份地位如同万花筒一般的变化,既得益于也反映了倒幕维新运动所引起的剧烈社会转型。一言以蔽之,伊藤可谓生逢其时。改朝换代、瞬息万变的客观形势,为伊藤个人的脱颖而出提供了无限机遇。从这个方面来说,伊藤是幸运的。

在激烈复杂的倒幕维新运动中,风云人物层出不穷,但许多人独领风骚的时间并不长,如木户孝允、大久保利通等。有的人,如西乡隆盛、前原一诚等甚至被他们开创的事业所抛弃,被迅速淘汰而成为历史的匆匆过客。伊藤能在如此残酷的国运、家运和个人命运的搏击中,后来居上并取得令同龄人称慕的声望与地位,固然与其个人素质、才能有关,但更重要的是伊藤始终居于主流派的主流位置。萨长人才集团是倒幕维新运动的主流派,伊藤是其中的一个重要成员。明治政府成立后,萨长集团中同样充满分歧和争斗,大久保、西乡、木户等"维新三杰"之间经常出现对立分歧,乃至反目成仇。在新的选择面前,伊藤先后追随木户、大久保,不离主流派中的主流人物的左右。大久保被刺后,伊藤背靠皇权,迅速密切与三条、岩仓等公卿势力的关系,击败竞争者大隈,从而确保主流地位不被动摇。在其主政期间,既排击英法式立宪的激进论,维护皇权,也注意时代的变迁,反对因循祖法的复古论,给近代天皇制披上一层进化的外衣。效忠天皇、开明派官僚的政治取向,是伊藤长期居于权力枢要主流位置的秘密,因为这种取向适应了天皇主权前提下维新变革的需求。

与同时代的其他日本政要相比较,伊藤最早迈出国门,与外界接触。23岁时即漂洋过海远赴英国,后来又多次出访美国、欧洲强国和中国。相形之下,伊藤较具备世界眼光。但是,急功近利、以邻为壑的帝国扩张方针和日本武士难以克服的岛国根性相互作用,使明治时代的日本虽走向世界,但始终跳不出东北亚的区域性范围,成不了世界大国。作为地区强国首相的伊藤,也只能充当地区性的政治家,而与世界级政治家无缘。进一步说,即使作为地区性的政治家,伊藤也只顾及日本帝国的近期利益,从不考虑邻国的正当权益和东北亚地区的长远利益。换言之,伊藤只能是日本的首相,在日本国内备受推崇。在日本的邻国,对伊藤的国际形象评价与日本国内的褒奖大相径庭。可以预言:只要日本朝野某些人仍然迷恋日本帝国的旧梦,不对近代日本军国主义的侵略扩张彻底反省,那么,上述分歧必将长期延续下去。

# 日本殖民帝国的奠基人

## ——山县有朋

## 人物档案

简　　历：他先后两次组阁，是明治大政巨头，日本殖民帝国的奠基人。

生卒年月：1838 年 6 月 14 日～1922 年 2 月 1 日。

安葬之地：东京万羽护国寺。

性格特征：有心机、城府深、贪婪。

历史功过：他创设了对外侵略扩张的得力工具——"皇军"，而且制定了日本军国主义肆虐东北亚的总方针——"大陆政策"。

## 武力倒幕

1838 年 6 月 14 日，山县有朋出生在长州藩萩城川岛庄的一个下级武士家庭。其父山县有稔，是藩厅主管钱粮出纳、物品购买和土木建筑等业务"藏元付仲问组"下属的低级别武士。这样的家庭出身，对山县的成长颇有影响。

一方面，由于其父必须小心听从上司的指派，不能在钱粮出纳上出一点偏差。有稔平素手脚勤快，把账簿上的每一笔收支数目都记得清清楚楚，谨慎而细致。耳闻目染，山县自少年时代起，也对打算盘、记账本饶有兴趣。无形中，养成山县思考问题时注意条理性，办起事来一丝不苟、精于计算以至近乎刻板的性格。

另一方面，因家门出身低微，自尊心经常受到伤害，故自少年时山县即立志做一番事业，出人头地。长州藩的武士大体分成十几个等级，藩主毛利家族和藩厅最高行政长官"家老"之下，家将"寄组"为上级武士，家禄在千石以上，直属"家老"统辖。中级武士的家禄在千石以下，分为五级，其中"手回组"近侍藩主，类似亲兵；"物头组"充当带兵官；"大组"则是战斗时护卫在主君战马周围的武士；其下尚有"远近附"，战时配置在主君马前马后；"寺社组"内有儒学者、医师、画师、骑术教师、舞乐师等，各以其技艺侍奉藩主。下级武士分成"无给通""徒士""供走士""三十人通""士雇"等五种等级，不授领地，只发给少量禄米；其下还有卒族，包括"手回足轻""先手足轻"和"城代足轻"等，均为弓箭手或火绳枪手，连称姓的自由都受到限制。山县家所属的"藏元附仲间"属于卒族，其职责是手持棍棒、刀枪，在藩厅站岗放哨。

封建时代的等级身份制森严而僵硬,武士阶级内部同样上尊下卑、等级层层。山县有稔经常训导儿子牢记自己的身份和相应的礼仪举止,山县有朋个人的遭遇更是刻骨铭心。少年时代的山县有朋曾在藩校明伦馆做小当差"手子役"。一天,他走出馆门时恰逢暴雨骤降,不大功夫道就泥泞一片。正在这时,明伦馆的走读生、名门武士有地品之助匆匆赶来。山县忙按照礼法,脱下木屐伏地致敬,一不小心把泥浆甩在有地的裤子上。有地暴怒,手按长刀,大发雷霆。山县一再道歉,有地还是不依不饶。山县想起父亲平日的教训,只好强忍怒火,爬在烂泥地里谢罪,有地这才悻悻而去。这件事伤透了山县的心,成了他拼命学文习武的动力。

教山县认字的老师是乡村先生中尾信助,儒学启蒙老师是当过明伦馆儒学讲官的中村牛庄。山县还先后师事静间三积、林有声、田中芳树等,学作和歌。加上其父、伯父的指点,山县尽得制作和歌之妙,颇有造诣。后来成名,更时不时地露上一手,显示儒将的风采。但山县毕竟是武士之子,习武比学文更让他着迷。其枪法学自明伦馆教头冈部半藏,每日天不亮,山县起床演练长枪,只管向屋后的无花果树猛扎一通。日夜苦练,树皮被扎烂,果树枯死了,山县也掌握了"宝藏院流"枪术之要,渐渐有了些名气。学文习武之余,少年山县还加入长州藩萩城每年春秋两季在阿武川河畔举行的武士之子的群殴。届时,各乡的少年武士分成东、西两大帮,互相投掷石块或用棍棒、竹枪捉对厮打。每到这种场合,山县总是自告奋勇,冲在前面,充当一帮孩子的总指挥。山县经常被打得头破血流,却从不逃跑,与对方"血战到底",很快就赢得"勇敢"的"饿鬼大将"这个绰号。

尽管少年山县在努力表现自己的能力,但由于其父家格身份太低,自然被专收长州藩贵族子弟明伦馆挡在门外。到17岁时,山县先后在藏元所、明伦馆、代官所和藩监察官"目附"的门下当个小跟班或相当于书记员的刀笔吏,倒也长了不少见识,结识了不少藩内的头面人物。

按实足年龄计算,山县17岁时已是1855年。这时,日本幕府迫于欧美列强的武力威胁,先后与美、英、俄、荷兰等国订立"友好条约",锁国体制开始瓦解,国内政争不断。至1858年,欧美列强又迫使幕府订立各种追加、补充协定,逐步扩展在日本的殖民权益。在外压刺激下,日本国内形成幕府、雄藩、朝廷三足鼎立的政治斗争格局,围绕着第十四代将军人选和天皇批准条约的问题,展开激烈的斗争,尊王攘夷风潮大盛。同年6月,彦根藩主井伊直弼出任幕府最高行政长官"大老",不顾天皇和雄藩的反对,7月与美国订立《日美友好通商条约》,将领事裁判权、关税协议权等殖民权益拱手让给美国。其他欧洲列强接踵而至,日本民族危机愈加深重。8月井伊宣布本派拥立的纪伊藩主德川庆福为继任将军,采用强硬手段镇压反对派,从而激化了朝幕藩之间的矛盾。

内忧与外患并发,政局瞬息万变。各雄藩纷纷派出得力人员,前往江户、京都打探消息,开展活动,长州藩自然也不例外。1858年8月,山县与总乐悦之助、杉山松助、伊藤博文等六人被派往京都,桂小五郎、高杉晋作、入江九一等六人前往江户,充当长州藩的耳目,为制定应变对策搜集必要的情报。对于山县来说,京都之行是他跨出长州藩界,步入全国性政治斗争舞台的开始。离开萩城之前,松下村塾的主讲教师吉田松阴写《送六人者叙》以资壮行,期待这些平日被藩厅俗吏视为奴仆的青年武士,展示自身的文武才气,眼观六路、耳听八方,熟悉京阪一带的人物形势,以备缓急之需。吉田之所以有此表示,是因为藩厅采用了他开展情报战的"飞耳长目策"的建议,此次前往京都的六名派遣人员中,有四名是他的学生。此时,山县虽未入松下村塾,但还是记下了吉田的一番嘱托。

在京都,山县结识了吉田门下的一大批尊王攘夷的骨干,尤其与号称"松下双璧"之一的久坂玄瑞一见如故,成了肝胆相照的尊攘同志。经过久坂介绍,山县又结识了名震京都的尊攘派人物梁川星岩、梅田云滨、赖三树三郎等,互通声气,山县的尊攘意志更加坚定。特别是1857年年初曾访问过萩城的梅田云滨,与山县意气相投。梅田大讲长州藩历来心存皇室、最讲忠节的义烈之风,理应倡尊攘大义并敢为天下先,使山县倍受鼓舞。在后来的《怀旧记事》中,山县回忆在京都与久坂、梅田等"周旋国事","群议时势","其慷慨激烈的痛快之论,使吾等于不觉之中奋发激动起来"。

然而,当时的形势却难让年轻的山县们将激情化为行动。1858年10月,幕府在京都逮捕了梅田云滨后,撒开捕杀尊攘志士的大网,厉行镇压。时值安政五年,故史称"安政大狱"。京都风声日紧,山县等奉命回藩。同年12月,经久坂引荐,山县也成了松下村塾的门生。1859年1月,长州藩因吉田松阴等谋划刺杀幕府高官间部诠胜,将其逮捕下狱,6月押送江户,11月判处死刑。所以,算起来山县师事吉田的时间很短。但是,吉田尊王攘夷、讨灭幕府的思想却对其影响很大。其中原因,一则是山县入松下村塾时,吉田曾以难堪人师为理由,拒收这个新门人,经山县一再表明心志,才被吉田收为徒弟。进门既难,使山县特别珍视学习机会。二则是吉田总以怀疑的眼光打量这个平时寡言少语的学生。有一天,吉田突然问山县:"你能去死吗?"山县未当场回答,回家思考了一夜之后,第二天正式答复吉田说:"苟为国家,无论何时都可以去死。"这番回答大受吉田的赞扬,称其有"胆气"。从此师生关系由互信而融洽,山县也愈加牢记吉田的教诲。三则是吉田虽被处死,但他的学生们发誓要继承其遗志,尊王攘夷,推翻幕府,山县同他的师兄们,决心实现吉田的抱负,讨灭"不思国患、不顾国辱、不奉皇敕"的幕府。

在行动上,山县与松下村塾门人们的举动有所不同。久坂玄瑞、高杉晋作、伊藤博文等公开为吉田收尸、下葬,伺机向幕府示威,或者聚众结伙,自行其是,火烧英国使馆,图谋刺杀长州藩的公武合体派头面人物长井雅乐。为此,不惜"脱藩"而受到处罚。山县也主张尊王攘夷,1862年还曾经与同为松下村塾门人的时山直八激烈争论。时山赞成朝廷与幕藩领主合为一体、维护现存体制的公武合体论,山县主张"当今之时,不应只相信公武合体论而误导尊攘的大义,丧失有所作为的机会"。然而,其行动主要是作为长州藩代表的随从,到江户、京都、丰后等地出差,对藩厅事前获准,事后汇报,所有活动都在"合法"的范围内进行。相对久坂、高杉等人的自由奔放,山县显得尤其循规蹈矩,轻易不做"出格"的事情。

1863年6月,在尊攘狂潮的压力下,幕府只得尊奉朝廷的旨意,下令以农历五月初十(阳历6月25日)为全国大攘夷日,宣布关闭已开放的港口。农历五月初十那天,长州藩的炮台突然开炮,轰击正在通过马关海峡的美国商船"宾布罗克号"。几天后,法国军舰"锵番号"和荷兰军舰"麦基乌萨号"也在这里忽遭炮击。毫无防备的外国船舰只能加足马力落荒而逃,偷袭得手。捷报传到京都,孝明天皇很高兴,特发敕书称赞藩主毛利庆亲"不误攘类期限,实行膺惩,贯彻朕之旨意"。然而,未容长州藩尊攘派兴奋多久,7月16—20日美法舰队前来报复,攻击长州炮台。长州藩的三艘小舰遭到美国军舰痛歼,二沉一伤。马关炮台与法国军舰交火,迅即惨遭炮火压制,被逐个打哑。法国海军陆战队攻陷炮台,彻底破坏了海岸大炮。山县等长州藩兵将潜伏在山林之间,眼睁睁地看着法国旗插上炮台而无力反击。战败使山县深受刺激。在目睹了欧美列强船坚炮利之后,思想开始发生变化,却一时还摆脱不了尊王攘夷论的束缚。

长州藩败报传到京都,主张对外妥协的公武合体派兴高采烈,并乘机在9月30日(农历八月十八)发动政变,将以长州藩为首的尊攘派逐出京都。在打击面前,长州藩尊攘派剧烈分化。久坂玄瑞等继续坚持尊攘方针,主张率兵进据京都,重新夺回长州藩对政局的主导权。高杉晋作等主张立足本藩,实行自主自立的大割据政策。经藩主允许,高杉组成了不问身份区别,农民、町人、僧侣、神官和武士一视同仁、守土卫国的奇兵队。高杉任总督;山县任军监,第一次成了带兵官。奇兵队的建立,不仅打破了武士垄断军事的旧传统,而且形成了第一支旨在武力倒幕的武装力量。奇兵队成立后,经常受到清一色武士组成的先锋队的歧视,双方发生冲突,总督高杉引咎辞职。奇兵队驻地多次换防,总督也多次换人,但山县却因病置身冲突之外,军监的职位未受影响。1864年1月,山县病愈后兼任奇兵队坛浦支队的司令。

1864年8月19日,久坂玄瑞等率领着长州藩兵开赴京都,在鸟羽、伏见、蛤门、堺町门等地与幕府军激战。皇宫周围炮声隆隆,弹如飞蝗,蛤门等宫门被枪弹击中。由于萨摩等藩效力幕府,长州军寡不敌众,终遭惨败。在这场史称"禁门之变"的武装冲突中,久坂等阵亡,长州藩主也因兵发京都并向宫门开枪开炮而获罪,成了"朝敌",陷入政治孤立的被动状态。五天后幕府发布围剿长州藩的命令,挑起第一次征长之役。

祸不单行。就在幕府下令围攻长州的11天之后,9月4日,英、法、美、荷兰等四国组成联合舰队,共派出战舰16艘,补给船2艘,进攻马关海峡。山县指挥下的奇兵队据守前田、坛浦两炮台。交战前为鼓舞士气,山县一边用大勺给士兵盛酒,一边大声说:"军中无酒肴,18艘外国军舰不就是可口的下酒菜嘛!"话虽如此说,一旦交火,山县再次发现这些洋"下酒菜"实在难以对付。

9月5日下午3时40分,联合舰队的旗舰"尤里阿拉斯号"的号炮轰响,18艘舰船的百余门大炮一齐开火。长州藩散布在城山至坛浦的五座炮台也开炮应战。一时间,炮弹横飞,硝烟滚滚,马关海峡笼罩在烟火之中。山县亲自指挥的坛浦炮台遭到四艘军舰的炮火急袭,开花弹直接命中炮台的炮位,瞄准手被炸得血肉横飞。目睹此情此景,山县领教了欧美炮火的威猛与准确。激战至傍晚停战,长州藩炮台仅余一门大炮尚可继续作战,其余均被击毁。夜里,联合舰队的军乐团为庆贺胜利,吹奏乐曲。山县耳听海风吹来的阵阵雄壮乐声,倍觉凄凉。

6日,联合舰队的海军陆战队登陆,迅速攻占前田、洲崎等炮台和马关市街。长州藩守军边战边退,不久便四散逃跑。当山县撤至前田请示命令时,奇兵队总督赤祢武人已不见踪影。山县急欲制止败兵,却被尾随而来的洋兵击伤了右手腕和后背,幸亏三浦梧楼赶来,扶着山县退出战场。四国舰队炮击马关之役过去十个月后，1865 年 7 月藩主毛利敬亲下令表彰苦战负伤的山县，并发给家禄 25 石、奖赏黄金 220 余两，山县流血总算有了补偿。对他来说，此役以鲜血换来的最大教训，是只有士气而没有精锐的武器则难以战胜来犯之敌。从此，他十分关注兵制改革，热心推广洋式军事训练，并由攘夷论者转变为开国论者。

第一次征长之役和四国舰队炮击马关之后，长州藩内主张对幕府恭顺谢罪的俗论党活跃起来，他们在保全毛利氏社稷的幌子下，加紧迫害反对派正义党。益田等家老被赐死，竹内等四参谋被斩首，高杉晋作远避九州，井上馨等被砍成重伤。形势危急，代管奇兵队的山县只得惨淡经营，等待时机。为保住奇兵队等草莽队伍，山县一面顶住俗论党急欲解散诸队的压力，不断提交建议书以取得藩主的庇护，一面颁发"七条要目"，要求诸队士兵"以礼让为本"，"不背人心""不碍农时""不得乱入农家""不许乱伐山林竹木或夺取农民的果物鸡犬"，"说话和气"，强调"强敌百万不足畏，弱民虽仅一人亦畏之乃武道本意"，竭力争取长州藩百姓的支持。"七条要目"的提出，反映山县治军注意政治导向。从中，不难发现此后他何以多次颁发"军人训诫"之类的文告而成为"皇军"创立者。

1864 年 12 月，高杉晋作秘密潜回长州藩，在马关功山寺宣布起义，号召草莽队联合起来，推翻俗论党政府。经过最初的一段犹豫之后，1865 年 1 月初，身为奇兵队军监的山县率队加入起义行列。为显示决心，山县剪掉长发，自号"索狂"，在决定命运的绘堂、太田激战中，以少胜多，打败俗论党军队。1 月中旬，志士诸队又在木津击败敌军。奇兵队连战连捷，士气大振。高杉率队自马关奔伊佐，与山县合兵一处，在赤村再次重创敌军，进据山口。至此，除萩城以外，长州藩已是起义军的天下。2 月上旬，高杉与山县等与诸队首领确定了"清君侧""拔擢人才""改革军制"、对抗幕府等执政新方针。2 月中旬，奇兵、八幡、南园、御盾、游击等诸队开进藩主居城萩城。掩护起义队伍的军舰"癸亥丸"鸣炮示威，俗论党政府土崩瓦解。藩主毛利敬亲参拜祖庙并发布维新告文，向藩厅诸臣下谕书，承认用人失当而导致国难不断，发誓今后要"确定国是"，"大公至正，幡然一新。" 5 月中旬桂小五郎（木户孝允）等武力倒幕派执掌藩政。长州藩成为第一块倒幕基地。在向幕府屈膝到对抗幕府的方针转换过程中，马关起义成败与否是关键所在。高杉宣布起义为扭转乾坤之举，但山县率队来附，也功不可没。在与俗论党军队的激战中，山县指挥的奇兵队举足轻重。特别是绘堂、太田之役连续获胜，并进据山口，使形势急转直下，打开了胜利进军萩城的通道。其间，皆赖于奇兵队的苦战死斗，冲锋在前。指挥这支队伍的，是神色冷峻、沉稳从容的山县。

幕府末年，西南诸藩之间的冲突与调整关系，宛如旋转的万花筒，瞬息万变。在打破幕府一言堂、争取对中央政局发言权方面，诸藩既有一致性，也有激烈的竞争。1862 年长州藩提出航海远略策，一时占了上风。1863 年萨摩藩拥兵西进，压制长州藩。1864 年"禁门之变"骤发，萨长两藩在京都交火，萨胜长败，两藩势同水火。同年幕府发动第一次征长之役，萨摩兵充当了主力部队，围攻长州。危急时刻，征长军参谋、萨摩藩的西乡隆盛只身赴马关，劝说长州支藩岩国藩藩主吉川监物命"禁门之变"中带兵进京的三家老自杀，献首级于征长总督德川庆胜帐下；另一方面，以长州屈服为理由，促成征长军撤回，使长州免遭涂炭。西乡的这一番举动突出了萨摩藩的地位，萨长关系也因停战而有所改善。其后，不战而胜的幕府食言自肥，继续维护幕府一言堂的残局，因而激怒了萨摩藩，萨长两藩愈加接近。得到萨摩藩援助的土佐藩人坂本龙马组织海援队，充当了萨长化敌为友的调停者。至1865年6月长州藩转而采用武力对抗幕府的新方针后，海援队居中斡旋，萨摩藩秘密为长州藩购进枪炮军舰提供方便。同年8月，伊藤博文等赴长崎，以萨摩藩的名义购得枪炮舰船。11月被长州藩买下的萨摩藩轮船"樱岛丸"开回马关，改名"乙丑丸"。萨长两藩越走越近，终于在1866年1月缔结"萨长盟约"，形成两大雄藩联合武力倒幕的新局面。在这一过程中，山县位列后排，虽在行动上支持和配合萨长联盟，却发挥不了多大作用。真正使山县展现身手的，是萨长联盟约半年之后的"四境战争"。

1866年6月，幕府发动第二次征伐长州之役。二十余藩的征长军分四个方向进击长州。因而第二次征长之役亦称"四境战争"。大兵压境，长州藩分兵多路，阻击来犯之敌。

攻击长州藩上、下关的佐幕军兵锋最健。八藩联军攻击下关，其中熊本藩官兵凶悍，小仓藩追随幕府卖力。攻击上关的，则有松山、宇和岛、德岛等五藩。两个攻击方向集中了征长军的多半兵马，恶战在所难免。奇兵队主力集中在下关一带，高杉任海陆军参谋和下关方面海军总督，奇兵队军监山县等辅佐高杉作战。

6月7日，战斗打响。佐幕的松山藩兵在"富士山丸"等四艘军舰炮火掩护下，攻占大岛郡海岸阵地。12日夜，高杉指挥小舰"丙寅丸"夜袭幕府舰队成功，长州军士气为之一振。16日，山县率领奇兵队与报国队冒着炮火，强渡下关海峡，攻入小仓藩，占领门司、田浦之间的炮台阵地。长州军焚毁营房，引爆火药库，重创小仓藩。山县不失时机地乘胜向九州的肥前、肥后、久留米诸藩传发檄文，痛斥"幕府奸吏之辈""奸恶无道"，声明长州与诸藩无冤无仇，劝告肥前等藩当以小仓藩为戒，及早罢兵，显示了山县政治军人的气质。其后，山县又多次率兵渡海作战。战至7、8月间，小仓藩兵困计穷，城池被长州军攻陷，被迫乞降。在艺州、石州口方面，长州军也阻挡住来犯之敌。9月初，幕府与长州订立停战条约。10月末，来犯敌军全部撤回，长州藩取得四境战争的胜利。

幕府在第二次征长战争失败后，其垮台只是个时间问题了。长州向何处去？日本前途如何？早在同小仓藩的苦战中，山县已在足立山军营中起草了一份名曰《卫夜寝言》的文件。文中主张："当此之时"，长州应"培养英气，充足武备，养民力、量费用"；"再抓住时机，海陆军并进，直捣大阪城，扫荡佐幕诸贼藩"；"然后揭天日之光明，将天皇真正的意旨辉煌于海外，改变政体，使天下安如泰山"；"最终涉万里怒涛，振兵威于夷虏之庭，将防长二州之地拓展至海外"。山县在文中，将推翻幕府统治后实行维新变革，而后再向海外扩张的谋略，称为"此乃吾之抱负"。这个"抱负"，不乏其师吉田松阴开国攘夷、雄飞海外论的影响。其不同在于：吉田只提供了思想，山县则付诸行动。这个"抱负"成为支配其毕生从政的指路标。

## 缔造皇军

1867年农历十二月初九，明治政府成立并宣布"王政复古"，开始了维新变革。1868年1月至1869年5月，由倒幕雄藩组成的"官军"、即政府军东征江户，平定东北,占领北海道,统一国土。战斗主要在 1868 年展开,是年为农历戊辰年,因而也称这场战争为"戊辰战争"。在战争期间,山县出任北陆道镇抚总督下属会津征讨总督的参谋,在进攻长冈、会津藩的战斗中立下战功。

1869 年 6 月,明治政府论功行赏,山县获得 600 石世袭军功禄。相对于西乡隆盛授官位正三位、世禄 2000 石,木户孝允、大久保利通授官位从三位、世禄 1800 石,山县所获典赏难望其颈背。即使与同为长州藩出身、年龄相仿的前原一诚出任参议或伊藤博文出任参与兼兵库县知事、位列朝臣相比,山县的地位也差距明显。在明治初年维新功臣的排名榜上,山县的名次较低。

然而,就是这样一个山县,却得益于维新初期的剧烈变动,一跃而为近代日本军队近代化和"皇军"化的主导人。日本军队的近代化,起始于开港后幕藩领主的自救运动。尤其在 1865—1867 年的庆应改革中,幕府以法国军队为楷模,组建了近代步骑炮三军,不乏示范作用。明治政府成立后,兵部大辅大村益次郎全面推行法国式陆军、英国式海军的欧化改革,激怒了特权地位受到威胁的不平士族。1869 年 9 月大村被刺伤,11 月病亡。大村之死,为山县地位升迁并继续推行军队的近代化、"皇军"化提供了机会,赴欧洲考察各国军事则成了其宦途腾跃的新跳板。

1869 年 3 月,在木户的安排下,山县与西乡从道等奉命赴欧洲考察军事,令山县欣喜兴奋不已。行前曾赋汉诗明志曰:

吾前浮海试鹏程,别路杜鹃多少情。

万里江山何日尽,秋风秋雨入英京。

同年 10 月,山县等抵达法国马赛、巴黎,再辗转至汉诗中所说的"英京"伦敦,停留近两个月。1870 年元旦过后,又前往比利时、荷兰、普鲁士、奥地利、俄罗斯等国,7 月转道赴美国。在重点考察欧美各国的征兵则度、军事设施、兵员训练、军人精神养成之后,于同年 8 月 2 日回到东京。前后历时十个月的欧美之行,使山县感触颇多。欧美列强的经济发达与军备强大,给他留下深刻印象,特别是以军事立国、击败法国的军国主义普鲁士的崛起,令其称慕不已。山县认为:要推进维新改革,必须建立强有力的中央集权体制;为此,就必须组建由中央政府统管下的帝国军队。

在当时,日本依旧保留着幕府时代诸藩林立的旧体制,未形成行政区划统一的中央集权新体制。作为旧体制在军制上的反映,各藩沿用旧式或英国式、法国式、荷兰式的军制,五花八门、杂乱无章,真正意义上的政府军并不存在。显而易见,不建立统一的军队,维新政权难以稳固。进一步说,组建欧式近代军队,既是明治维新的一项重要内容,也是改革顺利进行的保证。组建欧式新军的历史任务有待某人出面完成,命运之神向山县露出了笑脸。

1870 年 8 月 3 日,即山县等返回东京的第二天,山县和西乡应召进宫拜谒明治天皇,奏报欧美之行的见闻。由于是第一次被天皇召见,山县等受宠若惊、诚惶诚恐。那天十分闷热,厚实的长大衣捂得他汗流浃背,但有幸向天皇奏答近一个小时,即使始终跪拜匍匐在地仍使山县感激涕零。组建天皇统率下的"皇军",成为山县欧美之行和天皇召见之后的强烈愿望。随之而来的地位升迁,手握近代军制改革的实权,又使山县具备了实现其愿望的必要条件。

在天皇召见 25 天之后,1870 年 8 月 28 日,山县出任兵部少辅,叙官位从五位,自此位列朝臣。1871 年 7 月 14 日,山县出任兵部大辅,成了兵部省的实际主持人。在出任兵都少辅期间,山县沿袭大村欧式军制改革的方针,并添加了新的内容,如设立陆军幼年学校、军医寮、官兵星期日休假制度等。同时,山县又针对朝廷无近卫军、国家无国防军的现实问题,多次提出建立新军的建议。在参议陆军大将西乡隆盛的支持下,1871 年 4 月组建由萨摩、长州、土佐等三藩万余精兵构成的天皇近卫部队"御亲兵",设置明治政府支配下的东山、西海两镇台,以警卫京畿,镇护国家。

1871 年 7 月 14 日,即山县出任兵部大辅的同一天,明治天皇发布《废藩置县诏书》,取消诸藩旧体制,建立天皇为最高元首,都道府县受制中央政府的集权体制。适应形势的变化,山县重新调整国内兵备配置,新设四镇台,即辖新潟、上田、名古屋三分营的东京镇台,辖小滨、高松两分营的大阪镇台,辖小仓、广岛、鹿儿岛三分营的镇西镇台和辖青森一分营的东北镇台。各镇台的士兵从刚刚被解散的旧藩兵中选拔,并把旧幕府兵、十津川散兵及和歌山、大垣、名古屋等县的县兵编成十个大队,初步形成用之于国内镇压、编制划一的军队。

如何将新组建的军队纳入天皇制轨道,使之成为"皇国"之兵、天皇的爪牙,这是山县的志趣所在。从 1871 年至 1882 年,山县用了大约 11 年的时间,逐步实现了其建军目标。这 11 年间,是明治维新变革指导思想由西化到民族化的转折时期。大致说来,明治维新 23 年间,1868—1877 年欧风美雨冲击,文明开化、激进变革大倡其道;1878—1889 年注意结合日本国情,强调民族特色的渐进变革成为主流。山县缔造"皇军"大体处于上述两个时期的演进、转换阶段,因而建军思想的新旧混杂,复古意识日益抬头是基本特色。特别是由于山县出身武士、君臣名分论根深蒂固,其缔造"皇军"的过程之中虽说不时有革新举措,但万变不离其宗。换言之,由山县主持建军,其结果只能是组编出一支"皇军",而非国民军。

通过明治初年文明开化期间山县制定或主持编辑的下述建军文件,可见其思想脉络的变迁:

其一,1871 年 12 月兵部省颁发的《读法》七章。该文件将旧武士道加以一番取舍,并饰以文明开化的词句,使之成为新编军队官兵的精神信条和行为准则。在《读法》七章中,山县开宗名义,其简短的"前言"强调:"军队是为发扬皇威、保卫国家而设置",为此军人必须遵循如下七条:

第一条:"以诚心为本,尽忠节,勿为不信不忠之事";

第二条:"尊敬长官,对同伴讲究信义,勿为粗暴倨傲之事";

第三条:"无论长官下达何种命令,立即服从,勿为抵抗干犯之事";

第四条:"尚胆勇,勤勉于军务,勿为恐怯柔懦之事";

第五条:"勿为夸血气小勇,争强好斗、侮慢他人而招致世人厌恶之事";

第六条:"修养道德,注重质朴,勿为流于浮华文弱之事";

第七条:"尚名誉,重廉耻,勿为贱劣贪法之事"。

上述七条所提倡的忠诚、信义、勇敢、质朴、名誉、廉耻等道德准则,与江户时代旧武士道的道德准则并无差异,不过是后者的直接移植。对于自幼即接受武士教育、早已内化为价值观和行动准则的山县来说,重提武士道精神并以此为军人行为规范,原本在情理之中。然而,《读法》毕竟是在文明开化期间颁布,传统的武士道也要顺应时势,有所变异。其变异又不能脱离君臣名分论的框架,因而要求军人首先把"发扬皇威"牢记心头。这样,所有的道德准则均围绕天皇展开,从而将江户武士各忠其主的多元化效忠,变为仅对天皇的一元化效忠。这是山县从建军之初,即力图使之"皇军"化的第一步。

有趣的是:在字数相对较多的《读法》"后语"中,山县又告诫军人必须遵奉以上七条,否则将"触犯法律,获罪国家,辱没父祖,玷污家庭名声并留下恶名"。强调一旦犯罪,"必被剥夺天赋之公权,丧失立世待人的平等权利"。毫无疑问,"天赋之公权""平等权利"等均为江户武士道所不曾有过的新观念,并且由谨守臣道、难脱武士旧习的山县来倡导,未免有些滑稽。然而,恰恰是这种"滑稽"反映了明治维新的本质特征——复古与布新的混合。在文明开化时期,山县也不可避免地受到欧美资产阶级观念的影响,至少是赶赶时髦。

其二,1872 年 11 月—1873 年 1 月,连续发布天皇的《征兵诏书》、太政官《征兵告谕》和《征兵令》,贯彻国民皆兵方针,将尊崇天皇的要素渗入组建欧式近代军制的过程之中。为建立近代军制,1872 年 2 月废止复古气味十足的兵部省,另设军队新的主管部门陆军省、海军省,与国际上通行的陆军部、海军部接轨,并突出海军建设。同年 3 月,又将"御亲兵"改称近卫军。征兵制改革事关重大,明治政权能否稳固、富国强兵的基本国策能否落实,均系于这场改革的成败。与此同时,改革势必进一步触及 40 万武士的特权地位,并且对兵员新提供者农民的切身利益直接产生影响,改革阻力之强可想而知。

政府当局颇懂此项改革的必要性和艰巨性,于是采用维新变革过程中经常动用的手段——让天皇出面,率先垂范,从而达到缩小保守势力的抗阻程度、密切天皇与军队联系等两重意图。在太政官和山县等陆海军省要员的周密策划下,带有上述意图的军制改革的文告陆续出台。

1872 年 11 月 28 日,明治天皇发布《征兵诏书》,内称:"朕惟古昔郡县之制,募全国丁壮、设军团以保护国家,固无兵农之分。中世以降,兵权归于武门,兵农始分离,遂成封建之治。戊辰一新,实乃二千余年来一大变革也。当此之际,海陆兵制亦须应时制宜。今基于本邦古昔之制,斟酌海外各国之式,设全国募兵之法,欲立保护国家之基。汝百官有司,当深察朕意并普遍告谕全国。"1872 年明治天皇睦仁年过 20 岁,虽已成人,却无执掌国政的统治经验。实际上,此时的睦仁正在接受维新功臣们为其安排的培训,学习掌握剑道、马术、角斗、儒学、国学、法律、德语等科目。诏书依旧由人代笔,而以其名义发布。但这一发布方式非同寻常:强调建军必须遵奉天皇的诏令,表明天皇支持古今合一、日欧并重的军制改革,天皇与军队密不可分。

同日,太政官发布的《征兵告谕》,进一步对天皇诏书详尽说明。《告谕》首先阐发古代募兵制时天皇统率军队的传统,说:"我朝上古之制,举海内而皆兵。有事之日,天子为元帅,招募堪任丁壮兵役者以征不逞。兵役服毕则归家,为农,为工,为商贾。原非如后世佩双刀、称武士,抗颜坐食,甚至杀人而官不问其罪者。盖自神武天皇以珍彦为葛城国造以来,尔后设军团,定卫士防人之制。至神龟天平之际,六府二镇之设始备。"神龟天平之际,即公元 724—749 年。此前,古代天皇制鼎盛一时。通过追溯历史,强调天皇的军队统率权,以此作为推行征兵制的依据。其次,《告谕》抨击自保元平治年间,即 1156——1159 年武家争权以来"朝纲颓弛,兵权遂坠武门之手。国为封建之势,人有兵农之别。降至后世,名分全泯,其弊不可胜言。"继而,《告谕》话锋一转,进入改革军制的正题,说:"自大政维新,列藩奉还版图,及辛未之岁(指 1871 年。——著者),远复郡县之古。准许世袭坐食之士减其禄,脱其刀,以求四民渐获自由之权。此乃上下平均、人权齐一之道,即兵农合一之基地。于是士已非从前之士,民亦非从前之民,均为皇国一般子民,报国之道本应无别。"《告谕》谈论"自由之权""人权齐一"等新观念,目的在于说明获此权利的"皇国子民"在报效国家、当兵入伍方面不存在差别,均应供天皇国家驱使。《告谕》最后表示:"西洋各国以数百年余之研究实践而定兵制,故其法极为精密。然而政体地理有异,不可全部沿用之。今宜取其所长,补以古昔军制,组成陆海两军"。

作为征兵制的具体实施方案,是山县主持下拟定并于 1873 年 1 月 10 日发布的《征兵令》。它规定征集体检合格的 20 岁男子入伍充当陆海军士兵;其中,陆军分为常备军、后备军、国民军三类;按兵丁之身材,分配到炮兵、骑兵、步兵、士兵、辎重兵等五兵种部队中去;各兵种士兵均由镇台所辖地区征集,服兵役若干年。在发布《征兵令》的前一天,山县将四镇台扩大为东京、仙台、名古屋、大阪、广岛、熊本等六镇台,预设步兵 14 个联队、骑兵 3 大队、炮兵 18 小队、工兵 10 小队、辎重兵 6 队、海岸炮兵 9 队,平时兵员为 31680 名,战时增至 46350 名。

由征兵制组建的近代新式军队,很快在镇压农民暴动和不平士族叛乱过程中显示了威力。山县在军界的地位也不断升迁:1872 年 3 月出任陆军中将兼任近卫军都督;1873 年 4 月辞掉陆军大辅之职,代理陆军卿,6 月正式任命为陆军卿,11 月叙官正四位;1874 年 2 月兼任陆军省参谋局长,并出任征讨参军,率兵镇压佐贺士族叛乱;同年 8 月,兼任政府参议。

1877 年 2 月 6 日,鹿儿岛的反政府不平士族拥戴西乡隆盛为首领,发动了规模最大、对明治政府冲击最猛烈的叛乱,西南战争爆发。当时,刚刚陪同天皇巡视回京都的山县,立即训令各镇台长官加强戒备,并率领大批募僚赶往博多、福冈,以征讨参军的身份,协助征讨总督炽仁亲王平息西乡叛乱。在长达七个月的苦战中,山县多次亲临前线,指挥作战。至 9 月 24 日,西乡最终兵败城山、自杀身亡。同年 11 月,天皇下诏嘉奖山县,并授旭日大绶章、勋一等。

西南战争宣告反动士族复辟旧制的图谋破产,解除了明治政权的最大威胁。与此同时,1874 年与西乡隆盛等同时下野的板垣退助、后藤象二郎等政客以建立民选议院为口号,掀起自由民权运动,对明治政权造成巨大冲击。至 1878 年 5 月,西乡兵败自杀、木户孝允病故、大久保利通被刺杀,维新三杰一时俱逝。继之而起的伊藤博文、大隈重信互不合作,钩心斗角,政府内部危机四伏。于是,在元田永孚、佐佐木高行等宫廷侧近势力的运作下,27 岁的睦仁由幕后走上前台,出面亲政。以天皇亲政为标志,维新变革由激进时期转入渐进时期。移植欧美文明在继续,但引进方针由明治初年的自由放任,改为结合日本国情、有选择地确定模仿对象,如德国。对幕府时代的旧体制仍旧持批判立场,但重拾仁义道德、忠孝纲常等儒学传统观念,倡导国权,以收拢人心、对抗自由民权激进思想。时势的转变,对山县建军主张产生强烈影响。某种来自军队的突发事件,更引起山县的警觉,加紧

"皇军"化步伐。

1878年8月23日，深受自由民权运动影响，也由于政府未及时兑现参加西南战争士兵的论功行赏，反而剥减津贴，被激怒的驻竹桥近卫军炮兵第一大队的二百六十余名士兵哗变。乱兵杀死队长，拖出大炮轰击大藏卿大隈官邸，冲向赤板离宫并扬言杀尽官官相护的大臣。明治政府立即加以镇压，次日被捕的哗变士兵被押往陆军法院审讯。10月15日宣布判处结果：死刑53名，准流放18名，徒刑68名，罚役17名，惩办毫不留情。身兼陆军卿和近卫军都督的山县不惜用士兵的鲜血和生命来证明军法如铁、军纪难违，显示其铁腕冷酷的一面。

与此同时，山县在竹桥兵变后，制定了数千言的《军人训诫》，重申军纪，更集中强调军人精神。在这份文件中首次出现了"皇军"字样，更加明确了组建"皇军"的既定目标。

《军人训诫》首先强调建立"皇军"的宗旨，内称："我帝国日本陆军恰值维新盛时，一变旧来制度，采用海外之长而新创。时至今日，诸事几乎就绪，在历年各地征讨之役中，张扬皇军威武，慑服丑类，奸贼授首，速奏戡定之功，诚可谓国家之干城。"《训诫》认为日本陆军的军事技能、训练及法制规则等表层进步显著，但军人的内层精神有待完备。强调维系军人精神者不外三大元素，即"忠实""勇敢""服从"。其中，特别将第一大元素"忠实"解释为"拥奉我大元帅皇上，报效国家"，明白无误地说明军队何以为"皇军"；而对"勇敢""服从"仅作了一般性的解释，即"每临战斗则甘冒危险以成功名"，"维持军队而使三军浑然一体"。

其次，为武士道正名，剔除《读法》《征兵告谕》中的"公权""人权""平等"等欧美舶来的新观念，竭力宣扬传统的武士道意识，并将其说成是日本军人精神的源泉。《训诫》称军人精神的三大元素源发"我国自古以来的武士忠勇"；在旧幕府时代，武士位在农工商三民之上，以忠勇为宗旨侍奉主君，注重名誉廉耻；维新以来，四民平等，"今日之军人纵令并非世袭，但与武士别无二致"，也应继承武门之习，"以忠勇为宗旨"；进而，又将"忠实""勇敢"称为"传受自我等祖先，我等血脉中固有的遗物"，加上"服从"，就构成了"陆军总体的武德精神"。山县将文明开化期间对旧幕府、旧武士的批判一笔抹煞，在军人精神中复活了武士道旧意识，表层之新与内层之旧嫁接在一起，铺设了组建"皇军"的顺畅道路。

最后，山县又围绕军人精神三大要素，开列出17条有关军人日常起居动作的具体规则，规范"皇军"官兵的言行举止，如不准谈论与天皇有关的事情，对天皇"始终慕敬尊崇"；对军官必须"表现相当的敬意"，军官不可与士兵混杂相处；军官有义务协助警官，维护国内稳定；军人有责任协助警察，制止打架斗殴；军人不得私下评议朝政是非、宪法，讥讽官厅发布的告示规则或向报刊杂志投送匿名信；军人自加入军籍之日起，即宣誓戴戴皇上、效忠朝廷，不许有一念之差而有负初衷；官长爱兵，士兵相亲，全军同心，对国家尽忠节；对长官命令须恭敬执行，不许面露怒色或加以诽议，即使受了委屈也绝对服从，等等，将军人完全同自由民权运动隔离开来，一门心思做天皇的爪牙。

同年10月，《军人训诫》下发陆军各部的每个中队，贯彻执行，山县把组建"皇军"的目标又向前推进了一大步。几乎是在发布《军人训诫》的同时，山县建议设立参谋本部。同年12月，同时设置参谋本部、监军本部，分别掌管制定作战计划或军队检阅教育事项,加上主管军事行政的陆军省,山县完成了军队各主管部门的设置。山县辞去陆军卿一职,出任首届参谋本部长,加紧部署军事力量,派员到中国搜集情报,伺机扩张。

出于内政外交的需要,山县建议以最高规格,即以天皇名义颁发新的最终形成"皇军"的文件。在山县主持、参事院议官井上毅和陆军省出仕西周等参与下,经十次修改、润色,1882年1月4日,以天皇名义,向陆海军人颁布了《军人敕谕》,使山县组建"皇军"的目的终于达成。

《军人敕谕》的要点是:其一,为强调军队是天皇的附属物,公然不顾天皇失权近千年的历史事实,宣布"我国军队世世代代由天皇统率"。说"昔日神武天皇亲率大伴、物部之兵,讨平中国不逞之徒,即位并统治天下以来,业经两千五百年有余"。强调古代天皇亲自统率军队之制,虽有时委托皇后、皇太子带兵,但大多不将兵权委托臣下。换言之,强调日本军队自古以来即为天皇统率下的"皇军"。

其二,强调天皇与军队的密切关系。《敕谕》在简单回顾兵马之权一度归于武门之后,宣称王政复古,军制更新,天皇重新总揽兵马大权。天皇与军人的关系是:"朕乃汝等军人之大元帅也。于是乎,朕以汝等为股肱,汝等敬朕为头首,其亲特深",荣辱与共。

其三,列举军人必须遵循的精神:即(1)"军人必须以尽忠节为本分";(2)"军人必须正礼义";(3)"军人必须尚武勇";(4)"军人必须重信义";(5)"军人必须以质朴为旨",云云。同时,在每条要求之后,详加解释其内容、意义。最后,则强调"一片诚心最重要",即"此五条为我军人精神,一片诚心又为五条之精神也";强调"此五条乃天地公道,人伦常经,行易守易",要求军人遵守天皇的训谕,坚持实行此道,以尽报国的义务,等等。

《军人敕谕》颁发后,随即分发各部队命官兵背诵、执行。由于《敕谕》是以天皇名义发布,日本军部奉其为"万古不易的玉条",通过集体"捧读圣敕",形成与天皇"浑然同心一体"的"皇军"精神信条。一支通过征兵制建立的近代军队,终于在山县引导下成为对内镇压、对外侵略的"皇军"。

## 大陆政策

自古以来,日本就是东亚世界中不甘寂寞的角色。由于日本地邻大陆、俯瞰南洋,更由于某些好做帝国梦的统治者当权,使古代日本多次染指朝鲜半岛,导致中日关系交恶乃至兵戎相见,如7世纪唐朝与新罗联军对日本与百济联军的白村江之战、14—16世纪中期扫荡倭寇侵袭、1592—1598年中朝联军抗击丰臣秀吉发动的两次侵朝战争等。其中,丰臣秀吉不仅把战火几乎烧到鸭绿江边,而且在出兵前提出了侵占朝鲜、统治中国、君临印度等征服亚洲大陆的总体构想。在这个意义上说,丰臣堪称后来日本军国主义对外侵略总政策——"大陆政策"的始作俑者。

丰臣氏发动侵略战争以失败告终,继而统治日本的德川家康吸取教训,实行锁国体制下的和平睦邻方针。在江户幕府历代将军执政的二百六十余年间,日本未向海外派出一兵一卒,东北亚出现长时期的和平与稳定。18世纪中后期以来,林子平、佐藤信渊等经世学家纷纷鼓噪过外征论,为陷入危机的幕府封建统治找出路。其中,佐藤甚至具体规划了进攻中国、朝鲜的进军路线。1823年,佐藤向幕府进呈《宇内混同秘策》,宣称"皇国欲开拓他国,必先从吞并中国开始";而"当今最易被皇国攻取之地,莫如中国的满洲";欲攻取"满洲",应首先进占黑龙江周边地带,由北向南,陷松花江、盛京,入山海关,占领江南;一旦"将中国纳入日本版图,其他如中亚、暹罗、印度诸国"必将"慕我之德,畏我之威,叩首匍匐,甘为臣仆"。100年后,"田中奏折"曝光,国际舆论大哗。"奏折"所谓"如欲征服中国,必先征服满蒙;如欲征服世界,必先征服中国。若中国完全被我征服,其他如小亚细亚、印度、南洋各民族必敬畏我国而降服于我"的侵略大陆的方针政策,不仅在思路上与佐藤构想如出一辙,而且在措辞上竟然也大同小异,几乎是佐藤"秘策"的仿写本或转抄件,发人深思。尽管江户后期屡有外征论乱发狂想,但充其量只是为明治时代的大陆政策提供思想素材而已。德川幕府当局并未将外征论付诸行动,即使佐藤本人也在第一次鸦片战争后,目睹东亚形势巨变而改变认识,1849年著《存华挫夷论》,转而期待清朝君臣重新振作起来,强固国防,使中国永远成为日本阻挡欧美殖民浪潮的西方屏障。

1853年,美国佩利舰队远征日本。1854年,迫使幕府与其订立《日美友好条约》。俄、荷、英、法诸国竞相效仿,日本锁国体制瓦解。民族危机激化国内各种矛盾,幕府统治风雨飘摇。开埠后,国难当头,中下级武士一面举起尊王攘夷的旗帜,冲上政治舞台以展现其拳脚;一面再次鼓吹外征,转移民族危机和压迫。山县的授业老师吉田松阴即为代表人物之一。1855年日本与欧美列强订约之后,吉田认为克服难局的方针应该是信守与美俄两国订立的条约,"以亲善而制两房,乘隙富国强兵,开拓虾夷,夺取满洲,占领朝鲜,合并南洋,然后挫美折欧,则事无不克"。吉田主张富国强兵,开国攘夷,用兵大陆、东南亚,海陆并进,最后攻击欧美,称雄亚洲。吉田上述主张对其门生木户、伊藤、山县等影响强烈且深远。

1868年4月,明治政府成立不久,总裁局顾问木户主张发扬神功皇后、丰臣秀吉的遗志,用兵朝鲜半岛,较早提出"征韩论"。此后,这一论调在明治政府要员中不绝于耳,甚至酿成1873年10月史称"征韩论之争"的一场政府危机。1875年9月,日本军舰"云扬号"制造挑衅事件。1876年2月,日本迫使朝鲜订立《日韩修好条规》,把第一个不平等条约强加给朝鲜。"条规"称朝鲜国为自主之邦,保有与日本国平等之权云云,其目的在于割断清韩宗藩关系,排除对朝鲜半岛扩张的障碍。1872年日本天皇下诏琉球设藩,1874年借口台湾高山族误杀琉球人而兵犯台湾等不祥事件接连发生,中日关系日趋紧张。

在这一过程中,山县始终持强硬立场。1874年6月,山县向天皇提出《外征三策》,主张对华开战,宣称愿亲率"三万余兵蹂躏江苏,乘机北上直隶……直捣天津,以订城下之盟。其出兵区域,臣素有胸算"。在日本兵犯台湾期间,山县任"台湾蕃地事务局出仕",为侵台尽了一份力。1876年2月,山县准备一旦日朝缔约谈判破裂,则立即出动熊本、广岛两镇台之兵,侵略朝鲜。以上数例,表明山县急欲逞凶大陆、半岛,从一开始就是推行"大陆政策"的急进派、强硬派。

然而,明治初期的日本国力、兵力有限,虽怀侵征海外的异志,却颇感力不从心。于是,充实军务、积蓄国力,成为明治政府要员们苦心经营的急务。身为参谋本部长的山县更是周密策划，加紧对华军事情报的搜集。1879 年秋，在山县的指派下，以中佐桂太郎为首的十余名参谋本部的军官来到中国。这批日本军官在友好访问的名义下，抵天津、游北京，在华北一带四处活动。访华期间，他们详细调查、侦察中国的兵制、军备和地理等类情报。回国后，立即向山县提出对华作战的计划。山县意犹未尽，1880 年又在学汉语的名义下，将精选出来的十余名研究生派往中国，带队的军官是参谋本部第二局的要员小川又次。在小川的安排下，这些学语言的学生活跃异常，四处探察中国各地情况，搜集了大量情报。回国后，依据上述侦察结果，由参谋本部第二局编纂课编成《邻邦兵备略》和《支那地志》。《邻邦兵备略》由高级谍报军官福岛安正主持编辑，全书计六册，详细描述中国的兵制结构、军队配备和装备状况，并称之为用兵中国的必备之物。山县也明白其价值，因而在同年 11 月 30 日将其捧呈天皇供"御览"，并顺便附上一份关于扩充军备为当务之急的报告，促请天皇支持。

1882 年 1 月 4 日天皇的《军人敕谕》颁布两天之后，1 月 6 日，参谋本部长山县与陆军卿大山岩联名提出扩军建议。在建议中，山县颇为各镇台兵员缺额而焦虑。他认为，在国力允许的范围内，只能配置四万余名常备军。即使如此，在征兵制定行数年之后，仙台镇台仍缺员步兵两大队、炮兵工兵各一中队，名古屋、广岛两镇台缺员炮兵工兵各一中队。在山县看来，地近半岛、大陆的以上三镇台兵员缺额，"不仅关系到体面问题"，而且"万一面临有事之日，始论兵备不足，则为时已晚"。山县强调，即使给政府财政造成压力，也必须调配经费，自当年起，按《征兵令》规定的兵员名额，组成整编师团。

1882 年 7 月 17 日、23 日朝鲜士兵愤恨闵氏家族克扣军粮兵饷和日本军事教官的跋扈，举行暴动，史称"壬午兵变"。暴动士兵焚烧兵曹判书闵谦镐宅院，开仓放粮，杀死日本教官并包围了日本公使馆。7 月 24 日，暴动士兵杀死闵谦镐及领议政李最应等大臣，搜捕弄权误国的闵妃，汉城处于无政府状态。混乱中，日本公使花房义质自焚使馆，率馆员逃回长崎。7 月 30 日日本政府接到花房的兵变报告后，立即召开紧急会议、商讨对策。山县主张以军事压力为后盾，逼迫朝鲜接受日本新的要求。在日朝谈判期间，山县以参谋本部长和代理陆军卿的双重身份，调集东京镇台的骑兵、辎重兵、宪兵，与熊本镇台兵组成混成旅，随时准备出动。这是日本陆军创立以来第一次用兵海外的总动员，而发令者正是山县。8 月 30 日，日本迫使朝鲜订立《济物浦条》，勒索赔款 55 万元，第一次取得兵进汉城的海外驻军权。

1884 年 12 月 4 日，在驻朝公使竹添进一郎的参与策划下，金玉均等开化派发动政变，刺杀守旧派大臣，劫持国王并召日军入宫警卫。开化派随即组成新政府，企图搞一场日式"明治维新"，史称"甲申政变"。驻朝清军应邀出动，与朝鲜士兵击退日军，救护国王。三天后，新政府垮台，开化派四散逃亡。消息传到东京，日本政府再次召开紧急会议，商讨对策。山县仍持"壬午兵变"时的立场，主张以武力为后盾，向朝鲜政府施加压力，促订新的不平等条约。1885 年 2 月《汉城条约》订立，日本逼迫朝鲜道歉、谢"罪"，赔偿损失，允许在日本公使馆附近修筑兵营，进而强化在半岛的殖民阵地。

"甲申政变"期间，清军击败盘踞王宫的日军，在近代以来首次中日武装冲突中小胜。急于创立政绩以图飞黄腾达的清朝驻朝大员袁世凯得意扬扬，踌躇满志，跋扈于朝鲜。猝遭小败的日本并不甘心,遂以中国为假想敌国,展开为期十年的全面备战。在这个过程中,山县发挥了独特作用。其一,在出任内务大臣期间,一面抓扩军备战,一面加紧镇压国内反对派,整备近代天皇制,强化举国一致体制。1885年12月,伊藤博文废止太政官制,改行内阁制,山县入阁,出任内务大臣。上任伊始,山县即协助伊藤,制定官制通则、各省官制和地方官制,淘汰冗员、节约开支、整肃官纪,形成一支重学历、才能的高效率的官僚队伍。

1887年11月,山县针对抨击政府的风潮再次涌动,指使警视总监三岛通庸发布第二十号"警察令",限制公众集会。12月,发布《保安条例》,严禁秘密结社或集会;赋予警察解散集会、逮捕召集人的权力;加强对出版物的管理;禁止民权派人士在皇宫周围12公里以内行走或居住;对煽动人心、阴谋制造内乱者严惩不贷等,打击民权运动的残余势力。在山县的直接指挥下,同年12月,将云集东京的五百七十余名民权派人物悉数驱逐,逮捕、关押片冈健吉等为首的15名民权活动家,平息了自由民权运动的余波。

1888年1月,山县向首相伊藤提交扩充军备的建议书。同年4月,山县为将近代天皇制的统治网络遍及地方基层单位,公布市制、町村制,规定市长任命须经内务大臣批准,自治权有限的町村则受府县的严密控制。同年12月,山县为调查欧美各国的地方制度,率团考察法、德、意、奥、俄、英、美等国十个月。欧美国家的富足、强大,使山县再次受到冲击,认为:"世界上最强大开明之国,也是最富足之国。这些国家均以倍增的生产劳动力增进财富……须知我国将来欲同此等国家比肩对峙,则在目前形势下以增加财富最为紧要。"山县说:为增加生产,就必须少发议论,不误正业。为此,就必须防止自治团体市町村成为政党纷争的工具。于是,1890年2月,内务大臣山县召开地方官会议,强调"市町村是国家行政组织的最基层单位,实乃国家的基础"。因此,必须"取中正之路",即使中央政局动荡,市町村也保持稳定,置身政党政争之外,自治自立,使居民皆做天皇的"忠良臣民"。在考察地方民政的同时,山县对欧美军事颇感兴趣,特意带上几名陆军省的现役军官,调查各国的军制装备。欧洲君主国也看好这位日本军政界的巨头,山县访问过后,意、俄、德等国皇帝分别授之各种勋章。

其二,以首相身份公布了明治政府的"大陆政策"。1889年12月,山县以现役陆军中将的身份奉命组阁,是为第三任日本首相。与此前伊藤博文、黑田清隆内阁相比,山县内阁的军事色彩强烈,主要表现为:第一,首相本人为现役将官。1890年6月山县升任陆军大将,是为当时最高军阶。第二,强调内阁阁僚服从命令,听指挥,行动一如军队。山县对其阁僚的要求是不经天皇特别批准,不得自行对外发表意见;为确保阁僚的一致,对外经统一口径、严守机密,辞职后仍须对政务等保守秘密。为此,山县迅速调整阁僚,提拔资格较低的桦山资纪任海相、芳川显正任文相、陆奥宗光任农商务相、大山岩任陆相、平日相交密切的西乡从道任内务相、松方正义任藏相等,确保首相能够令行禁止。第三,举行第一次陆海军联合大演习。1890年3月,第一届众议院选举在即;然而,身为首相的山县更关注军事演习。自3月30日起,连续四天之内,在关西举行了名古屋第三师团、大阪第四师团、近卫师团和二十余艘军舰参加的陆海军联合大演习,向国内外炫耀兵威。出现在演习现场的首相山县,一身陆军大将的戎装,神气活现。

经过多方面的准备，1890年12月6日，山县终于在众议院发表了总理大臣的施政演说，公开其"大陆政策"。在演说中，山县提出"圣天子的宏远皇谟"和明治官僚的"翼赞计划"是"大局的方向"，即对外扩张、雄飞东亚是明治政府的既定方针。为此，在1891年的政府预算方案中，必须将大部分经费用于军费，以"保持国家的独立"与"振张国势"，强调这是帝国臣民必须"同心协力""永远不懈追求的目标"。

接着，山县抛出"大陆政策"的理论依据，说："盖国家独立自卫之道，一是守卫主权线，二是防护利益线。何谓主权线？此乃国土疆域。何谓利益线？此乃与我主权线的安全紧密相关之区域。凡国家者不能不守卫其主权线，又同样不能不保护其利益线。立足当今国际世界，欲维持国家独立，仅守御主权线犹嫌不足，必亦防护利益线。今日令吾等果欲守护主权线，亦保护利益线以完全达成国家之独立，固非一朝空言之所能。必须在国家财力允许的范围内，积寸累尺，以进入显现成绩的境地，故由此产生必须划割巨大金额于陆海军开支的需要。"

山县的"主权线""利益线"等"两线论"虽被其标榜为"国家独立自卫之道"，但它并非专守自卫，而是主动出击。出击的区域是与日本国家疆土邻近的区域，当然是指邻国中国与朝鲜。"征韩论""征清论"是山县长期以来抱定的目标，如今当上身穿军装的日本首相，山县就更加迫不及待地亮明旗号，并使之沾上"圣天子宏远皇谟"的灵光，说成是"帝国臣民"齐心追求的不变目标。特别是在"两线论"中，山县通过对"主权线""利益线"相互关系的论述，使"大陆政策"理论化，成为日本政府侵略中国、朝鲜的既定方针和日本军国主义对外扩张的长期核心政策。1891年4月9日，山县提出辞呈，5月6日位列元老，继续推行由其理论化的"大陆政策"并通过指挥一连串的侵略战争，使之成为现实。

实施"大陆政策"的第一步，是侵占朝鲜半岛。1894年半岛风云突变，为日本提供了机会。这年2月东学道农民起义军以"济世安民""逐灭倭夷""尽灭权贵"为口号，迅速占领首府全州。忠清道、京畿道、江原道、黄海道等地农民纷纷响应，顿成燎原之势。早已插手半岛、现又将朝鲜划入"利益线"范围的日本政府，密切关注事态的发展。6月2日，驻朝代理公使杉村报告朝鲜国王已吁请清兵入朝镇压内乱，日本政府立即决定以此为借口，出兵侵朝。6月5日，设置大本营，策划日军在"八重山"等军舰的掩护下，直扑汉城。6月12日日军混成旅先头部队在仁川登陆。7月16日，日本与英国订立新的《通商航海条约》，日本完成开战的外交准备。7月23日，日军攻占朝鲜王宫。7月25日，日本联合舰队袭击中国运兵船，驻龙山的混成旅向牙山攻击前进，甲午中日战争爆发。在上述策划战争的过程中，山县出席各类会议，主张对华作战。6月24日，山县还就开战的方略问题，提出有关大本营运作、海军动用方法、釜山兵站设置、陆军师团出动顺序等具体建议。

8月1日，明治天皇发布《宣战诏书》。8月8日，山县出任第一军司令。9月8日，山县率第三师团、联合舰队赶赴朝鲜，亲自指挥侵略战争。9月13日，山县进入汉城，随即发布了进军命令书。山县命令日军官兵"勇往直前"，"屠戮敌国首府"，"宣扬大日本帝国的威武于世界"；要求日军"进死为荣，退生为耻，不屈不挠，电击飙驰，早日达成城下之盟，速安宸襟"；说"军人虽不应杀戮降兵，但勿陷其欺诈之术"，又说"敌国自古以来生性残忍"，"决不可被敌生擒"等。在命令书中，山县公然将"屠城"定为目标,攻击中国人"残忍""欺诈",要求日军疯狂杀戮,从中不难发现战争期间日军暴行累累的根源所在。

在山县指挥下,9月16日日军攻占平壤,10月3日进占顺安、肃川、安州、义州。10月25日,指挥第一军攻入中国境内,连陷虎山、九连城,继而侵入安东、海城等地。第一军接连得手,天皇褒奖有加。攻占平壤十天后,山县赋诗《平安道上》,称"平安道上秋将老,却想奉天城外霜"。表明他不仅要侵占朝鲜,还要将战火延烧至中国。当日军渡江侵华时,山县又为《鸭绿江军歌》填词,鼓动日军到中国来杀人放火。山县为实施侵朝侵华的"大陆政策"竭尽全力,以至到达安东时染病在身,12月奉诏回国。途中,山县又起草"征清计划",向天皇建议歼灭北洋水师,攻占山海关、威海卫,直下北京,迫使清朝订立城下之盟。山县的建议深受天皇赏识,12月18日下诏嘉奖,准许其辞去第一军司令之职,转任监军,以元勋资格参与军国大计。

1895年5月,日本通过《马关条约》,将清朝势力挤出朝鲜半岛,割取中国领土台湾、澎湖,勒索赔款23000万两白银,增开沙市、重庆、苏州、杭州等口岸,将殖民触角伸入中国内地,实现了"大陆政策"的若干目标。甲午一战,中国愈加衰落而不可收拾。以此为代价,日本崛起。山县因侵略有功、倍受荣宠,同年叙二级功,获金鸢勋章、旭日桐花大绶章,封侯爵。12月再叙止二位官位,成为天皇倚重的肱股之臣。

甲午战后,日俄围绕朝鲜半岛的霸权争斗日益白热化。俄国加紧修筑西伯利亚大铁路,并凭借在东北亚迅速增强的军事力量,对日展开争夺。1895年4月,俄国联合法德两国,发动三国干涉还辽的外交攻势,迫使日本吐出到口的肥肉——辽东半岛,进而在1898年3月强租旅顺、大连,封堵日本向中国东北扩张的进路。1895年10月,日军闯进朝鲜王宫,残杀闵妃,招致国际社会一片谴责,日本外交陷入被动,1896年2月,俄国乘机行动,诱使朝鲜国王迁居俄国公使馆,史称"俄馆播迁"。在长达一年的"俄馆播迁"期间,俄国在朝鲜接连取得过问政治、控制军事、开采咸镜道矿山森林等权利,在日俄争斗中一时占据上风。

面对强敌俄国的步步紧逼,日本政府推行韬光养晦的"卧薪尝胆"策略,一方面鼓吹日俄协商论,一方面加紧对俄备战。此时,赞成日俄协商论的山县充当了帝国策略的率先实行者。1896年5月,山县主动请命,作为特命全权大使,借出席沙皇尼古拉二世加冕礼之机,亲赴莫斯科开展日俄协商谈判。在同俄国外交大臣洛巴诺夫的谈判过程中,山县提出以汉城为界、朝鲜半岛南北分别划归日俄支配的建议,成为列强大体沿三八线割占半岛的最早倡言人。俄方虽拒绝了山县的建议,却在6月9日签署的《山县—洛巴诺夫协定》中,同意日俄双方共同援助朝鲜的财政改革,驻扎数量相同的军队,训练朝鲜的军队警察,南北分区架设电信线等。山县此行,取得与伊藤博文1885年4月赴天津、与李鸿章订立《天津条约》,取得朝鲜出兵权大致相同的外交成果,并一举扭转了自残杀闵妃、朝鲜国王"俄馆播迁"以来的外交被动局面,为进占半岛奠定了基础。

1898年11月,山县奉命第二次组阁,至1900年9月提出辞呈,第二届山县内阁面临的最大外交课题,是利用八国联军侵华之机,进一步推行"大陆政策"。日本通过《马关条约》、大肆劫掠中国的侵略行为,刺激列强掀起瓜分中国的狂潮。

割地狂潮造成中国空前的民族生存危机,"扶清灭洋"的义和团运动迅猛发展。至1900年5月,京津一带形势紧张,列强联合出兵镇压。6月中旬,西摩率领的八国联军在进京途中受到义和团武力拦截,被迫退回天津。山县以为显示日本军事实力并从中国劫掠更多殖民权益的时机已到,6月15日召开内阁会议,决定出兵侵华,并照会各列强。列强担心日本尾大不掉,反应冷淡。6月23日,山县利用西摩联军败退天津、北京使馆告急的机会,指使外相青木周藏会见列强驻日公使,再次表明日本增派军队侵华的意向。英国公使率先赞成,其他列强也同意日本出兵侵华。7月12日,山县命第五师团出动,使日军侵华总兵力达两万两千余名,成为八国联军攻陷北京的主力。8月14日,八国联军总攻北京,日军自朝阳门、东直门、东便门攻入内城,15日攻陷紫禁城,烧杀抢掠。就在列强逼清政府订立《辛丑条约》的一周前,10月19日山县辞去首相之职,坐享元勋优遇。继任首相是山县极力推荐的伊藤博文,一个擅长利用军事胜利,在谈判桌上宰割中国、鲸吞韩国的帝国外交老手。对在任期间处理八国联军侵华事件之举动,山县颇为得意。1900年11月13日,在写给其亲信的书柬中,山县做了如下总结:"当清国变乱之际,我军作为主力打破北京重围,达到战争之目的……由此开始了媾和谈判,当然应当努力争取与各列强同等的权利。"为争得与列强平起平坐、分享在华殖民权益这一新目标,需要举荐头脑灵活、善于捕捉时机的外交家伊藤,使"外交政略目的不受内阁更替的影响,始终一贯,并益加刚柔相宜"。伊藤倒也不负山县厚望,立即展开与俄国争夺朝鲜半岛和中国东北地区的外交活动。

由于俄国借口镇压义和团,出兵占领中国东北,与日本发生激烈的利益冲突。两国矛盾日益不可调和,日俄协商方针走进死胡同。然而,日本无法靠自身力量与俄国对抗,于是日英同盟论抬头。山县也迅速抛弃日俄协商论,转而热心鼓吹日英同盟论。1901年4月24日,山县向首相伊藤提出名曰《东洋同盟论》的建议,认为八国联军占领北京后,列强所谓"保全中国"不过是重新均衡其各自利益的借口,中国被瓜分在所难免;强调俄国意在独占中国东北,"日俄关系虽未破裂,但早晚难免一大冲突。如果俄国恃强进而侵犯日本的权利线,则必须下决心阻挡之";为此,应当借他国援助,抑制俄国南下势头,所以日本应与英、德两国结成同盟;认为建立了这样的同盟,方能"维护东亚的和平",有利于日本扩张通商、振兴工业和经济,并在他日寻找时机,将福建和浙江变成日本的势力范围。山县还敦促伊藤"作为今日之计,唯在尽速建立此种同盟。好机会一旦失掉,则追悔莫及"。

《东洋同盟论》是山县对日本外交新选择的重要表态,但依旧热衷于日俄协商、"鲜满互换论"的伊藤对日英同盟半信半疑。6月2日桂太郎组阁后,日本政要分为日俄协商与日英同盟两大派,展开激烈争论。9月13日,桂太郎在三田私邸举行宴会,为即将赴欧美考察的伊藤钱行。杯觥之间,争论再起。持日俄协商立场的伊藤劈头提出"若俄国接受我方要求,政府如何决定"的问题,要求山县、桂太郎等表态。神色严肃的山县立即反击,强调"日英同盟是事关东洋全局的大问题","有关国际问题的大事不可独断",要求伊藤必须注意随时报告俄国的反映,由政府决定取舍。伊藤未等山县把话讲完,已面露不快之色,说:"如果提出这样的无理要求,干脆停止欧美之行。"首相桂太郎连忙出来打圆场,先自责本人"原非作首相的材料","全凭诸公奖掖支持",若事无大小皆烦劳"圣裁"则非臣子本分,但外交事关国家安危,"切望诸公注意"。于是,当场做出决定:伊藤按原订计划出访,有关外交事项则须报告首相并经天皇批准。

伊藤访俄无果而终,访英则受到盛情款待。11 月 15 日,伊藤电告首相桂太郎,表态支持日英同盟,山县极力主张的日英同盟论成了日本政府外交的基调。1902年 1 月 30 日《日英同盟条约》签字,规定双方互相承认各自在中国和韩国拥有"特殊"利益;日英结成军事攻守同盟关系,共同对抗俄国。

《日英同盟条约》的订立,为日本发动对俄战争做好外交准备。1903 年日本在加紧战备的同时,多次举行元老会议、内阁会议和御前会议,商讨对俄方针。其基本要求,是在同年 4 月 21 日山县、伊藤、桂太郎和外相小村寿太郎等四巨头在山县府宅京都无邻庵的会议上决定的方针,即强烈要求俄国撤出中国东北;日本承认俄国在东北的优先权,作为交换,俄国必须承认日本在朝鲜半岛的优先权。10 月,小村遵照上述方针,开始与俄驻日公使罗善谈判。俄国态度强硬,坚持在东北的全部殖民权益,限制日本在朝鲜半岛的行动自由。日本决心首先夺占朝鲜半岛,再图中国东北。日俄矛盾愈发不可收拾,1904 年 2 月战争爆发。6 月,山县出任参谋总长兼兵站总监,负责战争计划的制定和后勤保障。1905 年 7 月,山县还亲赴沈阳、辽阳等地,召开前线军长会议,具体部署对俄作战。8 月,山县回东京参加内阁、御前会议,商讨对俄媾和条件。9 月,日俄订立《朴次茅斯和约》,日本取得对韩国的指导、保护、监理权,俄国将旅大租借权、"南满"铁路经营权和南库页岛转让日本。日本通过日俄战争,取得进而推行"大陆政策"的前进基础。山县再次为扩充日本殖民帝国的基业出了大力,1906 年 4 月 1 日,天皇功行赏,山县被叙一等功,获金鸳勋章,赐赏金 1500 元并授菊花章颈饰。1907 年 9 月,山县晋升公爵。

此后,在 1910 年 10 月,日本吞并韩国,1914 年 1 月提出灭亡中国的"二十一条"要求等重大侵略举动中,都可以看到山县活跃在台前幕后的身影。直至 1922年 2 月病故,在某种意义上,可以说终其有生之年,山县始终是"大陆政策"最卖力的推行者。

# 弄权宫府

明治维新期间,维新功臣们随其政治地位的提高,逐步演化为藩阀官僚。他们以出身萨摩、长州藩的藩阀为核心,长期垄断政权。经过 1873 年"征韩论"政变、1877 年西南战争和 1881 年"明治十四年政变"的淘汰,第一代领导人大久保利通、西乡隆盛和木户孝允等早逝。第二代领导人伊藤博文、山县有朋、松方正义等取而代之,继续推行萨长独尊的藩阀政治。其中,伊藤主管立宪政体设计,萨摩阀大藏卿松方负责整顿财政,各自独当一面。相形之下,山县在立足军界,埋头组建"皇军"的同时,也涉足其他部门。仅在 1882 年一年,山县就曾在 3 月代理陆军卿,5月代理工部卿,9 月代理内务卿、大藏卿和农商务卿,主管过多门业务,俨然藩阀政府的大台柱。

1889 年帝国宪法颁布,近代天皇制确立,山县更成为天皇制特权机构的政要巨头。1891 年 5 月 6 日,山县被天皇指定为继黑田清隆、伊藤博文之后的第三位元老,在政界举足轻重。之所以这样说,是因为元老拥有不受宪法制约的"通天"渠道和特权待遇。正因为如此，在为数众多的藩阀官僚中，有幸受到天皇青睐、下诏书指定为元老者，仅黑田、伊藤、山县、松方、井上馨、西乡从道、大山岩、桂太郎、西园寺公望等九人而已。一旦位列元老，就具备了直接面见天皇、处理重大政务的职能，占据政权运作的枢要，有权决定继任首相的人选。这是山县弄权宫廷、内阁即宫府之间的必备条件。较之黑田任元老11年，伊藤任元老20年，松方任元老23年，井上馨任元老14年，山县任元老31年。可以说，在同一代藩阀中，山县奔走宫廷、凌驾内阁的时间最长，这是其弄权的一大特点。

　　此外，山县先后在1893年3月、1905年12月、1909年11月出任枢密院议长。其任职次数，仅次于先后四次出任枢密院议长的伊藤，其他如黑田、西园寺等只做过一任枢密院议长。三次出任此职，是山县弄权的另一重要条件。枢密院原本为审议帝国宪法于1888年设置，宪法颁布后，枢密院成为常设机构，拥有宪法所规定的"应天皇咨询，审议重要

山县有朋内阁

国务"的权力。其咨询范围广泛，包括发布与《皇室典范》、宪法及附属法令、宣布戒严有关的敕令，签署条约等，故枢密院有"钦定宪法守护人"之称。此外，由于枢密院背靠天皇，藩阀官僚经常凭借皇权的威力，抑制政党势力，干涉内阁施政。

　　总之，位列元老并多次出任枢密院议长，加之在军界根基深厚，使山县自1900年以后，日益热衷于弄权宫府，并经常与另一政治巨头、时任政友会总裁的伊藤发生冲突。1903年6月下旬，首相桂太郎对棘手的日俄交涉和国内意见分歧颇感头痛，特邀请山县、伊藤至首相官邸，陈述准备辞职，由伊藤出面组阁。山县和伊藤认为内阁更替并非当今急务，婉拒桂的请求。7月初，桂太郎又向天皇提交辞职书，虽被拒绝，却依然去意执着。山县厌恶政党政治，主张让伊藤出任枢密院议长，从而收到迫使其辞去政友会总裁，也让桂太郎打消辞职念头的双重目的。为此，他展开幕后活动，说服大山、松方等元老支持其主张。因此，当天皇召见山县、松方，询问内阁更替事项时，山县、松方奏告"目前时局不允许内阁更替"，要求挽留桂太郎。面谈中，山县又顺便向天皇告了伊藤一状，说"伊藤作为政友会总裁，往往掣肘内阁，阻碍国政的运作"，建议天皇让伊藤辞掉政友会总裁，转任枢密院议长，以收一致合作、支持桂内阁之效。天皇采纳了山县的意见，命山县、松方前去挽留桂太郎，天皇本人则亲自召见伊藤，下诏任其为枢密院议长。

　　天皇的旨意让伊藤大出意外，虽不能当面顶撞，也未立即奉旨照办，请求天皇同意他暂时考虑些时日。伊藤退出皇宫后，天皇侍从长德大寺实则立即两次给山县写信，密报伊藤的反应。颇识宦途诀窍的伊藤为弄清天皇旨意的由来，找到山县

门上。当他得知是山县推荐其出任枢密院议长时,不禁怒火中烧。待山县又说到诸元老均同意伊藤转任枢密院议长后,伊藤更拉长了脸。山县见此情形,索性亮明底牌:"你任政友会总裁,桂太郎就必须辞职。"强调"目前时局下变更内阁尤为不利,元老们应当一致合作,支持桂闪阁,以实现对俄交涉的目标"。山县把话挑明,伊藤也不便再说些什么难听的话。几天后,桂太郎上奏天皇,表示遵奉敕旨,收回辞呈、请求继续留任。在这场府院最高长官去留之争中,山县的主张和目标逐一实现,显示出其弄权的老辣政治手腕。

1909年10月伊藤被刺于哈尔滨之后,山县位居群臣之首,愈加起劲地弄权宫府。1912年7月明治天皇驾崩,皇太子嘉仁即位,改元大正。至此,日本已成为东北亚帝国主义强国。大正年间的日本政坛已不同于明治年间,元老所剩无几,藩阀寡头政治面临着越来越尖锐的挑战。中国推翻帝制的辛亥革命、俄国修筑西伯利亚大铁路复线、韩国独立风潮涌动等新态势,从不同角度冲击日本。山县虽仍能以元帅身份保持着对军界的影响,并以天皇最高顾问、首席元老的资格控制着枢密院、贵族院和首相人选,却也日感力不从心,愈加体味到高处不胜寒的孤独、悲哀和不安。凡此种种,说明寡头政治已经成了明日黄花。

在山县晚年政治生涯中,"大正政变"使其受到沉重打击。1912年11月12日,第二届西园寺公望内阁的陆相上原勇作在山县支持下,正式提出增设陆军两个师团的要求。政友会总裁、首相西园寺鉴于工商界和众议院中的政友会、立宪国民党议员反对扩充陆军的意见,提出折中方案,即1913年度预算无法增设陆军两师团,只能推迟一年实行。然而,跋扈多年的陆军不买西园寺的账,态度十分强硬。11月30日,上原拜访西园寺当面施压。12月1日,西园寺在内阁会议上再次否决陆军的增设师团方案。上原当日去椿山庄拜见山县,报告陆军方案被否决的经过。经过山县一番指点,上原赶回陆军省策划反击措施。12月2日,上原赴青山离宫进谒天皇,指责内阁无视国防建设,作为陆相无法与其他阁僚共事,提出辞职书。内阁陆相缺额,难以续存。天皇又派内大臣桂太郎找西园寺了解情况。颇受压力的西园寺当天即举行临时内阁会议,商讨解决办法。12月3日,西园寺拜见天皇,陈请山县协助解决陆相缺额问题,但山县拒绝合作。12月5日,被陆相辞职弄得狼狈不堪的西园寺只好宣布内阁总辞职。

力图在财政整顿方面有所作为的西园寺内阁,由于山县操纵陆军发难而垮台了。消息传开,舆论大哗。政友会总部电告全国支部辞职经纬,引起普遍不满和愤慨,"反对增设师团""打破阀族"的口号不胫而走。立宪国民党起而声援,新闻记者、律师、实业家、普通国民纷纷响应,在日本各地举行时局恳谈会、演说会、市民大会、县民集会,"排除元老干政""拥护宪政""排阀兴民"等口号喊得震天响。12月14日,政友会骨干尾崎行雄和国民党要人犬养毅等组成宪政拥护会,并于12月19日在东京歌舞伎座剧场召集第一次宪政拥护大会。与会者三千余名,多数为实业家、学生、市民。平时在国会中争斗不已的各党议员也放弃歧见,联合行动,异口同声地抨击横暴的藩阀,最终把矛头指向其魁首山县有朋。会议通过"打破阀族""拥护宪政"的行动口号,掀起大正民主运动的第一波。自1900年3月第二届山县内阁发布《治安警察法》,取缔集会、结社、言论自由并禁止工会运动,特别是1910年5月桂太郎内阁制造"大逆事件"的冤狱、残酷镇压社会主义者以来,舆论界的沉闷局面大为改观,日趋活跃、激烈。

面对汹汹而来的舆论攻击和政潮风波,山县焦灼不安。12 月 6 日,山县与大山、井上等应召进宫举行元老会议,决定让西园寺收回辞呈。山县在会后立即拜访西园寺,劝他"为了君国"继续留任,却被西园寺断然拒绝。碰了钉子的山县只得再开元老会议,商定继任首相。松方正义、平田东助、寺内正毅、山本权兵卫等先后被举荐为继任首相,但松方托病不出,平田自知资历浅薄、知难而退,寺内不受舆论欢迎,山本表示:"长州巨头是破坏政局稳定的罪魁祸首,收拾局面的责任应由其自负!"公开撂挑子。山县失去对政局的控制能力,内心十分沮丧。

西园寺辞职已过去十余天,继任首相人选居然毫无着落。面对日益纷乱的政局,元老大山、井上冷眼旁观。山县急得团团转,说:"我被政党指责为推倒西园寺内阁的策划人,有人竟狂呼应刺杀我。"承认"我本一介武夫,自身并非政治家"。但"上对先帝和当今天皇,下对国民,不胜惶恐。当此难局,只能身不由己地负起责任,以老残之躯,报效君国"。12 月 17 日,山县在元老会议上自荐并同时推荐桂太郎出任首相,最后选定了后者。

桂太郎是山县的亲信,曾在山县举荐下分别于 1901、1908 年两次组阁,对山县感恩戴德。这次又被山县举荐为首相,其感觉却相当复杂。在入宫拜受天皇的首相任命后的第二天,12 月 18 日桂太郎前往椿山庄拜会山县,表示组阁后各项政务"不劳您的指示",建议山县"最好在山庄静养",少过问政事,摆出脱离元老政治的姿态,以取悦舆论。眼看被自己一手提拔起来的桂太郎一脚踢开,山县自然另有一番滋味在心头。为坐稳首相的交椅,桂太郎主张陆海军的扩军计划一概推迟,并纠集了国民党脱党议员和中央俱乐部派议员,成立新党立宪同志会,与政友会、国民党展开较量。

然而,桂太郎的新举措并未收到预期效果。萨摩阀控制的海军对推迟海军扩军计划强烈不满,海相斋藤实一度拒绝留任,直到 1912 年 12 月 21 日,桂太郎才勉强组阁。政党势力随之掀起猛烈的倒阁运动。1913 年 1 月 24 日,政友会在东京举行第二次宪政拥护大会。2 月 1 日,出席大阪宪政拥护大会的群众多达三万余人,盛况空前。2 月 5 日,政友会、国民党议员在国会提出对桂内阁的不信任案,超过半数的议员签名支持,桂内阁摇摇欲坠。关键时刻,天皇介入,下诏书命国会休会五天,给桂内阁提供了回旋余地。上述情况,均经安插在国会的亲信河村、松山等密报山县。2 月 7 日,山县与宫内相渡边千秋会面谋划孤立西园寺,抑制政友会的攻势。2 月 9 日,天皇突然召见西园寺,责令其退出政争并设法撤回对桂内阁的不信任案。

然而,批判藩阀元老寡头政治的风潮已难以遏制。五天的休会期转眼结束。2 月 10 日早晨,海军大将山本权兵卫乘马车来到桂太郎府宅,痛骂"山县和你挟新皇、玩弄威势,闯下扰乱天下的大祸!"要桂太郎赶紧下台。山本也是藩阀,其言行出于海军阀与陆军阀的利益冲突,自然不能同护宪派同日而语。真正对桂内阁构成威胁的,是护宪派政党领导下的民众运动。2 月 10 日清晨,国会议事堂四周气氛异常。警视厅调集 5000 警察在议事堂前布置了三道警戒线,阻止护宪派议员进入国会。不久,在上野公园、神田举行过国民护宪大会的数万群众,簇拥着护宪派议员涌向议事堂,与警察发生激烈冲突。警宪出动马队,野蛮镇压。惨遭殴打的群众怒气难泄,纷纷冲向市街,袭击、焚烧御用报社和警察岗楼。东京市内秩序大乱,大阪、神户等关西城市也发生流血冲突。群情汹汹、内乱一触即发,2月11日,短命的桂太郎内阁被迫总辞职。这场民众倒阁成功的事件前所未有,史称"大正政变"。

"大正政变"是对山县为核心的藩阀寡头政治的沉重一击,对此,山县只能在事后斥责桂太郎处事急躁,却再也无力回天了。数年后,山县又因介入皇太子选妃事件而再次受到猛烈攻击。不过,这次攻击力量不是来自护宪派和民众,而是来自日益嚣张的右翼势力。

1920年7月,一则新闻轰动日本:大正天皇病重,精神"倦怠""语言障碍""语意不清"。接着,社会上纷纷传说大正天皇在议会开幕式上将读过的诏书卷成一个纸筒,当成望远镜,四处窥望。天皇的失态是病情加重的反映,皇太子裕仁摄政和选定皇太子妃的问题提上日程。大正天皇曾内定久迩宫良子女王为皇太子妃,其生母来自萨摩藩的岛津家族。代表长州藩阀利益的山县唯恐萨摩阀借选妃膨胀势力,遂以岛津家族成员多患色盲为由,主张取消婚约。为此,山县设法让长州阀中将中村雄次郎当上宫内大臣,敦促久迩宫家族解除婚约。

久迩宫家族不甘示弱,一番策划后,由裕仁和良子的老师松浦重刚出面反击。松浦拾起君臣名分论和"天子一言九鼎"的信条,强调大正天皇的决定不可更改,取消婚约必有损天皇威信。在萨摩阀、宫中势力的默许与支持下,头山满、内田良平等黑龙会右翼势力头面人物一齐出动,攻击山县玩弄阴谋,垄断权力,跋扈宫廷,必欲诛之而后快。右翼团体在1911年2月11日"纪元节"那天,参拜过明治神宫后,举行国民大会,公开责骂山县。为防止引起动乱,受到内外压力的宫内大臣中村只得在"纪元节"的前一天,宣布皇太子妃的婚约业经内定,不得变更。山县弄权宫廷的计划落空。萨摩阀和宫中势力乘势反击,2月19日罢免中村,由萨摩派的牧野伸显出任宫内大臣。连遭失败的山县以年老为由,3月21日上书天皇,欲辞掉各种官职和头衔。后经天皇慰留,山县总算保住了一点面子,但从此在政治上一蹶不振。

平日凭借权力、地位荣耀支撑而以老健自诩的山县,随着权势的骤失而身心俱疲,各种疾病找上门来。1922年2月1日,体衰多病的山县在小田原古稀庵中病故,享年84岁。2月9日,天皇为其举行国葬,遗骸入葬东京小石川音羽护国寺。

纵观山县的一生,从崛起草莽到位极人臣,其从军、从政生涯颇多波澜。在倒幕维新时期,山县的言行基本上顺应了历史潮流,从而确立了他在日本近代史上的地位。在走向帝国主义的过程中,山县为日本殖民帝国的建立耗尽心血、效劳犬马。山县不仅创设了对外侵略扩张的得力工具——"皇军",而且制定了日本军国主义肆虐东北亚的总方针——"大陆政策"。山县自称为"一介武夫",但这个"武夫"却颇具政治头脑,因而使其继西乡隆盛之后,成为立足军界、掌握政治支配权和特权的最大军阀。其青云宦途,特别是先后两次以现役陆军大将、元帅的身份组阁的经历,使山县体会了权力在手的威势和甜头,也使平素"君国"不离口的皇权主义者山县飘飘然,情不自禁地弄权宫府。然而,日益迷恋权力、利益的山县,终因弄权而失势,并大丢体面。追逐权势者难免被权势所累或被专制权力所腐蚀,古今中外,概莫能外。

# 和平斗士

## ——拉宾

## 人物档案

简　　历：伊扎克·拉宾早年参加犹太工人党活动，后在以色列担任要职，出任总理一职直到最后被不幸暗杀。

生卒年月：1922 年 3 月 10 日～1995 年 11 月 4 日。

安葬之地：耶路撒冷的赫茨尔山公墓。

性格特征：直率、果断、务实。

历史功过：推动以色列建国进程，同时推动中东和平进程所做的努力而获得诺贝尔和平奖，其在经济、外交、国防也有令人瞩目的业绩。

名家评点：江泽民致电曾说："拉宾总理是中东和平进程的积极推动者，以色列人民杰出的领导"。

克林顿发表讲话："世界失去了最伟大的一个人物。他是为其国家的自由而斗争的勇士，现在成了为其国家的和平而献身的烈士"。

约旦国王侯赛因说："你作为一名战士而活着，您作为一名争取和平的战士而死去"。

## 多劫的军旅生涯

1922 年 3 月 1 日，犹太军团的退伍军人纳赫米亚·鲁比佐夫与爱妻科亨·罗莎在圣地耶路撒冷喜得贵子，这个爱哭的男婴被取名叫作伊扎克·拉宾。

此时的鲁比佐夫仅仅是邮电局的一位临时工，而罗莎则是一家木材商行的会计。

而这对夫妇却曾与以色列国两位赫赫有名的总理有过难得的缘分，他们也更未曾料到爱子拉宾会成为这个国家的两任总理。

拉宾出生后不久，家便搬到了特拉维夫市，此时的罗莎是一位坚定的犹太复国主义者，被选为市政委员，老拉宾是金属工会的积极分子，他们家便成为工党各阶层成员的政治集会场所。

不久，拉宾的妹妹拉切尔也出生了，两兄妹在父母那里得到的照顾十分有限，

157

而且常常在半夜被父母及工党积极分子无意中放大的争辩声惊醒,对大人们的辩论,小拉宾比妹妹更感兴趣,他听不懂更多的东西,但他知道了他是一个值得骄傲的伟大民族的一员,而且每天家里这些客人都在讨论建立一个国家,一个犹太人自己的国家。

于是,拉宾总比妹妹更积极地给客人们倒水、送夜宵以及打扫房间、擦桌子。

在安息日的时候,客人比较少,父亲会讲他以前的经历给拉宾和拉切尔听,母亲会给小兄妹做可口的点心。

然而,没多久拉宾就被送到犹太工总办的寄宿学校里,父母的工作都很忙,这是迫不得已的。拉宾渐渐习惯了那里的生活,因为他总比其他的孩子更能吃苦,特别是他还时常照顾别的同学,老师们十分喜欢他。

这时,小拉宾的母亲患上了十分严重的疾病,因为家中的客人少了,常来的客人总是格外关心母亲的身体,这使小拉宾变得沉默起来,他没问过父母,因为知道父母或许不会告诉他真相。

小拉宾学习更刻苦了,每次母亲都为儿子的成绩感到欣慰。

母亲患的是严重的心脏病,随时都可能撒手离去,看见儿子一回家便滔滔不绝地给自己讲笑话,撒娇,她常常噙着泪水搂着他,吻他。

母亲一直鼓励初中即将毕业的拉宾报考竞争十分激烈的北加利利卡多里农业学校,20世纪30年代的巴勒斯坦犹太移民拓殖方兴未艾,农业技术人员十分缺乏,于是农业学校的热门已不逊于当时中东的"考古学"。

母亲的病情已十分严重,拉宾在此压力之下考试成绩刚刚达到录取线,校方要求加试。

拉宾觉得十分对不起母亲,暑假里拉宾没日没夜地复习,开学复试,他的成绩优异得令许多老师难以置信,因为他甚至已超过了初试时所有的名列前茅者。在1937年秋,他终于如愿地踏入卡多里校园,卡多里农校十分注重培养学生的动手能力,各种劳动和公益活动常常交替进行。

考试时没有教师监考,但从来没有人去试图作弊,老师常常引导学生去读遍不大的图书馆里的全部藏书,而非机械的记下课本上有限的内容。

很久没有母亲来信了,拉宾终于被熟识的一位工党叔叔叫回家,母亲躺在床上,已经说不出一句话,她无限欣慰地望着自己的儿子,而拉宾在母亲眼中也读到了一份期望,拉宾泣不成声……七天的哀悼活动,拉宾心情一直很沉重,工党的叔叔阿姨们又到家里来,果尔达·梅厄夫人也来了,她爱怜地吻着拉宾和他的妹妹拉切尔。

在一年级结束时,拉宾是全班最优秀的学生,然而这时的阿拉伯人与犹太人冲突已经迫在眉睫。

1938年,流血冲突真的发生了,卡多里农校也被袭击,师生们不得不停课。拉宾和同学们由于年龄太小,只被安排做一些传令的小差事。10月学校开始复课。

复课前夕,第二次世界大战爆发了,偶尔听到欧洲犹太人的悲惨境遇和第二次世界大战的进展,常常令他坐立不安。最关键的时候,他又看到了母亲从前写的信,这下子他又能专心学习了。

名列前茅的毕业成绩使他得到一笔不小的奖金,更让同学们羡慕的是,老师们还为他争取了一个去美国加州学习水利工程的奖学金名额。

在一片祝愿与称赞声中，他却毅然放弃了这次留学美国名校的时机。因为他知道，自己为建国大业可以贡献一分力量了，怎么能走开呢？

毕业之前，拉宾便已得知海法市的基布兹有一个十分挑战的项目，即让年轻人自己动手创建一个新的基布兹，拉宾很快便投入其中了。

作为伊休夫的秘密武装力量的"哈加纳"一直诱惑着他担负着自卫和联防的任务。

第二次世界大战后，伊休夫的远见卓识认为应该组建一支可以打硬仗的部队，这便是"帕尔马契"，帕尔马契由哈加纳抽调产生，在哈加纳指挥官找到拉宾谈话时，拉宾非常肯定地点头愿意成为帕尔马契的一员。

"帕尔马契"是犹太人使用的希伯来语的"突击连"一词的缩写音译，"突击"十分符合强烈报国心切的拉宾此时的一片热情。

19 岁的拉宾成为帕尔马契一名正式的小兵是在 1941 年 5 月。盼望已久的任务终于下达了，是为了配合英国人先行开进黎巴嫩、叙利亚，以狙击即将进占的轴心国部队。而任务落实到年轻的帕尔马契小兵身上却不过是在边界线上巡逻。

6 月 7 日，拉宾欣喜地得知上级让他们潜入黎巴嫩境内去割断敌军的电话线。小伙子们紧张地做好了准备，只待夜深出发。

惨白的月光下，爬电线杆割电线的任务落在了拉宾头上。他感到有许多枪口已经对准了他，他木讷地爬上电线杆，电话线割断了，他却重重地掉了下来。

爬起来，眼前还有一排的杆子等着他，只是他变得机灵了，不再重重地掉下来，"咕咚"声也越来越小，任务安全完成，他一瘸一拐地在战友搀扶下回到驻地。

德军并未打到黎巴嫩来，英国人虚惊一场，第二次世界大战始终没使这支 2000 人的帕尔马契部队派上大用场，在一场争论之后，伊休夫缩编了帕尔马契，幸运的是拉宾在 1943 年成为了一名排长。

两年之后，拉宾当上了第一营训导主任。第二次世界大战后期，大批的欧洲犹太移民接踵而来，为此伊休夫把接纳和安置移民作为极其重要的任务。

然而英国政府早已看不惯这些，英军竟然武力阻止移民涌向巴勒斯坦，他们把"非法"移民们关进了集中营。

1945 年 10 月，盛怒的伊休夫领导机构通知帕尔马契第一营，准备执行"连接战役"行动。拉宾接到命令，理智地拿出海法市地图，仔细观察。

拉宾精选 200 名优秀的帕尔马契战士构成突击队于深夜出发了，逼近集中营时，拉宾也十分紧张，他第一次执行如此重要的任务，探照灯的白光扫射着集中营的每一个角落，突击队员在拉宾的暗示下悄无声息地割断电网，神速地通过第一道栅栏。

第二道栅栏前已有拉宾早已安排好的"教师"接应，他们是更老练的帕尔马契战士，已按拉宾的命令偷偷弄断了敌人步枪的撞针。

阿拉伯守备卫兵终于察觉了，马上举枪扣动扳机，然而没有撞针的步枪如果能打响才怪，此时突击队员们的枪口已逼住了他们。

"教师"已经指挥移民们逃离集中营了。拉宾按计划先看住鼾声正盛的英国兵，然后再撤出集中营殿后。

月光与探照灯光里，黑压压的人们像幽灵一般地前行，居然没有一点声音，拉宾看见自己民族的人们团结、互助、一致的场面不禁流下了热泪。仅仅一刻钟，200

多名移民便消失在原野的黑暗中了。

帕尔马契司令部交给一营的新任务是再惩罚一下多次与哈加纳作对并心狠手辣的英国"机动警察部队",拉宾为此还弄到一辆摩托。

可刚刚几天,拉宾这位"高速车手"就把车撞到奈希尔水泥厂的卡车上,自己当即失去了知觉,清醒过来时,已在医院的病床上。

营长和战友们都没少来看他。

三个星期一到,他就吵着出院,上级自然还要他待在家里养伤,于是只好从一位熟稔的战士那里常常了解行动的进展,以解他心中的烦闷了。其实那位战士就是拉宾的女友,她叫莉赫。

1946年6月29日星期六,是犹太人的安息日,已是深夜,马达声、脚步声、敲门声连贯地钻进拉宾的耳朵,一位在海法被称作"白头翁"的英军伞兵上尉破门而入。

荷枪实弹的伞兵在其命令下不容分说拖起拉宾并把他押上一辆大卡车,他们搜查一阵毫无所获,便将老拉宾和一位在他家过夜的客人也一起押往附近一所临时充当拘留所的学校里。

不久又将他们统统关进了集中营。

这是对伊休夫复仇性的镇压。有人告诉拉宾那天夜里有10万英军和200名警察参加了大搜捕,那天有3000名犹太人被捕,据说名单中也有本·古里安,只是他在国外才得幸免。这就是以色列建国史的一个"黑色星期六"。

英国人很清楚拉宾的身份,所以在拉宾每次作x光透视时总有双岗防范。

7月底,拉宾拆掉了石膏,病腿已有些畸形,而且僵硬得很。11月的时候,英国政府释放了他们,或许认为报复的目的已经达到。而拉宾却陷在一片困惑之中了,行动不便使他萌生再去美国深造的念头,慧眼的阿隆阻止了他,因为明智的军人都会预感到第二次世界大战的结束正意味着阿拉伯人、犹太人的斗争的开始。

拉宾的困惑被一项新的任命彻底打消了,他荣升为第二营营长,而且上级还发给他两个应付英军检查的假身份证,拉宾成了罗森·伯格,还有罗森堡。一连串的灾祸使拉宾更快地成熟起来,那一年他才24岁。

# 亲历战争

阿、犹的冲突越来越频繁。成立不久的联合国正在试图解决这一国际争端,曾经狂妄一时的英国当局也开始感到无能为力。战争或许是真的难以避免了。

伊休夫的每一位成员都在致力于建立犹太国的最后努力,刚刚到任的犹太办事处防务委员本·古里安还是犹太建国协会执行机构主席,由他领导军事让拉宾感到十分欣喜。

可是本·古里安到任的一席讲话让大家如梦初醒般地感到一阵恐慌,他说哈加纳拥有的全部武器仅仅是10073支步枪,186挺重机枪,444挺轻机枪,两英寸口径迫击炮672门,三英寸口径迫击炮96门……战斗力颇强的"野战军"——哈加纳仅有几千人的帕尔马契可以打硬仗、训练有素,一支"游击队"式的武装怎能与机械化装备的阿拉伯强敌拼杀?

更可悲的是许多战士是十几岁的大孩子,根本连坦克、大炮、飞机都没见过,因为伊休夫还根本没有过这些武器。

1947 年 10 月,被英国抛弃的犹太人又被美国人拉过去,联合国早期一直是由美国把持的,支持犹太人的还有苏联以及在美国施压下的拉美诸国。

11 月 29 日,联大分治决议通过,以色列国建立得到联大的认可,立时,几十万犹太人欢欣鼓舞,拉宾这时已是帕尔马契的副司令员兼作战部长。

同年 4 月 15 日,拉宾被任命为帕尔马契新建"哈雷尔旅"上校旅长,部下官兵增至 2000 人。然而本·古里安在任命通知之后,命拉宾率部下于 20 日凌晨开赴耶路撒冷。

拉宾知道此行或许比打通生命线更加凶多吉少。因为本·古里安是得知英军可能提前撤出耶城才出此计的。

350 辆卡车组成的长龙,天才蒙蒙亮便出发了,果然在拉特隆遭到了阿拉伯人的袭击,本·古里安亲眼看见 20 辆卡车被击毁,20 多名战士倒在了硝烟中,拉宾后来使出了最后的本钱——两辆从英军那儿偷来的装甲车,才打退了敌人。

耶路撒冷的援军赶到时,本·古里安和拉宾以不同的感受接受了这样一个事实,援军战士说,英军根本没有撤出。

本·古里安和拉宾开始紧张,额角也渗出了汗珠,趁英军撤出而抢占地盘已经不可能,而且这次面对的是英驻军和阿拉伯人两个敌人。

本·古里安没有与拉宾商量,攻城的"杰布西行动"就开始了。

拉宾是军人,而军人注定要服从,拉宾很快投入了这次行动,但英军确实是一个强敌,拉锯战进行了一些日子,拉宾一方的补给已经告急,于是向特拉维夫的哈加纳总部求援。

一周的恶战已使整个"哈雷尔旅"没有无伤的战士,而且进展缓慢,只推进到距拉特隆仍有一段距离的阿雅隆山口,最后的战争异常残酷,伤亡惨重。哈加纳总部派来补缺的战士,竟是清一色十五六岁的大孩子,此时拉宾对本·古里安的许多厌恶感一股脑儿集聚了起来,他诅咒那些连军队建设的远见都没有的"政治家"。

可这并不能解决问题,戏剧性的一幕出现了,5 月 14 日,英军撤出耶城,以军一枪未发即攻占市中心,阿拉伯人盘踞在橄榄山至锡安山一带,久攻不下。

将士们在马拉赫·哈哈米基布兹里难得偷闲休息一下,许多累坏的战士都睡着了。

突然,收音机里传来本·古里安宣布以色列建国的庄严声音,大家都醒了,许多战士兴奋地流下了眼泪,拉宾在一旁默默地站着,对以色列国,他拥有的的确是像对自己母亲罗莎一般的崇敬与爱戴,而拉宾也知道,多灾多难的民族还有更多的磨难,在战场上听见建国的消息使拉宾心中泛起一丝丝的苦楚。

5 月 15 日,约旦阿拉伯军团大举入侵市区并攻下许多有利地形。耶城的战局发生了变化。拉宾旅已难以抽身,司令部的一道命令倒是把拉宾逼了出来,他受命要掩护一支补给车队进入耶路撒冷。

拉宾旅士气仍然很高,加上阿拉伯军队主力已迁往耶城周围,"死亡点"拉特隆很快就在拉宾控制之下了,又经过一番苦战,16 日夜,"生命线"全线打通,可等了整整一夜,迎来的只有哈雷尔旅自己的侦察装甲车!拉宾在听到运输队指挥官特拉维夫的解释时怒不可遏,他们说特拉维夫的组织工作出了问题发车被耽搁了。耶城的战局已渐趋颓势,耶路撒冷旅旅长并未听拉宾的警告而把突破点放在了敌人火力最强的雅法门,拉宾一直主张围城后,弹尽粮绝再攻打,但这位沙梯尔旅长已听不进任何建议。

拉宾最后把两个连借给了他，作为沙梯尔攻雅法门时转移目标的一支力量，让他们去假装攻锡安山。

战斗打起来了，沙梯尔的计划一团糟，雅法门固若金汤，拉宾借他的两个连也被围困在山上。以军耶城失守已成定势，拉宾与每一位战士一样实在于心不忍让这样一座犹太人的圣城失去，但终已无力回天。

战区指挥部的撤出命令已发出，阿拉伯人从锡安山冲入老城，后撤途中，拉宾在一座山头上，居然看见城中打着白旗的犹太人队伍正向约旦人走去，心痛不已。此时，拉特隆又在阿拉伯人手中了，6月9日，本·古里安下达一定拿下拉特隆的死命令，可拉宾等人居然没听他的。

16日夜里，拉宾曾得到一个令人振奋的消息，那辆开回的侦察装甲车司机告诉拉宾，还有一条拉特隆阿拉伯人火力难以涉及的便道可走，在这条战线总指挥的阿隆和美国人马可斯上校默许下，拉宾派人再次侦察，并借此机会让久战的士兵们可以休整一下。

6月11日，开始组织力量利用以约停战期间那条便道开辟了通往耶路撒冷的新路，使耶城老城以外的以军供给开始得到比较稳定的保证。

捷克在苏联默许下提供给以军不少军火，不足一个月的休战使以军实力大增，7月9日再次开战，仅10日，"以色列国防军"就把阿拉伯联军打得退守到老城里，战争又处于僵局了，只是以色列这一次处于了优势。

拉宾的指挥工作常使他透不过气来。这时那位热心美丽的姑娘莉赫又走到他面前。

拉宾想起他们的初识，那是1944年，俩人眼光的偶然相遇使拉宾一见钟情。莉赫被拉宾的目光看得很难为情，再抬头时，俩人眼中都是激动的泪花。拉宾掏出满是汗味的手绢要替她擦眼泪，莉赫却拿过手绢跑开了。

第二天很早的时候，拉宾就看见了眼圈微微发青的莉赫，她把洗得干净平整、喷过香水的手绢递给拉宾，手绢上还绣了一颗心。拉宾激动得说不出话来，一把将莉赫搂在了怀里。他们虽然深深相爱，但拉宾总担心自己危险的任务会连累莉赫，所以一直并不十分接近她。她得知这一想法后，千方百计地"设法"编入帕尔马契，成为拉宾的部下，俩人这才真正开始了恋爱。战事频繁使拉宾这对恋人把婚期一直拖到1948年，第二次停战，才终于在特拉维夫完婚。

## 多变的仕途

1949年7月20日，以色列与叙利亚签订了停战协定，历时15个月的以色列国独立战争告一段落，以军的胜利使每一个以色列国民都感到骄傲与自豪。

拉宾选定了职业军人作为他一生的职业，这个时候，一位属于被本·古里安器重之列的英国犹太军官钱依姆·拉斯科夫帮了拉宾的大忙，拉斯科夫深知拉宾是一位才华横溢的年轻人，于是这位总参训练部长让拉宾办起了营长训练班，拉宾被这位胸怀坦荡的人感动了，他干得十分卖力，成绩斐然。

而此时，对拉宾的称赞之语由一些高层军官也传到了本·古里安那里，但帕尔马契的背景总难让本·古里安对这位年轻人有更大的好感。

此时的拉宾似乎成了"专职教员",营长训练班之后又帮助拉斯科夫开办旅长训练班。

这时总参谋长——这位以色列的三军总司令雅丁看中了年轻的拉宾,拉宾才28岁,就成了总参作战部长。

这也是本·古里安的意思,于是终于给了拉宾这次机会。

这时的以色列国已经在战火中恢复了生机,从欧洲战乱中逃来的犹太人带来了资金和先进技术,他们固有的犹太人那份专注使这片土地开始兴旺。

这些又吸引了一大批从穆斯林世界逃出的犹太人,他们一贫如洗,异族的压迫使他们除了种地什么也不知道,政府把帮助这些新移民的重任交给了拉宾,拉宾与移民们住在一块儿,他们一起迎来了1951年,但新年的礼物居然是一场罕见的大风暴。

洪水泛滥,狂风刮倒了几百个移民的帐篷,拉宾带领战士们一连两天两夜泡在风雨中,移民们终于被感动了,这是只有自己民族才能给予的温暖,不久这些移民就融入了勤恳奋斗的以色列国民之中。

冬日的风暴把拉宾送进了医院,这一次使他得到了本·古里安的赞赏,雅丁在拉宾烧得很厉害时探望了拉宾,告诉他,本·古里安深情地问候他,并回身向病房里十余位在风暴中负伤的战士们说:"本·古里安称赞你们是'民族的使者',我亲爱的小伙子们,你们是我们国防军的骄傲!"

不久,本·古里安批准了雅丁的建议,作为嘉奖,拉宾得到去英国坎伯雷皇家参谋学院进修一年的机会。

拉宾在那里收获不小,因为英国人根据各方面情况判断局势发展程度的经验很快就被拉宾掌握了。这一年莉赫和小女儿达莉亚一直陪在拉宾身边,初入仕途已让拉宾感觉有些累了,妻女的陪伴使他感到这一年很幸福,但确实又太快了。

在拉宾进修期间,新的作战部长达扬把拉宾任命为训练部长,这使拉宾受宠若惊,拉宾还陪达扬一同去美国考察。拉宾将留英所学编成课本,用来配合达扬对以军的第二次整编。

拉宾对训练陆军指挥官十分严格,这一切都受到了达扬的赞赏。达扬也得意于自己把一位对手变成能干的部下。

1956年4月,莉赫为拉宾又生下一个儿子,尤瓦尔的出生使拉宾十分兴奋。几个月后,他又接到达扬对他的任命,34岁的拉宾成为少将北方军区司令员。

1956年10月29日,英法以三方协同对埃及作战的第二次中东战争开始了。

拉宾知道北方边界的冲突升级并不是好事,于是便一再令部下总是浅尝辄止,所以双方一直没有大的交战,也没造成太多的人员伤亡。

南方战场的战斗进展十分迅捷,11月6日,苏伊士运河之争画上了句号。达扬任职期满,令拉宾感动的是,达扬曾提名由拉宾来接任此职。

但总参谋长一职的人选最终还得由本·古里安说了算,钱依姆·拉斯科夫成了新的总参谋长。

但是,拉宾一点儿也不感到难过,因为拉斯科夫是一个曾经帮过自己的人,更令拉宾高兴的是,在拉斯科夫的保荐之下,拉宾第二次出任作战部长。

重新上任并没有想象中那么容易,只是拉宾比从前更加成熟起来,他似乎已经了解了官场仕途的某些规律。

　　1964 年 1 月 1 日, 42 岁的拉宾终于实现了他 23 年来的宏愿, 当上了以色列国防军的总参谋长。要知道他从一名普通士兵到今天的全军总司令才仅仅用了 23 年, 这是相当不容易的。

　　拉宾刚刚上任, 由"国家输水工程"带来的以叙冲突便开始了。

　　这项巨大的工程使加利利山以东的胡拉湖周围出现 6000 公顷的肥沃耕地, 并将加利利海的水翻山越岭引到缺水严重的以色列中部和南部。

　　叙利亚、约旦与以色列共用约旦河水, 这一工程将使以色列的用水量猛增, 叙利亚试图截断这一工程的源头, 他们要把约旦河的一支主要来源巴尼亚斯改道而不经以色列即流入约旦, 这使以色列人十分恼怒而向叙利亚改道工程基地几番开战, 发射远程炮弹, 居然将直射距离创纪录地延伸到两英里半。

　　1967 年, 魏兹曼的空军部下一次击落 6 架叙利亚的米格—21 战斗机, 的确以色列空军的法国"幻影"式绝对比"米格—21"要好, 但以色列的装甲力量却不敢与拥有苏制 T—54 和 T—55 型坦克的阿拉伯人匹敌, 拉宾认为, 以色列可能又惹恼了阿拉伯人, 大战要是真的开始, 以色列将步履艰难。

　　在这一年国庆阅兵时, 拉宾忧虑不决, 他例行公事地向内阁做了详细汇报, 但内阁讨论的时候, 他开始意识到, 他的汇报与建议将左右最后的决定, 他将不得不去承担决策的后果。

　　内阁的扩大会在 5 月 23 日召开了, 在汇报和答问中拉宾深深地感到并没有人急于去打仗, 他们所希望的是让外长埃班去欧美游说。拉宾知道在 26 日以前, 仗是打不成了。

　　晚上他还是组织召开总参部长及军区、兵种司令会议, 积极商讨详尽的作战方案, 大家讨论仍很激烈和积极, 空军司令霍德提出的空袭最后被大家作为了共识。

　　几天的内阁政务会议使拉宾的心情十分沉重, 他主战的观点成了众矢之的。

　　他把最信任的新任作战部长魏兹曼叫到面前, 魏兹曼专注而关切地聆听拉宾的苦楚, "魏兹曼, 你认为我应该受责备吗? 是不是我该让出我的职位了? 你说呀!"

　　魏兹曼一惊, 然后宽慰地告诉他, 大家都会齐心帮他渡过这一关, 辞职的事千万不能想, 看见拉宾服用大量安眠药睡去, 魏兹曼才告别总长夫人莉赫离开。

　　拉宾的医生吉隆博士告诉莉赫, 拉宾患了疲劳过度与尼古丁中毒的综合征, 强制他睡去会让他很快恢复的。莉赫怜惜地望着自己几夜未合眼的丈夫, 心里很不是滋味儿。

　　拉宾一觉醒来已是第二天中午了, 他依然脸色苍白浑身无力, 他的医生吉隆博士让他再休息一下, 25 日才能开始工作, 拉宾不肯, 魏兹曼在电话里让拉宾安心休息, 内阁会议没有什么变化, 一切等 25 日拉宾来了再说。

　　没想到这位魏兹曼精心设计的一场闹剧, 差点儿让拉宾丢掉乌纱帽。

　　拉宾的全天缺席引起许多政府大员的反感, 居然动了"换人"想法, 魏兹曼告诉艾希科尔拉宾已经心力交瘁, 精神崩溃了, 并自封为代参谋长召集部长开会, 人们印象是, 拉宾垮了, 魏兹曼是顺理成章的接任, 艾希科尔居然一直没有反对。

　　拉宾被蒙在鼓里, 他在人们惊异的目光中坐到内阁会议总参谋长的座位上, 当天下午, 官兵们在总参会议上又看到了那位精神抖擞、嗓音洪亮的帕尔马契老兵, 他思路清晰的战局分析与布置以及流露出的必胜信念使官兵们备受鼓舞。魏兹曼的闹剧只得早早收场了。

6月3日早9时，拉宾在总参掩体里召开内阁防务委员会与总参联席会议。

重新从戎的南方军区司令达扬在会上说了许多拉宾不便说出的心里话，一旦大战，大国出面制止前以色列会有3~4天的时间可打，倘若是早做决断打，埃及防线就会漏洞多些，战果会较大，但如果拖下去，敌人一定会越来越强，以军初期突破防线都会变得举步维艰，更别说什么第二阶段的扩大战果了。

"战争是唯一的选择"——这一句话说到了将领们的心里，博得了雷鸣般的掌声。拉宾坐不住了，对参战部队做了一次视察，战士们高昂的士气使拉宾再一次振奋起来，南方前线已经一切准备就绪了。

在返回空军基地的时候，达扬告诉拉宾，内阁批准开战了。二人仔细商讨之后，把空军部长霍德建议的空袭安排在6月5日早上7点45分，因为霍德说那时埃及空军刚结束晨间巡逻，是吃早点的时间，7~8点那里是处于瘫痪状态的。

这一夜，拉宾睡得很香甜，因为为了开战的到来，他整整被折磨了15天，而且还差点儿丢了"乌纱帽"。

第二天早上，第一批40架战机准时向埃军空军驻地飞去，为了保密，指挥官禁止驾驶员打开通信设备，达扬和拉宾这时才开始感到一种巨大的恐惧……几分钟后第二批、第三批的飞机都按原计划派出了，他们居然赌注一般地派出了全军200架战机中的188架，他们几乎是屏住呼吸地注视着雷达的监视器屏幕。

霍德的空军若在3小时内完不成任务，就将有叙、约数百架增援埃及的战机向特拉维夫飞来，那时，保卫以色列国民的战机只有12架了！

幸运的是，一切进展顺利，第一批40架飞机无一缺失地飞回着陆，简直不可思议的是，他们击毁了来不及起飞的189架埃及战机。

第二批、第三批的战机仍在完成各自的攻击任务，11时还未到，就已有304架埃及战机在烈火中燃烧，埃军失去了四分之三的空中力量。

这时拉宾马上命令向南方军区装甲部队发布密语命令"纳赫肖，行动，祝你顺利"。装甲部队几乎是在瞬间便出现在西奈半岛上，开始切割、包围和歼击尚未回过神的埃及部队。

拉宾考虑到了北方的叙、约必定会马上应战，建议内阁能够试探性地通过联合国停战观察员奥德·布尔将军向约旦国王侯赛因暗示避免交战，但约旦视之不见，反而与叙利亚空军协同向以色列发动攻击，其实拉宾以此又一次巧妙地引约旦、叙利亚首先动手，于是又用对埃及相同的办法，在两小时内摧毁了两国的武装力量。

6天的战争到此告一段落了，以色列一举占领81600平方公里的土地，国土扩大了4倍，事实上从这时起，以色列已经走上了一个以强欺弱、崇信武力的道路，因为事实已证明它不再是几年前那个在阿拉伯包围、攻击之下的弱小的以色列。

变得狂热的人们把达扬与拉宾看成了举国称颂的"英雄"，尤其是拉宾，这似乎成为他军旅生涯中一个十分圆满的句号——因为4年的总参谋长任期到了。

他的新打算，却吓坏了艾希科尔，他告诉艾希科尔："亲爱的艾希科尔，我想我将会胜任驻美大使一职！"原来，拉宾在脱下戎装之后，要做的是以色列国的驻美大使。

1968年2月，拉宾带着妻子莉赫和儿子尤瓦尔启程赴美。在踏上飞机前，拉宾把他拟订的自己大使之行四项目标打印成备忘录，亲手交给了送行的外交部官员。

这对于他,也许是一种鞭策。

备忘录上写的是:

"……一、确保美国向以色列供应武器;二、与美国协调有关中东政策;三、谋求美对以的军事和经济援助;四、谋求美国运用其遏制力量防止苏联的军事干预……"

一踏上美国的土地,拉宾才开始感觉到大使并不比将军好做,因为到达美国的第二天,桌上就堆满了各类酒会的请柬和会面的邀请电话记录。

此时的美国正处于多事之秋,越南战争把约翰逊政府搞得焦头烂额。

四年一届的大选又日益接近,约翰逊甚至没有顾得上接见这位以色列的将军大使。

拉宾知道观望到一定火候,就该出击了。他首先与亨利·基辛格这位哈佛大学的著名教授进行了一次长谈,基辛格对国际局势的分析之精辟使拉宾十分折服,当然也引发了拉宾的忧虑——因为基辛格说,越战以后,美国肯定不会再轻易跻身于冲突之中去支持和拯救自己的盟友,战争是一个泥潭。

到达美国后,跳出来看以色列,拉宾的心情沉重起来。他本人是感谢那场"六天战争"的,因为它使他与达扬一同成为人们拥戴赞颂的"英雄",因为他们以微小的代价却挫败了阿拉伯强国的联合进攻。

到了美国,拉宾才意识到,这场战争留下的41万阿拉伯难民必将成为中东这个"火药桶"的助燃剂。

以色列更加崇信武力了,拉宾自己也说不清以色列是不是已经开始以强欺弱了,因为当时身在其中的拉宾也曾狂热地追求扩大战果。

作为一位将军,拉宾在美国是很受欢迎的,因为美国人常常拿以色列以弹丸之地,战胜阿拉伯强国围攻,和美国——世界最强大的国家却战胜不了越南做对比,这位神奇的将军自然成为大家心中有魅力的人物。

同年6月,正在竞选之中的参议员肯尼迪被刺杀。拉宾开始把注意力放到了尼克松身上,尽管他不是一位美国犹太人传统上的支持者。

1966年,尼克松曾访问以色列,当时的以色列政府并未将这位竞选中屡次失败的人放在眼里,在欢迎午餐会时,拉宾作为总参谋长居然是在场职位最高的官员。

第二天拉宾邀尼克松到军队做客,这一次在尼克松面前铺起了"红地毯",隆重的接待使尼克松十分感动,一直重复"我永远不会忘记"之类的话,于是两人谈得十分默契。

大选投票前,拉宾频频与尼克松、汉弗莱见面会谈,尼克松不久公开地向美国犹太人组织保证坚决支持以色列,还答应向以色列先提供鬼怪式战斗机50架。

在拉宾与尼克松面谈时,尼克松是以拉宾感到既放心又舒服的"你放心,我答应你"做出许诺的,他甚至告诉拉宾,他认为一个强有力的以色列将在两个超级大国之间起到不可替代的平衡作用。

拉宾出任大使的第二个年头,尽管拉宾为尼克松进行了大量的游说,但仍然有80%的美国犹太选民投的是汉弗莱的选票,拉宾不知这位将于20日宣誓就职的新总统尼克松是否会信守自己当初的诺言,尽管拉宾仅仅拉到了20%的犹太人支持他。

理查德·尼克松于 1969 年 1 月 20 日正式成为白宫的新主人,令拉宾高兴的是尼克松组建的新"班子"里有那位同是犹太人的基辛格博士,尽管他与基辛格都是忠于本国利益的,犹太人的背景及个人私交只会放在极为次要的地位上考虑。

在以色列国内,也发生了变化,艾希科尔于 2 月 22 日死于心脏病突发,继任总理的正是拉宾十分亲切的果尔达·梅厄夫人这位长辈,她在电话中鼓励拉宾,鼓励他完成自己临行前的许诺。

与基辛格的交谈仍然是让人充满信任的,基辛格认为以色列"将不得不生活在那些边界之内",美国要的是推动中东和平的进程,他始终希望拉宾能敦促外长埃班带来一些更具体可行的新的构想。

拉宾认为,以埃之争绝对是大国政治的投影,因为倘若以色列弱起来,美国在中东的势力一定会下降,甚至与苏联人的谈判都会先矮半截。拉宾权衡再三,想出了一个两全齐美的政策。

他首先写报告给梅厄夫人要对埃及放手猛打,不惜攻击其腹地要塞,因为这样会使纳塞尔和苏联的地位与威信同时降低,而在美国他首先促成第一批鬼怪战斗机于 9 月发往以色列,还利用各种渠道,包括犹太人组织,还有那些对这位"战争英雄"和"将军大使"感兴趣的新闻界打消尼克松的顾虑,而让尼克松认识到中东绝不是越南,以色列将是令美国在中东摆脱不利之地的利器。

然而,就任后的尼克松不再像从前那样经常许愿。新任以色列总理于 9 月 24 日访问美国,尼克松给予了她极其隆重、热烈的欢迎仪式。拉宾感到梅厄夫人对他出色的工作是十分满意的。

梅厄夫人坚定的立场和慷慨陈词使尼克松一再向她保证,坚持保持强有力的以色列的政策不会动摇,尼克松甚至说了即使双方有了分歧也得照旧向以色列供应武器。梅厄夫人十分欣喜地回国了。

1970 年,按照梅厄夫人与拉宾商定的时间表,在美国默许之下,以空军于 1 月 7 日发动了对埃及腹地的第一次空袭。空袭引起了苏联和埃及的慌乱,而美国则觉得自己在中东的势力瞬时膨胀起来。

美国人很自然地向以色列表示更多的友好。以色列对埃及和美国都得到了预期的效果,拉宾在满意之余才感到自己的大使生涯已经过半。他是兴奋的,因为他临行前写入外交部备忘录的那四项目标都已悉数实现了。

拉宾更加注意以埃间消耗战给大国关系带来的变化,1970 年 1 月纳赛尔前往苏联求援,拉宾本能地感到即将发生的大国关系变化可能会使以色列再一次经受考验。

苏联很快便向美国提出迫使以色列停战的要求。

聪明的尼克松知道苏联是在求美国,便不顾其谴责继续向以色列提供武器,又宣布将有 24 架鬼怪式战斗机、24 架空中之鹰战斗机可能在 30 天内出售给以色列。1970 年 3 月底,埃及大城市相继完成了萨姆导弹网的布置,以色列飞机的袭击都被迫停止了。

6 月 19 日,美国人对苏联、埃及的频繁"动作"也看不下去了,提出了一个"停止射击,开始谈判"的一系列计划。

然而他被性格倔犟的梅厄夫人严辞拒绝了,至于苏联人、埃及人根本没理睬他,在苏联人帮助下,萨姆防空导弹群甚至移到了运河以西 30 公里由美国人画的这条红线,这已经是向美国人挑战了。

但美国令人难以理解地镇静,居然向埃及、以色列第二次发出停战倡议。

8月7日午夜,以埃双方停战生效。拉宾特意赶回以色列,参加了8月9日的内阁会议,以期与国内取得关于美国倡议一揽子计划的一致意见。

拉宾就要离开美国了,他对这里产生一份仅次于祖国的留恋之情。尽管五年的大使生活挫折不断,但拉宾走出了以色列,才知道自己的同胞们已经在"和平"这个词汇前变得麻木了,他认为自己有责任去告诉自己的同胞拉宾即将离开美国时,有许多的美国犹太人组织的朋友来为他送行,拉宾为此流下了激动的泪水。在拉宾使美期间,这些犹太人无论是政府要员、富商大贾还是学者、社会活动家都给予了拉宾大力的支持与关注。

拉宾在犹太人社团中还树立了很高的威信,他背后是两党竞选一半资金的提供者,为此美国政府才对拉宾惧怕三分。1973年11月3日,拉宾终于又重新踏上了以色列的土地,历时五年的大使生涯告一段落了。拉宾这时的心情十分激动而复杂,自己从一个军人经过五年荆棘丛生的外交生涯洗礼变得更加理智和具有政治家的成熟气质了。

# 当选总理

但令拉宾失望的是,回国后他根本没有表现的机会,为此他只好投入工党内部做一些琐碎的工作。拉宾知道自己兢兢业业地为工党的大选出力是会弥补自己资历的不足的。

事实上工党的元老们确实是一直在注意这位战功累累的将军和功劳卓著的驻美大使。

但在秋季,换届改选投票中仅把拉宾排在了根本不可能当上什么部长的工党候选人名单第20位。拉宾非常失望,但他仍一直继续着他为工党竞选的演说、游说工作,而且他的投入让人们无不联想起当年那个骁勇无畏的帕尔马契战士。

在中东,苏美势力的长期此消彼长在这一时期反而都支持这样一个事实,即埃以双方长期的僵持与"不战不和",二者都想借此扩大自己在中东的影响。

果然,就在这一年10月6日下午2时5分,埃及、叙利亚军队同时向以色列发动进攻。这就是阿拉伯人精心策划的第四次中东战争。

这一天既是犹太人的安息日,又是神圣的赎罪日,人们在这一天从日出到日落不得进食、喝水和抽烟。

上午8时30分拉宾正待在家里,达扬在电话里用急促的口吻把他紧急召到了国防部,拉宾在达扬那里见到了另外的几位前任总参谋长。

但那时他们还并未意识到埃、叙的攻击就在这一天下午,他们只是在泛泛地商量如何应付。

战争爆发以后,拉宾先是为现任总参谋长大卫·埃拉扎提供参考意见,陪同其视察,但很快他就被财政部长平哈斯·萨皮尔召回,与其一起募集款项填补即将见底的国库。

12月底,推迟的大选又在此举行了。但这次战争却给工党以沉重的打击,工党丢掉了5个议席,利库德集团的议席猛增了13个。人们从来都认为以色列是不可战胜的,"六天战争"已经彻底打垮了阿拉伯人,但这次又在"赎罪日战争"中有2550张伤阵亡通知书从耶路撒冷发往全国各地。在开战的一周里,以色列几乎是一直面临着亡国的危险。要不是后来苏联和美国各有用心地出来一个"灭火"和另一个增援,以色列是不可能转败为胜的。在反对党和民众的一片斥责声中,工党的地位动摇了。人们的沮丧、悲痛、失望汇成了一股指责的怒潮,而达扬成了众矢之的,他被认为该对这场被动之战负全责,必须辞掉国防部部长的职务。

这使许多议员都愤怒地失去了控制,纷纷要求梅厄夫人重新组织内阁。

在3月10日宣布的内阁名单中,拉宾被任命为劳工部部长,要知道他仅用四个月时间就从议员直升部长,这可谓神速了,但拉宾仍是有意见的,拉宾的许多支持者也对此不满意。

群众也在用示威和集会的方式强烈要求达扬辞职,他们心中的这位"六天战争"时的英雄太让大家失望了。

达扬认为自己是无辜的,但他知道大家已不再拥戴他了,在他的最后一点勇气和信心也丧失的时候,梅厄夫人收到了他的辞呈。

梅厄夫人也十分失望,她始终都认为没有人比达扬更适合国防部部长这个职务的,但这一次她已无法挽回了。梅厄夫人深深感到自己又少了一个好帮手。4月11日,梅厄夫人向议会提交了自己的辞呈,于是这个赎罪日之战后的内阁,包括劳工部部长拉宾在内都随着她下台了。

拉宾不但未遗憾于自己短暂的部长生涯,而且是兴奋起来,因为工党内将重新排定前后座次了。他感觉自己又有了新的机遇。

工党是议会第一大党,理所当然,新的总理还要从工党中产生。总理产生后,由其组阁,若议会批准就是合法的政府了。

首先参加竞选的是佩雷斯,他曾是本·古里安时期的国防部副部长,20多年来一直担任内阁部长,他的能力与口才使他博得许多元老的赏识。

在朋友的相劝之下,拉宾也出面参与竞选了。事实上,拉宾并不认为佩雷斯比自己更有把握当选,因为自己虽不是资深的工党要员,但是却有赫赫的战功和出使美国的成就。

4月22日,拉宾一身冷汗地走出投票大厅,结果已经公布了,拉宾以298票对254票的微弱优势击败了佩雷斯,成了以色列的新一任总理,拉宾仍然是大家心目中无畏的"战争英雄"。

拉宾在不到半年的时间里又由一名议员成为一名总理,确实令人感叹。在法律上讲,拉宾是拥有组织政府的最高权威的,但在事实上无论是部长任命还是各部的设置中,这一权威都被大打折扣。

拉宾这次组阁还是受到了工党元老的支持的,除国防部部长一定要由佩雷斯担任外,其他人选都是拉宾自己定夺的。拉宾把伊加尔·阿隆任命为外交部部长,一些其他的部长候选人也都被安排好了。

6月3日,内阁名单被通过了,拉宾开始着手制定新的内外政策。

6月16日,尼克松访问以色列。尼克松是从埃及转至以色列的,尼克松的本意是想通过这次中东之行,再炫耀一下他在中东的外交成就,因为他在国内的"水门事件"中已被搞得声望扫地了。

令尼克松感动的是,在这两个国家他都受到了极其隆重的欢迎。听到人们亲切的"欢迎您,尼克松先生",尼克松不停地挥手,高声重复着"谢谢你们!"

拉宾与尼克松的会谈在轻松的气氛中进行,他们一致认为以埃和谈还要进行,美国同意了以色列得不到好处就不再撤了的政策。

拉宾在尼克松那里没有得到什么新的承诺,因为尼克松确实已无能为力了。

不久,拉宾听到了尼克松成了美国历史上第一位被弹劾下台总统的消息,感到十分遗憾,因为他实在难以知道接任的福特是否还会像尼克松那样在提供武器上仍然慷慨。

为此,拉宾以祝贺福特为由,于1974年7月10日访问美国。福特居然一见面就十分爽快地答应向以色列提供价值7.5亿美元的物资,其中包括了集束炸弹、武器部件、坦克、装甲车和大炮等拉宾十分想要的东西。

拉宾与这位前众议院少数党领袖福特也是老相识了,他知道福特亦是十分亲切的,再加上这份慷慨的"见面礼",使拉宾终于放了心。

拉宾结束访美以后,基辛格忙了起来,他首先访问了埃及、叙利亚和约旦。10月12日,基辛格又到达了以色列。

1974年10月到1975年3月间,基辛格的穿梭外交几乎是毫无成效。3月以后,以埃两国似乎不再扩大战争宣传了,福特认为这是个契机,于是又让基辛格出发了。

然而,基辛格的斡旋却久久不见成果。不久,福特就告诉拉宾,他对以色列和谈僵硬的态度表示失望,并警告这将影响以美关系,他已下令重新研究美国的中东政策了。

福特上台伊始,确实是需要在中东打开局面以捞取政治资本的,但以埃的和谈毫无进展,让他大感受挫。福特的威胁激怒了以色列内阁,一致做出决议要谈判人员一定固守立场,毫不动摇。

基辛格只能灰溜溜地回国了,拉宾亲自去机场为他送行。

1975年的3月至9月,以美关系进入了最僵化的时期。萨达特再次希望美国能以中介的方式再促以埃和谈,福特答应了。于是拉宾于6月10日应邀访美,他又踏上了这块土地。

拉宾高兴地看到,福特政府正遭受美国犹太人院外游说集团的压力,76位参议员联名上书福特要他支持以色列并向它提供武器。福特在与拉宾的谈话中一直以要开日内瓦会议试探拉宾的态度。

于是他郑重告诉福特,以色列绝不可能撤回到1967年的6月4日线上去,以色列即使到了日内瓦也不会改变这个立场的。

拉宾沮丧地结束了这次失败的访问。美国人甚至开始认为,以色列就是想侵占埃及领土了。

但不久,以色列又将一些稍让步的方案给美国人看,福特见局势有变,又派基辛格出发了。

基辛格不情愿地又踏上了以色列的土地,基辛格并不害怕,但却对中东和平进程已没再寄托太多的希望了。到1975年8月31日,以埃临时协议终于定了稿,以色列让埃及军队进驻西奈的运河东部地区了,山口以东的一部分地区还干脆还给了埃及。拉宾做出如此牺牲后又在基辛格那儿争取到了一个包括20亿美元军事和经济援助以及提供F—15战斗机等武器在内的以美保证性附加协议。

不久,以色列、埃及都批准了这个决议,以埃终于再一次脱离军事接触了。拉宾受欣喜的福特之邀访美,拉宾又见到了基辛格,望着苦笑的基辛格,拉宾伸出手去,两人紧紧地拥抱在了一起。

1976 年年末的这个安息日,美国授以的 F—15 型战斗机将运抵以色列,日子是美国人选的。拉宾兴致勃勃地与几位军政大员前去欢迎。

这是美国连"石油龙头"的沙特都未给的最先进战斗轰炸机,福特却把它们最先卖给了以色列。

拉宾像从前欢迎第一批援以的"空中之鹰"和"鬼怪式"一样欢迎了它们,仪式很快结束了,太阳落山了,拉宾与众部长驱车回家时天已经黑了。

也正好是这件事被极端宗教派的"以色列正教党"人看在眼里了,很快他们就在议会紧急会议上提出了对拉宾政府的不信任案,认为他安排的欢迎仪式是有意违反有关安息日的教规。

拉宾无奈,不得不详细解释日子是美国人定的不好改变等等,但议会对这一不信任案的最后表决令拉宾吃惊不已。本来他是以为胜券在握,工党联盟与内阁的小党伙伴拥有超过半数票的略微优势。但两位全国宗教党的内阁部长却背信弃义抛开组阁协议投了弃权票,最后的结果是不信任案以一票之差被通过了。

不信任案通过意味着拉宾只能向总统递交辞呈了。对这突如其来的结果,拉宾真是措手不及,反对党议员们欢呼他们胜利的声音令拉宾痛苦不堪。会场上无数镜头与话筒开始对准拉宾。

拉宾慢慢站了起来,利用了他最后的一项权利,他宣布立即解散议会,将在次年 5 月再次举行大选。

新闻界继续在添油加醋,甚至提到拉宾在大使任期内嗜好威士忌,他们质问哪里来那么多钱买的。

拉宾在这个时候想起不久前因"水门事件"下台的尼克松,拉宾不敢再想下去,因为莉赫在拉宾大使任期内积攒下来的这 2000 美元已足以让拉宾张口、闭口都难辞其咎了,拉宾很快决定辞去工党的领袖职务,并退出大选。

这个时候能在他身边安慰他的朋友已经不多了,拉宾独自暗下决心,誓与莉赫共担外汇存款的责任。

拉宾看到被法官和记者们纠缠的莉赫已经十分憔悴,他提名由佩雷斯暂时接任他获准,他带着莉赫去散一下心,因为像当时精神即将崩溃的莉赫根本不可能在几天后出庭受审。

开庭那天,拉宾把莉赫送到法院门前,他不能一同出庭,那样会使一切矛头转向他,他只能如此了。

莉赫受审后,在拉宾身边抽泣了很久。这次是一位素以严厉著称的法官,他当然是反对派们特意选择的。

莉赫被罚款处理了,罚金高达 25 万以色列镑,折合 24000 美元。

拉宾和莉赫没再上诉,他不想再给反对派机会羞辱自己还有即将大选的工党联盟了。对于国民对他的失望情绪,他十分沮丧,他认为自己也被大家抛弃了。一些了解拉宾的人十分同情他一连串的遭遇,但他仍是几乎终日笼罩在阴影之中。

他与莉赫反而有了少有的清闲,两人有机会坐在家里,轻声慢语地谈论儿女们的事,过去的事。

在 1977 年 5 月 17 日的大选中，工党失败，执政 29 年的工党政权被赶下了台。利库德领袖梅纳赫姆·贝京成了新总理。6 月 21 日，拉宾向贝京正式交接了权力，从此他又是一名工党议员了，而且是一名反对党议员。1979 年 2 月，中东的局势又发生变化。伊朗的巴列维王朝垮台使美国在中东失去了一个重要的战略对象，苏联人已开始利用阿拉伯国家间的分歧谋求政治资本了，美国感到只有尽快促成以埃和约才能遏制住咄咄逼人的苏联。

3 月 26 日，萨达特和贝京在白宫正式签署《埃及——以色列和平条约》。到 4 月 10 日止，以埃两国的议会也都分别批准了这一和约。

拉宾尽管认为贝京太轻易地将西奈半岛还给了埃及，但仍暗暗为贝京叫好，因为从这时起，30 年的以埃交战状态终于结束了。

以埃于 1980 年 2 月 15 日建交。许多以色列人一面陶醉在以埃和约达成的喜悦中，又一面投入了贝京重建"大以色列国"的可怕计划。

拉宾感到对埃及人有些愧意，因为为了缔结以埃和约，埃及被剥夺了阿拉伯世界首领的地位，被孤立了许多年，贝京政府确实太让埃及人失望了。

# 东山再起

又过了 4 年，那是在 1984 年 9 月，拉宾出任了工党联盟联合政府的国防部部长。次年，他指挥了以军撤出黎巴嫩南部的行动，但他并未改变自己对巴解组织的仇视，因此他出面组织了对突尼斯巴解组织总部的袭击行动。

1992 年 2 月，拉宾击败了佩雷斯再次成为工党联盟的领袖和总理候选人。拉宾感到信心十足，因为他相信自己有信心再次"出山"。

6 月 23 日，选举结果揭晓时，工党上下一片沸腾，工党在 120 个议席中得到了 44 席，利库德集团 12 席，工党终于结束了 15 年在野党的辛酸岁月。选票的优势决定拉宾新政府没有必要再是一个工党、利库德的联合政府了。

1992 年 7 月 13 日，以色列议会对拉宾的新组内阁投了信任票。拉宾兼任了国防部部长一职，佩雷斯是他的外交部部长。拉宾不禁想起自己从前第二次出任总参作战部部长时的情景，此时，拉宾的激动之情是一样的。第一次出任作战部部长，第一次出任总理，拉宾都以失败告终了，第二任作战部部长期间，拉宾似乎领悟到了某些东西，才会仕途顺利。

从将军到大使，再到总理，拉宾总是经过一番磨炼才最后进入角色的。一任总理和 15 年在野，使拉宾更具有了一个成熟政治家的品质。

就职演说时，拉宾动情地引用了以色列著名诗人肖尔·切尔柯夫斯基的话："尽管目前看来还遥远，我确信，在将来国与国之间出现平静和相互祝福之际，和解的日子就来临了。"

拉宾的和平建议尚在阿拉伯人的一片怀疑中，拉宾却首先将其付诸实施。拉宾先是冻结了 100 多个被占领土上的定居点，并派遣军警阻止犹太人"自发的"建房行动。

拉宾保证在 1993 年将允许巴勒斯坦人选出在西岸和加沙地区的自治机构，5 年后对被占领土的最终走向进行谈判。他还任命了两名以色列籍巴勒斯坦人担任了他的内阁副部长。

1992 年 9 月 10 日,拉宾又代表以色列表示以色列从戈兰高地部分撤出是可能的,他甚至还对反对党要他保证不拆除以色列建在戈兰高地上的 32 个定居点予以拒绝。

拉宾的"和平"攻势确实是令人目眩,美国总统布什对此十分赞赏,马上承诺将此向以色列提供 100 亿美元的贷款。

拉宾的一系列和平改革受到了沙米尔的斥责,他认为拉宾这是在廉价"拍卖"以军将士用鲜血换来的戈兰高地。他甚至策动戈兰高地定居的以色列人在议会外示威游行。

拉宾并不畏惧这些,这次他打的是有准备之仗,因为他由民意测验而知,仅有不足 5% 的人支持利库德的寸土不让立场,人们并不喜欢打仗,有 76% 的将军认为以色列可以与巴勒斯坦人达成和平协议。

拉宾唯一为难的是要归还戈兰高地是违反以色列法律的,因为议会早在 1981 年即已通过了吞并戈兰高地的法案。他已经坚决地要归还大部分戈兰高地给叙利亚,这招致了许多定居者的示威反对,拉宾立场强硬地告诉他们:"以色列是一个民主、主权和法制的国家,有一个选举产生的政府。政府的决定必须得到所有公民的尊重,因为我们不能使每个人都感到满意。"利库德集团一直都没能将拉宾内阁这艘大船掀翻,反而使拉宾有了更多的勇气与魄力。

拉宾在向阿拉伯伸出橄榄枝的同时,并未完全消除对巴勒斯坦组织的偏见,一系列以色列人受袭击的事件使拉宾不得不重施"铁腕"。1992 年 12 月 17 日,415 名被指控在加沙地带和约旦河西岸"制造骚乱"和"涉嫌绑架"的巴勒斯坦人被 6 辆大客车运到黎巴嫩南部以色列自行宣布的"安全区"和黎巴嫩政府军控制区之间的隔离地带,以色列士兵将这些被驱逐者赶下车,但令被驱逐者们惊讶的是,黎军长官拒绝他们入境。

就这样,他们在前后枪口威逼下开始了无人隔离区中的生活。这些可怜的人饥寒交迫,在中东的冬雨中瑟瑟发抖,悲惨至极。第二天,又有 6 名巴勒斯坦人死在了以色列士兵的枪口之下。

这下引起了国际社会的注意,联合国安理会要以色列撤销驱逐,并将难民们送回家园。欧共体、阿盟和非统组织也很快出面发表了类似的声明。

拉宾认为严酷镇压已经达到效果了,也愿意见好就收。更何况他时刻关注着白宫对他的评价,美国国务聊伊格尔伯格已出面批评自己了,当然该收敛一下了。

1993 年 8 月 29 日,拉宾总理向内阁部长们宣布经过多轮秘密谈判,外长佩雷斯已于 20 日在奥斯陆同巴解组织代表草签秘密协议——在被占领土上的加沙和杰里科地区给予巴勒斯坦人有限的自治。

在座的部长们都被他的发言惊呆了,大家都感到这突如其来的事太令人吃惊了。佩雷斯站了起来,他将整个谈判的过程和达成协议的要点向已略有激动的部长们做了较为详尽的汇报。

在场的每一人尽管流露出有欢呼、赞许、沉默、指责乃至愤怒的表情,但大家心里不禁为拉宾的胆略所折服,拉宾干了太多政治家甚至不敢问津的事情。8 月 31 日,以色列内阁批准了协议草案。9 月 9 日,以、巴双方相互承认。在美国总统克林顿的建议之下,拉宾、阿拉法特一致决定把签订正式协议的地点设在美国。9 月 13 日,令人振奋的一幕终于出现了。

美国白宫南草坪上不时爆发出热烈的掌声。克林顿陪同拉宾、阿拉法特走到麦克风前。

此时，佩雷斯和阿布·马赞也坐到签字桌旁，然后便代表双方在和平协议的正本上签字，二人放下笔的时候，场上的掌声经久不息，许多人激动地流下了热泪。这时，阿拉法特向拉宾伸出了手，拉宾似乎又在迟疑了，这时世界上许多家电视台的镜头摄下的一幕是，克林顿用胳膊对拉宾轻轻一推，这时候，拉宾与阿拉法特的手才紧紧地握到了一起。阿拉法特首先发表了演讲。

拉宾第二个发言，他的嘴唇在明显地颤抖，这位曾经参与招致唾骂战争与血腥屠杀的将军今天在这里听到的是人们为和平的热情欢呼，他甚至不敢相信自己是今天这历史一幕的最主要促成者之一。

拉宾又走前了一步然后大声地说："……我们今天用响亮而又清楚的声音对你们说，血和泪已经流够了，够了。我们无意报仇，我们对你们不怀怨恨。我们，和你们一样，是正常的人，是想建造房屋，种植树木，谈情说爱以及与你们一起生活的人。

"今天，我们正给和平一次机会，并且再次对你们说：够了。让我们祈祷吧，当我们可以说'永别了，武器'那一天，和平的日子就来临了。"

9月13日这历史一幕，不仅深深地印在了每个以色列人、每个巴勒斯坦人的心中，也印在了世界上所有爱好和平人们的心中。9月17日，联合国教科文组织把"博瓦尼和平奖"授予了拉宾。翌年，拉宾又与阿拉法特、佩雷斯一道获得了诺贝尔和平奖。

# 难以抹去的日子

1995年11月4日，星期六，又是犹太教的安息日。对于整个以色列，还有所有中东和平进程的关注者，这一天成为他们记忆中永远难以抹去的日子。

这一天夜色降临后的特拉维夫市却是灯火通明，有10万市民沐浴着习习海风涌向市中心的国王广场（现为纪念拉宾已改名为"伊扎克·拉宾广场"），这里将举行规模空前的和平盛会。"支持和谈与结束以阿争端总委员会"邀请拉宾总理出席这一天主题为"要和平，不要暴力"的和平集会。

晚上7时许，拉宾、佩雷斯等内阁成员还有埃及、约旦的驻以大使出现在主席台上。73岁的拉宾显得十分激动，他与登台助兴的歌唱演员一同唱着《和平之歌》。"塔巴协议"已经让极右分子们近乎疯狂了，他们曾辱骂拉宾是"卖国贼"。但拉宾一点儿也不知道，这些疯狂的人们已经把枪口对准了他，他这次演讲——确切地说是对和平的呼唤成了他73载人生历程的最后遗言。

"这个大会一定会给以色列人民，全世界的犹太人，阿拉伯世界的许多人，确切地说是向全世界传递一个消息——以色列人民要和平，支持和平！……"演讲结束，拉宾从口袋里取出《和平之歌》的歌词，与大家一起高唱起来——

"让太阳升起

让清晨充满光明

……请唱一首和平之歌吧，这是我们最应当做的事情"。广场上的人们激动异常，气氛早已达到了高潮。台上，拉宾转过身去，与站在后边的佩雷斯紧紧地拥抱在了一起,然而这却成了他们的"诀别"。

集会结束了,佩雷斯走下台,拉宾与夫人莉赫还在与各国使节一一握手言别,然后也走下主席台向他的卡迪拉克牌防弹轿车走去。拉宾很平静,脸上甚至还带着欣慰的笑容,他连防弹衣也没有穿。

因为整个广场都是以色列人,他不相信他的哪个同胞会加害于他。尽管以色列社会中私人枪支十分普遍,但暴力凶杀案总是鲜有发生的,犯罪率尚不足美国的十分之一,拉宾曾为此感到欣慰与骄傲。对这种社会的安定,拉宾夫妇早已习惯了,拉宾走在了前面。

拉宾走近汽车时,黑暗中出现了一位年轻人,他与拉宾的距离最多只有 2 米,只听见"叭叭"两枪,拉宾不由自主地弯下了腰,保镖们马上用自己的身体去遮挡拉宾,但那个持枪的年轻人又对着拉宾的后背不失时机地开了一枪,拉宾这一次是应声倒下了……一分钟以后,拉宾被送到了伊希洛夫医院。此时拉宾已经没有血压和脉搏了。凶手用了国际上禁用的改装的达姆弹,杀伤力极大,而且子弹是在体内爆炸的,拉宾的鲜血染红了手术台。

11 点 10 分,抢救无效,这位可敬的老人的心脏停止了跳动。人们震惊了,人们还未擦干脸颊的泪水便在质问,为什么竟会是一个犹太人杀害了这位可敬的总理。世界亦为这令人震惊的噩耗感到惋惜,上百个国家的领导人和国际组织的代表都为拉宾的遇害致哀,并严厉谴责杀害拉宾的这一罪行。

拉宾总理的遗体被送往圣城耶路撒冷,在灵柩运抵议会广场时,已有几千名悼念者等待在那里。

这一天已经是 12 月 5 日了,这一天下午 2 时至次日 11 时,这个 500 万人口的国度竟有 100 万余名群众来到议会前的广场,通宵达旦地排着长队与这位带给大家和平的总理做最后的诀别。

6 日下午,拉宾总理的葬礼在耶路撒冷的赫尔茨山公墓举行。有 44 个国家的元首和政府首脑参加了拉宾的葬礼,这是第二次世界大战以来各国政要出席人数最多的一次国家领导人的葬礼。因为在灵柩中躺着的是一位和平的勇士,为了实现和平一天的到来,他是勇敢的。

# 以色列的恺撒

## ——沙龙

## 人物档案

简　　历:幼年生活清苦,经历 25 年的军旅生涯踏入政坛,成为以色列的总理。

生卒年月:1928 年 2 月 26 日~

安葬之地:不详。

性格特征:乖戾、坚强、冷酷、渴望冒险。

历史功过:参加过多次中东战争,立下赫赫战功,但对于以巴和平问题上却采取过极端手段,不利于推动以巴和平的进程。

名家评点:以色列著名主和人物见林曾说:"沙龙从不是个温和派,他危险的天性应该似暴露在大众面前"。

达扬曾说过:"本·古里安特别赏识三位陆军将领:拉斯科夫、辛胡尼和沙龙。不仅喜欢他们,而且也十分器重他们"。

## 成长岁月

1928 年 2 月 26 日,在以色列特拉维夫城不远处,位于佩塔提克瓦城南的因海莫沙瓦(一种集体农业社)一个农户家诞生了一个健壮的男婴。他,就是日后的以色列国防军骁将——阿里尔·沙龙。

小沙龙的家庭,是一个信仰犹太复国主义的家庭。很早以前,他的祖先定居在俄国。他的祖父曾经在俄国布列斯特—立托夫斯克地区做过希伯来语教师。犹太人根深蒂固的理念和传统,犹太人对故土的眷恋之情深深地影响着他,以至于 20 世纪初,他不顾亲友劝阻,毅然举家迁往以色列,并一度想定居在以色列的雷霍沃特城。后来,由于妻子和幼子不能习惯当地的生活,他们全家又迁回了俄国。然而,这片神奇的土地——以色列却给他的幼子萨缪尔(也就是后来沙龙的父亲)留下了难以磨灭的印象。从此,萨缪尔就梦想有朝一日能重回这片曾有的家园。

时光飞逝,萨缪尔·沙因赫曼已成年并成为一个坚定的犹太复国主义者,他积极地参与了犹太复国主义运动。第一次世界大战爆发后,萨缪尔从战乱四起的家乡逃到第比利斯。他很快就成为犹太复国主义运动领导人之一,领导着犹太工人党的活动。然而红色的苏联并不支持这种犹太"分离主义"活动。1922 年 2 月的一天,一大批反犹太"分离主义"的共产主义积极分子包围了第比利斯的犹太复国俱乐部。所有在场的犹太复国主义者被捕并被流放到冰天雪地的西伯利亚。在该俱乐部教授希伯来语的萨缪尔因故迟到而幸免于难。他不敢有片刻喘息,携妻子逃到了以色列。他们定居在佩塔提克瓦城的因海漠沙瓦。萨缪尔进入以色列的米克维赫农业学校学习农艺,这个俄国移民不失时机地让妻子维拉接受了犹太复国主义思想。不久,他们的爱情结晶——阿里尔·沙龙问世,这使萨缪尔有了把自己的思想灌输给下一代的机会。

萨缪尔为人性格暴躁、好斗,执着于实现个人目标。他积极地扩大和保持自己的私有财产,为此,甚至不惜与自己的邻居交恶。他要求幼小的阿里尔·沙龙绝对服从于他的权威,遵守他制定的种种禁令、命令;一旦违反,就要无情地体罚。沙龙还只有 6 岁时,他的父亲就授权他手提大棒在果园里搜寻胆敢入园盗窃的孩子——一旦发现,就挥棒痛击。父亲以这样的方式告诉他,为了实现自己的目的,可以不择手段也不惜代价。这也使年幼的沙龙认识到力量的作用和威胁所能带来的好处——毕竟,他们家强行围出的地在卡法马拉尔地区是最大的,而且没人胆敢轻易地侵入。沙龙的父亲也关心孩子的教育。尽管家境贫寒,他仍为儿子雇佣了一个家庭教师,并曾送沙龙去跟著名小提琴家保罗乔夫学小提琴。不过,他并不希望儿子成为一个小提琴家,他最希望的莫过于儿子将来和他一样,做一名合格的农艺师。

沙龙童年时的家境并不宽裕。由于家境不好,沙龙的母亲只能用自家种的东西来准备一家人的饭菜,于是他们家的餐桌上总是千篇一律的花生、山药等粗茶淡饭……然而,就是这些食品却令人惊奇地使沙龙长得强壮、健康。

沙龙的童年生活多少是有些清苦的,除此之外,他和伙伴们生活的莫沙瓦也并不安宁。他们生活在一个经常遭到阿拉伯人袭击的地区。在这里,充满了不同民族间的敌意、仇视和残杀;在这里,每一个人都必须学会生存,每一家都备有武器以防不测。

1929 年 5 月,一场大骚乱从耶路撒冷开始,蔓延到整个以色列地区,犹太人自发组成的防御组织以数百人对抗着数以千计的阿拉伯进攻者。沙龙所在的卡法马拉尔村组织了自己的防御力量应对阿布金沙萨阿拉伯人的进攻,而老人、妇女和儿童们则不得不开始逃亡……大地在流血,曾有的家园在燃烧,小沙龙和亲人们吃着酸腐的食品,疲于奔命……沙龙永远忘不了童年时这种刻骨铭心的恐惧。也许,从童年时起,他幼小的心灵中就已种下了仇视阿拉伯人的种子。

动荡的童年,父辈的言传身教,极有可能是日后沙龙坚强、好斗、冷酷性格和仇视阿拉伯人心理形成的原因。

在 10 岁那年,他参加"青年劳工运动",每次与会,他总是带着一根大棒,并不时用此大棒在其他孩子头上敲打着,以便他们保持安静和秩序。直到这个组织的领袖人物扬斯克·戈劳勃夫命令他不许在会上用大棒,他才停止这一举动。

在小学里,沙龙是一个很平常的孩子。小学毕业后,他默认了父亲替他的选择,进了特拉维夫的职业高中。看起来,他将沿着父亲指定的道路走下去,将成为以色列一名合格的农艺师。

然而,始于加得纳的军旅生涯改变了他的人生。在职业中学,沙龙加入了准军事性的组织加得纳,他对此极感兴趣。在尼格鲁瓦的鲁哈玛基布兹修完教师课业后,他就成了莫希恩农业学校的加得纳教官。在加得纳授课时,他很快显示出了在军事方面的天才。他富于创意,总是按自己的方式进行教学,从不按部就班采用原有的课程;他有着令人瞠目结舌的极精的驾驶技术;在白刃格斗演练中,他像老虎一样凶猛,以至于在演练时,不少学员都竭力想避开他,唯恐受到伤害。然而,在进行巡逻和演习时,大家又乐意和他在一起,因为他身上所具备的极优秀的军人素质足以保证行动的成功。

几年过去了,沙龙结束了加得纳的教官生涯,参加了"编外警察"。1947 年 11 月,联合国大会通过一项决议,决定在以色列实行分治,建立一个犹太国和一个阿拉伯国家。消息传来,所有的犹太居民区都成了欢乐的海洋。人们开始了彻夜的狂欢。沙龙所在的卡法马拉尔村也是如此。年轻的沙龙竟然冲进朋友奥迪德·扎尔曼逊家里,扔进一个雷管把熟睡的他吵醒,强迫他起来一同狂欢。沙龙又唱又跳,沿着莫沙瓦大街飞奔,并朝天上开枪,犹如一个少不更事的顽童。

狂热的庆祝活动结束了,沙龙在父亲的一再请求下,不情愿地进入雷霍沃特希伯来大学的夜校学习农业。然而,随着大英帝国在中东委任统治的结束,原本勉强维系着的脆弱的阿以和平再也难以继续了。战争,离以色列已不再遥远。以色列人——特别是像沙龙这样的年轻人开始更多考虑的是以色列怎样生存的问题,一旦捕捉到战争的气息,他们就再也不可能安守校园里宁静的书桌了。沙龙父亲希望他成为农艺师的计划很快破灭,沙龙加入了以色列国防军的前身——哈加纳的步兵,并充任班长。当"独立战争"爆发,哈加纳开始正式征兵时,他毫不犹豫地加入了亚历山大旅,并真正开始了职业军人的生涯。

# 走向战争

阿里尔·沙龙的军旅生涯无疑是丰富多彩,充满传奇的。他所担任的第一个正式的军职是以军亚历山大旅某排排长,时年 19 岁。

1947 年是这位 19 岁的年轻排长崭露头角的一年。他在边界山谷地带领导部队进行了多次小型袭击战和伏击战,并取得不错的战果。这使沙龙赢得了"让阿拉伯人害怕的战士"的名声。在这些小型战斗中,沙龙已经表现出一名优秀军人应该具备的素质。

沙龙的战友摩西·兰西特曾这样描述了沙龙在这一时期参加的一场小型战斗:一个漆黑的夜晚,兰西特率领他的排去截击隐藏在附近卡法沙瓦一口废弃井中的阿拉伯侵袭者,沙龙自告奋勇加入了这支部队。当兰西特刚按教科书讲的方式部署好部队时,阿拉伯人已先发制人向他们发起了攻击。这使得兰西特一度不知所措。正在犹豫之际,沙龙狂吼道:"摩西克,你他妈的还等什么? 快打!"兰西特茫然问道:"怎么打?"沙龙吼道:"快让你的兵冲!"结果,他们成功地完成了任务。从这一事例可看出,在排长沙龙的军事理念中,早已抛弃了烦琐教条,他喜欢大胆的,有时是冒险的正面进攻。他认为,这样才能真正摧垮敌人的意志,同时有出其不意的效果。当然,沙龙在战斗中不仅大胆无畏,同时,也是十分精明的。就像一头猛兽善于捕获猎物的气息那样，他具有迅速把握包括地形在内的各战役细节的天赋。

年轻的排长沙龙在这些小规模战斗中屡屡得胜。他在担任排长时表现出的领导能力，他的战斗排严明的纪律和极强的战斗力，很快引起了亚历山大旅高级军官的垂青，许多重要而艰巨的任务都被交付给沙龙排，而他们也每每能圆满完成。

然而，一次意外的挫折，曾一度使沙龙灰心丧气。1948 年 5 月，亚历山大旅被统帅部指派参加"宾—诺沙行动"，占领约旦军位于拉特罗恩的警察总部。在以色列高层看来，这一行动的目的只有一个——为了耶路撒冷的安全。在犹太人心目中，耶路撒冷曾是犹太人祖辈居住的地方，是犹太教的"圣城"。这里，曾记载了犹太人的光荣与梦想、苦难与不幸。然而，阿拉伯巴勒斯坦人也声称自己拥有这座城市。这使得耶路撒冷城成为民族仇恨的会聚点。犹太人与阿拉伯人的敌对行动甫一开始，这座城市就处在被阿拉伯人包围的状态下。以色列国土的各部分不得不向这座城市提供尽可能的援助以使它生存，并保证它成为犹太国不可缺少的一部分。但拉特罗恩警察总部的存在，扼住了通往耶路撒冷公路的要津。以色列高层必欲除之而后快。

沙龙被急召至参谋部，他听完上司的简要介绍，立即返回营地作战动员。同过去一样，他的排又是尖刀排，承担最光荣而又最危险的任务。数小时后，一支装备齐全的以色列部队由驻地纳赫肖恩基布兹向拉特罗恩迅疾进发。

夜色很浓重，以军已迫近了拉特罗恩。突然，一颗照明弹腾空而起，将以军正经过的一座小山坡照得通明，大队以军暴露了踪迹。沙龙和部属们本能地卧倒。这时，叙利亚军队猛烈的炮火无情地倾泻下来。训练有素的以军很快从打击中清醒过来，按原计划继续前进，并包围了拉特罗恩警察总部。当他们正要按计划进入各自阵地时，从侧翼袭来一阵密集的弹雨，一群群对此毫无提防的以军官兵像被割的麦子一样倒下了……一切表明，约旦军队对这次伏击做了充分的准备。以军官兵被打得晕头转向。原来的大队以军不得不分成许多小分队，各自为战。沙龙排急忙占据了一个制高点，用机枪向叙军射击，以掩护大部队的进攻。战斗异常激烈。到 5 月 24 日上午 7 时，沙龙排已有 81 人阵亡，而他自己也受了伤。

在特拉维夫的哈达萨赫医院，沙龙住了一些时日，肉体上的伤损逐渐平复。然而，这次惨败却让他久久不能忘却。他认真地反思了这次战斗的方方面面，并得出结论：以军的作战计划极不缜密，战前情报搜集极为不力，部队组织极为涣散。这是以军一个加强旅居然败在小股约军手中的根本原因。沙龙认识到，自己和许多士兵都已成为判断错误和作战指挥混乱的牺牲品，这使他极为愤怒。血的教训使沙龙意识到：弱小的以色列要想赢得每一场战斗，必须做好充分的准备。伤愈归队后，他又接连目睹了以军在埃及军队面前连吃的两次败仗，这更加深了他对无能的上司的愤怒和失望。

但是，沙龙发现此时自己已离不开军旅了，军事对他来说不仅是一种职业，也完全是一种生活方式，在这儿他能发挥所有的潜能和创造性，能表达所有的谋略和愿望。他对自己成为一名优秀的指挥官充满了信心。同时，以军在拉特罗恩等地的战斗失利，使他切实了解了以军存在的薄弱环节，而对过去的痛苦回忆则更坚定了他为国防军做出贡献的决心。

以色列的"独立战争"不久结束了,沙龙被任命为一个由新移民组成的营的指挥官。管理训练这一批来自不同国度具有不同教育背景,又缺乏军事意识的新兵并不是一件易事。曾有一个士兵非但不服从管教,甚至当众威胁要揍他。沙龙用强力制服了这个倔强的士兵,并使其他士兵对他产生了敬畏感。随后,沙龙又让这批桀骜不驯的新兵吃了一次苦头。一天,他下令让士兵们休假度周末,并告诉他们,休假回来,将进行一次长达一天的行军。结果,星期天按时归队的仅有几个人。沙龙集合他们按计划开始行军。训练完后,他让这几个人好好睡了一觉。到了后半夜,沙龙肯定所有的士兵都已归队后,突然发出紧急集合令,全营点名。准时归队并已参加训练的人都被解散,而迟到归队者则被一辆大型卡车拉到离基地大约10英里的地方。沙龙命令他们从这开始往回跑。经过4个小时疲于奔命,士兵们终于返回基地。然而,在温暖的被窝里还不到1小时,他们又被叫醒,再度经受磨难。这种魔鬼式的训练把士兵们折磨得精疲力竭,从此,再也不敢违抗沙龙。

1950年,沙龙被北部防区派去学习营级指挥官课程,他以优异成绩完成了学业,并出任北部防区的情报官员。然而,情报官员的工作很快就使他感到厌倦。他对一线那些缺乏战斗精神的官员和战斗力疲软的士兵极为不满。他渴望变革,希望能有一个富于主动性和创造性的上司。摩西·达扬出任北部防区司令官,这使沙龙极为高兴。锐意进取的达扬很快改变了北部防区的沉闷局面。

有一次,达扬询问沙龙:"你认为有可能抓两个约旦军团的士兵吗?"

"我想可以,先生。"沙龙爽快地回答,尽管他对达扬的兴趣有些惊奇。数天以前,以军亚德尼旅两名士兵被约旦军团的士兵抓去。按以往惯例,以政府不会采取直接报复行动的,它所做的往往只能是利用以色列—约旦停火委员会或者联合国来调解或释放那两名士兵。达扬的这一交换俘虏的构想无疑是越出常规的。当然,能否成功,还要看沙龙的了。

当天深夜,沙龙和他的战友格鲁伯开始行动。乘着月色,他们悄悄来到了位于约旦河上的希尔克·侯赛因大桥。约旦警卫室中的两名警卫还毫无防备,就被沙龙一行制服。黎明时分,他们到达北部防区司令部,把俘虏交给看守。当达扬来到办公室时,沙龙简单地向他汇报,"两名约旦士兵已关在禁闭室里"。达扬简直难以掩饰他的惊讶,还不到24小时,沙龙就完成了任务!为此,达扬嘉奖了这个年轻人,还与他一起合影留念。沙龙也非常高兴,因为在这次行动中,他展示了自己过人的才华,而且得到了上司的青睐。

然而,像这样的机会实在太少,北部防区的工作总体上讲还是缺乏生气。在达扬升迁至总参谋部后,一切又回到了从前。心灰意冷的沙龙再次离开了军队,他于1952年进入耶路撒冷的希伯来大学,专攻世界历史和近东问题研究。他计划先完成自己的学业,再决定是否重返部队。

然而,悠闲的校园生活并不能使沙龙满足。他始终认为,最适合自己的舞台是战场,最适合自己的职业是军人。所以,在校期间,他还在耶路撒冷旅谋得一个营指挥官的职位,并参加了几次突袭活动。

1953年6月,耶路撒冷旅旅长沙哈姆和总理本·古里安的首席军事顾问内希米阿·阿戈夫等人在耶路撒冷旅召开会议。针对复杂的边界局势,他们决心建立一支永久性的训练有素的突击部队,并打算让沙龙统领这支部队。

当沙龙从沙哈姆处得知这个消息时,他有些迟疑的回答说:"我马上就要参加历史考试了。""为什么要学历史?到外面去创造你自己的历史吧!"沙哈姆一席话打开了沙龙的心扉。当天,他就挑选了新部队的第一批战士。

沙龙给他的部队命名为"第101部队"。这支部队成员是从各部队中精心挑选出来的。沙龙和他的军官小组以崭新的方式来训练这支部队:他经常向他们宣传特种部队的宗旨和作战意图,鼓励开拓进取精神和有独创性的军事思想。沙龙还允许他们在训练时使用各种武器。在沙龙的坚持下,以色列国防军为这支部队提供数量上不受限制的武器和军火。士兵们毫不吝啬地"消费"这些军火。随手扔起的罐头、无辜的鸽子都会成为他们临时选择的新的射击目标。此外,士兵们每天都要接受新的勇气和技巧的试验。沙龙精心设计了每一天的训练计划,以增强部队的体质,提高射术,增强战场应变能力。他还注意向士兵们灌输一种使命感,即让他们意识到国家的命运寄托在自己身上。这支部队采用择优和淘汰原则,达不到训练标准者会被驱逐出队,而优秀者才被保留。

无疑,这支小分队是完全按沙龙的军事理念组建、管理、训练的。他要让这支小分队成为以军的精锐之师。

几个月过去了,沙龙准备让他的部队去接受实战的检验。于是,他开始在总参谋部大事游说,恳求高级官员们给他的部下以用武之地。同时,他对阿拉伯人任何一个目标的一系列行动计划都已成竹在胸,对阿拉伯人可能对以色列目标发动的袭击也做了精心准备。然而,以军高层迟迟未同意沙龙的计划。直到1953年9月,他不懈地力争才终于奏效。以军总参谋部接见了101部队并分配给他们一个任务:消灭住在尼格夫沙漠阿拉茨马的贝都因人部落。这个部落长期定居在里维姆基布兹和尼扎纳基布兹之间的地区,过去,以军用和平手段让他们离开的努力都失败了。这次,沙龙和荷枪实弹的部下们攻击了贝都因部落的营地,他们驱走了贝都因人,搜查武器并将贝都因人的帐篷全部付之一炬。后来,当人们对以色列居然以一支精锐部队来攻击毫无防御能力的百姓表示疑问时,沙龙总振振有词地辩护道:"通过将贝都因人赶走,国家维护了她的主权。贝都因人正在越来越习惯于将我们在沙漠中的土地视为己有。如果我们现在不采取行动的话,那么将来我们要建立新的定居点或修建公路都将会是十分困难的。"尽管驱走贝都因人的行动取得成功,但沙龙对现状仍非常不满。他认为,以色列国防军应付来自加沙地带和西奈半岛的恐怖主义破坏者的措施太过软弱和消极。他主张:最好的防御就是不带任何软弱迹象的强有力的进攻。

不久,沙龙的建议又一次奏效了。总参谋部授权101部队组织并执行一次对加沙地带的巴勒斯坦难民营的武装袭击。沙龙为此制订了一个详细的计划。这个计划的目的,就是要使难民营中大量的难民丧生,以达到威慑的效果。结果,在行动中包括很多妇女和孩子在内的15户居民倒在了以军枪口下。这次行动,甚至使101部队中许多人都产生不满,他们问沙龙:"难道那百十来个痛苦不堪的难民,包括妇女和孩子,是我们的真正敌人吗?"沙龙回答:"这些妇女是为那些打击我们平民百姓的阿拉伯破坏者提供服务的妓女。如果我们不对难民营采取强有力的行动的话,她们将为阿拉伯凶手们提供安适惬意的温床。"后来,当以军高层也对此事表示疑问时,沙龙答称他们是迫于情势突变不得已而为之,这一番话把事实真相就此掩盖过去。

1953年10月13日夜,以色列妇女苏扎尼·肯尼亚斯和她的两个孩子,3岁的肖沙纳和1岁的雷马万,被阿拉伯渗入者杀害。这一血腥事件激起了以色列人对阿拉伯恐怖分子的极大愤慨。次日晨,以色列国防军的最高指挥官员,包括临时中断休假的总理本·古里安经过共同讨论一致同意对阿拉伯恐怖分子采取大规模的军事行动。

作战部长摩西·达扬着手准备报复性的袭击。他把袭击目标圈定为约旦城市基布雅,在以军方看来,这座仅有2000名居民的小城是恐怖主义者的庇护所。

摩西·达扬原打算把这个任务交给伞兵营,并辅之101部队的支援。然而,伞兵营的副指挥官以部队尚未做好准备为借口,不敢接受这一任务。军衔最低的与会者沙龙却自告奋勇地承担了这项行动的指挥任务。在总参谋部,沙龙向达扬提供两种可供选择的方案。其一,暂时占领村庄,炸毁一些房屋,向村庄开枪扫射,迫使村民离开村庄。其二,将村庄全部炸毁,最大限度地伤害村民,进而迫使他们离开村庄。这第二个方案实则是默许大规模地炸毁房屋和杀伤村民。达扬告诉沙龙,如果第二个方案有困难,那就只执行第一个方案。

沙龙决心实施第二个方案,他命令士兵们将足足1300磅炸弹装上军车,开始这次毁灭性的军事行动。

这次行动只遇到了微弱的抵抗,约有10余名约旦人在抗击以军控制基布雅村庄的战斗中丧生。然而,杀戮并没有停止。以军冲进居民住宅,开枪射击,并大声叫喊,要居民们出来。一旦无人回应,他们就认定房子是空的。这使搜查某种意义上讲变成了表面行为。事实上,官兵们都明白,时间紧迫,对每一幢房子都进行搜查实际上也根本不可能……以军官兵们在基布雅村庄40余幢房屋顶上安装了炸弹。一阵阵巨响过后,这个村庄已近乎夷为平地。后来核实,废墟中还有数十具尸体,其中一半以上是妇女和儿童。

这次行动产生的影响是多方面的,以色列国防军击毙了数十名阿拉伯武装分子,第一次向外界显示它为被阿拉伯恐怖分子杀害的人复仇的能力。但与此同时,这次行动违背了以色列国防军所公认的行为准则——即在军事行动中不要对平民,特别是妇女和孩子,造成故意的伤害。这为以后类似事件的发生开了先河。下级军官沙龙却因此在以军英雄栏中赢得一席之地。在这次行动中,他显示了过人的胆略,充分展示了自己的军事才华。由于他作战计划的缜密,贯彻计划的坚决果断,这次行动中以军居然只一人受轻伤,此外再无一人伤亡。此战后,沙龙的部属用"军事天才","勇敢无畏的人"之类的词语来形容他。他们认为,他有能力指挥更大规模的军队。此后,沙龙还得到了两个重量级人物,总参谋长摩西·达扬和总理本·古里安的信任和支持。达扬视沙龙为手下得力干将,而本·古里安则认为沙龙身上充分体现了勇敢无畏、锐意进取的新以色列精神。因此,当许多人难以容忍沙龙的缺点和失误时,他们却能够容忍甚至千方百计地维护沙龙。

1954年1月,总参谋长达扬决定把沙龙的101部队和伞兵营合并为890部队,沙龙被任命为这支部队的指挥官。他接受了原伞兵营大部分军官的辞职申请,并按自己的计划和要求来锻造这支新部队。沙龙的改革很快取得了成效。这支部队在一系列小规模战斗中表现出极强的战斗力,并取得了一系列战果。

890 部队的胜利很大程度上归功于沙龙。他为部队的每次行动制订了详尽而富于创意的计划。以捕俘为例,有一次,上级要求他们抓一个叙利亚人质。沙龙打算抓一名叙军卡车司机。他命令伞兵们在交通要道上放置一只大汽油桶,并点上火。结果,一名叙军司机看到后,果然感到纳闷,并停车想看个分明,沙龙和部属们上去擒住了他,不费一枪一弹。还有一次,伞兵营的任务是把一支埃及军队从一座以色列声称拥有主权的小山上赶走。如果发动强攻,必然导致较大的伤亡。沙龙决定智取。在进攻前几分钟,沙龙下令把汽车的所有灯光都打开,从正面接近那座小山。沙龙认为,埃及人将会把他们看作一支坦克纵队。结果,埃及人一看到这有恃无恐的"坦克纵队"的灯光,就开始撤退了。沙龙的"疑兵之计"大获成功。

不过,仅仅统管这样规模的一支部队,远远没有满足沙龙的胃口。在 890 部队的训练中,他甚至教属下们如何正确地利用空军和海军的援助;此外,他还强化了步兵反坦克战训练。这表明,沙龙很早就有指挥大规模多兵种协同作战的强烈愿望。在他的心中,早就酝酿、谋划着大规模的战争。

这段时期,沙龙和 890 部队主要进行了对阿拉伯人小规模的骚扰、报复行动。沙龙和以色列国防军尚未经受最为严峻的考验。

# 战争狂人

一场大规模的战争很快爆发了。

1956 年 7 月,埃及政府宣布,将苏伊士运河收归国有,英法两大国在采用政治讹诈、经济制裁和武力威胁都未使埃及屈服的情况下,终于决定诉诸战争。由于第二次世界大战和战后民族解放运动的冲击,英法已经元气大伤。为了打赢这场战争,他们竭力拉阿拉伯人的宿敌以色列入伙,并让以军为先锋。以军很快制订了"卡代什行动"计划,决定采取避实就虚、中间突破、迂回穿插的战术,打乱埃军的阵脚,威胁苏伊士运河,然后向南北进军乃至占领整个西奈半岛,摧毁加沙和西奈边境地区的巴勒斯坦突击队的营地。

以军计划分四路向西奈埃军进攻。已升任 202 伞兵旅旅长,授上校军衔的沙龙受命带领部属从南路最先出击。1956 年 10 月 29 日 17 时 20 分,202 旅一个伞兵营约 395 人分乘 16 架达科他式运输机侵入西奈,空降在苏伊士运河以东 65 公里的米特拉山口的东侧,从而揭开了苏伊士运河战争的序幕。

沙龙指挥的 202 旅其他部队则在法国空军的大力支援和掩护下,利用埃军在西奈中部地区兵力稀少、防御单薄的弱点,沿埃以边界朝米特拉关口迅猛突进。从 10 月 29 日至 30 日深夜,沙龙率部连续攻克孔蒂拉、萨马德和纳赫勒等埃军据点,并在米特拉山口东部的帕克尔纪念碑处与先前空投的伞兵会合,造成威胁苏伊士运河的态势。此时的沙龙旅真可谓是所向披靡。

埃军统帅部调集多批部队截击 202 旅,并截断了以军的退路。10 月 30 日,埃及总统纳赛尔下令全国实行总动员,空军也开始大规模出击。到这时,沙龙才发现,他们已孤军深入西奈 250 公里。前面,为米特拉山口所阻;后面,远离后方,补给困难;北面,大批埃及援军已到达;南面,是陡峭难行的山区。202 旅已完全暴露在沙漠地带,不断遭到埃及空军的袭击。他们已陷入重围,随时有被歼灭的危险。

事实上，以军总参谋部只打算让伞兵部队实施牵制战术。由于以色列和英法的秘密条约已经签订，本·古里安和达扬从政治和战略上考虑，打算以202旅在米特拉关口的出击为英法两国的介入做准备。可是，以色列政府和军队中许多人，包括沙龙对此并不了解。直到10月31日上午，沙龙才明白伞兵部队在西奈战役中的作用仅到此为止。但他认为，伞兵部队完全可以在战争中发挥更大的作用。他拒绝在这场战争中只扮演无足轻重的角色。因此，他要求向米特拉山口推进，占据有利地形，巩固阵地。当时，大批以军正在阿布奥格拉地区激战，以色列空军无法抽出更多的力量支持伞兵旅。因此，达扬拒绝了沙龙的要求，他要求202旅尽量处于潜伏状态，不要主动求战，以免造成更大的被动。最终，沙龙只获准派出一支侦察巡逻队，而且以避免与埃军激战为条件。然而，刚愎自用的沙龙却派出一支由副旅长指挥的包括两个步兵连、坦克支队、侦察分队和重迫击炮队组成的战斗部队进攻米特拉山口。

由于这一时期战事顺利，202旅官兵中充满了一种盲目的乐观情绪，他们以为埃军已被击溃，夺取米特拉山口并非难事。因此，10月31日上午，这支欲夺取米特拉山口的部队并未按战斗队形进发，许多士兵头上甚至未戴钢盔，士兵们在汽车上慵懒地享受着秋日温暖的阳光。然而，在车进入关口大约15分钟时，遭到埃军5个连的袭击。埃军占领了米特拉山口，通过两面的高山和洞穴，用火箭炮、反坦克手榴弹、机关枪、步枪火力袭向以军。以军人仰车翻，乱作一团，只好凭借下面的小山包和打坏的车辆拼死抵抗。战斗持续了7个多小时，以军近160人伤亡，直到天黑才撤出战斗。

此战后，以军内部发生了激烈的争吵，达扬对沙龙的桀骜不驯和阳奉阴违造成这次"空前惨重的伤亡"感到"非常痛心"，他在其《西奈日记》一书中抨击此次行动："这一次行动没有什么正当可言，因为到达苏伊士运河不是这个旅的任务……这是一次没有必要的战斗……造成了悲剧性的后果……"他派海姆·拉斯科夫少将调查此事。沙龙则提出两条理由作辩解：其一，他不过是按达扬特使泽维赋予他的权力行事，泽维同意派出巡逻队且未对规模加以限制。其二，那个关隘东端地势险要，不易防守，他必须把队伍转移到更为安全的地方，这是不得已而为之。在沙龙和达扬为此事闹得不可开交时，本·古里安充当了和事佬，两人的争端才告一段落。此后，古·本里安对这支伞兵部队的处境有些担忧，他想撤回伞兵。这时，倒是达扬显得冷静，他阻止了古里安。达扬知道，尽管202旅遭受重创，处境不妙，但这支部队毕竟是当时以色列唯一一支能威胁运河的部队，同时，这支部队的处境正好可以成为英法军事干涉的借口，如果撤回来将会前功尽弃。

经过漫长的等待，法国人和英国人终于开始了对埃及的轰炸和攻击。与此同时，米特拉山口的沙龙伞兵部队也得到装甲纵队的增援，极大地改变了不利态势。法国战斗机为以色列城市设置了保护伞，驱逐舰也在沿海包抄埃军。

达扬在前线发动了新的攻击，沙龙的伞兵旅打到了苏伊士运河，并向西奈东南方向推进，与友邻部队对埃军重地沙姆沙伊赫构成了钳形攻势。埃军虽英勇抵抗，但因腹背受敌，寡不敌众，于11月5日失守阵地。英、法军队还对塞得港等埃及重地发动攻击，但在埃及军民抵抗之下，进展甚缓。以军在攻击沙姆沙依赫后，无力再发起新的攻势，于是就宣布停火。中东的战事也引起了世界各国的关注，在美、苏、联合国及众多阿拉伯国家以及英、法、以国内各力量的干预、作用下,运河战争被平息。

埃及人民虽然损失严重,但他们毕竟用自己的热血和生命捍卫了主权。以军虽然取得了一定战果,但自己损失也不小,还遭到国际道义的谴责。一贯骁勇善战的沙龙虽然立下了战功,他的部队成为第一支打到苏伊士运河的以色列部队,但米特拉山口的失利却使他难以得到众多以军将士——包括他的上司和部属的谅解。在战争结束后,沙龙召集他的军官们开会,也邀请了中央指挥部指挥官阿哈隆·雅里夫和作战部主任阿夫拉哈姆·哈米尔以及202旅前任军官参加。与会者们对他进行了严厉的批评:

——你没有经过一次侦察,就把部队派到关隘。

——你在米特拉关口的战斗中呆在后方,当部属们都去浴血奋战时,你却躲在后方,监督清扫一个简易机场的工作。

——你出名是以牺牲伞兵部队为代价的,而你又拒绝让伞兵部队同你一起分享功名和荣誉,你将他们战斗成功的荣誉装入你一个人的腰包。

会上,大多数时间沙龙能够洗耳恭听,但也对那些对他进行带有特殊敌意的批评的军官进行了谴责。他知道,事已至此,只有面对面的交谈和争辩才能消除下属们的不信任感,重新获得他们的忠诚。然而,他想错了,早在两年前,他的下属们就已对他产生了不满,米特拉的失利只不过是使这种不满达到了极致。属下们怨声载道,甚至向高层建议,说服沙龙辞职。他们说,这样他尚有可能带着大家的尊敬结束他在伞兵旅的生涯。此时,沙龙桀骜不驯、刚愎自用的个性已经使他众叛亲离。1958年接任达扬任总参谋长的拉斯科夫,1961年接替拉斯科夫的祖尔都拒绝对沙龙委以重任。这使沙龙郁郁寡欢,他认为自己已不能再担任这个空头伞兵司令了。

1957年,沙龙辞去了军职,到英国金伯利的一个军官训练学校学习。回国后,他曾担任步兵训练处教官,由于性格乖张,很快被上司免职。此时,本·古里安再次插手干预,才使沙龙得以被任命为步兵学校司令员。在步校,他贯彻了自己的训练、治军思想。他的学生们始终认为,他是一个军事领袖和军事权威;而他的同行则认为他是一个对军事理论研究做出杰出贡献的有创造性的思想家。但他易怒、暴躁、反复无常的个性也常常令下属们噤若寒蝉。在盛怒之下,他曾解雇了大批雇员。以至于在以军中流传一个笑话,总参谋部的汽车从未熄火,是为了随时准备拉走那些受了侮辱的,倒霉的军官。在步校呆了3年后,沙龙又进了装甲兵团的一所专业训练学校,不久,被任命为后备装甲旅司令。然而,这一时期他在事业上总的来说并不顺利。更不幸的是,1962年6月6日,沙龙的妻子玛格丽特遇车祸死在耶路撒冷的沙里泽第克医院。沙龙的3口之家就此破碎了。这又是一次新的打击。在米特拉山口惨败后的7年里,沙龙的军旅生涯一直是处于低潮,对他来讲,这是难以忘却的不幸的7年。直到1964年,沙龙才又时来运转,被总参谋长伊扎克·拉宾任命为北部防区参谋长。此时,以色列军队的羽翼已经渐渐丰满。到1965年,以色列已拥有正规军达7万人,预备役达20万人,部队的质量有很大提高,组织和装备也有相当的改进。以军已有各种坦克和装甲车达2000多辆,并有大量反坦克导弹,飞机450架~500架,各种舰艇55艘。可以说,以色列完全具备了再与阿拉伯强邻决战的实力。阿里尔·沙龙对未来的战争已经迫不及待了。

进入1967年后,阿以冲突不断升级,边界局势空前紧张。在众多阿拉伯国家的催促下,埃及总统赛尔于5月22日起,封锁蒂朗海峡和亚喀巴湾,扼住了以色列从南部通往非洲和亚洲的要道,这对以色列经济的影响极大。对此,以色列总理列维·艾希科尔最早的对策是沿埃及边境布置3个师,以准备随时发动突袭,沙龙也被紧急任命为其中一个师的指挥官。但艾希哈尔多少有些软弱、优柔寡断的态度,并不能使阿拉伯人从原先的立场撤退。总参谋长伊扎克·拉宾提出:武力占领西奈北部,然后让埃及重新开放蒂朗海峡。然而,师指挥官们认为这一举措远不够强硬。由于争执不下,拉宾特允许部将沙龙直接与总理对话,讨论此问题再做定夺。沙龙认为,上述计划都不够积极,他劝艾希科尔采取一个更积极的计划——消灭西奈地区的埃军,通过武力打开蒂朗海峡。尽管拉宾对此计划并不支持,但随着摩西·达扬被任命为国防部长,那些同意大规模占领整个西奈,用武力打开蒂朗海峡的人占了上风。

1967年6月5日清晨,以色列空军倾巢出动,突袭埃及、叙利亚、约旦等阿拉伯国家的空军基地,第三次中东战争爆发了! 在空军发动突袭后,以军地面部队也于埃及时间8时15分由北、中、南三路开始进攻西奈半岛。南路以军由沙龙师负责。这支部队由装甲旅、步兵旅、伞兵旅共3个旅和6个榴弹炮营组成,是一支装备精良,行动快速的部队。他们首先向阿布奥格拉方向发起进攻。阿布奥格拉离以色列尼扎纳仅24公里,作为东西南北

1967年5月29日,时任少将的沙龙(左三)会见以军军官。

的交通枢纽,战略位置极为重要。埃军在这里建成了一个堑壕纵横的防区,在三道堑壕防线周围布满警戒部队和雷场,每个方向纵深都达几公里,钢筋水泥掩体占据了35平方英里多的地方。驻守此地的埃军军力包括1个步兵旅,6个炮兵连,90多辆坦克和一些地对空导弹发射群。总之,这是一个极难攻取的巨型"堡垒"。

怎样进攻呢? 沙龙制订了一个复杂而大胆的计划:即以步兵、伞兵和装甲兵多兵种部队协调一致,紧密配合,在夜间从三个不同的方向同时进攻。6月5日,整个白天,沙龙师以步兵实施正面进攻,夺取了阿布奥格拉的外围,封锁埃军增援各堡垒的道路。随后,沙龙在埃军防线的正面,部署了炮兵,并集中了大量步兵和坦克,给埃军造成了正面进攻的假象。而到了晚间,以军约两个营伞兵空降到埃军后方潜伏,准备攻击埃及炮兵部队,而工兵则利用夜色清除进攻路线上的地雷。

6月5日22时45分,以色列炮兵向埃军阵地开火,在20分钟内发射了约6000发炮弹,埃军阵地顿成一片"火海"。以军以一个步兵旅约7个营的兵力从侧翼进攻埃军堑壕,与埃军展开短兵相接的战斗。而其余部队也向埃军侧翼运动,在埃军后方与伞兵共同歼灭埃及炮兵。沙龙的装甲部队一部深入埃军后方,另一部则从边境沿公路前进,两支部队前后夹击埃及装甲部队。然而,坦克集群遇到了极大的阻力,进攻了三次才冲入埃军阵地。在20个小时的战斗中,沙龙师消灭了埃军第

二步兵师一半以上的部队(约 1000 余人),而自身伤亡仅约 160 人。通往西奈腹地的道路敞开了。

在这次战斗打响之前,沙龙断然拒绝了要他把战斗推迟至次日、以待空军援助的建议,这使他的计划多少显得有些冒险。而到 6 月 6 日,以军的冒险攻击却已取得了丰硕的战果。沙龙对他的大胆计划颇为满意,视此为其得意之作。事实上,为了这次进攻,沙龙足足制订了 16 种不同的方案。他手下的参谋人员在战争爆发前几周几乎没有休息过,时刻处于高度紧张和疲倦的状态下,而一旦不能完成沙龙布置的任务,他们很快就会被沙龙免职。

在 6 月 5 日的激战中,驻西奈地区埃及部队司令官穆尔塔吉将军为挽回败局,曾下令发起两次大规模的反攻,其中一次大反攻指向正在争夺阿布奥格拉地区的沙龙部队。但以色列空军猛烈的空中打击使埃军无法调动、部署大反攻必需的装甲力量,这使大反攻成了泡影。沙龙师不仅攻占了阿布奥格拉地区,还歼灭了撤退中的埃军第 6 机械化师 1 个旅。其他各路以军不仅在西奈取得了极大的战果,还重创了约旦和叙利亚。

第二次中东战争中,埃及、约旦、叙利亚三个国家遭受惨重损失,而以色列只付出了极小的代价,就侵占了加沙地带和埃及的西奈半岛、约旦河西岸、耶路撒冷城和叙利亚的戈兰高地,共计 65 万多平方公里的土地。迫使近 100 万阿拉伯人和巴勒斯坦人离开家乡,开始流亡生活。

"第三次中东"战争过后几个星期,以色列国防军高级指挥官们举行了一次聚会庆贺他们的胜利,大多数与会者都向沙龙表示祝贺。的确,沙龙在这场战争,特别在阿布奥格拉一战中表现出了非凡的军事天才。在战斗中,他制订了严密的作战计划,得心应手地指挥着一个整师(以色列国防军中最大也最完备的战斗单位),以极小的伤亡代价攻克了埃军最坚固的堡垒。对此次战役的全胜立下头功。显然,第三次中东战争不仅使沙龙一洗苏伊士运河战争中的耻辱,还使他重新赢得以色列国防军及公众的尊敬。

然而,他的喜悦之情没有维系多久。1967 年 10 月犹太新年前夕,他的爱子格尔和几个小伙伴一块玩一支老式猎枪时,不幸中弹身亡。沙龙把军队作为自己逃避痛苦的场所,全身心地投入到部队的训练之中。他认为,以色列在第三次中东战争中所占领的约旦河西岸和西奈半岛地区极有可能爆发新的战争。为此,他精心准备了作战计划。这个计划的关键是通过自动桥,横渡苏伊士运河,以武装部队直捣埃及的心脏地带。沙龙不仅把这些想法写进了详细的作战计划,后来又纳入了训练方案和军事演习中。他和众多高级军官还准备并实施了协调使用各兵种联合部队的计划,还把以军训练基地迁到约旦河西岸,使用约旦人的军营。他始终认为,以色列在约旦河西岸存在的最明显不过的证据就是士兵住在约军训练基地。

第三次中东战争后,埃以之间进行了持续 3 年之久的一场断断续续的消耗战,双方都遭受重大损失,消耗战困扰着以军高层。总参谋长海姆·巴列夫认为,要维持对运河东部的控制,有效地应对埃及军队每日的进攻,需要建立坚固的钢筋水泥掩体防线。在他的命令下,以军开始兴建著名的"巴列夫防线"。沙龙毫不掩饰自己对此的反感,他曾讥讽巴列夫,"参谋长先生,你所持的是陈旧的'马其诺防线'观念"。他认为,运河防御应该依靠整个运河地区的高度机动的武装部队,而不是依靠凝固的防线本身。

参谋部内的分歧一直难以消除,并导致了多次激烈的争吵,沙龙为此一度被巴列夫驱逐出总参谋部。在一些右翼党派集团领袖的支持下,他得到了巴列夫的谅解,并很快被任命为南部指挥部的司令官,沙龙视此为他实现总参谋长这一真正抱负的理想起点。尽管不赞同巴列夫的军事理念,他仍忠实地执行了巴列夫的命令。他组织大批工人用笨重的机器整修永久性基地、水上防线、通讯网、防御工事和堑壕。同时,他还在权限范围内,制订了依靠新式坦克掩体和炮兵团的新防御战术。他提议,铺设若干条路以保证从运河防线的一个部分到另一个部分以及防线本身的灵活性。1970年,防线建成了,以色列上下对这道防线极为满意,对运河防线的访问居然成了以色列国会安全和外交事务委员会官员们时髦的消遣。许多人都认为,这将是一道坚不可摧的防线,并由此对未来的安全产生了盲目的乐观。达扬曾吹嘘说:"任何企图渡过运河的埃及部队都将在24小时之内被消灭。"

1970年,埃以之间的消耗战告一段落,沙龙又把注意力转移到"恐怖主义"猖獗的加沙地带。达扬和巴列夫指示沙龙在加沙开展反恐怖活动,建立正常秩序。他仔细研究了这一方案,并委派一支精锐部队来执行这一项任务。沙龙授意把加沙地带划分为几个区,并把各区都加上了代号,他们一个区一个区地搜查加沙地带,直至发现没有一个恐怖分子存在为止。沙龙还下令把所有果园里低矮的树丛全部砍去,不使它们阻挡士兵的视线,同时消除恐怖分子的藏身之地。他命令士兵们将恐怖分子的巢穴——山洞和地堡封锁起来。让士兵们穿上当地阿拉伯人的衣服去拜访那些可疑的家庭,以判明他们多大程度上卷入了恐怖组织的活动。

在几个月的时间里,沙龙一直坚守在自己的岗位上。晚上,他睡在指挥部里,监督搜查并破坏敌人的行动计划。他命令,加沙地带每一个成年男子必须停下来接受彻底搜查。同时,还一度把宵禁令强加给难民营的居民。他一直用铁腕对付阿拉伯游击队员。当巴解组织控告沙龙秘密杀害被活捉的阿拉伯游击队员时,沙龙态度极为强硬地予以否认。他声称:"我的部下只奉命开枪打死所有的恐怖分子,而从不试图去活捉他们。"他的名言"唯有死的恐怖分子,才算好的恐怖分子"广为流传,令人不寒而栗。

沙龙的突击队搜查了每一所住宅、每一个地堡和每一片果园,不仅发现了打击以色列国内平民目标的详细计划,还发现了许多窑藏的枪支和弹药。这种突然搜查令加沙居民胆战心惊,再也不敢为阿拉伯人提供积极支持。在1971年9月至12月期间,共有742名恐怖分子被以色列突击队杀死或俘虏。而恐怖事件的数量也从1971年6月的34起下降到12月仅有一起。沙龙的"反恐怖"行动到1971年底取得成功。摩西·达扬特意表扬沙龙,"粉碎加沙地带恐怖主义组织机构的成功归功于我们的阿里尔·沙龙"。

沙龙在反恐怖行动中的手段是强硬的,甚至可说是残忍无情的:在搜查可疑的地堡前,士兵们总要先投一枚手榴弹,包括使用猛烈的炮火。沙龙甚至希望这些可疑分子对他们的命令置之不理,以便为他们蓄意开火找到借口。他用武力和恐吓来威胁当地居民,使他们不敢与恐怖分子合作;在追赶恐怖分子时,他毫不犹豫地毁掉果园或其他庄稼。沙龙"反恐怖"行动所取得的"赫赫战功"建立在阿拉伯人的血肉之上,这一点,甚至令沙龙的战友和部下,如加沙地区的指挥官普恩达克中将,高级战地指挥官阿巴迪等都深为反感。

沙龙对已有成果并不满足。有一天,当他和达扬巡视西奈北部、加沙地带西南的贝都因人居住地时,达扬随意说起,如果没有阿拉伯人在此居住,那么几乎不会有一场悲剧。以后将有可能围绕人口稠密的加沙地带建立安全区,把这一地区从西奈其他部分中隔离出来。

这番话提醒了沙龙,他就此制订了一个新的计划,即将加沙地带从西奈半岛中隔离出来,让以色列人进来居住,改变这一地区的人口比例,并鼓励在加沙建立犹太人定居点。

以色列用暴力从西奈北部驱逐贝都因人的做法激起了众多非议。这种抗议甚至从内格夫的以色列农庄(基布兹)涉及整个国家,媒体的宣传更为抗议行为推波助澜。

时任总理的女强人果尔达·梅厄虽然曾在政府会议上谴责沙龙是民主的危害。但她却支持沙龙驱逐贝都因人以及在加沙地带和西奈建立一个安全区的行动。她在回答抗议者所提出问题的时候说:"……关于这件事我的意见是明确的,布雷和谋杀比驱逐无辜的居民更为糟糕。"

贝都因人上诉至以色列最高法院,要求立即停止驱逐行为,并且允许他们返回自己的土地。沙龙为此精心准备了一份给政府的辩论文,声称采取这一举措是从以色列地面安全防御出发考虑的,与以色列的国家安全息息相关。结果,法院以维护国家安全作为裁决依据,拒绝了贝都因人的请求。驱逐贝都因人和建立犹太人定居点的行动都按部就班进行。(直至今天,犹太人定居点建设工程还在不断上马。)若干年后,沙龙还就此事自我吹嘘,他认为自己以打击恐怖主义分子为借口,有效地把以色列的边界扩展到了西奈半岛的北部。作为一名军人,他决定了一项国策,这使他深感自豪。由于沙龙强力推行被占领土的犹太定居点建设,他又得到了"推土机"这一"美名"。

1973年7月,沙龙辞去军职,投身政界。然而,迅速爆发的第四次中东战争又把他拉回了硝烟弥漫的战场。

# 犹太之王

第三次中东战争后,埃及、叙利亚等国家一直力图雪耻。为打破中东不战不和的局面,夺回失去的土地,埃及、叙利亚做了充分、然而隐秘的战争准备。

1973年10月初,以色列终于发现了埃及军队的进攻迹象。10月5日,星期五,以色列国防军宣布进入紧急状态。沙龙立即赶到北部防区司令部去查看在苏伊士运河西部拍摄的照片。看过之后,职业军人的嗅觉告诉他,战争已不可避免。作为一名挂职装甲师师长,他立即要参谋们动员士兵,全面进入备战状态。

第三次中东战争后的长时间里,以色列上下都陶醉在"军事优势"的迷梦之中。沙龙自己都曾宣称:"以色列现在已经是一个军事超级大国,欧洲哪一个国家的军队都不如我们。我们能在一个星期之内征服从喀土穆到巴格达和阿尔及利亚这一广袤的地区。"因此,他们忽视了阿拉伯人复仇的信心和能力。现在,他们的盲目乐观、麻痹轻敌遭到了报应。

1973 年 10 月 6 日 14 时,苏伊士运河东岸以色列防御工事的沙垒中,突然发出两声巨响,埃及蛙人 5 日晚埋入水下的两个炸药包爆炸了,就此揭开了第四次中东战争(赎罪日战争)的序幕。几分钟后,200 多架埃及飞机猛烈轰炸和袭击了以军在西奈半岛的多个军事目标。同时,埃军隐藏在运河两岸沙垒后的 2000 门榴弹炮和重型迫击炮轰击了巴列夫防线的前沿工事和后方目标。在 50 多分钟内,埃军发射炮弹、投掷炸弹 1 万多枚,以军阵地遭到沉重打击。埃军第 2、第 3 军团突击梯队 8000 人在空军和火炮掩护下,从坎塔拉、伊斯梅利亚、德维斯瓦、沙卢法和苏伊士城 5 处强渡运河。在战斗打响后的 24 小时,埃军 10 万人和 1020 辆坦克以及 135 部车辆全部通过运河。以色列费尽心力构筑的巴列夫防线迅速土崩瓦解。同时,埃军还派遣伞兵和突击队分乘直升机在西奈半岛纵深地区大规模降落,破坏以军的交通、通讯和补给。而叙利亚大军也在戈兰高地向以军发起猛烈攻击。在赎罪日战争的最初几天,以军损失惨重。

战争初期的失利导致沙龙和其他高级军官之间激烈的争吵。南部军区司令戈南认为,沙龙目无领导,飞扬跋扈,不服从指挥,而只一味坚持要渡河作战。他要求上司撤掉沙龙的职务,而沙龙则讥讽南部军区司令部在埃及人突袭之下,恐慌之极,指令混乱,前后矛盾,使他无所适从。他想迫使戈南和总参谋长戴维迪·阿拉扎尔同意他突破敌军火力到运河边上去解救困守在运河防线上地堡中的士兵们,然后再渡过运河,在运河西岸建立桥头堡,使埃军首尾难以相顾。然而,他遭到了拒绝,即使他求助于达扬和贝京也无济于事。沙龙愤怒地咒骂道:"提拔戈南做将军的人真该下地狱!"他和另一名装甲师师长阿丹和沙龙之间也发生了争吵。因为在阿丹的部队遭埃军袭击,紧急求助于沙龙时,沙龙却按兵不动。

争吵在各方努力之下终于平息了。但在沙龙眼中,这几天的惨败,足以证明阿丹、戈南和众多官员的无能。于是他在自己的防区击退埃及军队进攻后,大胆地继续追击。这一举动又使戈南更为恼怒。但达扬却认为,沙龙的主动进攻比众多将军们的踌躇不前要好得多。

10 月 14 日,星期天,沙龙师发现 4 架埃及直升机正在把突击队送到前线的东南方向。他们立即袭击了埃军突击队,并将他们全部消灭。埃军第 21 师 100 余辆坦克向沙龙师发动了进攻,精心做了战斗准备的沙龙师在 9 个小时后结束了战斗,埃及共有 20 辆坦克被击毁或被俘虏。沙龙对已获得战果并不满足,他请求允许他扩大战斗,乘胜追击,把对埃及军队的防御战转为一场大规模的直捣运河的反击战。在向巴列夫汇报战况时,他大叫大嚷道:"埃及人正在狼狈后退,我必须利用这种局势。"巴列夫警告他,千万要谨慎行事。杀得兴起的沙龙气愤地回答道:"你们呆在指挥部抽你们的烟去吧。你们根本没有在作战实地观察,只有我知道他们要逃跑,他们正在崩溃。"

实际上,10 月 11 日至 13 日,埃及人把部署在运河西岸的大部分装甲调往西奈,造成后备力量锐减。而以军在西奈已增至 20 个旅,近 10 万人,坦克约 1000 辆,在局部形成了军事优势。美国侦察卫星和高空侦察机发现,大苦湖以北的德维斯瓦地区——埃军第 2、3 军团防御阵地的结合部有一条达 7 公里~12 公里的间隙,在该处约 40 公里周围的大片地区兵力空虚。以方派出的侦察兵也发回无线电报告,证实这一地段防守薄弱。沙龙认为,这一地区纵深道路良好,部队行动方便,有利于坦克机动攻击,而大苦湖一侧又可保护部队左侧翼的安全;同时,这一地区处于运河中段,一旦由此突入西岸,可向西、南、北三个方向发展,作战机动和回旋余地较大。所以,他决定选择以德维斯瓦地区为偷渡的主要突破口。

秋天的运河渡口,多少有几分寒意,沙龙的鼻子被冻得通红,然而他的精神却极为亢奋。他向自己的部队详细地介绍如何横渡运河,并为他们提供了行动的时间表。沙龙部的任务是:全力向运河渗透,占领运河西岸的桥头堡,架设桥梁并率先渡过运河,迅速打开两支埃及部队间的真空地带,保持一条通往东岸的安全走廊和两条支路的畅通,保证后续部队顺利渡河。

在运河东岸阻挡沙龙部队的是埃及第 2 军团主力第 21 装甲师和装备导弹的第 16 步兵师。他们占据的两个重要据点"中国农庄"和"密苏里农庄",控制着通向运河西岸水防线的两条重要公路。沙龙于 15 日下午以 1 个旅的兵力向西实施两路佯攻,掩盖以军反击的真实方向。而埃第 21 装甲师中了沙龙的计,被引向北面,忽视了南路的敌情。沙龙本人亲率一个旅直插渡河地点,在以工兵使用推土机迅速推开河边沙堤后,沙龙便命令第一批两栖坦克顺着推开的缺口滑下河去。接着,第二、第三批载着士兵的两栖装甲运输车也紧随其后,一般的坦克则由木筏运送过河。经过不懈努力,才把一个坦克营送过运河。沙龙和他的前进指挥所约200 人也登上西岸的一片果树林中,等待浮桥架好,主力部队渡河。他们行动极其神速,以至于驻守在渡口西岸的巴解组织 1 个旅把以军过河情况报告埃军指挥部时,埃军还认为这不过是巴解大惊小怪。埃军上下对此并没有足够的重视。

沙龙师并没有完成在东岸建立桥头堡和打开一条安全接近运河通路的任务。该师的部分作战任务被转交给了阿丹师,尽管沙龙一直坚持认为他有能力完成两项任务。在运河东岸架桥渡河的阿丹师,遭到东岸埃军的顽强阻击。双方一度投入 1600 辆坦克和大量反坦克武器,战斗激烈到坦克对撞的程度。经过艰苦战斗,阿丹师才把渡河设备运到河岸,架起浮桥。此时,以军已在东岸埃军 2、3 军团之间打开一个 6.5 公里宽缺口。埃及空军虽猛烈袭击渡口,但以军却保住了渡口和桥梁,开始大量渡河。这样,在西岸处于随时可能被消灭的危险境地中的沙龙孤军终于得到援助。沙龙趁机把坦克部队调去增援和加强在西岸的他的部队,而戈南却命令首先完成在运河东岸扩建桥头堡和保护桥头堡免遭埃军进一步攻击的任务。沙龙对此十分气愤,但也只能够服从。

沙龙在西岸隐身的农家庭院遭到了密集的炮击。埃军的喀秋莎火箭炮、迫击炮持续轰击,令士兵们恐惧不已,沙龙却表现得相当镇静。当一辆半履带车车轮陷入刚炸开的弹坑,难以拉动时,沙龙大喝道:"给我把它拉上来!"当他正大声指挥司机操纵这辆车时,一颗炮弹呼啸而至,这辆车被震翻了。沙龙被半履带车上的机枪猛的一击,顿时昏死过去,头上血流如注。身边的塔米尔少将惊慌失措地叫道:"他头部受伤了! 我们的师指挥官死了!"几分钟后,沙龙醒过来,他和部属们重新找到了一个隐蔽地。当他从半导体播音中得知东岸桥头堡遭严重破坏,南部军区司令部已命令放慢渡河速度时,他忍不住在电台里同南部防区司令大吵起来,他大骂道:"走出地堡,傻瓜们,你们来看看这里的战斗进展状况吧!"他强烈的愤怒使高官们感到难堪。然而,这毕竟是从前线传来的最真实的声音。所以,指挥部为此决定召开一次会议,讨论进一步行动计划。巴列夫对沙龙没有完成他全部作战任务感到不满,他攻击沙龙:"你提出的计划和执行的计划之间没有丝毫联系。"沙龙感到自己受到了深深的伤害,良久,他意识到自己几乎想上前扇巴列夫几个耳光。他坚信,横渡运河的成功是极其重大的,他相信他的所作所为起码值得别人道谢或得到赏识。对巴列夫的诘责,沙龙讥讽地回答:"太精彩了,不久你将会声称我甚至没有参加这场战斗。"

经过一番争论,阿丹师终于又开始大规模渡河。已窜入运河西岸的以军从10月18日起破坏埃军交通和通讯网,摧毁埃军许多防空导弹发射场和炮兵阵地,从而使空军掌握了制空权。以军抗住了埃及军队猛烈的攻击,到19日晚上,已有4个坦克旅,1个机械化旅和1个伞兵旅进入运河西岸。

于西奈埃军发现以军大规模进入西岸并发动攻势时为时已晚,这些起初的小股"骚扰"部队现已不断壮大,对埃军构成致命威胁。10月21日,埃军终于第一次公开承认,在西岸有一支"强大"的以军。

运河西岸的以军推进至吉法内地区,其炮火已控制埃及第3军团补给线——开罗和苏伊士公路的交通,而东岸以军也配合发起攻击,使埃及第3军团腹背受敌。

10月22日,联合国安理会通过就地停火议案。沙龙批评政府与联合国合作从而挽救了埃军,阻止了以色列国防军的一场重大胜利。同日沙龙部仍发起对伊斯梅利亚的攻势,企图包围埃及第2军团,但在埃军强烈抵抗下未能得逞。以军指挥部命令沙龙师尽快南下,切断埃及第3军团的供应线并包围该军团。23日凌晨,沙龙在获得新的战斗人员扩充和物资补给后,向阿塔卡地区猛攻,扩大战果,切断了苏伊士城与西面和南面第3军团的联系。沙龙在运河西岸展开"坦克游击战",夺取了开罗—苏伊士公路的若干路口。埃军公路对第3军团的增援和补给完全被截断。埃第3军团共约4.5万人被围困。而此时,叙利亚也遭到以军重创,丢失了戈兰高地。10月24日,埃及、叙利亚和以色列终于实现停火,战争基本结束。

第四次中东战争是第二次世界大战结束以来中东地区规模最大的一次现代化战争。虽初战不利,自身伤亡也极为惨重,以色列最终却几乎完全赢得了战争。沙龙在这场战争中再次展现了自己过人的军事才华。沙龙师官兵对沙龙表示由衷的赞美和钦佩,他们认为,是沙龙挽救危局,改变了这场战争的面貌,他们为自己是沙龙师的一员而深感自豪。战斗的最后一天,即10月22日,人们在苏伊士——开罗的公路上,看到一辆弹痕累累的"巴顿"式坦克,车身上竟赫然大书着"阿里尔·沙龙——犹太之王"的字样。

十月战争后,沙龙一度离开军界从政,并于1981年8月成为贝京政府的国防部长。不到6个月,他就完全控制了以色列国防军、国防部和国防工业,并几乎左右了以色列的对外政策。1981年底,他还两次公开谈到他的"战略构想"。一次是在10月份,他阐明以色列政策的底线:阿拉伯人发展和占有核武器,阿拉伯人沿以色列边界集结,违反非军事化协定以及诸如干预海上和空中交通的交战行动都将招致以色列的攻击;另一次是12月份,他的议员们散发了他写的《80年代以色列的战略问题》研究报告。报告中,他认为截至1967年为止,以色列的战略是扩大以色列的面积,而到80年代初则已变成一种要求扩大它的安全边界的范围,把两个洲,而不是三四个阿拉伯国家包括进去的战略。这就是沙龙雄心勃勃的"大以色列计划"，在这一计划中，以色列要把所谓"安全边界范围"扩大到亚非两洲广大地区，要染指范围远远超出其周围的邻国。在报告中，他还第一次公开提到入侵黎巴嫩，他说："没有什么能阻止以色列……袭击贝鲁特，如果它发现自己的安全需要这样做的话。"

以色列贝京政府一直把吞并约旦河西岸作为其重要的战略目标，而1964年成立的巴勒斯坦解放组织则要求在约旦河西岸和加沙地带建立独立的巴勒斯坦国。因此，贝京、沙龙等人把巴解视为眼中钉，企图先发制人，消灭巴解；同时，破坏叙利亚设在黎巴嫩的萨姆导弹基地。

沙龙就任国防部长仅两个月，就指示总参谋部制订了"大松树行动计划"，其中就包括：

——在军事上、政治上消灭贝鲁特的恐怖分子。

——在黎巴嫩建立一个能与以色列签订和约的合法政府。

——迫使叙利亚部队从贝鲁特地区撤走。

1982年1月，沙龙秘密访问了贝鲁特。只有数十名保镖随从，他却无所畏惧地在贝鲁特四处游荡，丝毫不顾及自己置身于巴解势力范围中的危险处境。沙龙的双手沾满了阿拉伯人的鲜血，这使阿拉伯人对他恨之入骨。一旦阿拉伯人发现他，他和保镖们必将死无葬身之地。不过，在身经百战的沙龙看来，战争行为绝对离不开冒险，这样的体验于他而言也不是第一次了。沙龙不仅在贝鲁特现场制订了详尽的攻击计划，还曾到亲以的黎巴嫩长枪党总部，与长枪党司令杰马耶勒讨论了这一计划。5月下旬，在入侵行动准备就绪后，沙龙访问了美国，向美国国务院官员简述了以色列两种可能的军事行动："一是平定黎巴嫩南部，二是改画贝鲁特的政治地图，使之有利于长枪党。"由此，美国人大体猜出，一场新的战争已不可避免，以色列人也许只需要一个借口来发动战争了。

1982年6月3日晚，以色列驻英国大使阿戈夫遇刺受伤，尽管证据表明此事与巴解无关，但以色列内阁还是召开会议，决定以此为借口，以"为了加利利和平"的名义对黎巴嫩发动大规模入侵。当沙龙走出会场时，贝京问他："你需要多少时间做准备？"沙龙冷笑了，没有回答。还有什么需要准备呢？从他当国防部长第一天起，他就在准备这场战争了。

6月4日和5日，以色列出动空军对贝鲁特和黎巴嫩南部狂轰滥炸，并进行了大规模炮击，造成500多人伤亡，战争的序幕拉开了。从6月6日11时开始，以色列先头部队2万多人在飞机、大炮和200多辆坦克的掩护下，越过联合国临时部队的控制区入侵黎巴嫩南部。随后，以军后续部队8万人，坦克1400多辆，火炮600多门也陆续投入了战斗。联合国维和部队司令官卡拉汉少将几乎是目瞪口呆，却又无可奈何地目送这支庞大军队的进发。一场现代化的立体战争早就在他的眼皮下酝酿着，他却毫无觉察。

沙龙的作战构想是，兵分三路，齐头并进，采用闪击战术，在最短时间内包围贝鲁特。西路是主攻方向，由一个装甲旅和2个师沿地中海沿岸公路向北推进，从正南威胁贝鲁特，切断巴解的海上补给线和撤退路线，实现对巴解分割包围；中路从加利利地区向北直取黎巴嫩重镇纳巴提耶和波弗特堡；东路则从戈兰高地谢赫山西侧出发直取哈斯巴亚和有"法塔赫之乡"的阿尔库卜地区，摧毁巴解军事基地。

　　沙龙用闪击战的思想来指导这场战争。在进攻伊始遇到巴解顽强抵抗后，他命令所属部队不要与巴解小股部队纠缠，除小股精兵对巴解予以牵制、包围外，大部主力快速向最终目标挺进，待整个作战构想完成后，再对被分割包围的巴解大小据点反复清剿。到 6 月 9 日，沙龙的闪击战战果颇丰，西路军已抵达贝鲁特以南 4 公里的国际机场，中东路军已进抵贝鲁特——大马士革公路中段，并沿贝卡谷地西侧部署。实际上，战前以军方对内阁做出的行动不超过 48 小时，不超出以色列边界北部 40 公里的许诺早已被抛至九霄云外。

　　6 月 10 日，美国总统里根对此行动进行了干预，他含糊地要求以色列立即停火。以色列内阁再次召开紧急会议，许多人已经明白，沙龙实则是在实施庞大的作战计划——抵达贝鲁特。要员们就此次行动的规模和战争性质严厉地批评沙龙，而沙龙也进行了有力的抗辩。他反对立刻对里根总统做出答复。并解释说："我们的军队离贝鲁特和大马士革公路已近在咫尺，我们应该充分利用这一机会，一劳永逸地除掉在贝鲁特的巴解组织。"他还指出，一旦叙利亚人被赶出贝鲁特，亲以的长枪党领袖杰马耶勒将被选为总统并同以色列签订和约。沙龙的这番话极富诱惑力，致使内阁同意把停火时间推迟。

　　以军进一步加快了攻击。6 月 11 日星期五正午，双方宣布停火，但部分以军仍奉命继续战斗，理由是某些地方叙利亚人和恐怖分子违反了停火协议。到后来，士兵们才明白，这是总司令部的大骗局。总司令部总是告知某支前线部队，他们的友邻部队正在受攻击，所以必须反击。实际上，最高指挥官沙龙为了达到其作战目的，策划了这一系列的欺骗行为。6 月 13 日，当人们质问沙龙，为何不履行停火协议时，沙龙竟然理直气壮地说，恐怖分子并未停止射击，以军当然不能停止。

　　在 6 天时间内（即在 6 月 12 日同巴解组织达成第一次停火协议前），以军通过突然袭击，深入黎巴嫩境内达 90 公里，占领了黎巴嫩 1/4 的领土（计 2800 平方公里），攻陷了巴解组织 30 多个军事设施和营地，占领了 70 个巴解组织的武器库，抓走 6000 多名巴解战士，这次入侵给黎巴嫩和巴勒斯坦人民生命财产造成重大损失，近 10 000 人死亡，15 000 多人伤残，50 万和平居民失去家园。在 6 月 9 日和 10 日，以色列还摧毁了叙利亚设在贝卡谷地的萨姆—6 导弹基地，击落约 85 架叙军飞机，使叙利亚受到沉重打击。

　　从 6 月 14 日起，以色列以 3 万至 5 万人的部队，300 多辆坦克和 100 多门大炮对巴解组织所在地贝鲁特西区实施了包围，切断了叙利亚与贝鲁特之间的重要联系渠道。以色列为在巴解游击队撤离贝鲁特的谈判中取得有利地位，对贝鲁特西区的军事行动不断升级，从 7 月上旬开始的野蛮轰炸使西贝鲁特不少地方被夷为平地。8 月初，以色列又对贝鲁特进行了长达 13 个小时的海、陆、空立体轰击，连续发射了 18 000 发炮弹。据黎巴嫩救济委员会报道，从 6 月 4 日第一次空袭到 8 月 12 日为止，有 5000 人被炸死，15 000 人被炸伤。以色列还多次对贝鲁特东区 60 万居民断水断电，并禁止向西区居民运送食品、药品、医疗器械和燃料，力图用封锁手段迫使巴勒斯坦游击队投降。

　　在多方外交斡旋之下，巴解与各方达成协议，约 1.25 万名巴勒斯坦游击战士从 8 月 21 日至 9 月 1 日分成 15 批撤离贝鲁特，前往叙利亚、约旦、伊拉克、突尼斯、南北也门、阿尔及利亚和苏丹等 8 个阿拉伯国家。巴解执委会主席阿拉法特在突尼斯建立巴解新总部。这场战争终于告一段落。

沙龙精心策划的这场战争。引起了各国军事专家的关注。沙龙指挥以军充分运用高、精、尖武器进行海、陆、空协同作战，以闪击战的形式取得了骄人战果。这也是巴解组织自成立以来最惨痛的一次失败。这场战争，是迄今为止，沙龙指挥的最后一次战争，也是一场注定要被载入世界军事史的现代化战争。

# 政坛沉浮

普鲁士著名军事家克劳塞维茨曾说过，战争是流血的政治。反之，政治也往往是不流血的战争。战场和政坛既有明显差异，也有共通之处。阿里尔·沙龙在战场和政坛都一度是极为抢眼的风云人物。不过，在政坛，他的失意远远多于战场。

1973 年初，沙龙提交了辞去南部军区司令的辞呈，在此同时，他开展了组织周密的公共关系运动。他在各大报上撰文称，以色列国防军已是一支强有力的军队，但政府却很虚弱。政府完全应该采取更为有力的外交政策。沙龙借此表达了他担任负责犹太人事务的部长一职的愿望。种种迹象表明，沙龙渴望走上政治舞台。

1973 年 7 月 15 日，沙龙正式将指挥权交给戈南，告别 25 年军旅生涯。然而，沙龙并不想在他 1000 英亩的私营农场中度过后半生。他并不习惯这种静谧的生活。卸任后两个星期，他就成为自由党的一员。他深信，自己将在以色列的政治中掀起自以色列成立以来最大的一场革命：建立最终使工党下台的右翼集团。

当时，以色列政坛主要是由联合了各劳工政党的"工党联盟"所支配。而最大的反对党则是成立于 1965 年，由赫鲁特和自由党联合组成的加哈尔集团。除了一些宗教党外，还有一些分裂出来的很小的政党。例如，从两党中分裂出来的民族党和从赫鲁特中分裂出来的自由中心党。沙龙与这两个小党的领导人多方接触，向他们宣传把这两个党和加哈尔集团联合起来，组建一个较大的右翼集团的思想。他认为，唯有联合这些力量才能真正打破工党对政府的垄断。而要建立这个大联盟，最大的阻力是梅纳赫姆·贝京领导的赫鲁特与自由中心党之间的敌意。

贝京与沙龙家是世交，两人也彼此非常熟悉。贝京一直把沙龙视为勇气和力量的象征，他认为沙龙具有极大的选举潜力，所以极欢迎沙龙参加赫鲁特和加哈尔集团。但沙龙执着于三个右翼政党抛弃个人恩怨，联合为一个集团。他出面举行了一次记者招待会，宣布了自己建立政治组织的建议，然后简略介绍了这个党的详细纲领。这个政纲毫无疑问是一个思想大杂烩，包括诸如在外交和安全事务上要强硬；在内政问题上要自由、宽容和民主；保护犹太人的价值，同时给予阿拉伯少数民族平等权利；改换政治党派中的顽固派，代之以新人；要无限期地占有约旦河西岸和加沙地带，至于西奈，只要在安全上有必要就应占有；必须在西岸大规模建立定居点。应该说，沙龙的这一番鼓动引起了许多人的关注。

沙龙面见贝京和他的同事，并提出他把各右翼和中立政党建立成为一个"利库德"（意为联合）的计划。虽然贝京一开始不赞同，但在沙龙耐心地与贝京进行多次密谈后，贝京改变了原来的看法。加哈尔集团开始讨论建立利库德集团问题。

这一时期，沙龙还成功地操纵新闻机构，向它们提供各种信息，使它们明确表态支持各右翼政党的政治联合。这使得沙龙无形之中处于这一运动发言人的地

195

位,也增强了他的权威。沙龙的努力收到了成效,1973 年 9 月 5 日,赫鲁特接受了自由党的领导,宣布支持建立利库德集团。9 月 6 日,沙龙被任命为利库德集团全国竞选的总指挥。

在各右翼政党之中沙龙左右逢源,犹如指挥军队一样得心应手。在他的大力鼓吹下,各右翼党达成了妥协。1973 年 9 月 14 日,利库德集团终于成立了,这令沙龙激动不已,如果利库德在大选中胜利,他的政治野心即将实现,而内阁中重要的职位实则唾手可得。

10 月,第四次中东战争爆发,沙龙以装甲师师长职务投身战事,战功卓著。1974 年 2 月离职时,他在向士兵们发出的最后一个命令中说:"我觉得有必要在另一条战线上去战斗……阻止未来的更进一步的战争。"他同士兵的这最后一次交流,实则明确要求士兵们支持他所选择的政治事业。在发布完最后一次命令几小时后,沙龙就参加了利库德集团在特拉维夫组织的大规模游行活动。他发表了热情洋溢的演说,赢得了群众疯狂的欢呼。集会结束时,沙龙——这位战争中的英雄在数百名唱着"犹太之王阿里尔"的热情支持者的簇拥之下,神采飞扬,得意之极。

沙龙和利库德名单上的其他 38 名候选人一起被选为国会议员,但选举结果却令沙龙大失所望。利库德集团并未能取代工党联盟取得权力。作为一名议员,沙龙不得不参加无休止的例行国会辩论,并在烦琐的立法过程中同各党派人士、众多政客打交道。在毫无生气的国会中的这段时间,对沙龙而言简直是度日如年。然而,沙龙并不甘心放弃自己的政治抱负。

沙龙一直在不懈努力,想把利库德集团各党派真正组成一个统一的政党。他指责自己所在的自由党只忙于鸡毛蒜皮的小事,忽视了国家面临的主要问题,因而他不再参加自由党会议。他还威胁说,除非利库德真正成为一个统一的政党,否则他将不同意作为候选人参加下一轮选举。在伊扎克·拉宾当选总理后,他多次请求拉宾吸收利库德集团入阁,并对军队和国家领导人进行改组。

在克亚特·什姆拉赫和马劳特地区发生了两起致使数十名儿童被杀害的严重恐怖事件之后,沙龙提出要建立一支新的 101 部队,以打击恐怖分子。1974 年 6 月,他率领一批犹太定居者企图在纳布卢斯附近建立一个未经许可的定居点。当执勤士兵试图阻止这些非法定居者时,沙龙便上前劝说士兵们违抗上级命令。自由党中有人指责他参与闹事时,他反唇相讥:"在利库德集团各派中都有不少伪善者……有些人虚伪地反对在纳布卢斯附近定居,他们在这个问题上散布了许多谎言和半真半假的言论。"

利库德领导人对沙龙提出的解散利库德集团 4 个政党,将它们重组为一个政党的要求漠然置之,这使沙龙感到颇为失意。他的第一次政治生涯是不成功的,由于习惯于军队生活,他试图将个人权威凌驾于政治制度之上,但这种努力并未奏效,反而使他遭受了更多的忌恨。政坛与战场一样充满了变数,但他对此的了解并不充分。

虽然,沙龙一度返回军界,还曾被任命为拉宾总理的特别顾问,但到 1976 年 3 月止,他在制定公共政策方面所能起的作用可谓无足轻重。他实际上已经停止了在自由党或利库德集团内的政治活动,他在当上总理顾问后为晋升所做的有限努力也被证明是徒劳。他想返回自由党,却碰了硬钉子。自由党头目西姆哈·埃利奇发表讲话指出:"几年来我们一直关注着,力图说服他加入我们党。我们尽了最大的努力。难道我们有人不尊重他?侮辱过他?他关闭了通往军队的大门,加入我们党,并建立了利库德。然而,后来他没和任何人商量,轻松地告诉我们一声就走了。我们用母亲的乳汁把他养大,他不仅不报答反而攻击我们。"沙龙最终被自由党最高委员会拒之门外。

到1976年11月,沙龙甚至开始攻击利库德集团。由于利库德集团未能满足他提出的改革要求,他发起了责难,与利库德集团的关系一度陷入僵局。

沙龙终于决定改弦更张,另建一个新的政党。他搜罗了一批政治朋友(他们中大部分人早在军队时沙龙就已认识,其中不乏著名人物),紧锣密鼓筹划建党,并在一系列会议上制定了一个重点集中在国防和对外事务上的基本的政治纲领。沙龙为这个新党——什洛姆恩的建立和发展,可谓是绞尽脑汁,不辞辛苦。

在一次记者招待会上,他攻击了利库德集团,并声称自己的党决不会重蹈利库德集团的覆辙。他说:"即使我们的成功微乎其微,我们名单上选进国会的人员数量有限,我仍将继续下去……我在战场上从未放弃过一支部队,现在我也不会那样做。"

他的政治声调总体上是温和的,他想让人们认为他的党热爱和平,并愿为和平而让步。为让选民们看到他所领导的党是各种力量的联合,为了证明他极愿妥协和重新确定政治观点,他与多个政党领袖进行了会谈,对他们极尽劝诱和拉拢。他甚至与一个以左著称的政治家约希·沙里得联系,请他参加会议。沙龙要求沙里得参加什洛姆恩,保证在党的候选人名单上把他列在第二个位置上。

沙里得纳闷地大声问道:"我们的观点是如此不同,你认为我们能在同一个名单上出现吗?"沙龙蛮有把握地说,在社会问题上他们的观点是很相似的。

"你的社会观点是什么呢?"沙里得问道。

"我们两人都追求以色列人民的幸福,我们之间能有什么大的差别吗?"沙龙说。沙里得对此极为怀疑,这也成为他们之间最后一次联系。

沙龙还向许多有鸽派倾向的党派伸出了友谊之手,以极端鸽派观点著称,赞成完全承认巴勒斯坦人权利的著名新闻记者阿莫斯·凯南甚至也成了沙龙的代表。沙龙还让凯南试着安排一次他和亚西尔·阿拉法特或者他的副手之间的会见。有一次,双方甚至已把会见暂定在巴黎举行。但在最后1分钟,巴解组织领导人取消了这次会见。两个昔日死敌之间的轰动性会面到底未能实现。

沙龙控制着什洛姆恩党,使自己成为一个被狂热崇拜的领袖。他的第二任妻子莉莉在幕后操纵着该党事务,不喜欢莉莉的工作人员很快就被沙龙解雇,而对莉莉奉承则可使他们与沙龙成功地一起工作。沙龙在拉拢政界左翼和保持中立的主要政治集团的努力失败后,改变了策略,使什洛姆恩具有浓厚的右翼色彩。在对外宣传中,再次强调对付阿拉伯人的强硬立场。竞选中所用的重要工具,就是一张在约姆金普战争期间拍摄的,沙龙身着戎装,前额上缠着带血的绷带的照片。他的政纲实则是民粹主义的说教与对未来可怕的警告的混合物。他劝诱选民:为了以色列的安全,请选择阿里尔·沙龙吧!

但什洛姆恩在大选中前景却不妙,尽管沙龙忘我工作,但成效甚微。在富有的捐赠人面前奉承,在乏味的街道上轻抚婴儿,拉拢全国不知名的政党,这些做法都使他厌倦。他的竞选资金很快枯竭,甚至连职业工作人员的酬薪都难以支付。沙龙曾两次赴美为他的党筹集资金。一次,他专门飞至洛杉矶去拜访一个富有的可能的捐款人,会见非常友好。最后,沙龙拿着一个密封信封满意地离开。然而,在旅馆打开信封时他大吃一惊——里面竟只有一张 25 美元的支票!

什洛姆恩的颓势使沙龙为确保自己的政治前途,重新投靠利库德集团。沙龙的再次加入使他重又得到贝京的赏识,1977 年,沙龙成为内阁新定居点委员会主席和内阁安全委员会成员。1977 年 9 月,在上任后不久,沙龙即宣布政府已在西岸秘密建立了新定居点,且建设工作还在大力开展之中。他给世人制造一种印象,似乎他只是倡导对现存的定居者耕作的田野进行一些小小的扩大及多打几眼水井。实际上他是在隐秘地扩大对西奈事实上的占有。国防部长埃兹尔·魏茨强烈反对这一决定,曾严厉地说:"依我的观点,你(指沙龙)简直可以犁遍整个西奈。"沙龙把注意力集中在新定居点的建设上,在他任农业部长期间,只在农业领域做出过两个决定:增加专门用来种花的资金和扩大畜牧业生产。而这两者均带来了灾难性的后果,导致众多农场破产或濒临倒闭。

但是,在一个阿以冲突的阴影萦绕在以色列人心头久久不去的年代,沙龙丰富的军事阅历和强悍形象使他成为一个对群众有足够吸引力的人。在利库德集团第一次为该党确定候选人的选举中,沙龙仅次于贝京,排在第二位,最终他获取了政府中第二个重要的职位,即国防部长。这也是政坛岁月中沙龙获取的最高职位。但由于对黎巴嫩暴烈的战争行为和纵容、姑息了黎巴嫩战争中长枪党的大屠杀行径,沙龙遭到了以色列国内外一致的谴责,被迫离开国防部长岗位,转任不管部长。自此,他在政坛的地位和影响日益衰落。沉寂了 10 余年后,1997 年沙龙又再次出任以色列城市和国土建设部长。然而,毕竟年岁不饶人,沙龙已经锋芒大减了。

尽管沙龙在政坛斗争中颇富机谋,一度风光,但直至 2000 年底,他的政坛生涯没有留下太多的亮色。也许,最适合沙龙的还是硝烟弥漫的战场,他是"流血的政治"中的超级明星。在战场上,他能娴熟地运用火与剑;而在政坛,他却不时成为一个蹩脚的作秀者。他的性格严重阻碍他攀上权力的顶峰。因此,以色列国内外许多资深政治家都认为,随着年岁不断增大,沙龙将很难在政治上有大的作为了。

然而,历史老人常常给世人开不大不小的玩笑。沙龙——就是这个颇有争议的沙龙,已被许多人在政治上宣判"死刑"的沙龙,毅然决然地加入总理宝座争夺者的行列,并在 2001 年 2 月的竞选中,以较大优势击败看守总理巴拉克。沙龙在政坛的东山再起,令众多分析家跌破眼镜。沙龙究竟是如何登上权力顶峰的呢?

早在 1999 年,当利库德集团领导人内塔尼亚胡在以色列总理大选中铩羽而归,以巴拉克为首的工党联合政府再次粉墨登场后,阿里尔·沙龙很快就取代了内塔尼亚胡的利库德集团主席一职。在公开场合,沙龙多次发话表示,他和利库德集团将尽一切努力推翻巴拉克政府。

2000 年 9 月 28 日,沙龙率众强行进入位于东耶路撒冷的伊斯兰教圣地阿克萨清真寺,由此引发了阿以大规模的流血冲突。在短短数月内,死亡人数迅速突破400,伤者近万人(冲突至今还在继续,伤亡人数还在不断扩大)。中东和平进程遭受了严重挫折。实际上,这是处心积虑要推翻巴拉克的阿里尔·沙龙极为阴险的一手。沙龙要推翻工党联合政府,手中最好的一张牌就是阻挠中东和谈。在阿以和谈进入最关键时刻,沙龙重提耶路撒冷问题,制造纷争,无疑是给已为内政外交问题弄得焦头烂额的巴拉克背后又捅一刀,必将给脆弱的巴拉克联合政府添乱。不出所料,持续数月的阿以冲突导致巴拉克政府内部出现严重分歧。民众认为巴拉克政府不能保证自己的安全,反对巴拉克的呼声日益高涨。由于得不到足够支持,巴拉克被迫辞职并宣布提前大选。巴拉克此举目的有三:一是如提前大选,根据选举法尚不是现任国会议员的内塔尼亚胡就没有参选资格(而民意测验显示,如内氏参选,将以十几个百分点优势击败巴拉克)。二是可消除工党内部成员佩雷斯对他的挑战。由于时间仓促,佩雷斯将难以得到党内足够票数支持,同样不能获得参选资格。三是希望在大选前与巴勒斯坦方面达成一项全面或部分协议,然后将大选变为对巴以和约的全民公决。舆论认为这也是巴拉克赢得大选唯一的机会。巴拉克希望通过提前大选,剥夺党内外两个强劲对手的参选机会。但,这也为在政坛摸爬滚打数十年,却从未登上总理宝座的超级"鹰派"沙龙提供了一个千载难逢的机会。

沙龙全身心地投入了大选,并且表现出前所未有的成熟、老练和圆滑。他首先修正了过去在阿以问题上极度强硬的论调,公开表示希望以巴人民能实现完全、永久的和平,共享地区稳定和繁荣的成果;在以色列右翼组织指责看守政府总理巴拉克接受以巴和平建议是叛国行为时,沙龙公开呼吁以色列人不要发表煽动性言论;当2000年12月30日以色列两名极右翼犹太人被巴勒斯坦人打死后,沙龙表现得非常冷静。他呼吁所有利库德集团的追随者和右翼组织及个人保持克制,不要采取任何极端报复行动。沙龙甚至还表示了对巴勒斯坦人民英勇斗争的钦佩。更令人惊讶的是,这个在国际场合甚至拒绝与阿拉法特握手的人在穆斯林开斋节前夕竟然向宿敌阿拉法特发出一封书面信函,对他及家人表示最美好的祝愿。同时,希望以巴人民能实现彻底的和解,共享和平、安宁和富裕。

在大选中,超级"鹰派"沙龙似乎变了一个人。他的所作所为似乎在向公众表明,他已经铸"剑"为"犁",他一样会"衔来"橄榄枝。对此,以色列的"鸽派"们表示怀疑。以色列著名的主和人物,工党司法部长贝林在接受媒体采访时就说:"沙龙从来不是个温和派,他危险的天性应该暴露在大众面前。"他认为:"大家应该揭下沙龙的面具,因为他是只披着羊皮的狼。"而巴拉克则不点名地把沙龙描述为格林童话《小红帽》中的狼外婆。他在一次集会上说:"有些人就像《小红帽》里的狼外婆一样,即使戴着帽子,把身子藏在毯子底下,但是露在外面的锋利牙齿仍然在提醒着人们狼的本性。"对此,沙龙竟然幽默地说:"巴拉克是个有文化的人,我真高兴,他是如此熟悉儿童故事。"

在竞选中,沙龙还表示:如果自己执政,以色列将不会重新占领已经移交给巴方的土地;但同时,也不会放弃定居点、约旦河河谷,不会分裂耶路撒冷。他还指出,和平需要让步与协议,但如果他当选总理,绝不会讨论巴勒斯坦难民回归问题,也不会在遭受袭击的情况下进行谈判。

沙龙的竞选纲领在极大程度上迎合了许多渴望安全的以色列民众的心理。利库德集团在选战中高举的金字招牌——"只有沙龙才能带来真正的和平"也大见其效。许多以色列人,包括许多一度支持工党、怀疑沙龙的以色列人在大选中都把自己神圣的一票投给了沙龙。大选结果,沙龙得票率为59.5%,巴拉克为40.5%,

沙龙一举击败巴拉克,受命组阁。在政坛屡屡失意的沙龙此番终于扬眉吐气,登上权力政治的顶峰。

不久,沙龙组成了以色列历史上最庞大的联合政府。在27名政府部长中,包含了左、中、右三派。利库德集团占9人。工党占8个席位,最为重要的国防部长和外长由工党成员担任。沙龙甚至还任命一名阿拉伯人塔里夫为不管部长。

沙龙当选后,一度表现出和平诚意。在给叙利亚总统巴沙尔的信中,他强调愿意推进和平进程,并愿与阿拉伯邻国实现和平。但在新政府成立后的首次内阁会议上,沙龙就解决以巴问题提出五项原则,其中包括:以色列政府将采取一切措施确保全体以色列人民的安全,制止巴勒斯坦人的暴乱;避免巴以冲突升级并防止巴勒斯坦借此达到政治目的;防止巴以冲突国际化;减少以巴冲突导致地区局势变化的可能性;始终保持以巴恢复和谈的可能性,但只有在冲突平息后,以巴才能谈判。这五项原则实则就体现了沙龙新政府的强硬立场。

在沙龙当选后,巴勒斯坦方面和许多阿拉伯国家都对阿以和平进程表示担忧。沙龙执政后的一系列举措也充分表明这些担忧并非多余。沙龙掌权后,以色列政府在阿以冲突问题上态度日益强硬。以色列不仅封锁了巴勒斯坦,还多次动用重武器袭击该地区,造成巴解组织和许多平民的伤亡。阿以之间的仇恨不仅没有弥合,反而日益加深了。

鹰终究是鹰,它永远不可能质变为鸽子。直至今日,沙龙还是那个沙龙。

当然,沙龙究竟能在总理宝座上坐稳多久,很难做出准确预测。因为,以色列政坛的变数实在太多、太多……

## 人性迷惘

阿里尔·沙龙的性格是极为复杂、乖戾的。童年和家世造就了他坚强、冷酷、渴望冒险、残忍的性格,这影响了他的一生。

实际上,沙龙把阿拉伯人这个整体看作以色列的敌人,无论他们是军人还是贫民。在早年军事行动中,他精心制订一项项以尽可能杀死阿拉伯平民为目标的计划,设置一个个陷阱诱捕阿拉伯人。他的部属还曾看到这样一幕:当一名年轻的以军军官折磨一位阿拉伯老人并向他开枪时,沙龙居然放声大笑。他曾指责伞兵部队中的一名年轻军官,原因是在一次袭击中他未能杀死与他遭遇的两个年长的阿拉伯人。

在多次战斗中,为了完成预定计划,他对自己士兵的生命从未予以足够的重视。他始终认为,死亡是战争的一个方面,而杀死"敌人"不过是战斗方程中的一个参数,自身的损失也是常事,没有什么大惊小怪的。为了完成作战任务,他和突击队曾屠杀了大批手无寸铁的无辜的妇女儿童,焚毁、破坏他们的房屋和田地。在1982年的入侵黎巴嫩战争中,他的指令给平民百姓造成了极大的伤亡,而9月中旬的大屠杀事件更使他声名狼藉。

1982年9月14日,受以色列支持而上台的黎巴嫩总统、长枪党首领贝希尔·杰马耶勒在长枪党总部被炸身亡。沙龙以此为借口,在"避免局势严重发展"和"维持治安秩序"名义下,率军包围了贝鲁特的萨卜拉和夏蒂拉巴勒斯坦难民营。

沙龙声称,尚有 2000 名至 3000 名巴勒斯坦战士和重武器未撤出贝鲁特西区。在沙龙授意下,以军决定让基督教长枪党完成在两个难民营的"清剿"工作。(以色列甚至还专门对长枪党民兵进行了训练)沙龙这样做只得到了他自己的许可。在公开宣称这样做的原因时,他说,允许长枪党进入难民营是为了消灭恐怖主义分子,而这将会使以色列国防军获得安全。

9 月 16 日,1000 余名长枪党民兵在以色列坦克和装甲车护送下乘车经过以军检查站前往集结地,晚 6 时,按照以色列提供的空中照片分两路进入难民营。一场大屠杀开始了,这两个总面积为 31 万平方米的难民营变成了人间的地狱!难民们哀号着想逃生,但以色列军队却不许任何人离开。《泰晤士报》一名记者曾报道:17 日下午,400 多难民举着白旗走向以色列士兵,告诉他们难民营正在进行屠杀,然而,在枪口的威胁之下他们只有返回难民营。这场屠杀持续了 4 个多小时,到 18 日长枪党民兵才撤出。难民营中的死亡人数至今无法确切统计。这是二战后为数不多的大规模种族灭绝行为。

沙龙对这场大屠杀负有不可推卸的责任,尽管有人辩解说他只有间接责任。在谈到长枪党民兵进入难民营问题时,他承认,是他让长枪党进入难民营的。实际上,他和同僚们的目的,就是想制造恐怖,引起巴勒斯坦人大规模地撤离。在嗜血的沙龙看来,为反恐怖死人又有什么值得大惊小怪呢?何况,他还是假手他人来达到自己的目的。根植于沙龙内心深处的对阿拉伯人的恐惧、厌恶和仇视使他在与阿拉伯人的争斗中不择手段,残酷无情。他深信自己的所作所为符合以色列的国家利益。在一个危机四伏的时代,他信奉的是暴力的哲学,他相信,坚决的毫不妥协的战斗才能换来以色列的生存。在他看来,在维护以色列生存的大前提下,杀戮行为完全是可以理解和接受的。

沙龙无疑是一个以自我为中心的人,他喜欢接受别人的阿谀奉承,对异议者无情打击。他为人多谋而善变,可以为达到目的而不择手段,轻易违背自己的诺言,做出惊人之举。他脾气暴躁、缺乏修养,他的许多上级和下属,都曾受过他的猛烈、刻薄的攻击。

当他还只是 101 部队一名少校军官时,他对上司讲话时就是一种近乎无礼和桀骜不驯的态度。他常把以色列国防军高官和政府名流称为"愚笨的蹩脚货"或"蠢驴",同时,还对他们的私生活极尽夸张嘲讽。在以后数十年军旅生涯、政坛生涯中,他保持了这一顽劣的个性。在多次重大战事进行过程中,他都会对上司和同僚、部下极尽批评、责骂、讥讽之能事,只要他们与他的观点相左。在一次政府全体会议时,他冲副总理伊格尔·亚丁大发雷霆:"副总理先生,我要把你在这个会议的桌子上剥得一丝不挂!"当贝京下令把沙龙的话从会议记录中删掉时,他又向贝京大嚷:"你的决定屁事不顶,我要砸碎这个政府。"

沙龙曾多次恶毒地攻击贝京,把他称为"僵尸",认为贝京是一个只会空谈、脱离实际的人,一个老朽的蛊惑人心的政客。而当大势所迫,为了达到自己的政治目的,他又很快背离自己的诺言,投靠贝京,在各种场合对贝京极尽逢迎之能事。他参与创建了利库德集团,又一度猛烈抨击利库德,退出利库德数年后,又再次返回。他曾顽固地要扩建定居点,寸土不让,反对一揽子阿以和平进程;而在 1978 年 9 月,卡特总统、贝京总理和萨达特总统一次马拉松会谈后,沙龙竟提出宁要和平而不要定居点,令世人大为吃惊。在一系列和平谈判进行时,如果让他参与,他就努力使它成功;当不让他参与时,他就为所欲为,甚至不惜破坏谈判。他常常讥讽同事们欢天喜地地出访埃及,而埃及领导人则很少回访。他想给自己的这种批评披上民族利益的外衣,而后来,当他也被邀请时,他也迅速地打点行装飞到开罗,饱览埃及风光。

很多人认为,他是一个暴躁、易怒、粗野、难以捉摸的人。但当他在一顿美餐之后,和客人们一起抽雪茄谈起他在军队的往事时,他的温和、幽默又给客人们留下了很深的印象,甚至令客人们为之着迷。

在沙龙内心深处,同样有着脆弱、温柔的一隅。他会把一只受伤的猎鹰救活,像抚养婴儿一样精心地照料它。在得知妻子玛格丽特车祸去世的消息后,这个刚强的军人静静地走到一个角落大哭起来。在妻子葬入坟茔时,他从口袋里掏出一张纸,并把它缓缓撕碎——这是他写给她的一首情诗。1967 年 10 月,当儿子格尔与小伙伴玩枪走火不幸身亡时,他悲痛欲绝,一直威胁那个致他儿子身死的幼童,直到他们全家搬走为止。在续娶玛格利特的妹妹莉莉后,他们彼此恩爱,即使是第四次中东战争战斗最激烈的时候,沙龙都还抽空打电话给莉莉,告诉她战斗进展的情况,在整个战争阶段,他一天至少要给妻子打 2 至 3 个电话。在身边的官兵们看来,给莉莉打电话时,粗鲁、暴躁的沙龙好像已变成了 个柔情似水的沙龙。

无论在军界还是在政坛,沙龙都奉行实用主义原则,他相信现实,信奉用实力来说话。然而,某种程度上,他也是一个理想主义者。他执着于实现个人出将入相的理想,也迷恋于“大以色列”梦想的实现。为此,他可以不屈不挠,执着不懈地奋斗。

沙龙喜欢战场的情调和氛围。曾有一次,在即将对一个埃及军营发动袭击前,他安排军中一名颇有造诣的小提琴手坐在靠近战场的一座小山后面拉小提琴。月色溶溶,琴声悠扬,而战场则隐藏着无限的杀机。没有人能解释沙龙此刻的举动。也许,这才是他内心的真实流露? 也许,在沙龙看来,战争是一门艺术,一门极富创造性和挑战性的艺术,一门充满了死亡的惨烈和壮美的艺术。

达扬曾经说过:“本·古里安特别赏识三位陆军将领:拉斯科夫、辛胡尼和沙龙。不仅喜欢他们,而且也十分器重他们……他们都是极其出色的军人……他们都体现着他梦寐以求的以色列犹太人的性格:做一个正直的人,一个有自信心的果敢战士,对自己犹太人的气质毫无愧色。”

有人称赞沙龙是“以色列的恺撒”“中东的巴顿将军”,也有人咒骂他是“嗜血的刽子手”“残忍的推土机”。总之,沙龙的名字是同当代以色列国家的历史紧密联系在一起的。在古罗马时代,不可一世的恺撒用剑征服了广袤的土地,并以强力和独裁扬名于四海。骁勇、强悍的阿里尔·沙龙也以自己的显赫军功和不凡经历,赢得了“以色列的恺撒”这一美名。

# 意共领袖

## ——陶里亚蒂

## 人物档案

**简　　历**：1893 年 3 月 26 日出生于意大利热那亚一个小公务员家庭，1911 年考入都灵大学，在学期间接触革命，1914 年加入了意大利社会党。1945 年 12 月正式当选为意共总书记。

**生卒年月**：1893 年 3 月 26 日~1964 年 8 月 21 日。

**历史功过**：1922 年，意大利局势十分危急，在这个民族存亡的关键时刻，为能提出有效的方针向人民指明道路，他不畏艰辛地长途跋涉回到了家乡。他以"团结一切可以团结的力量"为方针奠定了全国统一的基础。在对待国际共产主义运动的问题上，他强调"必须是马克思主义普遍原理同本国实际相结合，不能机械地照搬苏联的经验。"针对苏联的大党主义，提出了著名的"多中心论"。

**名家点评**：陶里亚蒂是意共著名领导人之一，也是最重要的领导人之一。

## 投身革命

1944 年 3 月 27 日傍晚，帕尔米罗·陶里亚蒂在维苏威火山喷火的光亮中，踏上了意大利那不勒斯正不断落下火山灰砂的土地，疲惫的身躯里的那颗复杂沉重的心，也不由得轻跃激动起来。他是意大利共产党书记，在苏联和盟军协助下，从莫斯科出发，途经巴库、德黑兰、开罗、阿尔及尔，经过一个多月的跋涉，终于回到了阔别 18 年的祖国。

此时的意大利，英美两国军队徘徊在其南部，德国法西斯军队盘踞着其北部和中部地区，两军呈南北对垒的局面。同时，国内却出现德国操纵的墨索里尼傀儡政权、巴多里奥政府和人民民主政权三足鼎立的状况。要赶走侵略者彻底消灭法西斯势力，意大利的当务之急是团结全国一切可以团结的力量。但这个时局的症结并没有被国内大多数人所认识，不少政治家和群众领袖陷入君主制和共和制的争论,甚至共产党内部也存在着一些模糊的看法和不切实际的主张。

在这个民族存亡的关键时刻,为能提出有效的方针政策向人民指明道路,陶里亚蒂毅然不畏艰辛地跋涉回到他出生成长的意大利。1893年3月26日,他诞生在意大利热那亚市一个小公务员家庭,父亲是一所国立寄宿中学的庶务员,母亲当过私立职业学校的教师。他排行老三,有三个兄弟姐妹。全家随着父亲的工作变动而几度迁居。1911年1月陶里亚蒂刚中学毕业,父亲的病故使他不得不依靠教课赚钱补贴家用。同年7月全家回到都灵后,陶里亚蒂以第二名的优异成绩,考取了都灵大学的奖学金,如愿进入大学学习。在都灵大学的走廊上,他第一次结识了他后来的革命战友安东尼奥·葛兰西。很快,陶里亚蒂在他的亲戚的坚持下,放弃了所热爱的古典语言学,而进入了都灵大学法学院,但选择法学并没有把他束缚住,却进一步地把他推向社会和政治斗争中去。

在校期间,陶里亚蒂除了学习法律专业外,还研究罗马法和其他意大利法律学说,关心和研究意大利的社会问题。他与其他同学——后来意共的重要领导人葛兰西、塔什卡和泰拉齐尼结为好友。由于他们都对社会主义怀有强烈的兴趣,所以他们先后加入了意大利社会党。陶里亚蒂在1914年加入了意大利社会党,并开始出席该党地方委员会的会议。1916年意大利参加"一战",陶里亚蒂应征入伍,次年他患肺病复员。随后,他通过在都灵负责社会党《人民之声》周刊的葛兰西,间接地了解到俄国布尔什维克党的情况。随着1917年俄国十月革命的胜利和1919年3月共产国际的建立,意大利革命运动进入了一个新的历史时期。为传播社会主义思想,推动工人运动的深入发展,陶里亚蒂和葛兰西等有马克思主义觉悟的青年,通过创办《新秩序》周刊、《新秩序》《新秩序日报》等刊物的方式,试着拂去笼罩在人们心灵上的尘垢。

在陶里亚蒂等人的努力下,1921年1月21日,意大利共产党成立了,时任党的总书记的是波尔迪加。陶里亚蒂在1922～1924年间被选为意大利共产党中央委员、意共执行委员、共产国际执行委员。1922年墨索里尼发动政变上台,法西斯分子到处逮捕和枪杀共产党员、工会干部和革命群众,全国笼罩着一片白色恐怖。1925年4月,陶里亚蒂意外被捕,三个月后,恰逢意大利国王登基二十五周年纪念,政府实行大赦,陶里亚蒂于8月被释放。他立即投入1926年即将在里昂召开的全国党代会的提纲起草工作,在与葛兰西充分讨论后,他执笔完成了这个后来被誉为意共第一个体现马克思列宁主义原则的"宪章",此次代表大会后,意共面貌一新,其领导集团取得了近乎全体一致的拥护。

不久,根据当时愈加困难的国内局面,陶里亚蒂听从葛兰西建议到莫斯科,化名爱尔柯利,代表意共参加共产国际的领导工作,他从此开始了长期的流亡生活。1926年葛兰西被捕后,他便组建意共"国外领导机关",成为党的实际领导人。与葛兰西一样,他主张把意共建设成为群众性的党,尤其是根据意大利国情,注意在占人口绝大多数的天主教徒中发展党员,同时强调党的集体领导,防止个人专权。战前,他为开展反法西斯斗争,积极支持组织"人民义勇队",使之成为阻止法西斯泛滥的"一堵墙壁"。期间他因工作需要,分别在苏联、意大利、瑞士等国辗转。1927年下半年和1928年,陶里亚蒂又随意共国外机关的迁徙,来到了毗邻米兰的瑞士的罗加诺和巴塞尔,他们的行踪引起了瑞士警察的注意,这使陶里亚蒂和其他同志在一次集会的碰面地点被捕,陶里亚蒂坚决说他从巴黎刚来,没带证件是步行越过国境的,他把随手带的食品送给警察,于是三天后他被释放并被驱逐出境。意共国外机关只得在 1929 年迁回巴黎。随着 1929 年世界性的经济危机到来,意大利国内形势更加恶化,意共的更多领导人都被捕,葛兰西于 1937 年在狱中逝世。陶里亚蒂在国外积极帮助恢复国内党组织,同时与党内右倾机会主义斗争,努力推动党的地下斗争和意大利反法西斯斗争的发展。

在国际上,陶里亚蒂和差不多所有交战国的共产党人密切合作,他分别当选为共产国际执委会主席团委员和执委会书记处书记,主要负责中欧各国共产党的工作。1937 年 7 月,他化名阿尔弗雷德,代表共产国际赴西班牙帮助西班牙共产党和人民的反法西斯斗争。1939 年 8 月上旬,陶里亚蒂在巴黎主持意共国外中央机构的工作时,又被法国当局捕获,关押了 6 个多月,后来得到一个偶然的机会才脱身。1940 年下半年和 1944 年 2 月,他留在苏联,从 1941 年 6 月起,他化名马里奥·柯兰蒂,每周 3 次在莫斯科电台主持“对意大利人讲话”节目,号召广大人民积极起来开展游击战和各种形式的反法西斯斗争。在苏联期间,尤其是苏联各族人民在战争期间的生活和努力给了他深刻的印象和极大的感动,他目睹了初期的种种困难和苦难,后来高度现代化的整批工业迁徙几千公里的惊人壮举,还有极短时间内一批新的工业从地面上涌现出来的宏伟景象。他再次得到了这样的信心:社会主义是不可战胜的,社会主义所征服的阵地永不会丧失,因为他们的人有觉悟,有崇高的理想指导,决不愿意往后退。

然而此时的意大利局势处于很混乱的状态。虽然 1943 年 2 月斯大林格勒保卫战取得胜利,使世界反法西斯战争出现胜利的曙光,但由于英美军队兵力分散,并没有给法西斯势力以致命的打击。1943 年 7 月以墨索里尼为代表的法西斯主义垮台后,由巴多里奥组成的新的意大利政府不知从何做起,英美当局模棱两可、背信弃义的做法,又使得意大利遥遥无期地推迟初步走向独立国家的复兴道路。那不勒斯的街景是这种混乱的缩影,陶里亚蒂在踏上那不勒斯的当晚,这个城市就遭到德国飞机的轰炸。街道两旁全是废墟,美国的运输车则在这些街道上飞驰而过,大批的外国官兵,穿着漂亮的制服,表现出一副傲慢的态度,而市民却在体力和精神上疲惫不堪,他们为现状和前途惶惶不安,以焦虑的心情解决生存问题。

因此,在陶里亚蒂回国三天后举行的意共全国委员会会议上,他当机立断,毫不迟疑地针对根本问题提出:“把制度问题放到能召开制宪国民议会时再说,把团结一切政治派别以参加对德战争放在第一位,因此要马上建立一个全国团结的政府。”虽然起初大部分与会者都被此弄得目瞪口呆,但是最后还是通过了建立新政府,以“赶快结束”各党派的混乱、无出路的局面的决议,并在 3 月 11 日公布于众,陶里亚蒂在有大批记者参加的招待会上亲自做了说明。

## 执掌意共

1943 年 4 月 11 日,那不勒斯的“现代饭店”爆发雷动的掌声,这是为陶里亚蒂而鸣的,此时他正被簇拥在来自全国各地的同志和各党派人士中,发表演说。在这里他明确提出意共的 3 点政纲:“第一,反法西斯各党派的团结必须保持。第二,战后意大利国家的组成必须民主决定。第三，临时政府必须组织起来。"他还主张把实行君主政体还是共和政体这一争论不休的问题搁置一边，号召意大利人民团结起来进行反法西斯斗争，赶走德国侵略者，推翻墨索里尼政权。他郑重声明，意共准备参加以巴多里奥为首的全国团结政府。

次日，已站不住脚的国王公开宣布他决定引退，并且要在罗马一旦解放时把"执掌"王国的职权交给他的儿子。不久，以巴多里奥为首的专家政府辞职，接着经过紧急会谈后，在 21 日，组成了所有反法西斯党派都参加的第一民族政府，陶里亚蒂代表意共参加并出任不管部大臣。因为政府的所在地是萨莱诺，所以史称这一事件为"萨莱诺转折"，以后意共的新战略方针就以"萨莱诺政策"闻名。"萨莱诺转折"实质上是意共团结一切可以团结的力量，最大限度地孤立、打击德国侵略者和墨索里尼集团的一种方针政策，是意共领导下的反法西斯统一战线的具体体现。"萨莱诺政策"的真实内容如陶里亚蒂所说"是奠定新的全国统一。在这新的

陶里亚蒂（前左二）和其他参加第七次共产国际代表大会的各国代表在一起

全国统一局面下，工人阶级及其政党由于同所有民主力量取得联系，建立合作，而占据首要地位"。

1944 年 6 月 4 日罗马解放，陶里亚蒂参加了由伊伐诺埃·波诺米担任总理的政府，年底他在第二届波诺米政府中担任副总理。1945 年 4 月，意共和其他反法西斯力量在意大利北部发动总起义，并于 28 日处死墨索里尼。可以说，法西斯的迫害已趋向终止，工人和民主运动已经脱离了地下状态。此时的陶里亚蒂繁重工作的重心就是发挥他的辩才，通过紧凑的说理，在公众集会上同群众建立直接联系。

1945 年 12 月，在意共第五次全国代表大会上，陶里亚蒂正式当选为意共总书记（以后他一直连任，直到逝世）。大会通过要求政治和经济改革的"民主改革纲领"。从此，意共从武装斗争转入公开合法斗争。为实现向社会主义的和平过渡，陶里亚蒂在这次大会报告中第一次提出"改革社会结构"的设想。他说，工人阶级制订了"改革社会结构"的革新纲领，其目的是解决当前和比较长远的问题，这个纲领的实施就是逐步走近社会主义社会，而走近这个社会的方式不是使用暴力和举行起义，而是通过劳动群众在民主基础上开展斗争，并且不断取得胜利。此后，

他又多次论及这一设想，形成了所谓的"结构改革论"。陶里亚蒂在此前就认为，无产阶级要想实现意大利社会结构的改革。必须掌握政权——单独执政或参政。因而，在 1944 年 4 月到 1947 年 5 月，意共在这一方针的指导下曾参加了 7 届政府。1944 年 4 月，组建巴多里奥领导的联合政府；同年 6 月，波诺米为代表的 2 届政府；1946 年，参加社会党、共产党和天主教民主党 3 党为主的政府。1947 年 5 月，由于国际上冷战加剧，意大利加斯贝利内阁在美国的指使下把意共和社会党排挤出政府。

针对那些以为共产党人不参加政府就是共产主义开始走向没落的人，他在下院理直气壮地高声说："我们走过遥远的路程，我们的前途是无可限量的！"在战争结束之后和解放之后参加政府，不过是一个阶段，不再参加政府，只意味着这一阶段已告结束，从而进入效力不下于参加政府的其他形式的活动和斗争中去。陶里亚蒂自 1948 年起一直当选为众议员，任意共会议党团主席。为使意共的目标能够得到执行，陶里亚蒂等领导人坚持不懈地不断从事活动，随时阐明立场，镇静地反击敌人的进攻，在公共场所和议会讲台上保持应有的尊严，借助于坚强的组织，妥善选择和适当调配干部，研究共产主义理论并同反对共产主义理论的人们进行有效的争论，以求确保正确政策自始至终得到支持。

## 不幸遇刺

陶里亚蒂始终如一不辞辛苦的活动，引起了反对派的敌视，在 1948 年 4 月 18 日大选前后，许多反共产主义言论在天主教民主党的阵营中重新出现：在公民委员会的一张标语上，陶里亚蒂的名字周围画着大块血迹；在另一张标语上，陶里亚蒂的头被一队冲锋的骑兵的马蹄踏烂；在教区的公报上，"民主人民阵线"给了一个别有用心的解释："帕尔米罗的殡仪"（两者的意大利文缩写都是 F.D.P）。陶里亚蒂对此引用了一著名教士的名言，平静地答复道："我在其中辨认出罗马教皇评议会的风格。"可以肯定地说，在 1944 年的那不勒斯以及在 1945 年和 1946 年的罗马，共产党领导人重新公开露面自由行动时，狂热分子和法西斯分子比现在还要多；可是那时人们还没有重新进行疯狂煽动、试图把共产党人排除在国家生活之外，反共的恶毒造谣和诽谤运动，只要一提及，就会遭到普遍的斥责，就会在政治上和道义上受到蔑视。但是到了 1948 年情况却极其相反。天主教民主党在这次的政治选举中获胜了。

1948 年 7 月初的意大利参加马歇尔计划协定的问题，已被提上了下院的议事日程。陶里亚蒂发言说："通过这个协定，就会使我们的外交政策无限期地受制于美国的外交政策。这样我们就是赞同美国分裂欧洲和准备战争的所作所为了。""在今天，人们对帝国主义战争的答复是反抗和起义来保卫和平、独立和国家的前途。……"总之，他不赞同这个协定，并积极倡导劳动人民解放运动。

为制止陶里亚蒂的这种危及当政者们利益的言行，经过似有若无的策划，一场卑鄙的暗杀行动在 1948 年 7 月 14 日降临在陶里亚蒂身上了。那天上午近十一点半时，陶里亚蒂正准备离开位于传道街蒙戴其陶里奥宫的下院会议厅，打算步行到党的总部去，他碰上了拉马尔法部长，他们闲谈几句后，陶里亚蒂与他夫人尼尔德

·约蒂在走廊相会,然后一起走出靠传道街的那扇小门。陶里亚蒂走近进门的阶沿上,离他约两步距离的一人突然拿枪向他射击,一颗子弹打中他的脖子,一颗打中他的背部,还有一枪进入其左胸。约蒂一面呼喊,一面插在凶手和受伤者之间。凶手也许因为约蒂的呼喊而害怕起来,他看到好些人飞奔而来,便想利用通向议会广场的小扶梯往下逃跑,然而他就在那里被捕了。这个凶手叫安东尼奥·帕兰特,是柯大尼亚省朗达佐地方的一个西西里青年,前天主神学院学生,后来在大学法科读书,没有明确的党派组织关系,一切迹象表明他是一个落魄者之流。他被判二十年徒刑,后来从轻处理,减为十三年零几个月。

陶里亚蒂很快被送到了外科医院,他伤势严重,需要输血,还好打中脖子的子弹没有击破颈骨,他在担架上口齿清晰地对最贴近他的斯科奇马罗说:"要镇静,不要惊慌失措。"电台广播陶里亚蒂遇刺的消息后,人们纷纷以停止工作和上街游行的形式,表示了抗议和愤慨。抗议运动如同风驰电掣一般遍及全国,在大大小小的城市,浩浩荡荡的行列举行了静默示威和盛大的群众集会。在那不勒斯的一些小街上,居民纷纷在陶里亚蒂的照片下点起了数以百计的小蜡烛,祝愿他平安无事。在威尼斯,当地的军事司令部不得不同人民运动的领导人谈判,以避免发生冲突。共产党马上竭尽全力设法掌握这个运动,加以控制,使它不致发展成无结果的轻率行动,陶里亚蒂被刺后之所以提出"不要惊慌失措"的忠告,就是因为怀疑谋杀的尝试可能是故意布置的,要使党落入圈套而发动一个未经深思熟虑的运动,以便趁此机会打击党组织,设法摧毁党组织。即使不是一个布局,人们也会利用未经慎重考虑的一个运动来达到同一个目的。因此,既要使人民强烈抗议,充分表现力量,又要避免任何轻率行动,使谣言散播,导致人们迷失方向继而混乱不安。

在国外,这次谋杀案也引起了极大的愤慨。人们在表示愤怒时,对陶里亚蒂也表示了关切。在出事那天,约瑟夫·斯大林代表苏联共产党中央委员会,致电意大利共产党中央委员会,电报说:"苏联共产党(布)中央委员会对一个败类企图杀害意大利工人阶级和全体劳动人民的领袖、我们亲爱的陶里亚蒂同志的生命的罪恶行为表示万分愤慨。苏联共产党(布)中央委员会对于陶里亚蒂的朋友们未能妥加防范,使之免受这种卑鄙阴谋之害,感到遗憾。"

在苏联各地,劳动人民举行盛大集会表示愤慨和慰问。毛泽东、季米特洛夫以及所有国家的共产党、工人党和工人阶级的工会的领导人都致电慰问。纽约、悉尼、索菲亚、加尔各答、柏林、斯德哥尔摩、开普敦以及数以百计的其他城市,也纷纷举行抗议集会。

陶里亚蒂的治疗是一个反复病发令人担心的过程。幸好在医护人员高明的手术与妥善的照料下,他于1948年7月31日出院,随后在罗马郊区离弗拉托其不远的中央党校所在地的一所别墅里,继续进行医疗。同年9月22日,陶里亚蒂作了极大的努力,抱病参加党中央委员会在罗马举行的会议,并作为会议的报告人。四天后,他参加了在罗马举行的《团结报》节,在意大利广场发表了激动的讲话。当天广场上旗帜到处飘扬,还有无数标语,集会开始前就在此周围聚集了50万人,数以万计的人为了向陶里亚蒂致敬,从意大利各地乘专车或使用一切可能的交通工具来到罗马,他们充满了喜悦和热情。

随后的几年里,陶里亚蒂在疗养的同时,陆续出席了各种会议,继续以朴素、严肃的仪表和简洁、深刻的演说,为人们透析时局,辨清方向,鼓励人们积极不懈地探索走向社会主义的道路。1949 年 11 月下半月,陶里亚蒂出席了欧洲几国共产党和工人党情报局在布达佩斯举行的第二次会议,他在会上做了题为《工人阶级和共产党及工人党的任务》的报告。1951 年 4 月 3 日至 8 日,他出席了意共的第七次代表大会,并在大会上作了《为意大利人民争取和平、工作与自由的斗争》的报告。1952 年 6 月 21 日,他在意共中央委员会上做了题为《意大利全国人民在争取和平与自由的斗争中团结起来》的报告。1953 年 4 月 15 日,他在意共全国代表会议上做了题为《争取在意大利成立维护和平和实行社会改革的政府的报告》。同年 7 月,在意共中央委员会会议上,做了题为《意大利议会选举后争取和平、民主和人民福利的斗争》的报告。1954 年 7 月 18 日,他在意共中央委员会上发言,题为《意大利共产党人在全国代表会议筹备期间的重大任务》。1956 年 6 月 24 日,他在中央委员会上做了题为《走向社会主义的意大利道路》的报告。10 月 23 日,他发表了题为《论匈牙利事件》的文章。

# 虽死犹生

1956 年 2 月,陶里亚蒂去了莫斯科,在 18 日召开的苏共第二十次代表大会上致词。3 月 13 日,他向意共中央做《关于苏共“二十大”的报告》,强调要寻找一条通往社会主义的意大利道路。4 月,他就欧洲几国共产党和工人党情报局解散发表谈话,题为《情报局的解散和各国共产党的新任务》。在此他认为情报局的解散有利于各国共产党排除外来干预,独立自主发展。同时他还承认情报局在南斯拉夫问题上犯了错误,因为 1948 年南斯拉夫不满斯大林的大党主义作风,与苏联分庭抗礼,独立自主地探索走向社会主义的道路,苏联共产党和共产党情报局因此对其进行了严厉制裁,号召其他国家共产党对其进行谴责,而当时的陶里亚蒂也参与了对南斯拉夫的批判。早在 1951 年 1 月,斯大林就建议正在苏联修养的陶里亚蒂辞去意大利共产党总书记的职务,专门担任共产党情报局的领导工作。可陶里亚蒂坚决反对,他认为这样无异于恢复共产国际组织,会产生消极影响,经过争论,斯大林收回了自己的意见。

1956 年 6 月,陶里亚蒂在共产党情报局解散之机,在对《新议论》杂志记者谈话中,针对苏联的大党主义提出了著名的“多中心论”,谈话的全文后来发表在党报《团结报》上。他指出:“整个体系成了多中心,在共产主义运动中,不再有什么独一无二的领导中心了。”“多中心论”提出后,引起一些人的误解,当时法共总书记多列士就把它理解成建立地区性中心。实际上,多中心论包含两层意思:其一,陶里亚蒂在答多列士的文章中指出:“我们党内谈‘多中心主义’是为了强调不存在唯一的中心,从而强调各党在共同思想和共同斗争的基础上的完全自主,而不是为了要求建立各个区域中心。”其二,苏联的经验不能解决各个不同国家面临的所有问题,“这样就形成了具有不同方针和不同发展水平的不同据点或者不同中心”,从而就形成了多中心体系。可见,多中心是指社会主义道路和各国共产党方针政策的多样化。在同年 12 月召开的意共第八次代表大会上,他作了《为走向社会主义的意大利道路,为劳动阶级的民主政府而奋斗》的报告。报告强调必须使马克思主义普遍原理同本国实际相结合,不能机械地照搬苏联的经验。

1957 年 11 月,他率领意共代表团出席莫斯科 64 个共产党和工人党代表会议,并做了重要发言,反对成立新的国际组织。他所著的《意大利共产党》一书,由米兰新学院在 1958 年出版。1959 年 7 至 8 月间,陶里亚蒂为纪念共产国际成立 40 周年在《再生》杂志上发表一篇长文,题目是《共产国际历史的几个问题》。

1960 年 1 月、2 月,他在意共召开第九次代表大会上做了题为《争取意大利社会的民主革新、向社会主义前进》的报告,指出:"各国党在判断它所面临的局势和决定自己的政策方面享有充分自主;它是向本国人民及全世界劳动者对自己的政策唯一负责的人。"1961 年 12 月,他在《再生》杂志上发表重要文章,题目是《国际工人运动和国际共产主义运动的多样性和团结》,文章强调,通过一个中心来解决国际共产主义运动问题的做法,已经不适合当前的形势。

1964 年,苏共领导准备召开谴责中国共产党的国际会议,为此,先邀请了一些国家共产党的首脑,到莫斯科就有关问题进行商讨。早在 1963 年 10 月,陶里亚蒂就公开表示不赞成召开谴责中国共产党的世界会议,面对此次苏联的邀请,他并没有贸然拒绝,而是带着自己的想法携同妻子约蒂和女儿玛丽莎,于 8 月 9 日抵达莫斯科。赫鲁晓夫因陶里亚蒂事先对召开谴责中国共产党会议的反对态度,故意冷落他,推迟通常会很快举行的两党最高领导人的会议。陶里亚蒂为等待会见赫鲁晓夫,在 12 日撑起 71 岁多病的身躯蹒跚地抵达雅尔塔,当天晚上,为清晰准确地表明他的态度,他不顾旅途疲惫,亲自着手起草准备同赫鲁晓夫会谈的提纲。

第二天他突感眩晕,一侧的肢体随即麻木,随行人员虽然很快把昏迷的他送进医院抢救,几经努力,可是陶里亚蒂仍在 1964 年 8 月 21 日于雅尔塔走完了他最后的日子。他的遗体后来被运往罗马安葬,由于他在老百姓中的威望极高,瞻仰他遗体的人群川流不息。举行葬礼那天,送葬的队伍从早上一直走到半夜,有不少边远地区的人一生中只来过两次罗马,一次是陶里亚蒂遭暗杀受伤时,一次是这次他去世时。

陶里亚蒂临终前起草的这份提纲,主要是他针对当时的中苏论战,明确表达了意大利共产党对共产国际运动的原则立场,史称"陶里亚蒂政治遗书"。其主要观点是:

1.主张要努力维护共产国际主义运动的团结,反对苏共搞的分裂活动。虽然不同意中国共产党的观点,但对于把国际会议专门或主要用来谴责和攻击这种立场持严肃的保留态度。因为一切社会主义力量应当求同存异,甚至可以摆脱思想分歧,在共同的行动中和反对帝国主义集团的斗争中团结起来,决不能把中国和中国共产党人排除在这种团结之外。

2.提倡在多样化中求团结,反对重建国际共产主义运动的指挥中心。因为大党和小党、大的社会主义国家和小的社会主义国家都完全平等,任何党都不能自封为国际共产主义运动的指挥中心。这个指挥中心的存在都不利于各国共产党的独立活动,会阻碍共产国际主义运动的蓬勃发展。

3.提倡各国共产党应从本国实际出发,独立自主地开展活动,确定本国向社会主义过渡的道路和形式。在当今历史发展及其开辟一般前景的范围内,社会主义进展和社会主义胜利的具体形式和具体条件,现在和将来都将和过去有很大差别。

同时各个国家的情况也很不一样。因此每个党都应当学会独立自主地开展活动。同时,无论社会政治生活还是经济建设领域,苏联的情况并非一切都好,而始终存在着许多困难、矛盾和新问题。其中有些问题是由于个人崇拜引起的,但仅仅用斯大林的个人缺陷来解释是不够的,应当更深刻地总结其经验教训,由此,在社会主义阵营中,必须提防把同一模式强加于人的做法。

4.提出目前资本主义国家工人阶级斗争的战略和策略。随着世界经济危机的加剧,国家垄断资本主义制度遇到了已无法用传统方式解决的新问题,资产阶级不得不改变自己的统治手段,企图在对大垄断组织有利的条件下,通过国家干预的途径解决这些问题,因此,工人阶级争取社会主义的运动应采取新的斗争方式和新的斗争方法。目前的形势要求工人阶级应当发扬政治上的主动精神,广泛发动和团结各阶层人民,组成反垄断资本集团的浩浩荡荡的大军,加强工会工作和工会的国际联系,把政治斗争和经济斗争紧密地结合起来,积极促进社会的政治经济改革。

这份提纲涉及了当时国际共产主义运动总路线大论战的许多问题。虽然它对中共的态度和看法,至今我党还很难接受,但作为一个历史文献,对于研究陶里亚蒂思想和第二次世界大战后的国际共产主义运动,仍具有一定的参考价值。其中坚持独立自主、坚持从本国实际出发、坚持国际团结、反对国际中心、反对照搬固定模式、反对分裂活动的思想还是应当充分肯定的。

意大利共产党在同年9月以《雅尔塔备忘录》的名称,公开发表了他这份提纲。新任总书记路易吉·隆哥为这份公开发表的提纲写了序言。序言指出,《雅尔塔备忘录》"十分明确地阐述了我们党对待国际共产主义运动目前形势的立场","是党本身的文献"。他还建议把这提纲当作引导意大利共产党人向社会主义前进和在共产国际主义运动中坚持独立自主原则的理论基础。

《雅尔塔备忘录》公布后,国际上的反响热烈。当时法国《快报》的一篇文章指出:"陶里亚蒂措辞清晰而温和的备忘录,宣布了对他(赫鲁晓夫)的政策的判决。"法新社认为,这"无疑将对国际共产主义运动的前途起决定性影响"。美联社也指出,《雅尔塔备忘录》"实际上是脱离莫斯科的独立宣言"。

陶里亚蒂的思想和理念并没有随他逝去而消失,他的继任者路易吉·隆哥,在1964年10月18日就任总书记后立即在米兰发表演说,宣布他将继续执行陶里亚蒂路线。1966年1月,意共召开第十一次全国代表大会,隆哥再次被选为总书记,并批准了继续执行陶里亚蒂制定的路线。

# 越南国父

## ——胡志明

## 人物档案

简　　历:1890年5月19日出生于越南中部义安省金莲村,原名阮生恭,上学时为阮必成。1917年改为"阮爱国"。1930年2月3日,胡志明在香港召开三个共产主义组织代表会,成立了越南共产党。1945年8月13日胡志明主持召开印支共产党全国代表会议,号召人民发动总起义,9月2日在河内巴亭广场群众大会上,以越南民主共和国临时政府主席的名义,宣告越南独立。1951年2月11日,在胡志明领导下,印支共产党改名为越南劳动党,他当选为中央委员会主席,这以后,胡志明领导人民展开了英勇的抗法战争,并于1955年1月1日取得了最后的胜利。1969年9月2日在河内病逝。

生卒年月:1890年5月19日~1969年9月2日。

性格特征:勤奋、节俭。对社会主义革命无比热情。

历史功过:领导越南人民建立起了人民的革命政权;在中国共产党的帮助下,解放了越南北方,使越南成了一个有首都、海港,有领海、领空主权和国际地位的主权国家。领导越南人民坚决地进行反美斗争。

名家点评:胡志明是越南共产主义革命家。

## 南北驱驰

1924年12月,中国的广州依然气候温暖,满城一派春意。此时,孙中山在大元帅府欢迎苏联派来的政治顾问鲍罗廷。鲍罗廷一行走进大厅,与孙中山握手,互致问候,这时,鲍罗廷身后一位身材清瘦、约30多岁的青年以流利的中文、俄文进行翻译,赢得了在场各方人士的一致好评,他就是后来成为越南国父的胡志明,当时名叫阮爱国。

胡志明出生于1890年5月19日,越南中部义安省南檀县南莲乡金莲村,原名阮生恭,上学时取名为阮必成。此时,越南沦为法国殖民地,越南人民对法国殖民主义者进行了不屈不挠的反抗斗争,这些深深影响了胡志明。胡志明从初小读到中专,到藩切市育青学校教了八九个月的书,便到了西贡,考入一所专门为法国巴松公司培养海员和技工的职业学校。还没毕业，他就在法国"杜拉舍·特莱维勒"号海轮上找到一个厨房二等杂役的工作。经过几年的海员生活，他积蓄了一小笔钱。1914年初，胡志明离开海轮，来到英国居住，在这里，他一方面学习英语，一方面参加英国工人运动，得到了很好的锻炼。1917年，胡志明来到正进行第一次世界大战的法国，并改用"阮爱国"的名字。1918年，第一次世界大战结束，胡志明认为为祖国争取独立、自由的时刻已经到来，立即与各殖民地代表团联系，并代表越南向参加巴黎和会的法国代表团提出一份请愿书，要求给予越南自治、恢复人民自由、民主和民族自决权等，随后，他将请愿书印了6000份广为散发，一部分还寄回越南。这是历史上越南人第一次向全世界宣布争取民族独立的主张。

十月革命胜利后，胡志明开始学习马克思主义、列宁主义著作，思想有了极大提高，他结识了各国革命者，找到了真理和救国道路，而且学会了做宣传和组织工作。1924年，共产国际第五次代表大会在莫斯科召开，胡志明受邀参加大会，来到俄国。大会后，胡志明被任命为共产国际东方部常务委员，直接领导该部南方局工作。12月，鲍罗廷被派任孙中山的政治顾问，胡志明便以翻译的身份从莫斯科来到广州。

当时，在广州，有一个叫"心心社"的越南青年组织，成立于1923年，领导人叫胡松茂。胡志明到广州后，即与"心心社"取得了联系，他紧紧握着胡松茂的手说："你们做了很好的工作，要想革命成功，就必须建立一个强大的政党来组织、领导国内群众进行斗争，进而发动起义，夺取政权。"胡松茂表示赞成。1925年，胡志明以"心心社"为基础，建立了"越南青年革命同志会"，明确其奋斗目标为驱逐法国帝国主义，争取民族独立，进而实现共产主义。

为了培养革命骨干，胡志明在广州举办了大约10期青年政治训练班，专门吸收从越南国内来的革命青年参加，在两年时间里，有200多人参加了培训，不少学员后来成为越南革命的领导人，如陈富、阮良朋等。

1927年，蒋介石叛变革命，屠杀共产党人和革命群众，胡志明随苏联顾问鲍罗廷一起离开中国去苏联。他所播下的革命种子，在越南各地生根、萌芽。1928～1929年，越南各地爆发了多次罢工，随着斗争的发展和复杂化，越南青年革命同志会内部出现了分歧，分成3个组织，在北部的改为"印度支那共产党"，在中部和南部的改为"印度支那共产主义联盟"，原越南青年革命同志总部则改为"安南共产党"，三个组织自成体系，竞相扩大自己在群众中的影响，因而互相削弱了自己的力量。

组织的分裂不利于革命的发展，胡志明深感忧虑。1930年2月3日，胡志明在香港召集三个共产主义组织的代表举行会议，会上，胡志明对地方主义和宗派主义作了适当的批评，他十分严肃地指出："三个组织必须捐弃成见，真诚合作，当前最紧急的问题，便是实行越南国内几个共产主义组织的统一。"

胡志明的发言使大家深受教育，与会者一致决定，三个组织实行统一，统一后的组织改为"越南共产党"，并立即着手起草党纲党章，会议还根据胡志明的提议，通过一项简要纲领，指出越南革命的性质是资产阶级民主革命，革命对象是帝国主义和封建势力，革命任务是使越南获得民族独立，使越南人民获得民主权利，进行土地改革，实现耕者有其田。越南共产党的成立具有重大意义，标志着越南人民有了自己工人阶级的政党,对于推动革命运动的发展有十分重要的作用。后来,2月3日被定为越南共产党的成立纪念日。随后,越南共产党中央委员会召开第一次会议,决定把党的名称改为印度支那共产党,以便指导越南、柬埔寨、老挝三国的革命,并选举陈富为党的第一任总书记。

胡志明在领导越南共产党成立后,他个人在香港的处境越来越困难,英国巡捕得知胡志明在香港的消息,加紧了在香港的布防,胡松茂、际辉奔、杜玉喻,甚至越共中央总书记陈富等先后被捕。法国政府向香港警察发出通报,如抓住胡志明,将奖给一笔巨款,而法国派船将胡志明押解回越南,在那里,宜安省荣市法院早在1929年10月就宣判了胡志明的死刑。

胡志明住在香港三龙186号一栋两层楼房中。1931年6月6日清晨,胡志明刚刚起床,他洗完脸正准备去晾毛巾,小楼大门被人用力冲开,一群英国警察冲了进来,一名手持手枪的头目大声喊道:"原地不动,举起手来!"

胡志明没有说话,上来两个警察,给他戴上手铐,随房间号外一个同志,被押解到了香港警察局。

在警察局的过道上,一个身材高大的人正被押出,胡志明眼睛一亮,那是胡松茂,胡志明即向他使了个眼色,胡松茂也丢了个眼色,表示会意。胡志明在警察局并没有经过审理,便被投进维多利亚监狱。

胡松茂出狱后,即找到英国进步的民主律师,香港法律家协会主席罗士庇,告诉他:"我们有一位杰出的政治活动家宋文初(胡志明当时的代名),曾被法国缺席判处死刑,今天上午遭英国当局逮捕,准备交给法国当局,我们请求您希望您能把这位活动家救出来。"

罗士庇并不认识这位叫宋文初的胡志明,但出于职业良知,决定营救这位印度支那革命者。几天后,罗士庇在监狱见到了胡志明,两人用英语交谈了很久,胡志明说:"我很感谢您的关心,但我没有钱委托您做我的辩护律师。"

罗士庇诚恳地说:"我为您辩护是为了尊严,而不是为了金钱,我只需要您说出那些可以用来辩护的依据,我相信您可以给我许多帮助。"

于是,胡志明也十分坦诚地将很多情况告诉了罗士庇。以后,罗士庇又多次去探望,了解了整个被捕的过程及一些有利于辩护的依据。

7月4日,由一名在香港华人事务所工作的英国人威廉·汤姆森前来取证。在问了姓名、年龄、籍贯后,汤姆森直接提问:"有人说你是进行共产主义宣传的共党分子,有劣迹。"

胡志明据理力争:"我不接受这种罪名,我不是共党分子。我信仰国家主义,目的是推翻法国的统治。我不清楚我为何被捕。"

"你到香港有多长时间?"

"大约有7个月。"

"住在什么地方?"

"我从一位姓王的朋友那儿租用了三龙186号这栋房子,我来居住并交了房租。王先生是商人,不是革命者。"

"你在这里认识什么人吗?"

"不认识。"

取证后,法庭要公开审讯,这是香港当局无法回避的。法庭先后 9 次开庭审讯,罗士庇律师与他的好友詹金律师九次出庭,为胡志明进行辩护。在他们的努力下,香港当局以无罪释放胡志明,并提供 400 美元,让他离开香港。

胡志明恢复自由后,即乘船离开香港,前往新加坡。但船到新加坡后,当地警察以"新加坡不必遵循香港的法令"为借口将他拘捕。然后押回香港,胡志明再次被关进原来的监狱。

胡志明正在焦虑思考如何逃脱时,看到了一名熟悉的狱警,便请他帮忙告诉罗士庇律师。

罗士庇律师得知自己的"客户"再次被监禁后,十分气愤,觉得港英当局玩弄花招,出尔反尔。他急忙拜见香港总督彼尔,要求释放自己的"客户",香港总督怕事情闹大,有损自己的声誉,便同意放人。罗士庇律师为免发生不测,要求自己领人出狱。

于是,胡志明随罗士庇律师离开监狱,先在"中国天主教青年会"宿舍"寄住"一晚,第二天,登上一艘国际海轮,离开香港,到了上海,摆脱了牢狱之苦。

# 缔造共和

第二次世界大战爆发后,胡志明来到中国桂林,住在桂林八路军办事处,与印支共产党海外部的负责人冯志坚、黄文欢等人一起,指导海外部的工作。胡志明认为,以共产党名义公开活动不方便,因此让黄文欢等约请胡学览以"越南独立同盟"名义进行公开活动。越南独立同盟是胡学览和黄文欢等越南爱国者于 1936 年向中国南京政府当局登记过的组织,是合法的。在越南独立同盟的号召下,黎广波、黄森等 40 多名越南革命者都来到广西,胡志明召集他们开会,布置他们在广西的中越边境做群众工作。此时,日军侵入越南,形势发生进一步变化,胡志明又担负起领导越南人民抗日斗争的重任。

1941 年 2 月 8 日,胡志明回到阔别 30 年的祖国,参加印支共产党第 11 次中央全会。当时,越南各地党组织派出代表,越过敌人的重重封锁前来参加会议。在胡志明主持下,会议成功召开。这次会议确定了党在新形势下的总路线,即通过建立农村根据地,建立人民武装和建立广泛的民族统一战线,发展和壮大革命力量,准备条件成熟时在全国范围内发动起义,夺取政权,建立独立、自由的新越南。胡志明根据形势的变化,提出建立"越南独立同盟"的组织,并建议,暂时取消土地革命的口号,代之以"没收法国殖民者,越奸和叛国者的土地分配给农民"的口号,大会接受了胡志明的建议。选举党的负责人时,代表们建议胡志明担任党的中央委员会总书记,直接领导全党工作。但胡志明谢绝了,建议仍由国内工作的同志担任党的领导职务。虽如此,与会的全体同志仍然把胡志明看作是越南革命的导师,全党的领导者。

5 月 19 日,在胡志明直接指导下,越南独立同盟举行成立大会,胡志明被推选为主席。6 月 6 日,胡志明发表《告全国同胞书》,号召:"全国同胞们!赶快起来,仿效中国人民的英勇斗争精神,快快起来组织救国团体,开展抗日、抗法的斗争。"

"越盟"成立后,胡志明认为,在新形势下,争取得到各同盟国的承认,正式成为国际反法西斯战争的一个组成部分,是摆在"越盟"面前一个十分重要的问题。如这一目的达到,在反日反法斗争中,"越盟"就可能得到外来的支援,战争胜利后,也就可以取得应有的地位。

为此,胡志明决定以国际反侵略协会越南分会代表的名义亲自出国活动。1942年8月,胡志明越过边境,进入中国广西,准备到重庆去会见蒋介石,争取他的支持。不料,刚到广西天保县足荣镇,就被国民党地方当局逮捕。之后,胡志明被辗转押解到靖西、桂林、柳州之间13个县的18个监狱,受到非人的待遇。但胡志明以坚韧的毅力忍受着这一切,他十分乐观,曾在一首汉文诗中写道:

身体在狱中,精神在狱外。

欲成大事业,精神更要大。

后来,国民党第四战区司令张发奎得知胡志明就是阮爱国,并对他的身世、德才有所了解后,致电国民党政府行政院,说情请予释放,得到许可。1943年9月,胡志明终于获释。

1944年,胡志明回到越南。这时,越北高平、北滃、谅山等地的一些党的负责人认为发动武装起义的条件已经成熟,准备发动起义。胡志明听了汇报后,清楚地意识到,从当地局部情况来看,虽然具备了发动起义的一定条件,但从世界反法西斯战争的全局以及日本侵略者和法国殖民者在越南的联合统治还相当稳固这一基本情况来看,起义的时机还尚未成熟。于是,胡志明反复向这些地方负责同志做工作,讲解世界总体形势。他说:"现在革命和平发展的时期已经过去,但全民起义的时期尚未到来。如果我们目前的活动仍限于政治斗争,那已不能促进运动向前发展;但是如果立即发动武装起义,敌人就将集中力量对付我们。因此,当前的斗争形式必须是从政治斗争向军事斗争过渡,但政治斗争目前来讲还是应重于军事斗争。"因此,胡志明不仅不同意立即发动武装起义,也否定了当地一些领导人准备正式创建越南解放军的决定,他及时发出指示,在当前条件下,只能成立"越南解放军宣传队",它的任务是"政治重于军事,宣传重于作战",即做好宣传,促使人民觉醒,为将来的起义打下政治和群众基础。

胡志明的决定,避免了革命遭受重大损失,使革命根据地免遭敌人破坏,对保存革命力量,准备将来进一步开展武装斗争,扩大解放区起了重要作用。

1945年初,国际形势进一步发生重大变化。欧洲战场上,苏军将德军全部赶出苏联国境,并开始向德国本土发动进攻,美英联军在法国诺曼底登陆,开辟了第二战场;在太平洋战场上,英军打退了在缅甸的日军,美军在菲律宾登陆,中国人民的抗日战争有了进一步发展。在越南,日军发动突然袭击,解除了法军武装,扶持安南傀儡皇帝保大和亲日分子组成政权,出现了法国殖民主义统治已瓦解,而日本侵略者统治尚未巩固的局面,形势对革命极为有利。

在这种情况下,胡志明召开印支共产党中央常委紧急会议,分析形势。有人认为发动全国总起义的时机已经成熟。胡志明深谋远虑,他认为,全国总起义的时机还没成熟,但现在是举行局部起义和组建军队的时候了。大会接受了胡志明的建议,提出新的口号:"赶走日本法西斯,成立人民的革命政权。"

根据会议精神,活动于各地的越南解放军宣传队与一些救国军联合,组成了越南解放军,有些地方还组成了自卫队和游击队,有些地方发动起义,建立了地方人民政权,逐渐形成了农村包围城市的形势。

1945年8月13日,胡志明主持召开印支共产党全国代表会议,会议进行过程中,传来了日本无条件投降的消息,胡志明当机立断,决定在全国范围发动总起义。印支共产党即发出第一号军令,号召人民发动总起义,攻占各大小城镇,夺取政权。

在印支共产党的号令下,武装起义席卷全国。在河内,起义群众冲进伪北越总督府,夺取了政权;在顺化,起义获得胜利,傀儡皇帝保大被迫宣布退位,结束了帝国主义羽翼下的阮氏封建王朝的统治,在西贡,起义也获得成功,以人民委员会代替了旧政权。

随后,越南民族解放委员会和"越盟"总部迅速从越北解放区迁入河内,并组成了越南民主共和国临时政府,8月30日,胡志明来到河内。

9月2日,在河内巴亭广场举行了有50多万人参加的群众大会,人声鼎沸,红旗招展,胡志明以越南民主共和国临时政府主席的名义,庄严宣告越南独立。从此,9月2日成为越南独立日,即国庆节。

但时隔不久,风云突变,9月21日,法国军队在英军和尚没被解除武装的日军掩护下在西贡登陆,并很快占领西贡和其他一些地方。美军麦克阿瑟将军以盟军总部的名义,命令在越南的日军不得向越南解放军缴械。

年轻的共和国处于极端困难和危险之中,面对这一严重局势,胡志明领导新政权做出了一系列重大决策和采取了许多策略性措施:首先,动员全党和"越盟"领导全国人民组织普选,以产生国会和正式政府,使人民政权合法化;其次,扩大民族统一战线,团结各方面人士;再次,将越南解放军和各地武装力量统一整编,扩大为越南卫国军;同时,对法国采取"力求和平解决,以便继续前进"的策略。

胡志明与法国政府多次谈判,但没取得好的效果,1946年12月,法军攻入河内,越南军队奋起抵抗,从此,越南人民的全国抗法战争开始。21日,胡志明发表致越南人民、法国人民和各同盟国人民书,向全世界宣告:"越南民族任何时候都不愿再做奴隶,越南人民宁死也不肯丧失独立和自由。"

战争开始后,法军企图以10万左右的兵力速战速决,首先,占领大中城市和交通线,消灭越南政府的首脑机关,寻歼越南军队的主力,然后控制中小城镇和农村,肃清抗战力量。

胡志明分析形势后,制定了越军的战略指导方针,即坚持持久战,保存主力,占领广大农村,进行分散的游击战。

胡志明领导越南军民在河内进行两个多月的保卫战后,转移到北方老解放区,同时动员群众彻底破坏铁路、公路等交通线,阻止法军机械化部队前进。

胡志明从河内撤出后,住在太原、宜光一带的山林里,并且经常转移。他的办公处常常是一间只有六七平方米的高脚小竹楼,他的行装十分简单,只是一个背包而已。当敌人扫荡时,胡志明只带着8个工作人员在丛林里与敌人周旋。部队领导要求派一个营的军人来保卫,胡志明严肃地说:"不行,有力量应该拿去打敌人,只有打败了敌人才能保卫自己。"就这样,胡志明在敌人的包围圈中转来转去,度过了艰苦的反扫荡的日日夜夜。

经过两个多月的战斗,法军既抓不到胡志明和越南的首脑机关,也未能与越南的主力部队正面接触,战争进入旷日持久的相持阶段。

正当胡志明领导越南人民进行艰苦的抗法战争之时,新中国成立了。1950年1月18日,刚成立不久的中华人民共和国宣布承认越南民主共和国,从此,越南有了中国这个辽阔广大的后方。不久,中国方面决定派遣20年代胡志明在广州时的老战友陈赓大将到越南协助胡志明指挥战役,并派韦国清率援越军事顾问团到达越南。

7月,骄阳似火。在太原省解放区,胡志明紧紧握住陈赓的手,连声说:"欢迎,欢迎!"20年代,他们在广州,为中国革命并肩作战,今天,为了越南革命,他们又走到了一起。他们一起商定了边界战役的作战方案,又亲赴高平前线、东溪前线视察。胡志明十分高兴,当场赋汉文诗一首,赠给陈赓将军,诗云:

> 携杖登高观阵地,
>
> 万重山拥万重云。
>
> 义兵壮气吞牛斗,
>
> 誓灭豺狼侵略军。

胡志明在陈赓协助下,指挥边界战役全面展开,经过20多天的奋战,敌军沿中越边境4号公路设置的封锁线被彻底粉碎,3000多敌军被歼,取得了这一战役的全胜。从此,在北部战场上,越军掌握了主动权。

1951年2月11日,在胡志明领导下,印支共产党第二次全国代表大会召开。胡志明在大会上指出,印支共产党原是领导越南、柬埔寨、老挝三国的党,三国国情各异,想通过一个党领导实际上不可能,而中央领导机关中并没有柬埔寨人和老挝人,因此,他建议,组成名正言顺的越南的党,这个党的名称为越南劳动党。大会接受了胡志明的建议,正式建立越南劳动党,胡志明当选中央委员会主席。

会后,越南人民在胡志明为主席的劳动党领导下,展开了英勇的抗法战争,1954年3月,胡志明在中国军事顾问团协助下,发动了奠边府战役,经过近两个月的战斗,全歼法国精锐部队16000多人,取得了抗法战争以来最大的一次胜利。

5月8日,关于印度支那问题的日内瓦会议召开,在周恩来为首的中国代表团和莫洛托夫为首的苏联代表团支持下,法、越双方于7月21日达成协议,在北纬17度附近的边海河上划出临时军事分界线,双方停战,恢复和平。

1954年10月10日,越南民主共和国接管河内,1955年1月1日,在10年前胡志明主席宣布越南独立的巴亭广场举行了盛大的越南民主共和国政府还都仪式,至此,整个越南北方获得解放,成为一个有首都、海港,有领海、领空主权和国际地位的主权国家。望着欢乐的人群,胡志明脸上露出了欣慰的微笑。

# 鞠躬尽瘁

越南北方在胡志明领导下,走上了社会主义道路,而南方却没有统一。日内瓦会议后,法国匆忙将早已"退位"的末代皇帝保大送到南越当"元首",由吴庭艳当"总理",法国远征军撤走后,吴庭艳在美国支持下,推翻保大,自任"总统",成立所谓越南共和国。

按照日内瓦协议规定,越南北双方应于1956年7月举行全国大选,实现南北统一,但吴庭艳却予以拒绝。为此,胡志明为首的劳动党中央决定在南方开展自卫战争。在胡志明亲自部署下,1960年12月,越南南方民族解放阵线成立,随后,南越人民武装力量成立了统一的指挥部,武装斗争在各地农村广泛展开,逐渐形成了包围城市的广大解放区。

就在南方政权即将瓦解之时,美国开始进行干预。1962年4月,美军特种部队在南越登陆,对南方人民发动"特种战争"。1964年8月3日,美国以所谓"北部湾事件"为借口,调集大批战舰驶往越南海域,并派大批飞机对越南北方的义安、清化、鸿基等沿海港口进行轰炸,从而把战火烧到越南北方。

面对美军的猖狂进攻,胡志明反抗的决心坚定不移,他在《告同胞书》中庄严宣告:"战争可以延长5年、10年、20年或者更长的时间,河内、海防等城市以及一些企业可能被摧毁,但越南人民是吓不倒的! 独立、自由比什么都更为珍贵。到了胜利的时候,我国人民将重新把自己的祖国建设得更加堂皇,更加壮丽!"

在越南人民反美斗争最关键时刻,中国人民伸出了援助之手。早在胡志明还都河内之时,中国政府无偿赠送8亿元人民币给越南人民,支援越南经济建设。这一次,又给越南以抗美斗争各项军事、物资、技术等无私的援助。1965年5月,胡志明又受邀来到中国。

初夏的长沙绿荫葱葱,凉风习习,胡志明与中国人民的领袖毛泽东会面了。一见面,胡志明便诚恳地说:"我这次到中国来,有三个目的,第一是问候你和中共中央其他同志的健康;第二是代表越南劳动党、越南人民向中

1960年9月,李富春(右一)和叶剑英(左二)、廖承志(左一)应胡志明邀请参加越南劳动党第三次全国代表大会,宾主在主席府共叙友情。

国共产党和中国人民表示感谢,感谢你们给予我们抗美斗争的各项援助;第三是祝贺中国第二颗原子弹爆炸成功。"

毛泽东微笑着说:"第一点,第三点我接受,第二点不接受。你们抗击美军,全世界人民都感谢你们,感谢越南,不是你们感谢我们。"

胡志明十分感动,他真诚地说:"还是我们感谢你们,不只是我个人这样看,全体越南人民都这样看。"

接着,胡志明向毛泽东介绍了越南人民抗美斗争的基本情况,并请求中国继续予以帮助。

毛泽东慷慨答应,他鼓励胡志明说:"美国打不了20年。美国打不赢你们,他们怕你们,你们将打赢美国。对你们的斗争,中国人民一如既往地支援,我还是那句话,中国是越南的大后方,要人,要物,你说。"

面对坦诚的毛泽东,胡志明真切地感受到兄弟的情谊,他摸了一下已经雪白的胡须,对这样的朋友,他还有什么需要客气的呢,于是,胡志明将越战形势、越军面

临的困难及请求中国援助的方面等,向毛泽东和盘托出,毛泽东听得十分仔细,不时提出问题,两位伟人谈得那样入神,那样融洽。

这次会谈后,中国向越南派遣了防空、工程、铁道、后勤等总数达 30 多万人的援越人员,并给予多方面的物资援助。中国援越物资总值超过 200 亿美元,包括足以装备陆、海、空军和民兵游击队 200 多万人的轻重武器、弹药和其他军用品,成百个生产企业和修配厂,三万多辆汽车,三亿多米布,200 万吨汽油,500 多万吨粮食,同时,帮助越南修建了几百公里铁路,供应了全部铁轨、机车和车厢;援助越南 3000 多公里的油管等。

在中国人民的帮助下,胡志明领导越南人民的抗美斗争取得巨大胜利。1968 年底,美国总统约翰逊表示愿与越南谈判,越南政府即表示同意。越美会谈后,美国宣布暂停轰炸北方,和平正逐渐向越南走来。

然而,胡志明并没有能在有生之年迎来越南和平统一的曙光。1968 年,胡志明健康状况严重恶化,但他仍不知疲倦地工作,毛泽东、周恩来对胡志明非常关心,多次将他接到中国的广州和北京,派最好的医生予以治疗。在中国医生医治下,胡志明病情一度有所好转,他关心自己的国家,很快返回河内。

1969 年初,胡志明病情复发,毛泽东、周恩来即做出决定,派专机送最好的医生、护士赴越南协助治疗。8 月 23 日,胡志明病重,中国又派出第二个专家医疗组赴越。三天后,第三个医治组飞赴越南。专家组一下飞机,便直奔主席府,投入紧张的抢救工作,但仍不能控制病情。毛泽东、周恩来知道后,即批示派第四个专家医疗组赴越。

9 月 2 日,胡志明病情急转直下,处于极度昏迷中。这天清晨,胡志明醒来,他眼中放出光芒,十分留恋地望了望他的战友和周边的越南、中国医护人员,想说什么,嘴张了张,又说不出来,一会儿,又昏迷过去。9 时 47 分,胡志明的心脏停止了跳动,结束了他为越南人民英勇奋斗的一生。此时,中国第四个专家医疗组的专机仍在赴越途中。

胡志明的遗体安放在水晶棺里,他依然穿着一套褪色的咔叽中山装,9 月 6日,河内成千上万的群众参加了向胡志明告别的仪式。9 日,在巴亭广场举行了有 10 多万人参加的追悼会,中国周恩来总理和许多国家的领导人远道前来参加,这在越南历史上,是空前的哀悼。

胡志明逝世后,越南人民化悲痛为力量,在南方加强反美斗争,北方积极支援,终于迫使美国政府于 1973 年 1 月在巴黎与越南民主共和国政府签订了越南结束战争、恢复和平的协议。3 月底,美军全部撤离南越。1975 年 4 月,越南南方全部解放,越南实现了和平统一。越南人民欢欣鼓舞,庆祝这一胜利。胡志明若地下有知,他一定也会兴奋无比,他一定会告诫越南人民,胜利来之不易,要珍惜这来之不易的胜利,也要珍惜中国人民对越南人民无私的情谊。

# 朝鲜领袖

## ——金日成

## 人物档案

简　　历：1912 年 4 月 15 日出生于朝鲜平安南道大同郡一个农民家庭。1929 年至 1946 年领导了朝鲜反日独立战争，并于 1946 年 2 月 8 日担任朝鲜临时人民委员会主席。1994 年 7 月 8 日因心脏病突发逝世。

生卒年月：1912 年 4 月 15 日～1994 年 7 月 8 日。

性格特征：热情真诚，吃苦耐劳。

历史功过：1950 年至 1953 年领导朝鲜人民在中国无私的援助下击败了美国的入侵。取得了反美战争的胜利，这之后，他尽力提高国内人民的生活水平，争取祖国的统一。

名家评点：朝鲜伟大的无产阶级革命家、卓越的共产主义者，朝鲜劳动党、朝鲜民主主义人民共和国和朝鲜人民军的缔造者。

## 反日争独立

1929 年暑假的新学期，在吉林市毓文中学一年级乙班，著名的历史学家、中共党员尚钺，正给学生上语文课，他在一课时内把长达 120 回《红楼梦》的庞大内容讲完了，提纲挈领，又不断插入一些重要情节，让学生听得如痴如醉。尚钺老师讲完，整个教室寂静无声，学生还沉浸在小说的故事情节中。

"老师，我想提个问题。"一个学生的清脆声音打破了寂静。

尚钺顺着声音看去，一个长着圆圆脸蛋、个子中等的学生站了起来。"你叫什么名字，有什么问题？"

"我叫金成柱，我想问您，为什么没有介绍作者的生平和家史？"

尚钺连忙解释："上课因为时间不够，所以省略了作者简介，如果你想知道，课后你可以来找我。"

这个叫金成柱的学生，就是后来成为朝鲜劳动党中央总书记、朝鲜民主主义人民共和国首相的金日成元帅。1912 年 4 月 15 日，金日成出生于朝鲜平安南道大同郡古平面南里(今平壤市万景台)一个农民家庭,父亲金享稷因从事反日独立运动遭迫害,移居中国东北,在长白县八道沟定居,后又到抚松县。1926 年父亲病逝后,金日成进入吉林毓文中学学习,正好尚钺担任其语文教员。

尚钺对金日成的提问并没有在意,没想到,第二天,当尚钺在操场散步时,金日成找来了。于是,尚钺将这个虚心好学的学生带回了自己家里,并向金日成详细介绍了《红楼梦》作者曹雪芹的生平和家史。

听完介绍后,金日成继续提问:"作者的出身与作品的阶级性是否存在必然的联系?"

尚钺耐心地回答:"作者的出身影响作品的阶级性质,这倒是事实,但决定其性质的绝对因素并不是作者的出身,而是作者的世界观。"并以曹雪芹为例说:"曹雪芹虽然生在一个受康熙皇帝特殊优遇的贵族家庭,在富裕的环境中长大,其作品却能形象地反映处于衰亡时期封建中国的内幕和它灭亡的必然性,这是因为他的世界观是进步的。"

尚钺先生的话,征服了金日成年轻的心,他抬头望见书房中的大书架,上面摆满几百本书,一下子被吸引住了,他问道:"老师,要把这些书读完,需要多长时间?"

"勤则三年,懒则百年。"尚钺答道。

"老师,如果我要限三年内把这些书读完,那么您可以把书架对我开放吗?"

"可以,不过有个条件。"

"只要您肯借书我看,什么条件都可以。"

"我很早就想培养一两个能够为无产阶级革命做出贡献的青年作家,你是否可以成为其中的一人呢?"

金日成稍加思索,便诚恳地说:"老师,您这样相信我,实在感激不尽。说实在的,我对文学课特别喜爱,对作家这个职业也十分憧憬。可是老师,我们是被日本霸占了祖国的亡国之民的子弟,我父亲为光复祖国奔走一生,在苦难中去世了。我决心继承父亲的遗志,将来献身于反日独立斗争,就将是我的职业。"

尚钺先生倚着书架,深情地点点头,显然,他为金日成的志气与坦诚所感动,他把手放在金日成肩上,鼓励说:"好样的,如果你的理想是为反日独立而斗争,我的书架统统向你开放。"

此后,金日成常到老师这儿借书,历史的、政治的、马克思主义的都借回去,如饥似渴地读,从中汲取营养,并不断地写文章,开展各种形式的宣传,进行反日本侵略的斗争和活动。

1929 年 10 月,金日成被南京国民政府以宣传马克思主义嫌疑的罪名逮捕。出狱后,没再能回学校,便在东北地区从事反日独立的革命活动,走上职业革命家道路。

1932 年 4 月 25 日,金日成创建了安图抗日游击队,与中国军民一起,痛歼日寇。11 月,金日成率安图抗日游击队赴汪清,与汪清抗日游击队、宁安抗日游击队合并扩编为汪清抗日游击大队、梁成龙任大队长,金日成任政委。1933 年下半年,中共满洲省委决定建立东北人民革命军,汪清抗日游击大队改编为第二军独立师第三团,赵春学任团长,金日成任政委。

1935 年 12 月,金日成所率第三团与候国忠所率第四团联合发起老黑山战役。这天,部队先派小股武装吸引老黑山日军倾巢出动,进入我军伏击地带,中朝两国战士英勇出击,作战仅半个多小时便大获全胜。不幸的是,金日成在指挥战争时负了伤。当时,已是深夜,战士们即用担架将金日成抬到宁安一个叫金京玉的农民家里。

金京玉见担架上躺着一个身体魁梧的人,便连忙上去给这个伤员脱鞋,可两只鞋都冻成了冰块,脱不下来,急忙找来菜刀打下冰块,才解开鞋带,将伤员安置在炕上。金京玉的妻子忙着烧开水煮小米粥,并把备作药用的蜜汁也取出来,同小米粥一起熬给伤员吃。这一夜,金京玉一家通宵未眠,一直守候在伤员身边。直到第二天,伤员好转,睁开眼睛,露出感激的神情,以后好多天,金京玉一家精心照顾伤员,但他们并不知道,这位伤员就是金日成将军。金日成伤好些后,便抢着帮金家劈柴担水,做家务事,他们相处得完全像一家人似的。

15 天很快过去,金日成伤愈归队时,十分感激这家中国农民,他拉着金京玉的手深情地说:"感谢你们的照顾,真不知道怎么报答你们才好!"

金日成归队后,东北人民的抗日斗争风起云涌。1936 年 2 月,根据中共中央指示,东北人民革命军改为东北抗日联军,金日成为抗日联军第二军第三师师长。5 月 5 日,朝鲜祖国光复会成立,金日成被推选为会长。金日成发表《祖国光复会宣言》,制定了著名的《十大纲领》,号召"朝鲜人民总动员起来,实现广泛的反日统一战线,推翻日本帝国主义强盗的统治,建立真正的朝鲜人民政府"。

6 月,抗日联军第一军与第二军胜利会师,合编为东北抗日联军第一路军,杨靖宇任总司令,王德泰任副总司令,魏丞民任政委,金日成部由原来的三师改为六师。

1937 年 6 月 4 日,金日成率部渡过鸭绿江,攻打国境警备要地普天堡。在金日成指挥下,部队迅速冲进普天堡,消灭大量敌军,捣毁日寇统治机构,取得了战斗胜利。朝鲜男女老幼热烈欢迎人民军队的到来,金日成向欢呼的人民群众发表具有历史意义的讲话,他说:"普天堡战斗向全世界宣布,朝鲜人还活着,并没有死,他们还在抗击日本帝国主义,只要同日寇做斗争,就能获得胜利。"

随后,金日成撤回中国东北,以长白县为主要根据地,转战临江、抚松、濛江等地,经常出奇制胜,痛歼日军,深受广大人民群众的赞扬与爱戴。

1941 年,抗日战争进入艰苦年代,东北抗日联军为适应形势,改为支队编制,金日成为第一支队队长。部队改编后不久,即由东宁县撤往苏联境内。1942 年,又组成东北抗日联军教导旅,旅长周保中,副旅长李兆麟,下设 4 个教导营,金日成为第一教导营营长。

1945 年 8 月 8 日,苏联对日宣战,东北抗日联军各部按统一部署进行配合作战。教导旅的中国同志组成 57 个小组,配合苏军在东北作战,而以金日成为首的朝鲜同志,则配合苏军进入朝鲜,开展斗争。

在此大好形势下,金日成命令朝鲜人民革命军各部队迅速行动起来,投入解放祖国的圣战。于是,朝鲜人民革命军同苏联军队一起,向罗津、清津、南阳、雄基等地分路挺进,发起总攻击,到处打击和消灭顽抗的日军部队,迅速解放了朝鲜北部。

10 月 14 日,金日成在苏联顾问的陪同下回到平壤,受到 10 多万群众的欢迎。

金日成满怀激情地在大会上发表讲话,他说:"我们民族从历时36年的黑暗生活中获得了解放和自由,我们祖国的三千里江山好似灿烂的晨曦,放射着希望的光芒。我们朝鲜民族为建设新的民主祖国而把力量团结起来共同前进的时候已经到了。"

11月19日,朝鲜成立北方五省行政局,主席不是金日成,而是朝鲜民族主义领袖曹晚植。曹晚植在抗日战争中是极受尊重的朝鲜民族领袖,但他对苏联人反感,将苏军当作日本军队一样的占领者,于是斯大林决定撤换他。当时,在朝鲜的苏联占领军负责人什特科夫便推荐了年仅三十出头的金日成,斯大林立即表示同意,他说:"朝鲜是一个年轻的国家,需要年轻的领导人。"

1946年2月8日,在苏联占领当局一手操办下,朝鲜临时人民委员会宣告成立,委员会主席由金日成担任。这也标志着三八线以北的朝鲜地区建立了一个主权的国家,金日成反日争独立的愿望在北朝鲜得到实现。

## 反美卫和平

1950年6月25日,朝鲜半岛爆发了战争。金日成希望借此实现朝鲜南北的统一,在他的指挥下,朝鲜人民军迅速越过三八线,向南方挺进。27日,美国对此做出反应,总统杜鲁门发表声明,宣布美国将从军事上支持南朝鲜军队作战,随后,便派出飞机、军舰和地面部队进行武装干涉。在联合国军的旗帜下,十几个国家的军队卷入了这场战争。

面对强敌,金日成表现出英勇无畏的精神;他号召朝鲜人民,坚决反对美国干涉,保卫国家,保卫和平。在金日成的号召下,战争开始,朝鲜人民军的作战比较顺利,7月底,人民军已经进抵洛东江,整个南朝鲜军队只剩下几万人,连同前来增援的近10万美军,被围困在朝鲜最南端的釜山港一带狭小的范围里,眼看统一朝鲜的战争将进入尾声了。

这一切,让金日成倍感兴奋,他即向朝鲜人民军发出命令,对釜山的敌人发动总攻击,不惜一切代价把美国人赶下海去。9月11日,一声爆炸打破清晨的寂静,朝鲜人民军向釜山防御圈发动总攻击,美军节节败退,仅9月5日一天,美军102人阵亡,420人受伤,587人失踪,伤亡总数达1245人。

然而,正当战争即将奏响凯歌之际,却发生了戏剧性变化。美军统帅麦克阿瑟将军实施所谓"蓝心计划"。9月15日,美军在汉城附近的仁川港,一举成功登陆。首批18000名美军顺利占领仁川港,朝鲜人民的主力部队被拦腰割断在朝鲜半岛南端,面临全军覆灭的危险。9月25日,汉城陷落,美军占领尚州、安东,并向清州方面发展,而人民军在釜山的进攻战宣告失败,美军开始大举北进,情势万分危急。

金日成全面分析战争态势后,认为情况十分危急,单靠朝鲜自己的力量已无法挽回局势。28日,金日成召集了朝鲜劳动党中央政治局紧急会议,会议一致认定,由于大部分人民军主力部队未能撤回,在汉城陷落后已无法阻止美国军队越过"三八"线,剩余的人民军不可能进行有效的抵抗,北朝鲜将不可避免地沦为美国的殖民地,因此,应向苏联和中国寻求直接的军事援助。于是,金日成于10月1日直接给毛泽东和中共中央发来求援急电。在这份紧急电报中,金日成首先叙述了朝鲜战后的演变,并着重介绍了美军仁川登陆后朝鲜人民军所处的困境,然后向毛泽东、中国党和政府提出请求说:"目前,敌人乘着我们严重危机,不予我们时间,如果继续进攻三八线以北地区,则只靠我们自己的力量是难以克服此危机的。因此,我们不得不请求您给予我们以特别的援助,即在敌进攻三八线以北地区的情况下,急盼中国人民解放军直接出动援助我军作战。"与此同时,金日成还向苏联斯大林发出了同样的请求。

中国方面接到金日成紧急电报后,毛泽东主持召开中央政治局扩大会议,通过认真讨论研究后决定:以中国人民志愿军名义入朝作战。

正当中国人民志愿军整装待发之时,苏联驻华大使紧急约见周恩来,原来商定的苏联方面出动空军部队配合中国人民志愿军入朝作战事,以没有做好准备为由,决定暂缓出动,周恩来迅即向毛泽东汇报,毛泽东听后脸色变得十分严峻,他与周恩来反复商量后,决定周恩来去莫斯科,亲自向斯大林通报,中国也暂缓出兵。

周恩来离京去莫斯科后,毛泽东三天三夜没睡觉,考虑入朝作战问题,苏联不出动空军支援,我军无空中作战条件,很难白天作战,如果中国真的暂缓出兵,朝鲜难以阻止美军的进攻,情况会更严重,他左思右想,最后决定通知周恩来转告斯大林,不管苏联方面是否出动空军,中国都要出兵。

对中国的决定,金日成万分感动,因为前一刻,斯大林通知他,说中国不出兵,金日成已做了放弃北朝鲜、北撤中国东北的准备。他知道为了这次出兵,中国顶住了多大压力,克服了多大困难。10月19日,金日成冒着弹火硝烟,来到大榆洞附近一个矮小潮湿的矿洞,迎接中国人民志愿军司令员彭德怀。

"金日成同志,你好! 毛主席让我代他向你问好。"一见面,彭德怀就热情地转达毛泽东的问候。

"你就是彭德怀呀! 我可是久仰你的大名了。"金日成紧紧握住彭德怀的手,深情地说:"感谢中国共产党和中国人民的支援。请转达我对毛泽东主席的问候,感谢他派来你这位大将军援助我们。"

紧接着,金日成便和彭德怀一起分析战场形势,认真研究作战方案。此后,金日成与彭德怀指挥两国军队协同作战,在短短一个多月时间内,就夺取了两个战役的胜利,给气焰嚣张的美国军队以狠狠的打击。

眼看志愿军把美国人打得节节败退,以印度为首的11个中立国家的政府联名向北京发出呼吁,要求中国和北朝鲜的军队务必停在"三八"线上,以便终止这场战争。同时,印度、英国在联合国的代表也积极活动,一面与已经来到联合国的中国代表伍修权频频接触,了解中国方面停战的条件,一面提议建立由联合国大会主席等三人组成朝鲜停火委员会,在朝鲜先停火后谈判。

苏联方面否定了停火谈判的建议,这也符合毛泽东的想法,毛泽东希望通过战争把美国人赶出朝鲜去。

金日成得到美国有意谈判的情况通报后,从朝鲜自身利益考虑的较多,他认为,短期内不存在解放南朝鲜的可能性,而支持长期战争,北朝鲜会付出很大代价,因此,他倾向于停战谈判。他亲自到北京,与毛泽东会谈。鉴于这种情况,毛泽东开始考虑停战问题。

1951年7月10日,朝鲜停战谈判正式开始。谈判中,很多问题较好地达成了妥协,但在战俘问题上,却在意料之外出现了僵局,中朝方面坚持战俘全部遣返,美国和南朝鲜方面则提出"自愿遣返",两方就此相持不下,使谈判无限期地拖延下去。

1952年7月13日,当美国把同意遣返战俘人数从最初7万人增加到8.3万人之后,金日成的态度发生了变化。因为美国人同意遣返的8.3万人中,7.6万人是朝籍战俘。中国战俘只有6400人,还不到中国被俘的三分之一,在关键时刻,金日成的立场站在了本国利益方面。7月14日,金日成给毛泽东发了电报,建议接受美国人的提议,他明确讲,因为几万名战俘,北朝鲜方面正在经受着巨大的损失。他建议接受美国人的提议,尽快就停战问题达成协议。

毛泽东不愿就此让步,他坚持认为必须遣返全部战俘。7月15日,毛泽东在给金日成回电中明确告诉他:"对这个问题我们进行了两天的研究,一致认为,正当敌人对我们狂轰滥炸之际,接受其实际上没有任何让步的、具有挑拨性和欺骗性的建议,对我们来说是极不利的。它必然会使敌人更加傲慢并有损我们的形象。"

金日成虽然不高兴,但也无可奈何,因为朝鲜战争完全靠中国的帮助。另外,斯大林也支持毛泽东,他明确讲:"对美国必须强硬。"

然而,1953年3月5日斯大林突然逝世后,苏联态度发生变化,莫洛托夫率先在苏共中央内提出一份关于立即在朝鲜停战问题的备忘录,得到苏共中央和苏联部长会议主席团的同意。随后,苏联方面给毛泽东和金日成发出相同信件,认为"继续执行迄今为止推行的路线是不正确的,要在停战问题上表现主动精神"。

金日成见苏联态度发生变化,便不失时机地向中国方面提出尽快结束战争问题。既然苏联态度变化,朝鲜方面又如此着急,毛泽东自然不能单方面坚持遣返全部战俘的立场,很快,中国方面公开表示有条件地接受美国的所谓"自愿遣返"原则。于是,金日成、彭德怀就联合国军司令克拉克2月22日发出的关于交换伤病战俘问题的呼吁,做出了积极回答。然后,金日成和中国总理周恩来分别发表声明,说明和积极解决战俘问题,保证朝鲜停战和缔结和约的时机已经到来。此后,经过一系列交涉,双方终于就战俘问题于6月8日达成妥协。7月27日,交战双方正式签订了朝鲜停战协定,朝鲜战争结束。在这种条件下结束朝鲜战争,对中国来说,未必是一种最好的选择,后来,毛泽东不无惋惜地说:"如果再打8个月,我们可以打垮他们的全部阵地。假如在这之后进行和谈,我们可以取得更有利的条件。可是,这个时候斯大林逝世了。"

对金日成来说,这种结果让他感到欣慰,北朝鲜毕竟保住了,在他看来,北朝鲜能够存在,就会有整个朝鲜统一的一天。

## 鞠躬尽瘁为统一

朝鲜战争结束后,北朝鲜经济十分困难,金日成面对断垣残壁,焦土余烟,开始思考战后经济恢复问题。一方面,金日成号召北朝鲜人民焕发激情忘我工作,尽快医治好战争的创伤,建设好社会主义朝鲜,另一方面,他仍然希望得到中国的援助。

1953年11月11日,金日成率领朝鲜政府代表团访问中国。此时此刻,金日成心潮起伏,思绪万千。中朝两国一江之隔,历史上两国人民为了各自民族的命运,为了反对共同的敌人,相互支持,并肩作战。特别是在刚刚结束的朝鲜解放战争中,中华民族的优秀女儿——中国人民志愿军以生命和鲜血与朝鲜人民一道抗击美国侵略者,赢得了这场战争的胜利,保卫了朝鲜民主主义人民共和国。这种深情厚谊,朝鲜人民将世代铭记,他这次访华,就是要把朝鲜人民的感激之情带给伟大的中国人民。

下午3时,金日成乘坐专列到达北京,受到了周恩来、彭德怀、董必武、邓小平等党和国家领导人及数千群众的热烈欢迎,这种热情让金日成一下了感到冬日的北京异常温暖。

在中南海丰泽园菊香书屋,金日成与毛泽东亲切会见,他紧紧握着毛泽东的手,连声说:"感谢中国人民!"对三年来中国人民在朝鲜保卫祖国的斗争中给予的无私援助表示真诚谢意。他尤其称赞中国人民志愿军不怕牺牲的精神,说:"中国军队敢打硬仗,他们的国际主义精神和光辉业绩将载入朝鲜史册,千古流芳。"

毛泽东热情称颂朝鲜民族是一个勇敢、刚毅的民族,他说:"朝鲜战争胜利的事实有力向全世界证明:一个国家命运掌握在自己手中的民族,是任何力量也不能战胜的,朝鲜人民的胜利对殖民地、半殖民地国家人民的反帝斗争是一个极大鼓舞。"

随后,金日成向毛泽东详细介绍了朝鲜停战后的局势,朝鲜战后的重建和经济恢复工作,说明朝鲜处境十分困难,希望得到中国的帮助。

毛泽东十分爽快地表示,中国人民将一如既往地支援朝鲜人民战后重建工作,希望看到一个繁荣昌盛的朝鲜出现在鸭绿江畔。

11月14日至22日,金日成与周恩来为首的中国政府代表团在相互谅解、诚挚融洽的气氛中进行了为期4天的工作协商,双方就两国政治、经济及文化关系中的有关问题达成了协议。

金日成此次访问中国的成果巨大,中国人民再次无私地帮助了朝鲜。鉴于朝鲜方面在医治战争创伤和恢复国民经济工作中开支巨大,中国政府决定将1950年6月25日美军发动侵略战争开始,到1953年底这一时期内援助朝鲜的一切物资和费用无偿地赠送给朝鲜政府,同时,从1954年到1957年4年内,中国政府再拨款人民币8亿元,无偿赠送给朝鲜。中国政府还承诺,协助朝鲜政府修建被战争严重破坏的铁路交通,并供应机车、客车和货车;派工程技术人员去朝鲜有关部门协助工作;请朝鲜的工程技术人员和留学生来华学习。

在中国人民强有力的支援下,在金日成的正确领导下,朝鲜人民以忘我精神建设自己的国家,迅速改变贫穷落后的面貌,推动社会主义建设不断向前发展。

此后的日子,金日成多次访问中国,每次都受到毛泽东热情欢迎和高规格的接待,令金日成十分感动。毛泽东逝世后,金日成继续与邓小平为代表的第二代中央领导集体保持亲密的联系,使这种唇齿相依的友谊不断加深。

经过几十年的建设,朝鲜经济有了很大发展,但是还不尽人意,特别是农村,还比较落后,存在很多问题,金日成希望农村能尽快发展起来。1982年9月,金日成来到中国,他向邓小平提出,希望学习中国农村的改革,看看中国农村的新面貌。于是,邓小平陪同金日成来到四川成都郊外的双流县白象公社顺风大队第二生产队。

这天,金日成兴致很高,他随邓小平穿过竹林掩映的乡间小道,受到村口数百村民的热烈欢迎。

在这美丽的村庄,金日成什么都想看,邓小平提议:"今天请你看看我们农村的沼气。"金日成点头同意。于是,他们来到队长曹德昌的家。这是一幢红砖水泥砌成的二层小楼,共 8 间房,200 多平方米面积。曹德昌全家 7 口人高高兴兴把贵宾带到宽敞的厨房,金日成站在镶着瓷砖的灶台前,观看了使用沼气的炉灶、炉具,还弯下腰仔细查看沼气管子是如何接进来的。曹德昌在锅里放了些水,将沼气点燃,一会儿,锅里水便煮沸了。金日成十分惊奇,连声说:"好,这个东西很好!"邓小平接着介绍说:"这东西很简单,可解决了农村的大问题。光这个省,每年就可以节省煤炭 600 多万吨。"

听到这里,金日成转身将随行的平壤市党委书记徐永锡叫到面前,要他仔细看看,并说:"这个东西的确很简单。"

从曹德昌家出来,邓小平说:"再看看沼气池吧!"

他们来到社员周道根家后面的一口沼气池旁,邓小平介绍说:"这里面是人粪、猪粪和草,发酵以后就可以产生沼气。沼气能煮饭,还能发电。一家搞一个池子就能煮饭、照明,几家联起来就能发电。搞沼气还能改善环境卫生,提高肥效。"

金日成十分仔细地听邓小平介绍,听完后饶有兴趣地说:"这个确是很好,我们朝鲜有条件,有人粪、牛粪,还有草,我们也可以搞。"

在离开生产队时,金日成紧握着双流县委书记王知深的手,真情切说:"谢谢你们的经验,我们回去要在农村好好推广。"王知深连忙说:"感谢首相的鼓励,我们也要学习朝鲜人民的好经验。"

金日成回朝鲜后,专门召开中央工作会议讨论研究朝鲜农业发展问题,希望找到对策。近几年来,朝鲜农业形势一直不好,据说有的地方饿死了人,但各级领导不敢上报。金日成对农村问题的严重性并非完全不知,他自己也常到农村考察,找农民座谈。一次,金日成来到一户农民家里,询问收成情况,这家农民连声说:"托金主席的福,日子一天比一天好过了。"

金日成听了并不相信,他环顾四周,堆的是一些破破烂烂的家当,大人小孩都是面黄肌瘦的模样,心头不禁一阵酸楚,他轻轻叹了一口气说:"我们当年革命时,农村的生活也不过如此,革命这么多年,没想到农村还是这么穷,这是为什么? 革命的目的就是让劳动人民当家做主过好日子,看来是我没有领导好,我对不起你们!"

金日成在朝鲜农村也搞了些新政策,做了些工作,但成效不大。

金日成内心深处确实希望自己的国家尽快富强起来,他拼命工作,殚心竭力,完全忘记自己是已过 80 岁的老人。

1994 年 6 月,美国前总统卡特为解决朝鲜的危机问题赴朝鲜访问,这次访问,卡特带来了一个令金日成激动不已的信息,韩国方面提议邀请金日成访问汉城。

卡特在平壤了三天,每天都与金日成会谈,而且时间都很长。最后一次会谈加上参观、宴请活动,一共持续了 6 个小时,中间仅休息了 20 分钟。金日成的夫人金圣爱看在眼里,急在心头,几次提醒金日成,是否休息一下。而金日成与卡特谈得十分高兴,精神一直处于亢奋状态,根本没有在意。

送走卡特后,金日成并没休息,又坐在了办公桌前,认真处理堆放在桌上的一大堆文件,直到午夜,才躺下休息。第二天凌晨,金日成就起了床,召集中央专门会议,亲自布置南北首脑会谈各种准备工作,制定方案,同时,修改与克林顿的谈判方案。

会议结束后,金日成又风尘仆仆地赶往农村调查,他总是惦记着农村、农民和农业生产。在农村考察后,金日成赶往他的夏季办公地妙香山别墅,那里还有很多公务等着他处理。

7月7日深夜,金日成先乘坐火车一路颠簸来到熙川,又乘汽车赶到妙香山别墅,这时的他已经感觉有些疲惫不堪,他好想痛快地睡上一觉,但又觉得不行,如果一躺下,很多事情又得搁到明天。金日成没有休息,叫来秘书,让他把近日发生的情况详细报告。

秘书报告的第一个消息就是75岁的赵明选上将病故,这个消息让金日成万分心痛,赵明选从14岁就参加革命,追随金日成抗日打游击,可以说生死与共,情同手足,没想到竟先他而去,岁月无情啊,一种衰老的感觉突然在金日成心中升起。

随后,金日成便追问赵明选的病因,秘书告诉他说死于脑溢血,金日成再问采用了什么救治办法,秘书顿了顿说:"听医生讲,采用的是保守疗法。"

金日成一听,万丈怒火从心里烧起,大声斥问道:"为什么不开颅抢救?这些医生就是怕负责任,是不是住的峰火医院,把院长给我找来,当面给我解释清楚!"

金日成越说声音越大,满面通红,全身打起了哆嗦,身边的同志连忙上前劝说,哪知越劝他气越大,突然,他一口气没接上来,倒在地上。人们顿时慌作一团,手忙脚乱,保健医生检查后认定是心脏病急性发作。由于金日成以前从没有过心脏病,因而整个别墅里竟找不出救治心脏病的药来。

经过紧急商量,决定把金日成送进平壤的烽火医院抢救。直升机奉命前来,但由于当天夜里突降暴雨,山区能见度太差,赶来的直升机撞在半山腰上坠毁了。无奈,第二架直升机再次起飞,经过一番努力,好不容易才在离别墅50米处的地方降落,一行人打着伞,七手八脚把金日成用担架抬上飞机,急送平壤烽火医院。

烽火医院是全朝鲜最高级的医院,医院马上集中最优秀的医生实行紧急抢救,但为时已晚,终无回天之术。1994年7月8日凌晨2时,朝鲜民主主义人民共和国开国领袖,第二次世界大战首批社会主义国家中的最后一位开国领袖,第二次世界大战中产生的政治家中最后一位世界性政治家——金日成的心脏永远停止了跳动,终年82岁。

7月9日,朝鲜劳动党中央委员会和中央军事委员会、朝鲜民主主义人民共和国国防委员会和中央人民委员会、政务院发表告全体党员和人民书,宣告了金日成逝世这一不幸的消息。告全体党员和人民书最后说:"今天,在我们革命的最前列有革命事业的伟大继承者,我们党和人民卓越的领导者,我国革命武装的最高司令官金正日同志。我党娴熟的领导是完成金日成同志开创领导的革命事业,使之世代相传的坚实有力的保证。"

金日成逝世后,他的儿子金正日继承他的事业,成了朝鲜最高领导者。

# 南斯拉夫"铁人"

## ——铁托

## 人物档案

简　　历:铁托(原名约瑟普·布罗兹),1892年5月7日出生于南斯拉夫克罗地亚西北的一个小村庄,一战中被俄军俘虏。十月革命后加入了红色国际纵队。成为俄国布尔什维克党员。1920年回到南斯拉夫,加入了南斯拉夫共产党。1937年任南共总书记。二战中,领导人民打败了德国法西斯,解放了祖国。1961年9月,由铁托等5人共同发起举行了第一次不结盟国家政府首脑会议。1980年5月4日因病逝世。

生卒年月:1892年5月7日~1980年5月4日。

性格特征:意志坚定,不畏牺牲。

历史功过:他坚持独立自主的思想,为不结盟运动的发展奠定了基础。在与斯大林对抗的同时,在国内进行全面的改革,逐步实行"非国家主义化和分散管理",扩大自治的职能和权力。

名家点评:铁托为南斯拉夫人民、为世界和平建立了伟大功勋。

## 投身共产党

1915年冬天,第一次世界大战正激烈进行。在喀尔巴阡山麓,寒风卷着大雪在山谷肆虐,奥匈帝国的军队正守在这里,士兵被冻得瑟瑟发抖,有些人因冻饿而仆倒在地。此时,俄国军队发动突然袭击,毫无任何战斗力的奥匈帝国军队纷纷败退,死的死,伤的伤,大部分成了俄军俘虏。

俘虏中有一个身材高大的士兵伤势很重,伤口流出的鲜血染红了军装,在高寒下结成了冰块,伤兵已处于昏迷中,很快被送进战俘医院.医生看了直摇头,连声说:"恐怕没救了!"不巧的是,这名伤兵进医院不久,又得了肺炎,还染上了斑疹伤寒。值班医生认为必死无疑,已放弃了治疗。

但几天后,奇迹出现了,伤兵不仅睁开了眼睛,而且伤势逐渐好转。这名从死神手里逃出的伤兵,便是后来成为南斯拉夫人民领袖的铁托。

铁托原名约瑟普·布罗兹,1892年5月7日出生在南斯拉夫克罗地亚西北部一个叫库姆罗韦茨的小村庄。铁托的父母是贫苦的农民,有15个孩子,铁托排行第七。由于孩子多,生活异常艰难。铁托小时候常帮父母干活,每天清晨3点便起床,到地里除草,掰玉米,或者帮大人耕地,回到家里还推磨磨面。

铁托7岁那年,村里办起了一所初级小学,很多农民不愿让孩子上学,怕减少劳动力。但铁托的父母非常开明,认为小孩读书是最重要的,便让他上了学。铁托一面读书,一面劳动,放学回来,经常边放牛边读书。12岁那年,他终于念完了初级小学。

念完小学后,铁托开始独立谋生。他先帮舅舅看牛,后来到了离家90多公里的西沙克小镇,在一家饭店当招待员。工作虽然不是很累,但没有时间读书,铁托觉得不理想,便离开饭店,到镇上一家锁厂当学徒工,这里工作辛苦,工资也少,但每周有两个晚上可到徒工学校去上课,铁托十分高兴。

徒工学校毕业时,铁托已18岁了,他要出外闯世界。于是,他先到奥地利的卡姆尼克,再到捷克斯洛伐克、德国,后来到了奥匈帝国的首都维也纳。但不久,铁托就被征召入伍,进入奥匈帝国第25近卫团服役,参与世界大战,并成为俄军的俘虏。

铁托在俄军战俘医院,伤口一天天痊愈,病情一天天好转,闲下无事,他便在医院自学俄语。战俘医院对面住着几个中学生,铁托常常向他们借书看,在这里,铁托阅读了托尔斯泰、屠格涅夫等俄国进步作家的作品,思想上也深受感染和教育。

铁托伤好后,与战俘一起被押解到乌拉尔,准备再押到西伯利亚去。乌拉尔天气寒冷,战俘在这里不断有人冻饿而死,引起国际社会关注。不久,国际红十字会给战俘送来了救济品,但这些救济品并没能到战俘手中,全被铁路工段长侵吞了。对此,铁托十分气愤,他向国际红十字会告发了这件事。结果,遭到俄军的报复,铁托被毒打一顿后,关进了监狱。

俄国二月革命后,铁托被放出监狱,重回俘房营,这时,他认识了一位波兰籍工程师,是个布尔什维克。在工程师家里,铁托认识了另外一些布尔什维克,他们在一起阅读列宁的文章,受到革命影响。不久,一些与铁托有联系的布尔什维克被捕,铁托也面临被捕的危险,在波兰工程师的帮助下,铁托跳上一辆运粮的火车逃了出来。

铁托先逃到彼得堡,后来又到了西伯利亚的鄂木斯克,这时俄国发生十月革命,当地已被布尔什维克的赤卫军占领。赤卫队员告诉铁托,俄国政权已归苏维埃,战俘营也建起了红色国际纵队。

听到这些消息,铁托十分激动,他立即回到战俘营,申请参加了红色国际纵队,并在1919年初,成为俄国布尔什维克的一名党员,参与了消灭自卫军的斗争。

1920年1月,铁托与俄国姑娘佩拉吉娅·贝卢斯诺娃结婚,组成了一个幸福的家庭。这时,俄国苏维埃政府决定,让红军中所有外国公民复员回国。铁托离开自己的祖国已整整6年了,他十分思念自己的国家与亲人,于是他带着妻子,回到了南斯拉夫。

铁托回国后,很快加入了南斯拉夫共产党,先在萨格勒布一家机器厂当工人,并做工会工作,后来又到离首都贝尔格莱德60公里的火车车厢厂做工。这一时期,铁托利用一切机会在工人中宣传列宁思想,宣传十月革命,并在报纸上发表文章,报道工人的艰难困苦,深受工人群众的爱戴与拥护。35岁那年,党组织让他担任全克罗地亚的五金工会书记。这是他一生中重要的转折。从此,铁托全身心投入工人运动,成为一个职业革命家。

1921年夏天,由于一些年轻的共产党员进行暗杀活动,先是向国王亚历山大投掷炸弹,后又暗杀内务部长,引起政府的恐惧。于是,政府从议会里驱逐了所有共产党议员,并宣布共产党为非法党,南斯拉夫共产党只好转入地下活动。

1928年6月,南斯拉夫的政治形势更加险恶,国王亚历山大准备解散议会,公开实行独裁统治,在全国逮捕共产党人。8月4日,一伙警察闯进铁托的住所,用枪托一阵乱打,铁托当场被打得吐血,随后,警察将他送进了监狱。

铁托被捕后,党组织考虑到他妻子佩拉吉娅·贝卢斯诺娃处境危险,便安排她带上儿子扎尔科去了苏联。此后,他妻子没有机会再回南斯拉夫,便在苏联改嫁了。他们的儿子扎尔科在苏联长大后参加红军,在莫斯科保卫战中失去了一条胳膊。二战后期回到铁托身边,参加了南斯拉夫的民族解放战争。全国解放后,扎尔科勤奋为党工作,从不炫耀自己是铁托的儿子,一直在贝尔格莱德市政府当一名小职员,直到退休。

11月7日,萨格勒布的地方法院开庭审理铁托的案子,南斯拉夫的青年工人和学生对这次审讯十分关心,从各地来到这里,对铁托表示敬意。

审讯开始,貌似威严的首席法官问道:"你是否认为你有罪?"

铁托抬起头,他眼镜后面两只灰色眼睛冷冷瞪着法官,机警而沉着地回答:"起诉书上说我是有罪的,但是,实际上我是无罪的。"

首席法官提高声音说:"不仅起诉书上说你有罪,实际上,你也犯了罪,你知道犯了什么罪?"

"我承认我是非法的南斯拉夫共产党的一名党员,我承认我曾经宣传过共产主义,我向工人指出过一切不义行为。我并不认为这是犯罪,是你们资产阶级法庭认为我犯罪。可是,我不承认资产阶级的法庭,因为我认为,资产阶级法庭是保护少数人利益的,是虚伪的,我只对我的共产党负责。"铁托的话铿锵有力,像钢铁一样敲打在法庭上,旁听的人群中响起热烈的掌声。

首席法官连声喊:"安静!安静!"然后转向铁托,再次提问:"你懂不懂国家保卫法?"

铁托不屑一顾地说:"是的,我听说过这个法律,但是我没有读过它,我不知道,因为我对它确实不感兴趣。"

首席法官只好自己回答:"这个法律禁止各种各样的共产党宣传,你知道这点吗?国家通过它来反对你们共产党人。"

铁托据理反驳说:"我知道,这是一项临时法律,而且这项法律不是由人民通过的,也不能约束人民。我一点都不怕它,如果共产党人被一个临时法律吓倒的话,那是一件不幸的事。"

法庭上再次响起雷动的掌声。

首席法官恼羞成怒,威胁说:"你这种固执,只会无谓牺牲你们年轻人的生命。"

铁托毫不畏惧,坚定地说:"是的,我是准备去忍受的。"

这时,法庭上开始骚动,旁观者中大声喊出口号:"共产党万岁!第三国际万岁!"

首席法官见此状况，只好匆匆宣布休庭。

11 月 15 日，法庭在不准铁托和辩护律师辩护的情况下，强行宣布判决，铁托被判处苦役 5 年。

1934 年 3 月 12 日，铁托服完苦役，受党组织委派，先到维也纳，与党的中央委员会联系，详细报告国内情况。然后，到了莫斯科，在共产国际工作，担任共产国际巴尔干书记处候补委员。这一时期，铁托利用工作之余，如饥似渴地读了大量经济、哲学、军事和文学著作，提高了自己的文化素养。

1937 年，南斯拉夫共产党总书记戈尔基奇被共产国际撤职。随后，共产国际让铁托担任南共临时总书记。铁托受此重任，迅速回国，担当起这巨大的历史责任。

铁托回国后，整顿、改组了党组织，加强与人民的血肉联系，在工作群众中，在青年战士中发展党员，使南斯拉夫共产党不断得到壮大，走向成熟。

# 抵御法西斯

1941 年 4 月 6 日，是一个晴朗、温暖的星期天，人们像往常一样开始一天的正常生活，南斯拉夫首相杜桑·西莫维奇的女儿将在这一天举行婚礼。

然而，当早上的太阳刚刚露出笑脸，突然风云巨变，德国法西斯对南斯拉夫不宣而战，黑压压的德国战斗机急驰而来，对几乎没有设防的贝尔格莱德狂轰滥炸，住宅、医院、学校、图书馆都是轰炸的目标，到处硝烟弥漫，战火焚烧，死伤者不计其数。随后，德国陆军在保加利亚、匈牙利军队的配合下，从东面、北面侵入南斯拉夫。4 月 13 日，贝尔格莱德被德军占领，国王佩塔尔及其政府官员逃离国境，仅仅12 天，南斯拉夫彻底失败，被德国、意大利、匈牙利、保加利亚等国占领和瓜分。

面对法西斯的侵略，铁托主持召开南共中央紧急会议，决定以民族解放和社会解放为目标，发动起义，开展武装斗争，驱逐法西斯，在占领的地区建立政权。同时，为了更好地领导全南斯拉夫人民的反侵略斗争，决定党中央领导机关从萨格勒布迁到贝尔格莱德。

6 月 22 日，南共中央发表《告南斯拉夫各族人民书》。7 月 12 日，南共中央再次发表《告全国人民书》，号召人民为自由进行最后的战斗，尽快行动起来，发动起义，把全国各地变成阻止法西斯侵略者前进的堡垒。

铁托随南共中央领导机关来到贝尔格莱德，他住在一位共产党员符拉迪斯拉夫·里布尼卡尔的家里，里布尼卡尔表面上是自由派报纸《政治报》的股东，实际上做革命工作。为了铁托的安全，他在家里做了一个十分隐蔽的密室，当洗澡盆挪开后，便出现一个入口，进入下面通道，一直通往密室。这个密室，离德军司令官的家不远，这是法西斯怎么也不会想到的。

铁托的工作十分繁忙，他每天在城里各处奔走，了解、掌握敌人的各种情报，各界人士的政治态度，组织各种反抗活动和起义。在铁托领导下，贝尔格莱德的共产党员最先对德国法西斯展开了斗争，他们剪断电线，使敌人失去联系；他们袭击德国士兵，夺走武器，使敌人惊惶不定；他们炸毁军用卡车、仓库、办公楼，使敌人后勤指挥中断；他们出版报刊，向人民宣传抗敌、鼓舞人民士气等。这些斗争产生了巨大的政治影响。

苏德战争爆发后,南共中央决定在各地起义的基础上,建立反侵略的武装斗争总司令部,由铁托担任总司令。9月16日,铁托离开贝尔格莱德,前往塞尔维亚中部瓦列沃附近的游击司令部,从此,铁托结束了地下党的秘密活动,开始了军事指挥员的战斗生涯。

当时,在南斯拉夫抵抗德国法西斯侵略军的武装部队,除了铁托领导的游击队外,还有一支由前南斯拉夫陆军上校德拉查·米哈依洛维奇领导的"切特尼克",最初,这支部队也曾抗击过入侵的德国法西斯军队,但不久便以保持实力为名,躲进了森林,并继续扩充自己的力量,以巩固实力,控制地盘。

为了团结一切愿意与德国法西斯斗争的人们,铁托与米哈依洛维奇进行谈判,提出合作抗德问题。而米哈依洛维奇却没有诚意,他一方面与铁托谈判,一方面却偷偷摸摸与伪政权勾结。

铁托一方面继续争取与米哈依洛维奇的合作,一方面独立自主地开展广泛的游击战争。9月24日,铁托指挥游击队向德军占领的塞尔维亚重要城市乌日策发动进攻,以迅雷不及掩耳之势攻破敌人防线,一举解放了这座城市,全城市民兴高采烈欢迎游击队入城。

进城后,铁托指示,利用城市的有利条件,改善游击队的经济和装备等方面。于是,游击队收缴了银行的5500万第纳尔,接手了一个月产400多支步枪和一定数量子弹的军工厂,大大增强了游击队的战斗力。

德国法西斯不甘心失败,纠集军队卷土重来,向乌日策市合围过来。米哈依洛维奇见铁托遭遇危机,不仅不进行救援,反而配合德军向乌日策市发动突然袭击,企图让游击队腹背受敌,达到彻底消灭游击队的目的。

铁托毫不畏惧,亲临前线指挥作战,极大鼓舞了游击队的士气,大家奋勇战斗,拼死杀敌,使米哈依洛维奇的部队溃不成军。但米哈依洛维奇并不甘心失败,他向在伦敦的南斯拉夫流亡政府发出电报,要求给予支援。同时,还派特务潜入乌日策市,炸毁了军工厂,断绝了游击队军需装备的来源。

南斯拉夫流亡政府在英国支持下,给米哈依洛维奇空投了大量物资。于是,米哈依洛维奇又神气起来。11月11日,米哈依洛维奇和德国侵略者举行秘密会谈,达成联合作战,消灭游击队的协议。从此,米哈依洛维奇公开地和德国法西斯一起,共同对付铁托领导的游击队。

重新装备的米哈依洛维奇部队与德军再次向乌日策市发动进攻,天上飞机狂轰滥炸,地面步兵、坦克野蛮推进,企图一举消灭游击队。

铁托敏锐地感到,形势十分严重,为了保存力量,必须撤退。11月29日,铁托下令,游击队放弃乌日策市,向兹拉蒂博尔山转移。在转移时,铁托留在部队的最后面,敌军开进乌日策市后20分钟,他才离开。

铁托率领部队撤离乌日策市后,于12月24日组建一支新型的军队——无产者第一旅,它标志着南斯拉夫人民以新的规模组建了武装部队。此后,在铁托领导下,武装部队不断扩充,继续与德国法西斯进行顽强的斗争。

1943年1月,德国法西斯纠集意大利军队、米哈依洛维奇军队,向铁托领导的武装部队发动了大规模进攻。铁托率领部队向门的内哥罗转移。敌人在奈雷特瓦河沿岸设置各种障碍,企图阻挡铁托的去路,铁托指挥部队英勇作战,击溃意大利军一个师,缴获大量武器。本来,可以马上渡过奈雷特瓦河,但大量伤病员、老人、孩子、妇女也随部队转移,还没到齐。在此情况下,铁托命令,一定要等这些人到齐后才能渡河。

为了牵制敌军,铁托派人破坏了奈雷特瓦河上的所有桥梁,然后派主力部队去阻击敌人。第二天拂晓,铁托指挥战斗部队占领了河对岸,然后,部队、伤病员和老百姓用了7天时间才渡过奈雷特瓦河。过河后,部队快速前进,解放了黑山的大部分和几乎整个山扎克地区。

5月,德国、意大利和保加利亚组成15万的联军向黑山、山扎克地区发动疯狂进攻。情况十分紧急,铁托决定将所有部队分成两部分,铁托及总司令部其他成员与第一师、第二师渡过苏捷斯卡河,向波斯尼亚突围;第三师和伤病员渡过塔拉河,向桑贾克撤退。

铁托及其战友渡过了苏捷斯卡河,但遇到了德国飞机的狂轰滥炸,游击队伤亡严重,铁托的警卫员牺牲了,铁托的左臂也被炸伤。法西斯欣喜若狂,他们在向柏林的报告中说:"彻底消灭铁托军队的时候来到了。"然而,敌人的希望落空了,铁托率领游击队不仅奇迹般突围,而且还解放了汉皮耶萨等一些地方。铁托的部队越战越强,到1943年9月8日,意大利投降后,铁托的部队已达到30万人左右。

1944年10月20日,铁托的部队和苏联红军联合解放了南斯拉夫首都贝尔格莱德。这一天举行了盛大的阅兵式,铁托用激昂的声音发表了演说:"在战争最困难的时候,在可怕的敌人进攻下,我常常暗自思忖:'我们在贝尔格莱德发动起义,我们将在贝尔格莱德胜利地结束这一战斗。'这个伟大的日子现在已经来临,在我们中间,从1941年就开始战斗的人已寥寥无几,他们用生命奠定了自由和人民希望的国家的基础。"

1945年3月20日,铁托命令武装部队在5条战线上转入对入侵敌人的总攻击,迅速打败了德国法西斯和伪军,解放了祖国,取得了民族解放战争的伟大胜利。

# 对抗斯大林

第二次世界大战胜利后,铁托与斯大林的关系十分密切。铁托两次访问苏联,与斯大林商谈并缔结了南苏第一个贸易协定和苏联援南等事宜。1947年,斯大林提出建立"共产党情报局",铁托积极响应并参与了筹建工作,情报局成立后,其书记处等机构初期就设在贝尔格莱德。

但这种"蜜月"并没有维持多长时间,铁托慢慢感觉到苏联政策的支配主义性质,在与斯大林的交往中,感到自己处于不平等地位。在南苏经济合作的谈判中,铁托提出了南斯拉夫独立自主的工业化计划,斯大林却表现相当冷淡,他公开说:"你们要重工业干什么? 我们乌拉尔有你们需要的一切东西。南斯拉夫最好集中力量开发它丰富的矿产资源,以满足苏联的能源需要,至于工业方面,苏方可以向南斯拉夫提供全部重工业产品。"

铁托坚决不同意,他认为如此一来,南斯拉夫便成了苏联的附庸。同时,在解决南斯拉夫与意大利边界、南斯拉夫与奥地利边界问题上,斯大林更是粗暴地干预南斯拉夫内政,在没向南斯拉夫打招呼的情况下,就俨然以太上皇面貌出现,代表南斯拉夫擅自同意西方关于南意、南奥边界的方案，让铁托深感气愤和震惊，他明确宣布斯大林不能代表南斯拉夫。由此，铁托与斯大林分歧越来越深。

对铁托坚定的独立性和桀骜不驯的态度，斯大林十分恼火，暗暗下定决心，必须寻找机会，狠狠教训一下铁托，甚至不惜把他搞掉。

由于边界问题，南斯拉夫与邻国奥地利和意大利以及美国关系十分紧张。1948年2月10日，斯大林召集南斯拉夫和保加利亚领导人在克里姆林宫开会，讨论巴尔干形势。会上，铁托提出与保加利亚、阿尔巴尼亚结成巴尔干同盟的建议，保加利亚领导人季米特洛夫当即表示赞成。斯大林却坚决反对，他大发脾气，对铁托和季米特洛夫进行了严厉指责。

在高压面前，季米特洛夫屈服了，他当即表示撤回建议，不参加巴尔干同盟。但铁托却不肯屈服。3月1日，他回到贝尔格莱德后，马上召开中央会议，做出了不理睬斯大林指示的决议。

铁托的举动，大大激怒了斯大林，南苏关系迅速恶化。3月18日，苏联军事代表团团长巴斯科夫将军通知南斯拉夫总参谋长，宣布从南斯拉夫撤出全部苏联军事顾问和教官。第二天，苏联代办宣布，从南斯拉夫撤出全部苏联非军事顾问，理由是他们在南斯拉夫"处处受到敌视"。对此，铁托毫不示弱，断然拒绝斯大林的指责，坚定地走自己的路，独立自主地建设自己的国家。

在内部施加压力无济于事的情况下，斯大林便调动"共产党情报局"这一欧洲共产党的共同机构来反对铁托。在斯大林授意下，1948年6月下旬，情报局在罗马尼亚首都布加勒斯特召开大会，专门讨论南共党内的状况，通过了《关于南斯拉夫共产党状况的决议》，决议以激烈的语言抨击了以铁托为首的南共领导人，说他们采取"民族主义"立场，呼吁南共内部的"健康力量"行动起来，迫使其领导人承认和纠正错误，或者以"新的国际主义的领导"取而代之。这个决议，意味着把南共开除出情报局组织。一年后，即1949年11月，情报局又通过了《南共在杀人犯和间谍掌握中》的决议，进一步对铁托和南共进行恶毒攻击。自此，斯大林与铁托完全处于敌对状态。

这期间，苏联及东欧盟国同时还对南斯拉夫进行经济封锁和军事威胁，企图迫使铁托就范。当时，南斯拉夫95%的投资项目都与苏联、东欧等国有关，它的煤、焦炭全是从苏联进口，现在一切中断，南斯拉夫的经济建设遭到极大的困难和损失。在国际社会，南斯拉夫几乎完全孤立了，在东方社会主义阵营里，它是被开除的一员；在西方，它是社会主义国家，与资本主义毫不相容，为资本主义国家所敌视。当时西方人士认为，很难想象南斯拉夫还能在地球上继续生存下去。他们预言："铁托完蛋了，铁托的南斯拉夫末日到了。"

在黑云压城城欲摧的情况下，铁托没有倒下，也没有完蛋，他不低头，不屈服，勇敢地面对面前的一切。

1948年7月21日至29日，铁托主持召开了南斯拉夫共产党第五次全国代表大会，讨论南共面临的境遇及今后的任务。铁托要求每一位要求发言的代表都能充分讲话，他认真听取代表们的发言，尊重他们的意见。最后，在新的中央委员会选出后，在众目关注下，铁托以坚定的步伐走上讲台，向大会致闭幕词，他说："我代表新选出来的我们党的中央委员会最诚挚地感谢你们的信任，我们目前正处在困难的境地里。我们的党正面临着一种严峻的考验,但是只要我们保持高度的警惕,保持我们党的团结和坚定,只要我们不丧失勇气,我们必定会赢得胜利。"全场报以热烈的掌声。

面对南斯拉夫被孤立的严峻现实,铁托开始努力,发展与世界各国的关系,寻求如何在复杂环境中保持自主与独立。1955 年的万隆会议使铁托深受启发,他由此产生了不结盟的思想。

为了促进不结盟运动的展开,铁托不辞劳苦访问了很多亚洲、非洲国家,动员、劝说这些国家参加不结盟运动。在铁托的努力下,有 20 多个国家的代表在开罗举行了不结盟国家的筹备会,商定了参加会议国家的条件:必须采取或赞同不同社会政治制度国家和平共处与不结盟的独立政策;支持民族解放运动;不参加大国军事集体;不缔结双边军事同盟;不得为大国提供军事基地等。

1961 年 9 月,由铁托、尼赫鲁、纳赛尔、苏加诺、恩克鲁玛 5 人共同发起,在贝尔格莱德举行了第一次不结盟国家政府首脑会议。在会议上,铁托发表了长篇演说,阐发了自己关于不结盟运动的一系列重要思想。这次会议,使铁托的不依附任何大国,不屈服于大国压力,坚持独立自主的思想不仅为参加国所接受,同时也成了这些国家的共同愿望,为不结盟运动的发展奠定了基础。同时,通过这些外交活动,南斯拉夫打破了在国际上被孤立的困难局面。

铁托在与斯大林对抗的同时,在国内,以马克思主义为指导,依靠工人阶级和广大群众,积极探索一条与苏联模式不同的社会主义发展道路。从 1950 年起,铁托对经济管理体制进行全面改革,逐步实行"非国家主义化和分散管理",扩大自治的职能和权力。在政治体制方面,则从中央集权制向自治社会政治体制转化。这些改革,在初期和中期都取得了较好的成效,积累了一定的经验。但随着改革的发展,出现了对马克思主义和自治理论的教条式理解,诱发了一系列问题,为后来出现危机埋下了祸根。

不管是内政,还是外交,铁托都尽心尽力地参与主持,他努力工作,鞠躬尽瘁,耗费了精神,损害了身体,他终于病倒了。1980 年 5 月 4 日,铁托,这位 20 世纪的伟人与世长辞,终年 88 岁。

5 月 8 日,南斯拉夫人民为铁托总统举行了隆重的葬礼,世界上 200 多个国家党政代表团和党派组织代表参加了葬礼,有多位总统、国王、总督及国家元首的私人代表,30 多位总理和副总理,以及其他许多高级官员。中国也派出了党政代表团参加铁托的葬礼。这一天,许多国家都下半旗志哀。许多国家领导人、著名人士纷纷发表文章和谈话,悼念铁托总统,颂扬他为南斯拉夫人民、为世界和平建立的伟大功勋。

铁托生前在谈到大人物在历史上的作用时曾说:"伟大人物只有在了解人民的需要和愿望并且同人民打成一片的条件下,才能创造历史并且在其中起巨大的作用。如果一个人把自己同人民割裂开来,而且总想被高高地供起来,那么他只会引起畏惧和憎恨。"

南斯拉夫人民按照铁托生前的意愿,将他居住过 30 年的官邸庭院里的一座小花园,稍加整理,铁托便被安葬在花丛中,墓的正中竖着一块白色大理石墓碑,碑上镌刻着"约瑟普·布罗兹·铁托(1892~1980)"9 个金色大字,没有其他头衔和赞扬的词句。在花香鸟语中,铁托静静地躺在这里。

# 红色高棉领导人

## ——波尔布特

## 人物档案

**简　历**：原名沙罗特绍，1925 年 2 月出生于金边北磅斯威县一个农民家庭。1949 年在法国学习时受到马列主义熏陶。1962 年 9 月任柬埔寨共产党代理书记。1963 年被选为中央书记。此后投入反美战争。1976 年就任柬埔寨王国民族团结政府总理。1985 年 9 月 2 日宣布退休。1998 年 4 月 16 日死于心脏病突发。

**生卒年月**：1928 年 5 月 19 日 ~1998 年 4 月 15 日。

**性格特征**：学识渊博，富有感染力、毫不妥协的铁腕统治。

**历史功过**：波尔布特作为红色高棉的领导人，在保家卫国的斗争中做出了重要贡献，但他的激进政策和极"左"路线，使柬埔寨国家经济彻底崩溃，人民生活极端困苦。

**名家评点**：波尔布特孤独地离开了曾经充满希望而最后让他陷入绝望的柬埔寨大地。一生梦想创造历史奇迹的人，到头来却自己导演了一场悲剧。

## 波尔布特的兴起

　　柬埔寨是个富饶美丽、有着悠久历史的文明古国，位于印度支那半岛南部，湄公河下游，东及东南与越南毗邻，东北是老挝，西及西北与泰国接壤，南临罗湾，面积 181300 平方公里。柬埔寨国名，在我国史书《三国志·吴志》中称为"扶南"；到隋唐时称"真腊""吉蔑"；宋代称"占腊"；元朝称"甘孛智"。明朝万历年间正式称为"柬埔寨"。柬埔寨又叫"高棉"，这是"吉蔑"的谐音，同名而异译。柬埔寨有 20 多个民族，其中高棉族占全国人口的 80%。少数民族主要有占族、寮族、傣族以及普农族、库依族等。

从 20 世纪初期直到 1945 年,法国在柬埔寨建立殖民统治,中间也有少许改变,日本在第二次世界大战时期也侵占过柬埔寨。法属时期,柬埔寨人民发动了民族解放运动。在柬埔寨的农民、工人反抗斗争中,柬埔寨建立了自己的共产主义组织印度支那共产党的支部,使柬埔寨的民族解放运动走上了新的阶段。

20 世纪 30 年代之后,柬埔寨各地出现了不少佛教学院和天主教学院,在这些学院里出现了一大批激进的爱国青年与僧侣,他们在同当时的法国殖民统治者进行的秘密斗争中不断成长。其中,波尔布特、英萨利、乔森潘、杜斯木、山玉成等人就是骨干力量。这批血气方刚、忧国忧民的青年学生因学业成绩优秀,

波尔布特(右一)和三名红色高棉领导人,左二为乔森潘。

于 1949 年前后获得政府奖学金被送往法国进修深造。在法国他们开始接触共产主义思想,受到马列主义的熏陶。

波尔布特原名沙罗特绍,1925 年 2 月生于金边以北 130 公里磅同省磅斯威县一个家境还算殷实的农民家庭,笃诚信佛的父亲将他送进佛寺,剃度出家。少年波尔布特不守寺规,时间不长就被逐出门墙。1949 年至 1 952 年波尔布特在巴黎学校期间,把时间大都用在组织和参加激进的学生政治运动和马克思主义运动上。20 世纪 50 年代初,40 多名学有成就的柬埔寨留学生陆续回国,其中,波尔布特、英萨利、乔森潘、胡荣、符宁等人后来都成为柬埔寨共产党的重要领导人。

波尔布特等人从法国返回柬埔寨后,从事反法武装斗争,1954 年法国从柬埔寨撤军后,他在金边以教员身份为掩护,负责"高棉人民革命党"在金边和农村的一部分革命工作。1950 年,柬埔寨共产党召开第一次代表大会,波尔布特进入柬共中央领导层。同年 8 月,西哈努克把反美反君主主义的柬共称为"红色高棉"。1962 年 9 月,柬共书记杜斯林不幸遇害,波尔布特任代理书记。1963 年,在柬共二大上他被选为中央书记,二大制定了农村包围城市、武装夺取政权的路线。从二大起,波尔布特就成为红色高棉的一名神秘的领袖人物。从 1961 年起,柬共就建立了地下武装,在东北部的丛林里建立了根据地,那里的山地部落给了波尔布特很大的影响。一些最早的红色高棉游击队过着自给自足的集体生活。他们不使用货币,也不信佛。在那里,波尔布特提出了一系列民族民主革命的理论、路线和方针,所有这些都深刻地影响着柬埔寨以后的历史发展。到 1970 年初,柬共武装部队发展到 4000 人,游击队近 5 万人,在全国拥有 30 万人口的游击基地和 70 万人的游

击区。由此,波尔布特成为红色高棉的主要领导人之一,并且在保家卫国的斗争中做出重要贡献。柬埔寨从此也进入了"波尔布特时代"。

# 领导抗美斗争

1955年3月,西哈努克国王宣布将王位让给他的父亲苏拉马里特,自己投身政界。4月,西哈努克组织了"人民社会同盟"(又称萨克姆党)。9月25日,"人民社会同盟"举行首次全国代表大会,决定将王国宪法中关于柬埔寨王国以联邦成员国名义参加法兰西联邦的自主国家改成"独立自主的国家",并决定由西哈努克亲王出任柬埔寨王国内阁首相。西哈努克在国内实施一些民主措施的同时,对外则采取中立政策。西哈努克的中立政策,越来越受到国内外反动势力的压力和抨击,尤其是来自国内亲美派的和美国的压力。美国利用美援对柬埔寨进行颠覆和干涉活动,危害柬埔寨的独立与中立,柬埔寨政府决定拒绝一切美援。美国施以报复,策动柬埔寨的亲美势力搞破坏活动,激起了柬埔寨政府和人民的愤怒。1965年5月3日,柬埔寨政府正式宣布与美国断交。

柬埔寨与美国断交之后,美国的干涉并没有停止,国内的亲美势力也仍然存在。1966年9月11日,柬埔寨举行独立后的第六届国民议会选举,结果于10月22日组成了以朗诺中将为首的新内阁,但到1967年4月,朗诺宣布辞职,西哈努克组成了由他亲自领导的特别内阁。美国为了方便支持柬埔寨右派和策划颠覆中立的柬埔寨,积极进行美柬复交活动。经过美国的努力,1969年7月2日,美柬复交。美柬的复交促使柬国内亲美势力抬头,政局动荡,西哈努克对国家的实际控制能力大大减少。1969年8月12日,国民议会通过了以朗诺为首相兼国防大臣的新内阁。朗诺重新上台,排斥政府中的中立分子,限制西哈努克的权力,对军队进行清洗,逐步把军政大权集中于右派集团手中。

1970年3月18日,为了使柬埔寨成为美国在东南亚的军事基地,朗诺在美国的策动下,利用西哈努克访问苏联的时机发动政变,罢黜了西哈努克。朗诺的政变导致了由波尔布特、乔森潘等人领导的柬共革命斗争的公开化和合法化。1970年3月19日,西哈努克到达北京,并于223日在北京发表《五点声明——告同胞书》,即:(1)以合法的国家元首的名义要求解散朗诺政府和两议会;(2)要求全国同胞不执行朗诺集团所制定的法令、命令和通知;(3)成立新的民族联合政府;(4)建立民族解放军;(5)组织柬埔寨民族统一战线。他宣布任柬民族统一阵线主席,号召全国人民奋起进行抗美救国斗争。3月26日,乔森潘、胡荣、符宁代表柬共中央发表声明积极响应,完全支持西哈努克亲王的声明,并决心同爱国力量团结一致,进行反对美帝及其走狗朗诺——施里玛达集团的斗争。红色高棉开始与西哈努克进行合作。1970年5月5日,西哈努克在北京成立以宾努亲王为首相、乔森潘为副首相的柬埔寨王国民族团结政府,西哈努克出任国家元首。

柬人民响应西哈努克的号召,不甘忍受美国扶植的朗诺政权的压迫,纷纷起来反抗。美国的轰炸机点燃了柬埔寨的战火,把无数的爱国人士推向红色高棉一边,他们积极参加柬共领导的武装斗争,红色高棉成为抗美的中坚力量。波尔布特以他的智慧、胆略和气魄,精心策划,直接领导了这场抗美救国斗争。1968年1月,红色高棉在马德望省维甲山发动首次武装起义。接着,在全国许多地方相继发动起义,建立游击区和根据地。红色高棉在同朗诺军队的战斗中不断取得胜利。"三·一八"政变后,已在全国19个省中的17个省进行游击战,建立了一支约4000人的基干部队——民族解放军和约5万人的游击队。在抗美战争的头一年,便解放了全国70%的国土,解放区人口占全国总人口的60%,仅用两年的时间就解放了全国85%的国土和80%的人口。1975年4月17日,红色高棉军队攻陷金边,朗诺及其手下官员纷纷逃离柬埔寨,金边解放。4月25日~27日,红色高棉领导人乔森潘以柬埔寨王国民族团结政府副首相的名义在金边主持召开了一次特别国民会议。会议确认西哈努克在新的历史时期仍是国家元首,仍担任民族统一阵线主席。1976年1月5日,柬埔寨王国民族团结政府颁布《民主柬埔寨宪法》,宪法规定建立民主柬埔寨,宣布废除君主立宪制。同年4月,柬第一届全国人民代表大会在金边召开,选举农谢为全国人民代表大会常务委员会委员长,任命乔森潘为国家主席团主席,宾努为国家主席团高级顾问,波尔布特任政府总理,英萨利任副总理,负责外交事务,宋成任副总理,负责国防事务。1976年4月4日,民柬政府发表声明,接受西哈努克"退休"的要求,实际上波尔布特掌握实权,西哈努克被软禁在金边王宫里。

# 执政柬埔寨

　　红色高棉的英勇斗争,赢得了柬人民的认可,并从此走上执政道路。然而,红色高棉在柬埔寨的四年统治(1975年~1978年)也为其埋下了失败的伏笔……

　　红色高棉上台后,波尔布特把全国解放看作是他提出的民族民主革命路线的胜利。接着,他提出了全面进行社会主义革命和社会主义建设的新任务。波尔布特被胜利搞得头脑发热,不顾社会和经济发展规律,立即按照自己的设想改造柬埔寨,想把柬快速建设成为"没有富人和穷人,没有剥削阶级和被剥削阶级,全体人民幸福生活"的理想社会。在1976年召开的柬共四大上,柬共不切实际地把"继续进行社会主义革命和社会主义建设,最终在柬实现共产主义"确定为该党的战略任务。柬共推行的极"左"社会主义路线的内容主要包括:

　　在经济建设方面推行极"左"路线。波尔布特集团占领金边后,利用政权的力量,在"革命"和"共产主义"的名义下,剥夺不论大小的个人财产,驱赶包括妇孺老弱在内的全城居民下乡强制苦役,废除商品货币,取缔一切原有文化。柬共采取超前、冒进的政策,企图消灭阶级、消灭城乡差别、取缔货币和商品交易、取消家庭和个人所有制的运动。其措施如下:(1)主张扩大合作社规模,一律没收私人财产,废除商品、货币、工资制度,实现平均分配的全民供给制,推行极端平均主义的政策。柬共上台后,用简单、直接的行政命令来处理商品、金融、流通等社会发展领域的一切问题;为了消灭人们的私有观念,扩大合作社规模,让社员过兵营式的生活,社员日用品一律通过合作社平均分配,到1977年,合作社几乎发展到一乡一社,拥有700~1000户的大型合作社已发展到占全部合作社的一半左右;还不允许人民有宗教信仰。(2)绝对农村化,放弃城市,把城市居民赶往乡村。为了把城市富人改造成为自食其力的劳动者,尤其是为了粉碎敌人的复辟计划,柬共强制居民从城市搬到农村,过原始公社式的生活。大撤民运动使曾经达到 200 万人口的金边到 1977 年 8 月仅剩下不足 10 万人,不少人饿死和病死,许多家庭亲人离散。

阶级斗争扩大化,激化矛盾。1976～1978 年间,波尔布特在柬国内开展大规模的肃反清洗运动,制定了"先群众后党内"的三阶段肃反政策,使整个社会处于紧张和恐怖状态。

在波尔布特集团残酷而严密的统治下,清洗范围上至党和政府上层领导、皇族贵胄高级官员,下至"在朗诺政府中供职哪怕仅仅一星期的每个职位最低的人",还包括军队里那些原来跟随西哈努克反抗朗诺政权后又参加柬共部队的游击队员,大清洗使无数的柬埔寨人遭到处决,甚至连跟随柬共革命多年的华侨、华裔干部亦少有幸免。西哈努克也深受其害,他曾说:"我知道他(波尔布特)是恐怖阴森的代名词。我有 14 个孩子,其中有 5 个在红色高棉执政期间离开了人世,我受到了巨大的精神伤害。"在波尔布特集团制造的空前浩劫中,柬埔寨华人首当其冲。华人多数从事中小工商业,文化程度也比较高,照波尔布特集团看来,是注定要加以消灭的"资产阶级",是必须赶出城市加以"劳动改造"的对象。华人同国外有较多的联系,天然存在着"外国间谍""外国代理人"的嫌疑,这些都是足以从肉体上加以消灭的罪名。成千上万的华人被迫卷入前所未见的"流民潮"。将近 20 万柬埔寨华人在这场浩劫中死去,一部分人死里逃生,逃往国外。金边加华银行总经理方侨生说他一家就有 9 口死于那场大难。

据国家安全局设置的多斯楞监狱不完全统计资料显示,以外国特务、间谍、特工、代理人为罪名,被迫害致死和无辜遇害的中央和地方干部就达 360 多人,其中有副总理温威、人大副委员长宁罗、国家副主席索平、新闻部长符宁和公共工程部长笃澎、大区党委书记贵敦和朱杰等。由于清洗面过大,共产党干部队伍大大减少,以致后来只好任命一些政治可靠的妇女担任各级政府领导职务。1998 年 4 月 17 日,波尔布特死后第二天,西哈努克国王说,他希望曾经屠杀了他 200 万同胞的暴君波尔布特之死最终将给他的饱受苦难的国家带来和平,将结束柬埔寨血腥历史上最恐怖的一页。

此外,柬共为了废除人们的传统思想和习惯,实行由组织择偶的制度。知识分子之间不允许通婚,不允许人们自由恋爱。如发现男女之间关系暧昧,就强行调离,还规定干部和荣誉军人可以优先选择对象。波尔布特还实行闭关锁国的对外政策。1976 年世界上有 86 个国家承认民柬政府,但民柬只同 12 个国家建立外交关系。1977 年,民柬宣布除中、朝和老挝外,其他国家驻柬使馆一律关闭,使柬失去国际社会应有的关注和支持。允许军队经商导致了政治腐败。

波尔布特的激进政策和极"左"路线,使柬国家经济彻底崩溃,人民生活极端困苦。据西方报道,在红色高棉执政期间,约有 200 万柬埔寨人失去生命,而当时柬全国人口才 800 万。数字虽很难核实,但被害人数确实惊人。柬人民不甘忍受波尔布特的高压统治,纷纷逃离国土,仅 1977 年一年就有 6 万名柬埔寨人到越南避难,红色高棉渐渐失去了民心。波尔布特在谈到柬共夺取政权又丢失政权的教训时说:"社会主义搞过了头,肃反扩大了打击面,使无数人受不白之冤。大撤民、大锅饭、合作化使成千上万的人病死、饿死、累死","还有一个重要原因就是没有很好地团结西哈努克建设国家"。

# 抗越救国战争

越南为了建立印度支那联邦，确立自己在印度支那的霸主地位，在加紧控制老挝的同时，竭力拉拢柬埔寨建立"特殊关系"，遭到拒绝。另外，由于柬埔寨和越南在石油矿藏问题上存在长期的争执，两国在边境地区经常发生武装摩擦。于是，越南于1977年底向柬埔寨发动了一次大规模的侵略，妄图武力吞并柬埔寨。1978年11月3日，越南同苏联签订了具有军事同盟性质的《友好合作条约》，接着在12月23日出动十几万正规军，在坦克、大炮和飞机的掩护下，分七路从柬埔寨的北部、东部和南部大举入侵。1979年1月7日，越南攻陷金边，进而占领柬埔寨全国的主要城镇和交通要道，并乘势追击民柬政府的军队，妄图消灭民柬主力和首脑机关，速战速决地解决柬埔寨问题。红色高棉历尽血雨腥风夺取的政权就这样丢失了，柬国家和民族再次陷入危难之中。

越南当局在柬埔寨组织了伪军政权。首先拼凑了一支所谓"柬埔寨革命军"，接着建立了所谓"柬埔寨救国民族团结阵线"。1979年1月8日，越军占领金边后的第二天，韩桑林组织所谓"柬埔寨人民革命委员会"，1979年1月10日，又建立了"柬埔寨人民共和国"。韩桑林曾担任柬埔寨革命军第四师政委兼师长、军区副参谋长和东部大区党委委员，在越南的策划下，于1977年11月叛乱，反对民柬政府，失败

毛泽东接见波尔布特

后逃到越南。韩桑林政权主要依靠大批越南占领军。越军占领军在柬埔寨实行恐怖屠杀手段，残酷镇压柬埔寨人民的救国斗争。越南对柬大量移民，妄图改变柬埔寨的人口结构，从而达到控制并最后吞并柬埔寨的目的。

越南的侵略，激起了柬埔寨军民奋起抗战，保卫国家独立、民族生存，表现了伟大的爱国主义精神。越南侵柬后，红色高棉被迫退到西部和北部地区，重组军队，成立了由乔森潘领导的"柬埔寨爱国、民主、民族大团结阵线"，与越南占领军及其扶植的韩桑林集团进行斗争。在抗击外来侵略的斗争中，柬埔寨各派摒弃前嫌，联合起来共同对敌。1979年，是柬埔寨历史上最危急、最悲惨的年头之一。然而人民的爱国主义之火却燃遍祖国大地。越南侵略者占领金边后，沿着公路和通衢追杀民柬军民。数百万柬埔寨人几乎都遭受家破人亡、妻离子散、离乡背井之苦。在逃亡的路上，子弹横飞，疫病肆虐，遍野横尸，但是，跑散了的战士，有的饥病交加，举步艰难，但还朝着枪声的方向，爬过荆棘丛生的山林来找部队，没有气馁和埋怨。当时，肤色黝黑、宽颚浓眉的国民军营长荷恩曾动情地说："我们被围困在山里，只有两条路可走：或者下山投降，或者拼死求生。结果我们官兵一致，得到山下群众的支持，决定开展游击战，与

民族和人民共存亡。不怕死,不畏难,我们终于坚持过来了!"

1979年5月,民柬召开内阁会议,总结了军事斗争的经验教训,制定了游击战的战略,指出在敌强我弱情况下,"必须大力进行以游击战为基础的人民战争"。与此同时,民柬政府在政策上进行了调整,纠正极"左"的错误,逐步挽回三年执政期间造成的影响,争取民心。1982年7月9日,西哈努克领导的"争取柬埔寨独立、中立、和平与合作阵线"、乔森潘领导的"柬埔寨爱国、民主、民族大团结阵线"和宋双领导的"高棉人民民族解放阵线"三派抵抗力量实现联合,成立"民主柬埔寨联合政府",西哈努克任主席,乔森潘任负责外交的副主席,宋双担任政府总理。红色高棉成为西哈努克领导的民柬联合政府的主力,在柬泰边境地区开展游击斗争。民柬武装力量逐渐恢复了战斗力,后勤补给也有了改善。民柬加强战场的军事领导,以灵活机动的游击战,不断从侧、背袭击越军,重点打击越军运输车队,切断其后勤供应,并英勇击退了越军1982年2月、3月和4月的三次进攻,使越军伤亡惨重,撤离到梅莱山南部地区。1983年,民柬武装力量又粉碎了越军的三次重点进攻,并扩大北部战场,深入内地。1984年,民柬武装力量更加强大,改变了往年旱季以防御为主的局面,主动出击,接连袭击了磅同、菩萨、马德望等省城以及其他军事重镇,获得辉煌战果,推迟了越军的旱季攻势。

在民柬军民的顽强抗击和沉重打击下,越军的攻势规模日益减弱,民柬的武装力量日益增强,由防御转为主动出击,所控制的地区逐渐扩大,已从山区作战发展到平原作战,实现了向内地的战略转移。1989年1月6日,越南宣布将从柬撤出全部军队。1月14日~20日,中越9年来举行第一次高级会谈,双方同意越南军队于9月底以前撤出柬埔寨,中国停止向柬游击队提供援助。同年9月,柬抵抗力量三方(西哈努克、宋双和乔森潘)和金边方面(洪森)宣布组成柬全国最高委员会,红色高棉乔森潘和宋成任该委员会成员。

越南入侵柬埔寨,使得越南和柬埔寨的矛盾,取代柬埔寨人民同红色高棉的矛盾,上升为柬埔寨的主要矛盾。红色高棉利用历史赐予的新机遇,抓住抵抗越南侵略的时机,暂时避开人民群众的怒火,继续存活下来。他们退到柬埔寨西北地区重建根据地,利用未受很大损失的军队同越南周旋。红色高棉的英勇作战赢得了世界性的赞扬和声援。此时,红色高棉应调整政策,停止暴政,以改善形象,寻求生路,但是它却走上了逆和平潮流和民意对立面的道路,从而注定了历史的终结……

# 红色高棉的终结

越南从柬埔寨撤军以后,和平成为柬埔寨的历史潮流和主流民意。柬埔寨人民同红色高棉的矛盾的主要方面,首先表现为和平与反和平的斗争。这个时期,历史仍然给红色高棉提供参加和平进程的同等机会和同等待遇,人民也准备以和平方式解决同红色高棉的深刻矛盾,但波尔布特集团自恃还有武力,可以抗拒或操纵和平潮流,重温统治柬埔寨的旧梦。对柬埔寨和平进程,从拒绝参加到被迫参加,从拒绝放弃军队和地盘,到最后退出和平进程,随后又指望联合政府破裂,内战重起,以坐收渔利,乱中取胜。但内战的历史没有重演,红色高棉却被历史潮流迅速冲垮。

波尔布特在 1985 年 9 月 2 日宣布退休,只担任民主柬埔寨国防高等军事学院院长的职务,悉心钻研军事和总结党政军历史。随后,红色高棉最高领导层进行了重大改组和调整,宋成在党内和军内实际上取代了波尔布特的地位,成为柬共的第一把手。柬共中央军事委员会由宋成、达莫(原西南大区党委书记)和盖博(原中部大区常委书记)组成。这个领导班子基本上继承了波尔布特的政治和军事路线。实际上波尔布特退居幕后,但他仍旧是红色高棉的最高决策人。

为了结束柬埔寨战争,恢复和平,联合国安理会 5 个常任理事国与有关国家以及柬埔寨冲突 4 方进行了 1 年多的磋商、会谈,终于在 1991 年 10 月 23 日,由包括柬四方最高委员会成员、联合国秘书长、中国等 18 个国家的代表在巴黎召开柬问题国际会议,并签署了《巴黎和平协定》。协议规定,在柬全国大选前的过渡期,全国最高委员会是柬唯一合法的最高权力机构,联合国权力机构在过渡期内控制柬的外交、国防、财政、公安等部门,组织并主持大选,核查外国军队撤出柬埔寨,监督柬各方的停火和停止接受外国军援问题。

在大选之前,由于洪森领导的金边政权与红色高棉势不两立,金边方面竭力排斥红色高棉,大肆宣扬红色高棉的"种族灭绝"政策。1992 年当和平进程进入聚集军队和收缴武器阶段时,波尔布特认为联合国驻柬机构偏袒洪森,"大选将是把柬埔寨拱手送给越南侵略者和向越南在金边扶植的政权提供合法外衣的一种途径",突然宣布不参加这一进程和即将举行的大选,盘算保存实力,以图东山再起。当时,红色高棉拥有约 1.5 万名游击队战士,控制着柬大约 20% 的国土。由于错误地估计了形势,红色高棉失去了重返政坛的机会,也失去了国际社会的承认和支持,从而再度陷入孤立无援的境地,这是其在政治决策上的严重失误。虽然西哈努克力图挽救,呼吁红色高棉回到主流社会共同重建国家,但红色高棉在波尔布特领导下一意孤行,走进了死胡同。

1993 年 4 月 4 日,西哈努克亲王举行最后一次柬埔寨全国最高委员会会议。会上,明石康首次态度生硬地指责红色高棉破坏巴黎和平协定,屡犯停火协议,破坏大选进程。他说:"如果红色高棉执意选择用暴力破坏大选,那么就是自己剥夺自己在巴黎协定中获得的合法性,并朝着沦为非法组织迈出了一大步。"金边政权代表洪森指责乔森潘是最近屠杀越南人的罪魁祸首。洪森说:"乔森潘应当以种族屠杀罪被逮捕,他不能享受豁免权。如果联柬机构不采取行动,那么我们就要逮捕乔森潘。"4 月 13 日上午,乔森潘等 11 人悄悄地离开了金边。乔森潘只给西哈努克留了一封信,请求西哈努克协助看好民柬办事处。

由于英萨利等人反对波尔布特抵制联合国在柬埔寨组织的大选,因此波尔布特决定派宋成前往梅莱山接管英萨利主管的梅莱山地区和拜林地区。宋成到梅莱山后对英萨利部下暗中实行整肃和无情打击。但是,英萨利领导的梅莱山 450 师和拜林 415 师以及诗梳风以南的 250 兵团宣布拒绝接受宋成的领导,迫使宋成等 30 多人逃离梅莱山。从此以后,波尔布特完全失去了对拜林和梅莱山的控制权。

1993 年 5 月,在联合国的主持下,90% 以上的柬埔寨选民参加了投票,红色高棉控制区内渴望和平的选民也不顾暴力威胁,踊跃参加了投票,结果拉那烈领导的奉辛比克党获胜,洪森领导的人民党失利。但控制大部分武装的人民党拒绝交出权力,在联合国和西哈努克的调停下,组成了由拉那烈任第一首相、洪森任第二首相的新政府。柬大选后,红色高棉部分的人数便开始减少,士气低落,而且征募不到新兵。红色高棉在其控制内又继续推行极"左"路线,使民柬内部开始发生分裂。失去了国际社会的经济援助和军事援助的红色高棉,仅靠通过同泰国商人的非法边境贸易得到经费。

1994年7月,柬埔寨国民议会通过了"民主柬埔寨为非法组织法案",使红色高棉雪上加霜,王国政府名正言顺向红色高棉发动了多次军事攻势。红色高棉损失惨重,元气大伤,失去了大片游击区和控制区,面临无立锥之地。1996年,柬政府加紧瓦解红色高棉的力量,年初发动了大规模旱季攻势,3月,红色高棉18师师长盖乌邦部向政府投诚。8月,红色高棉主要领导人之一英萨利率部415师和450师约3000余人向国王政府投诚。这次分裂使红色高棉力量遭到重创,失去了拜林和梅莱山两个战略基地。此时,红色高棉内部又出现了大火拼,处于分裂状态,军心浮动,波尔布特更加疑神疑鬼。对于红色高棉的处境,红色高棉总司令宋成和乔森潘等人认为战争继续下去没有任何结果,便试图同王国政府联系以求得到大赦,同时,乔森潘打算成立一个新高棉团结党参加1998年的大选。

波尔布特的卫兵偶尔发现宋成与王国政府第二首相洪森有秘密联络。波尔布特认为宋成背叛他,1997年6月11日下令让卫兵枪杀了宋成一家。事后,波尔布特还挟持了乔森潘、农谢、马本等人以及部卜逃跑。红色高棉强硬派领导人达莫(切春)率部猛追波尔布特,并生擒波尔布特,并于7月25日在安隆汶对其进行公审,"人民法庭"以谋杀罪和虐待罪判处波尔布特终身监禁。1998年4月16日,波尔布特在监禁中死于心脏病突发,3天后,他的遗体在丛林中的一块旷地里被火化,用一堆破烂轮胎和干柴,泼上几桶汽油,燃起一团火烧掉了。没有褒贬功过的悼词,没有超度亡灵的祈祷,没有生前战友的诀别,没有娇妻爱女的哭丧,波尔布特就这样孤独地离开了曾经充满希望而最后让他陷入绝望的柬埔寨大地,一生梦想创造柬埔寨历史奇迹的人,到头来却是自己导演了一场悲剧。

波尔布特死后,红色高棉迅速走向没落。红色高棉最后的"三驾马车"塔莫克、乔森潘和农谢见大势已去,率少数残部逃入西北边境的丛林中。此时的红色高棉已全无斗志,包括指挥官在内的武装人员把主要精力放在贩卖红宝石以及走私名贵木材上。终于在1998年12月25日,乔森潘和农谢在拜林宣布无条件向柬王国政府投诚,1999年3月6日,红色高棉强硬派领导人切春被柬政府军逮捕。红色高棉已彻底走向历史的尽头,无论在政治上还是军事上都画上了句号。1998年12月29日,柬首相洪森会晤了投向政府的乔森潘和农谢,他表示审判红色高棉领导人不符合国家利益。但在国际社会的压力下,洪森1999年1月1日在柬国家电视台发表声明,表示红色高棉领导人是否接受审判应由司法机构决定,他支持审判红色高棉领导人。

红色高棉无可挽回地退出了、瓦解了,但红色高棉的兴衰成败却留给世人深刻的反省。

# 反美斗士
## ——卡斯特罗

## 人物档案

　　**简　历**:1945 年,卡斯特罗考入哈瓦那大学法律系,1950 年获得法学博士学位。1961 年 4 月,卡斯特罗向全世界宣布"古巴实行社会主义革命"。卡斯特罗 1962 年任古巴社会主义革命统一党第一书记,2008 年 2 月 19 日,古巴官方媒体称,古巴领导人菲德尔·卡斯特罗当天辞去国务委员会主席和革命武装部队总司令职务。

　　**生卒年月**:1926 年 8 月 13 日~

　　**性格特征**:风趣、坚强;才思敏捷,记忆力过人。

　　**历史功过**:卡斯特罗是拉美及国际上久负盛名的"反美斗士",因为他在长期革命生涯中形成了强硬的政治主张、治国理念,使得古巴和卡斯特罗直到今天仍然在拉美世界具有重要的影响力。

　　**名家评点**:35 年来,卡斯特罗领导古巴人民进行了艰苦卓绝的斗争,维护了国家主权,克服了美国长期经济封锁造成的严重困难,经受了苏联解体和东欧剧变带来的巨大冲击。今天古巴积极调整国内外政策,加速发展经济。

## 反美巨人

　　卡斯特罗在通过革命取得古巴的领导权以后,这位长着一脸大胡子的领导人就在思索着如何带领古巴走上富强的道路。1959 年,卡斯特罗在古巴推行了类似社会主义的土改政策,立即遭到了美国政府的强烈谴责,认为这是卡斯特罗在古巴掀起的一股赤色潮流,是对美国的挑战,宣称要对古巴进行制裁。这时,卡斯特罗已清楚地看到,与美国保持友好关系已经不可能,相反,与美国的斗争已经开始并将会长期地持续下去。于是,他毅然带领古巴走上了社会主义道路。美国驻古巴大使邦塞尔说道:"我们不能指望同卡斯特罗达成任何一种谅解了。"古巴和卡斯特罗很快成了美国的"眼中钉"。随后,美国宣布对古巴进行长期的经济、金融和

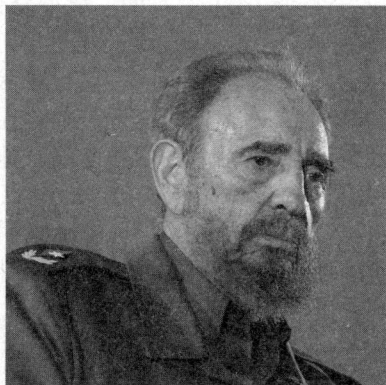

贸易封锁，并长达40余年，对此，卡斯特罗戏称"都可以申请吉尼斯世界纪录大全了"。尽管封锁对古巴造成了数百亿美元的损失，但古巴和卡斯特罗并没有被因此压垮。他先后与美国10位总统进行过较量，在他们面前，卡斯特罗认为自己"是一头不会顺服的雄狮"。

卡斯特罗有着一张善于雄辩的嘴，因此他每每用自己富有激情的演讲来抨击美国的霸权主义和强权政治。2001年6月23日上午，在这盛夏来临的时节，75岁的卡斯特罗不顾炎热的天气，头顶烈日、身穿军装在哈瓦那郊区考托罗镇举行的有6万人参加的群众集会上发表反美演讲。当他连续站立发表激昂演讲达两小时之久后，声音突然开始颤抖，觉得体力不支，一下靠在演讲桌上。在这种十分异常的情况下，保安人员急忙将精神虚脱的卡斯特罗搀扶下台。随即，外交部长费利佩·佩雷斯·罗克拿起话筒，向群众解释说：卡斯特罗主席为准备当天的演讲，前一天晚上整夜未眠。他还要求吃惊、担心的群众保持镇静。

然而，过了不到10分钟，并没有倒下的卡斯特罗精神状况良好的重新走上讲台。他告诉激动而又感动的广大群众说，请大家不要担心，他只是有些疲惫，睡几个小时就好了。他戏称自己是在"排练死亡"，"是为了看看（他晕倒后）人民有何反应"。接着，他的神色严肃起来，表示为事件引起人民担忧而致歉。随后，他离开了会场，于当天晚上天气凉快一些时在电视上完成了他的演讲。就在卡斯特罗重新回到讲台时，数万名群众感动不已地热烈欢呼起来。广大群众为领袖卡斯特罗的超凡意志激动万分，于是抑制不住兴奋地相互亲吻，来表达他们对卡斯特罗的敬仰。从当晚的电视画面上看，卡斯特罗的脸色很好，精神也很好，因为他在电视中一直不停地与弟弟劳尔·卡斯特罗和其他作陪的政治局委员说笑。他在电视上向全国人民发表讲话时说，他知道很多人在为他的健康担心，对此他感到过意不去。

2004年10月20日晚，在这个已经充满凉意的深秋时节，卡斯特罗出席了在圣克拉拉市举行的全国艺术师范学校毕业典礼。然而，在他演讲结束后走下台阶时不慎摔倒，当他右侧身倒地时，先是膝盖和臀部着地，然后是肘部和肩膀，导致左膝盖和右臂骨折。这天，卡斯特罗依然穿着一身军装，在他摔倒仅过一分钟后，仍然顽强地重新出现在镜头前，而脸上还在冒汗，但他镇静自若地"向工作人员要过麦克风，告诉出席典礼的听众不要因此而惊慌，并为这一'不幸时刻'向全体古巴人表示歉意"。卡斯特罗还若无其事地微笑着说："我将努力尽快恢复健康，但正如你们看到的，我还能走路，我还能继续工作。"当他看到现场有许多外国摄影记者和摄像机时，还幽默地说："外国媒体已经捕捉到了这个镜头，明天我一定会出现在不少报纸的头条。"另外，他要求现场的活动继续进行。当救护车赶到时，卡斯特罗拒绝坐救护车去医院，而是坐着他的奔驰车离开现场前往医院的。2004年他是在面对6万人的反美演讲中晕倒的，但这次摔倒显然没有2001年那么严重。

近年来，国际社会上有些人猜测卡斯特罗患有多种疾病，而且年事已高，身体状况每况愈下，但卡斯特罗的私人医生胡赛因对此透露，卡斯特罗的健康状况非常好，他预言卡斯特罗至少能活到120岁。10月22日，由于卡斯特罗的坚决要求，他在没有全身麻醉的情况下进行了膝盖骨手术。他通过电视台告诉为他担心的全国人民说，就连在手术过程中他也与自己的秘书保持直接联系。他还说，由于不慎跌倒，造成他的左腿膝盖骨骨折，在经过长达3小时15分钟的手术后，医生达到了一个满意的结果,目前他的身体完全令人满意。

10 月 26 日,胳膊上缠着绷带的卡斯特罗在电视上发表了谴责美国的讲话。他坐在一张巨大的桌子后面,仅露出胸部以上的部分。他在讲话中强烈谴责美国政府针对古巴的一些举措,如游客在古巴花销美元等。因此,他宣布停止美元在古巴境内的流通。这是卡斯特罗摔伤后第一次回击美国,以此充分证明他并没有像美国政府希望的那样倒下,他仍然有足够的力量抗击美国。虽然卡斯特罗已经 78 岁,但他的伤势正在奇迹般地恢复,恢复的速度不亚于一个青年人。正如美国医生劳伦斯·多尔说:"他能够恢复到重新出现在公众面前并处理日常事务,证明他的身体状况很好。"

面对美国咄咄逼人的态势,步入晚年的卡斯特罗不仅保持着自己反美斗士的意志,并积极和亚非一些国家进行联络来抵抗美国的霸权主义和强权政治,而这些国家是多年来抵抗美国霸权并被美国贴上了"无赖国家"的标签。2001 年 5 月间,卡斯特罗对这些国家进行了一系列的访问。5 月 10 日,卡斯特罗首先抵达伊朗进行访问,在与总统哈塔米见面后,两人一见如故,由于都受到美国强权政治的压迫,两国自然而然地团结在一起,共同站在抵抗美国霸权行径的立场上。在伊期间,卡斯特罗和哈塔米进行了多次亲切友好的会谈,最后达成了共识:"无论在政治、经济、军事上有多么强大,谁也无权将它的意志强加给别国。"卡斯特罗的此次伊朗之行取得了巨大的成功,引起了国际社会的广泛关注,而古伊两国也结成了反美的友好伙伴。5 月 15 日,卡斯特罗结束对伊朗的访问后,对利比亚进行了为期两天的友好访问。在访问期间,他与利比亚元首卡扎菲就一些共同关心的问题进行了会谈。卡斯特罗在与卡扎菲会谈时声称:这次访问是"同他的一个老朋友相会"。此外,他们还就双边关系、地区和国际问题举行了两次会谈。在十分友好的会谈中,他们一致强调:非洲和拉丁美洲之间加强合作对国际和平与安全十分重要。

然而,卡斯特罗在严厉抨击美国政府的同时,十分注意将美国人民同美国政府区别开来,并称赞美国人民是伟大的人民,希望美国人民在维护世界和平稳定方面发挥更大的作用,这些年来,他热情地接见了许许多多的美国参众议员、企业家、艺术家、大学生代表团,还与他们进行了很多的沟通和交流。

"9.11 事件"以后,全球政治形态改变,形成了"冷战"终结之后多极化时代的一个分水岭,使国际社会进入了防不胜防的非传统威胁的尴尬中,反对恐怖主义已经成为世界绝大多数国家的共识。美国成为恐怖分子的众矢之的,深受其害。尽管美国政府并没有改变对古巴的政策,但卡斯特罗仍然表示支持这个几十年的宿敌进行反恐斗争,显示出了一个革命家宽阔的胸襟。

2002 年 5 月 25 日,卡斯特罗在圣彼里图斯市举行的大规模群众集会上发表讲话时宣称:美国人民在反恐斗争中将获得友好、慷慨的古巴人民的支持。卡斯特罗还说今天的讲话可以说是告美国人民书。他接着指出说:"美国政府的封锁政策给古巴人民带来了巨大的痛苦,但古巴人民不会把这笔账算到美国人民头上,不会将斗争的矛头指向美国人民。"他进一步对此指出说:"尽管受到歪曲宣传和诽谤的影响,古美两国人民之间的关系仍在不断改善。"随后,卡斯特罗在讲话中猛烈批评美国政府对古巴进行造谣、污蔑,企图欺骗美国人民。他还用洪亮的声调声明说:"古巴从来就没有考虑过要生产生物武器。古巴科研人员的使命和所受的教育

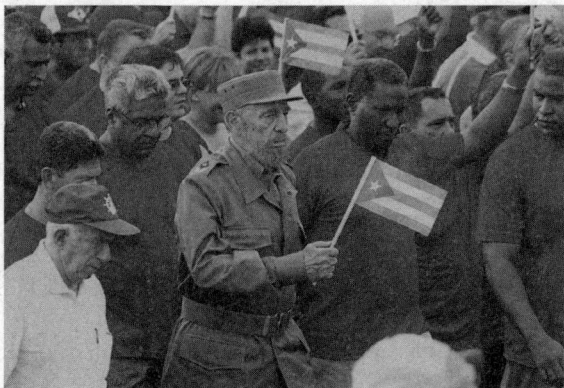

卡斯特罗率百万民众反对美国反恐的双重标准

是挽救生命,而不是摧毁生命。"卡斯特罗接着严厉谴责了美国无端指控古巴支持恐怖主义。他尖锐地指出说:"古巴革命胜利43年来没有对美国进行任何恐怖行动。相反,来自美国的恐怖活动给古巴造成了重大的人员伤亡和财产损失。"他还指出:"这一点必须让美国人民知道,而不要被谣言和诽谤所迷惑。"

2004年底美国总统的大选争夺战已经达到高潮,小布什最终凭借大选前夕出现的本·拉登讲话录像带一举击败克里并最终获得大选的胜利,对此,卡斯特罗对这个讲话的录像带的真实性表示怀疑,认为这是竞选中有些人玩的一个花招。卡斯特罗指出:那盘所谓的本·拉登讲话录像带很有可能是有人幕后策划,借此刺激美国民众,从而达到让那些中间派把票投给布什、顺利帮助布什胜选的目的。当布什在大选中获得连任之后,卡斯特罗立即在古巴国内电视台上发表评论。他指出说:"我们已经看过太多这样的骗局和不知羞耻的事情了,这不得不让我们联想到这一系列的事件都是有人事先安排好了的。本·拉登在美国大选前夕的讲话看来确实对美国大选起到了决定性的作用。"

# 对华友好

由于同为社会主义国家,特别是中国综合国力不断增强,在国际上的影响力越来越大,地位越来越高,因此,卡斯特罗对这个社会主义国家充满由衷的钦佩,充满了一种特殊的感情。他于1995年和2003年两度访华,中国领导人也多次访问古巴,加强了中古这两个东西方社会主义国家之间的友谊。

1995年10月,李鹏总理访问墨西哥,代表团途经坎昆时临时请示中央同意,特意绕道加勒比海对岸古巴,在哈瓦那机场会晤了卡斯特罗等古巴领导人。李鹏当面向卡斯特罗再次发出访华邀请,并商量有关安排事宜。卡斯特罗表示,访问中国一直是他多年的愿望,并说中国领导人都很忙,他的时间好安排。李鹏讲了那以后一个多月的中央重要活动安排后,建议他在中央经济工作会议后去中国访问。他当即表示同意。经过中古双方外交途径的进一步磋商,由江泽民主席正式发出邀请,卡斯特罗于1995年11月29日首次踏上中国的国土,对中国进行为期八天的国事访问。通过参观访问和与中国政府的多次亲切友好的会谈,更加加深了卡斯特罗对这个东方社会主义国家的感情。在此次访问期间,卡斯特罗受到了中国人民的热烈欢迎。12月7日,是卡斯特罗一行到达深圳的第二天,并且按计划参观中华民族园。为了安全,当时组织了3000人游园,后来不知什么原因,人一下多了起来,男女老少,人山人海,但秩序非常好,既热情又礼貌,人们发自内心地欢呼雀跃,深深地感染了卡斯特罗。他说,他到过许多国家,经历过各种群众欢迎场面,但从来没有像今天这样激动人心。在欢呼的人群前,一位约20多岁的出租车司机跷起大拇指回答说:"好样的,敢跟美国人干!"卡斯特罗在中国老百姓心目中的形象,从这里可见一斑。

2003年2月26日至3月1日,卡斯特罗第二次踏上了中国的国土。欢迎仪式后,卡斯特罗一边与江主席聊天,一边走向会谈室。领导人间这样的亲密举动也是不多见的,许多摄影记者赶忙上前,记录下这一镜头。江主席开门见山:"你是从远方来的,我愿意听你先谈。"卡斯特罗回答说:"刚才江主席问古巴的情况怎么样,对于这个问题,古巴的同志一定会说'很好'。但我这次要十分小心,因为中国的情况非常好。不过,我还是要诚实地回答,古巴的情况是很好的。"卡斯特罗在会谈中表示,古巴重视与中国的关系。在建设自己国家的伟大事业中,古巴愿意借鉴中国的经验。会谈比原计划延长了半个多小时,结果这条消息没能赶上当天的中央电视台新闻联播节目。

卡斯特罗对中国老一辈革命家怀有深厚的敬意,并不由回忆起了过去的峥嵘岁月。早年间,卡斯特罗率领起义军在马埃斯特腊山打游击时,他和战友们都十分仰视毛泽东,尤其是对毛泽东的有关游击战的战略战术佩服得五体投地。他最喜欢读毛泽东的《论持久战》,从中吸取了战略战术的经验。与此同时,他要求司令部将毛泽东关于游击战和人民战争的著作油印成小册子,下发到各部队,让广大指战员认真学习,以提高部队的作战水平。当起义军中的干部战士读到毛泽东的这些军事著作时,十分喜欢,有的官兵甚至爱不释手。由于从中获取了许多宝贵的作战经验,被起义军称为"来自中国的粮食"。毛泽东的有关游击战的著作对卡斯特罗领导的起义军最终取得战争的胜利起到了很大作用。因此,多年以来,卡斯特罗一直为没能结识毛泽东而深感遗憾。他曾多次对人谈起这种遗憾。由于卡斯特罗对毛泽东怀着深深的景仰之情,于是他经常用中文唱中国的红色歌曲《东方红》。每当唱起这首经典红色歌曲的时候,他总是怀着无比激动和兴奋的心情。一唱起这首歌,他便会回忆起过去打游击时期的峥嵘岁月。2004年3月22日,穿着一身军装的卡斯特罗在电视上唱起了《东方红》这支歌唱毛泽东和中共的歌曲。他的声音虽然有些沙哑,但却十分洪亮有力,而且还高兴地挥动着右手。卡斯特罗并没有唱完整首《东方红》,但他唱得非常认真,非常投入。由此可见,这大概是他最喜欢唱的歌曲之一。

卡斯特罗这次二度访华,是对前一次江泽民主席访问古巴的回访,在3天的访问中,他还去了南京熊猫电子公司及其电视机工厂参观。这个安排源于2001年4月江主席在古巴访问期间的一件事。当时,卡斯特罗主席全程陪同江主席访问古巴。在中国电子产品展览会上,江主席亲自向卡斯特罗解释了电视机逐行扫描和隔行扫描技术的区别。当时,卡斯特罗曾表示,希望能从中国进口电视机。古巴人很爱看电视,20世纪60年代初,当我国普通家庭还没有电视机时,美国制造的电视机就在古巴相当普及。但后来,随着美国与古巴断交以及苏联解体,古巴人看电视遇到了麻烦。当时,只有有亲属在海外和有外汇来源的居民才能在外汇商店买到彩电。后来,在江主席亲自指示和中国有关部门的努力下,100万台中国彩电运抵古巴。在南京熊猫电器集团帮助下,古巴已建立了电视机的装配厂。

卡斯特罗带伤亲切会见胡锦涛

2004年11月22日,在这并不寒冷的初冬时节,中共中央总书记、中国国家主席胡锦涛对古巴进行国事访问,这使中古关系迈向新的高度。此前,当中方得知卡斯特罗在不久以前的反美演讲时摔伤后,为两国元首即将举行的会晤表示担心。但由于卡斯特罗的伤势正在奇迹般地恢复,两国元首的会晤仍如期举行。卡斯特罗对胡锦涛的来访万分重视,因自己不能亲自前往机场迎接胡锦涛,于是派自己的弟弟、国务委员会第一副主席兼部长会议第一副主席劳尔·卡斯特罗迎接胡锦涛。在机场,劳尔为胡锦涛举行了隆重的欢迎仪式。欢迎仪式结束后,劳尔还陪胡锦涛向何塞·马蒂纪念碑献花圈。卡斯特罗不顾伤痛,热情友好地会见了胡锦涛,而且很随意地交谈着。22日下午,卡斯特罗与胡锦涛举行了正式会谈。在会谈开始时,他首先坦率地向胡锦涛介绍了自己的伤势。他说:这次摔得比较重,左膝盖骨碎成了8块,右臂又骨折了;幸亏摔倒时先伸出了右手,才没有碰伤头部。卡斯特罗还微笑着介绍说:每天要做3个小时的康复运动,由于身体的底子很好,恢复起来比较快。胡锦涛听完卡斯特罗的介绍,为此感到很高兴,他关切地对卡斯特罗说:看到卡斯特罗主席身体恢复得很好、很快,我们就放心了。随后,会谈进入正题。胡锦涛对卡斯特罗说:"回顾中古建交44年来的历程,我们两国关系经受住了国际风云变幻的考验,我们始终相互帮助、坦诚相待。我们两国是朋友,是兄弟。发展中古友好合作关系,不仅符合两国人民的根本利益,而且有利于维护世界和平、促进共同发展。"

当卡斯特罗与胡锦涛坐在一起亲切交谈了许久时,有工作人员提醒他该拍照了。于是,他扭过头来,兴奋地对着镜头笑了。这时,他突然挥起左手高喊了一声:"中国万岁!"随后,他忍着腿痛毅然站了起来与胡锦涛合影。此情此景,令所有在场的人都感动不已。在长达近 5 个小时的接待活动中,卡斯特罗始终精神抖擞,神采飞扬,谈锋甚健,完全忘了自己是个受伤的病人。11 月 23 日中午,卡斯特罗在革命宫举行隆重仪式,向胡锦涛授予象征古巴国家最高荣誉的"何塞·马蒂"勋章。仪式开始时,古巴军乐队首先演奏古中两国国歌。当国歌响起时,全体起立。这时,卡斯特罗颤抖着拄着一根拐杖,坚毅地随着大家一起站了起来。由于奏乐要持续几分钟,他最后险些摔倒,但他以超人的毅力坚持着站住了。此情此景,使包括外长李肇星在内的中国代表团成员都十分感动。这就是典型的卡斯特罗精神和个性。由此可见他是何等重视古中关系。同时,他把胡锦涛当作最尊贵的客人,没有任何一个国家的元首能在古巴享受到这样的礼遇。

# 谁来接班

关于是否退位休息的问题,卡斯特罗说道:"如果你们愿意的话,我承诺我将跟你们在一起,只要我还觉得自己有用,只要这不是自然注定的事情,不会少一分钟,也不会多一秒。现在我明白,在我生命的最后时刻,我也不能休息。"卡斯特罗虽然已经达到 82 岁高龄,但他仍然充满了充沛的工作精力,一演讲起来仍然是几个小时,一工作起来有时会连续工作二三十个小时。另外,他还频频与其他国家的元首、政客举行会晤,仍然活跃在国际政治舞台上。

随着年龄的逐渐增大,卡斯特罗的身体状况也开始令人担忧,由于在两次演讲的意外事件以后,更加加剧了人们的担忧,西方国家纷纷猜测谁将是他的"接班人"。对此,卡斯特罗在不同场合都表示:如果有一天谁问我,你某天突发心脏病、脑溢血或突然死亡,谁有能力和经验接替你的位置? 我可以告诉他,这个人就是劳尔。

卡斯特罗表示,劳尔是古巴最有经验的领导人,知识丰富,完全有能力带领古巴人民前进,因此"我对古巴接班人问题毫不担心"。卡斯特罗也强调,他给予劳尔如此高的评价,并不是因为劳尔是他的弟弟,而是基于他对劳尔的了解。

与哥哥菲德尔·卡斯特罗相比,劳尔·卡斯特罗的国际知名度的确要小得多。但在古巴国内,劳尔的威望仅次于哥哥。他现在担任古巴国务委员会第一副主席、部长会议第一副主席兼革命武装力量部部长、古共中央第二书记。西方媒体习惯上将他称为古巴第二号人物。

从革命一开始,劳尔就在菲德尔的左右。两人既是兄弟,又是战友。劳尔是菲德尔最得力的助手之一,但他在公众、媒体面前一直比较低调。有意思的是,兄弟俩很少一起在公共场合出现,但这并不是说他们之间有什么矛盾,而是一种默契。

劳尔的主要工作是抓军队建设和干部建设,20 世纪 90 年代初,随着东欧剧变,古巴进入"特殊时期"(经济困难时期),人民生活水平急剧下降。劳尔指出,古巴面临的经济困难既有外来的因素,也有主观的因素。他提出要查找内部原因,改进工作作风。劳尔的务实精神对古巴经济的恢复和发展产生了积极影响。除了抓部队建设,劳尔负责的另一项重要工作是干部管理。在古共中央政治局,劳尔和另外 3 名政治局委员组成书记处,负责高级干部管理工作。在中央政府,劳尔和 6 位部长组成干部政策委员会。这些机构专门负责省部级以上高级干部的考核、任免工

253

作。在谈到古巴革命和社会主义时,劳尔曾表示,古巴人民当然是希望卡斯特罗越长寿越好,但人的生死是自然规律,长生不老是不可能的,即便卡斯特罗离开了人世,古巴社会的现行制度也不会改变,要变的话,也是向更好的方向发展。他表示,只要社会主义不灭亡,卡斯特罗和其他革命者的精神就永远不会死。

几十年来,古巴领导人菲德尔·卡斯特罗一直是拉美地区的反美旗手,被称作"20世纪最后的象征"。如今,他因为年事已高,特别是在80岁生日前夕入院动手术时,47年来首次交出了手中的大权。在国内,其弟弟劳尔·卡斯特罗是古巴政权的接班人。而在国际上,在"后卡斯特罗时代",其革命衣钵的真正传承者将是委内瑞拉总统乌戈·查韦斯。他将接替卡斯特罗的位置,以石油为利剑,成为拉美地区的反美代言人。

卡斯特罗与委内瑞拉总统查韦斯的亲密拥抱

自从卡斯特罗宣布入院动手术后,国际社会的注意力马上集中在卡斯特罗和他的弟弟劳尔身上。不过,有一个人也值得留意,他就是卡斯特罗的坚定盟友、委内瑞拉总统乌戈·查韦斯。在布什政府积极推动古巴"和平演变"的同时,查韦斯挺身而出,动用数百万石油美金帮助古巴实现平稳过渡。查韦斯是布什政府的公然反对者,也是现今拉美地区最有影响力的领导人之一。在过去的6年里,查韦斯都从"鼓鼓的钱包"里拿出金钱资助古巴政府,他希望维持古巴现政权的稳定,当然,也就可以使美国被继续拒之门外。华盛顿研究美洲关系的专家丹尼尔·埃利克松说:"查韦斯给古巴发出的信息是'我爱你',这对于劳尔·卡斯特罗而言简直是天籁之音。"当然,对劳尔是个好消息,对美国政府却是个坏消息。与美国抗衡,手中必须要有王牌,而查韦斯的王牌就是石油。委内瑞拉是世界第五大石油出口国,也是石油输出国组织欧佩克成员中唯一的拉美国家。油价的飙升让委内瑞拉赚取了大量的外汇。有了金钱开道,查韦斯便积极开展"石油外交"。他给拉美国家提供廉价的石油,加强了他的地区影响力,也帮助了与他政见相似的政客赢得大选。

卡斯特罗领导的古巴在与历届美国政府敌视古巴的政策不断碰撞、冲突、对抗中迎风破浪,越过暗礁险阻,勇往直前,胜利前进,而且千千万万的接班人将会继续卡斯特罗的革命事业。

"沧海横流,方显英雄本色。"

# 断翅的山鹰

## ——库恩·贝拉

### 人物档案

**简　历:** 1886 年出生于匈牙利特兰西瓦尼亚的一个中等阶级犹太人家庭。曾在克鲁日大学学习法律,后又转习新闻政治,后中断了学业,从事政治活动。1902 年加入匈牙利社会民主党。成为工人运动的领导者之一。1919 年匈牙利苏维埃被扼杀,库恩·贝拉只得来到苏联,任共产国际执委会委员。1928 年 4 月被诬告为"反对共产国际",在维也纳被捕,后在多方营救下出狱,1939 年 11 月 30 日逝世。

**生卒年月:** 1886 年 2 月 20 日~1939 年 11 月 30 日。

**历史功过:** 建立并重建了匈牙利共产党。

**名家点评:** 为了世界劳动者最终得到美好的生活,曾经有一位革命战士以对劳动人民的无限忠诚,把自己的生命置之度外。在战斗的最前列一直奋斗到生命的最后一刻——他就是库恩·贝拉。

## 青少年时代

1886 年 2 月 20 日,库恩·贝拉出生在当时奥匈帝国匈牙利境内的埃尔代伊地区的莱莱村(现在的罗马尼亚特兰西尼亚境内)一个犹太人家庭里。犹太人早在 11 世纪就开始在匈牙利和罗马尼亚生活,到 19 世纪末,整个奥匈帝国境内大约有 90 万犹太人。

莱莱村是一个只有 700 多人的小村庄。贝拉的父亲是那个小村庄的村长,又种了一点地,但是收入非常微薄。老库恩(匈牙利人的名字是姓在前,名在后,和大多数欧洲人的名在前姓在后的次序相反)又喜欢喝一杯,这就使得他家更加穷困了。这位村长大人经常带着儿子进城,办完公事之后,就顺便卖一两袋粮食,把儿子放到车上,然后自己走进一个小酒店解囊畅饮,甚至连从不认识的人也请上一杯,直到身无分文时才怅然离开。有一次,小库恩·贝拉坐在马车上,在饥寒交迫中一直等到深夜,父亲才醉醺醺地走过来。

在莱莱村的日子里，他们全家都挤在一个狭小的农舍里，经常过着一种衣不蔽体、食不果腹的生活。库恩·贝拉就在本村的小学校里念完了小学，所有的学生都坐在同一间教室里，老师轮流给不同年级的学生上课。他有一个弟弟和一个妹妹，妹妹伊琳后来参加了埃尔代伊的女工运动，弟弟山多尔长大后成了农艺师。

尽管如此，他的父亲却受到村民们的拥戴，因为他心地善良而又敢作敢为，总是保护着自己村的人。莱莱村的地主戴根弗尔德伯爵是一个心狠手辣的家伙，尤其以凶残而著称，在一次争吵中甚至打死了自己的儿子。这个老家伙想霸占一个农民的女儿，就想让村长帮忙，并用金钱来贿赂，但是却被老库恩直截了当地拒绝了。这个恼羞成怒的无耻之徒就收买了一个走狗作伪证来控告村长，结果，库恩·贝拉的父亲在齐洛赫的监狱里被关了几个月，获释后就不得不离开莱莱村了。

他们全家搬到了科洛日瓦尔市，住在城郊的莫诺什托尔街 61 号，周围都是一些工人、小手工业者和临时工。库恩·贝拉的一位朋友加尔多什·玛利什卡后来写道："我每月花 6 克朗租来的房子是楼底层的一间小平房，与库恩·贝拉家的房子一模一样。"由此可见库恩家住得十分糟糕。贝拉的母亲是一位非常善良的女性，从来没有抱怨过家里的贫困。在冬天，她常常不出门，因为她没有可以用来御寒的衣服。她承担了所有的家务劳动，如果有时间还读一点书报。更难能可贵的是，这位善良的母亲不仅不阻挠儿子参加工人运动，还尽可能地支持他的行动。她总是热情地招待儿子的朋友和同志，即使因此第二天全家没有东西吃也不在意，有时还在自己狭窄的房间中腾出一点地方给客人居住。邻居们都十分喜爱这一家子，特别是喜欢这位善良而又坚强的母亲。

在那里，库恩·贝拉进了一所新教寄宿学校读中学，这时他已经能够给报社写文章了，经常写东西挣一点钱来补贴家用。库恩·贝拉对文学和历史特别感兴趣，并且对语言有一种天生的领悟能力，后来能够熟练地运用几种语言。但是他并不安分于自己的学业，经常参加工人运动和其他社会活动。即使这样，教师们还是认为他是一个优秀的学生。在毕业典礼上，校长沙尔卡尼·拉约什博士对他的父亲说："先生，您的儿子已经毕业了，成绩堪称优良。可是我感到有义务提醒您这位做父亲的：如果您不能使自己的儿子抛弃要扭转乾坤的想法，那么您的儿子可能会成为大人物，但也有可能被送上绞刑架……"

据说犹太人都是语言天才，库恩·贝拉一生共会 6 种语言。他上中学时拉丁文就学得很好，但德文成绩却不佳，因为他不想学这种语言，以表示对哈布斯堡王朝压迫匈牙利人的反抗。但他后来还是掌握了德文，并多次用德文撰写共产党的宣传文章和号召书。另外，他的俄语和法语也比较好，可以阅读有关的资料。为了看懂英美报纸，研究政治问题，他在近 50 岁时又学会了英文。他说："我不想只是依赖助手们工作，而想独立地去研究那些我感兴趣的问题。"他酷爱文学和历史，尤其是对匈牙利大诗人裴多菲的爱国诗篇爱不释手，许多诗篇都能吟诵自如。

当时匈牙利还没有共产党，只有社会民主党和其他一些将自己标榜为"社会主义"的政党。年仅 19 岁的库恩·贝拉加入了社会民主党，他的很多时间都用在社会活动上，经常在社会民主党组织召开的各种会议上发表演说和参加示威游行，很快就在当地小有名气了，但是也因锋芒太露而得罪了许多人。有一次，库恩·贝拉同一个叫胡萨尔·卡罗利的人在天主教社会主义党举行的一次会议上进行了一次激烈的辩论。卡罗利后来成了霍尔蒂反动政府的总理,在匈牙利苏维埃政府失败后,疯狂镇压革命者,并发出了逮捕库恩·贝拉的通缉令。

中学毕业之后,库恩·贝拉在《自由报》当了很长一段时间的记者,他用自己激烈的笔不停地抨击现实,为工人摇旗呐喊。匈牙利的工人运动日趋高涨,引起政府的极度不安。1906 年,奥匈帝国政府通过了《禁止罢工法》,库恩·贝拉立即写了一篇文章予以抨击。有一个叫诺格拉第·久拉的人一直反对库恩·贝拉,就打了一个电话到编辑部,要求《自由报》立即将贝拉解雇,否则他将采取行动。这个电话恰好就是库恩·贝拉本人接的,他严厉地驳斥对方。久拉愤怒地说:"好吧!咱们街上见!"

第二天早晨 6 点钟左右,库恩·贝拉拎了一根大棒,久拉带了一把手枪,他们在街头相会了。仇人相见分外眼红,久拉伸手拿出了手枪,要向贝拉射击,就在这十分危急的关头,贝拉顺手一棒打去,正中久拉的头部。枪响了,倒下的不是库恩·贝拉,却是久拉——他的枪打偏了。在这场子弹与大棒的对抗赛中,库恩·贝拉获得了辉煌的胜利。一连好几天,城里的人们都在谈论这起冲突,很多人都在为贝拉武士般的行动而欢呼。

随着工人运动的不断高涨,科洛日瓦尔的泥瓦工人也举行了一次长达数周的罢工,建筑业主的威胁利诱都没有奏效,于是就从摩拉瓦招来了大批泥瓦工来破坏罢工。尽管摩拉瓦的工人大部分都参加了工会,但是他们并不了解真相,一到科洛日瓦尔就都被拉到建筑公司的木料场居住,与外界隔绝。当地罢工的泥瓦工知道这一情况后,觉得应该将真相告诉来自摩拉瓦的工人。但是那些来自摩拉瓦的人既不懂匈牙利语,他们的居住地又不容易接近,罢工者们就想找一个既懂德语又能说清问题的人。

库恩·贝拉利用自己的语言能力,充当了一次重要的角色。由于库恩·贝拉能说德语和匈牙利语,便自告奋勇地承担了沟通联系的任务。他和罢工的领导人前往工地,然而那里大门紧闭,荷枪实弹的宪兵凶神恶煞般地守在门口。他们绕着工厂走了一圈又一圈,急得满头大汗,也无法入内。库恩·贝拉想了一下说:"你们把我扔进去!"人们怀疑地说:"扔进去倒不难,但是你怎么出来呢?"库恩·贝拉幽默地回答道:"如果达不成协议,他们会把我再扔出来;如果达成了协议,他们就会帮助我。别再犹豫了,动手吧!"

罢工委员会的人就把库恩·贝拉从围墙上扔了进去。5 分钟,10 分钟,15 分钟,人们都在外面焦急地等待着。20 分钟过去了,人们感到仿佛是经过了一个月似的。突然,在摩拉瓦工人的簇拥下,库恩·贝拉终于在围墙的那边出现了。他带着工人们冲破了警察的阻挠,与外面的工人汇合在一起,接着,科洛日瓦尔的工人和摩拉瓦的工人一起走向警察局门口游行示威,建筑业主们的如意算盘被打破了。黔驴技穷的警察开了枪,罢工委员会的一个委员丹·彼得中弹身亡,库恩·贝拉也被捕了,但不久后他就取保候审,出了监狱,罢工取得了胜利。此后法庭数次向他发出传票,库恩·贝拉都置之不理。1 年后,法庭终于发出了逮捕令:"科洛日瓦尔法庭宣布,库恩·贝拉因犯有向当局煽动武力行动罪,判处 6 个月徒刑,并罚款 600 克朗……"实际上库恩·贝拉并没有坐那么长时间的牢,但他在报社的工作却是真的完了。

# 永远不会安宁

一个阳光明媚的清晨，库恩·贝拉带领着工人在大街上游行。他头戴宽边黑帽，系着一条很大的红领结，同人们一起唱着《马赛曲》，惹人注目。在街边的一个窗子里，有一个年轻美丽的姑娘正好奇地看着。"看见了吗？这就是库恩·贝拉，我不明白，这样一个仪表堂堂的青年，为什么竟和暴民们混在一起？"她的一个伙伴说。但是这些话反而引起了姑娘的兴趣："他到底是一个什么样的人呢？看他的样子不像是坏人呀！"她决心去进一步了解他。但她的同伴对她说："很多人都把他当成洪水猛兽，他一走进咖啡馆，不仅他坐的桌子上会有人离开，就连他座位旁边的有些人也都会避之不及。"

这个姑娘叫加尔·伊琳，来自瑙杰涅德。她决心接近和了解库恩·贝拉。两个人在他们共同的朋友家里见了一次面之后就很快相识相知了。库恩·贝拉那直行不羁的性格深深地吸引了这位年轻姑娘，而贝拉也对这个美丽真诚的姑娘一见倾心，两人的见面也越来越频繁，感情在不断的碰撞中迅速升温。有一次，屋子里只剩下他们两个人了，库恩·贝拉以自己特有的坦诚和严肃的态度对她说："加尔·伊琳，做我的妻子吧，您要是嫁给了一个小市民，同他度过无聊的一生，我会感到遗憾的。"接着，他又说："我知道，根据有产者的习惯，结婚要得到父母的同意，那么你现在就写信给你的父亲，请他到科洛日瓦尔来，对这件婚事表示认可。"

加尔·伊琳给她父亲写了一封信，说明情况，要他到科洛日瓦尔来。他来到之后，在大街小巷到处打听这个库恩·贝拉到底是何许人也。他听说这个家伙是一个"危险的颠覆分子""粗野的社会主义者"；他还听说这个家伙刚刚从监狱里出来，并且继续写一些乱七八糟的文章鼓动人们去造反；此外，库恩·贝拉的工作也不能令他满意，当时贝拉的正式头衔是工人保险协会基金会的秘书，伊琳的父亲认为这不是一个"正当"和"稳定"的工作。

"难道你想嫁给这样的一个人？"伊琳的父亲失望地问她。

伊琳默不作声。

"你永远不会有片刻的安宁！"他接着说。

伊琳仍然没有说话，因为她知道，与父亲顶撞是没有用的，但她并没有改变主意。从另一方面来说，她父亲说的是对的，因为从此以后，她的生活确实充满着动荡和不安，经历了种种磨难。但也正因为这样，她才能真正地认识并投身于那个伟大而又混乱的时代，她的生活也才变得如此绚丽多彩。据伊琳自己说："就是在我一生最艰难的日子里，我也从没有为自己的抉择而悔恨。"

这两个年轻人决心用实际行动来回答外部的干涉，他们私自结婚了。当然，库恩·贝拉做了很多的准备工作，又到报馆找了一份比较稳定的工作。后来，伊琳的父母看到反对已经无济于事，便提出要他们按照匈牙利的古老风俗先置办好嫁妆，找好住房，买好家具，还要求他们按照家乡的习俗，伊琳要先回娘家住上一年，两人才能办理婚事。伊琳便回家乡瑙杰涅德了。库恩·贝拉经常来往于两地之间，渐渐地与她父母家的人也亲近了起来。有时库恩·贝拉因社会主义观点而受到旁人的攻击，岳父还会出面为他辩护道："事实总归是事实，我看社会主义者当中也有好人。"

但是库恩·贝拉的行为并不总是让妻子的家人感到欣慰。有一次,库恩·贝拉和另一位工人运动领导人尤恰克·卡尔曼到埃伊代尔的各个工业区进行大规模的宣传鼓动。当他们秘密到达有 3 万多矿工的日尔河谷时,受到警察的搜查,带的传单被没收,两人也被拘留。后来,库恩·贝拉被警察押送回来,在伊琳父亲的眼中,这无疑是一次耻辱的事件。但这还不是唯一一令她父亲恼火的事。有一次社会民主党派库恩·贝拉到瑙杰涅德在一个多党联合大会上发表演讲。大会结束后,贝拉立即离开了,没有到伊琳的家。第二天,她的父亲从报纸上知道了自己的女婿来过这里而没有来看望他时感到很愤怒。幸好当地医院的院长也出席了那个大会,他非常欣赏库恩·贝拉的才干,兴冲冲地跑去向伊琳的父亲祝贺,说他"找到了一个非常勇敢、聪明的女婿"。这才使这个爱面子的老头心里舒服了许多,但他还是对家里人说:"库恩·贝拉确实不错,但与我们不是一路人!"

1913 年 6 月 29 日,库恩·贝拉和加尔·伊琳正式结婚了。根据匈牙利人的习惯,伊琳根据夫名改名为库恩·贝拉妮。尽管当时有很多人预言这两个人在一起生活不了 6 个月,也有一些人说库恩·贝拉总有一天会抛弃她,还有的人不无嫉妒地为一朵鲜花插到牛粪上而深感惋惜,但是这两个人却心心相印地在一起生活了 24 年,如果不是因为那无法抗拒的原因,他们肯定可以在一起生活更长的时间,过一种更加美满的生活。

他们婚后的生活是和谐的,也是比较困难的。由于经济上的原因,库恩·贝拉妮很少参加社交活动,但是贝拉却经常要在家里款待客人。遇到食物不足的时候,他总是笑着说:"这也很好,至少老鼠在这里无法生长。"后来他们住在俄罗斯时,他们的家仍然像是一个客栈,有许多人来来往往。有的人甚至一住下就不想离开,还有的人是在他们意料不到的时候到来,又在他们无法预料的时候离去,这些人大部分都是匈牙利的地下革命工作者。但是也有人在从他们家里搬出去时表现得不满意,甚至向他们发脾气,因为以后他们要自己照顾自己了,不能再依靠贝拉夫妇了。这种情况正像一句俄罗斯谚语所说的:"在你家里吃喝过的人更容易成为冤家。"虽然库恩·贝拉对这种忘恩负义的行为很气愤,但是一旦有客人到来,他依然热情周到地接待他们。

他也有感到厌烦的时候,这经常是因为客人们妨碍了他的工作。但是他并不责怪那些赖在家里不走的客人,而是拿家里的人出气。有时他会对 12 岁的女儿大发脾气,因为她还没有读某一本书;他也会对只有 7 岁的儿子叫嚷,因为他不会用积木搭铁路;有时他还会抱怨家里的饭菜太差,或者是汤太淡或太咸。但是他从来不向妻子发火。

社会民主党为了扩大影响,有些领导人打算同某些资产阶级政党合作。但库恩·贝拉坚决反对这种联盟,他认为这将意味着社会民主党的堕落。在一次大会上,他高声叫道:"这种合作是危险的,因为并不是他们要投入到斗争中来接受我们的要求,而党和工会的领导要适应伯爵们和资产阶级策略的需要,做他们的应声虫。长此以往,我们就会慢慢失去社会主义的性质。"工人们也在抱怨党的领导人脱离实际,批评那些社会民主党的头目们只住在首都,从不到外地来了解情况。然而,这些问题还没有来得及解决,情况就突然发生了很大的变化。

# 从战俘到革命家

　　1914年6月底的一天,库恩·贝拉吃完饭开始午睡,贝拉妮的哥哥突然闯了进来,神色紧张地说:奥地利王储弗朗西斯·斐迪南和他的妻子在波斯尼亚被刺杀了。贝拉妮赶紧叫醒了贝拉,把此事告诉他。他睡眼惺忪地问:"什么事……死就死了吧!"然后又继续去睡觉。但是过了不大一会儿,他一翻身坐了起来,让妻子把消息重新说一遍,然后跳下床,说:"要打仗了!"他一边说着,一边就走出了家门。直到很晚他才回来,对妻子说了一句他在婚前就说过的话:"我们会有分离的时候,事实上已经出现了这种情况……"

　　这时的奥匈帝国,已经表现出了即将分崩离析的迹象,为了向国外转移危机,就加紧对塞尔维亚进行侵略行动。1914年7月21日,奥匈政府借口塞尔维亚境内的反奥行动越来越激烈,就向塞尔维亚政府提出最后通牒,要求塞政府取消

**奥匈帝国 Novara 号巡洋舰**

一切反奥报刊,解散反奥组织,开除有反奥思想的教师,清洗反奥的官员并且以后的官员任免要由奥政府决定,奥匈派遣人员帮助塞尔维亚镇压反奥运动。这个要灭亡塞尔维亚的要求,被称为外交史上最敌对的文件。不仅如此,奥匈政府还选定7月28日在波斯尼亚首都萨拉热窝举行军事演习,这是塞尔维亚被土耳其征服的日子。公元1914年的这一天,几万塞尔维亚军队与土耳其军队进行了一次惨烈的战斗,结果失败了。奥斯曼帝国攻陷塞尔维亚,这是一个令所有塞尔维亚人都不能忘记的耻辱。这些挑衅行动引起了塞尔维亚人的愤怒。7月28日,塞一反奥组织"黑手党"成员将奥国王储斐迪南打死,早就在策划战争的奥匈帝国迫不及待地正式向塞尔维亚宣战,第一次世界大战就这样爆发了。

　　奥匈帝国开始了大规模的扩军行动,大批适龄公民都被征召入伍,尤其是那些平时就有反抗言论的社会民主党人和激进工人更是被"优先"征召入伍,以图一箭双雕之计。库恩·贝拉也被征入伍。他入伍时,征兵的大尉笑着对他的熟人说:"且看这位库恩·贝拉先生以后还有没有兴趣妖言惑众!"

　　在军训期间,库恩·贝拉的驻地离家不太远,中间他还回家几次,但每次都只有一两天时间。当妻子问到在部队里的情况时,他说:"我服从命令就是了,可别让那些家伙找出什么把柄来,作无谓的牺牲是没有任何意义的。"军训结束后,这支奥匈帝国的军队唱着:"你等着,你等着,塞尔维亚狗"!便开上了前线。

　　库恩·贝拉是以上士的身份走上战场的,他在前线经历了许多场终生难忘的

战斗。在给妻子的信中,他描绘了恐怖的战斗场面,但是却很少讲述他自己的情况。贝拉所在的部队是在东线同俄罗斯军队作战,奥匈军队从一开始就不停地吃败仗。1916 年,俄罗斯军队发动了一次大规模的进攻,库恩·贝拉和他所在的整个师都被俄军俘虏了。他和许多人一起被押到地处俄国西伯利亚中部的托木斯克战俘营,这是一个非常偏僻的地方,而且极其寒冷,是个只有 8 万人左右的小城镇。

塞翁失马,安知祸福。尽管这里远离匈牙利家乡,生活非常艰苦,但对库恩·贝拉的政治生涯来说却是一个重要的转折点。

托木斯克很久以来就是沙俄的一个政治犯流放地,当地有很多政治流亡者,其中有很多是俄国社会民主党和共产党人,他们对当地的工人运动产生了极大的影响。到了第一次世界大战时,沙俄又把那里当作战俘营使用。在库恩·贝拉来到托木斯克战俘营之前,那里已经有一个革命小组在领导着同反动当局的斗争。他们在战俘营中进行宣传鼓动,反对奥匈帝国和战争。那个小组的成员中有一些后来成了著名的革命家。其中有一个叫明尼赫·费伦茨的匈牙利人,在 1956 年波匈事件后曾任匈牙利工农革命政府的内务部长、第一副总理、总理等职。明尼赫·费伦茨与库恩·贝拉成了很好的朋友。他们与托木斯克的俄国布尔什维克地下组织取得了联系,并且很快参加了俄罗斯布尔什维克党。在此期间,库恩·贝拉有机会接触到大量列宁的文章,从而使他多年的探索有了一个明确的方向。

俄国 1917 年的二月革命之后,布尔什维克党从地下转入了地上,公开到战俘营中进行革命宣传和组织活动。库恩·贝拉和其他一些匈牙利战俘公开表示要参加俄罗斯革命,但是无论他们决心有多大,战俘营毕竟是战俘营,还处在层层铁丝网之中。库恩·贝拉向托木斯克当局申请搬到城里的私人住宅去住,但是没有获得批准。后来,托木斯克的布尔什维克党组织决心把这些匈牙利同志从战俘营中营救出来。一位俄共(即社会民主工党,当时的布尔什维克和孟什维克尚未分裂)成员强行进入营中把库恩·贝拉和其他几个匈牙利人带了出来。当时,贝拉身上只有一件轻飘飘的大衣,脚上穿着一双旧皮靴,脸色苍白,看来西伯利亚的严寒使他吃了不少苦头。市党委会的同志经过一番商议,倾市党委小互助会的所有存款给他买了一双毡靴,这是库恩·贝拉有生以来第一次穿上毡靴(匈牙利天气比较暖和,不需要这玩艺儿),高兴得像孩子一样跳了起来。

库恩·贝拉积极参加当地的各种活动,很快就赢得了人们的信任。不久,他就被选入了俄国社会民主工党托木斯克地区的领导机构。不久之后,俄历 1917 年 11 月 7 日,十月革命爆发了,加入了党组织的匈牙利人和一些革命积极分子被释放出狱。那些匈牙利反动军官们怀着仇恨和嫉妒的复杂心情注视着这一切,一个军官愤愤地说:"回国以后再找这些卖国贼算账!"而那些革命者却兴高采烈地说:"回国以后我们要跟你们算账!"实际上,这些匈牙利军官们中有很多人被苏俄当局继续关押了多年,到 1919 年匈牙利苏维埃政权失败后才陆续让他们回国,用这些人质把被捕的匈牙利革命者换了出来。

这些匈牙利人和一些其他国家的战俘经常在俄国布尔什维克党的机关里举行一些集会,俄国人给他们讲革命道理。那些到机关来的人总是好奇地把头伸进去看一看这些战俘们在叽里呱啦的说些什么,很多人都搞不懂这些人在干什么。

有一次,一个老大爷问道:"里面的人都在干什么?"

"他们是匈牙利人,是战俘,他们也准备闹革命,回国以后就会干起来。"

那位老年人看了又看,怀疑地问道:"他们也是布尔什维克?"

"现在不都是,但迟早都会成为布尔什维克的。"一个女书记慢慢地回答。

"那你给指一指哪位是布尔什维克。"老人问道。

正在这时,恰好库恩·贝拉从屋里走了出来。"这个人就是他们的领导!"女书记指着贝拉笑着说。

老人大跨步走到库恩·贝拉身边,一把拉住他的手,说:"你真的是奥地利人吗?"(当时俄国人常常把匈牙利人也称作奥地利人)

"是的。"库恩·贝拉回答道。

"你也是布尔什维克?"老人接着怀疑地问道。

"是的,是布尔什维克。"

"他们也是?"

"他们也是。"

"你们回家以后也会闹革命?"他盯着贝拉一个劲地问道。

"肯定也闹革命。"

老人高兴地跳了起来;"那请你把这个带给匈牙利的同志们!"他一把抱住库恩·贝拉,用力地吻了吻库恩·贝拉的脸。周围的人们都笑起来,一些人还向他们欢呼鼓掌。

1918年,库恩·贝拉写了《共产主义者要做什么?》、《土地属于谁?》、《战争给谁造成负担?》、《苏维埃共和国是什么样的?》等几本小册子。这些书籍在匈牙利战俘中产生了深远的影响。那时第一次世界大战还在继续,为了保护新生的革命政权,苏俄政府同意释放部分战俘以同奥匈政府媾和,但是在库恩·贝拉的宣传鼓动下,很多匈牙利战俘都不愿意再回去参加战争。库恩·贝拉还把这些宣传品运回匈牙利境内,一些回国的人也纷纷传说着他的情况,这给他的妻子带来了很多麻烦,很多熟人甚至不敢与她一起在大街上走路。一个亲戚对她说:"可怜的人! 库恩·贝拉在干些什么? 难道他不知道叛国是要被绞死的吗?"

1918年2月中旬,俄国革命政府将首都从彼得堡迁到了莫斯科,这样外国同志就可以与列宁领导的政府直接联系了。3月24日,在俄共的支持下,俄共(布)匈牙利组成立了。在库恩·贝拉的领导下,以维护经济利益为主的争取战俘工作改变了方向,大部分战俘都站到了十月社会主义革命一边。为了进一步在匈牙利战俘中宣传革命思想,党组决定发行一份名为《社会革命报》的匈牙利文报纸。4月13日,《社会革命报》问世了。那天早上,莫斯科匈牙利党组的所有领导人都集聚在印刷所,人们都以抑制不住的喜悦心情来迎接第一份匈牙利共产主义者报纸的诞生。不久,一个宣传员训练班也成立了。

1918年4月初,莫斯科匈牙利组和战俘委员会向全国各城市中的外国战俘负责人发出联合呼吁,要求他们派代表参加4月13日至17日在莫斯科举行的全俄战俘大会。结果有几百名代表参加了这次大会,他们代表着60万外国战俘,有些是从遥远的西伯利亚赶到莫斯科的。列宁十分重视外国战俘的工作,就成立了一个直属俄共(布)中央领导的"外国人团体联合会",库恩·贝拉担任了这个联合会的主席,并与列宁、马尔赫莱夫斯基(波兰人)、李卜克内西和罗莎·卢森堡等人一起起草了第三库恩·贝拉还参与领导了军队的组建工作,他将有革命倾向的各国战俘组织起来,组成了一个国际纵队,参加保卫新生红色政权的战斗。在布琼尼的骑兵军里,在克里米亚半岛,在伏尔加河畔,都能看到这些人的身影,他们中有很多人为了俄国社会主义革命献出了自己的生命。库恩·贝拉自己也参加了保卫苏维埃俄国的战斗,他曾在波瓦尔街的房顶上用机枪向举行反苏维埃政权游行示威的无政府主义分子扫射;在俄德谈判失败后,德国军队进攻彼得堡时,他亲自率领一支由国际主义战士组成的部队与德军展开英勇的战斗。

1918年7月6日夜12点,库恩·贝拉突然接到苏维埃政府的通知,要匈牙利组的所有成员、宣传员训练班的学员和在克里姆林宫工作的工人小组携带武器和弹药,立即秘密开进克里姆林宫,与已经在那里的一排立陶宛红军士兵会合,去收复被举行暴动的左派社会革命党人占领的邮电总局大楼和周围地区。通知还指定这支大约有150人的队伍由库恩·贝拉指挥。在接近邮电大楼时,侦察员报告:在大楼的对面停放着一辆反叛武装的装甲车,炮口正对着大门,这是他们最大的威胁。库恩·贝拉和其他同志商量一下后,就把这一排红军分为三路从三个方向向装甲车发起进攻。几分钟后,他们成功地夺取了这辆装甲车,而这时楼里的人还完全没有觉察。随后,他们开着装甲车冲进了邮电大楼所在的院落。楼里的反叛分子看到自己的装甲车向自己人开火,一个个都惊慌失措,纷纷逃窜。在整个战斗中,库恩·贝拉一会儿出现在这里,一会儿出现在那里,有时,他自己也亲自拿枪战斗。邮电大楼的战斗结束后,库恩·贝拉又带领这支小部队向波克罗夫斯基兵营冲去,在兵营附近的一个工棚里,他们又俘虏了一支27人的反叛武装。他的勇敢精神和指挥能力深得苏维埃政府的赞许。

1918年5月,在奥匈帝国的特伦钦和佩奇发生了兵变,使得原本已经摇摇欲坠的奥匈帝国陷入穷途末路之中。协约国从9月15日起在巴尔干半岛发动了大规模的进攻,保加利亚被迫投降,协约国军队到了奥匈帝国的大门口。10月,奥属波兰在克拉科夫正式宣布脱离奥匈帝国;帝国的工业中心捷克在建立独立共和国的口号下举行总罢工。24日,匈牙利宣布独立,并成立了由激进资产阶级政党和社会民主党组成的“民族委员会”,由卡罗利出任总理。接着,捷克和南斯拉夫也宣布独立,摆脱了奥匈帝国的统治。在这种情况下,10月31日卡罗利宣布推翻奥匈二元帝国,并出任匈牙利总统。经过短短一个月令人眼花缭乱的变化,奥匈帝国这个有着几百年历史的欧洲古老帝国,终于寿终正寝了。在游行中,有人把开放的紫菀花抛向士兵,士兵们摘下象征奥匈帝国军队的帽徽,戴上紫菀花,因此,以后人们就把这次革命叫作“紫菀花革命”,也称“秋玫瑰革命”。

这一形势使得在俄国的战俘们深受鼓舞,他们决定回到布达佩斯建立共产党。11月6日,库恩·贝拉化名谢拜什真·埃米尔医生,与另外两个同志一起告别了莫斯科,回到了离开3年的布达佩斯。

库恩·贝拉回到祖国之后,并没有马上去见妻子儿女,而是身负列宁的委托,前往维也纳同奥地利革命者弗·阿德勒会面,他只派了一位同志到科洛日瓦尔找他妻子。在分别了3年之后,会见革命同志居然比同妻子团聚更加重要,这使库恩·贝拉妮感到十分伤心。

# 沧海横流

匈牙利原来是奥匈帝国的一部分,俄国二月革命的胜利促进了无产阶级和劳动人民的民族独立斗争。1917 年 11 月,布达佩斯 10 万工人集会,提出要走"俄国无产阶级的道路",要求民族独立和消灭阶级压迫。1918 年 10 月,奥匈帝国在战争中失败,结果在全国各地爆发了资产阶级革命,哈布斯堡王朝被推翻了,在老奥匈帝国的废墟上建立起了匈牙利、波兰、南斯拉夫、捷克斯洛伐克等民族国家。在这些国家里纷纷建立起了资产阶级政权,匈牙利也于 11 月 16 日成立了一个资产阶级共和国,卡罗利当选为总统。但是这时战争刚刚结束,匈牙利的经济在战争中遭到极其严重的破坏,在布达佩斯和其他一些工业中心,许多工厂没有开业,工人流落街头,无以为生,通货膨胀极其严重。高利贷者和投机商人大发横财,生活日用品的价格不断上涨,人民群众的不满情绪与日俱增。更重要的是,战胜国要求匈牙利做出重大的领土和其他的让步,这就直接关系到匈牙利民族的尊严和长远利益。这些问题是卡罗利政府所无法解决的,同时也就为无产阶级革命的爆发提供了条件。

一回到匈牙利,库恩·贝拉马上就组织办了一份报纸《红色新闻报》,这份报纸后来成为匈牙利共产党的机关报。报纸的第一期编好了,排好的铅字已经装上机器,电路突然中断,编辑部和印刷厂的人们就用双手转动印刷机的大轮子,《红色新闻报》终于如期问世了。这一场面后来被拍入一部电影《蒂萨河在燃烧》之中。

1918 年 11 月 20 日,匈牙利各社会主义团体代表举行会议,其中不少是社会民主党人。会议成立了以库恩·贝拉为首的匈牙利共产党,党的总部设在维谢格拉德街 15 号。这一举动引起了老资格社会民主党人的强烈不满,贝拉在科洛日瓦尔时期的朋友,同时也是他以前在社会民主党内的上级文采·山多尔决定到布达佩斯去,"把他从危险的道路上拉回来"。山多尔当然失败了,他就开始责骂起贝拉来:"这一切本来都可以在社会民主党内解决,党的分裂只有对敌人有利。库恩·贝拉这个社会民主党的叛徒,他把一切都毁了。"他们到底谁是谁非,现在有很多人还在争论不休。从事实上说,库恩·贝拉脱离社会民主党建立共产党确实削弱了社会民主党的力量。当革命失败后,山多尔也受到反动政府的攻击,被迫逃亡到美国,在那里他不断攻击库恩·贝拉和共产党在 1919 年的"不负责任的冒进行为"。

匈共成立后,立即提出了把民主革命转变为社会主义革命的口号,号召人民"解除资产阶级武装,武装无产阶级,建立苏维埃政权"。它同时还积极准备武装起义,从撤退的德国军队手中获得了 3 万支步枪,同时还号召复员的士兵"保留武器,用来为无产阶级政权而斗争"。在共产党的领导下,工人武装迅速组织起来了,在工厂成立了工人委员会,对资产阶级的活动进行监督;在很多工厂里,工人掌握了管理权;在农村,武装起来的农民袭击地主,夺取地主的土地。全国的很多地方都建立了工农兵代表苏维埃政权。

面对共产党的不断进攻,卡罗利政府十分惊慌。为了挽救风雨飘摇的政权,它在协约国的支持下,对革命进行了镇压。在那一段时间里,库恩·贝拉几乎每天都要碰到点什么事情,有些人要在街上殴打他;在一个兵营里,军人甚至要向他开枪。贝拉总是笑嘻嘻地向同志们谈论这些事情,说这是好兆头,只有当越来越多的群众倒向共产主义者一边时，敌人才会采取这样的手段。

1918 年 12 月的一天，为了争取让军队站到革命阵营中来，库恩·贝拉不顾个人安危，来到玛利亚·特利莎兵营号召士兵用手中的武装参加创建苏维埃政权。但一些反动军官却对此百般阻挠，他们发誓库恩·贝拉只要胆敢跨进兵营，就开枪打死他。库恩·贝拉并没有被吓倒，带了几个随行人员仍按时前来。看到当时兵营中的气氛，几个随员的脸上都直冒冷汗，可是他只轻轻挥挥手，走上讲台，向"士兵弟兄们"发表演说。这时一个大尉从近处朝他举枪瞄准，全场顿时静了下来，随从们都吓得手脚冰凉。这时，库恩·贝拉脸不变色，在死一般的沉寂中说道："长官，您应该知道，要想开枪，应该先打开枪栓……"顿时场上响起雷鸣般的欢呼。大尉手中的枪被士兵们夺走了，这个家伙瞪直了眼，在众目睽睽之下灰溜溜地离开了。等到讲话结束，士兵们把他高高地举起来，全场响起了"工人和农民革命万岁"的呼声。后来，这个地方被命名为库恩广场，并在当年库恩·贝拉发表演讲的地方竖起一座他的青铜塑像。

1919 年 2 月 3 日，警察捣毁了共产党中央的机关报《红报》（即原《社会革命报》）编辑部。几天后，警察和正在示威游行的失业者发生了冲突。晚上 10 点钟左右，库恩·贝拉正准备休息，一个同志匆匆忙忙来到他的住处，说根据一个十分可靠的情报，政府夜里要逮捕共产党人，党组织要贝拉立即转移。

贝拉一开始也有些慌乱，但是他思考了一下后回答说："我哪里也不去，因为工人将不会明白，为什么自己被逮捕，而领导人却突然消失了？"为了不因为他入狱而使运动失去领导，他指示这位同志立即通知其他几位领导人隐藏起来。

2 月 21 日凌晨，卡罗利政府逮捕了库恩·贝拉和其他大部分匈共中央委员，匈共被迫转入了地下。库恩·贝拉被押送到监狱去时，路旁的警察都虎视眈眈地望着他，就像看着一个怕人的怪兽。当库恩·贝拉正登上监狱台阶时，一个警察突然尖叫一声用枪托向贝拉的头部打去，另外十来个警察也一哄而上。贝拉的脑袋被打破了，浑身上下流着血。他被送进医疗室后，外面还站着 60 多个警察，他们叫嚷着："那个流氓在哪里？不能让他活着出来，打死他！"几个警察从肩上取下枪，砸开门冲进屋里，从四面八方用枪托朝贝拉打去。贝拉疼得在床上翻来覆去，但是没有呻吟一声。等后来他妻子和其他人去看他时，只看见一个裹得严严实实的纱布棉花团。报纸很快就刊登了这一消息，立即引起了人们的普遍愤怒。

这一举动激起了布达佩斯工人们的极大愤慨。2 月 24 日，处在地下状态的匈牙利共产党号召劳动人民起来准备推翻资产阶级政府，并要求当局释放被捕的共产党人。3 月 19 日，两万多人来到当时匈牙利政府所在的布达佩斯城堡山举行游行要求立即释放共产党人，社会民主党的部长派德尔吓得从一个秘密的门仓皇逃窜了。19 日、20 日两天，全国许多城市的工人都行动了起来，接连成立了政权机关。德布勒森的工人逮捕了反动市长，全国有 11 个州的州长被赶走。社会民主党的领导人感到无法对付这个混乱的局面，在朗德列尔·耶诺(匈牙利苏维埃共和国后期的红军总司令)的带领下赶到监狱，对库恩·贝拉和其他共产党人表示慰问，企图通过这一姿态来平息民众的愤怒。他们问库恩·贝拉是谁打了他，他们要惩罚罪犯。库恩·贝拉回答道："谁打的并不重要，他们都是一些上当受骗的人。"

库恩·贝拉尽管在监狱里不能动弹，但并不是无所作为。他派了两位具有地下斗争经验的同志带着他的一封写在绸子上的信到莫斯科找列宁。两人完成了这个神圣的使命,又把一封列宁的回信带回匈牙利。

就在这个时候,协约国驻匈牙利的代表,法国中校威克斯,向匈牙利政府发出了一个被称为"威克斯照会"的最后通牒,通牒说:根据"尊重小国人民国家主权"的原则,要把匈牙利2/3的土地割让给罗马尼亚、南斯拉夫和捷克斯洛伐克三国。匈牙利人民强烈反对协约国的行径,要求政府拒绝这一无理要求,印刷工人们全部罢工,全国报纸因而停刊,一些士兵和水手把大炮搬上了布达佩斯的制高点盖莱特山。

匈牙利作为奥地利和后来奥匈帝国的一个组成部分,在几百年里参与了对周围弱小国家的侵略,因此激起了很多国家人民的强烈敌对情绪,在第一次世界大战中遭到彻底的失败后,应当要对自己几百年来的侵略行为负责。卡罗利政府不敢拒绝协约国的要求,又害怕人民群众的抗议,只好被迫辞职,把政权交给了社会民主党来掌管,以图缓和群众的愤怒情绪。但是社会民主党没有能力独掌政权,于是便企图利用匈牙利共产党的年轻和缺乏经验,提出与共产党合作,一方面扩大自己的政权基础,另一方面也可以平息共产党领导的无产阶级革命运动。

3月21日,社会民主党的代表到狱中和共产党谈判合作问题。库恩·贝拉等人研究后,表示同意合作,但同时又提出了合作的条件:建立苏维埃政权;解除资产阶级武装,建立无产阶级武装;实行工业企业、银行、运输业和邮电事业的国有化;没收地主的土地和庄园;实行政教分离;组成统一的匈牙利社会党并参加共产国际;与苏维埃俄国结成同盟。与此同时,布达佩斯工人、士兵和劳动人民举行起义,占领了首都的各个战略要地。

1919年3月20日,社会民主党被迫接受了共产党提出的条件,两党合并为"匈牙利社会党",宣布成立匈牙利苏维埃共和国。两党签署了合并协议,决定实行无产阶级专政,成立匈牙利苏维埃政府。共产党在匈牙利没有经过大规模流血就取得了胜利,它是继苏俄之后的世界上第二个社会主义国家。社会民主党人加尔巴伊任总统,库恩·贝拉出任外交部长,由于共产党得到广大民众的支持,国家的实际权力掌握在共产党人手里,实际也就是库恩·贝拉的手中。

不少人注意到,在库恩·贝拉领导的这个政府中,犹太人或者有犹太血统的人所占的比例很大。除了库恩·贝拉本人是犹太人外,政府的48个"人民委员"中,有30个是犹太人或者有犹太血统。在202名政府和军队的高级官员中,有161人是犹太人或者带有犹太血统。所以,一些西方资产阶级报刊恶意地把匈牙利革命政府称为"犹太人的政府",甚至污蔑是"犹太黑手党"建立的政府。

## 苏维埃共和国

在这个所谓苏维埃政权的机构中,各部门和职务的名称都是照搬苏联的,但是原社会民主党几乎占据了所有的主要领导职位。经过几天的讨价还价后,在一次党的会议上,萨穆埃里·蒂博尔正式宣布:人民委员会主席由社会民主党人文采·山多尔担任。除两个人外,人民委员会的委员全部是社会民主党人,共产党得到的只是副职。库恩·贝拉出任外交人民委员,相当于政府的外交部长。当宣布这些职位时,会场一片沉寂。会议结束后,共产党人以复杂的心情离开了会场。

散会后,很多共产党人来到库恩·贝拉的家中,表达他们心中的不满。库恩·贝拉充满自信地对大家说:"匈牙利共产党刚刚成立 90 天,但是时间是我们的同盟军,俄国红军正在向我们开来,同我们会合。我们周围的国家无一不充满着革命的风暴,旧的欧洲已经动摇,中欧若干苏维埃国家的出现只是一个时间问题……"但是他的妻子发现,尽管库恩·贝拉像平时一样侃侃而谈,从表面上看对自己的目标深信不疑,但他的情绪却不像平时那样轻松。当他们夫妻单独在一起时,库恩·贝拉妮问了他几个问题,他都默不作声,心情沉重。

匈牙利共产党从建立到掌握国家政权,中间只有 90 天的时间。对于一个将要担当大任的政党来说,这是不是太快了一点呢?

苏维埃政权建立后,库恩·贝拉立即以匈牙利外交部的名义通电苏维埃俄国,并宣布同苏俄建立了联盟。这引起了西方国家的极度愤怒和反感。当时苏联相对弱小,不能给匈牙利多少实际的帮助,匈牙利的这一政策却从苏联身边吸引了很多社会主义的敌人,对苏俄政权的巩固和发展做了不可磨灭的贡献,但却给自己造成了极为沉重的外部压力。在对内政策上,新政府也采取了一系列行动:在解除了资产阶级武装的同时,建立了无产阶级的武装;工业、银行、运输业等行业实现了国有化;工人和农民的生活条件得到了改善,提高了工资,实行 8 小时工作制和按劳分配的原则,实行政教分离,14 岁以下的儿童实行免费义务教育。库恩·贝拉虽然只是外交人民委员,但实际上却是新政府重大问题的决策者。

新政府刚成立后没几天,一天早晨,一大群人在库恩·贝拉的住处外面吵吵闹闹。库恩·贝拉便走出去看个究竟,这些人都是来找库恩·贝拉的,一进来他们就七嘴八舌地说起来:

"库恩同志,前天夜里我家的小猪被偷走了。请您行行好! 我们太穷了……"

"库恩同志,我也太穷了,喂马的饲料也没有了。你能不能帮我写张条子给饲料中心……"

"我儿子得了痨病……劳驾您给我帮个忙,让他进疗养院,现在不是无产阶级专政了吗?"

"我住在小佩斯。楼板 3 年前就漏了,可是那个混账房东不肯修……我忍啊忍……现在劳动人民掌权了,对吗,库恩同志?"

这样的会见几乎天天都有,来访者中间也会有人提出些根本就与无产阶级专政无关的要求,比如说,来要钱,来要粮食和其他东西。

这样的居住环境显然不利于库恩·贝拉的工作,其他同志也碰到了与此相似的问题,这就需要给他们找一个更合适的地方居住。在革命前,匈牙利大旅社是一个资产阶级和贵族们的安乐窝,即使在革命之后也是这样,革命政府决心把这个地方腾出来作为政府的办公场所和重要官员的居住地。经过一番努力,他们终于为自己找到了一个合适的办公和家居场所。但是那里的服务人员习惯于侍候那些贵族老爷们,他们不但以怠工的形式来反对政府人员,还到处散布谣言说这些政府官员过着优厚的生活。当时的匈牙利刚刚经过战乱,人民的生活非常艰难,这一招果然引起了很多人的愤怒。

一天,来自工人区的几百名妇女排着长队来到匈牙利大旅社的门前,要看一看人民委员和他们的家属都吃些什么东西。库恩·贝拉的女秘书走到旅社门口,想劝说这些人离开。这不但没有成功，她们反而吵得更凶了，并且深信她们的猜测是正确的。

听见吵闹声，库恩·贝拉走了下来，当他了解妇女们的要求后，就建议她们选出一个代表团进去看一看，爱看什么就看什么。妇女们选出的代表进去了，先看住房，再看贮藏室；她们打开柜子，甚至有的还打开箱子，走进浴室和厨房，但是没有任何可以证明她们怀疑的东西。在厨房里，一个妇女甚至叫了起来："天哪！他们吃的比我做给丈夫的还要坏！"人们都笑了起来。

但这些并不是最难解决的问题。当时的很多人都对土地问题认识不清，包括库恩·贝拉在内的多数人的看法是首先要考虑首都的粮食供应问题，这样就不能采取过激的没收和平分土地的政策。贝拉很形象地说：嘴一张，将那些老的经理人、农艺师赶走是很容易的，但是到哪里再去找既内行又忠诚于革命政府的新专家呢？后来他们一致决定将收割短工、雇工的工资提高1倍。这是一个重要的决定，但它仍然不能充分调动农民的革命热情。

匈牙利苏维埃也没能团结其他更广泛的群众。很多知识分子都认为匈牙利是一个具有"西方文明的国家"，不可能由没有文化的工人和农民来掌握政权。像他们这样具有丰富学识的人怎么能听命于那些也许连小学都没有毕业的、从头到脚都非常粗笨的工人和农民呢？他们不停地在报纸上攻击苏维埃政府，库恩·贝拉为此也采取了一些"非常"措施，例如，他以纸张紧缺为由，下令关闭了3家在布达佩斯非常有名的报纸。另外，为了显示共产党人的纯洁性，他甚至下令没收所有人的珠宝首饰。为了对付国内外的反革命的势力，苏维埃政府成立了一个清查反革命的组织，革命法庭由一个有90天党龄的"老党员"拉科西·费伦茨博士担任首席法官；他们还模仿俄国的方式组建了一个内务人民委员部，由科尔文和绍姆伊两人领导。

## 匈牙利苏维埃的覆亡

匈牙利事变使协约国非常惊慌。巴黎和会上，英、法等策划了对匈牙利的干涉。1919年4月16日，协约国调遣了法国、捷克、罗马尼亚和南斯拉夫军队约10万余人，从东、南、北三个方向对年轻的匈牙利共和国发动了进攻。在奥地利共产党创始人之一莱奥·罗特齐格尔的率领下，由1000多名奥地利人组成的部队开赴德布勒森前线。在给匈牙利国防人民委员雷热的信中，罗特齐格尔说："我们明天就要交火，为了无产者的解放和自由，我们虽死无憾……希望给我们送一点机关枪和纸烟来……"匈牙利革命政权立即送去了这些东西。但罗特齐格尔可能永远都未能收到这些东西，因为在第二天，4月24日，德布勒森就沦陷了，罗特齐格尔也阵亡了。红军并没有进行过整编和改组，不少士兵采取了观望态度，大部分军官不但不努力与敌人战斗，反而与来犯的军队配合行动。匈牙利红军几乎是全线溃败，在很短的时间里，罗马尼亚军队就直逼蒂萨河，捷克军队越过绍约河，威胁着米什科尔茨。到5月1日，侵略军已攻到离布达佩斯只有80公里的地方，这时国内索尔诺克的反革命分子也乘机叛乱。

为了争取时间整顿内部事务，库恩·贝拉向美国总统威尔逊，向捷克、南斯拉夫和罗马尼亚政府发出了和平倡议，要求立即停止敌对行动和对匈牙利内政的干涉……要求尊重"停战线"以外的匈牙利人的权利。一些社会民主党人把贝拉争取时间的策略当作是准备投降的表示，就公开叫嚷苏维埃政府下台。在这危急关头，苏维埃革命政府举行会议来商讨如何面对当前的危机。会上，库恩·贝拉如实向代表们通报了当前极端危险的局势。经过一番激烈的辩论，决定立即召开工人代表大会，由工人群众来决定下一步的行动。

参加会议的代表将近600人，绝大部分工人代表要求为保卫苏维埃而战。"我们有粮食，我们有武器……我们不但有能力保卫自己的苏维埃国家，我们还可能争取到光荣的和平……武装起来……每个有战斗能力的人都起来保卫布达佩斯和匈牙利苏维埃共和国。"于是，苏维埃政府决定在各条战线进行抵抗，并号召工人阶级起来保卫苏维埃政权。同时，库恩·贝拉还向苏俄政府求援，希望得到苏俄红军的支持。

1919年5月5日，在以法军为首的协约国军的"保护"下，在匈牙利的阿拉德成立了以卡罗利·久拉伯爵为首的反革命政府，后来迁到塞格德。奥匈帝国最后一任海军总司令霍尔蒂在这个政府中担任军事部长。在协约国的支持下，霍尔蒂开始纠集各种反革命势力，他首先在塞格德组织了军官团，又在匈牙利南部组织了一支由旧军官和地主为骨干的国民军，并自任统帅，很快对革命政府发动了进攻。

但革命力量也得到迅速的发展，经过动员，在几天的时间里，大约有10万匈牙利工人加入红军，投入了保卫苏维埃的战斗。也就在这几天里，在乌克兰的基辅，苏俄红军也开始调动，准备配合乌克兰红军支援匈牙利苏维埃共和国。乌克兰红军在比萨拉比亚和布科维纳同罗马尼亚军队展开了战斗，苏俄军中的匈牙利战士则直接越过喀尔巴阡山准备和匈牙利革命军队会师。另外，俄国、波兰、奥地利、意大利、塞尔维亚、保加利亚、罗马尼亚和斯洛文尼亚的国际主义者也参加了匈牙利红军作战，由他们组成的第18国际旅在北征中为保卫蒂萨河做出了重大贡献，在解放洛松茨之役中他们冲在前面。

经过一段时间的激战后，5月中旬，匈牙利红军转入反攻，把反革命武装赶出了国土。在追击过程中，匈牙利红军进入了捷克斯洛伐克，斯洛伐克地区也获得解放，并于6月16日在埃派列什成立了与匈牙利苏维埃政府结盟的斯洛伐克苏维埃共和国。这是匈牙利革命发展的最高峰。

就在这时，法国总理克雷孟梭以协约国的名义于6月8日和13日两次向匈牙利发出了最后通牒，要求匈牙利军队在4天内撤出捷克斯洛伐克领土，否则就要向匈牙利正式宣战。协约国还宣称，如果匈牙利接受这一通牒，协约国将从匈牙利领土上撤走罗马尼亚军队，并准许匈牙利派代表出席巴黎和会。

这时，列宁在一封给库恩·贝拉的信中揭露了协约国的阴谋，他说："必须利用一切哪怕可以争得暂时停战或和平的可能性，以使人民得到休息。但是一分钟也不能相信协约国，它在欺骗你们，它只是为了赢得时间好更有效地扼杀你们。"5月底，库恩·贝拉曾派萨穆埃里到莫斯科向列宁汇报工作，并寻求苏俄在精神和物质上的援助，但是当时俄国自己的处境也非常困难，不能给予匈牙利有力的实际援助，原计划的会师也由于一个将领的叛变而成了泡影。但列宁还是应库恩·贝拉的要求，写了《向匈牙利工人致敬》一文，由萨穆埃里带回匈牙利国内。列宁的声援对匈牙利革命者特别是对库恩·贝拉无疑是一个极大的鼓舞。

6月19日,在匈牙利共和国全国苏维埃代表大会上,右翼的社会民主党人力主接受约协国的通牒;共产党内部也发生分歧,少数人坚决反对妥协,但是以库恩·贝拉为首的多数派,为了避免苏维埃政府内部的分裂,不顾列宁的劝告,支持社会民主党的立场,接受协约国的建议。匈牙利红军于6月24日撤出斯洛伐克,这使敌人得到了喘息的时间,也使他们看出了共和国的软弱。这一行动在匈牙利国内也制造了混乱,首都和其他地区都爆发了反革命叛乱,一股叛乱武装甚至袭击了苏维埃政府所在地匈牙利大旅社。经过一夜的战斗,叛乱终于被镇压下去了,但是却使每个人都感到了危机。许多人都在想:"红旗还能打多久?"

随着红军的撤退,捷克军队立即消灭了斯洛伐克苏维埃共和国,并且从7月初又开始对匈牙利发动了进攻。7月初,罗马尼亚军队也重新向匈牙利共和国进攻,国内的反动势力也纷纷叛乱。而在这时,由于社会民主党在内部的破坏,苏维埃政权已经被大大地削弱了,军队也开始瓦解。

为了摆脱困境,7月20日,匈牙利革命政府以罗马尼亚没有按照法国总理克雷孟梭的"承诺"从匈牙利土地上撤军为由向罗马尼亚发动了进攻。这是匈牙利共和国最后一次重大军事行动,也是一次注定要失败的行动。社会民主党中的中派和右派与反革命分子进行广泛的"合作"。红军新任总参谋长儒利耶就是一个叛徒,行动尚未开始,军事计划就被这个家伙送到了敌人手中。以至于进攻开始后的第二天,协约国军队最高统帅、法国的福煦元帅就接到了这样一个报告:"我们确信,匈牙利人的进攻一定会失败,因为红军作战的副本已经被科姆洛什先生送到我们手中了……"被出卖了的匈牙利红军在打了7次胜仗以后钻进了敌人的包围圈,结果全线崩溃。7月23日,库恩·贝拉在炮火中站在蒂萨河的一座桥上,毫无效果地试图阻止溃逃的红军。

这时,来自外部的干涉力量更加强大了。7月23日,匈牙利驻维也纳公使伯姆(原匈部队总司令)会见了英国军事代表,正式提出了请外国协助,推翻苏维埃政权的要求。协约国代表举行会议之后,向伯姆递交了一份旨在促使布尔什维克政府倒台的计划。7月25日,参加巴黎和会的各大国代表正式讨论了伯姆的关于推翻匈牙利无产阶级政府的计划。在会议上,英国外交大臣贝尔福、美国代表胡佛(后来曾任美国总统)和意大利外交部长蒂托尼都认为直接用武力颠覆匈牙利革命政权是不可行的,但认为可以利用匈内部的反对力量以及匈牙利周边国家来达到目的。7月30日,协约国代表、巴黎和会主席克雷孟梭发出了取消苏维埃政府的法令。这一消息给了已经危在旦夕的匈牙利苏维埃政权以致命一击,社会民主党人和其他反革命分子趁机兴风作浪,准备利用外部力量来摆脱共产主义"红魔"对"民主、自由的匈牙利"的威胁。

在匈政府召开的紧急会议上,库恩·贝拉脸色苍白,很长时间都一动不动地站在那儿,其他的政府成员都在等着他说话。过了很久,他无奈地说:"我们没有别的选择,再流血已经没有任何意义,我们将采取另外一种方式继续战斗。至于怎样进行,用什么方式进行,我也不知道。"停了一会儿,他又说:"恐怕我们都得要转入地下了。"

崩溃已成定局,匈牙利社会民主党与奥地利的社会民主党政府达成一个协议,奥地利同意给匈牙利共产党的人民委员、主要领导人及其家属以政治避难权,地点限于维也纳,但是匈共警察组织领导人萨穆埃里·蒂博尔除外。萨穆埃里在失败公开的前一天就出走了,当他来到边境时,发现奥地利的警察已经在那里等着他,走投无路的他只得拔枪自杀了。

在8月1日匈牙利苏维埃的一次会议上,急于摆脱共产党的社会民主党人和急于离开匈牙利的共产党人通过一个决议:解散苏维埃政府。

就这样,匈牙利苏维埃共和国,仅仅存在了133天就被颠覆了,取而代之的是由巴黎和会精心炮制的以佩德尔为首的清一色右翼社会民主党人组成的所谓工会政府。这时匈牙利已经完全陷入了混乱之中,库恩·贝拉和其他领导人在匈共武装"列宁青年"的护送下怀着无限的留恋和哀伤离开了他们为之奋斗的祖国,他们中相当一部分人再也未能回到匈牙利,这其中也包括库恩·贝拉。

他们乘火车来到了匈奥边界后,这些"列宁青年"就被奥地利军方解除了武装,然后交给匈方送回国内。在边界分别时,有个"列宁青年"成员凄惨地对库恩·贝拉说:"库恩同志,我们肯定是要被判处死刑的,请代表我们向伟大的共产主义革命致敬。"果然这些人后来大都被判处了绞刑,但是仍然有很多人在绞刑台上高呼:"匈牙利苏维埃共和国万岁!"

匈牙利革命政府被颠覆之后,协约国认为只有霍尔蒂才能维持局势,决定全力对其加以扶持。11月16日,前奥匈帝国海军上将霍尔蒂率领国民军进入布达佩斯,开始了血腥的统治。匈牙利恢复了君主制度,建立起了由霍尔蒂领导的法西斯专政,整个国家陷入了一片白色恐怖之中。1920年7月,霍尔蒂政府开始审理所谓的"库恩·贝拉及其同党案"。从革命失败到1921年之间,约有5000多人被杀,仅在霍尔蒂国民军的大本营希奥福克就处死了200多名共产党人,一些人被绑住双手扔进多瑙河,有的被吊死在路灯上。有8万多人被投进监狱和关进集中营,十几万人被迫逃亡国外。在匈牙利历史上,这是一次最残酷的革命与反革命的斗争。

## 流亡苏联的岁月

苏维埃匈牙利覆灭后,库恩·贝拉最初流亡到奥地利,他的妻子库恩·贝拉妮也差不多同时赶到。当时几家外国报纸曾说库恩·贝拉妮每天穿最好的丝绸,有各种金银珠宝,头上戴纯金做的皇冠,孩子们都穿从外国买的童装,过着奢侈腐化的生活。然而,在库恩·贝拉妮坐的火车上却发生了这样一件事,使这些谣言不攻自破:几个宪警知道库恩·贝拉妻子的身份后,心想一定捉住了一条大鱼。他们对她的行李搜查了一遍又一遍,可最终连一个金豆也没找到。一个宪警一边搜索一边嘟囔道:"真倒霉,没带皇冠,竟连细软也没有。"

库恩·贝拉在流亡奥地利的日子里,仍不倦地为营救其他被捕的革命同志和改善他们的生活而努力。他还撰写了《从革命走向革命》的小册子,分析匈牙利无产阶级专政失败的教训,勾画未来重建苏维埃共和国的蓝图。他说:"只要我们不自由,他们就休想得到安宁。"

在奥期间,当局把这些匈牙利政治流亡者集中安排在一个古老的城堡里。匈牙利反革命势力曾多次要求将这些人引渡回国,奥地利国内也有人支持这样做,但奥政府担心国际舆论,主要是惧于苏俄的压力而不敢这样做。匈牙利特务机关曾多次派人对这些革命者下手,计划过绑架、爆破,但是都失败了。后来还策划了一次投毒,只是因为毒量不大才没有造成十分严重的后果。

后来苏俄政府出面营救,与奥地利政府进行谈判,奥方同意以"遣回战俘"的名义让这些革命者到苏俄去,但必须经由第三国前往。经过多方协调,这批人决定偷偷地经由德国前往俄国。但是,由于1919年4月13日成立的德国巴伐利亚苏维埃共和国也于5月1日失败,那里也是一片反革命恐怖,他们只得选择由捷克斯洛伐克西部前往德国。几天后,这些匈牙利流亡者悄悄地来到德国的一个小港口斯德丁,登上一艘轮船向俄国开去,向着他们的希望之邦开去。

但是事情并不顺利,在离波兰的什维诺乌伊什切(当时属德国)不远的一个地方,一艘挂着黄旗的巡逻艇靠上了他们乘坐的船,上来几个警官,宣布要拘留库恩·贝拉等5人。大家一起进行了抗议,不许他们把5人带走。第二天,有3艘德国驱逐舰在附近出现,并用扩音器喊道:如果库恩·贝拉等5人在10分钟内不下船,3艘驱逐舰将立即向轮船开火。就这样,他们又被德国扣留了起来。但几天后,德国外交部长宣布:由于匈牙利政府未能在8天内用书面提出引渡这些人的要求,德国政府无法继续拘留这些匈牙利流亡者,因此将这些人作为不受欢迎的人永远驱逐出境。

1920年8月,历经磨难的库恩·贝拉一行终于到达苏联。在列宁格勒和莫斯科,他受到了热烈欢迎。《消息报》发表文章,称他是"国际无产阶级最崇敬,世界资产阶级最痛恨"的共产党领导人之一。列宁和其他一些俄共领导人会见了他,他很快就投身于共产国际的工作之中。但是他的妻子和孩子却没有被允许前往苏俄,在意大利共产党的帮助下,到意大利去寻求避难。

当时,苏俄正面临着外国武装干涉和国内匪徒叛乱和保卫新生红色政权的任务。1920年9月,弗兰格尔纠集邓尼金的残部,自任总司令,配合波兰地主武装向苏维埃俄国发起了进攻。库恩·贝拉来到不久,苏俄政府便委任他为南方战线军事委员会委员,与功勋赫赫的南方战线司令伏龙芝一起共同指挥南线的战争,平定克里米亚弗兰格尔的白卫军叛乱。后来,他又被任命为克里米亚革命委员会主席。

当时的俄国南方战线,有两个主要敌人,一个是弗兰格尔的白卫军,一个是由无政府主义者马赫诺领导的富农武装,当然,最主要的敌人是弗兰格尔。当时,布琼尼将军的骑兵还在波兰作战,南方战线兵力不足,无法同时对付两个敌人。为了摆脱腹背受敌的不利局面,这就需要将这两个敌人区别对待,先与其中一个达成和约,才能有效地打击敌人。但是马赫诺阴险狡诈,是一个亡命之徒,谁敢去与这样的人谈判呢?

库恩·贝拉自告奋勇去与马赫诺谈判。鉴于马赫诺狂妄自大的性格,他决定只身前往,不带任何武器。库恩·贝拉敢于只身前往确实使马赫诺吃惊不小,后等贝拉到达总部时,看到他竟然连一支手枪都没有带,这更使马赫诺敬佩不已。经过谈判,双方订立协议,结成联盟,共同打击弗兰格尔的白卫军。虽然后来马赫诺又重新与人民为敌,但是当时的协议对红军来说是十分重要的。

贝拉还经常到前线去,和普通士兵一样生活,一起战斗,时而跳过一条小沟,时而匍匐前进,观察敌情,做出判断。有一次,他到第九步兵旅的一个连队,正在与士兵交谈,突然飞来一弹,把他的军大衣打了一个窟窿,但这并没有阻止他继续走到前线去。

在克里米亚建立苏维埃政权以后,库恩·贝拉于 1921 年 3 月与费伦茨等一起去德国发动革命。德共虽然在 1918 年就成立了,但是人数很少,对工人的影响很小,根本就称不上是一个群众性政党。1920 年 12 月,德共与德国独立社会民主党左派合并为德国统一共产党,共有党员 40 多万人。这在共产国际看来已经具备了革命的条件,但其实那时德国的革命高潮已经过去。在共产国际中,库恩·贝拉是共产国际执行局中一个坚定主张采取进攻策略的重要成员,他认为这样一方面可以带动德国革命的高潮,另一方面可以缓和俄国国内的困境,共产国际领导人季诺维也夫就决定派遣他去领导这次革命。

　　库恩·贝拉到达柏林后,选定德国中部作为进攻的中心地区,但当他把自己的计划向德共领导人蔡特金、列维(德共总书记)等人透露时,没有一人表示同意,蔡特金甚至气愤地说:"以后如果没有人在场作证,拒绝同他谈话。"德共给共产国际写信反复说明德国不具备条件,并要求将库恩·贝拉撤回去,但未得到任何答复。

　　3 月 21 日,罢工开始了。但是在德国有组织的 1000 多万工人中,有 900 万控制在社会民主党右派手中。参加罢工的只有 20 多万人,许多地区连罢工的消息都不知道,在柏林只有 4000 多工人参加罢工。在某些地方,罢工工人由于阻止上班工人进厂而互相厮打。"三月发动"变成了部分共产党工人的孤军作战,这次后来引起很多争议的起义很快失败了。成千上万的工人被关进了监狱,被捕的共产党员有 6000 多人,其他党员也纷纷退出,德共党员猛减为 20 万人。列维在给列宁的信中说:"如果再发生两次或三次以上这类事件,德国共产党就会化为乌有。"库恩·贝拉受到很多人的指责,回到俄国,被调任为俄共(布)驻中央共青团中央的特派员。1921 年 6 月,共产国际第 3 次代表大会选举他为执行委员会委员。

　　1922 年到 1923 年,库恩·贝拉又被列宁任命为俄共乌拉尔局宣传部长,宣传新经济政策,后又在共青团工作,曾当选为共青团中央书记处书记。当时的乌拉尔是俄国最大也是最重要的工业基地。可是在政治和经济上都有很多问题。新经济政策的推行也很不利,社会革命党人和其他一些反对派利用苏俄的困难在那里兴风作浪,很多知识分子公开反对共产党的政治主张。由于持续几年的国际和国内战争,乌拉尔经济受到了严重的破坏。作为战争最明显的一个结果是,在大街上有很多到处流浪的孤儿。这些孤儿们衣衫褴褛,冷得瑟瑟发抖,整天唱着那首乞食的歌谣:"我会很快死去,人们就会把我埋葬,于是把我遗忘,不知道我的尸骨将在何方……"等待着有人给他们一块面包。

　　当时在乌拉尔的大学里有一位十分有名的教授,在学生中很有名望,但是他上课时从来不放过机会来歌颂旧社会,贬低苏维埃政权。库恩·贝拉就给这位教授打电话,要和他交谈。一开始这位教授推诿说事情多,不想与贝拉见面,后来勉强同意与贝拉谈一谈。教授起初是沉默寡言,说也是言不及义,抱着敌视的态度,但是当他发现这位共产党的宣传家对很多问题很有见地时,就开始松动起来。贝拉理解教授的心情,一开始只是聊天,到了最后才把自己的目的说出来:"教授同志,我可以向你保证,你的坦率不会给你带来任何麻烦,但是如果你继续向学生灌输反革命的思想,那确实会给你带来不愉快的结果的。"经过几次深入的交谈,那位教授虽然并没有完全把自己的真实思想说出来,但是在大学校园里再也不敢发表反苏维埃的言论了。

库恩·贝拉十分推崇马雅可夫斯基的诗,每当有人攻击马雅可夫斯基的诗,他就会怒气冲冲地说:"小资产阶级又不高兴了,党员队伍里也有小资产阶级分子。"甚至在家里他也能为捍卫马雅可夫斯基的诗而弄得气氛紧张。他的女儿14岁了,不理解也不喜欢马雅可夫斯基的诗,他就让女儿坐下来高声朗读马雅可夫斯基的诗,他认为这样一定会让女儿改变看法。但是这种方法并没有奏效,他的分析也不能打动女儿,这位老库恩就向库恩小姐大发雷霆,不停地抛出"小资产阶级""公主""反动"等名词。

# 没有祖国的革命家

1923年3月,库恩·贝拉前往莫斯科,筹备共产国际第4次代表大会,他要与克拉拉·蔡特金一起为列宁的报告做一个补充发言。但他在莫斯科病倒了,稍有好转他就想重新参加工作,但是列宁安排他和他的家人到高加索去做一次旅行,洗一洗那里的矿泉水。库恩·贝拉一直与列宁保持着十分紧密的联系。1922年4月13日,列宁曾在同一天内给3个人写信,要他们帮助库恩·贝拉和他的家人。他把列宁给他的信和便条都放在自己办公桌里,甚至在列宁去世以后也没有交给列宁研究院,这就造成了一个永远都无法弥补的损失。因为在1937年6月,当他被苏联内务部逮捕之后,这些珍宝就被看门人当作废纸扔掉,(一说是被苏联内务部查收,并有可能销毁)从而永远地消失了。

1923年底,库恩·贝拉离开乌拉尔地区,被任命为共产国际宣传鼓动部部长。1924年1月24日,列宁旧病复发不幸逝世,库恩·贝拉参加了列宁治丧委员会并为遗体守灵,从而使他有机会在他最崇拜的人旁边多呆一会儿。在以后的时间里,库恩·贝拉一项很重要的工作就是组织列宁著作的外文翻译工作。

虽然库恩·贝拉在尽心尽力地为苏俄革命而浴血奋战,但他却一刻也没有忘记自己的祖国,并积极为重建匈牙利苏维埃共和国而努力。1924年10月,他冒着生命危险,秘密来到奥地利同流亡在奥的匈共领导人共商重建匈牙利共产党之事。1925年8月匈共重新成立,库恩·贝拉又被选为党的主要负责人。在以后的3年中,他经常化名或用假证件往返于莫斯科和维也纳之间。当时他的公开职务仍在共产国际,任共产国际宣传鼓动部长。他在维也纳严格遵守秘密工作的原则,每隔一段时间回莫斯科一两个月,照常参加共产国际的会议。人们对库恩·贝拉的突然离开莫斯科,然后一段时间里毫无消息都感到奇怪,以为他去疗养或者度假旅游去了。然而,他们却想不到库恩·贝拉是到充满危险的奥地利去,为他的祖国匈牙利做着神圣的工作。

1924年10月,库恩·贝拉应流亡奥地利的匈共领导人的请求,秘密来到维也纳,经过1年多的准备,于1925年8月重新创建了匈牙利共产党,召开了第1次代表大会。在那里,他除了领导和处理党内事务之外,还致力于理论研究,写了《向农民学习》等文章,总结1919年革命失败的历史教训,并创办了政治理论刊物《新三月报》,送回国内秘密传播。1926年前后,库恩·贝拉又到柏林从事地下工作。在这段时间里,他仍然领导着共产国际内的宣传工作,经常往来于柏林、维也纳和莫斯科之间。1928年4月27日,那个令很多人难以忘记的早晨,奥地利当局搜查了匈牙利共产党设在维也纳的国外局办公室,逮捕了库恩·贝拉和其他一些领导人。此举令世界一片哗然。

匈牙利的《佩斯日报》在4月28日的社论《红魔》中写道:"消失了的红色恐怖魔头在维也纳出现了,我们一听到这个名字就毛骨悚然。"《新闻报》写道:"全世界都对这位匈牙利无产阶级专政的魔王又试图在中欧放起布尔什维克之火大为吃惊。"法国的《晨报》《时代报》,英国的《泰晤士报》《每日邮报》等大大小小的报纸都一起咒骂库恩·贝拉。在法庭上,库恩·贝拉驳斥了起诉书强加给他的种种罪名。与此同时,声援和要求释放他的活动也在欧美一些国家高涨。共产国际和苏俄政府的全力营救,虽然奥地利当局一开始打算将他引渡给匈牙利政府,但是在苏联和其他国际势力的压力下,改判3个月徒刑,驱逐出境,并同意把库恩·贝拉交给苏联,条件是必须在极端秘密的情况下进行。两个密探用汽车通过迂回的路线,几乎用一种逃遁的方式把他送到了德国,由一名德国共产党员陪同,登上了一艘去列宁格勒的赫尔岑号船。

在列宁格勒,人们准备了一个规模很大的欢迎仪式,码头上挤满了工人和匈牙利革命者,还有仪仗队和军乐队。中午,一艘轮船慢慢靠向了码头,乐队开始奏起了《国际歌》,仪仗队也开始立正,但是突然有人说库恩·贝拉不在船上,这艘船上只是有个美国贸易代表团。乐队停了下来,仪仗队士兵也把刀重新插进鞘里。这个美国贸易代表团看到有一个规模如此宏大的欢迎场面,还有点受宠若惊,但是又看到这个欢迎仪式突然停了下来,又感到有点不知所措了。等到第二天上午,库恩·贝拉真的回来时,人们反而来不及准备欢迎仪式了。库恩·贝拉重新回到苏联后,直到他去世,除了中间有一次到国外开会外,就再也没有离开苏联,也再没有到苏联以外的地方搞什么革命运动了。

1928年8月,共产国际六大召开,他受到与会者的热烈欢迎,被选进执委会主席团,同斯大林、布哈林等并列,成为共产国际核心领导人之一。1929年~1934年,他出任共产国际巴尔干局主席,负责领导整个巴尔干半岛的共产主义运动。在1935年共产国际七大上,因他同当时共产国际主席季米特洛夫意见分歧,没有进入主席团,但仍当选为执委会委员。

## 英雄的末路

从20年代中后期开始,苏联开始了打击反对派的运动,而由于第一个五年计划和强制集体化所带来的经济灾难,引起了人们对斯大林主义的怀疑。当时有数百万农民死于饥饿和流放,工人也因吃不饱饭而拒绝工作。在苏联党的高层也有人表示了对斯大林的不满,一些在斯大林与托洛茨基的斗争中支持斯大林的人开始感到后悔。党内到处酝酿着反斯大林的情绪,一些人甚至开始联络在国外的托洛茨基,准备推翻斯大林的暴政。但斯大林是不会坐以待毙的。

1934年12月16日,在列宁格勒,发生了震惊苏联的基洛夫被杀事件。基洛夫是当时列宁格勒市委书记,在1934年1月的十七大上当选为政治局委员、书记处书记,得票率远远领先于斯大林,很有可能取代斯大林在党内的地位。关于他的死因,至今仍然是一个不解之谜。但是这件事的直接后果是苏联的政治气候开始发生了急剧的变化,斯大林趁机打击自己的所有政敌和与自己政见不同的革命者。

这时,国际法西斯势力活动猖獗,战争危险日趋严重。在 1935 年夏天举行的共产国际第 7 次代表大会上,通过了季米特洛夫关于建立国际反法西斯统一战线的报告。这是一份非常重要的报告,但后来却成了季米特洛夫后来的"叛党证据"。库恩·贝拉为准备大会提纲花了好几个月的时间,但是他对 1919 年匈牙利苏维埃政府期间社会民主党的动摇和叛变记忆犹新,仍然坚持把社会民主党视为最反动的势力,反对共产党与之合作、建立统一战线的策略。这一问题,再加上在20 年代他曾在关于"一国建设社会主义"问题上倾向过托洛茨基的观点,受到由斯大林派支配的共产国际主席团的严厉批评,库恩·贝拉被迫作了自我检查。

苏联的肃反运动继续扩大,更多的人被投进了监狱。1936 年 1 月,苏联最高法院宣布季诺维也夫为"地下反革命小组的主要组织者和最积极的领导人",判处有期徒刑 10 年。著名的共产党领袖加米涅夫被判处 5 年徒刑。不久,苏共中央决定在全党实行审查和更换党证。

苏联大清洗运动开始后,加上随之而来的对斯大林的个人迷信日趋猖獗,库恩·贝拉的政治命运也急转直下。库恩·贝拉作为列宁忠实的学生,长期在俄共(布)党内和共产国际内部担任领导职务,因而与斯大林要铲除的各种"集团"的主要人物托洛茨基、布哈林、季诺维也夫、加米涅夫等都有着许多工作上和私人之间的联系,这便注定了他的不幸。1936 年初,在斯大林的直接操纵下,共产国际执委会讨论匈牙利局势,公开谴责库恩·贝拉为首的匈共领导人在党内"阻挠共产国际七大路线的执行"。

5 月,执委会再次讨论匈牙利局势,又一次批评了他的"宗派行为",指控他"以假报告欺骗国际"。接着便改组了匈共中央委员会,他被排除在外。尔后,库恩·贝拉主动要求解除他在共产国际中的职务。夏天,他要求得到斯大林的接见,并且表示:如果不能为匈牙利党工作,他愿意为苏联党做些实际工作。

在莫洛托夫和卡冈诺维奇的陪同下,斯大林接见了库恩·贝拉,让他继续留在共产国际。库恩·贝拉要求担任红军总政治部的主任,他认为希特勒总有一天会进攻苏联,军备比任何事情都更重要。斯大林已经打算同意了,但莫洛托夫认为红军总政治部主任的职务不宜让一个有着爆炸性名字的人来担任。斯大林后来答应让他找苏共中央组织部长叶若夫安排一个工作,并当面亲自给叶若夫打了一个电话。第二天,库恩·贝拉给叶若夫打了一个电话,询问工作安排情况。叶若夫说:"斯大林同志到外地视察去了,没有斯大林同志的同意,我不能做任何决定。"以后几个星期,他又多次给叶若夫打电话,但每次叶若夫的秘书都推说他不在办公室。他终于忍耐不住了,有一次打完电话后,他愤怒地摔碎了电话机。

1936 年 8 月 19 日至 24 日,苏联最高法院军事审判庭对季诺维也夫和加米涅夫等 16 人重新进行了一次公开审讯,以间谍、人民敌人的罪名判处这 16 人死刑。第一次公开审判后,肃反运动被推向高潮。9 月下旬,斯大林下令改组内务人民委员部,雅哥达因"右倾"不能胜任肃反运动的领导工作而被撤去内务人民委员的职务,由叶若夫接任。到了 1938 年 3 月,雅哥达和李可夫、布哈林一起在"右倾和托派联盟"案件中以曾直接参与暗杀基洛夫和高尔基罪被判处死刑。叶若夫一上任就大力清洗内务部和各级保安机关,大批保安干部被逮捕。

秋季的一天,阴云密布,已经担任内务部人民委员的叶若夫给库恩·贝拉打了一个电话,要他去谈话。他已经是很久没有见到叶若夫了,以为这下工作有着落了,就兴冲冲地赶了过去。叶若夫一开始并不谈工作的事,而是建议贝拉写一本批判人民敌人托洛茨基和季诺维也夫的小册子。他知道,现在如果拒绝会意味着什么,但是这两个人都是他所敬佩的人,他自己也曾经赞成过他们的主张,这种落井下石的事他实在做不出来,就只好推说现在文思已经枯竭,写不出东西来,然后要求到外地去做实际工作。叶若夫沉了一下脸没有说话。

　　几天后,叶若夫又给他打了一个电话,提出了两个职务让他选择,一个是农业人民委员(相当于中国的农业部长),一个是社会经济出版社社长。库恩·贝拉选择了后者,并积极开展了工作。现在看来,这一次其实是叶若夫对他的试探,看一看他是否听话。库恩·贝拉的拒绝并不是日后被清洗的主要原因,斯大林不会放过一个对他敢说不字的人,他的命运早就被注定了。

　　这时,一些外国报纸宣传库恩·贝拉加入了国际纵队,正在西班牙参加反法西斯的斗争。斯大林要求他接见外国记者辟谣,他满足了斯大林的要求,原来是一艘名叫"库恩·贝拉号"的苏联轮船通过英吉利海峡向西班牙驶去造成的误会。1937 年 7月底的一天,斯大林又给他打了一个电话:"外国报纸说你在苏联被捕了,你最好接见一位外国记者……"他又一次满足了斯大林的要求,接见了一位法国记者,法国报纸刊载了辟谣的声明。

　　但是几天后,1937 年 7 月 29 日深夜,内务人民委员部的几个宪兵突然冲到了库恩·贝拉的家中,他并没有表现出太多激动和不安,因为他知道,几年来,已经有很多共产党的高层领导就这样被带走了。

　　"别担心!"他对妻子说,"这大概是什么误会,过个把小时我就会回来。"但是,他一去就再也没有回来,他们夫妇也从此再没有见过面。直到今天为止,人们也无法搞清楚他被捕以后的经历,因为关于那段历史的资料非常少,后人也见不到关于他的详细档案。后来,只有一件事可以证实,他在 1939 年 11 月 30 日以前还活着,因为有人在这一天还见过他。也有可能他就是在那一天被处死的,被处死的罪名是"反对共产国际阴谋的头目"。可以想象,他肯定和其他在肃反期间被杀的许多人一样,被秘密杀害了。

　　1938 年 2 月 23 日,苏联红军的建军节,就在人们纪念纳尔瓦战斗(这是库恩·贝拉亲自参加了的战斗)20 周年的时候,他的妻子库恩·贝拉妮也被捕了,一直到 9 年后的 1946 年秋才获释。1941 年,他的女儿阿格奈丝也被逮捕,但不久就被释放了,在那个时代的同类人中,她可能是最幸运的了。另外还有很多匈牙利流亡者也因"库恩·贝拉反革命组织成员"的罪名被捕,其中大半被杀害。一直到 1955年,斯大林死后,这些匈牙利人才被恢复了名誉。

　　第二次世界大战后,执政的匈牙利共产党对库恩·贝拉的历史地位和作用给予了充分的肯定。布达佩斯中心的一个广场以库恩·贝拉的名字命名,广场中心矗立着他的塑像。但是,在 1989 年的政治大变动之后,库恩·贝拉的塑像又被推倒了。历史就是这样的反复无常,其中的恩怨对错应该向谁去诉说呢?

# 以色列开国之父

## ——本·古里安

## 人物档案

**简　历**:1886 年生于波兰普朗思克一个犹太律师的家庭。原名为戴维·格鲁恩。14 岁时就积极投身于犹太复国主义运动中。1906 年 9 月 7 日来到勒思坦,完成了他的移民计划。1933 年 7 月他成了犹太复国运动国际执委会主要领导人。1935 年 8 月又当选为世界犹太复国主义组织执委会主席。1948 年 5 月 14 日本·古里安宣读了《独立宣言》,宣布以色列成立了。1953 年 11 月 2 日,他辞去了总理职务。但在 1955 年他又不得回到国防部主持工作。西奈战争后本·古里安再次辞职。他已经老了。1973 年 12 月 1 日,这位现代以色列的缔造者与世长辞了。

**生卒年月**:1886 年 10 月 16 日~1973 年 12 月 1 日。

**性格特征**:性格孤僻,他信仰的是能够为犹太复国主义服务的社会主义。

**历史功过**:本·古里安是以色列的开国之父,他领导着犹太民族为了一个新国家的建立而进行的激动人心的斗争。

**名家点评**:他不是一个军人,但是比任何一个军事家都更好地把握住了每一个战略问题。

## 青少年时代

普朗斯克是俄属波兰的一个普普通通的小镇,离华沙只有 40 英里,从中世纪时一位王子的城堡发展而来,具有浓厚的犹太人氛围。1881 年,该镇 7824 名居民中有 4500 多人是犹太人,大部分是穷困的生意人和手工艺人。然而,令这个小镇骄傲的是,一群犹太知识分子建立了一座名叫"科普尔柯"的学校,并因其学术水平高而远近闻名。

1886年，本·古里安就出生在这里。他的原名叫作戴维·格鲁恩，到其用本·古里安为名时止，我们就叫他戴维好了。

　　1865年，普朗斯克一些主要的知识分子又建立了一个"学问和犹太教教谕之友协会"，戴维的祖父兹维·阿里亚·格鲁恩是其中的一位领导人。这位老格鲁恩曾经当过教师，受过良好的教育，信仰坚定，每天不读5章《犹太圣经》就不上床睡觉。他家里有一个不错的个人图书馆，有不少名家的作品。

　　戴维的父亲名叫阿维多·格鲁恩，同老格鲁恩一样，他也狂热地迷恋希伯来语和宗教知识，也是"学问和犹太教教谕之友协会"的活跃成员。中年以后，他继承了父亲法律代理的职位，与镇上的俄罗斯—波兰当局建立了良好的关系，在当地犹太人中颇有名望。在普朗斯克镇，他第一个脱下了犹太人传统的长袍，换上了黑色的燕尾服，并穿上当时流行的马甲，打上蝴蝶结，成年后娶了远房表妹辛德尔·弗里德曼为妻。辛德尔是一个地主的独生女儿，"娇小且棱角分明"，一共生了8个孩子，但只有5个活了下来。戴维是这个家庭的第4个孩子。

　　小戴维体弱多病，这一点很像母亲，脑袋大得不合比例，性格也很孤僻，很少到外面玩耍。阿维多为此忧心忡忡，带他到相邻的普洛茨克镇去请教一位相术家。那位老人摸了摸小戴维的头，向阿维多保证，他的儿子将成为一位伟人。从此以后，辛德尔经常骄傲地对人们说，她的小家伙将成为一个精通犹太教义的大拉比。戴维非常依恋母亲，常随母亲到乡下去避暑。但是他11岁时，母亲因生育而去世，这给小戴维带来沉重的打击。后来他经常说："我每天都在梦里见到母亲，我想与她说话并问她：为什么不能在家里见到你？"姐姐们不能代替母亲，而继母又得不到戴维的好感。从此以后，这个孤僻的孩子更加孤僻了，这种孤独感伴随了他的一生。

　　戴维与父亲阿维多的感情很深，正是从父亲那里，他懂得了对以色列(巴勒斯坦)的怀念和对希伯来语的爱。当1884年"锡安热爱者运动"组织建立之时，阿维多就成了第一批追随者，他的家也成了普朗斯克协会举行活动的中心。1896年，当西奥多·赫茨尔担任世界犹太复国主义组织主席的时候，阿维多又成了一个狂热的犹太复国主义者，同时，他又以父亲的权威将犹太复国主义精神灌输给了小戴维。但是阿维多公务繁忙，教育孩子的工作就落到了兹维·阿里亚老人的身上。每当小戴维走进祖父的办公室，老人就放下手中的工作，将孩子抱上膝头，耐心地教他拼读希伯来词汇。渐渐地，戴维能顺利地用希伯来语读讲一些简单的句子了。

　　戴维的正规教育是从5岁开始的。他进了一所名叫"赫德尔"的犹太传统学校。从7岁时他开始跟随一个号称"现代"的老师学习，那位有点驼背的老师有点像中国古代的私塾先生，只让学生不停地读《圣经》中的段落，而从来不管学生能不能理解其中的含义。不久，戴维又去一所新的学校，仍然是学习《圣经》和希伯来语。除此之外，他还上过一所俄罗斯国立学校，学到了一些俄语基础知识，并且接触到一些俄语作家的作品，这对他世界观的形成产生了深远的影响。

　　但是戴维世界观的形成不只是得益于阅读和正规的学习。每天他一从学校回家，就置身于"锡安热爱者"的世界里。他与父亲之间有着深深的理解。阿维多只打过他一次，那是因为小戴维没有按照教规佩戴写有经文的羊皮纸条。据本·古里安回忆："父亲抽了我一个耳光，这是我一生中第一次挨父亲的打。"但是戴维并没有让步,拒绝服从教规,也不祈祷。

戴维 14 岁时就像父亲和哥哥一样,积极投身于犹太复国主义运动之中。他与朋友们一起组建了一个"埃兹拉协会",目的是推广希伯来语。在这一群孩子中间,很少有人能说希伯来语,但还是顽强地说起了一个个的希伯来语单词。经过半年的努力,他们成功地召集了 150 多名儿童。就在这个小镇上,这些远离故土上千年的孩童仿佛掌握了打开故土之门的钥匙,从此以后,没有什么力量能够阻止他们心中那回归之花的盛开了。

1903 年,在瑞士巴塞尔召开的犹太复国主义第 6 次大会上,赫茨尔提出了一个"乌干达计划",主张在非洲的乌干达建立一个犹太人国家。戴维对这个方案非常失望,他和朋友们一致认为只有以色列地(巴勒斯坦)才是犹太民族唯一的家园,并坚定了一个信念:反对"乌干达计划"的最有效方式是定居以色列地,这种信念主导了他一生的政治活动。他们还承诺要以个人行动而非言辞来实现掌握以色列地的梦想。从那以后,他经常向世人证明,在言辞和行动之间,他更倾向于行动的立场。后来,他在一封给父亲的信中写道:"我认为,定居以色列地才是真正的犹太复国主义,其他一切都是自欺欺人,都是空谈,都是浪费时间。"

不久以后,戴维来到华沙,打算进一步学习。一开始他住在一位亲戚家,但是后来这位亲戚和他父亲一样遇到了经济困难,这就影响到了戴维的学习。他被迫去找一份工作谋生,做了一段时间的业余教师,但是几乎与此同时,他的个人计划也连连受挫。由于沙皇政府的严格控制,犹太人要进入俄国高中非常困难,而一所面向犹太人招生的学校又要求有高中毕业文凭,戴维的求学之梦很快就破灭了。大概也正是因为这样,这个世界上才少了一个学者,却多了一个杰出的政治家。

正当这位青年处于迷茫中时,又传来了一个不幸的消息:犹太复国主义领袖西奥多·赫茨尔去世了,这更使戴维陷入深深的失望之中。正在这时,一位青年在他生活中出现了,这是戴维的一个朋友,名叫什洛莫·泽马克。1904 年 11 月 25 日,戴维回到普朗斯克,与什洛莫进行了一次深刻的会谈,两人决定什洛莫先到巴勒斯坦去,为后来的移民开辟道路。12 月 17 日,什洛莫出发了,8 个星期以后,他到了巴勒斯坦。这一举动在普朗斯克引起了轰动,几乎一夜之间,什洛莫成了青年人心中的偶像。但是戴维并没有立即赶往巴勒斯坦,他又在普朗斯克活动了 1 年多时间,为自己和朋友将来在以色列地的生活做准备。

"崩得"的出现给戴维提供了人生中第一次从事社会斗争的机会。"崩得",是意第绪语"联盟"的意思,是"立陶宛、俄国和波兰犹太工人总联盟"的简称。"崩得"对犹太复国主义运动持坚决的反对态度,它声称要取代犹太复国主义在民众心中的地位。戴维发誓要与"崩得"作毫不妥协的斗争。在以后的多次论辩中,他充分发挥自己的天赋,成了一个极具说服力的演说家和论辩家。有一次,他在犹太教堂做了一场歌颂赫茨尔的演讲,许多人都激动得流下泪水。愤怒的"崩得"派了一位演说家到普朗斯克去,但戴维这个年仅 15 岁的小青年,凭着三寸不烂之舌,将那个"演说家"驳得体无完肤。从 1905 年起,他就成为一个新成立的犹太工人运动组织——"锡安山工人党"的活跃成员。

戴维的影响很快就遍及与普朗斯克相邻的各个地方,锡安山工人党经常派他到邻近各镇去活动,他总是能干得很成功。受俄罗斯革命的影响,他也穿上了俄式罩衫,戴上当时在革命者中很流行的尖顶帽子。这些就足以成为证明他犯罪的全部根据了,俄国当局逮捕了他。幸亏他父亲在上层还有些关系,经过一番周折,戴维被释放了,但是他并没有因此而有所收敛。有一次,他去邻镇办理一件仲裁案件时,在身上被查出了与政治活动有关的文件,又一次被捕。这一下又花了他父亲1000卢布,才使他免受牢狱之苦,但是他获释后,仍然从事非法的政治活动。

1905年夏,什洛莫·泽马克从巴勒斯坦回到普朗斯克,他并没有忘记原来的计划,同戴维一起开始组织一支大规模的移民队伍,计划于1906年夏奔赴巴勒斯坦。

就在这时,戴维的生活中发生了一个重大的事件:他与拉切尔·奈尔金相爱了。他要么带着拉切尔一同赶往巴勒斯坦,要么只能忍受相思之苦。结果,他花了很多工夫才使拉切尔的父母同意自己的女儿与这个毛头小子一起前往那块未知之地。

关于这段恋情,还有许多趣事。有一次,戴维与拉切尔手拉着手在大街上散步,这种大胆的爱情表达引起了轩然大波,许多保守的家庭不允许自己的女孩子与拉切尔交朋友。不久以后,又上演了一场莎士比亚式的闹剧。有一个名叫什洛莫·拉维的人,也是拉切尔的追求者,但是他不敢向她表达。有一天,他在街上看到戴维,妒火中烧,愤怒难忍,就拔刀向戴维冲去。戴维赶紧逃命,拉维穷追不舍。两人在大街小巷中跑来跑去,直到拉维精疲力竭为止,但是后来他们却成了很要好的朋友。

夏末,这一群先驱者前往巴勒斯坦,戴维和拉切尔也在其中。但是他们并没有多少表达爱情的机会,这也许象征着这段恋情将有一个不幸的结局吧!拉切尔的母亲对这一对恋人很不放心,就决定陪同女儿前往。一路上,她将自己的铺盖放在两个年轻人中间以维护礼教。在这次漫长的旅程中,她如同横亘在两个年轻人中间的一道铁壁。

他们乘坐的那艘破旧的俄国轮船渡过黑海,穿过土耳其的两个海峡,经过地中海东端,最终靠近了雅法海岸。这些年轻人的一种崭新生活开始了,犹太民族一页崭新的历史也开始了。

# 初踏故土

1906年9月7日,那是一个闷热的清晨,几个先来的人在雅法码头上迎接戴维一行的到来。一踏上巴勒斯坦的土地,这一群年轻人就欣喜若狂起来,但是戴维却感到雅法不是真正的以色列故土。当天下午,这些人就徒步赶往佩塔提克瓦。晚上,在迷人的月光下,橘树林散发着清新的芬芳,戴维平生第一次听到了驴子的叫声。那个夜晚,他兴奋得一夜未眠,在四周走来走去。

第二天,太阳刚刚升起,这个从未干过农活的年轻人便开始工作了。他的第一件工作是运粪肥,并将粪肥放到新挖的树坑里。但是工作并不总是如人们描写的那样轻松,在给父亲的信中,他描绘了工作的艰辛:"这可不是件容易的活儿,顶着炎炎烈日翻耕红色的泥土,汗如雨下,双手磨起了膙子,肋骨就像是散了架。"

戴维认为:由犹太人在古以色列的领土上劳动,也就是"劳动征服",这是犹太人收回以色列地权的唯一办法。为了实现自己的理想,他拼命工作,但不久以后,疾病将他击倒了。医生劝他离开这里,说他不适应这里的环境,但是病情刚有点好转,他又走向了田地。除了疾病,饥饿也是一个难以摆脱的阴影。有些日子,他连一个阿拉伯扁面包也买不起,整天饿得饥肠辘辘,一闭眼,就会幻想出大盘大盘的食物来。这种情况被他父亲知道了,就给儿子寄来了 10 个卢布。但是不久以后,阿维多又收到了儿子退回的汇款,并附上了一句话:"在这里,钱对我绝对没有用。"

但是,对戴维他们这些新移民来说,最严峻的挑战并不是这些。他们的雇主往往也都是犹太人,从前也曾是满腔热血的犹太复国主义者,但是现在他们都变成了唯利是图的农场主,不再参加劳动,对这些一贫如洗的后来者毫无同情心。所以,对这些雄心勃勃的先驱者来说,最大的挑战就是如何重振人们的复国主义激情,使人们明白他们到这块土地上来的主要目的不只是做一个富裕的地主,而是要建立一个犹太人永久的家园。戴维经历了打散工的屈辱,再加上他的阶级意识和复国主义理想,使他与当地农民处于激烈的对抗之中。于是很自然的,他加快了在锡安山工人党中开展政治工作的步伐。

"锡安山工人党"和"青年工人党"是当时巴勒斯坦仅有的两个犹太人劳工组织,但是由于意识形态的分歧,这两个党处于敌对状态之中。受俄国革命的影响,锡安山工人党正在成为一个马克思主义的政党,并将犹太复国主义理想弃之一旁,而青年工人党则正好相反,它推崇希伯来语,主张用实际行动来实现其复国主义理想。有一个例子也许可以说明这两个党之间的分歧之大:戴维刚刚登上雅法的码头,就有一个工人主动跟他说话,穷追不舍地要他说明对历史唯物主义的态度,实际上也就是要他表明支持哪一个党。戴维认为在巴勒斯坦不应有两个犹太人政党,他长期致力于这两个政党的统一工作。

对于戴维来说,他虽然信仰社会主义,但却是一种务实、灵活的社会主义,是一种能为犹太复国主义目标服务的社会主义。在他心目中,犹太复国主义已经与社会主义融为一体,工人阶级是犹太复国主义的先锋队,民族复兴只有通过在以色列地的务实工作才能实现,社会主义政党的意识形态必须服从于复国主义这一中心目标。这个原则贯彻于他整个的政治生涯。

1906 年,锡安山工人党在巴勒斯坦召开第一次大会,戴维当选为五人中央委员会的成员之一。后来这 5 个人和其他人一起,在腊姆拉镇一个老式阿拉伯旅馆里,经过两天三夜的激烈讨论,终于产生了一个期待已久的党纲——《腊姆拉纲领》。但是这个文件并不能令戴维满意,因为它没有体现出犹太复国主义思想。戴维一直主张推广希伯来语,要求明确表达出犹太复国主义精神。在党的第 2 次大会上,终于将犹太复国主义写进了党的纲领,但是却否定了戴维提出的发行希伯来语出版物的主张,这种情况使他对参加党的工作很不积极。1907 年,他应党的要求在雅法住了一段时间,但是他更愿意去种地。他曾经在一家小酒厂踩葡萄。有一次他和一个同伴打赌谁踩的时间更长,结果他一连踩了三天三夜,当然也就赢了这场比赛。但从那以后,他很长时间都不喝葡萄酒。

来到巴勒斯坦后只有一年,他就动身前往加利利。当时加利利是一个十分荒僻的地方,只有很少几个犹太人定居点,到处都是阿拉伯人的村庄和部落,总共只有几十个犹太人,根本就不会有失业问题,工资也能正常发放,戴维的生活问题解决了，但这时他的爱情却出了问题。拉切尔的身体很弱，根本不能适应沉重的农业劳动，自从在一个橘园被解雇之后，一直没有找到工作。从普朗斯克来的人都认为她有损普朗斯克人的名声，经常对她表示不满，她自己也感到很难过。但在这个时候，戴维不但没有给她安慰和鼓励，反而同其他人一起指责她，这使拉切尔非常伤心，就没有随戴维一同去加利利。尽管戴维一直深深地爱着她，但却无法摆正爱情和复国主义理想的位置。1年后，拉切尔与一个医生结婚了。失去爱人的痛苦在很长时间里都是戴维心里的一块阴影，直到今天也很难评价这件事对他的一生到底产生了多大的影响。

戴维后来又到了塞杰拉，那地方十分偏僻，经常受到阿拉伯人的袭击，但这是整个巴勒斯坦唯一一个全部工作都由犹太人做的定居点。在这里，他真正成了一个庄稼汉，度过了一段美好的时光。但是作为一个农夫，他并不十分出色，倒是在那里留下了不少趣事。

有一次，他跟在牛的后面，边走边看书，当他看完书抬起头时，才发现牛不见了，而自己仍然呆在地里。实际上，他跟在牛的后面时，更多的是思考。失恋带来的孤独给他提供了思考的机会。也正是在这段时间里，他终于形成了自己关于犹太复国主义的思想体系。一旦有机会，他就要在实际政治生活中付诸实施了。

这期间又有了一个小插曲。1908年，根据俄国的法律，轮到他去俄国军队中服役，为了让父亲免掉300卢布的罚款，戴维回到普朗斯克并到军队中报到。但他很快就逃出了俄国军队的营地，伪造了一份证件进入德国。12月底，他又回到了巴勒斯坦。但从此开始直到第一次世界大战结束，他都不能以公开身份返回故乡了。

但是塞杰拉并不是一个安全的港湾，1903年"逾越节"期间，这里发生了一次严重的事件。一个年轻的犹太人和他的两个同伴在从海法赶回塞杰拉的路上，遭到3名阿拉伯人的袭击。阿拉伯人试图抢走他们的财物。对于阿拉伯人来说，这种抢劫好像是他们的副业，是他们的传统。在混战中，有一名阿拉伯人被打伤，两天后，这个阿拉伯人死在一所医院里。

塞杰拉的犹太居民心中都蒙上了一层阴影。因为根据阿拉伯人血亲复仇的传统，一定要杀一个敌人为死去的人报仇。人们不知道死亡会降临到谁的头上。

"逾越节"的最后一天，突然从地里传来枪声。等人们赶到时，看到的只是农场守卫科思高里的尸体。这时，远处出现了3个阿拉伯人。戴维和两个同伴持枪前去拦截，他们做梦也没有想到，自己正在走向一条通往死亡之路。原来，那3个阿拉伯人只不过是诱饵而已。当戴维他们经过一排仙人掌时，响起了一阵震耳的枪声。戴维亲眼看着一个同伴经过一阵痛苦的挣扎后，就再也没能站起来。

这个事件对戴维的影响非常大，使他形成了建立犹太人自己的武装的思想。但是与此同时，这却是他第一次也是最后一次亲身参加武装斗争，当时的一个犹太地下武装组织拒绝了他加入的要求，那些人都说他太过于鲁莽。

6个月后，戴维在裤兜里塞了一支手枪，离开了塞杰拉。他对未来已经有了一个明确的目标：进入大学学习法律。他一边工作，一边学习。1910年中，他接到了伊扎克·本·兹维的通知，要他到《团结》编辑部工作。《团结》是锡安山工人党的核心刊物，他虽然对党的组织有些反感，但还是收拾行李，来到了圣城耶路撒冷。

从此以后,作为个人的戴维消失了,他全身心地投入到公共事务之中。但是在加利利的生活是那样的美好,那样的激烈,以至于在他以后的人生中,始终怀着留恋和神往的心情去回顾那段迷人的时光。

1910年秋天,戴维身披一件薄薄的黑色斗篷,在耶路撒冷大街的寒风里匆匆而行。这件从俄罗斯带来的外套对他非常重要,白天是他的外衣,夜里就成了被子。在一个叫作弗罗地之院的贫民区,他租了一个没有窗子的地窖,又找了一些盒子、纸板做床,就在这个潮湿、弥漫着霉烂味的地方住了下来。

到《团结》编辑部不久,他就有了两个很要好的朋友,一个就是让他来编辑部的伊扎克·本·兹维,他是锡安山工人党的创始人之一,曾经在俄罗斯从事多年的地下工作;另一个是拉切尔·亚奈特,一个身无分文的狂热的犹太复国主义者。夜幕降临的时候,他们经常坐在耶路撒冷旧城的一家咖啡馆里,要上一杯咖啡,讨论犹太人的前途,高谈阔论有时长达几个小时。

一开始,他羞于动笔,不知道自己是否具有写作能力。虽然第一期刊物上有他的两篇文章,但是他甚至不敢署上自己的名字。在第二期上,他终于替自己取了一个笔名:本·古里安。这确实是一个值得纪念的重大事件,尽管在当时谁也没有意识到这个名字有一天会响遍全国和全世界,并对整个犹太民族产生重大的影响。据说,这个名字来自一位古代犹太政治家尤素夫·本·古里安,在反抗罗马的起义中,他以勇敢、诚实、崇尚自由而著名。从此以后,原先的戴维·格鲁恩就成了大卫·本·古里安了。

在耶路撒冷的一年中,他进一步认识到:工人必须不分党派的团结起来,在巴勒斯坦的犹太人必须决定自己的命运,而不是服从那些来自国外的不切实际的"最高指示"。但是这个思想受到严峻的考验。在他和本·兹维作为巴勒斯坦的代表一道去参加第3次世界锡安山工人党联盟大会时,会议的其他代表对他们这种公然的分裂行为表示极为不满。

这些情况使他明白了在巴勒斯坦的先驱者与流散在各国的犹太复国主义者之间的分歧,但他同时也坚定了为实现理想而奋斗的信念,即使身处孤立境地也义无反顾。

巴尔干战争

1911年11月7日,本·古里安来到奥斯曼帝国马其顿省的首府萨洛尼卡学习土耳其语,为进一步到君士坦丁堡学习法律做准备。1912年春天,他从一所俄国中学搞到了一份伪造的高中毕业证书,通过所有的入学考试科目,进入了一所名叫"智慧屋"的大学学习。

但是不久,巴尔干战争爆发了,成千上万的学生走上了战场。学校关闭了,本·古里安只好回到巴勒斯坦。尽管几个月后他又回到了学校,但是由于疾病和经济拮据,学习也只能时断时续。中间有一次他回到波兰向父亲求助,但由于他是一

284

个逃兵,不敢回到普朗斯克,只好住在华沙的姐姐家中。1914年7月,本·古里安从君士坦丁堡返回巴勒斯坦度假,启程3天后,他发现自己乘坐的俄国轮船受到3艘德国军舰的追逐。这时他才明白,世界大战爆发了。

巴勒斯坦处于极度混乱之中。土耳其经过两个月的观望之后,加入了德国阵营,开始对犹太人实行严格的限制措施:没收武器,并驱逐没有公民权的犹太人。一开始,本·古里安还加入了一个犹太民兵组织以保护耶路撒冷,但是当土耳其海军统管基马尔·帕夏到来的时候,这个组织被取缔了。基马尔在南下途中,一路镇压各类民族主义者,有阿拉伯人也有犹太人,《团结》也被关闭了。本·古里安和本·兹维一同被捕,经过长时间的审判之后,他们被戴上镣铐,送上一条名叫"帕特鲁斯"的希腊旧船,朝着美洲进发——他们被"永远"逐出了土耳其帝国。

# 艰苦岁月

经过一段漫长的海上旅行,他们终于踏上了新世界的海岸。尽管此时他们已经衣衫褴褛,疲惫不堪,但美国仍然给他们留下了十分美好的印象。在纽约港码头上,几个锡安山工人党的成员正在等待他们的到来,第一件事就是从他们头上取下具有土耳其风格的帽子。

一到美国,他们就立即实施从巴勒斯坦带来的计划。两人买了一张大大的美国地图,划分了各自要活动的区域,开始做巡回演讲,试图说服年轻人加入他们刚刚成立的一个叫黑哈卢茨的先驱者组织。但是结果却令人十分失望,在本·古里安长达8个月的旅程中,演讲时常常有2/3的座位空着,两人总共只吸收到150名追随者。但他们并没有因此而气馁,而是继续在美国各地活动。在这些成员中,有一位来自米尔沃基的青年女性,叫果尔达·梅厄,当时没有人想到后来她竟会成为以色列的总理。

为了宣传他们"劳动征服"的观点,本·古里安和本·兹维出版了两本书:《纪念》和《以色列地》。在《以色列地》的创作过程中,本·古里安在图书馆认识了一个姑娘——保林娜·蒙巴兹,昵称为保拉。保拉是一个护士,来自白俄罗斯明斯克市一个较有名望的家庭,但是后来家道中落。她不是一个犹太复国主义者,信奉无政府主义,每次托洛茨基来纽约演讲时,她总是坐在前排听讲。但保拉很快就被这个来自普朗斯克的年轻人迷住了。她后来回忆说:"你应该记住他的长相,烂眼睛,衣服破旧,但是他一开口我便发现,他是一个伟人。"她经常帮他干些抄写的工作,把钱放在一起使用,逐渐他们就相爱了。1年后,已经31岁的本·古里安正式向她求婚,但是同时又警告她,如果她同意嫁给他,就得到一个贫困的小地方去生活,那里没有电,没有煤气,也没有电车。

1917年12月5日早晨,保拉走出手术室,脱下外套,冲进市政厅,两人只花了两美元就完成了结婚的全部过程。仪式一结束,本·古里安就匆匆地去参加一个会议,人们对他迟到15分钟感到十分惊讶,因为他一向以准时著称。本·古里安平静地解释道:"我刚刚举行完婚礼。"直到下一个周末,这一对新人才又重新见面。他们租了一个简陋的房间,在一起度过了5个月美妙的时光。

1917年11月2日,英国的《贝尔福宣言》发表了,这使本·古里安感到欣欣鼓舞。后来,经过犹太领袖亚博廷斯基的一番鼓动,美国终于同意在英国军队中组建几个犹太营。本·古里安和他的150名追随者一起成了犹太军团美洲营的核心部分。1918年5月29日,本·古里安来到设在加拿大温莎的训练营地。这些犹太军人成了广大犹太人心中的英雄,每到一处,都会受到成群结队犹太人的热烈欢迎,好像他们马上就能收复耶路撒冷一样。

7月22日,本·古里安所在的队伍在英国登陆。8月14日,他们开往埃及,两周后到达塞得港。但是他并没有亲自参加战斗,他们所在的连队还没有到达前线,土耳其军队就崩溃了。就这样,仅仅是一步之差,他没能赶上"伟大"的第一次世界大战。11月6日,他请假回到特拉维夫。3年前,他被土耳其从这里驱逐。现在,他穿着一套配有"大卫之盾"的制服,又神气活现地出现在人们面前。

在与妻子分手18个月之后,1919年11月15日,他在雅法码头迎来了保拉和已经14个月大的女儿盖乌拉。不久,他从军队退役。1920年6月,他受以色列"劳工联盟"的派遣,到英国伦敦主持锡安山工人党世界联盟在伦敦办事处的工作,并负责与英国工党建立联系。他在那里呆了两年多时间。

1921年5月,在雅法发生了一次大规模的暴乱。大约100多名阿拉伯人和犹太人被打死,200多人受伤。这次动乱给人们的启示是:犹太人要回到的地方并不是一块无主地,在那里,犹太人只不过是其中的一小部分。阿拉伯人逐渐被唤醒的民族意识给了犹太复国主义者们以沉重的一击。

等本·古里安回到巴勒斯坦时,暴动的余波还未消散。他不久就被选入了犹太工人总工会书记处,后来另外几个书记相继退出,事务就落到他一个人身上。当时总工会只有443名工人,但是本·古里安却在想着如何使它成为复国主义运动的核心力量。

后来,他将工会总部从特拉维夫迁到耶路撒冷。在这期间,他经历了令人难堪的贫困,被迫将妻子儿女送到普朗斯克去。有时,他靠向朋友借来的一个英镑来度过漫长的一个月时间,但同时他又成了一个购书狂,有计划地购买了大量与语言、宗教、社会科学有关的书籍。到1922年3月份时,他已拥有775册书了。他将大部分时间都花在阅读上,很少出入娱乐场所。

在这段时间里,他对列宁的崇敬达到了无可复加的地步。出于这种感情,他也非常崇拜苏维埃社会主义,然而当他亲自访问过苏联之后,这种热情就下降了。1923年,他到苏联出席世界农业展览,发现了许多与他心中的社会主义不相符的东西。他在日记中写道:"这片土地上有着炫目的阳光,又有着穿不透的黑暗。"但这些并没有使他减少对列宁的崇敬,有几年,他甚至穿上了苏维埃领导人那种粗呢的军人制服。

在这种思想的影响下,他向总工会提出了一个建议,要求成立一个名叫"工人公司"的法律实体,总工会的所有成员都自动成为公司的成员。公司成立了,但这一具有社会主义特色的计划最后并没有完全按照本·古里安设想的那样发展下去。后来,这个公司里有了零售店,有了建筑公司,有了工人银行。总工会一步步渗入到社会生活的各个角落,以至于本·古里安称之为一个"工人国家"。

本·古里安全身心地投入到总工会的工作之中。繁重的工作和不断高涨的激情使他的健康状况越来越差。从20世纪20年代初他就开始秃顶,到20年代末,两侧剩余的头发也变成了银灰色,飘在太阳穴的后面,从此他的这一形象就定格了。尽管吸收犹太移民是他的一个最重要目标,他却拒绝帮助家人移居巴勒斯坦。他说:"我在这个国家里的处境是这样的,我向任何一家公共机构推荐的任何人都可以找到工作,然而这也正是我不能利用我的影响谋利于亲人的原因。"

本·古里安仍一直在致力于锡安山工人党和青年工人党的统一工作。1927年10月,两党开始谈判,经过一番漫长的消耗战,终于达成了一致意见。但是直到两年以后才通过了一个共同纲领,"巴勒斯坦工人党"终于成立了,所有在巴勒斯坦的犹太工人无不感到欢欣鼓舞。

但不久巴勒斯坦的形势就发生了急剧的变化。1929年8月23日,因为犹太人与阿拉伯人围绕"西墙"的朝拜问题发生了争执,后来发展为一场大规模的冲突。骚乱很快蔓延到沿海平原和加利利地区,成了一场有组织的全面排犹运动。冲突中共有133名犹太人被杀,另外有104名阿拉伯人死亡。

英国政府十分关切巴勒斯坦的局势,派了一个调查委员会来到巴勒斯坦。1930年3月,由沃尔特·肖领导的委员会发表了调查结果,强烈抨击犹太人的建立"民族之家"的政策。10月,英国外相帕斯菲尔德正式公布了一份关于英国对巴勒斯坦未来政策的白皮书,开始严格限制犹太人移居巴勒斯坦,禁止犹太人在大部分地区内购买阿拉伯人的土地,并且宣布要根据巴勒斯坦的经济吸收能力来确定犹太人的移民数量。

整个犹太人世界都被忧虑和愤怒所笼罩,犹太复国主义组织领袖魏茨曼辞掉了驻伦敦办事处的职务,以示对英国的抗议。本·古里安一开始也非常愤怒,甚至想要立即发动起义,但是他很快就冷静下来,反而提出了一个十分乐观的理论:"我们这一民族的所有伟大成就都是在危机中产生的。"

在犹太人的反对下,几个月后,白皮书被取消了,但是这并不能完全消除其影响,人们把失望和不满统统压到了魏茨曼的头上。在过去几年里,魏茨曼一直鼓吹犹太复国运动应该与大英帝国合作,现在他在这个运动中的地位大大下降了。那么由谁来继承他将空下的位置呢?谁将担任新的犹太复国主义运动领导人呢?

本·古里安一开始并没有意识到争夺这个位置的重要性,但是他凭着满腔热情投入到与复国运动中的修正主义者的斗争之中。修正主义派的领袖是亚博廷斯基,他对于工党"建立国家的唯一力量是工人"这一口号,表现出了公开的敌对立场。本·古里安利用一切机会攻击亚博廷斯基和他的支持者。犹太复国主义大会结束不久,他就制订出一个雄心勃勃的争取犹太复国主义运动领导权的计划。

1935年3月,本·古里安前往欧洲,开始了他一生中一场最长、最耗费精力的战斗——到犹太人的中心东欧去进行一场长达4个月的竞选游说。他带着一个大大的包,里面装着大量有关东欧各国犹太人分布情况的各种资料和图表。每到一处,他就不停地召集群众大会、组织讨论、出访、写报告、散发传单、搜集统计数字,工作开展得有声有色。他从拉脱维亚赶到爱沙尼亚,又从立陶宛赶到波兰的各个省,常常有一种力不从心之感。在给妻子的信中,他说:"我离开加利西亚的时候,连骨头都要散了,我想我一定是用铁做成的。"

随着选举的临近,他与右派之间的冲突也日趋严重。修正主义分子曾经发表了一个小册子,造谣说本·古里安、斯大林和希特勒之间订立了一个秘密条约。后来,这种对立发展到人身攻击的程度。在本·古里安到会场的路上,经常需要几个大汉在周围环护着,有时还会与别人大打出手。就在这时,一个偶然的事件给他提供了获胜的机会。1933 年 6 月 16 日,犹太劳工运动领袖哈伊姆·阿尔洛索夫在特拉维夫被暗杀,人们纷纷传说是一个修正主义的极端派别所为,这对选举产生了决定性的影响。

7 月中旬,选举正式开始了。结果令很多人感到意外,本·古里安的派别获得了 44.4%的选票,而亚博廷斯基的修正主义派只获得了 16%的选票。本·古里安成了犹太复国主义运动国际执委会的主要领导人。不久以后,他匆匆赶到布拉格出席第 18 次犹太复国主义者大会,当他第一个走上讲台时,掌声雷动,经久不息。本·古里安平生第一次尝到了胜利的滋味是那样的美妙,那样的令人陶醉。

# 民族家园

参加执委会给他的生活带来了很大的变化。他在特拉维夫的住所有了一部电话,这玩意儿在当时可是很少见的东西。犹太地下武装哈加纳给他派了一名保镖,英国警察最高长官也同意给他提供一支私人卫队。

他很快就投入到新的工作之中,为了争取尽可能多的移民证,他几乎走遍了巴勒斯坦的每一块橘林,知道每一座工厂需要增加的工人数,了解每一个基布兹(一种集体农庄)所能吸收的人员数,对每一份移民证都据理力争。本·古里安十分了解魏茨曼在英国人心中的地位,大会一结束,本·古里安就赶到意大利的梅拉诺去拜访魏茨曼,还经常以下级的语气给他写信,向他汇报工作。就这样,虽然对被迫免职一事一直耿耿于怀,但魏茨曼还是给了本·古里安不少支持,做了很多有益的工作。

他与亚博廷斯基之间的和解更能反映出他务实的工作作风。与修正主义的斗争刚刚结束,党内有很多人都拒绝与那些人交往。但是本·古里安认为,随着希特勒的上台,欧洲犹太人面临着巨大的危险,这一切都需要犹太人尽可能地团结。1934 年10 月 8 日,他终于在伦敦找到了与亚博廷斯基会面的机会,坚冰很快消融,甚至他们两人对和解的速度如此之快也感到惊讶不已。26 日,两人终于达成了两个旨在消除两党之间敌对状态的协议。

两人达成协议不久,10 月 28 日,巴勒斯坦的报纸就发表了这些协议。当天下午,一个同事打电话给本·古里安,告诉他很多人对协议持否定意见。几天后,他回到巴勒斯坦竭力说服同事们,但是他们大部分都表示反对。1935 年 3 月 24 日,工党就此事举行了一次公开的投票,以 16 471 票对 11 522 票否决了协议,并且公开批评了"某些人的非组织活动"。

与此同时,亚博廷斯基在自己的党内也受到攻击。一个名叫贝京的年轻人直接向他发泄道:"先生,别忘了,那个人曾经叫你希特勒。"就这样,他们的和解蜜月很快结束,不久重新恶言相向。亚博廷斯基于 1940 年去世,他在遗嘱中请求将自己的遗体埋葬在一个新生犹太国家里。

1935 年 8 月,魏茨曼重又当选为世界犹太复国主义组织主席,本·古里安当选为执委会主席和犹太代办处主席。两人开始共掌犹太复国主义运动的大权。

1935年8月,德意志第三帝国通过了臭名昭著的"纽伦堡种族法"。自从希特勒上台以来,犹太人就感到将要大祸临头,这下终于得到了证实。他们对伦敦当局施加了很多压力,要求增加向巴勒斯坦移民的数量。英国作了一些让步,当年的移民数达到创纪录的65 000人,但是这使阿拉伯民族主义者感受到了很大的压力。当时,约旦、叙利亚已经获得了自治权,伊拉克也将要独立,只剩下巴勒斯坦了。眼看着民族解放的东风从自家门前吹过,阿拉伯人就把责任都归到犹太人身上。

1936年4月15日,阿拉伯人焚烧了一辆卡车,两名犹太人被烧死,一人被烧伤。哈加纳采取了报复行动,杀死了两个阿拉伯人。星期六,余恨未消的犹太人在特拉维夫到处追打阿拉伯人。第二天,狂怒的阿拉伯人失去了理智,在雅法见到犹太人就杀,到半夜时,已经有16个犹太人亡命。24日,阿拉伯高级委员会在纳布卢斯成立,他们很快就组织了一次大规模的罢工,企图使整个巴勒斯坦陷于瘫痪状态。

绝大部分犹太人都要与阿拉伯人作针锋相对的斗争,但是本·古里安看到,犹太人绝对不能与英国发生冲突,因为在当时,英国是制止动乱的唯一力量。因此,他制定了"自我约束"的方针。同时,本·古里安充分利用阿拉伯工人罢工的机会,尽可能地动员犹太人去占据这些重要的生产岗位,竭力组织生产运输,保证了整个地区的正常秩序。

犹太人的低姿态获得了英国的同情,增发了大量的移民证以弥补因罢工造成的空缺,并同意犹太人在特拉维夫建立一座码头。这一切使得阿拉伯人更加愤怒难忍,就重新开始了恐怖活动。一开始是暗杀,后来发展到武装团伙的大规模袭击,有一次一夜之间就有38个犹太定居点遭到袭击。接着,阿拉伯人到处攻击车辆,破坏管线,反抗开始具有了反英色彩,但是这种过激行为给阿拉伯人带来了灾难性的后果。

1936年末,英国皇家调查团到达巴勒斯坦,来调查阿犹冲突问题。在1937年1月的一次秘密会议上,英国人非正式地提出了一个巴勒斯坦分治计划。对于本·古里安来说,这是一个激动人心的消息,他极力劝说同事们接受这一计划,但是很多人仍然顽固地坚持一个完整的巴勒斯坦。从后来的历史发展来看,本·古里安确实具有超人的远见卓识。

这时,世界形势已经变得十分严峻,德国在许多地方挑战英国,并极力拉拢阿拉伯人以扩大在中东的影响,在一些地方已经成功地排挤了英国的势力。为了与德国争夺阿拉伯人,英国决定放弃《贝尔福宣言》中对犹太人做出的承诺,对犹太移民采取了极为严厉的限制,每月只允许1000人移入。同时,英国当局又免去了一位对犹太人较友好的高级专员的职务,换哈德罗·迈克尔为驻巴勒斯坦高级专员。按本·古里安的说法,他是历任高级专员中最坏的一个。

对此,本·古里安的反应十分激烈,他甚至公开号召发动一场反对英国人的起义。他宣称:即使是一个弱小的民族,只要有决心,也能与大英帝国周旋。但他最终还是冷静下来,决定要努力化解与英国之间的分歧。他对同事们说:"绝对不能做对希特勒有利的事情。"

1939年2月,阿犹双方的代表团到达伦敦。但阿拉伯代表团拒绝与犹太人直接谈判,双方会谈只能通过英国人在中间传达。欧洲战争的阴云日益浓重,本·古里安悲哀地发现,英国已经决定不惜牺牲犹太人的一切利益了,他自己的作用只是在文件上写上名字而已。几天后,他病倒了,整天沉闷地看着英国外交大臣麦克唐纳送来的鲜花。经过 1 个月的努力,阿拉伯代表团终于同意与犹太代表团直接谈判。从 3 月 7 日开始,本·古里安承受着双方的压力,历经无数次的讨价还价,聋子的对话终究还是聋子的对话,没有取得任何成果。3 月 17 日,犹太代表团愤而退出了会议,历时 1 个月的詹姆斯会议无果而终。

1939 年 5 月,英国政府以白皮书的形式颁布了镇压法令,打击一切反抗行动。本·古里安决定发动针锋相对的斗争,在原有的犹太地下武装哈加纳的内部又组建了一个更为精锐的别动队,专门用来报复阿拉伯人的恐怖行动,也惩罚犹太人中的告密者。另外,本·古里安还打算用武力手段去对抗英国对犹太移民的限制。但是英国海军加强了在海上的拦截,在内部也受到很多人的反对,他的计划失败了。

1939 年 8 月底,第 21 次犹太复国主义大会在日内瓦召开。当大会正在进行表决时,传来了一个爆炸性的消息:苏联和德国缔结了友好条约,魏茨曼做了一个悲哀的演讲之后就离开了大会,而且是永远的告别。9 月 1 日,德国对波兰发动了战争,第二次世界大战爆发了。本·古里安马上召集了哈加纳的所有人员,通知他们解散别动队,并发表了一个即兴演讲,提出了一个著名的口号:"我们要像没有白皮书一样帮助英国反对希特勒;要像没有战争一样反对英国的白皮书。"

但是随着战争的进程,情况变得对犹太人更加不利。1942 年 2 月 28 日,英国发表了《土地转让法》,将整个巴勒斯坦划分为三个部分:在占全部面积 65%的 A区,只有阿拉伯人有权从事土地买卖;在占 30%面积的 B 区,除极个别情况外,禁止犹太人购买土地;C 区为自由区,但是被限制于只占领土面积 5%的沙伦谷地、北部沿海平原和一些城镇的不动产。

第二天,本·古里安宣布辞去犹太代办处执委会主席的职务,全身心地投入到与英国当局的斗争之中。首先,从当天开始,犹太人城镇和定居点举行大规模的罢工和示威活动。3 月 5 日,哈加纳发动了一场直接针对英国警察的示威,到处设下路障,在路上撒碎玻璃和铁钉。已被解散的别动队又被重新组织起来,暗藏武器跟着示威者一同前进,一旦警察开火,他们就会立即给予反击。本·古里安还准备夜袭警察局,但很多人都担心剧烈行动的可怕后果,他只好放弃了自己的计划。

本·古里安感到在巴勒斯坦已无所作为,便决定到外国旅行,同时开展一些宣传工作。5 月 1 日,他乘坐一架水上飞机到了英国。5 月 13 日,德国突然袭击法国,法国很快就崩溃了,伦敦成了前线,接着意大利也加入了战争,整个南欧和北非都燃起了战争之火。在伦敦,他亲眼看见了英国人惊人的英雄主义精神,在困难面前毫不退缩的勇气和力量。以后,每当以色列处于危险之中时,他总是想起大空袭时期伦敦的男男女女。他在日记中写道:"我已经看到了一个人在其人生考验的极限中所能获取的东西,我已经看到了人们有感于事业崇高而激发的战斗精神。"

本·古里安在伦敦整整呆了 5 个月,他的主要活动是推动英国当局同意建立一支犹太军队,并得到了口头保证。后来他又到了美国,但他失望地发现,以最高法院法官布兰代斯为首的美国犹太人,出于对战争中的英国的同情,不愿意采取与英国政府相对立的行动。

带着一种深深的失望,本·古里安开始了穿越太平洋之旅。这次旅程长达1个多月,经过旧金山、夏威夷、新西兰、澳大利亚,又经过印度尼西亚、新加坡,到达泰国,最后经由英联邦的加尔各答和其他一些城市,回到阔别9月之久的巴勒斯坦。在这9个月中,他明确了一个想法:这次战争将会造成一种革命形势,从而摧毁一个旧的世界秩序,英国将不能继续保持在世界的领导地位,世界力量的中心将从伦敦转向华盛顿。美国犹太社团将成为全世界犹太人中心,只有将他们激发起来才能实现犹太复国主义的伟大目标。

本·古里安决定再找英国人作最后一次努力,他专程赶往英国去游说殖民大臣莫因勋爵。莫因问他:"你们能往巴勒斯坦移居多少人?"

"假如有一个支持犹太人移民的政府,就有可能移居几百万人。"

莫因惊讶地问道:"几百万人?到底几百万?"

"可能有300万人。"本·古里安坚定地回答。

莫因带着一种哀伤的语调说:"数百万人正在被斩尽杀绝,一定要找到一个大规模的解决办法。"顿了一下,他又接着说:"我们的办法是在欧洲建立一个犹太人国家。我们将把德国人赶出东普鲁士,让犹太人在那儿建立自己的家园。"他又暗示那里的自然条件比巴勒斯坦要好得多。

但是本·古里安毫不妥协。"你们一定会胜利。"他说,"而且你们可以任意处置德国人。你们可以用机枪把德国人赶出东普鲁士,但是你们无法用机枪把大批犹太人赶往那里。犹太人的家园是巴勒斯坦。"

这次会谈过后不久,原先承诺建立犹太人军队的计划也被搁置了。11月21日,愁眉不展的本·古里安又来到了美国。这一次,他对美国犹太人发动了一次大规模游说,这与当年在东欧的竞选活动十分相像,所不同的是,这一次他得到了党内同事们的同意。在纽约,他和一个犹太复国主义组织建立了联系,逐一动员、游说政府官员,形势变得十分乐观。

1942年5月9日,第一届全美犹太复国主义者大会在纽约召开,603名代表都聚集在一家名叫比尔特莫尔的老式饭店里。这次会议通过的决议就因其诞生地而被人们叫作《比尔特莫尔纲领》。这个纲领具有非凡的重要性,它打破了犹太复国主义政治上一个最神圣的禁忌——他们第一次公开的、正式地宣布了犹太复国主义的终极目的是建立一个犹太人国家。这就超出了以前一切最大胆的宣言,实际上是对本·古里安一直倡议的冒险之路的采纳。但在当时,即使是那些投了赞成票的人中,也很少有人能充分理解这一纲领所具有的全部意义和风险。本·古里安对这一纲领寄予厚望,并将对其进行充分的发挥,这就使他与魏茨曼之间产生了深深的分歧。在一番言辞刻薄的相互攻击之后,两人彻底决裂了。

## 冲破黑暗

1942年10月2日,本·古里安回到了巴勒斯坦,他已经离开这里一年多了。

6月间,隆美尔的"非洲军团"开进埃及,这使整个巴勒斯坦的犹太人极为惊恐,而阿拉伯人却是那样的兴高采烈。但是不久以后,德国的"非洲军团"在阿拉曼被迫停了下来。12月,英国的蒙哥马利元帅发动了反攻并且最终彻底打败了

"非洲军团"。但这时从波兰传来了一个可怕的消息,被称为"最后解决"的德国计划正在实施,极个别逃出来的人向人们谈起了万人冢、集体屠杀,在整个德国占领区内的犹太人正在被有计划的灭绝。但是即使是在这种情况下,英国仍然顽固不化地执行着白皮书的陈旧规定。那些侥幸逃出了法西斯魔掌的少数犹太人,坐着小船渡过波涛汹涌的地中海,来到巴勒斯坦海岸,但是却无法获得上岸的许可,只好重返被德国占领的欧洲。还有一些人在大海上就沉没了,几艘大一点的船被英国拉到了一些遥远的地方,船上的犹太人被关进了难民营,在那个充满着悲伤和血泪的时代,这已经是非常幸运的了。

正是在这种情况下,本·古里安提出了一个移居 200 万犹太人的计划。这个计划不仅可望彻底解决由于大屠杀而造成的难民问题,同时又可以保证犹太人在巴勒斯坦的多数地位。他提出的要求独立的方针给所有犹太人带来了希望,他本人也成了犹太复国主义运动的化身。他率领犹太人投入了抵制英国政府的顽强斗争之中,无论是朋友还是敌人都不得不承认他是巴勒斯坦犹太人的代表和领袖。在与魏茨曼的斗争中,他取得了决定性的胜利,虽然没有夺取魏茨曼的权力,却改变了两人之间的力量对比。

但是不久本·古里安也受到了一次沉重的打击:1944 年 8 月 15 日,伯尔·卡茨内尔森去世了。卡茨内尔森不但是本·古里安的好友,更重要的是,他是本·古里安的良师。如果把性情暴躁的本·古里安比作一个不知疲倦的火车头,那么卡茨内尔森就是一个刹车,他经常在最需要的时候让本·古里安停下来。

当他得知卡茨内尔森突然去世的消息时,一下子手足无措,简直不知如何是好。第二天清晨,他就赶到了耶路撒冷,径直走进了停放尸体的房间,他只看了一下老朋友的脸就昏了过去。然后他独自和朋友待了两个多小时,人们在外面可以听到他在不停地唠叨:"你怎么能离开我,你怎么能这样做。"

从这以后,与本·古里安同时代的人大都走了,而其他人又无力约束他,做这位烈马的"指南针"。他又一次陷入可怕的孤独之中,在没有亲密朋友理解的情况下,本·古里安又一次奋起担负了独自领导巴勒斯坦犹太社会的重担,并为此而经受了种种考验。

关于本·古里安的性格,有不少有趣的故事。他为人严肃,不苟言笑,部下都很敬畏他。有一次,本·古里安到一个饭馆吃饭,邻桌的一个小女孩突然站了起来,大声地问周围的人:"这个老头子是谁?"尽管此时本·古里安的年龄并不老,但他满头灰白色的头发使他看起来比实际年龄要苍老许多。从此"老头子"这个绰号就被叫开了,他的许多同事和部下都这样称呼他。

"老头子"不喜欢闲聊,谈话总是开门见山,简明易懂,讲求实际,让人感到不易接近。有一次,一个著名的作家怒气冲冲地向卡茨内尔森抱怨道:"我去见本·古里安,他一见面就问我:你有什么事?根本就不可能与他坐下来聊一聊。"第二天,这位作家就接到"老头子"的邀请。当他到了本·古里安的书房时,看见他正在阅读文件。"老头子"抬起头,说了声"坐",又翻起了文件。最后他放下手中的东西,伸了一个懒腰,说:"喂,聊聊吧!聊聊吧!"看到客人还是迷茫的样子,就真诚地向他说道:"你说没法坐下来跟我聊一聊,所以让我们试一试。请聊吧!"

1944 年 11 月,英国驻中东公使莫因爵士被杀,凶手是犹太地下武装伊茨尔中一个极端组织莱希的两名成员。伊茨尔是修正主义派别的武装,曾经坚定地支持联英抗德政策,但是到1944年时又重新开始了反对英国的行动。他们偷窃武器,扣押英国人质,为了筹集活动经费甚至抢劫银行、敲诈勒索,杀害一些所谓的"卖国贼"和"密探",有时还会造成犹太警察的伤亡。哈加纳为此曾与伊茨尔的领导人贝京举行过一些会谈,主要是要求伊茨尔停止与工党政策不同的行动,但是没有取得任何成果。谋杀事件发生之后,本·古里安决心打击持不同政见者。

具有讽刺意味的是,领导这次打击行动的本·古里安本身就是最富有战斗性的人。以"狩猎季节"为代号的行动开始了,虽然这一决议引起了广泛的反感,但本·古里安绝不后退。全国各地的伊茨尔成员纷纷遭到逮捕,一般是由哈加纳将他们的名单交给英国人,由英国人去执行逮捕行动,但有时他们也直接将抓到的伊茨尔成员交给英国人。在很多情况下,这种行动都会带来很大的伤亡,有可能造成犹太武装的自相残杀。但在贝京领导下的伊茨尔却表现出了极大的克制,贝京在命令中说:"你们切不可举起自己的手,或使用武器,来对付年轻的犹太人,不应指责他们,他们是我们的兄弟,我们不能同室操戈。"

这一行动直到1945年3月才结束,本·古里安取得了胜利,但只是有限的胜利。虽然直到战后伊茨尔都未再采取武力行动,但它并没有被摧毁。另外,内斗产生了深深的创伤,双方的对立情绪进一步加剧了,由此而产生的盲目仇恨,在一些具有决定意义的时刻经常表现出来,带来深远的危害。

1945年5月8日,本·古里安漫步在伦敦的街头上,这街道已经是满目疮痍了。周围的人们都在准备着庆祝活动,个个兴奋不已,但是他并没有丝毫的愉快,因为他知道,纳粹德国的失败并不等于犹太民族的胜利,在希特勒的屠刀之下,有600万犹太人已经永远地离开了这个美丽的世界。在那天的日记上他只写了一行字:"胜利之日——悲哀,非常悲哀。"

他敏感地意识到英国人必将撤离,犹太国家必将建立,这个新生的国家必然会受到阿拉伯国家的攻击。他深知,对于犹太人来说,二战的结束恰恰是战斗的开始。真正的战斗就要来临了。

一个星期后他到达美国,主要目的是为犹太人争取武器。到纽约后,他住进了第60街第14饭店,立即召见了迈耶·韦斯维尔,介绍了自己的计划。韦斯维尔把他介绍给自己的朋友亨利·蒙托尔。蒙托尔交给本·古里安一份名单,名单上有17个人,据说都是非常富有的、对巴勒斯坦犹太人的忠诚是可以依赖的人。然后本·古里安会见了富翁鲁道夫—索南本,得到他的同意后,就给名单上的所有人都发了个电报,要求他们于7月1日上午到索南本家中来讨论一个非常重要的问题。令他兴奋不已的是,这些人全都按时到场。

这次会议非常成功,到会的18位富翁都表示愿意为这一伟大的事业尽力。索南本以医疗设备为掩护,秘密地募集数以百万计的钱用于购买武器,后来他又继续募集了几百万美元购买更多的武器和非法移民用的船只。本·古里安对此非常满意,后来他自己在日记中写道:"这是我在美国举行的最成功的一次复国主义会议。"

7月底,本·古里安和犹太复国主义运动的其他一些领导人一起乘船去英国。在船上,他们得到了一个消息,英国大选结果揭晓,工党的艾德礼当选为首相。他的同事们都公开表示庆祝,因为工党一向坚定地反对白皮书。1940 年工党曾对《土地转让法》提出了一个不信任案。1944 年 12 月,工党甚至提出一个非常大胆的建议:要求把巴勒斯坦变成一个英联邦犹太国,把巴勒斯坦的边界加以扩展,并说应该把阿拉伯人迁移到其他国家。但是,"老头子"对新上台的工党并不敢抱太多的期望,因为一个党在野时与执政时是不同的。

这种可能很快就变成了现实。当杜鲁门总统呼吁英国政府准许 10 万犹太人移居巴勒斯坦时,艾德礼首相给了一个非常含糊的答复。9 月 20 日,艾德礼决定继续奉行白皮书政策。面对此种情况,本·古里安采取了强硬政策,在美国和英国发动了宣传攻势,批示哈加纳准备发动反对英国的武装暴动。他并不指望仅仅通过武装斗争的形式就能将英国人赶走,但是他希望以此引起全世界的同情,从而迫使英国改变政策。他在一个记者招待会上说:"英国新政府的政策是希特勒的继续。"

不久以后,哈加纳、伊茨尔和莱希联合组成了"希伯来抵抗运动"。10 月 9 日,哈加纳的别动队帕尔马赫袭击了阿特利特拘留营,释放了被关押的 200 多名非法移民。11 月 9 日夜,希伯来抵抗运动进行了第一次大规模反英作战:袭击了全国的铁路,炸毁了海岸警卫队的舰艇。本·古里安为此专门发了一封贺电。

巴勒斯坦的局势继续恶化,但是英国政府毫不退让。外交大臣贝文发表讲话激烈地抨击犹太人,并且颁布了严厉的紧急管理条例。在那些日子里,戒严、逮捕和搜查成了家常便饭,如果有一个犹太人胆敢穿军装或者是携带武器,一旦被捕就有可能被判处死刑或是无期徒刑。

1946 年 3 月初,在美国的倡议下,一个英美联合调查团来到了巴勒斯坦,寻找解决犹太人问题的办法。5 月份公布了一个调查报告,建议废除《土地转让法》,立即为犹太难民签发 10 万张移民证,但是拒绝了建立犹太国的要求,建议继续对巴勒斯坦实行托管。即使是这样,艾德礼首相仍然无理地拒绝了这份报告,这就使得所有的犹太人都感到失望。愤怒的本·古里安从巴黎发出了"继续武装斗争"的指示。不久以后,连接巴勒斯坦和邻国的 14 座大桥被炸毁。

英国做出了强烈的反应。1946 年 6 月 29 日,英国委任统治当局发动了"舷炮齐射行动",这一天后来被犹太人称为"黑色星期六"。那一天,英国共出动 17 000 名士兵,动用了坦克和装甲车,封锁了边境,切断了电话线,实行了全面的宵禁,整个巴勒斯坦陷入了瘫痪状态。几百名被怀疑与哈加纳有关的犹太人都被搜查或逮捕,其他领导人被迫转入地下,一共有几千人被逮捕,3 人被杀。当时本·古里安正在巴黎,在国内的领导人中只有魏茨曼未受到骚扰。

转入地下的哈加纳想方设法开了一个秘密会议,决定继续进行武装斗争。但是魏茨曼反对一切武装行动,并要求哈加纳的领导人摩西·斯内辞职。斯内只好辞去职务,几天后,他赶到巴黎与本·古里安会面。但是停止斗争的命令并没有得到所有组织的完全遵守。7 月份,伊茨尔的一个小分队炸毁了大卫饭店,因为那里有政府的办公室,一共约有 90 多人被炸死。这件事引起了犹太社会的极大震动,尽管本·古里安也指责了这次事件,但他还是受到人们的公开指责。稳健派激烈地反对激进主义者,不久,一个反对犹太复国主义强硬派的联合阵线成立了。

有一天,在巴黎处于愁闷之中的本·古里安到楼下散步,遇到一位面容清瘦的越南人。两人谈了一会儿话后,他就感到这个人不同寻常,这个越南人就是越南革命家胡志明。二战结束后,印度支那刚从日本的魔掌下获得解放又重新沦为法国的殖民地,当时胡志明正在巴黎为越南的独立而奔走,与本·古里安住在同一家饭店里,两人很快就成了朋友。当胡志明知道本·古里安的困境之后,就提议他到越南建立一个流亡政府,当然这个建议从来没有付诸实施过,要不然以色列的历史就要被改写了。

本·古里安明白,他和他的党正受到非常严厉的攻击,稍有失策就会带来不可挽回的损失。因此他一反常态,没有要求恢复武装斗争,尽一切可能防止内部的分裂。在巴黎召开的犹太复国主义会议上,他第一次说话模棱两可,游移不定。当大会表决巴勒斯坦分治计划时,他不明确表示反对,但是投了一张弃权票。这一决议后来得到美国总统的同意,构成了以色列国成立的基础。

犹太复国主义第22次大会在巴塞尔召开。这是一次非常压抑的大会,在二战前夕出席上一次大会的代表大都不见了,他们大都死于希特勒的屠杀,而来自美洲的代表增多了。在这次大会中,本·古里安的主要目的是推翻魏茨曼的领导地位,但是那些来自海外的犹太人大都支持魏茨曼,他有在选举中失败的危险。据说,感到非常失落的本·古里安一度拒绝出席会议。但是本·古里安很快就重新振作起来,经过一番艰苦的斗争,他终于如愿以偿:大会通过了建立一个以本·古里安为首的激进主义执委会的决议。出于对魏茨曼的尊敬,大会决定让他出任名誉主席,但是性格倔强的魏茨曼拒绝接受大会的要求,大会决定从此不设主席职位。本·古里安再次当选为执委会总负责人。

这两个巨人经过10年的争斗,终于见了高低,这意味着一个时代的结束,同时也意味着一个时代的开始。从此以后,军事复国主义就占了上风。

1947年1月底,英国政府召集了英阿犹三方会谈。这是一次注定要失败的会议,三方都提出了对方不能同意的条件。1个月后,英国殖民大臣贝文不得不宣布:"由于国王陛下政府提出的建议没有被接受作为进一步谈判的基础,国王陛下政府已决定将整个问题提交联合国。"这是英国政府为解决巴勒斯坦问题所做出的最后一次努力。

本·古里安回到巴勒斯坦时,联合国已经接管了巴勒斯坦事务,为了争取国际社会的同情,他决定中止武装斗争。但是持不同政见的组织伊茨尔和莱希反而加强了进攻,那些人到处埋设地雷,爆破甚至凶杀,一时间恐怖主义活动又遍及全国。10万英军到处搜捕,委任统治政府驻地外面修筑了围墙,架起了机枪,被人们戏称为"贝文格勒"。整个巴勒斯坦变成了一座大军营。

正是在这种空前紧张的情况下,1947年2月,联合国决定派遣一个特别委员会到巴勒斯坦调查并寻找解决问题的办法。本·古里安决心充分利用这个时机,就精心安排了一个"出埃及记号"事件。

"出埃及记号"船原本是一条航行在美国密西西比河上载客600人的内河轮船,现在它被塞进了6000名欧洲犹太人。这艘船不顾英国当局的禁令驶入地中海。在大海上,犹太人升起了古犹太国用过的蓝白旗。英国飞机在上空盘旋,军舰在远处监视,这艘船不顾这些,把一次航行变成了一次公开的示威。在临近巴勒斯坦海岸时,与英国当局发生了直接的冲突。经过一番战斗,有3名犹太人死亡,船

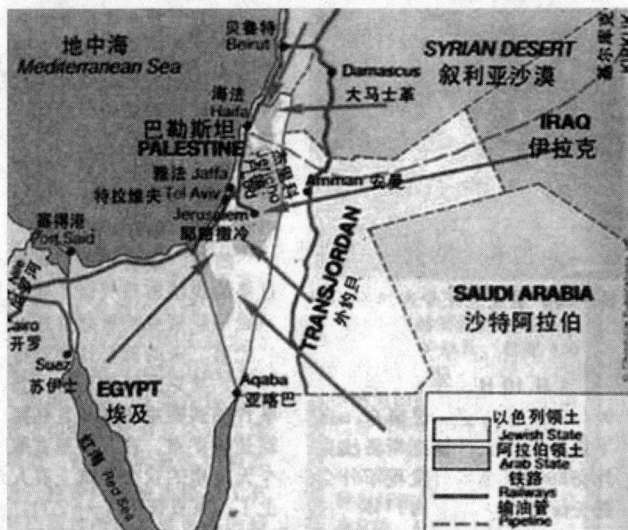

阿以冲突早在以色列建国前就开始了

被拖进了海法港。后来,船上的人被赶进了3条囚犯船,又驶回了欧洲。

这些情况全部被联合国人员看见了,他们的心情十分不平静。几天以后,联合国巴勒斯坦委员会正式公布了它的调查结果:建议把巴勒斯坦分成一个阿拉伯国家和一个犹太人国家,将耶路撒冷置于联合国管理之下。

1947年11月27日晚,本·古里安正住在死海岸边的一个小饭店里。半夜,突然有人拼命地敲打他的房门。当他走到外面的时候,看到人们都喝得东倒西歪,个个手舞足蹈,还有的人在唱着希伯来语歌曲。原来,就在当天下午,在纽约的成功湖畔,联合国正式通过了巴勒斯坦分治计划,英国的委任统治将于1948年5月14日结束。但是本·古里安并没有歌唱,也没有舞蹈,反而感到非常的沉重。他在日记里写道:"我知道,我们将面临着战争,在这场战争中,我们将失去最优秀的青年。"

# 沉重开端

在普通人的心目中,哈加纳是一个庞大而有力的军事组织。早在1943年时英国人就估计它有8万到10万之间的成员。但实际上,哈加纳在1947年初时只有4万多人,其中只有2万余人是充分动员起来的常备人员。大部分成员很少受到训练,从来没有进行过团一级的演习,无论是从思想上还是从物质上都没有做好战斗的准备。到4月份时,整个哈加纳只有1万多支枪,至于重型武器几乎完全没有。把全部装备加在一起也只够一个游击师使用,根本无法与正规部队相提并论。这样一支部队只能应付阿拉伯人小规模的暴乱,其指挥员从来没想过阿拉伯国家会对其发动联合进攻。然而,对付这样的进攻正是本·古里安建军的主导思想。

从巴塞尔回来以后,他几乎把所有的时间都放到学习军事上了。每天清晨,他都要向哈加纳的指挥人员提些军事方面的问题。晚上,他阅读伟大军事家的著作和其他许多相关的书籍。经过研究,本·古里安发现,哈加纳缺少经验丰富的老兵,他就想方设法为哈加纳充实了一批有经验的作战人员。但是他很快又发现,这些来自部队的人员不但必须听从那些毫无作战经验的哈加纳人员的指挥,还经常受到他们的压制,要提高部队的战斗力,就必须提高正规作战人员的地位。为了达到这一目的,本·古里安不惜得罪一些哈加纳元老,果断地将一些顽固不化的高级军官撤职,其中包括哈加纳全国总司令泽艾·亚夫。加利利是 B 派的成员,这一组织已经不再支持工党,尽管如此,他还是任命加利利为新的全国总司令。

对领导人员做了一些调整之后,他并没有轻松之感,因为他发现人们普遍有一种可怕的麻痹情绪。在一次军事会议上,那些指挥官们都大谈其谈什么轻武器。本·古里安有些不耐烦,就突然问道:"那么重武器呢?飞机、大炮呢?"人们差一点儿笑了出来,有一个家伙甚至问道:"要那些玩艺儿有什么用?"为了唤起人们的普遍重视,本·古里安作了巨大的努力,但一直到战争开始,很多人才真正地意识到他的过人之处。

为了改善哈加纳的装备情况,本·古里安马不停蹄地展开了工作。1947 年 9 月 30 日,他派助手到欧洲去寻找武器来源,3 天后他又决定购买飞机。不久,他做出了一个第一次战争中最重要的决定:决不放弃任何犹太人占领地,即使地处阿拉伯国边界之内的也不放弃。他还向同事们暗示,如果分治计划不符合犹太人的要求,那么他们还将扩展犹太人国家的边界。1947 年 11 月 7 日,根据本·古里安的指示,哈加纳发布了一个建立"国家组织"的命令。这样,以色列国防军就先于以色列国家的建立而诞生了。

但是这时最大的问题还是缺少武器。巴勒斯坦还处在英国的统治之下,委任统治要到 1948 年 5 月 13 日才能结束,联合国决定在分治之前禁止任何武器进入巴勒斯坦。犹太人的武器来源只是零星的走私,这远远不能满足正常的需要。有一天,本·古里安秘密地召见了一位间谍艾伍德·阿夫雷尔,给了他一个折了又折的纸条,上面写着:"1 万支步枪,250 万发子弹,500 支冲锋枪,100 挺机枪。"几个星期后,阿夫雷尔以埃塞俄比亚政府的名义与捷克斯洛伐克签订了第一份购买协议。1948 年 2 月,共产党人掌握了捷克政权后,这份协议又被继续扩大到 24 500 支步枪,5200 挺轻重机枪,5400 万发子弹,另外还有 25 架飞机。但是由于英国的封锁,这些武器中的大部分是在以色列建立之后才运进国内的。

购买武器需要大量的资金,以前筹集的钱已经用尽,急需再找到一大笔才行。本·古里安决定亲自到美国去筹集资金,但这时一个著名的女性站了起来,说:"你在这里更重要,本·古里安,谁也不能替代,但是我能做到你想在美国做的事情。"这个女人就是果尔达·梅厄,她的建议得到了批准。本·古里安命令她第二天就动身前往美国。去的时候,她的钱包里只有 10 美元,但两个月后,她带回了 5000 万美元,比事前的预计整整多了 10 倍。本·古里安激动地对她说:"如果将来有人写历史,里面应该写上,有一位犹太女人找到了使一个国家得以建立的钱。"

1948 年 2 月,捷克斯洛伐克发生了"布拉格事件",这个国家最终加入了苏联阵营。这引起很多人的恐惧,他们担心分治计划一旦实施,苏联势力就会趁机进入巴勒斯坦。另外,美国人对哈加纳的战斗力非常失望,担心一旦发生战争,犹太人将会受到阿拉伯人的屠杀。因此,美国驻联合国代表提出了一个建议:在巴勒斯坦建立一个临时托管制度以保持和平,这实际上意味着分治计划的结束。

为了给国际社会一个强有力的回答,本·古里安决定首先建立一个临时政府,然后再采取一个大规模的军事行动。

当时,海岸与耶路撒冷的联系已经被阿拉伯人切断,本·古里安决定集中一支2000人的部队来执行打通联络的任务。经过一段时间的准备,最后集中了1500名士兵来执行这次代号为"纳赫尚"的行动。这是哈加纳历史上第一次集中起这么多的人。后勤系统极为混乱,武器陈旧且不够使用,战斗没有统一的指挥,第一次进攻失败了,犹太人的士气受到很大的打击。正在这时,从捷克斯洛伐克开来了一艘装着洋葱头的船,在夜幕的掩护下靠近了海岸。本·古里安欣喜若狂,因为在这几吨洋葱下面,静静地躺着4500支步枪,200挺机枪,500万发子弹。在"老头子"的亲自带领下,这些军火被连夜分到士兵手中。得到了补充的部队很快就打通了到耶路撒冷去的道路。虽然不久这条道路就又被切断了,但在几天时间里,他们往那里运进了大量的物资,使得耶路撒冷在以后的斗争中能够坚持下去。这真是一船救命的洋葱啊!

1948年5月11日,离联合国规定的分治最后期限只有4天了。巴勒斯坦工人党召集会议讨论当前局势。本·古里安刚刚结束一场情绪激昂的讲话,突然,果尔达·梅厄走了进来,她给"老头子"一张纸条,上面有几个字:阿拉伯人即将进攻犹太人。还是在前一年的时候,本·古里安就让她与约旦国王阿卜杜拉谈判,以图分化阿拉伯阵营,那时他们达成了一个互不侵犯协议。但是在阿拉伯人的压力下,阿卜杜拉不敢执行这一协议,反而要求犹太人不要在巴勒斯坦实行分治。本·古里安马上离开会场,前往哈加纳的总部去制订一个抵抗阿拉伯人全面入侵的计划。

这时,压力不只是来自阿拉伯人,美国国务卿马歇尔上将就曾公开表示过他对犹太人前程的担忧。他认为一旦战争爆发,犹太人将会再次毁灭。这时,魏茨曼反而说出一句十分果敢的话:"别让他们的话泄你们的气。要么国家现在就建立起来,要么老天作梗,让这个国家永远不见天日!"

5月12日,关键时刻来临了。黎明时分,阿拉伯军队发动了进攻,这时英国军队还没有完全撤退。工人党举行会议,会议的中心就是是否建国。果尔达·梅厄首先报告了与阿卜杜拉会谈的情况,然后,外交部长摩西·夏里特报告了美国关于停火的建议,两位军事领导人陈述了犹太军队的危险情况。所有这些都引起了人们深深的忧虑。轮到本·古里安发言时,他不得不使出全身解数来消除人们心中的恐惧,并要重新鼓舞起他们的勇气。会议终于决定立即建国,并且又采纳了本·古里安的第二条建议:在宣言中不限制犹太人国家的边界。这就为以后以色列的扩张埋下了伏笔。

5月14日,本·古里安显得十分平静。上午,他照常在办公室里批阅文件,尽管他案头堆放着克法埃锡安陷落的消息,堆放着埃及大规模进攻内格夫沙漠的急报,还堆放着阿卜杜拉的最后通牒。他还听到了一阵飞机的轰响,英国高级专员坎宁安将军走了。下午,他和妻子保拉乘一辆黑色轿车前往特拉维夫博物馆,看他那轻松的样子就像是去出席一个正式一点的宴会。

当本·古里安来到博物馆时,许许多多的人已经聚集在那里了。他镇静地走下轿车,挽着妻子的手向大门走去。人们禁不住向他欢呼起来。他分明看到那一双双眼睛里饱含着的泪光。突然,有一个警察向他举手敬礼,他自豪而又有力的回礼之后,再也抑制不住内心的激动,就小跑着登上了博物馆的台阶。

全巴勒斯坦的犹太人都屏息等待着那神圣时刻的到来。4 点整时,本·古里安用小木槌敲了一下桌面,大厅里所有的人都站了起来,他拿起了《独立宣言》,那沙哑而又有力的声音传遍了全国。宣言读完之后,他又用小木槌敲响了桌面:"以色列国成立了!"他大声喊道。人们再也无法控制住内心的激动,举国一片欢腾。

# 战争风云

1948 年 5 月 15 日,以色列成立的第二天,战争就爆发了。黎巴嫩、叙利亚军队从北面,伊拉克和外约旦从东面,埃及军队从南面,一起向以色列发动了进攻。阿拉伯军官扬言要在几天内消灭这个该死的犹太人国家,这个新生的国家面临着极其严峻的局势。但是这时也传来了一个好消息,美国正式承认了以色列。其实,美国还在以色列正式成立之前就写好了一份承认文件,只是当时还不知道这个国家的名字,现在要做的只是在空格上填上"以色列"这几个字而已。本·古里安通过电台向美国人民发表演讲,正在他演讲之际,阿拉伯飞机呼啸而至,紧接着就传来了惊天动地的爆炸声。本·古里安镇静自若,趁此机会向美国大作宣传,"这是埃及飞机正在轰炸特拉维夫"。他向着话筒高喊。这些声音一起传到了美国,引起了美国人对以色列的深切同情。

购买的武器都还在运送途中,本·古里安就制定了一个以生命换时间的战略,要求固守每一个定居点,对所有要求撤退的请示都置之不理。他的一位朋友亲自来向他请求援助,但是他只好向那个人表示:他已经无一个人可派。恰在这时,4门陈旧的山炮运到了,本·古里安就同意那位朋友使用一天这些被称为"拿破仑的宝贝"的大炮。后来这些旧家伙在击退叙利亚的进攻时起了关键的作用,但是形势仍然十分严峻。

5 月 22 日,最危险的时刻到了。埃及军队猛扑特拉维夫,同时又攻占了南部的比尔谢巴;阿卜杜拉国王指挥的阿拉伯军团占领了莱特龙警察要塞,完全控制了通往耶路撒冷的道路;伊拉克军队拼命向海岸进攻,企图将以色列切为两段。一整天,本·古里安都在司令部踱来踱去,但随着夜幕的降临,阿拉伯人的进攻在各条战线都被挡住了,最危险的时候即将过去。

第二天,第一批德制梅塞希密特飞机到达了。5 名捷克技师开始秘密地为以色列装配飞机,犹太人的飞机终于上天。另外,一船载有 5000 支步枪,45 门大炮的轮船也快要到达了。本·古里安感到战争的转折点就要来临,立刻制订了一个雄心勃勃的计划:一接到军火,马上就发动进攻,要消灭黎巴嫩、外约旦和叙利亚,然后还要轰炸埃及的各个港口以报复它的进攻行为。但是目前最重要的是如何击退阿拉伯人的进攻。

本·古里安认为阿拉伯军团是最危险的敌人,只要击溃了这个军团,其他部队就会土崩瓦解。但是这时以色列没有能执行这个任务的军队,仅有的预备队就是一个 3000 人的新编第 7 旅,而这个旅是由那些刚下船的移民组成的。他们中大部分是一生中第一次摸枪,讲着不同地方的语言,能够作为一支部队的唯一特征就是他们被关在同一个营房里。但是本·古里安已经顾不上这些，他亲自制订了一个针对阿拉伯军团的进攻计划，主要是进攻莱特龙要塞，以打通通往耶路撒冷的道路。

5月25日拂晓时分，这支单是列队就花了两个钟头的部队，在本·古里安"不惜一切代价"的命令下开始进攻了。阿拉伯人的枪声一响，这些"勇敢无畏的战士"就在小麦地连滚带爬，狼狈逃窜，阿拉伯人在后面无情地追杀着。有一些犹太人甚至只知道在地上乱爬，连逃跑都不会，军官不得不把他们一一从地上拉起来。后来又组织了几次进攻，最后一次把后来成为以色列总理的伊扎克·拉宾任命为前线指挥，但是仍然无济于事。在整个第一次中东战争期间，莱特龙要塞成了以色列失败和挫折的象征。

后来，几个犹太人发现了一条可以绕过阿控区的通往耶路撒冷的道路，在本·古里安的亲自领导下，一场疯狂的筑路行动开始了。但是有一段路在陡峭的山崖上，无法通车，数以百计的市民就每天背负着重物在那里爬来爬去。就这样，一直到战争结束，这条交通线都没有断绝。

6月11日，联合国安排的为期4周的停火生效了，犹太人总算松了一口气。但是却发生了一件非常危险的事件，险些又把以色列推向了崩溃的边缘。

还是在6月1日，伊茨尔的领导人贝京就与政府签订了一个协议，同意伊茨尔成员以营为单位加入国防军，指挥人员在政府辖区内停止活动，并允诺停止在海外的采购活动。但是在6月16日上午，有人向本·古里安报告，一艘满载武器和移民的轮船正在向以色列驶来，将在一两天内到达。这一船武器是伊茨尔购买的，但是本·古里安感到理所当然应归以色列国防军所有，他开始思考如何能够不引起停火观察员的注意就卸下这批武器。

但是这时贝京却提了一个建议：这些军火首先要分出20%给在耶路撒冷的伊茨尔武装，余下的部分也应优先分给部队中的伊茨尔人员。伊斯雷尔·加利利与他举行了多次谈判，都没有任何成果。本·古里安得到这个消息后，立即指出：在以色列，绝对不能有两支军队，必须不惜任何代价制止贝京的分裂行为。

这时，船已经驶到了一个偏僻的海滩，很多伊茨尔人员离开部队前去帮助搬运武器。本·古里安派亚丁和伊斯雷尔·加利利前去与贝京谈判，但他们又一次失败了。21日凌晨，根据本·古里安的命令，亚历山大多尼旅将整个海滩都包围了，旅长向贝京发出了最后通牒。贝京又一次拒绝了。本·古里安被迫无奈，用颤抖的手写下了"立即执行"的命令。

傍晚时分，枪战开始了。这艘船载着贝京和一些伊茨尔人员离开海岸，向特拉维夫驶去，后面有几条以色列海军舰只紧紧跟随着。海滩上的战斗一直到第二天上午才才结束，共有300多名伊茨尔人员投降。

经过一夜的航行，这艘以亚博廷斯基的绰号命名的"阿尔塔列拉号"驶近了特拉维夫。当时联合国人员正在那里，军舰几次开火想阻止它驶进特拉维夫港，都没有成功。黎明时，船已到达的消息迅速传开了。数以万计的伊茨尔人员和同情分子涌向海岸，有一些人甚至跳下水想游到船上。双方的对抗已到关键时刻。

天刚亮，海军司令亚丁赶往总司令部。他发现所有在场的人都一字排开坐在墙边，本·古里安则怒气冲冲地来回踱步。上午，本·古里安正式发布了一条命令,要求这条船立即投降,否则将使用一切措施。战斗终于在特拉维夫市中心爆发了。亚丁命令开炮射击,炮弹直接命中"阿尔塔列拉号"。一股浓烟滚滚升起,船上的人赶忙撤退。不久以后,随着一阵震耳欲聋的爆炸声,这艘该死的船连同它所装载的武器,就在目瞪口呆的市民面前,沉入了大海。

1948年7月8日,离停火期限还有24小时,埃及军队又在南线发动了进攻,战争重又开始。得到了补充的以色列军队战绩不凡,仅仅过了10天时间,就打得阿拉伯军队要求停火了。此时,全世界都知道以色列已经度过了生存危机,形势已发生了根本的变化。

军事行动的胜利使得本·古里安可以放开手脚整顿以色列军队的派系问题。9月16日,联合国"和平使者"伯特多纳伯爵被一伙武装人员打死,引起人们广泛的愤恨,这就给他提供了机会。第二天,本·古里安发布命令:取缔一切地下武装。虽然他明知道伊茨尔与此事无关,还是给其以严厉的打击。帕尔马赫是哈加纳中的一支精锐的部队,也是本·古里安与其他派系做斗争的依靠力量,从来都没有反抗政府权威的企图,但是这一次也被他取缔了,很多人因此愤怒地离开了部队。但是对于本·古里安来说,没有什么比保证军事力量的团结和统一更重要的了。

本·古里安一直都很担心联合国的停火协议会限制以色列的边界。内部斗争刚刚结束,他就想方设法打通通向内格夫的道路,但是他又不想触犯联合国的停火禁令,这就要引诱阿拉伯国家首先开火。10月15日,一支补给车队按照事先的计划大肆招摇地向内格夫沙漠进发了。埃及人果然上当,就在联合国人员的眼皮底下向车队发起了进攻。以色列军队立即发动反攻,在联合国停火协议生效以前,他们终于打通了通往内格夫的道路,并且收复了比尔谢巴。在北线,也是阿拉伯人经受不住持续的引诱,破坏了停火协议。以军立即发动进攻,在60小时内就收复了整个加利利地区,并占领了黎巴嫩的14个村庄。

正当本·古里安春风得意的时候,从联合国传来了坏消息。在巴黎召开的会议上,英国代表要求以军退到10月14日以前占领区。英国还要求把内格夫割让给外约旦。苏联要求恢复9月29日边界线。美国人则主张阿以谈判。本·古里安小心翼翼地做出种种姿态讨好联合国,但是拒绝撤出一寸领土。

1949年2月底,埃以停火协议已经签署,本·古里安决定秘密占领埃拉特地区以造成一种既成事实。两个旅的以军分道向红海进发,途中没有遇到任何抵抗。3月10日,以军到达美丽的亚喀巴湾,在两所破烂的茅草房前升起了以色列国旗。接着,以色列与黎巴嫩、外约旦和叙利亚也分别签署了停火协议。第一次中东战争就这样以以色列的全面胜利结束了。

本·古里安的扩张欲望并没有因停火而止息。几个月后,他前往埃拉特地区视察。途经约旦大裂谷时,他面对约旦境内的埃多姆山,驻足良久凝视不已。

"你怎么攻下那些山头?"他侧身问身边的一位年轻将军。

那位将军十分惊讶,反问道:"难道你想攻下那些山头?"

"我当然不会,但我想你会的。"顿了一下,他若有所思地回答。

本·古里安制订了一个规模宏大而又不无危险的目标:在4年内让以色列的人口翻一番,达到140万人。很多人都对这种移民方式的前景感到担忧,但是他坚定地认为:以色列一定要成为饱经苦难的犹太人的天然家园,不能以任何理由排斥任何一个想到以色列定居的犹太人。在几乎只有他一人同意的情况下,他强迫内阁通过了这一向所有犹太人敞开大门的决议。

移民潮开始了,仅仅是从 1948 年 5 月 14 日到 12 月 31 日,就有 10 万犹太人涌进以色列。1949 年,有 24 万人移居以色列。1950 年又来了 18 万左右的犹太人。到了 1951 年,移民潮并没有减弱的明显迹象,这一年来了 17 万 5 千人。在短短的 4 年时间里,一共吸收了大约 69 万人,再加上人口的自然增长,以色列的人口增长了 120%,目标实现了。

但是移民也给以色列带来了很大的压力。为了维持这些人的生活,政府花光了国库里的每一分钱,花光了所有从国外争取到的贷款和捐款,还是不能满足需要。有一段时间,全国有将近 20 万人住在一些铁皮小屋和帐篷里,冬天极其寒冷,夏天又酷热难当。当时,以色列大大小小的城镇都挤满了这种过渡性的建筑。为了保障供给,本·古里安实行了严格的配给制,并建立了国内安全局这样的机构来打击黑市。有时,全国都在等待一艘装载粮食的船的到来,如果这艘船不能如期赶到,那么全国人都会挨饿。但是以色列人终于挺过来了,这确实是一个英雄的时代。

1949 年晚些时候,联合国建议将耶路撒冷置于国际共管之下。本·古里安认为这将束缚以色列的手脚,就提出了一个反建议,主张圣城是以色列和外约旦的主权领土,而圣地可以实行国际共管。这个提议在联合国大会上只获得了一张赞成票,就是以色列自己投的票。当秘书将这个消息告诉本·古里安时,他正在读《圣经》,他拍了拍书说:"知道了,但是那一票也算数。"

在这种情况下,本·古里安决心以自己的方式来解决问题,他要再一次造成既成事实。12 月 10 日,本·古里安决定将首都迁往耶路撒冷。针对很多人的反对,他坚定地说:"以色列现在和将来都只能有一个首都,那就是永远的耶路撒冷。"几天后,以色列政府迁到了耶路撒冷。只有两个部没有迁过去,一个是国防部,为了让它离前线远一点;另一个是外交部,为的是怕外国的外交使团不肯搬迁。后来在本·古里安的压力下,1953 年外交部也迁到了耶路撒冷。尽管这一招在一开始带来了很多指责和威胁,但是很快这些声音就平息下来。本·古里安曾经咄咄逼人地说过:难道联合国能将一个国家的首都置于国际共管之下吗?

实际上,本·古里安非常担心以色列的安全。虽然美、法、英 3 国发表了一个联合声明,保证中东的现状,但他还是感到以色列不能永远独立地与整个阿拉伯世界对抗下去。需要与一个强大的外国结盟才能确保以色列的安全。但是哪一个国家愿意与这个内忧外患的小国结盟呢?

当时,朝鲜战争正值激烈时期,以中国为主的共产党阵营与以美国为首的西方阵营之间正在进行着一场残酷的舍命拼杀,两大阵营之间的紧张状态加剧了,这就为以色列寻找盟友提供了可能。但是美英两国的战略都是改善同穆斯林世界的关系以抗衡苏联的影响。同时,以色列又面临着严重的财政危机,虽然 1951 年时在美国发行过一次债券,但并不能解决以色列的财政困难,以色列需要持续而强劲的外援。这时出现了从德国得到赔偿的希望。

1951 年 12 月份,新成立的联邦德国总理阿登纳正式同意以 10 亿美元为基础与以色列进行谈判。这个问题引起了犹太人的广泛反对和厌恶,人们从感情上不愿意从一个杀害了自己600万同胞的国家那里拿任何一块沾着犹太人血腥的钱币。

临近议会表决的时候，全国都处于一种躁动不安之中。左派和右派都在组织抗议政府的集会。本·古里安个人也受到一些感情冲动的人的公开辱骂。1952年1月7日，辩论开始了，街道上挤满了愤怒的人群，议员们被迫从铁丝网中间的通道上经过到达会议大厅。贝京在马路上演讲鼓动人们反对本·古里安。人群冲过路障，向议会大楼发动攻击。警察和群众发生了一场混战，叫喊声、怒骂声、警报器的尖啸声和会议厅里的辩论声交织在一起，一位女议员当场就昏了过去。一直到晚上，本·古里安动用军队才恢复了秩序。

面对反对派的责难，本·古里安一下子跳上了讲台，动情地说："我的亲戚也有很多死在那场大动乱中，我怎能不痛心疾首呢！但是那死去的600万同胞在看着我们，他们要我们好好地活下去，我们这些活着的人没有理由不听他们的话！"结果以61票对50票通过了政府的提议。1个月后，以色列政府和西德政府正式签署了赔偿协议。西德政府保证向以色列提供价值7.15亿美元的商品和劳务，分12年付清，另外还承诺向一个代表世界犹太人的组织支付1亿美元的现金。只要想一下，当时以色列只有100多万人口，我们就会明白这笔钱对于这个小国的生存与发展具有多么大的意义了。

# 萨德博克

到了1952年，移民的数量开始减少，关于赔款协定的对抗也已经过去，军队也完全实现了统一，亲西方的外交路线也已经确定，本·古里安感到可以休息一下了。但是他这时又发现了一个新的问题，那些新移民对以色列恶劣的自然条件十分不满，都不愿意到艰苦的沙漠去创业，有一些人甚至想离开这个国家。本·古里安决定要去做一些身为总理所无法做到的事：他要带动人们到沙漠中去开拓。他决定到萨德博克这个定居点去，因为这个定居点地处内格夫沙漠中部，刚刚开始筹建，环境十分恶劣。

他将要辞职的消息传开之后，反对派纷纷嘲笑他的计划，而更多的人则是焦虑不安，谁都不能想象没有了他的以色列会是一个什么样子。同事们和那些从全国各地来的代表团和媒体都纷纷劝他留下，但是他毫不理会。从1953年7月开始的3个月里，他巡视了全国大大小小的作战部队，改组了高级指挥部，准备了一份详细的防备计划。等他感到已经把一切都做得十分完备之后，11月2日，本·古里安，这位现代以色列的缔造者，亲自向总统提交了辞呈。7日，他正式辞去了总理职务。

"耶和华啊，我的心不狂妄，我的眼不高大，危险和猜不透的事，我也不敢行。"本·古里安主动放弃权力的做法，令全世界绝大部分的政治家都会感到惭愧。

1953年12月14日，年已67岁的本·古里安和妻子保拉来到了萨德博克，举行了一个简短的仪式之后，他的卫队走了。这个"老头子"脱下了西装，摘下了领带，换上一件粗料军装，新的生活开始了。第一天，他的工作是装运粪肥。这对他并不陌生,40年前,风华正茂的他在佩塔提克瓦第一天干的也是这个活。

尽管他十分忠实于自己的角色,但是一个67岁老人的体力是有限的,根本就不能胜任像施肥、犁地这样的重任,这使他感到非常的沮丧。在萨德博克的大部分时间里,他都是挥着鞭儿跟在羊群的后面,在沙漠里走来走去,有时他就去照看集体农庄的小气象站。在这些劳动中,他的健康状况明显改善了,脸也变黑了。

但是萨德博克并不是世外桃源,本·古里安并不能完全切断与外部世界的联系,他的最繁重的工作并不是农业劳动,而是给许许多多的人回信。他每天都要收到几十封来信,他以自己特有的勤奋给每一封来信都写了回信,这即使对于一个年轻人来说都是一项难以想象的工作。政府的官员、大批的记者经常涌到这个小定居点来,有的是为了探望,有的是为了请示一些国内外大事。

在本·古里安离开的时候,他让外交部长摩西·夏里特接任总理职务,把国防部长的位置留给了平哈斯·拉冯。但甚至是在他尚未正式离开的时候,就有迹象表明这两个人是不称职的。拉冯公开对夏里特表示蔑视,还是在1953年10月12日,本·古里安只是暂时辞去职务时,拉冯没有正式上报代总理夏里特,就自作主张对阿拉伯人发动了一次大规模的报复行动。当时,有几个阿拉伯人炸死了一名犹太人妇女和两个孩子,阿里克·沙龙指挥的伞兵连受命执行了这次报复行动,打死了12名约旦士兵后,又炸毁了一个阿拉伯村庄,结果造成了70名村民死亡,其中大部分是老人和儿童。这一事件引起了国际社会的愤怒,也造成了两人关系的公开破裂。

在本·古里安离开后,拉冯更是变本加厉了。不仅与总理,与参谋长摩西·达扬,与国防部办公厅主任西蒙·佩雷斯都产生严重的个人对抗行动。人们不断地来到萨德博克,向老头子申诉拉冯的种种罪状,要求他重返耶路撒冷掌握政权。但是直到果尔达·梅厄来到内格夫,向他描绘了一幅政府上层的种种混乱景象之后,他才真正地意识到问题的严重性。而且问题很快变得非常严重了。

1954年,埃及发生了革命,法鲁克国王被推翻,纳赛尔掌握了政权,7月底,与英国签订了条约,英国军队将很快撤出苏伊士运河区。埃及的军事实力将会因获得英国在运河区的军事基地而大大增强,这使得以色列人非常恐慌。情报部门决定在埃及制造一些恐怖事件以阻止英国军队的撤离,但是这一行动失败了,行动人员纷纷被捕获。情报部门的头目吉布利为了减轻自己的责任,就说这次行动得到了拉冯的批准;而拉冯则以其人之道,反治其人之身,撒谎称他是在行动发生1周之后下达的命令。为了对付调查,吉布利命令手下伪造文件,拉冯被逼上了绝路,几次威胁要自杀。

一个代表团来到萨德博克征求本·古里安的意见,他并不真正认为拉冯有罪,但他此时对自己的接班人已经非常失望,认为拉冯应该辞职以对目前的混乱局势负责。无奈的拉冯只好辞去了国防部长的职务,但同时又扬言,总有一天要将此事搞个水落石出,证明自己的清白。

1955年2月21日,本·古里安回到国防部主持工作。当他出现在议会大楼外时,人们禁不住向他欢呼起来,但是他并不感到激动。这一次他要在自己接班人的领导下工作了,他能适应这个新的角色吗?

他回到国防部仅仅两天,埃及就对以色列发动了一次渗透袭击。一名犹太人被打死,并盗走了一个官方机构的全部文件。本·古里安和达扬向夏里特建议袭击埃及在加沙的一个基地以报复埃及的行动。在"老头子"的极力推动下,夏里特被迫同意了这一后来名为"黑箭"的行动。这一行动仍然由沙龙少校负责执行,获得了完全的成功:以色列伞兵有 8 人阵亡,而埃及方面则 38 人死亡,30 多人受伤。这一意外的战果反而使得夏里特十分忧虑,担心美国和联合国将会做出对以色列不利的决议。本·古里安不耐烦地说:"我们的孤立不是这次行动的结果,还在我们像鸽子一样的时候,它就已经存在了。"

后来有一次,本·古里安对内阁书记说:"夏里特正在培养一代胆小鬼,但我不会那样干,这一代人将是战斗的一代。"

加沙袭击事件加剧了埃以两国之间的紧张关系。纳赛尔刚刚巩固自己在国内的地位,非常担心以色列会对埃及发动大规模进攻,但同时又认为如果不对以色列采取一些强硬措施会损害自己在阿拉伯世界的形象。于是他做出了两个决定:首先是建立敢死队加强对以色列的袭击,其次是购买现代化武器以增强埃军的战斗力。后一决定产生了深远的影响,因为纳赛尔在向西方求援无果后终于投身于苏联阵营,这就使得阿以冲突带上了浓厚的东西方对抗色彩,也最终导致西方接纳了以色列。

埃以之间的冲突很快就升级了,一支以军分队进攻了埃及的一个据点,后来埃军的一支敢死队深入到以色列境内,杀死 6 个犹太人。总参谋长独眼将军达扬向内阁递交了一份报复计划,但是在部队已经出发在即时,夏里特却下令取消攻击计划。在内阁会议上,愤怒的本·古里安要求部长们在他与夏里特之间做出选择,他说:"要么站到夏里特一边,要么站到我这一边,轮流追随两人不会带来别的,只会带来悲剧和灾难。"夏里特只好表示投降,批准了达扬的进攻计划。

当天晚上,以军伞兵炸毁了位于加沙地带的埃军巴勒斯坦旅总部,杀害了 37 名埃及军官和士兵。第 2 天,埃及援军到达,交战规模越来越大,空中的战斗也开始了,埃及方面被击落了两架飞机。愤怒的纳赛尔下令封锁了蒂朗海峡,由于以色列不能使用苏伊士运河,这一下就等于是掐住了以色列的喉咙。

正在这个极其紧张的时刻,从开罗又传来了一个消息:埃及正在与捷克斯洛伐克从事军火交易。还是在 1955 年 4 月的万隆会议上,纳赛尔就想从苏联购买武器。但是苏联不愿意过分刺激西方国家,决定通过捷克来安排这笔交易。

这一交易震惊世界,整个阿拉伯世界欣喜若狂,认为消灭以色列指日可待。一夜之间,纳赛尔就成了阿拉伯人心目中的英雄。这一庞大的计划包括 200 架最新式作战飞机和其他一大批陆海军装备,如果这一交易兑现,将会完全打破中东地区的战略平衡。在以色列,世界上最善于理财的、在许多经典的文学作品中经常以吝啬鬼的形象出现的犹太人纷纷把自己的钱财捐给政府购买武器。

1955 年 11 月 1 日,被这一连串事件搞得晕头转向的夏里特辞去总理职务。第 2 天,本·古里安正式重新出任以色列总理,夏里特继续担任他以前兼任的外交部长一职。

一开始,本·古里安决心对埃及发动一场先制人式的进攻,但是不久美国总统艾森豪威尔发表了一个声明,宣布准备接受以色列的购买"以防卫为目的"的武器的请求。这一声明使得他把希望寄托在西方大国身上,决定推迟自己的进攻计划。

但是美英两国都不打算与以色列结盟,也不打算向以色列提供军火。美国的基本政策是维护中东现状,而英国则提出了一个"以土地换和平"的计划,要求以色列做出广泛的让步。美国特使安德森来往于开罗与耶路撒冷之间,努力想使埃以两国坐到一起谈判。本·古里安表示愿意与纳赛尔会面,并表示:如果能与纳赛尔坐在一起,他将做出连纳赛尔都不敢相信的让步。但是此时的纳赛尔已经被阿拉伯世界的狂热推上了虎背,他拒绝了和谈,也就拒绝了本来有可能实现的和平。

唯一的希望是法国。当时法国正陷在阿尔及利亚的战争之中,而埃及是阿尔及利亚的主要支持者,因此法国千方百计地想打击埃及,至少要推翻纳赛尔的政权。但是外交部长夏里特反对与法国结盟,因为他对国防部的越顶外交感到不满。本·古里安意识到,要想进一步发展与法国的关系,就必须搬掉夏里特这块拦路石。机会很快就来了。

1956年5月,在本·古里安家中召开了一次会议,讨论任命一位新的工党总书记的问题。忽然,夏里特开玩笑地说:"也许我该做一做总书记了。"除了本·古里安之外,其他人都笑了起来。

"太好了! 太好了!""老头子"的反应一点都不"老","你将重振巴勒斯坦工人党。"

几天后,梅厄·果尔达问本·古里安:"你让他做总书记,可是谁来做外交部长呢?"

"你。"本·古里安平静地说。

# 西奈战争

1956年6月22日的一个晚上,一个包括达扬和佩雷斯在内的以色列代表团到达法国,在一个古堡里举行了秘密会谈。法国决定立即向以色列提供大量军火,这些军火包括72架神秘式飞机和200辆AMX坦克以及其他一些军火。法以之间的同盟关系实际上已经建立了。并且,中东形势很快就变得对以色列十分有利。由于纳赛尔对英国拒绝提供高额贷款心怀不满,7月26日,他宣布将苏伊士运河收归国有,这就违反了刚刚签订不久的英埃条约。这一下纳赛尔走得太远了,整个西方世界都被他激怒了。趁此良机,法英两国积极准备进攻埃及,但是美国则倾向于通过联合国的途径来解决这一危机。这样法英两国就想寻找一个借口以进攻埃及,这就是"以色列借口"的来源。

本·古里安决心充分利用这一有利时机,他认为这是打击埃及这一以色列最强大的阿拉伯敌人的最好机会。他唯一担心的是法国会临阵退却,让以色列独立承受压力,但他还是让达扬积极准备对埃作战的计划。10月12日,安理会的辩论结束,苏联否决了英法关于运河国际化的建议,英国正式同意加入一场以"埃以冲突为借口的战争"。

但是本·古里安对英国的加入却抱有深深的担忧。因为在当时,约旦是英国的附属国,一旦约旦加入了对以色列的攻击,英国将如何处理这一问题呢?

10月22日,谈判在法国塞夫勒开始了。本·古里安提出了一个雄心勃勃的吞并计划:首先是分割约旦,西岸归以色列;然后重新划定黎巴嫩的地图,南部归以色列;最后,推翻纳赛尔的政权,苏伊士运河国际化,以色列将控制蒂朗海峡。法英两国主要是要求尽快采取行动,因为当时苏联正陷于"波匈事件"之中,而美国将要大选。但是这时朝鲜战争结束不久,本·古里安对中国人民志愿军的印象十分深刻,他非常担心苏联志愿军也会像中国人一样可怕。这个侵略者不好当啊!

会谈陷入了僵局。这时达扬提出了一个计划:首先由以色列派出一个伞兵营实施空降,然后派出一支装甲部队与之汇合,36小时后,法英两国开始干涉。法英两国接受了这一建议,本·古里安没有表示反对。晚上,人们都到舞厅去松弛一下几天来一直绷紧的神经,而本·古里安则一直坐在住所,思考了整整一个夜晚。要知道,这一决定可能会给以色列带来美好的前景,但是也有可能会给以色列带来灾难。

埃以战争收复西奈半岛纪念碑,这里是第一个埃及士兵将埃及国旗插上西奈半岛的地方。

第二天,本·古里安终于下定了决心,要不惜一切代价打破目前的不利局面。他派人召来了佩雷斯和达扬,3人就在花园里商定了西奈战争的方案。花园里找不到纸张,佩雷斯只好牺牲了自己的烟盒,达扬就在这张小纸片上,勾勒了西奈半岛的轮廓,制订了一个完整的行动计划。3人开着玩笑在这个小纸片上签署上自己的名字。

下午,三方会谈又开始了。仅仅过了两个小时,协议就定下来了。明确规定以色列要在10月29日开始行动,第2天法英呼吁停火,要求埃及撤回到运河以西10英里处并同意英国军队进驻运河区;如果埃及不听"劝告",法英军队将于10月31日开始进攻。并且条约特别明确,如果约旦进攻以色列,英国将不再支持约旦。一桩不光彩的交易就这样做出了。

战争即将开始,法国飞机已经来到以色列机场,3艘法国军舰也驶近了以色列海岸。本·古里安极力抑制内心的紧张,但是他的体温却迅速升高,一回到家就瘫倒在床上。除了共产党以外,其他所有反对党的领袖都来看望他,都对他的决定表示由衷的赞赏。当贝京走进来时,场面发展到了高潮,这个与本·古里安进行过生死搏斗的人坐在他的身旁,向他表示热烈的祝贺。最强大的压力来自美国,美国错认为以色列要对约旦发动进攻。艾森豪威尔总统要求本·古里安向他保证不用武力来改变中东的局势。但此时行动在即,本·古里安绝不回头。

1956年10月29日下午4点59分,一个以色列伞兵营按计划抢占了一个非常重要的山口,飞机飞得如此之低,以至于险些撞上了西奈山脉的顶峰。正当此时,在华盛顿,以色列驻美大使阿巴·埃班正在大讲特讲以色列的和平诚意。这时,美国副国务卿朗特里接到了一个纸条,他冷淡地对埃班挥一挥手说:"纯粹是扯淡。"一时间,在很多国家的首都,以色列的大使纷纷被召见。

一开始,本·古里安并不敢完全放开部队的手脚,他非常担心英法两国会临时变卦,不履行协定,使以色列陷入难以自拔的窘境。他要给以色列准备一条退路,万一英法不出兵,他就可以及时撤回部队,对外就谎称是一次边境冲突了事。

经过一天痛苦的等待,10月30日晚,法英两国终于发出了最后通牒,这比协议已经晚了几个小时,埃及当然拒绝了这一无理要求。又经过近一天的等待,本·古里安终于接到了英法开始空袭的消息,他长出了一口气,如释重负地靠在椅子上。埃及人被打懵了,根本就没有对以色列构成任何值得一提的威胁,在整个战争期间,只有一架埃及飞机趁黑夜溜进了以色列领空,转了一圈就匆匆飞走了。

联合国安理会立即召开了紧急会议,但是法英两国否决了苏联和美国提出的立即停火、以军撤回境内的提案。在南斯拉夫的倡议下,联合国大会紧急会议召开了,一天后通过了一个同样的决议。但是这些并没有使本·古里安后退,只不过促使以军加快了进攻的步伐。11月3日,以军攻占了大部分的西奈半岛,这比以色列的全部面积还要大得多。11月5日,以军攻占了控制海峡出口的蒂朗岛,大批来不及撤退的埃军投降,但是以军连押送俘虏的时间都没有,只是让他们缴出武器,坐在路边等待以军后续部队的到来。

中东的混乱状态给苏联提供了一个南下的好时机。苏联总理布尔加宁元帅分别给3国发了一份措辞强硬的照会,扬言要对英法使用核武器,并指出要重新考虑以色列的生存权问题。到处都在传言第三次世界大战就要爆发,美国总统大选第二天就要进行,整个世界是混乱一片。

只有本·古里安在扬扬得意。11月7日上午,以军已经抵达运河,并且抓到了6000名俘虏。他兴奋地走上议会讲台,发表了一篇热情洋溢的演讲:"今天,我们英雄的部队已经挺进到运河,这是我国历史上最伟大、最辉煌的军事行动,也是世界各国历史上最伟大的军事行动,约特瓦特(蒂朗岛)将再一次成为以色列的一部分。"但是仅仅过了一天,一切都成了美好的回忆。

艾森豪威尔总统向英国施加了很大的压力,并在外汇市场上对英镑发起攻击,英镑的比价急剧下降。老病交加的艾登首相终于承受不住了,决定停止战争。也就是本·古里安发表讲话的当天下午,英国决定停火。没有了英国,法国难有作为,只好跟着宣布停止战斗。午夜时分,英法两国的行动全部停了下来。联合国以95票对1票做出决议:以色列必须无条件从西奈半岛撤军。这时,美国大选也结束了,艾森豪威尔以压倒多数又一次当选为总统。他不再顾虑犹太人的选票,威胁如果以色列不撤军,美国将断绝一切援助。副国务卿胡佛甚至扬言要将以色列开除出联合国,并明白无误地表示:如果苏联志愿军发动进攻,美国将不会进行任何干涉。

苏联到处扬言要对以色列发动一次外科手术式的打击,人们纷纷传说苏联志愿者已经进入了叙利亚。本·古里安不断接到苏联即将对以色列发动大规模空袭的消息,以色列政府大楼里乱成一团。他极力控制自己的情绪,但是他的同事和助手无法控制自己,到处弥漫着绝望的气氛,他也逐渐动摇了自己的信心。在秘书递上来的报告上,他用颤抖的手只签了一个"本"字,就转过身去,眼里含满泪水。

但是本·古里安并没有完全绝望,他决心使用拖延战术尽可能地为以色列捞到一些好处。就这样,从11月15日以色列正式宣布撤军到12月3日,以军只撤到距运河30英里的地方。但是在12月10日,法英通知联合国,将在8天内完全从埃及撤军,本·古里安被迫同意每个星期后撤15英里。在后撤时,以军把西奈半岛的一切交通、通讯设施都破坏了。直到1957年1月中旬,以军才撤到原巴勒斯坦边界,还占领着加沙地带和沙姆沙伊赫。他决心不惜一切代价占住这些重要的地方。

但是艾森豪威尔的立场也更加强硬了。1957年2月初,他亲自给本·古里安发出了一份严厉的官方照会,明确表示要对以色列实施制裁。本·古里安愤怒地大吼道:"告诉那个混蛋,用导弹来打我们吧!他们不是有原子弹吗?炸我们吧,炸吧!"

2月26日,联合国大会开始了,事情似乎有了转机。以色列驻联合国大使埃班提出了一个假设:在埃及保证不返回加沙和不妨碍以色列航行自由的条件下,以色列撤出加沙和蒂朗岛。美国代表杜勒斯同意先由以色列代表在大会上提出这一建议,再由美国代表发表一个同意声明。3月1日,果尔达·梅厄按原定的计划登上讲台发言,随后站起来的是美国代表洛奇,但是他的发言却让梅厄大吃一惊。他说各国通过蒂朗海峡的自由将得到充分的保证,但是加沙地带的前途要由停战协定来规定。在场的其他国家的代表也许不太注意洛奇的发言,但是梅厄明白,这意味着埃及人返回加沙已成定局。在她眼里,洛奇那张英俊的脸已经变得有点狰狞可恶了。

消息传到以色列,本·古里安无力地倒在椅子上,过了很长时间,他才喃喃地说:"没有一个是君子。"

经过这次战争,以色列的领土扩张计划完全失败了,反而被看作是一个帝国主义国家,与美国也经历了一场严重的危机;纳赛尔不仅没有被推翻,地位反而更加稳固了。但是成果逐渐表现出来:阿拉伯敢死队再也不敢来骚扰了,以色列人享受到长达10年之久的和平;那些曾经指责以色列是帝国主义的亚非新独立小国纷纷向以色列送秋波,一个又一个要求援助的代表团来到以色列,以色列与第三世界的关系达到了一个顶峰。最重要的是,美国终于看清楚了苏联的南下企图,在事件结束后不久,就正式修改了外交政策,把以色列当作民主力量在中东的桥头堡,从而开始了以色列历史上的黄金时代。

# 夕阳西下

经过西奈战争,以色列获得了暂时的和平,但是这并没有改变中东的战略格局,以色列仍然是一个深处阿拉伯汪洋大海中的孤岛,尽管它是一个强大的孤岛。本·古里安下决心要改变这一形势,首要的是改善与周围国家的关系。

一开始,本·古里安把希望放在美国在中东的政策上,因为这时苏联正在加强向叙利亚的渗透。叙利亚逐渐倒向苏联一边,这引起了美国的不安。美国曾经计划依靠土耳其、伊拉克和约旦在叙利亚来一次军事行动颠覆亲苏的政权,但是计划失败了。本·古里安只好依靠自身的力量去完成一个建立"周边同盟"的计划。

还是在西奈战争之前,以色列就同伊朗和埃塞俄比亚建立了特殊的关系。这两个国家都对纳赛尔主义的颠覆和扩张能力感到恐惧,现在他们突然发现以色列可以作为牵制埃及的力量。战后不久,一位以色列外交官就拜见了海尔·塞拉西国王,达成了两国在政治、经济方面合作的协议。与此同时,以色列又加强了对伊朗的争取活动。当时,伊朗国王巴列维急于阻止纳赛尔分子和共产党人在伊朗的活动,在农业方面也面临着很大的压力,以色列答应向伊朗提供援助。

对于是否与以色列密切关系,一开始土耳其还心存疑虑,但是不久情况就发生了变化。1958年5月,黎巴嫩爆发了基督教派和穆斯林之间的内战,纳赛尔趁机进行干涉。到了7月,这一危机波及伊拉克和约旦,约旦哈希姆王朝的王位受到威胁,伊拉克就派了一个摩托化旅前往支援,但是这支部队在卡塞姆将军的带领下突然发动了军事政变夺得了政权。伊拉克的政变打消了土耳其的疑虑,感到危机正在来临,决心加强与以色列的关系,希望由此来调动美国犹太人,促使美国政府加大对土耳其援助的力度。

1958年8月28日傍晚,本·古里安参加了一个例行的会议之后,穿上了一件卡其布制服,乘车绕了一个大圈,从侧门进入了机场。在那里,一架飞机已经发动。夜里10点钟,飞机向大海飞去,然后北折直飞土耳其。凌晨时分,本·古里安与土耳其总理在安卡拉的一家豪华官方旅馆里举行了会晤,主要涉及两国对纳赛尔党人和共产党人的抵制以及以色列对土耳其的援助和科技合作等方面的问题。会谈极其顺利,两国很快就达成了协议。凌晨两点钟,他的飞机又一次起飞回到以色列,碰到总理的人丝毫不感到意外。很少有人知道,在过去的4个小时里,他已经进行了一次神秘之旅。

不久以后,美国向以色列提供了第一批武器——1000门无后坐力炮,这代表着美以关系的一个转折点。布兰代斯大学同意授予本·古里安一个荣誉学位,从而给他提供了一个访问美国的机会。本·古里安充分利用这个机会,广泛接触社会各界。特别重要的是,1960年3月14日上午,他与联邦德国总理阿登纳实现了历史性的会面。德国同意向以色列提供大量的无偿军火,并提供一笔高达5亿美元的贷款。会议结束后,他对记者说:"以前我就感到,今天的德国不再是昨天的德国,现在我更加坚定了这一信念。"

从美国回来不久,法国方面却传来了坏消息。法国政府担心自己帮助以色列建设核反应堆的事会引起阿拉伯国家的愤怒,就决定停止与以色列在这方面的合作。另外,最令本·古里安担忧的是,法国准备从阿尔及利亚撤军,如果真的成为现实,那么得到极大鼓舞的阿拉伯人就会将所有的压力放到以色列身上。为此,本·古里安匆匆忙忙地赶到法国,但是他未能说服戴高乐放弃自己的计划,只是得到了法国对以色列安全的口头保证。

1960年底,法以的核合作计划终于败露了,全世界一片哗然。在开罗,纳赛尔宣布他将调集400万大军进攻以色列,摧毁核装置。11月3日,美国驻以大使拜见了以色列外交部长果尔达·梅厄,提出了几个尖锐的问题,要求在4个小时内给予回答。为了维护以色列的尊严,本·古里安拒绝在规定时间内做出回答。几乎与此同时,肯尼迪当选为美国总统,他立刻加大了对以色列的压力。本·古里安决心前往美国与肯尼迪会谈。

当他见到肯尼迪时,他禁不住问自己:"这么年轻的人怎么能当世界上最强大国家的总统呢? 他看起来像一个 20 多岁的小青年。"这次会谈比本·古里安设想的要顺利得多,反应堆的事已经过去了,两国就很多问题达成了一致。最后,会谈以一个富有戏剧性的方式结束。当本·古里安正要走出会议室时,肯尼迪突然拉住他的手,请他到一个小房间去谈一件重要的事情。门关上了,只有他们两个人,肯尼迪诚恳地对他说:"我知道在大选中有多少犹太人投了我的票,我必须感谢他们。告诉我,有什么事要我做吗?"

本·古里安回国后不久就辞去了总理职务。他已经老了,但是雄心依然。他的目光在天空中飘游,但是双脚却紧紧地站在大地上,不因为幻想而丧失方向,他是一位拿着计算尺的预言家。在从 1933 年到 1963 年这段长达 30 年的时间里,他一直是犹太人和以色列的领袖。他终于将那些到处游散的犹太人重新聚集在一起,返回了故土,建立起一个新的国家,实现了千百年来犹太人不屈的梦幻。

但是这位"老头子"确实老了,在一次席卷全国的浪潮中,他自己也未能幸免。盛极必衰,本·古里安一生中的黄金时代就要结束了。

还是在 1957 年的时候,有一个年轻人向本·古里安所坐的内阁席位投了一枚手榴弹。本·古里安、果尔达·梅厄和摩西·夏里特都不同程度地受了伤。这次事件震动了整个以色列,他的秘书阿尔哥夫立即从特拉维夫赶来,一连几天都没有离开总理的病床。因为精神过度疲惫,在开车时撞倒了一个人,并且那个人没有多少生存希望了,内疚的阿尔哥夫开枪自杀了。这两件事使本·古里安感到老之将至,他要尽早为这个国家准备一批新的接班人。

到 1959 年初,本·古里安已经制订了一个使用年轻人的计划,驻美大使阿巴·埃班,独眼将军达扬和伊格尔·亚丁都将进入内阁。但是这一计划引起了工党内部元老派的强烈反对,果尔达·梅厄当即表示不会在新的内阁中继续任职,更多的人也都表示不愿与这批"被直升机送进党内的人"共事。

在 11 月份的以色列国会选举中,工党获得了空前的胜利。很明显本·古里安引进新鲜血液的行动已经取得了很大的成功,但是这并没能弥合两派之间的分歧。那些老资格的工党领袖极力排斥年轻人,梅厄甚至不允许将埃班的办公室设在外交部的大楼里。本·古里安不得不一次又一次地站出来为他的年轻追随者开路,这就更加引起了那些人的恐惧。一个反对本·古里安的联盟形成了,其中包括夏里特、梅厄和拉冯。还是在因自己的"口误"而失去外长职务的时候,夏里特就对"老头子"怀着深深的怨恨。至于梅厄,主要是因为她自己与国防部的冲突,而国防部正是由那些年轻人操纵的。

整个工党已经变成了一个火药堆,只要有一点火星都会发生爆炸。就在这时,拉冯事件爆发了。

一个偶然的机会使得以色列特工部门发现了一个惊人的事实:当年在开罗指挥行动的埃拉特是一个双料间谍。以色列特工部门设了一个"鸿门宴"将他逮捕后,他又供认了一个审判者意想不到的事实:当年行动失败后,曾有一个密使命令他伪造证据诬陷拉冯。当然,这并不能洗刷拉冯作伪证的责任,但一般来说,既然一方已经败露,那么另一方肯定是清白的了。拉冯要求重新调查以洗刷自己的污点。

1960 年 9 月,根据本·古里安的命令成立了一个军事调查委员会。委员会的调查结果显示吉布利犯下了伪证罪,拉冯要求为自己恢复名誉,但是本·古里安拒绝了。说实在话,"老头子"的这一做法既不合情理,也不明智。从此以后,拉冯就彻底地离开了他,全身心地投入到一场旨在恢复名声的斗争之中。

拉冯充分利用报纸的力量,几乎所有的报纸都支持拉冯的要求,对"老头子"和国防部的批评也在升温。拉冯编造了大量的虚假细节以图哗众取宠,调查委员会忙得晕头转向,不知所措。正在这紧张时刻,有一个人将整个细节都透露给了报界。"老头子"认定那个不负责任的人就是拉冯自己,就公开地向拉冯发动了抨击,这严重损害了他在公众中的中立形象。

为了维护党的团结,一个新成立的阁员委员会决定向拉冯做出让步,就宣布了一份拉冯清白的所谓"调查报告"。本·古里安感到非常失望,就以辞职威胁,要工党在他与拉冯之间做出选择。公众一片哗然,人们普遍把他的行为当作拉冯无辜的见证,对"老头子"的鄙视和嘲弄到处盛行。尽管工党最终罢免了拉冯,但是本·古里安并没有取得胜利,在公众的眼中,他成了一个独裁者、一个睚眦必报的人。

福无双至,祸不单行。1962 年 7 月,埃及发射了两枚中程导弹。扬扬得意的纳赛尔宣扬,这些导弹能打到黎巴嫩以南的任何地方。这一消息引起了以色列人的极度惊慌。情报部门的调查还显示,这些导弹是在德国的帮助之下制造出来的。这就在全国掀起了一股仇恨德国的潮流,对本·古里安德国政策的指责也接踵而至。实际上这些过时的武器只是纳赛尔用来迷惑人的玩意儿,但是却为贝京提供了攻击本·古里安的好机会。

在一次议会辩论中,"老头子"对贝京发起了猛烈的攻击,自由运动党的代表高声叫嚷,扰乱会场秩序。议长指责自由运动党的行为,但是也要求本·古里安收回自己的抨击。当时,在场的工党代表没有一个站出来为他辩解。他只好收回了自己的言论。从此他的情绪就变得十分低落而敏感。

1963 年 6 月 5 日下午,果尔达·梅厄怒气冲冲地来到本·古里安的住所,要求他下令取消一则有关德国正在为以色列培训军事人员的报道。"老头子"拒绝了她的要求。经过一番激烈的争论之后,两人在紧张中分了手。

第二天早晨,本·古里安大步走进了办公室,口授了一份只有一个单句的辞呈,通知总统和议长他将辞去总理职务。这一消息震惊了以色列的上上下下。人们络绎不绝地来找他,试图说服他收回成命,但是他拒绝了所有人的请求。他的辞职表明一个时代的结束,在以色列历史上具有重要的意义。

两天后,本·古里安回到了沙漠深处的萨德博克。

"老头子"虽然辞去了总理职务,但是并没有完全离开政治生活。有一天,他读了一本名叫《谁下的命令》的书。书的作者认为是拉冯下的命令。这促使本·古里安诉诸内阁,要求重新审理这一案件。到 1964 年 10 月份,他终于获得了检查部长和司法部长的同意,但是受到总理艾希科尔的阻挠。经过一番激烈的争论,决定由党的大会来表决这件事情。在大会上,以本·古里安为首的派别面对着大部分的工党成员。他的老对头夏里特坐着轮椅进了会场,人们都知道夏里特将不久于人世,但是并不因此而减少他抨击本·古里安的力度。

然而,最激烈的攻击却来自果尔达·梅厄:"我们的本·古里安同志想干什么?他从一开始就审判和指控。"梅厄尖锐的目光长久地刻在人们的脑海里,以至于人们就把那个夜晚叫作"长刀之夜"。大会投票结果是本·古里安失败了,从此他彻底地离开了公共生活。

　　1967 年 6 月,第三次中东战争即将爆发,达扬被重新起用担任国防部长一职。本·古里安想通过达扬来影响国家决策,但是达扬认定"老头子"已经老了,对形势的估计有错误,就拒绝了"老头子"的要求。达扬在日记中自负地写道:无论是好是坏,这是事物演进的方式。在这场战争中,我将不得不自行其是。

　　6 月 4 日,战争开始的前一天,本·古里安一生中第一次尝到了无人理睬的滋味,这与他以前因超人的判断而孤独完全不同。晚上 10 点钟,达扬派人来通知他,因为一个和总理的约会,他不能亲自来看他。这标志着本·古里安作为一个国务活动家的最后终结。

　　在从 5 日到 10 日的 6 天时间里,以军在别人的领导下实现了本·古里安的梦想:不但占领了西奈半岛,而且还占领了戈兰高地。直到本文完稿时为止,以色列还占领着这块极具战略意义的高地。

　　离开了政坛后,"老头子"全身心地投入到写作之中,但是极少写当前的事情,而是着眼于过去,写他还只是塞杰拉的一个小工人的时候,或者是在君士坦丁堡读书的时候。他把手几乎伸向了所有的敌人,与他们和好。夏皮拉,这位他心中的纳粹分子,成了他遗嘱的执行人;与拉冯、梅厄、哈莱尔等人也都和好了。人们惊奇地发现,这位永不满足的、不安分的、几乎永远是吵吵闹闹的人悄悄地平静下来了。而那些曾经反对过他、批评过他的人也开始重新认识他,怀念他。当人们有时间回首历史时,才会真正认识到是谁在推动历史的车轮朝着正确的方向转动。

　　1971 年,他的 85 岁生日获得举国庆贺。总理果尔达·梅厄亲自到萨德博克给他祝寿,尊称他为以色列的"国父"。议会则通过了一项决议,允许他再次对议会发表讲话。当他走上讲台时,全体议员起立,掌声雷动,经久不息。

　　1973 年时,他已经停止记日记。在生命的最后几周里,他因中风倒了下来,但是他活着经历了第四次中东战争的每一个事件,同人民一起忧伤,一道欢喜。在生命的最后时刻,他已经不能说话,但仍然保持着充分的意识,努力同每一个人握手,并用自己那深沉而又睿智的目光注视着他们,既没有绝望,也没有无奈。

　　1973 年 12 月 1 日,本·古里安,这位现代以色列的缔造者,与世长辞了。按照他的遗嘱,在葬礼上没有人哭泣,也没有人说话,人们只是默默地将他的遗体送进了墓地。他的坟墓安立在一座小山顶部,俯视着亘古不朽的内格夫荒原。3000 年前,正是在这里,犹太人在摩西的率领下,开辟了一条从沙漠到古以色列地的道路,也正是从那个时候起,犹太人就开始了一场持续几千年的斗争。

# 以色列的传奇总理

## ——贝京

## 人物档案

简　　历：1913 年 8 月 16 日出生在波兰布列斯特城一个犹太家庭。16 岁就参加了欧洲青年犹太复国主义组织——贝塔尔并成为领导人。大学毕业后便全力投入了这个运动。二战中成为"伊尔贡"指挥官,即反对纳粹德国又对美国采取报复。从 1948 年到 1977 年的 29 年中,贝京一直是自由运动党的领导人。1977 年 5 月 17 日成为以色列的第 6 任总理。1983 年 9 月 15 日贝京以"个人原因"为由辞职。1992 年 2 月心脏病发作,停止了呼吸,终年 79 岁。

生卒年月：1913 年 8 月 16 日~1992 年 3 月 8 日。

性格特征：贝京业余时间喜欢读书、看电影,还喜欢与朋友谈话、聊天。

历史功过：以色列建国后,他领导"伊尔贡"与阿拉伯进行了激烈的战斗,被称为"嗜血的刽子手"。任以色列总理后,贝京采取一系列措施,其中最引起轰动影响最深远的是向敌国埃及发出和平信号,并最终实现了和平。为此获得了 1979 年"诺贝尔和平奖"。贝京是一个强烈的民族主义者,以"鹰派"实行强硬外交。当涉及领土问题时常常我行我素,贝鲁特屠杀事件遭到了国人的反对。

名家点评：梅纳赫姆·贝京是犹太复国主义领袖。

## 从华沙到耶路撒冷

梅纳赫姆·贝京 1913 年 8 月 16 日出生在波兰布列斯特城一个虔诚的犹太教家庭,他出生的这一天正好是犹太的圣安息日纳哈姆,因而被取名为梅纳赫姆。他还在上中学时就显示了诸多突出的能力,他的各门功课都很优秀,并极富演说才能。他还靠为别人补习拉丁语来挣钱交学费。1931 年,他仅 18 岁就进入了华沙大学,成为一名法律系的学生,1935 年获得法学学士学位。

20 世纪 30 年代初期,犹太复国主义运动在东欧发展十分迅速,大批犹太青年投身该运动。贝京 16 岁就参加了欧洲青年犹太复国主义组织——贝塔尔,后来成了这个组织在波兰的领导人。大学毕业后,他便全力投入了犹太复国主义运动,一度还兼任捷克斯洛伐克的贝塔尔组织的负责人。对贝京早年思想影响最大的人,是犹太复国主义运动修正派领袖亚博廷斯基。在一次偶然的场合,他见到了这位仰慕已久的人物,并聆听了他的讲话。用贝京自己的话来说,就是"在他的身上,我们看到了我们一直在寻找的一切,信念、远见、自豪、勇气、行动"。后来,贝京一生都将亚博廷斯基视为自己的政治导师。

1939 年 9 月,第二次世界大战爆发。当德军占领波兰后,贝京和他新婚的妻子阿莉莎一起逃到了立陶宛的维尔纳,继续在这里进行犹太复国主义活动。但立陶宛很快就被苏联占领了,他也就成了苏联人的阶下囚。苏联人认为犹太复国主义运动是一种反动运动,贝京是一个危险人物,经过多次审讯后判了他 8 年徒刑,并于 1941 年 4 月把他送进了劳改营。但具有讽刺意味的是,苏联人并没有在判决书中提到"犹太复国主义",而是称贝京为"英国特务",证据是他与在英国的犹太复国主义者之间的信件。

劳改集中营在西伯利亚的伯朝拉河畔,这里的冬天十分漫长,白雪皑皑,没有黑夜,昼夜都白茫茫的一片,气候严寒,食物匮缺,与文明生活完全隔绝。苏联的经历在贝京心头打上了深深的烙印,使他成了一个非常痛恨苏联集权政治体制的人。贝京后来写了一本叫作《白夜》的书,描述了他在苏联劳改营中的经历,并称正是这种苦难和折磨使他理解为什么必须帮助犹太人离开苏联。这时,他获悉他的妻子阿莉莎已经逃到了巴勒斯坦,而他在波兰的父母和兄弟却都死于希特勒对犹太人的大屠杀中了。

苏联对德作战后,释放了在押的所有波兰人,贝京也因此得以获释,被送到塔什干参加了安德斯将军率领的波兰军队。这支部队不久后就被派往伊朗参加战斗。到伊朗后,贝京向上司说明情况后离开了部队,经伊拉克进入巴勒斯坦,于 1942 年夏天在耶路撒冷与他的妻子团聚。

第二次世界大战爆发后,巴勒斯坦的犹太人同英国人站在一起,投入了反对纳粹德国的战争。当时巴勒斯坦有几支犹太武装,最大的是由英国认可的犹太官方机构——犹太代办处领导的哈加纳。另外还有伊尔贡和莱希等犹太复国主义右翼武装。尽管这些武装力量在打击纳粹德国的大方向上一致,但由于政治观点的分歧,他们之间时分时合,关系时好时坏,有时甚至还发生流血冲突。

伊尔贡的正式名称是伊尔贡·茨瓦伊·柳米,意为"民族军事组织",是亚博廷斯基一手创建的。亚博廷斯基于 1940 年 8 月去世。在贝京到巴勒斯坦后不久,伊尔贡的指挥官拉齐尔也在一次战斗中丧生。由于贝京的才能和名气,以及他与贝塔尔运动的密切关系,几次军事行动之后,他便被推举为伊尔贡新的指挥官。时势的需要,使这个学法律的青年政治活动家走上了领导军事斗争的道路,此时他只有 29 岁。

第二次世界大战爆发后,大量的犹太难民逃出欧洲。巴勒斯坦犹太办事处认为,救助犹太同胞是自己义不容辞的责任,同时也有助于建国目标的实现。因此他们采取了一切可能的手段,帮助犹太难民进入巴勒斯坦。哈加纳和伊尔贡等武装组织都投入了救援活动,他们租用了几十艘船只来偷渡难民。但由于英国海军的拦截,这种偷渡十分困难,造成了多起灾难。这激起了犹太人对英国委任统治当局的强烈愤恨。

在反法西斯战争最激烈时,伊尔贡采取了不与英国统治当局对抗的政策。但是当欧洲局势开始有利于盟国后,伊尔贡就把斗争的矛头指向了英国人。1944年,伊尔贡正式宣布举行反对英国的起义。用贝京的话来说:"只要英国当局对犹太人关闭着巴勒斯坦的大门,它就是我们的敌人。"

伊尔贡开始时只有五六百名成员,采取的斗争方式主要是以地下小分队的形式袭击英国的军营、据点、监狱,并进行反英的宣传动员。大战后期,越来越多的犹太青年因不满犹太办事处的温和政策而加入了伊尔贡,伊尔贡的反英活动也扩大到对英国军警的袭击。英国委任统治当局对莱希和伊尔贡的地下活动十分恼火,对其采取了强硬的打击措施。1944年10月,英国当局对伊尔贡进行了一次全面的搜捕,将250多名伊尔贡分子流放到厄尔特里亚,但贝京却及时隐蔽起来了。

第二次世界大战结束后,巴勒斯坦犹太人与英国殖民当局的冲突越来越激烈。伊尔贡针对英国人的恐怖活动也日益升级,其中影响最大的就是1948年炸毁耶路撒冷的英军司令部大卫王饭店,共炸死91人,45人受伤。英国当局对伊尔贡的活动深感头痛,以1万英镑的重金悬赏缉拿伊尔贡的司令贝京。而这时的贝京却留起了胡子,时而化装成犹太教拉比,时而冒充外国公司的职员,用假名住在特拉维夫城里,秘密指挥着伊尔贡的斗争。

伊尔贡的活动没有得到当时对英国采取合作态度的犹太代办处的承认和支持,犹太代办处领导人本·古里安一直把贝京称为"恐怖主义者"。虽然到后来,犹太代办处的武装部队哈加纳也开始对英军采取了有限的袭击,但与伊尔贡的关系仍非常冷淡。

1948年5月,以色列宣布建国,随即便爆发了被以色列人称为"独立战争"的第一次阿以冲突。为了解决军火严重匮乏的问题,贝京设法从法国弄到一批武器,用一艘名叫"阿尔塔列纳号"的轮船运到以色列。领导着临时政府的本·古里安要求把这些武器交给哈加纳,遭到了贝京的拒绝。于是本·古里安指责伊尔贡企图暴动,下令用大炮击沉了"阿尔塔列纳号"。贝京当时正在船上,在熊熊燃烧的轮船快要沉没之前他才离船游水上岸。他上岸后大哭了一场,但拒绝了狂怒的其他伊尔贡成员要他下命令与哈加纳决一死战的要求。他说:"无论伊尔贡遭受多大的损失,我都没权力命令犹太人打犹太人。"一些人后来说,正是贝京当时的冷静和忍耐,才避免了刚建立的以色列国的一场内战。

以色列宣布建国后,贝京率领伊尔贡为抢占地盘与阿拉伯人进行了激烈的战斗,包括对耶路撒冷旧城的进攻。他还组织和策划了1948年4月10日的"代尔·亚辛大屠杀"。这天,伊尔贡在耶路撒冷附近的代尔·亚辛村杀死了200多名阿拉伯人,其中包括一些妇女和儿童,目的是恫吓阿拉伯人。果然,恐慌的情绪在阿拉伯人中迅速蔓延,大批阿拉伯人开始外逃,使犹太人获得了大片无人居住的土地。贝京也因组织这次屠杀而被称为"嗜血的刽子手"。但贝京自己解释说,当时代尔·亚辛驻扎着伊拉克的雇佣军,伊尔贡在进攻前曾向村民们发出要他们离开的警告。

# 反对党领袖

以色列建国后,伊尔贡被解散了,它的一些成员被并入哈加纳组成了以色列国防军。贝京也结束了他的地下军事斗争,与原伊尔贡的一些犹太复国主义修正派分子组建了一个政治党派——自由运动党(也有人译为赫鲁特党),作为一个反对党的领导人进入以色列国会,参加政坛的角逐。

从 1948 年到 1977 年的 29 年中,贝京一直是自由运动党的领导人。尽管他连续在 8 次议会竞选中都失败了,但他并没有气馁,仍在不懈地努力,因为他相信总有一天他会成功的。用他自己的话来说,他是在一个民主国家里作为反对派领导人为他的人民服务。

在左翼的工党势力十分强大的以色列,右翼的自由运动党的斗争是十分艰难的。另外,担任总理的本·古里安对贝京和自由运动党有极深的成见,处处对其进行限制和攻击,也使自由运动党吃了不少苦头。本·古里安对贝京十分厌恶,甚至不愿在国会发言中提到贝京的名字和头衔,而称其为"坐在议员约哈南·巴德尔右边的那个人",每当贝京发言时,本·古里安都要起身示威性地离去。本·古里安曾多次宣称,他可以同"除了自由运动和以色列共产党"的任何党派合作。

当然,贝京也不甘示弱,他和自由运动党总是不遗余力地对工党政府的各项政策进行攻击。1952 年初,双方在以色列与西德和解与赔偿问题上便发生了一次激烈的冲突。当时,西德政府提出希望与以色列政府谈判,讨论对在二次大战中对犹太人遭受的苦难和财产损失做出赔偿的问题。本·古里安政府经过讨论,表示愿意同西德政府进行谈判。但此举在以色列公众中激起了强烈的反响,不少人激烈地反对这种做法,认为接受德国的赔偿,就意味着同德国的和解,也就意味着对纳粹罪行的宽恕和对受害者的淡忘。以色列国会也对此展开了激烈的辩论。贝京领导的自由运动党抨击政府接受德国赔款是"1000 年来犹太历史上最可耻的行为",是"出卖以色列的灵魂"。贝京还把这种国会里的斗争延伸到社会上,他组织反对者和一些大屠杀幸存者上街游行抗议,愤怒的示威者们冲击了国会,同警察发生了流血冲突,导致数十人受伤。尽管政府的提案最后以微弱的多数获得通过,但贝京的政治影响力却因此得以大大提升。1956 年第二次中东战争后,贝京再次率众上街游行,反对政府从西奈半岛和加沙撤军。通过诸如此类的一系列斗争,贝京和自由运动党的影响日益上升,势力逐渐壮大。但由于历史的原因,在许多人眼中他仍是一个"不负责任的反对党"。为了改变在公众中的形象,贝京也放弃了一些极端的主张,并决定与其他犹太复国主义党派联合。经过多次谈判,自由运动党与属于犹太复国主义运动另一派别的自由—进步党于 1965 年 4 月共同组成了加哈尔(意为"统一")集团,从而迈出了同工党联盟对峙的第一步。在加哈尔集团内部,自由运动党居于绝对的优势地位,贝京也就当仁不让地成了该集团的领袖。在 1965 年 11 月的大选中,加哈尔集团获得了 26 个议席,成为议会中的第二大政治集团。这样,就形成了加哈尔集团同以工党(获 45 席)分庭抗礼的两极局面。

贝京对他的政治导师、犹太复国主义修正派创始人亚博廷斯基极为崇敬。亚博廷斯基在 20 世纪 30 年代被英国当局驱逐离开巴勒斯坦,于 1940 年 8 月死在美国纽约。他生前曾多次表示希望被安葬在巴勒斯坦。以色列建国后,贝京为此进行了长期不懈的努力,但执政的本·古里安却坚决不同意让亚氏的遗骸运回以色列,他说:"我们要运送回来的是活的犹太人,而不是已死去的犹太人。"直到 1964 年本·古里安退休,艾希科尔出任总理后,这一问题才得以解决。在亚博廷斯基逝世 25 周年之际,政府终于同意将他的遗骸运回以色列,并在赫茨尔国家公墓为他举行隆重的葬礼。在安葬仪式上,贝京在演说中说道:"他离开这个国家时,是一个被流放者;他回来时,是一个征服了一切的英雄。"

1967 年"六·五"战争前夕,为了加强内部的联合和团结,以色列执政的工党和在野党组成了以艾希科尔为总理的民族联合政府,贝京出任不管部长。这是贝京政治生涯中的一次胜利,从此他结束了与国家权力无缘的状况,也为他和他领导的政党在国内外赢得了广泛的影响。据说在"六·五"战争中,正是在贝京的敦促下,优柔寡断的艾希科尔才下决心出兵攻占耶路撒冷旧城的。占领耶路撒冷旧城后,以色列政府很快发表了统一的耶路撒冷是以色列不可分割的首都的声明,贝京坚持要求在声明中写上,这除了行政管理的方便外,更主要的是犹太人长达 2000 年的历史权利。

由于与工党在处理被占领土问题上存在严重分歧,1970 年 8 月贝京率领加哈尔集团退出了联合政府。1973 年加哈尔集团再联合另外两个小党,组成了利库德集团,使它在议会中的席位增加到了 39 席。

而长期执政的工党联盟由于内部腐败严重、丑闻不断,政府人浮于事、效率低下,加上 1973 年十月战争初期的失利,以及国内经济形势恶化,引起了越来越多的人民的不满。而贝京的利库德集团的声望却在不断上升。1977 年 5 月 17 日,在以色列的第 9 次议会选举中,执政 29 年的工党只获得了 32 个席位,终于被赶下了权力的宝座,而利库德集团一举夺得 43 席,成为最大的国会政党,被授权组阁。贝京成了以色列的第 6 任总理。

## 诺贝尔和平奖得主

1977 年利库德集团的胜利被外界称为以色列政坛的"地震",因为如果算上建国前近 30 年的历史,具有社会主义色彩的工党已连续当政近 60 年了,现在突然被右翼的利库德集团所取代,使人颇有"改朝换代"之感。从此,工党垄断政权的一统江山被打破,形成了工党和利库德集团两大党派在以色列政坛上平分秋色的局面。在很大程度上,利库德集团的胜利也就是贝京长期奋斗的胜利。

当选总理后,梅纳赫姆·贝京与他的历届前任一样,从原来的住所搬进了耶路撒冷贝尔福街 3 号——以色列总理官邸。他还专门前往亚博廷斯基的墓地祈祷,以告慰他的这位引路人的在天之灵。

上任伊始,贝京就快刀斩乱麻似的采取了一系列措施,确实给人面目一新的感觉:他以创纪录的速度组成了新政府;他上台后不久就推出了以自由经济取代计划经济的改革;他对政府机构的作风进行了改革,大大提高了效率;他实行了一种总理官邸每周六下午对所有人开放的接待日制度,从而获得了"最接近人民的总理"

的美称;他力排众议,起用原工党政府的国防部长摩西·达扬为外交部长……

然而,贝京所做出的最令人难以置信、最引起轰动、同时也是影响最深远的事情,是他主动向以色列最大的敌国埃及发出和平信号,并最终同埃及实现了和平。

尽管贝京在领土问题上态度一直很强硬,但作为一个有远见的政治家,他深知,如果不同阿拉伯国家进行面对面的谈判,以色列就不可能有真正的和平。埃及是最大的阿拉伯国家,在几次战争中都是以色列最主要的敌人。贝京从一开始就意识到,如果能同埃及实现和平,其他阿拉伯国家就不再对以色列的生存构成威胁,而且还能起到分化阿拉伯世界的作用。

1977年8月,贝京就任总理仅3个月后就访问了罗马尼亚。在同阿以双方都保持着较好关系的罗总统齐奥塞斯库会谈时,贝京请齐奥塞斯库向埃及总统萨达特转达了他愿意与之会晤并讨论实现以埃和平的口信。当听说萨达特的反应积极时,贝京便不失时机地通过美国驻以使馆向萨达特发出了访问以色列的正式邀请,并请他11月20日向以色列国会发表演讲。

萨达特也表现出了一个政治家的眼光和勇气,决定接受贝京的邀请。11月19日,贝京在机场为萨达特举行了隆重的欢迎。世界各地的大约2000名记者前来采访这一"20世纪以来最富戏剧性的访问"。地上铺上了红地毯,礼炮鸣了21响,贝京和萨达特这两个昔日不共戴天的死敌,双手握到了一起。在数万名盼望和平的以色列人的夹道欢迎中,萨达特被送到下榻的耶路撒冷大卫王饭店。在访问期间,贝京同萨达特举行了几次会谈,安排萨达特到耶路撒冷著名的阿克萨清真寺做了礼拜,参观了"大屠杀纪念馆",在以色列国会发表了演讲。尽管萨达特的此次访问一共只有44小时,但它却改变了整个中东地区的历史。

1977年12月,贝京对埃及进行了回访,他在开罗同萨达特就有关的问题进一步交换了意见。在埃及他也受到友好和热情的接待。街上的人群见到贝京时,都向他欢呼致意:"贝京—萨拉姆。"(意为贝京—和平)从此,贝京和萨达特之间也结下了不错的私人交情,两人通过电话和信件保持着联系。尽管双方进行了多次接触和谈判,但由于分歧严重,和谈没有取得什么实质性的进展。为了抓住这一难得的和平机会,双方请求美国总统卡特出面斡旋。1978年9月6日,贝京和萨达特应卡特之邀在华盛顿附近的戴维营举行了美、埃、以三方首脑的最高级会谈。

这是一场极为艰难的谈判。贝京和萨达特都是坚定的民族主义者,他们从本民族和本国家的利益出发,在原则问题上分歧严重,互不让步;在许多问题上,两人唇枪舌剑,争论得十分激烈,谈判多次陷入了僵局,濒于破裂的边缘。贝京和萨达特都决定中止会谈,离开戴维营回国,眼看刚刚出现的和平之光又要熄灭。但两人毕竟不是意气用事的年轻人,经卡特总统"以一生中从未有过"的严肃态度劝阻后,他们又留了下来,都做出了一些妥协,谈判出现了转机。经过13天的激烈交锋和讨价还价后,和谈终于取得了突破。9月18日晚,在卡特主持下,贝京和萨达特在白宫签署了《戴维营协议》。半年之后,双方又达成了《以埃和平条约》,并正式建立了外交关系。戴维营协议开创了以色列和阿拉伯国家通过谈判解决争端的先例,是以—阿关系史上一个重要的转折点,影响极为深远。

"铸剑为犁,化敌为友"。贝京能主动采取行动,抛弃仇恨,同昔日的敌人握手言和,表现出了一个卓越政治家的风度和远见。因此,他不但在国内获得了广泛的支持,在国际上也赢得了普遍的赞誉。瑞典的诺贝尔奖委员会经过广泛征求意见和讨论研究,决定将1979年的"诺贝尔和平奖"授予萨达特和贝京两人。

由于种种原因,萨达特未能出席在奥斯陆举行的诺贝尔和平奖颁奖仪式。贝京和他的妻子阿莉莎来到了奥斯陆,并接受了这一本应由他和萨达特两人共同分享的巨大荣誉。在颁奖仪式上,贝京发表了一个发自肺腑的演讲,令在场的人无不动容,他说:

1978年9月6日至17日,埃及总统萨达特(前者)和以色列总理贝京在戴维营会谈结束后拥抱,卡特在一旁为之鼓掌。

我来自以色列的土地,来自锡安山和耶路撒冷的土地;作为一个犹太人民的儿子,作为经历了大屠杀和获得新生一代人中的一员,我谦恭而自豪地站在这里。

古代犹太人曾向世界贡献了永恒和平的梦想,人类永不诉诸武力的梦想,摒弃学习战事的梦想。先知们用相同的话语向世界上的民族表达了以下的理想:

他们要将刀打成犁头,把枪打成镰刀。这国不举兵攻击那国;他们也不再学习战事。

……

我们互相做出了重要的承诺,不再有战争,不再有流血,我们将通过谈判解决我们之间的问题。应该承认,我们面临着许多困难。每个人都不应该忘记,我们所面对的是一场长达60多年,发生了许许多多次悲剧的冲突。但为了建立友谊,为了使和平成为我们美好的生活,我们必须把这一切抛在我们的身后。

……

我感谢你们给予我的巨大荣誉。然而,它却不属于我,它属于我的人民——这个古老的人民和复兴了的民族,它在遭受了许多世纪的无家可归和歧视迫害之后,带着挚爱和虔诚回到了其祖先的土地。这一光荣的承认属于这个人民,因为他们遭受到如此多的苦难,因为他们遭受了如此沉重的损失,因为他们热爱和平,用他们的全部身心,为他们自己,也为他们的邻邦,不懈地追求和平。

当然,和平是不会轻而易举地来到的,往往要付出沉重的代价。以色列同埃及实现和平后,以色列国内的许多极端民族主义分子和宗教狂热分子对贝京的"妥协"政策表示了强烈的反对。萨达特面临的反对更激烈,所有的阿拉伯国家都同埃及断绝了外交关系,谴责萨达特是"叛徒"。1981年10月,在埃及举行的阅兵式上,萨达特遭几名伊斯兰原教旨主义分子行刺身亡。萨达特遇刺,使贝京深感震惊。他决定第二个星期六亲自到开罗去参加萨达特的葬礼。许多人听说后都劝他不要去,因为这样风险太大。然而贝京执意前往,以表示对他的这位和平伙伴和私人朋友的敬意。到开罗后,他住进了一家靠近安葬地点的饭店,以便亲自走到墓地。那天下午,他顶着烈日,冒着酷热,步行了很长一段路,在萨达特的墓前肃立默哀。

# 从巅峰坠落

贝京是一个强烈的民族主义者,一个在外交上被称为"鹰派"的强硬派领导人。他认为,巴勒斯坦对于犹太人来说,不仅仅是生存和安全的需要,而且是犹太人祖先的土地,犹太民族对这块土地具有历史和天然的权利。在同埃及实现和平的过程中,贝京做出了妥协和让步,将以色列占领了 12 年的西奈半岛归还给了埃及,这是因为西奈半岛虽然对以色列的安全很重要,但它毕竟不是以色列的土地。而后来当涉及巴勒斯坦土地问题时,贝京就表现出了异常强硬的立场。而且在领土问题上,他常常我行我素,根本不顾忌造成的影响和外部的反应,这样就给他的政治生涯播下了悲剧性的种子。

在贝京的支持和促进下,1980 年 7 月以色列国会通过了一项决议,宣布统一的耶路撒冷是其"永恒与不可分割的首都"。耶路撒冷是犹太教、基督教和伊斯兰教三大宗教的圣地,其地位十分敏感。早在以色列建国之前联合国就通过决议,将它定为一个国际共管城市。在 1967 年第三次中东战争中,以色列夺得了东耶路撒冷,从而使整个耶路撒冷统一了起来。但由于耶路撒冷问题的敏感性,前工党政府一直未敢正式宣布它是以色列的首都。贝京政府宣布东西耶路撒冷为以色列的首都,自然会引起各方的激烈反应。阿拉伯国家的强烈抗议自不必说,连美国、西欧诸国也对贝京政府的行动表示反对,希望以色列取消这一做法。

以色列国小人少、资源贫乏,从防御的角度看地理条件十分恶劣,再加上长期处于敌对的阿拉伯邻国包围之中,以色列人对国家安全有着一种超乎寻常的敏感性。在这一点上,贝京表现得极为强硬,几乎到了一种病态的程度。以色列情报部门侦察到,对以色列持敌视态度的伊拉克正在建造核反应堆,有可能制造出原子弹。贝京对此深感不安,决心采取行动。他于 1981 年初发表了一个声明,说以色列将对伊拉克发展核能力"被迫做出反应"。

贝京当然并不是说说而已,他很快就签署了一项对伊拉克核反应堆采取军事行动的命令。1981 年 6 月 7 日,8 架携带重磅炸弹的以色列 F—16 战斗机在 6 架 F—14 歼击机的护卫下,从西奈半岛机场起飞,沿约旦和沙特阿拉伯边界低飞至巴格达上空,只用了两分钟的时间便炸毁了乌西拉克核反应堆。待伊拉克防空部队做出反应时,以色列飞机都已开始安全返航了。以色列的这次长途空袭显然是严重违反国际法的行为,立即招致了国际社会的一片抗议和谴责。11 月 13 日联合国通过了措辞严厉的谴责决议,连美国里根政府也发表了指责以色列的声明,并宣布暂停交付以色列新购买的 4 架 F—16 战斗机。

但贝京政府的这次行动在国内却受到了普遍赞誉,被认为是一次合理合法的自卫行动。特别是 10 年以后,当伊拉克入侵科威特引爆海湾战争,萨达姆下令用飞毛腿导弹袭击以色列时,许多人说幸亏贝京当年摧毁了萨达姆的核反应堆,否则后果不堪设想。有人甚至说贝京应该因此而获得第二次诺贝尔奖。贝京本人也认为这是他的一项得意之作,在讲话中多次提到这次"防御性攻击"。对伊拉克核反应堆的袭击也大大加强了利库德集团的地位,加上贝京又宣布实行税制改革,在以色列实行了新税制。因此在1981年7月的大选中,利库德集团再次获胜,贝京也得以连任总理。

再次当选后,贝京的影响如日中天,达到了他政治生涯的顶峰。然而与此同时,他衰落的迹象也开始显露了:以色列的对外关系因贝京的强硬政策而陷入低谷,被称为国际社会的"弃儿";以色列的经济形势日益恶化,通货膨胀率一度高达131.5%;民众的不满情绪上升,罢工游行频繁发生;反对党工党跃跃欲试,大有东山再起之势;后来连内阁中也有几名部长因持不同意见辞职。

1981年底,以色列国会又通过了一项议案,宣布在戈兰高地实施以色列的法律。这实际上等于变相吞并了这一片在战争中占领的叙利亚领土。贝京政府的这个举动,再一次激起国际社会的一片反对声浪,使以色列在外交上更进一步陷入了空前孤立的境地。

贝京本人的健康也每况愈下,长期的超负荷工作和沉重的压力,使他常常感到胸痛和极度疲劳。1980年上半年他曾因脑血栓而轻度中风,几次住进医院。尽管如此,他还是强打精神,拼命地为自己的理想和事业奋斗。然而,1982年黎巴嫩战争导致的连锁反应,就像最后的一束稻草,终于压垮了贝京这只负重的骆驼。

从1981年5月开始,巴解组织不断从黎巴嫩向以色列北部的城镇进行炮击。在不到1年的时间里,巴解共发动了近300次攻击,打死29人,打伤271人,其中多数是以色列平民。贝京政府对此深感不安,决心采取一次大规模的军事行动一劳永逸地解除对北部边界的威胁。1982年6月,以色列发动了代号为"加利利和平行动"的入侵黎巴嫩的战争,国防部长沙龙是这一行动的主要策划者。以色列出动了9万多士兵,在沙龙的直接指挥下,分三路进入黎巴嫩,很快就摧毁了多处巴解的军事基地,俘获了几千名巴解人员。

9月16日,在以军的默许下,亲以的黎巴嫩基督教武装在贝鲁特对2300多名无辜巴勒斯坦难民进行了血腥屠杀,受害者中有许多是妇女和儿童,惨状令人目不忍睹。沙龙等人纵容长枪党的屠杀,目的在于制造恐怖气氛,迫使巴勒斯坦人离开黎巴嫩。然而,这一暴行很快被西方媒体披露,在国际社会引起震惊,遭到各国的普遍谴责。

贝鲁特屠杀事件在以色列国内也激起了空前的抗议浪潮。举国上下对此事的反应十分强烈,认为这是以色列的耻辱。另外,黎巴嫩战争也导致了不少以色列士兵的伤亡,因此国内的反战情绪空前高涨。成千上万的人连日在政府大楼和总理府外示威抗议,许多人要求政府辞职,贝京下台。虽然屠杀手无寸铁的难民并非以色列军队所为,也不是出自贝京政府的命令,但是作为以色列总理,贝京自然难辞其咎。不久,以色列国会组织了调查委员会,贝京、沙龙等人都被传去听证。最后的调查报告虽然确认屠杀事件是黎巴嫩基督教武装所为,但认为贝京、沙龙也负有相应的责任。

国内此起彼伏的抗议声浪使贝京的神经深受刺激,调查委员会的结论也使他难以接受,但他仍强支病体,坚守阵地。1982年11月中旬,贝京计划访问美国,但临行前与他多年共患难的妻子阿莉莎的病情恶化,住进了医院。贝京本想取消这次出访,但阿莉莎劝他还是按计划前去。当他在洛杉矶时,传来了阿莉莎去世的消息,他一下子瘫倒在地,精神立刻就崩溃了。经过一段时间的治疗,虽然情况有所好转,但他仍不能工作,生活也无法自理。1983 年 9 月 15 日,贝京以"个人原因"为理由向赫尔佐克总统提出辞呈,正式辞去了总理职务,由利库德集团新领导人沙米尔接任。

因病退休后的贝京深居简出,生活由他的女儿莉阿照料,他的两个儿子也不时来看望他。他极少在公开场合露面,平时只有几个最亲密的朋友才见得到他。有一段时间,他的健康似乎有了起色,他又开始读书看报,关心国内和国际的事务了。但总的来说,他的身体是每况愈下了,心脏病反复发作。1992 年 2 月,他的心脏病再次发作,被送进特拉维夫的伊奇洛夫医院急救。几天后,梅纳赫姆·贝京停止了呼吸,终年 79 岁。

按照贝京生前的要求,以色列没有为他举行国葬,只是简单地举行了一个犹太教葬礼,然后把他安葬在他妻子阿莉莎的墓旁。但数万以色列人和国外犹太人闻讯后,仍赶来耶路撒冷参加了贝京朴素而隆重的葬礼。

# 贝京其人评说

毋庸置疑,贝京是以色列最著名的政治家之一。他对当代犹太人和以色列历史所做的贡献是巨大的。许多人把他和本·古里安相提并论,认为他们两人都是当代以色列国的缔造者和建设者。

贝京是一个有坚定信仰的人,他把犹太复国主义、犹太民族主义和犹太教传统思想融为一体。他终生都以犹太复国主义修正派创始人符拉基米尔·亚博廷斯基的学生自居,并在实践着亚博廷斯基的学说和理论。他主张"以眼还眼,以牙还牙",用武力在整个巴勒斯坦建立一个犹太人国家,并主张把以色列建成一个完全的资本主义式的民主国家。正是在这种思想指导下,他坚持占领约旦河西岸和加沙,吞并了戈兰高地和东耶路撒冷,在这些地方建立犹太定居点,并且在执政后全面推行自由经济计划体制。

他的政治才能是得到人们公认的。一位工党领导人在评论利库德集团领导人时曾说,沙米尔不过是一个特务头子,而贝京则是一位真正的政治家,他知道为了国家的利益在什么时候应该做什么事情。尽管在阿以冲突问题上,他的强硬立场到了几乎是蛮横的程度,但在其他问题上,他却表现得开明而极富远见。值得一提的是,据 1992 年 3 月 10 日《耶路撒冷邮报》报道,贝京早在 1979 年就指示以色列主动与中国接触。他认为中国的"文化大革命"已结束并已开始对外开放,以色列应抓住商业贸易这个"机会的窗口"与中国来往。正是在他的首肯下,以中之间开始建立了秘密的经贸关系。

贝京能讲多种语言,他能用波兰语、希伯来语、英语、意第绪语演讲,他的西班牙语和法语也相当不错。贝京一生著述不多,他写过两本书《白夜》和《起义》,前者是关于他 1941 年~1942 年在苏联被囚禁和流放的记叙,后者写的是他领导伊尔贡在以色列建国前同英国人的斗争。他具有非常优秀的演说才能,是一个公认的天才演说家。凡听过他演讲的人,无不为他的演说才华所倾倒。在多数情况下,他不需要任何稿子就能即席发表演说,即使在重要的场合,他最多也只用一张纸条,上面写几点提示就足够了。他身边的人说,他的任何一次演说的记录,只要稍加修改就是一篇很好的文章。据说,他一生中只念过两次稿子,一次是地下斗争结束后他公开露面时,通过伊尔贡的秘密电台向全国人民的致词,另一次就是在挪威接受诺贝尔和平奖时的致词。

贝京还是一个虔诚的犹太教徒。他坚持每星期都参加祈祷,能背诵许多祈祷文。他对有 3000 多年历史的犹太文化极为自豪,对犹太民族传统习俗十分熟悉,如数家珍。每逢重要的节日和面临重大的事件,他都要去被犹太人视为神圣地点的"哭墙"祈祷。他严格地保持犹太人的饮食习惯,即使在国外访问时也毫不含糊。也正是因为这一点,他的政府得到了以色列国内外许多犹太教徒的支持,他与以色列宗教政党的关系比其他任何一位总理都好。他的家庭观念也深受犹太宗教思想的影响。他与相濡以沫的妻子阿莉莎感情笃深,同时也是 3 个儿女的好父亲,8 个孙儿孙女的好祖父。在他的影响下,他的长子本宁·贝京也走上了从政的道路,后来也成了利库德集团的重要领导人之一。

贝京的生活极为简朴。从 20 世纪 40 年代初到 1977 年他当选总理时为止,他全家一直住在特拉维夫罗森鲍姆街一套很小的公寓里,他家里简朴的陈设使每一个来访者都感到惊讶和敬佩。一次,一个南非犹太人代表团来到他的家里,见到大名鼎鼎的贝京竟住在这样简朴和狭小的房子里,都觉得不可思议。这个代表团中有几位百万富翁,他们想为他买一套大一点的房子,但贝京却坚决地谢绝了。最后,经过一再说服,他才同意接受一部百科全书作为礼物。他多次拒绝别人送他的礼物,包括家用电器和小汽车等。他 1979 年获得诺贝尔和平奖后,用这笔奖金设了一个"阿莉莎及梅纳赫姆·贝京社会福利基金",用于慈善目的。总之,他清教徒般的生活方式使他的政敌根本无法在这方面找到攻击他的口实。

生活中,贝京没有什么特殊的嗜好。除了工作,他的业余时间就是读书,他喜欢阅读政治学和历史学方面的书籍,一读起书来,常常废寝忘食。他还有一种特殊的放松方式,就是看电影。他常常在周末的晚上同妻子一起"躲"进电影院里。然而,在多数时间里,他虽然坐在电影院里,但注意力却并不在银幕上,而是在思考其他重要的问题。另外,他还喜欢同朋友在一起谈话,许多人都光顾过他家里的"周末沙龙"。在那里,一杯简单的饮料,一块蛋糕,就是贝京招待客人的东西,然后大家就可以畅所欲言,海阔天空。

贝京的一生基本上都是与暴力活动联系在一起的,他本人就是一个纳粹大屠杀的幸存者,他从早年起就致力于反对英国统治的地下武装斗争,建国后又与阿拉伯人之间进行了多次战争。为了犹太人的生存和权利,他在暴力斗争中毫不手软,敢想敢做,无所顾忌,因此被许多人指责为"恐怖主义者"和"刽子手"。当然,在阿拉伯和犹太两大民族的激烈冲突中,他对犹太人的贡献越大,也就意味着对阿拉伯人的伤害越大。

这就是梅纳赫姆·贝京,以色列的第 6 任总理,一个有政治天赋、经历复杂、极有特点和个性的传奇人物。

# 一面英雄一面恶魔

## ——萨达姆

### 人物档案

**简　　历:**伊拉克共和国前总统。

**生卒年月:**1937 年 4 月 28 日~2006 年 12 月 30 日。

**安葬之地:**奥贾村。

**性格特征:**暴戾、冷峻、狂妄而坚毅、勇敢。

**历史功过:**参与对政府最高官的暗杀;发动西伊(伊朗)战争与海湾战争;最后爆发伊拉克战争。

## 野心勃勃

2006 年 12 月 30 日早上 6 点 15 分(北京时间 11 点 5 分),很多人刚刚醒来,准备开始新一天生活的时候,一个叫作阿尔哈拉的没什么名气的小电视台,公布了一条令世界大为震惊的消息:"几分钟前,萨达姆死了。"

于是,"萨达姆"这个名字,成为 2007 年新年前被提到的最多的名字。

有人为萨达姆之死开香槟,鸣枪庆祝;有人为萨达姆之死义愤填膺,大声嚎哭。萨达姆,一个集英雄和魔鬼于一身的人物,不知道他本人是否意料到自己的死会掀起一场世界性的风暴?

萨达姆全名萨达姆·本·侯赛因·本·马吉德·阿尔·提克里特。这是一个典型的阿拉伯名字,按照阿拉伯人的习惯,一个人的名字里应该包括他的本名、父亲名、祖父名和出生地的名字等。

一个阿拉伯人的名字,往往就是一个阿拉伯家族的"简要历史"。"萨达姆"在阿拉伯语中的意思是"坚定不移的战斗者",而提克里特却是一个浸满血泪的地方。

是什么赋予了萨达姆英雄的一面,又是什么让萨达姆呈现出魔鬼的一面? 也许正是那饱经沧桑的提克里特。

提克里特紧挨着有"古文明发祥地"之称的底格里斯河,地处巴格达和摩苏尔之间,自古以来就是战略要地。那些要翻越美索不达米亚高原,前往库尔德斯坦的商人们需要在提克里特歇脚,那些沿着巴士拉河前往萨迈拉的学者们需要在提克里特小憩,那梦想要征服世界的帖木儿大帝,需要在提克里特掀起血雨腥风。在征服欲旺盛的古罗马人那里,提克里特被叫作"底格里斯河上的堡垒"。尽管提克里特在 14 世纪为帖木儿大帝侵占后,在几百年的时间里都萧瑟黯淡,但它却是伊拉克人心目中的"不可沦陷之城"。12 世纪伊拉克的传奇英雄萨拉丁就诞生在提克里特。

1937 年 4 月 28 日,萨达姆出生在提克里特的一个逊尼派穆斯林家庭里,在他降生前的几个月,他的父亲侯赛因·马吉德就去世了。萨达姆的母亲萨卜哈·图尔法并没有对萨达姆的到来感到高兴。

在第一次世界大战时,英国人占领了伊拉克,而提克里特有着不少英国士兵的小公墓和英国人挖的战壕。萨达姆出生时,提克里特人还清楚地记得英军来袭时的可怕景象。而萨达姆出生后没多久,第二次世界大战就爆发了。全世界都疯狂起来,绝少有哪个地方能躲过战争的阴云,地处中东的伊拉克是盟军和德国法西斯争夺的对象。

萨达姆的童年时代是在乡村亲戚家度过的。萨达姆不喜欢单调的乡村生活,他一心巴望着家里能送他上学读书,因为读书是改变命运的最好手段。但萨达姆的家人却并不认为读书有多大用处,他们只希望萨达姆能够成为一个老实的农民,平平淡淡地过完一生。

上天不给萨达姆改变命运的机会,萨达姆就只好自己创造这个机会。在一天深夜,年少的萨达姆揣着一把手枪,离家出走了。

这是萨达姆一生中最重要的决定之一。

萨达姆一个人登上了开往巴格达的汽车,投奔了亲戚图尔法赫。图尔法赫对萨达姆影响极大,他将萨达姆送入学校,鼓励萨达姆做阿拉伯世界的伟人,他也影响了萨达姆对西方人的看法。图尔法赫从不掩饰对英国人的痛恨,有着浓厚的民族主义思想感情。图尔法赫告诉萨达姆,异族的侵略者可恶至极,那些勇于反抗异族统治的人才是真正的英雄。

年少时接受的观念,往往会伴人一生。更何况图尔法赫讲述的那些关于西方大国可憎行径的故事,并不是凭空杜撰。

二战结束后,伊拉克摆脱了英国的殖民统治,但伊拉克并没有摆脱被大国操纵的命运。美苏冷战打响后,中东地区成了美苏双方争夺的要点。1954 年,美国和伊拉克就军事援助事宜交换了文件,美国向伊拉克提供武器,伊拉克加入由美国主导的集体安全防卫体系。这个防卫体系无非是针对苏联而设。一年之后,还是在美国的支持下,伊拉克国王又和土耳其总理签订了《巴格达条约》,在安全和防御方面展开合作。后来,为了维持在阿拉伯世界的影响力,英国也加入了《巴格达条约》。

伊拉克本想借美、英的力量巩固自己的安全,却没曾想和美、英的接触引起了一些阿拉伯国家的不满。埃及和沙特阿拉伯都担心,伊拉克会背靠美、英而坐大,它们不想看到伊拉克成为阿拉伯世界的领导。与此同时,伊拉克内部也暗潮汹涌,很多伊拉克人都认为伊拉克不应该和"可恶的西方人"走得那样近,更不应该疏远阿拉伯兄弟。伊拉克局势动荡,亲英美的费萨尔王朝饱受抨击。

和很多热血青年一样,萨达姆一直关注着伊拉克的变化,并对费萨尔王朝的做法大为不满。但和一般青年不同的是,萨达姆并没有让这种不满只表现在口头上。1957 年,年仅 20 岁的萨达姆加入了阿拉伯复兴社会党,该党的口号甚合萨达姆之意:"追求整个阿拉伯世界的统一、自由和社会主义。"年轻的萨达姆已经做好准备,随时准备投身政治。

## 暗杀失败

正所谓"时势造英雄",萨达姆的一腔英雄之志需要机会展现出来。在阿拉伯复兴社会党里,萨达姆分外积极。无论是上街宣传的小活动,还是刺杀要人的大活动,萨达姆都踊跃参加,只是这些似乎都不足以体现萨达姆与众不同之处。

1958 年,伊拉克发生政变,将军卡里姆·卡西姆推翻费萨尔王朝。很多王室成员都被残酷杀害,首相努里·赛义德虽男扮女装试图逃跑,但最终也没有逃脱厄运。卡西姆将王室成员的尸体当街示众,伊拉克顿时升腾起一种恐怖的气氛。卡西姆是个心狠手辣的独裁者,他毫不留情地屠杀异己,让 1958 年的伊拉克充满了血的腥味。

阿拉伯复兴社会党并没有因为卡西姆的严酷统治而销声匿迹,动荡的社会局势反倒成了萨达姆展露身手的契机。

1959 年萨达姆因涉嫌刺杀某政界要人,被关进了伊拉克司法系统特有的监押所。这个监押所的管理不像一般监狱那样严格,犯人们都有一定的行动自由。萨达姆非常懂得利用环境,白天老老实实地反省"过错",对狱警恭恭敬敬,而一到晚上,萨达姆就恢复了他冒险家的本色,他扎在人堆里大谈政治问题,还尝试着将狱警拉拢成自己人。凭着机敏的头脑和出众的口才,萨达姆还真的说服了一些狱警为阿拉伯复兴社会党服务,这些狱警会循着萨达姆的要求,将那些正处在危险中的阿拉伯复兴社会党成员"抓"进监押所,以便他们能免受卡西姆政府的迫害。时间长了,萨达姆所在的监押所反倒成了阿拉伯复兴社会党成员的避难所。

由于证据不足,萨达姆在监押所里呆了一段时日就被放了。而此时,他在阿拉伯复兴社会党中已经小有名气。那段被逮捕的经历没有在萨达姆心头留下什么阴影,相反,还激起了他一反到底的决心。

出狱后不久,萨达姆和几个年轻人就接到了一个任务:刺杀卡西姆。

刺杀进行得并不成功。萨达姆和伙伴们朝卡西姆的车队一通扫射,卡西姆的卫兵立即予以猛烈还击。混乱之中,卡西姆爬到车底,躲过一劫。萨达姆和同伴们在枪林弹雨中狼狈逃跑,好容易才躲过追兵,但萨达姆的左腿被击中。

卡西姆遇刺可是一件大事,伊拉克当局立刻紧锣密鼓地搜捕刺客。萨达姆不敢到医院治疗枪伤,便决定自己动手取子弹。他用剃刀将伤口切开,用消过毒的剪子将子弹生生挖了出来。整个过程都没有使用麻药。粗粗处理好伤口后,萨达姆就开始了他的逃亡生涯,他先是躲到了一个朋友家里,烧掉那里所有和自己有关的东西,然后便拖着伤腿,匆匆上路,身上只带了一把零钱和一个防身用的短刀。

伊拉克已没有萨达姆的容身之所,萨达姆只能奔向伊拉克的邻国叙利亚。

萨达姆的逃亡历程就像一部情节跌宕起伏的好莱坞电影。由于害怕腿伤暴露,萨达姆特地买了一匹马。有一次,就在他骑马狂奔时,突然有几个警察将他拦住。警察要求萨达姆出示证件,萨达姆则假装成乡下来的游牧人,反驳警察"游牧人从来不带证件",不等警察开口,萨达姆就故意拉高声音大骂警察粗鲁,还不依不饶地要拉着警察去找人评理。警察被萨达姆激怒了,将什么卡西姆遇刺、刺客逃跑都抛到了脑后,围过来对萨达姆就是一顿暴打。打完后,警察气消了,扔下伏在地上的萨达姆,扬长而去。

萨达姆在逃亡过程中,几次从警察局门口走过,但每次,萨达姆都泰然自若,从没引起警察怀疑。有时候,萨达姆还会满脸笑容地和警察打招呼,寒暄几句。

当萨达姆来到底格里斯河时,已经筋疲力尽,但他还是拖着一条伤腿,顽强地泅过了底格里斯河。

萨达姆成功地逃到了叙利亚,而后又经叙利亚来到埃及。当时的埃及正处在民族解放运动的热潮中,那里热情地欢迎着来自全世界的阿拉伯勇士。在埃及,萨达姆不但不用担心人身安全,还结识了不少志同道合之人,埃及领导人纳赛尔就是萨达姆的好友之一。纳赛尔曾冲破西方大国的阻挠,收回了苏伊士运河,是阿拉伯人心目中敢对西方世界拍案而起的勇士。萨达姆敬仰纳赛尔,纳赛尔则认为萨达姆是真正的勇士,二人惺惺相惜。

在纳赛尔的帮助下,萨达姆得以进入开罗大学法学院学习。那时的萨达姆,还是一个战士,而不是眼光长远的政治家。这段平静的学习时光让萨达姆一生受益匪浅。然而即便是在学习之中,萨达姆也没有放松阿拉伯复兴社会党的活动。他在埃及为该党招募成员,并在 1962 年成为阿拉伯复兴社会党开罗支部的领导人。

## "伊拉克二号"

随着时间的推移,萨达姆发现在很多事情上纳赛尔都和阿拉伯复兴社会党存在较大分歧。这些分歧存在的时间长了,不可避免会引发矛盾。埃及的一些安全机构开始搜查萨达姆的房间,甚至翻阅萨达姆写的东西。

萨达姆很清楚,只要卡西姆在伊拉克当政一天,自己就没有办法返回伊拉克。

但正如甘地所说"历史上那些暴君和杀人犯都曾一度战无不胜,但最终,他们都倒下了。永远如此",卡西姆的运气再好,也躲不过所有针对他的暗杀。

一个名叫艾哈迈德·哈桑·贝克尔的复兴社会党成员成功地进入卡西姆政府,并当上了兵营司令。1963 年 2 月 8 日,贝克尔带领士兵发动政变,捉住了卡西姆,并很快将其处决了。

贝克尔顺理成章地成为伊拉克总理。萨达姆在得知贝克尔政变成功后,也兴冲冲地返回巴格达。贝克尔很器重萨达姆,当即就安排萨达姆到中央农民局工作。萨达姆在埃及学到的知识派上了用场,但他很快就发现,形势对复兴社会党并不如表面上看起来那样有利。贝克尔是出色的军人,却不是称职的政治家。复兴社会党内派别林立,大有分裂的可能,这让复兴社会党根本无法团结一致处理纷繁的国内事务。

果不其然,9 个月之后,卡西姆的哥哥阿里夫就把持了军政大权,贝克尔稀里糊涂地被免了职,萨达姆也受到了牵连。

由于内部分裂,复兴社会党在阿里夫等人的冲击下,毫无招架之力,该党党员也被一点点地清除出去。为了重振复兴社会党,在工作之余,萨达姆和几个朋友悄悄寻购武器。年轻气盛的萨达姆信奉武力,甚至曾打算冲进阿里夫的办公室,将其打死,一了百了。

萨达姆和伙伴们筹划了多次政变,阿里夫方面很快就注意到这点。1964 年 9 月,萨达姆被捕了,还被判处死刑。但此时的死神似乎并不中意于萨达姆,被阿里夫判了死刑的他并没有被执行。

当时的伊拉克政变频繁,1966 年萨达姆重获自由的时候,刚好赶上一伙军官要发动兵变。复兴社会党决定利用此次兵变重返政府。1966 年 7 月 17 日,萨达姆受复兴社会党之命和政变军官一同向总统府发动进攻,由于在兵变之前,萨达姆已成功地控制住部分兵变军官,所以兵变发生后,阿拉伯复兴社会党水到渠成地接管了权力。贝克尔成为伊拉克的新总统。

一个名叫拉扎克·纳依夫的军官在政变后成为总理,在伊拉克政、军界,纳依夫也有不少拥护者,而纳依夫并不是复兴社会党的成员,复兴社会党非常担心纳依夫会成为自己的政治对手。

1963 年复兴社会党被清除出政府的事件给萨达姆的印象太深了,萨达姆决定先发制人,不管纳依夫是否有心和复兴社会党作对,都要将纳依夫扫地出门。在和复兴社会党高层交流后,萨达姆用枪顶着纳依夫来到机场,命令纳依夫到摩洛哥去当伊拉克大使。机场上到处都是纳依夫的人,他们丝毫没有发现什么异样,纳依夫乖乖地钻进飞机,离开伊拉克。

复兴社会党牢牢把持国家大权后,随即面临着内部分裂的问题。党内要人拉开架势,都想得到更大的权力。此时,萨达姆还没有什么权力野心,参与 1966 年兵变也好,赶走纳依夫也罢,都是在向复兴社会党尽力罢了。但萨达姆为复兴社会党立下的功劳,实实在在地摆在那里。贝克尔总统对萨达姆信任有加,在处理国家要事上,少不了要听听萨达姆的意见。很快,萨达姆就当仁不让地成为伊拉克革命指挥委员会副主席。

按照伊拉克宪法,当革命委员会主席和总统都缺席的时候,革命指挥委员会副主席就可以代行他们的权力。萨达姆成了伊拉克响当当的二把手,而此时他才只有 30 岁。

萨达姆一开始并没有接受这个副主席职位。有人以为,这只是萨达姆玩弄的一个把戏,这种拒绝一方面可以显示出萨达姆对复兴社会党的忠心,表明他为复兴社会党效劳并不是为了权力,一方面也可以方便他试探一下自己在复兴社会党中的威信,看看除自己之外是否还有别的人能担任这一职位,且这个人是否会对自己构成威胁。

最终,萨达姆正式接受了革命指挥委员会副主席一职,成为贝克尔的左膀右臂。由于贝克尔的年老和精力不济,政事越来越多地交由萨达姆处理。

在暗潮澎湃的伊拉克政坛,锋芒毕露的政治家很容易受到攻击,萨达姆对此心领神会。他从不居功自傲,总是把成绩归功在贝克尔身上,并要求各新闻媒体在提到贝克尔时,尊贝克尔为"革命之父",这一切都令贝克尔十分受用。

萨达姆辅佐贝克尔多年,位高权重,却从没给人丝毫欲图取代贝克尔的嫌疑与猜忌。萨达姆代贝克尔料理革命指挥委员会和复兴社会党的各种事务,政权、军权一时间都集中在他手里,只要他想,便随时可以将贝克尔推翻。但萨达姆已经不再是当初那个冲动的提克里特小伙子了,他知道贝克尔已经将他默认为自己的接班人,此时,忠诚与实干比抢班夺权更为重要。

一向忠心耿耿的萨达姆果然赢得了贝克尔的信赖。在纪念复兴社会党夺权10周年大会召开的前一天,贝克尔宣布辞去职务,并公开表示,萨达姆是自己的接班人。第二天,萨达姆就正式宣誓就任伊拉克共和国总统和革命指挥委员会主席。至此,萨达姆的时代正式开始。

## 枭雄间的争斗

伊朗是伊拉克的邻居,也是伊拉克的宿敌,这两个国家的矛盾在萨达姆出生之前就扎下了根。

伊拉克是底格里斯河文明和幼发拉底河文明的发源地,在伊拉克的土地上曾有过亚述王国和巴比伦王国。可这两个辉煌一时的王国都被伊朗的前身阿契美尼德帝国毁灭。伊朗和伊拉克的人多信奉伊斯兰教,伊斯兰教中又有逊尼派和什叶派,其中什叶派尊奉的许多圣人,其陵墓都在伊拉克境内,比如什叶派创始人阿里。伊朗有大量什叶派信徒,这些信徒时不时会涌到伊拉克参拜圣人陵墓,千年来一直如此。

宗教将伊朗和伊拉克紧密地联系在一起,按照一般逻辑,两个拥有相同信仰并交往甚久的国家,理应亲如兄弟。但实际上,当宗教和政治结合在一起,情况就复杂了。伊拉克是个阿拉伯国家,伊朗则是波斯人占大多数的国家。萨达姆所在的阿拉伯复兴社会党秉持阿拉伯民族主义,要求建立一个统一的阿拉伯,将那些应属于阿拉伯的领土收到阿拉伯人手里。而这些领土中就包括一些伊朗土地。

二战结束后,美苏争霸连带起中东的动荡,美国等西方国家很想将中东打造成抵抗苏联的堡垒,非常注重其对伊朗、伊拉克等国的影响力。1963年,伊朗国王巴列维在美国的支持下推行起"白色革命",颁布一系列西方式的政策,引起了伊拉克复兴社会党的不满。伊朗什叶派领袖霍梅尼因为反对巴列维,被迫逃到伊拉克的圣城纳杰夫。伊拉克方面同样出于反对巴列维的需要,接纳了霍梅尼。但霍梅尼和阿拉伯复兴社会党的分歧并没有消除,霍梅尼向来反对阿拉伯民族主义,认为阿拉伯民族主义有碍于伊斯兰社会的统一。

阿拉伯河是伊朗和伊拉克的天然边界,两国为了这条100公里左右的河没少发生纠纷。1975年伊拉克和伊朗就阿拉伯河达成了《阿尔及尔协议》。协议达成后,伊朗并没有履行,这就激起了伊拉克的怒火。

1978年伊拉克驱逐了霍梅尼,1979年萨达姆出任伊拉克总统,而这一年伊朗发生革命,国王巴列维狼狈下台。霍梅尼在伊斯兰世界德高望重,萨达姆则在评价伊朗革命时质疑霍梅尼的伊斯兰领袖资格,并认为伊朗革命根本就不是伊斯兰革命。

巴列维倒了,什叶派握住了伊朗大权,霍梅尼和萨达姆的矛盾就浮现出来。

在萨达姆看来,什叶派在伊拉克壮大后,必然威胁到阿拉伯复兴社会党的地位,为了制止什叶派在伊拉克发展壮大,萨达姆开始大力打压伊拉克的什叶派穆斯林。军队在萨达姆的授意下,在伊拉克展开挨家挨户地搜查。伊拉克什叶派领袖萨达尔被软禁起来,很多有波斯血统的伊拉克人被迫流亡他乡。伊朗和伊拉克的裂痕越来越大。

什叶派穆斯林对萨达姆的做法极其不满,纷纷走上街头游行抗议。萨达姆当即下令部队镇压。一场混乱之后,5000多名什叶派穆斯林被抓。1980年春天,萨达姆又出新政,但凡被认为和伊朗有所瓜葛的什叶派人士,不但遭到驱逐,连财产也被政府没收。

霍梅尼怒了,说伊拉克企图点燃针对伊斯兰的战争,他号召伊拉克人推翻复兴社会党的统治。萨达姆也怒了,指责霍梅尼煽动伊拉克人进行反攻府活动,还说当年巴列维的统治比现在的伊朗当局要强得多。

萨达姆和霍梅尼都预料到战争不可避免,两个人一面大打口水仗,一面忙着调兵遣将,都显示出要和对方拼个你死我活的架势。萨达姆信心十足,他公开提出,伊朗有部分领土的所有权值得质疑,位于霍尔木兹海峡上的几个小岛理应属于伊拉克,伊朗应当立即履行《阿尔及尔协议》。伊朗当然不会忍气吞声,于是1980年9月,两伊战争爆发。

一开始,伊拉克在战争中占了上风,出其不意地夺走了伊朗150平方公里的土地,还炸毁了若干个伊朗机场。萨达姆对这一结果非常满意,开始为战争涂抹上伊斯兰革命的色彩,号召阿拉伯人都投身于这场战争。萨达姆将1980年的两伊战争和发生在公元7世纪的波斯帝国与阿拉伯穆斯林的战争相提并论,这样一来,西伊战争就不是单纯的领土纠纷了。

1980年11月,萨达姆在公开场合称,伊朗人是波斯人,不是阿拉伯人,伊朗人是否是真正的穆斯林值得怀疑。萨达姆的话极大地刺伤了伊朗人的自尊心。

萨达姆尽情抒发着对波斯人的憎恨,然而,前方的伊拉克大军却没带回多少好消息。萨达姆原以为战争很快就会以伊拉克人的胜利告终,但他失算了。1982年6月,伊朗收回了战争初期被伊拉克占领的土地,伊拉克开始陷入被动。

到了1984年,形势又开始倒向萨达姆一边。霍梅尼的军队开入伊拉克后,才明白自己犯了多么愚蠢的错误。伊朗大军对伊拉克的地理环境了解甚少,而1984年的伊拉克又同时得到美国和苏联的支持。伊朗的军事物资开始紧张,而伊拉克正源源不断地从美苏那里购买武器。

萨达姆决定乘胜追击。1985年春,伊拉克方面扩大了战争规模,萨达姆要求伊拉克空军对伊朗的民用目标进行轰炸,并对伊朗人使用了化学武器。

化学武器和对平民目标的狂轰滥炸给伊朗带来了莫大的灾难,作为报复,伊朗人毫不示弱地轰炸了伊拉克的城市。

从20世纪70年代起,世界石油价格的暴涨让中东产油国家飞速发展,萨达姆本可以给伊拉克带来一段稳定的发展期,霍梅尼也本可以领着伊朗迅速成长。

有人说,两伊战争就是萨达姆和霍梅尼两个人的战争。一将功成万骨枯,萨达姆和霍梅尼都想成为中东地区最有影响的领导者,都容不得对方的存在。萨达姆要张扬阿拉伯复兴主义,而霍梅尼要宣扬伊斯兰主义。

1988年伊拉克至少向伊朗首都德黑兰发去了数百枚远程导弹,伊朗则入侵了伊拉克的库尔德区。

两伊战争的惨烈终于震荡了世界,而试图趁两伊开战牟利的美国,也受到了伤害。1987年,伊拉克战斗机不知怎么炸沉了美国"斯塔克"号护卫舰,而神经紧张的美国海军则于1988年将一架伊朗商务机误当作准备对其攻击的战斗机而击落,致使机上数百人无一生还。

1988年7月,联合国终于出手,要求伊朗和伊拉克都必须立即无条件停战。霍梅尼和萨达姆相继接受了停火协议,此时,伊朗和伊拉克都已破败不堪。两伊战争打了8年,却没有赢家,尽管萨达姆称战争以"伊拉克的辉煌胜利"终结,但在很多时候,这种"辉煌胜利"都只是萨达姆一厢情愿。因为战争,伊拉克背上了600亿美元的巨债,无数伊拉克人流离失所。

1988年还很少有人要求萨达姆对战争中无辜死难的库尔德人、伊朗人等负责,但是这并不意味着人们会忘记萨达姆的所作所为。霍梅尼在1989年去世,他和萨达姆的争斗告一段落,而对萨达姆来说,一切才刚刚开始。

# 海湾战争

伊拉克没有从持续了8年之久的两伊战争中占得什么便宜。看着一片凋敝,且背上巨债的伊拉克,萨达姆焦头烂额。战争是激荡人心的,但是,收拾战后残局是令人头疼的。

萨达姆信奉武力,既然他没能从对伊朗的战争中得到想要的结果——扩充伊拉克的领土,成为海湾地区的领导——那他还可以通过对其他地方的开战得到这种结果。伊拉克不只有一个邻国。萨达姆很自然地瞄到了科威特。

科威特是个又小又富的国家。历史上,科威特曾是伊拉克的一部分,但1961年它在英国人的支持下宣布独立,并在1963年加入了联合国。

两伊战争结束后,萨达姆要求科威特方面免除对伊拉克的债务,科威特拒绝。萨达姆要求科威特帮伊拉克偿还些债务,科威特还是拒绝。萨达姆在初任总统时曾说"阿拉伯人的荣耀来自伊拉克",他认为对伊朗开战是为了所有阿拉伯人,而不仅仅是伊拉克人。萨达姆对科威特的反应很是恼火。1990年春天,在萨达姆的主持下,巴格达召开了阿拉伯峰会。萨达姆认为科威特正在和伊拉克打经济战。在之后的领导人私人交流时间里,萨达姆要求科威特割两个岛给伊拉克。在萨达姆看来,科威特也是阿拉伯国家,顺着萨达姆"阿拉伯人的荣耀来自伊拉克"的逻辑,科威特为伊拉克"奉献"一下理所当然。

科威特当然不会答应萨达姆,萨达姆立即开始在公开场合指责科威特,说科威特擅自提高石油产量,有组织地"偷采"伊拉克的石油,说科威特违反石油输出国组织的规定,给伊拉克经济造成巨大伤害。萨达姆"义债填膺"地斥责科威特人"拿着带毒的匕首在伊拉克人背后捅刀子",好像小小的科威特就是伊拉克经济萧条的罪魁祸首。

中东是世界上最不安宁的地区之一,又是世界的动力源,蕴藏着丰厚的石油。西方国家每时每刻都在关注着中东局势,美国早在两伊战争结束之初,就预言萨达姆很快会向科威特下手。

1990年7月31日,伊拉克和科威特的代表在沙特阿拉伯举行谈判,伊拉克方面态度强硬地向科威特提出 4 个要求:划定边界,将布比延岛和沃尔巴岛割给伊拉克,付给伊拉克 24 亿美元以弥补科威特"偷采"伊拉克石油给伊拉克造成的损失,免除伊拉克 120 亿美元债务。

科威特再小也是个独立的主权国家,科威特代表当即表示,钱的问题可以慢慢商量,割让领土绝对不行。伊拉克代表见此,愤愤回国,谈判不欢而散。

相比金钱,布比延岛和沃尔巴岛对伊拉克意义更大,伊拉克是个石油出口大户,且是个内陆国家,石油输出十分不便。阿拉伯河曾是伊拉克重要的出海口,但根据 1975 年的《阿尔及尔协议》,该河被伊拉克和伊朗平分,伊拉克无法再将阿拉伯河当作安全的出海口。如果将布比延岛和沃尔巴岛收于囊中,就不用发愁出海口的问题了。

另一方面,伊拉克梦想成为中东地区首屈一指的大国。萨达姆所在的阿拉伯复兴社会党也希望实现阿拉伯国家的统一。但是,伊拉克北有强大的土耳其,东有不可小觑的伊朗,西则是美国当时着力扶植的叙利亚和以色列。伊拉克要实现扩张,只能向南走,而向南走遇到的第一个阻碍,就是科威特。

科威特曾经是伊拉克的一部分,让科威特再次"回归"伊拉克,将成为萨达姆的荣耀。

萨达姆早就料到科威特不会接受伊拉克的要求,他需要的不过是个出兵的借口。8 月 2 日凌晨,伊拉克大军毫无预兆地攻入科威特,迅速拿下了科威特王宫。8 月 2 日下午,伊拉克控制了科威特大部分地区。伊拉克的士兵从科威特中央银行里抢走了价值 10 亿美元的 250 万盎司黄金、350 亿美元的第纳尔、数亿美元的外汇……

看着这些战利品,萨达姆笑了,他正走在成就霸业的路上。20 多天后,萨达姆向全世界宣布,科威特是伊拉克的第 19 个省,还说自己终于成功地将"少数人的财富转移到多数人手中",终于让"科威特回到祖国的怀抱"。意气风发的萨达姆并不知道,他在将科威特拖入苦难的同时,也将自己拉入了罪恶的深渊。

侵略再怎样冠冕堂皇也都还是侵略。

伊拉克侵略了科威特,这是国际社会所不能容忍的,联合国出面了,要求伊拉克必须立即无条件撤军。舆论几乎都倒向了科威特这边,美国也不例外。时任美国总统的老布什很快表明美国的立场:萨达姆背叛了阿拉伯兄弟,萨达姆打破了波斯湾地区的力量平衡,萨达姆让世界石油市场一片混乱,萨达姆威胁了世界和平。

美国的反应大大出乎萨达姆的预料。在向科威特开战前,萨达姆曾有官员和萨达姆进行私人会面,萨达姆委婉地透露了要攻打科威特的意思,试探美国的意见。当时,这位美国官员非常明确地告诉萨达姆,伊拉克和科威特的冲突是阿拉伯国家自己的事,美国关心的是美国和伊拉克的关系。萨达姆一度以为,美国默许了伊拉克侵略科威特。有超级大国撑腰,萨达姆不再担心他的侵略行为会引起世界公愤。

1990 年 8 月 7 日,美国开始为进攻伊拉克做准备,数十万美国大兵陆陆续续驻扎到沙特阿拉伯,对萨达姆虎视眈眈。萨达姆没有嗅出其中的危险信号,他激情澎湃地号召阿拉伯人、穆斯林以及一切伊斯兰教徒都跟着伊拉克开战。萨达姆特地在伊拉克的国旗中央加上了一行阿拉伯文"真主伟大"。

和萨达姆期望的相反,越来越多的国家开始屯兵沙特阿拉伯,矛头都直指伊拉克,谴责萨达姆的不光是西方人士,还有大量阿拉伯人、穆斯林、伊斯兰教徒。同时,联合国继续向伊拉克施压,如果伊拉克大军在 1991 年 1 月 15 日之前,还不从科威特撤走,联合国就会动用联合国军队对伊拉克使用武力,以迫使伊拉克撤兵。

联合国给了萨达姆一个台阶,联合国发表这番言论时,各国的政治家还带着五花八门的和平方案奔走在伊拉克和科威特之间。伊拉克如果抓住这个机会从科威特撤走的话,不用承受什么国际制裁,海湾地区燃起的战火也很快就会熄灭。伊拉克除了稍稍丢一点面子外,并不会遭受多么严重的损失。

但萨达姆太沉迷于建立伟大伊拉克的梦想了,他拒绝了联合国的要求,还以为美国只是吓唬伊拉克而已。萨达姆很自信,也很固执,他对联合国的要求做出回应:从科威特撤军,不可能。萨达姆的人生因这次执拗而发生了不可逆转的改变,萨达姆站在了公义的对立面,全世界都知道有一个叫萨达姆的家伙,正固执地、嚣张地大行侵略之事。

1991 年 1 月 17 日凌晨,海湾战争爆发。伊拉克有实力对科威特耀武扬威,却没有实力抵抗多国联军。伊拉克终于尝到了千夫所指的味道。

萨达姆倔强地在巴格达指挥战斗。在萨达姆看来,是美国背弃了当初的诺言。

多国部队向伊拉克发动了 40 天的空袭,扔下了 8.5 万吨炸弹。1991 年 2 月 24 日多国部队从沙特阿拉伯出发对伊拉克进行地面进攻。2 月 25 日,被打得七零八落的伊拉克接受了由俄罗斯提出的和解计划。2 月 26 日伊拉克大军落寞地从科威特撤走。

海湾战争爆发前,华盛顿大学政治心理学和国际关系学教授杰洛普·普斯特博士曾向美国政府出具了萨达姆的心理分析。普斯特认为,萨达姆在政治上经常脱离现实世界,萨达姆无法从伊拉克的领导层中得到明智建议,以致在判断形势上出现重大失误。萨达姆的命运和伊拉克的命运密不可分。

两伊战争,伊拉克没有占到便宜,海湾战争又以伊拉克惨败收场。两伊战争开始前,萨达姆认为战争很快会结束,侵略科威特前,萨达姆又自信会得到美国的默许。萨达姆自认为阿拉伯国家只有听命于一个强有力的领导人,复兴社会党的梦想才好实现,萨达姆坚持自己就是这"强有力的领导人"。

萨达姆是勇士,是卓尔不群的冒险家,是声名赫赫的巴格达强人。可萨达姆的固执、对国际形势的把握不明,却将伊拉克拖入混乱。海湾战争结束后,按照联合国的要求,伊拉克老老实实地将从科威特那里抢走的财富,还给了科威特人。

战争让伊拉克国力大减,也让萨达姆威信受损,愤怒的民众纷纷要求萨达姆下台。之前淤积在伊拉克的内部矛盾悉数进发,1991 年 3 月,伊拉克南部的什叶派穆斯林拉起了推翻萨达姆的大旗。没过多久,伊拉克北部的库尔德人也对萨达姆发动进攻。萨达姆曾逮捕过什叶派领袖人物,曾没收过什叶派穆斯林的财产,并通过具体政策打压什叶派的势力。萨达姆曾指示军队对库尔德人进行屠杀,曾在库尔德聚居区大肆使用化学武器。什叶派穆斯林和库尔德人都把海湾战争当作推翻萨达姆的契机。但是,他们都不是萨达姆的对手。

1991 年 3 月 16 日,萨达姆出兵镇压什叶派叛乱,一口气杀死 3 万多名什叶派穆斯林,逼得 7 万多名什叶派人士远赴伊朗。而库尔德人的遭遇更是悲惨,他们一批批地沦为难民。

萨达姆梦想成为"巴格达强人",结果却得到"巴格达屠夫"的绰号。全世界的电视台都播放了伊拉克人的惨状,"萨达姆"成了一个令人生畏的名字。

# 制裁伊拉克

萨达姆刚上台时,伊拉克人的生活还不错。1972年,伊拉克将石油工业收归国有,伊拉克的工业收入开始迅速攀升。1973年中东地区爆发了第四次中东战争,和当时的很多阿拉伯国家一样,伊拉克也把石油当作武器,实施石油禁运,致使石油价格大幅提升。作为石油出口国,伊拉克从油价上涨上得到不少好处。曾有一段时间,在萨达姆的努力下,所有伊拉克人都可以享受免费医疗。伊拉克的义务教育从幼儿园开始,直至大学。

那时的伊拉克人提起萨达姆,都是一脸敬佩。

但在连年战争之后,伊拉克已发生了翻天覆地的变化,两伊战争时欠下的巨债不知要还到什么时候,海湾战争结束后,国际社会又对伊拉克实施了全面制裁。在联合国的作用下,针对伊拉克建立起一个和经济制裁相关的监督体系。联合国安理会在1991年4月通过687号决议,要求萨达姆销毁所有大规模杀伤性武器,并禁止伊拉克生产生物、化学、核武器和远程导弹。

在海湾战争中,美国和萨达姆结下仇怨。考虑到中东的稳定和自身利益,美国想方设法要将萨达姆赶下台。在伊拉克1991年春天发生的叶什派起义和库尔德人起义中,美国都起到了推波助澜的作用。美国非常支持国际社会对伊拉克实施制裁,美国希望通过制裁能促使伊拉克内部矛盾升级,间接地推翻萨达姆政权。

施加在伊拉克身上的制裁很快发生作用,它们切断了伊拉克和外部世界的联系,让伊拉克无法和其他国家进行贸易,无法出口石油,无法从别国那里购买武器。不只如此,伊拉克的国际航班都被取消,伊拉克政府的金融资产也被冻结,伊拉克被严令禁止从事金融交易。

几番制裁下来,伊拉克就成了与世隔绝的"孤岛"。战争毁坏了大量伊拉克的基础设施,制裁又让伊拉克迟迟不能恢复元气。伊拉克的中产阶级开始向贫民阶层滑落,贫民则挣扎在生死边缘。发动战争的是萨达姆,承担战争恶果的却成了伊拉克人民。

美国以为,是伊拉克人让萨达姆上台的,伊拉克人应该为此负责。美国政府表示,萨达姆一天不下台,伊拉克就一天别想摆脱制裁。而事实上,制裁大大激起了伊拉克人的反美情绪。萨达姆做不做伊拉克总统不能由美国人说了算,凭什么美国要用"制裁"来要挟伊拉克人民?制裁间接地巩固了萨达姆政权,萨达姆成了反美人士心目中的英雄。

1993年,白宫换了新主人,比尔·克林顿接替老布什成为美国总统,老布什"下台"了,可坐在伊拉克总统座椅上的,还是萨达姆。

萨达姆知道必须要主动地巩固自己的权力。即使伊拉克的经济出现严重困难,萨达姆还是慷慨地给那些乐于向自己效忠的人提供丰厚福利。1994年,伊拉克颁布了一个规定,宣布每个月政府都会给军人、安全机构人员、警察发放特殊津贴。在收买部下上,萨达姆从来不会吝啬。

自海湾战争后，联合国就成立了一个特别委员会，专门负责监管伊拉克大规模杀伤性武器，防止萨达姆积蓄实力，发动新的战争。委员会发现在萨达姆身边有一支特别的护卫队——共和国卫队。伊拉克虽遭受了长期的制裁和武器禁运，军队装备无法更新，但卫队的装备与其他部队相比尚属精良，是保卫萨达姆等高级官员及巴格达的主要力量。这支特种卫队始终是萨达姆身边最忠实的保卫者。

美国知道萨达姆恨美国，所以一刻也不敢放松对伊拉克大规模杀伤性武器核查的关注。海湾战争结束后，美国并没有急着撤走驻扎在伊拉克的军队。美国在伊拉克北部和南部的部分地区分别设置了禁飞区，并对库尔德人和什叶派穆斯林提供保护，以增大美国对伊拉克的影响力。

1997年，一些国家以为如果伊拉克按照联合国的要求销毁大规模杀伤性武器的话，就应该停止对伊拉克的制裁。美国果断地否定了这种说法，美国人对伊拉克实施制裁的根本目的是要促使萨达姆下台，就算伊拉克交出了所有的大规模杀伤性武器，只要萨达姆还坐在总统椅上，制裁就不会停止。如此一来，萨达姆越是配合联合国方面，他的处境就越不理想，假设萨达姆确实隐藏了非法武器，那他肯定不希望这些武器被曝光、被销毁，假设萨达姆没有隐藏非法武器，萨达姆也不能将这一现实公之于众，否则，就相当于告诉全世界"伊拉克不堪一击"。

萨达姆是那种遇强则强的人，和那些"识时务"的西方政治家不同，萨达姆宁可被美国人碾成泥，也绝不屈服于美国。1997年10月，萨达姆干脆将联合国武器核查小组的美国人赶出了伊拉克。美国和伊拉克的关系一下子又紧张起来，美国开始认真考虑是不是要对伊拉克进行军事打击。

幸好此时，联合国出面了，时任联合国秘书长的科菲·安南主动要求亲赴伊拉克看看那里的情况。美国答应了，暂时搁置起出兵伊拉克的计划。

1998年2月安南踏上了伊拉克的领土，和萨达姆进行了单独会面。萨达姆和安南达成协议，允许联合国特别委员会成员在外交人员的陪同下，到自己的官邸进行调查——此前，很多人都说萨达姆把那些非法武器藏在了自己家里。

萨达姆既然愿意和联合国合作，美国就没有攻打伊拉克的理由。这是美国不愿看到的结果，克林顿政府一心要推翻萨达姆政权，此时，他只好去寻找武力以外的倒萨之法。几个月之后，美国国会出台了《伊拉克解放法案》，克林顿声明，美国应该支持伊拉克的反萨达姆力量，以便带给伊拉克"一个完全不同的未来"。克林顿形容萨达姆政权是"对内压迫，对外侵略"。

为了将《伊拉克解放法案》落到实处，美国国会允许克林顿从国防部的预算中拿出9700万美元的经费，这笔经费简直可以被称作"倒萨经费"。美国尝试着联系伊拉克的反萨达姆力量，还和这些人共同组建宣传"美国式自由"的电台。但这种合作并不像预想中的那样顺利，伊拉克的政治环境很复杂，那些反萨达姆力量并非铁板一块。

在克林顿这里，让萨达姆辞职似乎比推动美国经济还要困难。1998年11月，克林顿又对萨达姆发去"暗箭"：先是表示美国会好好回击伊拉克的任何挑衅行为，然后又摆出一副悲天悯人的样子，说美国很希望看到伊拉克能出现一个代表伊拉克人利益、尊重伊拉克人的新政府。

萨达姆当然听得出克林顿的话外音，美国期待着伊拉克出现政权更迭，可是他却没有想这是克林顿使用的激将法。于是 1998 年 12 月,萨达姆要伊拉克停止和武器核查人员的合作。

萨达姆这一举动正中美国下怀。美国有十足的理由来"敲打"萨达姆了,美国国防部长威廉·科恩在 1998 年 12 月 16 日的记者会上放出消息,克林顿已经决定对伊拉克进行军事打击。

没过几天,美国和英国的炸弹就落到了伊拉克的土地上,炸毁了伊拉克境内 100 多个军事目标。

克林顿在其执政的 8 年里,一直主张有限度地对伊拉克进行军事打击,因此,他并没有让美国大兵直接到伊拉克领土上将萨达姆拽下来。美国将军安东尼·津尼曾提醒克林顿,推翻萨达姆不能急躁。在萨达姆当政的伊拉克,还没有哪种势力能在萨达姆倒台后,统领大局。伊拉克非常脆弱,萨达姆固然暴戾、独裁,却也是维系伊拉克团结的核心力量,美国的"倒萨"稍有不慎,就有可能将伊拉克拖入分裂,加剧伊拉克的混乱。美国必须保证,在将萨达姆赶下台后,能够迅速稳住伊拉克局面,但这又谈何容易。萨达姆的命运已经和伊拉克的命运绑在了一起。

# 萨达姆的财富与家族

萨达姆是白宫眼里的恶魔,但萨达姆并没有完全被伊拉克人抛弃,尽管在海湾战争后,伊拉克内部发生了不少"倒萨"事件,萨达姆还是有为数不少的拥护者。在很多伊拉克人眼里,萨达姆给了伊拉克灾难,也给了伊拉克荣耀。因此,说伊拉克人恨萨达姆不假,说伊拉克人把萨达姆当作精神偶像同样是事实。萨达姆是这个世界上争议最大的人物之一。

海湾战争失败后,萨达姆之所以还能够稳稳地坐在伊拉克头把交椅上,有一个很重要的原因——他是个有钱人,他一家子都是有钱人。

严密的制裁将伊拉克人一大片一大片地拖入贫困,却并没能让流入萨达姆家的进账少多少。在赚钱方面,萨达姆有很多得力助手,纳德米·奥奇就是其中之一。奥奇曾和萨达姆一道参与了刺杀卡西姆的行动,是萨达姆的亲密朋友。整个 20 世纪 80 年代,奥奇都在为丰盈萨达姆当局的小金库忙碌。如果说萨达姆是天生的强权者,那么奥奇就是天生的商人。1987 年,伊拉克打算建造一条通往沙特阿拉伯的石油管道,奥奇凭着一张巧嘴游说那些精明的外国公司,不仅谈成了生意,还赚到了 1100 万英镑佣金。有时候,奥奇还能充当伊拉克和西方世界的润滑剂。凭借着亿万富翁的身份,奥奇和欧洲的很多权势人物,包括王室成员,都交情匪浅。不过,2003 年美国攻打伊拉克时,已经移民英国的奥奇,也因经济问题被英国政府逮捕——这就是政治,在大多数时候,政治是没有交情可讲的。

制裁让伊拉克经济萎靡,也让伊拉克出现了一个新的热门行业——走私。萨达姆的大儿子乌代、兄弟巴尔赞,都是伊拉克走私业中的佼佼者。巴尔赞在出任伊拉克驻日内瓦大使期间,大量购买跨国公司和外国政府的债券,萨达姆家的财富有计划地被存入了国外的银行。

美国可以封住伊拉克的进出口贸易渠道,却封不住萨达姆家族的生财之道。

即便是在美英出兵攻打伊拉克的 2003 年,萨达姆还高居《福布斯》全球元首财历史上，几乎所有帝王都喜欢大兴土木炫耀权力。萨达姆也不例外，海湾战争刚一结束，萨达姆就用建造宫殿来巩固自己的威望。仅仅在20世纪90年代末，萨达姆就为自己造了50多座宫殿，这些宫殿都极尽奢华。

财富也好，华丽的宫殿也罢，都象征着萨达姆的权力。萨达姆可以通过展示财产向伊拉克人传递这样一种信息——我很强大，没有人能推翻我。萨达姆也可以通过展示财产向美国人传递信息——我过得很好，而且会一直好下去。

萨达姆的宫殿座座都是安全的大碉堡，每座宫殿下都设有地下钢筋水泥掩体，有宛若迷宫的地下通道，有共和国卫队的士兵把守。但这些依然无法让萨达姆感到安全，他总是居无定所，从一个宫殿突然搬入另一个宫殿。萨达姆试图让伊拉克变成萨达姆家的伊拉克，他有意安排自家成员执掌各敏感机构，但他却不能避免自家出现分裂。

萨达姆的亲信贾尤将一个叫萨米拉的女人介绍给萨达姆，结果萨达姆爱上了萨米拉，并让萨米拉成为自己的第二任妻子。这样一来，萨达姆家族就出现了新成员，原有的家族权力平衡就被打破了。萨达姆的大儿子乌代对贾尤恨之入骨，在一次聚会上，乌代一时冲动，开枪打死了贾尤。

萨达姆和乌代的父子之情由此出现裂痕，乌代开始放纵自己，他酗酒、寻花问柳，买通报纸诽谤其他政治家。在伊拉克人眼中，乌代就像魔鬼再世。

萨达姆的二儿子库赛虽然表面上看起来彬彬有礼，个人生活也井井有条，却也是个让人望而生畏的人物。库赛是萨达姆的左膀右臂，杀起人来从不心慈手软。相比花花大少乌代，库赛显然更得萨达姆的宠爱。2001年库赛成为阿拉伯复兴社会党中央领导机构的一员，人们纷纷猜测库赛将成为萨达姆的接班人。乌代明显被冷落了，1999年8月萨达姆发话，如果他萨达姆有什么三长两短，就由库赛担任"看守总统"，代行总统权力。

萨达姆的家庭就是一个权力角逐场，萨达姆是这个角逐场里的核心人物，谁会平步青云，谁会一蹶不振，都要由萨达姆决定。乌代和库赛为萨达姆接班人的位置明争暗斗，萨达姆的几个女婿也不甘示弱。

萨达姆最著名的两个女婿使是卡迈勒兄弟。卡迈勒兄弟出自伊拉克另一大家族马吉德，他们分别娶了萨达姆的女儿拉加德和拉娜。马吉德家族是萨达姆老家提克里特的望族，和很多大人物一样，萨达姆也试图用联姻的方式巩固自家势力。马吉德家族的核心人物阿里·哈桑·马吉德是萨达姆的国防部长，因为在镇压库尔德人起义中使用化学毒气，而被称作"化学阿里"。

卡迈勒兄弟年轻有为，对乌代和库赛构成了直接威胁，卡迈勒兄弟曾帮助萨达姆组建共和国卫队，在发展大规模杀伤性武器上成绩突出，为萨达姆做足了贡献。遗憾的是，这些都不能改变兄弟二人的悲剧性命运。在1995年8月的一次宴会上，乌代手执半自动步枪向宾客扫射，当场打死了6个年轻姑娘。卡迈勒兄弟得知此事顿生兔死狐悲之感，他们不敢保证乌代不会将枪口对准他们，便决定带着妻儿一起出逃。

卡迈勒兄弟到约旦寻求庇护，约旦和伊拉克的关系不咸不淡，从20世纪90年代中期开始，约旦就受美国庇护。约旦方面接受了卡迈勒兄弟，全世界为之一震，卡迈勒兄弟的出逃无疑是对萨达姆的背叛,美国媒体抓住此事大做文章,对萨达姆家的这场风波幸灾乐祸。美国政府大谈卡迈勒兄弟的价值:这兄弟二人掌握着伊拉克大规模杀伤性武器的秘密,能直接打击萨达姆政权……萨达姆当然不会容忍背叛,卡迈勒兄弟要想保住性命,就只能期待萨达姆早一天下台。于是,兄弟二人召开了记者招待会,并在招待会上号召人们行动起来,推翻萨达姆。但兄弟二人的这番"肺腑之言",并没有感动多少伊拉克人。

美国政府显然注意到这一点,并认为卡迈勒兄弟并不能成为推倒萨达姆的中坚力量。他们的声望远比不上萨达姆,就算在推翻萨达姆后将他们扶植上台,也不能担当起重建伊拉克的重任。卡迈勒兄弟向联合国特别委员会透露了萨达姆藏匿大规模杀伤性武器的情况,他们希望有朝一日能坐着美国空军的小飞机返回巴格达。可悲的是,这对兄弟没有追随者。

萨达姆不可能对卡迈勒兄弟的叛逃坐视不管,他要乌代前往约旦,将自己的两个女儿接回来。萨达姆对媒体说,自己的女儿是被卡迈勒兄弟绑架走的,必须尽快返回巴格达。但素有"混世魔王"之称的乌代,却未能完成任务。

美国嘲笑萨达姆众叛亲离,萨达姆的怒火再次腾起。萨达姆指责卡迈勒兄弟侵吞伊拉克财产,而在伊拉克境内,追查卡迈勒兄弟势力的活动风风火火。曾有伊拉克人夸张地形容,在伊拉克,那些仅仅和卡迈勒兄弟握过手的人也都被逮捕了。

为了向外界表明,自己的地位依旧稳固如山,也为了向西方世界证明,自己并不是不得人心的大独裁者,萨达姆在 1995 年秋天决定,用全民公投的办法决定伊拉克的领导人。公投的结果令萨达姆十分满意,99.96% 的伊拉克人都。愿意让萨达姆继续担任伊拉克总统。

公投的结果让美国人心惊胆战,控制选举对萨达姆来说简直轻而易举,萨达姆再次让美国见识了他掌控政权的能力。美国此时也认为卡迈勒兄弟没有多大政治价值,媒体很快就对这对兄弟失去兴趣,就算那些反对萨达姆的人,提起卡迈勒兄弟也是嗤之以鼻。卡迈勒兄弟陷入了四面楚歌的境地。

就在这个时候,萨达姆传出消息说:看在一家人的份上,他愿意原谅卡迈勒兄弟,只要他们能返回伊拉克一切都可既往不咎。卡迈勒兄弟被说动了,做出了他们一生中最愚蠢、最致命的决定——返回伊拉克。

卡迈勒兄弟在伊拉克边境受到了乌代的"款待"。很快,伊拉克电视台就宣布,萨达姆的女儿已经决定和叛国的丈夫离婚。几天之后,卡迈勒兄弟被"化学阿里"打死。有人看到,乌代和库赛都亲自监督了卡迈勒兄弟之死的全过程。

不难看出,在伊拉克,没有哪个家族可以和萨达姆家族相提并论,而当一个家族成为国家至高权力的角逐场时,这个家族也就不可避免地成为一个充满诡计和浸满鲜血的地方。

1996 年 12 月,乌代遭到暗杀,他身中 8 枪却侥幸生还。在探望乌代时,萨达姆提醒家人,正是由于他萨达姆,这些人才会拥有财富、地位。但他却并不认为自己是伊拉克的专制政权。1995 年那 99.96% 的支持率,让萨达姆倍感自豪,但任何一个稍有头脑的人都看得出来,这接近 100% 的支持率背后,是一个多么可怕的独裁政权。一个国家的人不可能在一个问题上达到如此高度的一致,这 99.96% 的数字,只能说明,这个国家的人普遍丧失了自由意志。

# 萨氏政权的最终垮台

2001年初，克林顿卸任，小布什成为白宫的新主人。

布什家族与萨达姆家族结怨已久，小布什对萨达姆在1993年派人暗杀老布什一事念念不忘。

2001年9月11日，一伙恐怖分子劫持客机撞毁了美国的标志性建筑——世贸大厦，数千人因此罹难。小布什第一时间就想到了萨达姆，他授意手下人"看看这事是不是和萨达姆有关"。之后，在打击阿富汗"基地"组织所开的会议上，小布什的班子里又有人建议将塔利班和萨达姆政权联系起来。当时，国防部长拉姆斯菲尔德曾说，美国必须轰炸伊拉克。有意思的是之前有官员提醒他，制造"9·11"事件的"基地"组织在阿富汗，不在伊拉克。可拉姆斯菲尔德却回答"阿富汗没有适合轰炸的目标，伊拉克倒是有不少"。"9·11"事件改变了美国。在"9·11"事件发生前，美国已经在中东地区建立起颇为完善的石油再分配机制，凭借着这个机制，美国可以不用那么心疼在购买中东石油上花出去的大把钞票。比如，美国可以通过向中东国家销售军火、吸引中东人士到美国投资，来弥补高油价带来的损失。而在"9·11"事件发生后，美国出于安全考虑中断了对中东地区的武器出口，中东的富人们同样出于安全考虑减少了对美国的投资。美国花在石油上的钱，一时就收不回来了。

为了改变这种状况，美国迫切需要在中东培植新的亲美政权，偏偏中东地区的反美情绪日益浓厚，而萨达姆又是世界级的反美明星。有萨达姆在，美国无法控制伊拉克，伊拉克频频和俄罗斯、印度的大公司签署采油协议，而美国却只能望伊拉克的油而兴叹。解除对伊拉克的制裁已是大势所趋，可一旦这种情况发生了，伊拉克的石油市场大有可能落入被美国视作竞争对手的国家手里，石油将再度成为萨达姆牵制美国的一大武器。

美国在阿富汗的反恐活动进行顺利，小布什的支持率一路攀升，这都为打击萨达姆创造了条件。2002年10月7日，小布什宣称，美国已经掌握了伊拉克发展大规模杀伤性武器的证据，还说伊拉克曾帮助"基地"组织进行恐怖培训。随便一个人都听得出来，白宫正在为攻打伊拉克寻找借口，而这个世界上最不缺的就是借口。

2003年初，伊拉克贸易部长发话，如果美国和英国不再将伊拉克当成敌人，伊拉克可以考虑和它们恢复关系，允许它们涉足伊拉克的石油领域。只是，美国攻打伊拉克的心意已决，美国要从伊拉克得到的不是一句承诺，而是需要将伊拉克变成美国的势力范围。

伊拉克不是美国的对手，更何况美国并非只身前往伊拉克，他还拉上了英国等一班盟友。但萨达姆并没有向美国投降的意思，2003年3月15日，萨达姆命令全伊拉克进入战争状态，命库赛去做提克里特的指挥官。5天之后，美国宣布伊拉克战争爆发。

美国针对伊拉克的军事行动并没有得到联合国的授权，在很多人眼里，美国此举与侵略无异。

多年之前,萨达姆曾说过:"只要手里握着枪,我就能面对全世界。"在伊拉克战争爆发前夕,萨达姆告诉伊拉克人:"我们将死在这里,我们将维护我们的荣耀。"

美国在伊拉克长驱直入,攻陷了一个个军事要地。2003年4月,萨达姆在巴格达的铜像被美军拉倒。7月,萨达姆的两个儿子乌代、库赛相继被美军打死。库赛的儿子穆斯塔法只有14岁,也在抵抗美军的战斗中死亡。晚年丧子的萨达姆立即发表讲话,说自己的孩子是在和敌人激战数小时后壮烈身亡的,是伊拉克的战士,"即使我有100个孩子,而不只是乌代和库赛,我也会让他们这样做"。

美国向人们展示了乌代和库赛的尸体,尽管在展示之前,美国已经对尸体的面目做过修整,乌代和库赛的遗容还是惨不忍睹。

萨达姆遭遇丧子之痛,白宫里的小布什则兴高采烈,小布什已经规划好了伊拉克的未来。他自信满满地向人们保证,已经有多个国家愿意为伊拉克战后重建提供资金,美国国会会给伊拉克的孩子们翻修教室,会帮助伊拉克人维修被战争破坏的供水、供电、通信设施……小布什坚信,乌代和库赛的遗容公布后,会大大震慑伊拉克的抵抗力量。当年的克林顿非常担心萨达姆政权倒台后,伊拉克会出现全面混乱,但小布什似乎没有这种担心。

美国将乌代和库赛的尸体交给了伊拉克的红新月会,红新月会是国际人道组织。2003年8月2日,乌代、库赛、穆斯塔法被葬在了提克里特的一个小公墓里。他们的灵柩被覆盖上伊拉克国旗,不管乌代和库赛在掌权时做过什么,他们毕竟是为伊拉克战死。乌代和库赛的尸体上,都有至少20处枪伤,以及若干擦伤、烧伤。不少伊拉克人在他们的葬礼上祷告、哭泣。

萨达姆家族与伊拉克的命运紧密相连,2003年的伊拉克惨遭蹂躏,2003年的萨达姆家族也家破人亡。

萨达姆一家在1990年所照的全家福流传甚广,在那张全家福上,萨达姆笑意盈盈地和妻子坐在沙发上,他的儿子,女婿意气风发,女儿们则表情灿烂。而现在,照片上的所有男性都已不在人世,所有女性则颠沛流离。乌代和库赛战死后,萨达姆的两个女儿流亡约旦,萨达姆妻子则逃到了黎巴嫩。萨达姆家族垮了,就算萨达姆能逃过美军的追捕,他也逃不开晚年的孤独。

美军一直担心乌代和库赛的葬礼会诱发暴乱,但这种情况并没有出现。美军试图用葬礼作诱饵,引萨达姆现身,萨达姆也没有上钩。美国攻打伊拉克的一个重要目标就是抓到萨达姆,但萨达姆却没那么容易被"逮捕归案"。

2003年7月4日,美国将悬赏萨达姆的奖金提升到2500万美元。

美国将那些疑似萨达姆藏身之所的地方称作"狼獾",并给它们标注上代码。在美国眼里,萨达姆是一头狡猾、凶狠的狼獾,而美国则是一个经验老到的猎人。萨达姆的很多亲信都被美国逮捕了,他们向美国提供了不少萨达姆藏身之地的线索,美国将这些线索串起来,并很快将目标锁定在提克里特。提克里特是萨达姆出生的地方,是埋葬萨达姆孩子们的地方,它让萨达姆感到至少和孩子们离得不是那么遥远。对萨达姆而言,即便在提克里特战死了,也算是一种光荣的叶落归根。

2003年12月12日晚上,600名美国大兵发动了"红色黎明"行动。对萨达姆的老家提克里特发动突然袭击。美军在提克里特南方的一个小农舍里,找到了"狼獾"。

在东躲西藏的日子里,萨达姆随身携带的只有一把小手枪。他穿着简单的黑色裤子,白色 T 恤,外罩一件再普通不过的黑衬衫。这种打扮的萨达姆很容易让人联想起 1959 年因刺杀卡西姆将军被迫逃亡时的萨达姆。但 1959 年的萨达姆还是个意气风发、野心勃勃的小伙子,2003 年的萨达姆却是饱受国破家亡折磨的老人,1959 年的萨达姆不过是个不为人知的小人物,2003 年的萨达姆却是名扬世界的一世枭雄。1959 年没有太多人关注萨达姆的逃亡,2003 年全世界都在预测着萨达姆的命运。

当美军找到萨达姆时,萨达姆正蜷在一个只有 48 平方英尺的洞穴里,手上握着一把小手枪。不远处,还有两只 AK—47 自动步枪、75 万美元现金,一些衣服和书籍。萨达姆并没有像他的两个儿子那样和美军进行交火,他的小手枪没有发挥什么作用。他承认自己是萨达姆,并请求美军不要开枪。

萨达姆被抓了,没有做半点反抗,在这个瞬间,他不是那个呼风唤雨的铁腕人物,他也再不是那个令人闻风丧胆的"狼獾",他身上没有半点"巴格达屠夫"的戾气,他只是个发须斑白、衣着邋遢、眼神迷茫的普通老人。

一些人为萨达姆被捕时的表现感到失望,人们希望看到这个传说中的反美斗士和美军激烈战斗的场景。在人们的想象中,萨达姆这头阿拉伯雄狮应该战斗至死,很多伊拉克人宁可亲手抓住萨达姆,也不愿看到他老老实实地被美国人带走。萨达姆政权已经轰然瓦解,而很多人心目中萨达姆那不屈不挠的阿拉伯斗士形象也轰然破碎了。萨达姆被美军摁倒在地的照片很快登上了各大媒体的头条。

## 命丧绞刑架

萨达姆被捕的消息一传来,布什的民意支持率就迅速攀升了数个百分点。绝大多数美国人都把萨达姆被抓当作美国在伊拉克取得的重大战绩。萨达姆颓唐落魄,布什则意气风发。布什在评价萨达姆被捕时说:"一个黑暗和痛苦的时代结束了。"但事实上,伊拉克的局势并没有因萨达姆被捕好转多少。

2004 年 6 月 30 日,美国将萨达姆的法律监管权交给了伊拉克临时政府。对萨达姆的审判逐渐拉开帷幕。2004 年 10 月 19 日,萨达姆和 7 名曾经的伊拉克高级官员在伊拉克高等法庭正式受审。负责萨达姆案的法官是伊拉克人,审判也在伊拉克的法庭上展开,但还是有人觉得,审判是在美国的操纵下进行,美国的手似乎无处不在。

伊拉克特别法庭就 14 项罪行指控萨达姆。这 14 项罪行包括:

——曾涉嫌在 1982 年下令处决 140 名杜贾尔村村民。

——在 1988 年对伊拉克北部的库尔德人实施种族灭绝计划。

——在两伊战争期间对库尔德人使用毒气。

——1991 年镇压并屠杀伊拉克南部的什叶派穆斯林。

——入侵科威特;迫害宗教人士和反政府活动人士。

……

如果这些罪名成立,萨达姆难逃一死。讽刺的是,"伊拉克拥有大规模杀伤性武器"和萨达姆勾结"基地"组织,这两条美国发动伊拉克战争的理由却不在这 14

项罪行之内。

审判萨达姆似乎比抓捕萨达姆还要难。很多国家的要人都强调必须对萨达姆进行公正的审判,而在审判过程中,有关"审判不公正"的消息却频频传来。不管萨达姆曾经做下多么骇人听闻的事,美国在没有得到联合国授权的情况下就挥舞大棒打击伊拉克,也受到了普遍指责。

"我被拘留了,这是一个阴谋……我是被由美国人指定的伊拉克政府拘留的。"2005年7月萨达姆向人们抱怨审判的不公。

对萨达姆的审判一波三折,萨达姆并不认为自己犯了罪。而牵扯到萨达姆案的一些法律工作者,也面临着严峻的安全问题。2005年11月8日,萨达姆的律师们在坐车时遭到不明枪手攻击,一名律师当场被打死。负责萨达姆案的伊拉克首席检控官拉伊德·朱希也频频收到恐吓邮件。在案件审理过程中,萨达姆案涉及的多位证人都出于安全考虑,不敢出庭作证,萨达姆案的主审法官阿明还因此延长了案件的审理时间。到2006年1月5日,就连主审法官阿明也承受不了巨大的压力,宣布辞职。

萨达姆曾被称作伊拉克雄狮,这头狮子就算深陷囹圄,也依然会爆发出令人畏惧的力量。萨达姆在法庭上和指控方展开唇枪舌剑,萨达姆多次在法庭上怒斥小布什才是真正的罪犯。萨达姆曾经学过法律,他可以轻而易举地将偌大的法庭变成自己的演讲台。萨达姆斥责布什的话被各路新闻媒体多方转载,很快,布什就发现自己并没有在审判萨达姆上捞得什么便宜。

美国抓住了萨达姆,却迟迟不能控制伊拉克的混乱局面,美国将萨达姆送上审判台,同时也将自己送到了世界舆论的风口浪尖上。萨达姆发动入侵科威特的战争是事实,美国发动入侵伊拉克的战争也是事实;萨达姆的铁血政策给伊拉克人带来苦难,美国长期坚持对伊拉克实施制裁同样让伊拉克人处境艰难。

2006年1月29日,性格强硬的阿卜杜勒·拉赫曼被任命为萨达姆案的主审法官。可在之后的庭审上,萨达姆一点都不给拉赫曼留情面,他当着众人的面说拉赫曼"下流、不害臊",还拉着律师团集体退庭。让拉赫曼的处境极其尴尬。

2006年6月19日,萨达姆案的指控方向法庭提请判处萨达姆死刑,2天之后,萨达姆的辩护律师中就又有一个被杀害了。为抗议律师被害,萨达姆进行了绝食,并因为绝食被送入医院。2006年8月,萨达姆案的主审法官被换成了阿卜杜拉·阿米里。2006年9月,主审法官又被换成穆罕默德·乌拉比。萨达姆的律师对频繁更换主审法官感到不满,纷纷以退庭作为抗议。

萨达姆案折磨着所有被卷入其中的人的神经,包括美国总统布什。对萨达姆的审判不知道要进行到何年何月,而美国当初对伊拉克发动进攻的理由——伊拉克拥有大规模杀伤性武器,萨达姆和"基地"组织有联系等等,都不攻自破。若萨达姆案不能很快定下来,美国就难以为攻打伊拉克自圆其说了。伊拉克方面曾出具过一份长达1000页的报告,报告中说萨达姆确实希望拥有大规模杀伤性武器,但是,他并没有真正拥有这些武器。

2006年11月5日,伊拉克高等法院判处萨达姆反人类罪成立,并宣布了萨达姆死刑。

萨达姆曾表示希望被执行枪决,因为他是一个军人,应该中弹而死。但法庭拒绝了萨达姆的要求,因为萨达姆是以平民身份接受审判的。萨达姆的辩护律师曾希望法庭能延迟宣判萨达姆的时间,因为他们还有更多的证据需要呈上,但法庭却顾不得这么多。理由是,在伊拉克,曾被萨达姆迫害过的什叶派人士、库尔德人都期待着看到萨达姆被判决。萨达姆案若拖得时间太长,伊拉克势必发生更可怕的动荡。

当判决宣布时,法官要求萨达姆站起来听审判结果,萨达姆不从,最后法庭只好让人将萨达姆生生架起来。判决宣布后,萨达姆面无惧色,高呼口号,怒斥法庭。在法庭上,萨达姆又显示出他巴格达强人的本色。

2006年12月30日,69岁的萨达姆在伊拉克被处以绞刑。

2006年的最后一个清晨,人们打开电视机,翻开报纸,登录互联网,有关萨达姆被行刑的消息铺天盖地。各大媒体都播放了萨达姆被行刑的现场录像。

萨达姆真的死了,他再听不到这个世界的喧嚣,只是这个世界并不会因为萨达姆的离开而安静下来。

萨达姆的双手沾满鲜血,按照"杀人偿命"的逻辑,处死萨达姆并不为过。但人们却对萨达姆之死产生争议,这其中一个很重要的原因就是那将萨达姆送上绞架的"手"也并非纯净无瑕,那为萨达姆而设的审判在一片混乱之中也没有做到公正无私。

萨达姆在2004年10月19日,即审判的第一天,就宣称:"我保留伊拉克总统享有的宪法权利,我不承认这个所谓的法庭。"当时,也有法律专家认为伊拉克的新政府并不具备司法审判权。就算萨达姆的罪行罄竹难书,就算萨达姆的身份微妙特殊,那些加在萨达姆身上的审判,也必须是向着法律而不是向着政治的。对萨达姆的审判引起了世界性的关注,审判上的一丁点儿纰漏都有可能让人怀疑这是一场政治审判。

萨达姆在2006年12月30日时已经是个69岁的老人,再过几十个小时萨达姆就70岁了,而按照伊拉克的法律,不得对70岁及其以上的人实施死刑。于是,有人猜测,为了让萨达姆死,法庭特意将行刑日期定在了2006年的12月30日——这是一场萨达姆必须死的审判,与罪行和庭审无关。

萨达姆死后,美国政府很快发表声明,"伊拉克政府是独立自主的政府,在执行萨达姆死刑问题上有权做出自己的决定"。然而十多天后,随着萨达姆临死前所受羞辱的录像的曝光,美国又忍不住指责起伊拉克政府。说伊拉克方面对萨达姆的绞刑,看起来就像是"报复仇杀"。对萨达姆的审判没能成为美国宣扬"美国出战伊拉克好处多多"的契机,萨达姆的死亡也没能成为美国证明"美国在伊拉克的民主建设卓有成效"的案例,对此情景,白宫只好顺势让伊拉克当局成为舆论攻击的对象。

萨达姆也许从来没有想过他会死在绞刑架上,当人们要给萨达姆戴上头罩时,萨达姆拒绝了,他并不畏惧死亡。据说,萨达姆生前的最后一句话是:"好好活着,我的儿子。"萨达姆的两个儿子乌代和库赛都死了,传说他还有个名叫阿里的小儿子。但直到今天,也没有人知道阿里的下落。

负责此案的法官哈达德这样评价萨达姆:"我不能说萨达姆勇敢,这会引起舆论哗然。我也不能说萨达姆不勇敢,因为这是撒谎。我什么也不能说,因为这个人死了,他去了他该去的地方,愿安拉饶恕他、饶恕我、饶恕我们大家。"

萨达姆给伊拉克荣耀,也给伊拉克灾难。他聪明,有谋略,却又接连在重大问题上误判形势;他自信,有胆魄,却又不免刚强武断,欠缺圆滑。萨达姆从一开始就知道,美国对伊拉克施加制裁也好,发动攻击也罢,都无非是想让他萨达姆下台罢了。但萨达姆始终相信,伊拉克人会为了保护巴格达而坚定地站在他一边。萨达姆把太多的精力都花在维护统治上,却忽视了,他的政权越牢靠,美国就越不肯放过他,更何况他维护政权的手段如此强硬血腥,并没有收服所有伊拉克人的心。

萨达姆并没有意识到,他巩固政权的武器——热衷秘密活动,将权力牢牢控制在自己及自己家人手里,对反对者的残酷镇压,反过来会成为他走向毁灭的作用力。

萨达姆酷爱美国作家海明威的作品,尤其钟爱《老人与海》。海明威曾说:"人生来就不是为了被打败的,人能够被毁灭,但是不能够被打败。"即便把萨达姆当成一个恶魔,这个恶魔也没有被打败过,直到走上绞架,他都未曾屈服。萨达姆曾要一些人为自己写传记,他告诉这些人,他并不在乎人们现在如何看他,他只希望在若干年后,人们提起他萨达姆就像提起古巴比伦国王尼布甲尼撒二世或伊斯兰英雄萨拉丁那样。

不知道萨达姆的这个愿望是不是能实现,反倒是萨达姆的死对头美国至今仍陷在伊拉克的泥潭里,没有人知道没了萨达姆的伊拉克会变成什么样子。

## 人物档案

**简　　历：**利比亚革命警卫队上校，前利比亚最高领导人，曾领导"自由军官组织"，为利比亚 1969 年 9 月 1 日革命的精神领袖，推翻了亲西方的伊德里斯王朝，并建立了阿拉伯利比亚共和国。

**生卒年月：**1942 年 6 月 7 日~2011 年 10 月 20 日。

**安葬之地：**利比亚南部费赞沙漠地区。

**性格特征：**风格独特，脾气古怪，胆大过人。

**历史功过：**长达 42 年的统治使他成为阿拉伯国家中执政时间最长的领导者。卡扎菲是一个富有争议的人物，世人对他的评价毁誉参半。即便在被西方制裁长达十年的过程中，凭借丰富的石油资源，卡扎菲控制的利比亚成为非洲最富裕的国家之一。2011 年 10 月 20 日，卡扎菲在其家乡苏尔特被捕后因伤重不治身亡。

## 首上联大

2009 年 9 月 23 日，首次在联合国亮相的利比亚领导人卡扎菲，在联大一般性辩论上发表演讲。卡扎菲在演讲中表示，安全理事会应该改名为恐怖理事会。他要求安理会进行全面改革，取消五个常任理事国的反对票，增加常任理事国数量，尤其是增补非洲国家的代表。卡扎菲还说自从联合国 1945 年成立以来，世界上发生了 65 次战争，联合国根本没有能力阻止这些战争的爆发。

卡扎菲当天的发言就排在美国总统奥巴马之后，但是奥巴马和希拉里等高级政府官员在演讲之后立刻离开会议大厅，避免听到卡扎菲的演讲。虽然联大给每个国家领导人的时间是 15 分钟，但是卡扎菲的演讲时长一小时 36 分钟，由于接近午餐时间，大会堂中有将近一半的代表都中途离场。古巴领导人卡斯特罗 1960 年曾在联大发表演讲四个半小时，是联大一般性辩论历史上最长的演讲。

卡扎菲在抵达纽约之后按照习惯,在纽约以外的一块出租庄园中临时搭建的帐篷里过夜。卡扎菲此前曾希望在纽约中央公园搭建帐篷,但是遭到居民强烈抗议而作罢。

卡扎菲可用的军队名义上只有 1 万多人,利比亚军队拥有 10 万兵力、2000 多辆坦克、374 架飞机和拥有两艘巡逻潜艇的海军。但卡扎菲实际可调遣的部队数量又是另外一回事。

据信,在本次骚乱之前,虽然西方大国再次开始向利比亚出售武器,但其军队的实力依然因制裁被严重削弱。据信,大部分设备保养很差,甚至不能使用,因此其真正的数量难以估计。

分析家说,卡扎菲试图削弱正规军的力量,以避免指挥官崛起,对其家族构成威胁。相反,他特别依赖三支忠诚的"政权保护"部队,这些部队主要由本部落的人组成。

按大部分人估计,卡扎菲可用的忠心耿耿的利比亚军队在 1 万到 1.2 万人之间。据信,最可信赖的部队是卡扎菲儿子指挥的第 32 旅。

来自目击者、人权组织和其他人的多次报道称,卡扎菲动用非洲雇佣军帮助巩固他的政府。

**联大上的卡扎菲**

利比亚两艘尚存的 F 级柴油动力潜艇是苏联在上世纪 80 年代末提供的,但外界专家一直对其可靠性表示怀疑。据 IHS 简氏信息集团报道,2003 年,其中一艘停在了干船坞中,另一艘虽还在海上航行,但也不可能充分投入使用。它认为有可能两艘都已被弃用。分析家估计,利比亚的快速喷气机有许多事实上都不再适宜飞行。

随着法国战机 19 日对利比亚境内的政府军目标开火,多国大规模军事干预利比亚的行动正式展开。军事干预行动开始后,利比亚领导人卡扎菲强硬表态,称"要武装人民对抗西方"。

法国战机 19 日率先对利比亚境内目标实施打击,并摧毁了数辆利比亚政府军的装甲车。随后美英等国战机也陆续投入军事行动。大规模的军事干预全面展开。

利比亚国家通讯社 20 日凌晨援引军方发言人的话称,首都的黎波里、卡扎菲的家乡苏尔特以及班加西等地都遭到西方国家军队的导弹袭击和炮击,"多处民用设施被毁"。

利比亚国家电视台此前报道,一架法国战机在的黎波里地区被利比亚防空系统击落。对此,法国总参谋部发言人予以否认,他说,所有参与空袭的战机均已返航。

多国军事干预行动展开后,卡扎菲 20 日通过利比亚国家电台发表了简短但措辞极为强硬的讲话。他指责有关军事行动"野蛮",是"不公正的十字军式侵略"。

卡扎菲威胁将对地中海沿岸的军事和民用设施进行打击,并警告"地中海国家和北非国家的利益处于危险之中"。他说,"地中海已陷入战争",卡扎菲已命令打开各地的军火库,"民众可以拿起武器保卫家园,赶走西方军队"。

联合国安理会最近通过了第 1973 号决议,决定在利比亚设立禁飞区。多国随后为此展开了紧张的军事部署。利比亚当局也宣布接受安理会决议并停火。但有未经证实的消息说,利比亚政府军 19 日攻入了反对派大本营所在地班加西。

针对多国军事行动,俄罗斯外交部发表声明表示遗憾。但俄方也呼吁利比亚尽快停火。国际红十字会则呼吁在利比亚进行军事行动的各方尊重国际人道法律,该组织说,任何针对平民的攻击都违反了国际法。

UCLA 的非洲学者著文指出参与军事行动的国家之动机与利益关系严重影响其行为,可能做不到"do no harm"原则:"The likelihood that coercive intervention would satisfy this principle is severely constrained when evaluated against the historical record, logistical realities, and the incentives and interests of the states in a position to serve as the would-be external interveners." 作者认为通过强制干涉改变利比亚政治结构会带来严重后果。

# 被逼下台

2011 年 5 月 27 日,八国领导人在峰会后发表联合声明,指出:"卡扎菲和利比亚政府已不能继续履行保护利比亚人民的责任,并失去所有合法权利,他在一个自由和民主的利比亚没有前途,他必须下台。"

利比亚民众今年早些时候举行反政府示威,联合国在 2011 年 3 月份通过保护利比亚平民议案,北约部队开始干预利比亚,进行持续空袭。

值得关注的是,俄罗斯一直批评北约对利比亚的军事行动,但报道指出,俄总统梅德韦杰夫也同意卡扎菲已失去领导利比亚的合法权利。法国总统萨科齐表示,联合声明的措辞收紧了,得到俄罗斯的完全支持。

据香港《文汇报》报道,俄罗斯方面表示,外长拉夫罗夫前日与利比亚总理通电话,利方希望俄方协助调停,并开始磋商停火条件。

据悉,英美法在 G8 峰会上也促请俄罗斯进行调停。在峰会后的记者会上,俄总统梅德韦杰夫表示将调停利比亚局势,包括派高级非洲特使前往班加西,与反对派接触。他还强硬警告卡扎菲,称国际社会已不再视他为利比亚领袖,促请其下台,但表示拒绝让他流亡俄罗斯。

此外,法国总统萨科齐称,北约计划加强军事行动。意大利总理贝卢斯科尼表示,G8 领袖普遍认为卡扎菲政权正逐渐崩溃。俄副外长里亚布科夫表示,卡扎菲已失去在位理由,应该下台,而且 G8 国对此意见一致。

英国首相卡梅伦 26 日表示,现在是时候加大对卡扎菲政权的压力,他说英国会在随后的行动中动用阿帕奇武装直升机。英国的一名官员给予了证实。

# 家人流亡

北京时间 2011 年 6 月 27 日 7 时 30 分,位于荷兰海牙的国际刑事法院(ICC)宣布,正式对利比亚领导人卡扎菲发出国际逮捕令。

这是国际刑事法院历史上第二次对一个国家的在任国家元首发布逮捕令。国际刑事法院逮捕令一经发出,终身有效,永不撤销。2009 年 3 月,国际刑事法院发出对苏丹总统巴希尔的逮捕令,这是第一个针对主权国家在任总统发出的逮捕令。

2011 年 5 月 15 日,国际刑事法院检察官办公室表示,经调查,已掌握足够的证据起诉卡扎菲,包括谋杀罪、迫害罪、反人道主义罪等。国际刑事法院总检察官奥坎波 16 日随即向国际刑事法院法官提出通缉卡扎菲等三名利比亚高官的请求。这三人除卡扎菲(69 岁)外,还有曾被认为是卡扎菲接班人的其儿子赛义夫·伊斯拉姆·卡扎菲(39 岁),以及利比亚情报部门最高负责人阿卜杜拉·阿尔·塞努希(62 岁)。

一个多月时间内,由三名法官组成的小组对检方提交的证据和材料进行了分析。

2011 年 6 月 27 日,国际刑事法院宣布向卡扎菲等三人正式发布国际通缉令。国际刑事法院指,卡扎菲从今年 2 月中旬开始,对其反对者犯下"反人类罪"。

从目前的情况来看,卡扎菲不会离开利比亚,因此国际刑事法院将要求利比亚人把卡扎菲押送国际刑事法院。

2011 年 8 月 29 日阿尔及利亚外交部发布新闻公报,宣布利比亚领导人卡扎菲的夫人萨菲亚、女儿艾莎、两个儿子汉尼拔和穆罕默德,以及他们的孩子,于当地时间 29 日 8 时 45 分(北京时间 15 时 45 分)经由两国边界进入阿尔及利亚境内。

# 被俘自亡

利比亚"全国过渡委员会"武装 2011 年 10 月 20 日称在苏尔特俘获了卡扎菲。据利比亚过渡委武装一名官员称,被俘的卡扎菲双腿受伤。利比亚"全国过渡委员会"在苏尔特前线的指挥官穆罕默德-布拉斯-阿里 20 日说,前领导人卡扎菲当日中午在苏尔特受重伤身亡。

在利比亚三次战地采访国的记者邱永峥认为:"依我在利比亚三度战地采访来看,他只有死路一条,因为过委会所有的人都要他死在现场,而不是审判,因为过委会高官是前政府高官,身上不干净;二是卡口才太好,容易把审判台当战场。卡扎菲死了,全部就结束了,因为卡扎菲把自己当成了一切。苏尔特久攻不下,外界认定卡扎菲就在其中,我问过所有的人,他们也这样认为。如果你认为萨达姆死的也是替身,那么就相信现在死的是卡扎菲的替身喽。中国参加战后建设有两大基础:1、过委会高层反复跟我说,中国是五大常任理事国,新利比亚就算有情绪也没办法;2、中国承认过委会时间与时机也说得过去;3、民间的反中国情绪如果假以时日,以及措施合适,也没有问题,毕竟中利民间基础还可以。卡扎菲也向阿拉伯兄弟国家,中国,以及几乎所有的国家挑战,只向着倚靠他的邻国弱国,因为他梦想是建立一个他领导的非洲联邦国家。利比亚不太可能成为第二个伊拉克。原因是:1、利比亚民众愿意过好生活,并且有过好生活的条件与基础。2、利比亚部族色彩淡,是卡扎菲去部族化的结果;3、利比亚普遍的教育程度高,对国家统一的认同度高。"

在国际社会的压力下,利比亚执政当局 24 日承诺对卡扎菲的死因展开调查。一名验尸的医生 23 日说,卡扎菲死于枪伤,对于卡扎菲死于交火还是处决已有答案,需要获得上级批准才能公布。据最新消息,利比亚"过渡委"一名高官称卡扎菲遗体将于今(2011.10.25)日秘密下葬。

据央视报道,利比亚执政当局一名官员称,卡扎菲及儿子穆塔西姆的遗体将于今(2011.10.25)日下葬,但具体地点不明(据参加过卡扎菲葬礼的过渡委官员称,卡扎菲被埋葬在沙漠里),下葬处不会有墓碑等标识,会有宗教人士出席。

# 质疑尸检

卡扎菲被捉拿后的一刻,相信仍然生还,头部流血衣服沾满血渍,但紧接着就倒地不起,后发现已经死亡。外界对卡扎菲的死亡真相一直争论不已,因为当时士兵大叫要让卡扎菲生还,但最终还是一命呜呼。负责尸检的医生向外界透露,卡扎菲是中枪而死,其致命伤在腹部。到底是谁射了这致命一枪,至今还是不能定论。验尸官还说,尸检报告尚未完成,并且要得到上级批示才能向外界公布。

俄罗斯一名专家爆料说,"我有充分的证据表明:卡扎菲还活着,死者是其替身,名叫艾哈迈德。"

同时他还提出了四点证据:

第一,逮住卡扎菲那天,苏尔特是个雨天,正在下雨,而逮住卡扎菲的画面却显示风沙很大;

第二,卡扎菲的头发本来是黑色的,而卡扎菲被抓的画面上他头发是棕色的,他的尸体出现在医院时才成了黑色;

第三,卡扎菲被送到医院时,他身中两枪,一枪在头侧面耳朵上部,另一枪在腹部,但后来许多网络上的画面显示在卡扎菲头正面还有一枪;

第四,卡扎菲腹部曾做过外科手术,手术留有伤疤,但从展示的卡扎菲尸体上,他的腹部没有任何做过手术的痕迹。至于是否是卡扎菲的替身,还得继续研究。

# 越挫越勇的政坛"铁蝴蝶"

## ——贝·布托

## 人物档案

**简　历**：出生于巴基斯坦的卡拉奇，其父是前总统阿里布托。16 岁考入哈佛大学，后又进牛津大学深造，后继承父志，进入政界，1988 年成为总理，1988 年~1996 年间两度解散政府，9 次被软禁或入狱。1999 年流亡海外，2007 年遇刺身亡。

**生卒年月**：1953 年 6 月 21 日~2007 年 12 月 27 日。

**安葬之地**：不详。

**性格特征**：聪慧过人、理智冷静、自信独立、果断坚强、刚毅、勇敢无畏。

**历史功过**：国际问题上，重视与美国的关系，改善与印度的关系。巴印双方于 1988 年 12 月 31 日签订了三项协定，是改善印巴关系的良好开端。进一步加强同中国传统的友好关系。继续支持阿富汗游击队争取独立的斗争。

**名家评点**：被称为"铁蝴蝶"，世界最年轻的女总理。

## 当选辩论社主席

印度河纵贯巴基斯国境，从东南部的信德省汇入阿拉伯海。贝娜齐尔·布托（简译贝·布托）的祖先，世代生活在印度河平原南部的信德省，古老的布托部落是该省最大的部族之一，拥有数十万名成员。

布托家族的参政史始自贝·布托的祖父沙阿·纳瓦兹·布托爵士。他是信德省的大地主，曾任尤纳加德邦总理，并被英王乔治六世封为爵士。1947 年巴基斯坦取得独立，纳瓦兹发挥了重要作用。

1953 年 6 月 21 日，贝娜齐尔·布托出生在巴基斯坦南部的港口城市卡拉奇。贝娜齐尔是父母的长女，爱称"萍姬"。萍姬出生在一年当中白昼最长的那一天（夏至），家人认为这是她的运气，所以取名"贝娜齐尔"，巴基斯坦国语乌尔都语"独一无二"的意思。

贝·布托的父亲佐勒菲卡尔·阿里·布托（一般简译为阿里·布托）是巴基斯坦现代著名政治家。阿里·布托 1928 年出生，曾在美国加利福尼亚大学、伦敦律师学院学习法律,1953 年回国做律师。他曾先后任商务部长、外交部长等职;1953 年起,开始在信德省高等法院任职;1967 年创建巴基斯坦人民党;1969 年领导民主运动推翻阿尤布·汗政府,次年当选为人民党主席;1971 年,担任巴基斯坦总统兼军法管制首席执行官。巴基斯坦新宪法于 1973 年 8 月实施后,改任总理,并于 1977 年 3 月再次当选。

巴基斯坦作为中国最友好的国家之一,在 20 世纪 70 年代,阿里·布托是毛泽东的座上客,也是毛泽东生前会见的最后一位外国政府首脑,中国领导人与布托感情非常深厚。

1977 年 7 月,齐亚·哈克将军发动军事政变,推翻了布托政府,布托被捕入狱。1979 年 4 月 4 日凌晨,布托在狱中同妻子和长女贝·布托会晤后,被施以绞刑。

贝·布托的母亲努斯拉特·布托生于 1930 年 3 月,曾留学英国。1951 年,阿里·布托与努斯拉特结为伉俪。努斯拉特·布托也是一位杰出的政治家和社会活动家,丈夫阿里·布托被处以极刑后,她当选为巴基斯坦人民党终身主席。

贝·布托有 3 个弟妹:1954 年出生的大弟弟米尔·穆尔塔扎·布托、1957 年出生的妹妹萨娜姆·西玛·布托和次年出生的小弟弟沙·纳瓦兹·布托。在当时的巴基斯坦,男尊女卑的思想根深蒂固,但在布托家,情况则大不一样,贝·布托的父亲继承了布托家族教育至上的传统,十分注意女孩的教育。贝娜齐尔被布托夫妇视为家族希望所在,她 3 岁就被送进当地有名的詹宁斯女子幼儿学校,接受早期教育;5 岁又被送进卡拉奇最好的一所教会学校——耶稣和玛利亚女修道院学习;10 岁时,她被送到一所条件艰苦的寄宿学校,远离家庭优越条件的照顾,接受各方面的锻炼。

贝娜齐尔 4 岁那年,其父阿里·布托在仕途曙光初露,已成巴政坛上一颗耀眼的新星:他被任命为巴基斯坦共和国驻联合国代表团成员,在纽约工作;此后,阿里·布托不断地担任一个又一个公职,仕途一片光明。

阿里·布托一心想把聪颖的大女儿培养成政治领袖型人物。他给贝娜齐尔讲的故事的主角,都是一些叱咤风云的政治人物——拿破仑、华盛顿、毛泽东、纳赛尔……父亲外出开会或访问时,常常把贝·布托带在身边,让她增长见识,接受政治和外交熏陶。有时,一些外国代表团到巴基斯坦访问,父亲也常常让贝娜齐尔作陪,家里的其他孩子一般享受不到这种待遇。1964 年 2 月,周恩来总理和陈毅副总理率中国政府代表团对巴基斯坦进行友好访问,阿里·布托外长全程陪同中国代表团。11 岁的贝娜齐尔在一次家庭招待会上认识了并喜欢上了周恩来,并在以后的岁月里一直保持着对周恩来夫妇的友好情谊。

1967 年 11 月 30 日,阿里·布托在拉合尔建立了巴基斯坦人民党,并任该党主席。布托在卡拉奇克里夫顿 70 号的家自然成了人民党的支部,年仅 14 岁的贝娜齐尔和 11 岁的妹妹萨娜姆也都报名加入了人民党。多年后,她的父亲一次在狱中书简中鼓励女儿说:"我非常自豪能有这么一个聪明的女儿,15 岁就考大学了,比我那时还小 3 岁。照这个速度,你或许会成为总统的。"

1969 年 8 月底,16 岁的贝·布托告别了亲人,飞往美国哈佛大学拉德克利夫学院求学。

但当年贝·布托对政治并不感兴趣。父亲送她到哈佛大学读书时,她曾想攻读心理学,却因不喜欢医学和动物解剖学课程,无奈地选择了比较政治学。这正暗合了父亲的心思。学习了政治学,贝·布托对祖国有了新的认识。她在那个自由的国度里贪婪地吮吸各种知识。时值美国妇女运动风起云涌,哈佛大学的书店内出售包括权威性的女权著作——凯特·米利特写的《性别政治》。贝·布托同朋友们一起谈到未来,她明确表示自己不把婚姻家庭放在优先地位加以考虑。

但是,贝·布托的祖国并不像她的生活那样理想而平静。1971年12月17日,战期不到一个月的第三次印巴战争结束,但它的结果却是巴基斯坦被肢解,在原东巴的土地上成立了一个新的国家——孟加拉人民共和国。

1971年12月21日,巴基斯坦国民议会中最大政党人民党领袖阿里·布托临危受命,出任巴基斯坦总统兼军法管制首席执行官,成为巴基斯坦伊斯最高统治者。布托当政期间的政治经济改革和国内外政策,在巴基斯坦历史上产生了重大影响,留下了深刻的历史烙印,直到今天仍在发挥着重要作用。这是巴基斯坦历史上布托时代的开始,它也深刻地影响了贝·布托的一生。

21岁那年,贝·布托从哈佛大学毕业,但她不愿离开美国。不过,父亲坚持要她去牛津大学深造。这使贝·布托第一次感到父亲在赋予她使命。"我第一次感到,父亲在推动我去做某件事。究竟做什么呢? 我不得而知。但我知道,自己并没有成为政治家的愿望。"贝·布托后来回忆说。半年后,贝·布托遵父命到英国牛津大学学习。

牛津大学最有名气的社团是成立于1823年的牛津辩论社,它仿效英国下院的做法,经常就各种议题展开激烈的辩论,因此被称为未来政治家的摇篮。为了取悦父亲,贝·布托参加了牛津大学辩论社,却出乎意料地以自己的口才实力当选为辩论社主席。在牛津大学辩论社所获得的经验和口才的锻炼,对她日后的从政产生了积极的作用。十多年后,贝·布托能够在巴基斯坦为数百万人作讲演,成为具有巨大感召力的政治领袖,都与牛津时代的锻炼密不可分。在牛津她读了3年的政治、哲学和经济学,第四年又选读了国际法和外交的研究生课程。

## 历经磨难

1977年6月,刚满24周岁的贝·布托以优异成绩完成牛津大学学业回国。父亲告诉她,他将在9月份派她参加巴基斯坦代表团去联合国,11月回国,迎接12月的外交部考试。

尽管牛津大学辩论社被誉为"政治家的摇篮",但贝·布托并没有涉足政坛的雄心,她只希望能在巴外交部任职,做一名职业外交官。

但是,命运并没有让贝·布托按照自己的理想去发展。她从英国返回不到两周,7月5日凌晨1点45分,巴基斯坦陆军参谋长齐亚·哈克领衔发动了一场军事政变。齐亚·哈克宣布,布托的政府已不再存在,将建立一个临时政府取代它。

阿里·布托被军事政变推翻后连续三次被捕,从此再未获得过自由。1979年4月3日,贝·布托到狱中见到了父亲,这是她与父亲的诀别。看着父亲忧郁的眼神,她知道他放心不下妻子和孩子们。阿里·布托强忍着悲痛,叮嘱贝·布托一定要带领巴人民党继续走下去。"你要像个男人一样做事!"这位临死的政治强人要求自己的爱女终身不嫁,以便全身心从政,伺机延续家族的政治辉煌。贝·布托含泪看着因绝食而枯瘦如柴的父亲,心如刀绞地听着他的嘱托。

当时,中国领导人亲自出面替布托求情,但哈克不为所动。1979 年 4 月 4 日凌晨 2 时,阿里·布托在按宗教教规沐浴、进餐和背诵《古兰经》之后,在拉瓦尔品第中央监狱被秘密绞死,年仅 51 岁。

布托政府被推翻后,布托家族——这个活跃在巴政治舞台上的名门望族,从权力巅峰跌到了苦难的谷底。父亲被处死后不久,24 岁的贝·布托随即被捕,她第一次尝到了失去自由的滋味。她的母亲在一次人民党的集会上这样鼓舞民众的士气:"我的女儿一直只习惯戴首饰,现在她将为能戴上监狱的锁链而感到骄傲。"阿里·布托遇害后,人民党领导机构推选布托夫人努斯拉特·布托为人民党终身主席,她自布托被捕后一直任人民党代理主席。

家族的重托、父亲的叮嘱,将贝·布托推上了凶险的政坛。那时,她就知道,这也许是一条不归路。但为了完成父亲的事业,她毅然投入了竞选活动,试图让布托家族东山再起。但孤女寡母在政坛打拼谈何容易,贝·布托和母亲从此开始了漫长的被捕、被软禁、被关押甚至流亡的生活。她的弟弟米尔和沙为了搭救身陷囹圄的父亲,放弃了在英国的学业,在海外领导反对军管当局的斗争。最后,她最疼爱的小弟弟沙被人投毒暗杀在流亡巴黎的家中。

贝·布托拒绝向政坛仇敌屈服,于是,各种磨难纷至沓来,她经历了近 6 年的软禁生活,其中有 34 个月是在肮脏、黑暗的牢房中度过的。

1981 年盛夏,巴基斯坦南部天气十分炎热。关押贝·布托的苏库尔监狱室内温度高达摄氏四五十度。她的皮肤皲裂了,脸上长满了疖子,头发也大把大把地脱落。苍蝇、臭虫、蚊子、黄蜂等涌进牢房,在她脸上、身上又叮又咬,让她难以忍受。"请给我一个杀虫的药喷子吧?"贝·布托请求监狱看守。但无情的看守断然拒绝了她:"不行。那东西有毒,我们不想让你出事。"她只能咬牙坚持。

残酷的政治斗争,已经将贝·布托磨炼成了一个"钢铁战士"。她在等待出狱的那一天,她要像父亲那样与对手战斗。

贝·布托在国内没有人身自由,于是开始流亡国外。这一时期,她主要忙于挽救国内政治犯的生命,放松了人民党的组织建设。因政变上台的齐亚·哈克巡视信德省时,一些人民党议员还去迎接齐亚·哈克。并且,她流亡伦敦期间,党内众多元老也向她邀功要爵。

"以前是跟着她父亲,然后是她母亲,现在又是他们的女儿干一辈子。"党内就有元老产生了这样的想法。贝·布托最终未能阻止人民党在 10 年后发生分裂,甚至她与母亲也分道扬镳了。

1986 年 4 月 10 日,贝·布托返回巴基斯坦。一个月后,根据斗争的需要,人民党选举贝·布托为人民党并列主席。因母亲在国外,贝·布托便担起了领导的重任。

对贝·布托来说,从政出于无奈,婚姻也出于无奈。1987 年,贝·布托为之奋斗了 10 年的事业出现了转机;同时,这一年,她谈婚论嫁了。

直到 34 岁时,贝·布托仍孑然一人。她本没有结婚的计划。但随着政治活动的频繁和政治斗争的升级,贝·布托越来越感觉到,在伊斯兰世界,一个未婚女子是不能登政坛大雅之堂的,她甚至无法访问沙特等阿拉伯国家(根据伊斯兰教规,单身女子出门必须由父亲、兄弟、丈夫三者之一陪伴）。当时,贝·布托的母亲、家庭,以及人民党内多数人都认为她应该结婚。按照巴基斯坦风俗,贝·布托的婚姻全部由她的家庭和男方家庭包办。在双方进行了近一年的"谈判"后,35 岁的贝·布托才亲眼见到了未来的夫君、信德省的建筑业巨头阿希夫·阿里·扎尔达里。阿希夫与布托同岁,出身于巴基斯坦南部一个阔绰的富豪家庭。两人在见面后的第 5 天便闪电般订婚了。

贝·布托订婚的消息激起了各种反应,一些对她失去信任的人砸掉贝·布托的宣传画像,也有人嘲笑人民党党员:"她已经抛弃你们,你们还挂她人像有何用?"

贝·布托向追随她的人民反复强调:她将永远是他们的姐妹,"贝·布托不会因为结婚就不存在了。"阿希夫也一再表示,他同意她的政治主张并将竭力支持她的政治活动,他将使她从政的决心更加强烈。

在举行婚礼前,贝·布托从未和丈夫单独相处过,就算有家人在场也不相互握手。为了振奋人民党自阿里·布托身受绞刑后的低迷士气,人民党有意将婚礼办成了一场热闹、隆重的政治派对。当时,婚礼请柬在黑市上曾卖到上千卢比,甚至还出现了伪造的请柬。

1987 年 12 月 18 日,贝·布托的婚礼隆重地举行,媒体把这次婚礼称为南亚次大陆上的"世纪之婚"。这个打破习俗的婚礼更像参加宾客和人民党成员为她举行的欢庆大会,她说:"我是个领袖,我必须为人民树立榜样。"

婚后,她依然姓布托:"结婚只能补充而不会取代我的政治生命,我的一生将致力于我们伟大国家的自由事业和全体公民的福利。"

## 赢得"铁蝴蝶"的美誉

新婚宴尔,贝·布托与阿希夫过了一段相对平静的生活。但是,仅仅过了半年,巴基斯坦政局又一次风云突变。

1988 年 5 月 29 日,居内久总理被解职,总统齐亚·哈克宣布解散国民议会。宪法规定大选要在解散议会后 90 天内举行,因此,贝·布托又看到了一个人民党进行斗争合法化的机会。其支持者都认为,如果大选果真能像齐亚·哈克宣布的那样在政党基础上自由、公正地进行,那么"没有什么力量可以阻挡人民党上台执政"。

然而,齐亚·哈克绝不会把政权归还给被他推翻的政敌的女儿。

就在临近大选最后时限之前,齐亚·哈克宣布,选举将推迟两个半月,到 11 月 16 日举行。他对这个决定做了诸多"合理化"解释,但社会上普遍认为,推迟选举日期的主要原因是"贝·布托将于 11 月前后分娩。"齐亚·哈克显然是故意为之,以便严重影响贝·布托的选举活动,甚至可能导致她无法参加竞选。

因此,人民党总部将贝·布托的产期列为头等机密。

1988 年 9 月 21 日,贝·布托顺利生下一个 6 斤多重的大胖小子。布托家喜得第三代,在人民党及支持者中又掀起了一次庆贺高潮。数万人自发在布托家门前欢庆。

但贝·布托仅休息 20 多天,就投入到从 10 月 14 日开始的繁忙的竞选活动中。作为 35 岁的大龄产妇,她用超人的勇气和无畏的献身精神,先后乘火车在国内选区行进了 5 万余公里,尽量广泛地宣传自己的执政理念和政治抱负。

此时,发生了一场震惊巴基斯坦和整个国际社会的空难事故,这一意外事件,极大地改变了巴基斯坦的政治进程。1988 年 8 月 17 日下午 3 点 46 分,载有齐亚·哈克总统、副总统等 31 位军政要员的飞机"巴基一号"总统座机起飞 5 分钟后爆炸,机上的 31 人无一幸存。

对于齐亚·哈克总统座机的失事,贝·布托的解释是:"神的仲裁。"她说:"人的生死是由上帝安排的,齐亚·哈克的死一定是上帝采取的行动。""齐亚·哈克的统治以暴力开始,又以暴力结束。"

这一千载难逢的历史机遇,为贝·布托提供了天赐良机。她被历史推上了政治舞台的中心。

人民党作为巴基斯坦最大的反对党,也是唯一的全国性政党,有着雄厚的群众基础。数十年来,人民党反对独裁、推进民主的主张,得到了巴基斯坦人民的广泛支持和热烈拥护。齐亚·哈克死于非命,为贝·布托上台执政扫除了最大障碍。

同时,9 名高级将领同齐亚·哈克一齐遇难,巴基斯坦国内缺少一位能够统帅三军的人物,军队也没有能力立即接管政权。而且,这个 1947 年才独立的国家,在其 41 年的历史中,军管却长达 20 年之久,人们已对军管深恶痛绝,民主和自由已在巴基斯坦人民中间扎下了根。

贝·布托不顾产后身虚就投身到紧张的竞选活动之中。她以其卓越的才能和顽强的毅力显示出压倒群雄的优势,她的魅力来自苦难的斗争经历和她那出自牛津辩论社的杰出口才。她走到哪里,哪里便变成了人的海洋,引起人们的热烈追捧。

就在贝·布托势如破竹之时,最高法院在选举前 4 天,也就是 11 月 12 日,又出台了一项判决:规定选民在投票时须出示身份证,原因是为了避免欺诈事件重演。

为了参加 11 月 16 日的大选投票,支持自己所拥戴的党派获得大选的胜利,许多女选民从 11 月 13 日起排起了长龙,申领身份证。

1988 年 11 月 16 日,这个 1 亿 400 万人口的穆斯林国家,有 4800 万名合格的选民参加了选举投票。这是这个国家 11 年来的第一次民主选举,被认为是巴基斯坦"走向民主的一个重要里程碑"。

但是,由于贝·布托的人民党尚未获得压倒多数的议席,她想要登上总理宝座不会是一帆风顺的。为了取得国民议会中的多数议席,人民党还必须联合其他政党和独立人士。贝·布托等人民党领导人开始分头与这些当选议员接触并商谈联合问题。

贝·布托在与军队首脑、陆军参谋长贝格将军的会谈中,出于政治策略上的考虑,向军方作了一些让步;军方则在一些要求得到贝·布托的满足之后,明确表明了支持贝·布托组阁的立场。

11 月 22 日夜,代总统伊沙克·汗在会见了贝·布托之后,又接见了谢里夫。谢里夫在会见时力图说服总统让其组阁,他们都曾是齐亚·哈克总统的助手。在会谈中,谢里夫保证在新国民议会选举中支持伊沙克·汗连任总统。

贝·布托和人民党得悉这一情况后,马上用同样方法进行反击。人民党的总书记、前巴基斯坦武装部队司令蒂加·汗曾经是人民党酝酿的新总统的重要人选。但到最后,贝·布托决定同意支持现总统伊沙克·汗留任,为她被提名组阁扫除了障碍。

11月23日、24日，伊沙克·汗总统又会见了11月16日国民议会大选中赢得席位的小政党的领袖，就组阁问题和总理人选同他们磋商。

谢里夫知难而退，自动放弃了组阁的竞争，决定继续经营他的根据地旁遮普省。这样，贝·布托出任巴基斯坦政府总理的竞争对手便不复存在了。

另一方面，国民议会中的第三大党、拥有13个议席的全国移民民族运动，已同意与贝·布托的人民党合作。而且，较多的独立人士和一些较小党派也纷纷表示支持人民党组阁。这样，贝·布托的人民党在由237个席位组成的国民议会中便占了大多数。因此，贝·布托虽然尚未被正式任命为总理，但她已被作为当选的总理看待了。

1988年12月1日晚，巴基斯坦代总统伊沙克·汗通过电视、电台向全国庄严宣布：任命巴基斯坦人民党主席、现年35岁的贝·布托为巴基斯坦政府总理，由她负责组织下届内阁。贝·布托成了伊斯兰世界第一位女总理。

## 步履艰难的执政之路

贝·布托面前的道路仍不平坦。她非常明白巴基斯坦所面临的挑战，贫穷、文盲、宗教纠纷、人口膨胀、难民群、与邻国不睦，还有一支花费很大的庞大军队等等。

贝·布托在一次对全国的演讲中，她的语气坚定而略带黯淡的色彩。她说："你们把崇高的荣誉赠予你们的一个姐妹，也把沉重的责任搁在她的肩头。我们此刻站在灾难的边缘，然而整整一代人正准备尽最大力量拯救我们的祖国，我们要结束饥饿、腐败的现象，我们要让无家可归的人重返家园！"

在国际问题上，贝·布托非常重视与美国的关系，声明巴基斯坦将继续支持反政府的阿富汗游击队争取独立的斗争，表示要进一步加强同中国传统的友好关系，但最重要的还是要改善与印度的关系。

除了外交政策，国内积重难返的麻烦同样需要贝·布托以极大的政治勇气果断地处理。

另外，宗教派别斗争问题也将使贝·布托煞费苦心，宗教问题已经给这个国家带来了灾难。仅1988年全国就有数百人死于宗教冲突。

尤其是在经济上，巴基斯坦已接近破产的边缘。前政府为获得外国贷款，与不少国家订立了各种协定，债务累累。

面对这些棘手的问题，贝·布托没有忘记自己在1988年11月大选宣言中的许诺：要向每一个巴基斯坦公民提供粮食、布匹、住房、教育、卫生设施、安全和健康的环境，在法律面前人人平等。

贝·布托上台后面对的最棘手的国际问题，就是自印巴分治以来一直困扰巴基斯坦历届政府的巴印关系问题。

第四届南亚区域合作联盟首脑会议于1988年12月29日在巴基斯坦首都伊斯兰堡举行。作为东道主的贝·布托总理盛情邀请印度总理拉吉夫·甘地来巴基斯坦共商南亚经济。

35岁的贝·布托同大她9岁的拉吉夫·甘地都是独立以后成长起来的一代，没有经历过1947年的流血冲突，残酷的印巴分治没有给他们留下灾难性创伤。所以，他们不像两国老一辈领导人那样，对"宿敌"怀有旧怨，从而使他们能够在处理历史遗留问题时,处于更为客观和超脱的地位。

12月31日下午,印巴两国在友好的气氛中签订了《互不攻击对方核设施》《避免两国贸易中的双重征税》和《加强双边文化交流》3个协定。这是两国领导人改善印巴关系的良好开端,也是献给两国人民乃至南亚地区人民的最好的新年礼物。这次首脑会晤,对促进印巴两国关系进一步发展和南亚地区局势的缓和产生了一定的影响。

上次大选时,人民党在议会237个席位中只获得93席,联合其他小党才构成微弱多数,但在参议院中仍是少数派。所以,人民党政府上台伊始就面临着强大的挑战,贝·布托的执政之路一直步履艰难。1989年6月,各反对党组成反政府的"联合反对党",原人民党元老、时任全国人民党主席的穆斯塔法·贾托伊带头发动了一场倒贝·布托运动。

1989年11月1日,贝·布托迎来了就任总理以来的第一次挑战。

国民议会大厅,贝·布托表情肃穆地坐在议会大厅前台。她的老对手、主要反对党伊斯兰民主联盟领导人纳瓦兹·谢里夫也在大厅就座。

议会正在就以伊斯兰民主联盟为首的联合反对党对贝·布托总理提出的"不信任提案"进行表决。经过激烈较量,贝·布托政府勉强以12票的微弱优势险胜,对她的"不信任提案"未获通过。贝·布托长舒了一口气。

# 世界上最年轻的总理

贝·布托的政敌们不会让她过一天安生日子,他们千方百计折腾她,最终目的是达到贝·布托自己熬不住而主动退却。

1990年春,巴军方以堂而皇之地借口建议贝·布托到锡亚琴冰川去慰问常年驻守在那里的官兵,"以鼓舞将士们的士气"。这时,贝·布托正怀着第二个孩子,已是大腹便便。而且,锡亚琴冰川海拔在6000米以上,长期以来一直都是印巴军事冲突的热点地区。那里因海拔高、空气稀薄而被称为"死亡之巅",驻军都是20多岁的青壮小伙子,就是这样,部队还常常因为环境恶劣而造成非正常减员。血气方刚的军人尚且不易经受,对一个身怀六甲的孕妇来说,困难可想而知。明知是政敌故意刁难自己,但为了提高前线官兵的士气,也为了树立自己和人民党的形象,贝·布托不顾家人的劝阻,决定迎接这个挑战。

当挺着大肚子的贝·布托把海拔6000多米的锡亚琴冰川踩在脚下,并向巴基斯坦士兵招手时,几乎整个世界都惊讶得张大了嘴巴,就连她的政敌们也不由得暗暗钦佩她几分。

1990年8月6日晚,总统伊沙克·汗表情严肃地向全国发表了电视讲话,宣布解散国民议会和贝·布托内阁,并任命联合反对党主席穆斯塔法·贾托伊为看守政府总理。

伊沙克·汗总统的这一决定非常突然而又出人意料,恰如晴天霹雳,立刻在巴基斯坦政坛激起波澜。

伊沙克·汗总统讲话刚一结束,巴基斯坦陆军部队立即接管了国家电台、电视台,控制了首都与外界联系的电话总局。

贾托伊就任总理后,立即下令对贝·布托政府的"腐败行为"进行调查。这是贝·布托执政 20 个月来与各方面矛盾激化的必然结果:贝·布托与总统和军队产生了矛盾;反对党联合起来对抗执政党了;有些人民党官员执政后贪污腐化,党内矛盾激化;社会治安日乱,经济形势日衰。

　　被解职后的贝·布托并未因此而沉沦。她一面抨击伊沙克·汗总统的决定是"不合乎法律的专断行为",一面号召人民党党员保持镇静,并称总统宣布的大选如能按期举行,人民党一定能重返政坛。

　　但接下来的选举,人民党遭到了惨败,使贝·布托通过选举重新上台执政的希望化为泡影。

　　贝·布托下野后,一直坚信她总有一天还会重新登上权力的巅峰,实现自己的政治抱负。

　　1993 年对于贝·布托来说,又是一个不平凡之年。年初,巴基斯坦政坛潜在的危机浮现出来。时任总理谢里夫面对危机先发制人,要修改宪法第八修正案——废止总统解散议会和政府的特别权力。

　　在这场突如其来的宪政危机中,最大的在野党人民党主席贝·布托采取了静观和相机行事的态度。此时,她刚生了第三个孩子,在伦敦休产假。4 月 17 日,贝·布托提前结束产假,匆匆回国。

　　贝·布托回国后的第二天,见到了伊沙克·汗总统。总统希望得到贝·布托的支持。面对这一突如其来的际遇,贝·布托提出了 3 个条件:解散国民议会;在 3 个月内举行大选;解散省议会。双方达成合作。

　　4 月 18 日晚 8 时左右,巴基斯坦重演了历史上曾多次上演的兵变一幕:荷枪实弹的军人毫无预兆地出现在伊斯兰堡街头,并迅速封锁了各交通要道、广播电台、电视台、议会和总理府等重要部门和场所。晚 10 时许,伊沙克·汗总统举行记者招待会,宣布解除谢里夫的总理职务,原因是他管理不善、任人唯亲、贪污腐败。

　　谢里夫被免职后,恼怒地宣布总统的命令是"违反宪法的、非法的和不道德的",并向最高法院提出起诉,指控总统违反了宪法。

　　巴基斯坦最高法院对这桩总理状告总统的前所未有的公案进行了整整一个月的审理。5 月 26 日,最高法院做出裁决:立即恢复国民议会、总理及内阁的地位。

　　最高法院裁决总统令无效,恢复被解散的国民议会和政府,这在巴基斯坦历史上还是第一次。谢里夫获悉最高法院的裁决后,立即在内政部长乔杜里·侯赛因的寓所主持召开了紧急内阁会议。

　　最高法院恢复谢里夫总理职务的裁决,使贝·布托陷入了空前的窘境。她自己就是被伊沙克·汗总统罢免总理职务的;但为了自己尽快上台,却又支持伊沙克·汗总统罢免谢里夫的动议,现在谢里夫卷土重来,肯定不会轻易放过自己。

　　7 月 4 日,贝·布托致信重登总理宝座的谢里夫,重申人民党解决当前危机的三点方案:一、成立全国拥戴的国民政府;二、改革选举机制;三、宣布大选日期。

　　7 月 17 日,总统、总理、陆军参谋长三方举行了两轮会谈。最后,总统、总理都同意辞职,并决定提前举行大选。总统和总理之间历时半年多的权力之争的结果是:龙争虎斗、两败俱伤。

　　贝·布托东山再起的机会终于来临。7 月 19 日凌晨,伊沙克·汗总统举行简短仪式,宣布解散国民议会和省议会,于10月6日举行国民议会选举,10月9日举行省议会选举。10月19日,国民议会进行投票选举,决定由谁出任总理并组织下一届内阁。结果完全在贝·布托的预料之中:她以121票对72票击败老对手谢里夫,当选巴基斯坦总理。

40岁贝·布托再度登顶权力巅峰,成为当时世界上最年轻的女总理。

贝·布托也成为巴基斯坦历史上第一位下野后通过民主选举重新当选总理的人,这充分说明了她在巴基斯坦政坛上的地位和影响。

## 被迫流亡国外八年

贝·布托的新政府组成后,巴基斯坦动荡的局势开始趋于缓和。第二次执政,贝·布托与军队首脑和以总统为首的政府要员们建立了较好的关系,军队已不像从前那样对她采取敌视的态度。贝·布托因在大选前得到了军方的支持,双方达成了默契,使她能顺利上台并在执政后保有稳定的政治地位。

由于伊沙克·汗总统与谢里夫总理因权力之争而被迫双双辞职,大选结束后,1993年11月13日,巴基斯坦举行了新的总统选举。人民党和居内久派穆斯林联盟的候选人、外交部长法鲁克·莱加里当选为总统。莱加里当选总统,反映了巴基斯坦自1988年开始的政治民主化进程取得了新的进展,政党政治日趋完善。他的当选具有特殊的重要意义,使国家的两个最高行政职务均由执政的人民党成员担任,为巴基斯坦进入一个政治稳定、民族团结的新时期提供了有利的条件。

但是,贝·布托在政治上面临的挑战,如同她第一次执政时一样,十分尖锐复杂。强大的反对党与人民党势均力敌,它是由谢里夫领导的穆斯林联盟谢里夫派。

巴基斯坦的毒品问题,成为贝·布托政府必须严厉打击的一种危及社会的严重犯罪问题。由于毒品问题与政治腐败交互滋生,极为棘手。

恐怖主义问题是困扰巴基斯坦历届政府的一个严重问题,贝·布托再次执政后,暴力事件层出不穷,而且大有愈演愈烈之势。在她的老家信德省尤为突出。

进入20世纪90年代以来,由于国内外的各种因素,巴基斯坦的经济形势日益恶化。面对混乱的经济形势,贝·布托曾表示,国家的经济问题将是政府"优先考虑的首要问题"。她许诺将继续实施考莱希的税收和财政政策,只作一些必要的修改。

作为经济改革的主要措施之一,贝·布托政府鼓励发展私人资本,加快私有化进程以增加经济活力。贝·布托政府还根据巴基斯坦的国情,特别强调发展小型工业企业,在政策上给予倾斜。同时,巴基斯坦的经济结构和政策调整已初见成效,经济形势呈现了明显好转的势头。

历史在赋予布托家族权力的同时,也带给它无尽的苦难和悲剧,政治阴谋、血腥暗杀、恐怖袭击时刻笼罩在其成员的头上。

贝·布托似乎注定了磨难一生。她好不容易搞定外部人事,此时,她的亲人却又给她造出种种麻烦。1993年,就在她第二次冲击大选的时候,她唯一在世的弟弟穆·布托不断对外宣称自己才是父亲的政治继承人。当年10月,贝·布托领导的人民党再次赢得大选。随即,穆·布托在流亡海外多年后回国,同姐姐展开了激烈的政治角逐。此时,母亲站到了弟弟一边,她想让布托家族的男人继承家族辉煌。为确保人民党不致分裂,也为了维护自己的权威,12月,贝·布托把母亲调离人民党领袖职位。母亲对此极为愤怒,要求女儿停止使用布托家族的名字,而改用她丈夫的姓,"取消她使用布托的名字,然后让我们看看她能干什么。"

此后,贝·布托姐弟俩之间的裂痕越来越深。1996年9月的一天,当穆·布托结束了一个政治会晤回家时,在与警方的冲突中遭枪杀身亡。不久,贝·布托再次因亲人涉嫌贪污等被革职,其丈夫扎尔达里也随即被捕——他被指控贪污受贿、非法占有国家财产,以及指使杀害穆·布托。

从此,她被迫流亡国外,经常住在伦敦和迪拜。1997年,巴基斯坦法庭指控她犯有腐败罪行,下令冻结其家族价值数亿美元的财产和银行存款。1999年,巴法庭缺席判处贝·布托5年监禁。她丈夫同时被判有罪,贝·布托夫妇对上述罪名一概予以否认,并称自己是清白的。贝·布托带着3个孩子开始了流亡生涯。这一次,磨难长达8年之久。

贝·布托作为反对党的领导人在其艰难的政治生涯中曾9次被软禁和入狱,并被迫流亡国外。她在狱中的时间加起来已近6年。作为一名女性,她在政治斗争中所表现出的勇气和信心是令人称道的。

虽然贝·布托的政治生涯几起几落,但无论怎样衡量,贝·布托作为世界上最年轻的女总理和伊斯兰世界的第一位女总理,在世界妇女运动上都具有划时代意义。

# 不幸遇刺身亡

"不是我选择了此生,而是此生选择了我。生于巴基斯坦,我的生命折射了她的动荡、悲情和胜利。"这是贝·布托在其新版自传中写下的序言的第一句话。没想到,这竟成了她的绝笔。

2007年10月18日,贝·布托结束海外流亡生活返回巴基斯坦。次日凌晨,贝·布托所乘车辆在卡拉奇市内行进途中遭遇两次爆炸袭击。爆炸造成139人死亡、近400人受伤,贝·布托本人安然无恙。巴基斯坦内政部长阿夫塔卜·谢尔帕奥说,这两起爆炸显然是针对贝·布托的自杀式袭击。

2007年12月27日,贝·布托在巴基斯坦首都伊斯兰堡邻近的拉瓦尔品第市举行的竞选集会上,再一次遭遇自杀式炸弹袭击。这一次,幸运女神不再眷顾她了,她身受重伤,在送往医院后,于当地时间18时16分不治身亡,终年54岁。贝·布托遇刺身亡,一时间震惊了巴基斯坦,震惊了世界,也迅速成为全球媒体关注的焦点。

时任巴基斯坦总统的穆沙拉夫随后宣布全国实行红色警戒,同时全国为贝·布托哀悼3天。

贝·布托被安葬在自己的出生地——拉卡纳地区的家族墓地里,陪伴在她的父亲阿里·布托的身边。

贝·布托遇刺之后第3天,巴人民党遵照她的遗愿,宣布她唯一的儿子、仅有19岁的比拉瓦尔·布托·扎尔达里继任人民党主席,丈夫阿西夫·阿里·扎尔达里为联合主席。一位官员称:"比拉瓦尔是人民党的新任主席,阿西夫·阿里·扎尔达里将以联合主席的身份辅佐他。"

# 美丽的麻花辫铁腕政治家

## ——尤莉娅·季莫申科

## 人物档案

**简　　历**：出生在乌克兰第聂伯罗彼得州罗夫斯克农村。自幼丧父，母女相依为命，曾就读于第聂伯罗彼得罗夫斯克大学经济学，1984 年获经济学博士学位，1999 年担任副总理，2005 年任总理，2007 年连任总理。

**生辛年月**：1960 年 11 月 27 日~

**性格特征**：坚毅、倔强、聪慧、自信、独立、果断、优雅、时髦、勤奋。

**历史功过**：大刀阔斧地在经济领域进行改革。解决了拖欠俄罗斯数十亿美元的债务问题，恢复了与其他国家在机械制造等领域的经济关系，使乌克兰向俄罗斯的工业产品出口几乎翻了两番。

**名家评点**：被称为"美女总理"，被称为"天然兰公主"。

曾登上全球最畅销的女性时尚杂志 ELLE 的封面。

2006 年巴黎、米兰秋冬季时尚周刊、模特们盘起了她的独特发辫。

世界最优秀的危机处理经理人。

## 幼时家境贫寒

1960 年 11 月 27 日，尤莉娅·季莫申科出生在苏联乌克兰共和国第聂伯罗彼得州罗夫斯克农村。她两岁的时候，父亲便去世了，所有的家庭重担全都落在母亲一个人的身上。尤莉娅此后一直由母亲柳德米拉尼古拉耶芙娜·捷列金娜抚养教育。她们母女二人相依为命，由于母亲的收入十分微薄，她们长年累月挣扎在贫困线上。

穷苦的经历，使小尤莉娅比同龄孩子要早熟，把她的性格也锤炼得坚硬倔犟，简直就像第聂伯河岸边的一块小礁石。她虽然生得瘦小柔弱,但泼辣劲儿完全像个野小子。她十分争强好胜,常挂在嘴边的一句话就是:"我不比任何人差!"

和一般女孩子不同的是,尤莉娅从不喜欢摆弄洋娃娃,也不喜欢和女孩子们玩,她只喜欢和男孩子们玩,尤其喜欢踢足球,而且是打前锋,她还能时不时地来一个漂亮的射门,动作简直酷毙了。更有意思的是,尤莉娅是穿着裙子和一帮男孩子踢球的。直到现在,她依然非常喜欢足球运动。除了足球以外,小尤莉娅还很喜欢体操,而且几乎已经练到了专业水平。但是,一次意外的事故使她的锁骨严重骨折,从此她只能告别心爱的体操运动了。

由于从小就与一帮男孩子在一起,尤莉娅的个性里也有点儿男孩的气质。她后来回忆说:"我很小就有一种想当领袖的欲望。虽然我是个典型的女孩,性格中并不具有男性的特点,但我总能与他们和睦相处……事实上,在学校里,我指挥过所有的男孩。"

第聂伯罗彼得罗夫斯克第75中学的乌克兰语老师塔米拉·谢缅罗芙娜曾用"鲁莽放肆,大胆泼辣"来形容中学时代的尤莉娅。有一件事,可以印证这位老师的话。有一次,她和一位男同学"叫板",男同学躲进学校的厕所不敢出来,尤莉娅就在厕所放起了火,将躲在里边的男生硬生生给逼了出来。不过,这个"假小子"虽然在课外淘气,但在学校里却是个好学生。她的学习成绩一直不错,还当上了共青团小组组长。尤莉娅非常聪明能干,经常负责组织晚会,还能自己编写剧本。

尤莉娅的身世至今仍众说纷纭,有人说她姓捷列金娜,也有人说她姓格里吉扬,但这些都不是典型的乌克兰姓氏。由于乌克兰人偏爱"纯血统"政治家,她一直对自己的出身讳莫如深。不过,对于自己的不幸童年,她从不回避谈论。她曾坦陈自己幼年时家境贫寒,小时候失去父爱,母亲收入微薄,她和母亲相依为命,活得"非常沉重"。她后来对《俄罗斯星火报》的记者说,正是童年的生活经历,使她很早就明白命运掌握在自己的手里。她说:"我很早就懂得,应该对自己的生活负责,创造自己的精彩人生。"

18岁时,尤莉娅考入了第聂伯罗彼得罗夫斯克大学经济系。在大学里,尤莉娅继续保持优秀的学习成绩,并一直担任学生干部,发挥着她的"领袖"才能。尤莉娅对此也很自豪。她后来说:"读书时,我就是个优秀学生,不管是在中小学还是在大学。对我而言,当个出类拔萃的人并不很难,也不觉得有压力。"

尤莉娅读大学期间,一个陌生男人的电话改变了她的一生,上演了一幕真实的"灰姑娘与王子"的故事。

一天,尤莉娅正待在家里,突然电话铃声响了。她拿起听筒,听到的是一个陌生青年男子的声音。说了几句后,她发现是对方打错电话了,那男子要找的并不是她。尤莉娅说了声"你打错电话了",就准备放下听筒,对方却爽朗地说:"没关系,我们就随便聊几句吧。"不知为何,尤莉娅并没有觉得这男子有什么唐突,就这样和他聊上了。原来这个青年男子叫亚历山大·季莫申科,是当地一位富有官员的儿子。他本来是要约一位朋友的,谁知错把电话打到了尤莉娅这里。也许是尤莉娅的声音听起来十分悦耳,也许是尤莉娅的语气文雅得体,反正这位小伙子非常愿意将错就错,和尤莉娅攀谈。

也许这是注定了的宿缘,这对素未谋面的青年男女,在电话里交谈得异常投机。接下来，他们通过电话互诉衷肠整整一个月。在电话里，他们不但聊天，还讨论数学题，亚历山大在数学学校学习，帮尤莉娅解答难题是他的优势。最后亚历山大不失时机地提出要和尤莉娅约会，而尤莉娅也没有拒绝。于是，两个人开始频频见面，并很快坠入了爱河。

两人交往后不久，亚历山大把尤莉娅引见给了自己的父母，并且提出要和尤莉娅结婚。亚历山大的父母也很喜欢这个既漂亮，又聪明伶俐的姑娘，于是很痛快地答应了儿子的请求。

1979 年，在尤莉娅 19 岁的时候，她和比她小一岁的亚历山大步入了婚姻的殿堂。这对"金童玉女"的结合让当时的许多大学生们羡慕不已。尤其是一些尤莉娅的女友，她们对尤莉娅又帅又富有的"如意郎君"既羡慕又嫉妒。

尤莉娅结婚时，还是个大学二年级的学生。神奇而浪漫的婚礼是尤莉娅大学生涯最鲜明的记忆，也成了她一生中最美好的回忆。婚后，尤莉娅随夫姓，成为尤莉娅·季莫申科。不久，他们生了一个女儿，起名叫叶夫根尼娅。结婚并没有中断尤莉娅的学业，她一边抚养孩子，一边读书，做起了"大学生母亲"。

## 强烈的"领袖欲望"

1984 年，尤莉娅从第聂伯罗彼得罗夫斯克大学经济系毕业，取得经济学学士学位。当时乌克兰还属于苏联，实行计划经济体制，她被分配到当地的列宁机械制造厂，担任厂里的经济师。这一干就是 5 年。即使是这么一个小职位，季莫申科也干得兢兢业业，但她对这段工作经历并没有多少美好的回忆。

尤莉娅对经济学怀有强烈的兴趣，所以，她一边工作一边又考取了经济学副博士，先后发表了 50 多篇经济方面的论文及专著，成为有名的经济控制论专家。而她的丈夫亚历山大则晋升为一位中层干部。按照常规，尤莉娅从此会成为一名经济学学者，并相夫教女，在第聂伯罗彼得罗夫斯克平静地度过一生，但是，一场巨大的社会变动让她的命运发生了彻底的改变。

20 世纪 80 年代末 90 年代初，苏联发生了巨大的社会变动：苏联解体，苏联各共和国相继独立。在加盟苏联近 70 年后，乌克兰于 1991 年 8 月 24 日宣布独立，将带有五角星及镰刀、铁锤图案的红旗恢复为乌克兰原来的蓝、黄两色旗。这是一个大变动时代，激进的转型带来的是混乱和无序。正所谓"乱世出英雄"，一些人开始抓住机会谋求暴富，经商风潮猛起。

身边的局势在激烈变化着，而季莫申科家的生意并没有受到影响，且越做越大。季莫申科就是在这种社会政治背景下进入了商界。1989 年，乌克兰开始允许办私人企业，她和丈夫双双辞职，并开办了自己的公司——"终端青年中心"。她的公司搞得红红火火，尤莉娅很快显示出她的经商才能，这让公公根纳季对她刮目相看。

公公根纳季一边从事党务工作，一边做生意。他所控制的第聂伯罗彼得罗夫斯克州的电影院和录像带租赁店生意相当不错。20 世纪 90 年代初，根纳季升任为基洛夫区区长后，不便再直接出面经商，这时，年仅 31 岁的尤莉娅便正式走上前台，当起家族生意的掌门人。她不满足于原来的经营范围和规模，于是她迅速决断,联合了当地很有背景的合作伙伴,成立了"乌克兰石油公司"。正所谓"长袖善舞,多财善贾",尤莉娅凭借精明强干的经商手腕,利用广泛的人脉资源,在短时间内赚到了一桶又一桶金。

1992年,"乌克兰石油公司"成为第聂伯罗彼得罗夫斯克州石油产品的特供商。这期间,尤莉娅结识了时任该州州长的帕维尔·拉扎连科。在拉扎连科的帮助下,尤莉娅的生意一帆风顺。4年后,公司改组为"乌克兰统一能源公司",此时拉扎连科也成了乌克兰总理,借助与拉扎连科的密切关系,尤莉娅的公司垄断了全国各地的天然气供应。

20世纪90年代,乌克兰的大多数工厂主要依赖从俄罗斯进口石油和天然气,并且偿还乏力。拉扎连科在1996年当上乌克兰总理后,提出了一个旨在解决乌克兰能源危机的计划,这就是组建一个由各地区石油大鳄组成的供应网络,专门向各大公司提供石油和天然气,各公司再以现金、货物或股票等各种形式偿付。这个计划的最大受益者就是尤莉娅·季莫申科。1996年,统一能源公司的年交易额达到100亿美元,成为俄罗斯天然气的最大进口商和乌克兰最大的天然气供应商。由于公司利润丰厚,她的知名度越来越高,乌克兰乡间的小姑娘终于成了人人尊敬的"天然气公主"。

妻子如此强势,丈夫亚历山大也甘心退居幕后,全力辅佐。妇唱夫随之下,36岁那年,季莫申科的商业帝国迅速扩张,除了天然气公司外,她还控制了乌克兰20多家大型企业、航空公司和银行,乌克兰国内生产总值的20%都掌握在她的手中。季莫申科成为乌克兰家喻户晓的女富豪。

季莫申科在赚钱的同时不忘为自己树立慈善家的形象。她热心公益事业,资助文艺演出,捐款修缮教堂,还很注意利用媒体的力量,频频在电视上曝光。季莫申科成了乌克兰青年男女崇拜的偶像,一些时装、球队以她的名字命名,各种典礼和宗教仪式上也少不了她;她甚至还灌了一张唱片,销量很不错。她还总是不厌其烦地注意自己的头发、握手这些细节。

一时间,乌克兰掀起了"季莫申科"热,季莫申科成了一个商界明星。

尤莉娅·季莫申科从小就有着强烈的"领袖欲望",她不愿意整天围着家庭转,相夫教子,即使此时她已为人妻为人母。她并不满足于当个腰缠万贯的女大款,她对政治感兴趣,她要走一条"商而优则仕"的道路。于是,季莫申科开始向政坛进军了。当然,季莫申科的想法也得到了全家人的鼎力支持。

季莫申科的政治生涯始于20世纪90年代中期,在拉扎连科的帮助下,季莫申科进入基辅的上流社会,进而走入乌克兰政坛。拉扎连科成为乌克兰总理后,而季莫申科也开始"平步青云",当选为乌克兰人民代表,并以这样的身份访问过美国。

1996年,36岁的季莫申科开始竞选基辅格勒地区议会议员。基辅格勒是一个落后的农业地区,有90多万选民。由于贫富差距造成的鸿沟,人们一开始对季莫申科这个女"暴发户"心存疑虑。最初季莫申科与民众的沟通颇为困难,但她是个不达目的誓不罢休的人,她放下自己的新贵架子,以一个平民代言人的形象出现在公众面前。她向选民讲述自己贫困的童年生活,讲述自己白手起家的经商经历,鼓励他们用自己的双手创造富裕生活。她信誓旦旦地说:"我有足够的知识、能力以及经验,所以只要我进入政界,就会尽我所能使你们过上好日子。"季莫申科终于赢得了选民的信任,最后以高达 92.3% 的得票率顺利当选。

当时拉扎连科组织了反对党"村社党",季莫申科也马上加入了该党,与总统库奇马对抗,成了反对党的中坚力量。1997 年夏,拉扎连科因被指控贪污巨款而被解除了总理职务,最后逃离了乌克兰。眼见自己也要受到攻击,聪明的季莫申科暂时收起反对的锋芒,宣布同当局讲和,并设法得到了库奇马总统的接见。之后,季莫申科退出了"村社党"议会党团,成立了名为"祖国"的新党团。此后几年,她凭借迷人的外表、出众的工作能力和游刃有余的交际天赋,获得了大批追随者,也得到了越来越多政界要人的青睐。

1998 年,季莫申科再度当选乌克兰议会议员,并出任乌克兰国家预算委员会主席。在国家预算委员会工作的两年中,季莫申科制定了一套全新的预算规则,成功地改变了收支比例,构筑了积极的补助金系统。

1999 年年底,她迎来了仕途上的一座高峰:被任命为政府副总理,主管能源部门的工作。而时任政府总理就是她后来最密切的政治搭档维克托·尤先科。季莫申科回忆说:"提议我当副总理的是当时的总理尤先科,他了解我,决定让我当他的副手。我和尤先科有着淳朴的友谊。"

对于季莫申科在政治上的迅速崛起,人们颇有争议,但她管理经济的能力却得到了广泛的肯定。她在任副总理期间,充分运用了自己的经济学知识和多年的经商经验,大胆地管理乌克兰经济。她曾大刀阔斧地在经济领域大规模改革,解决了拖欠俄罗斯的数十亿美元债务,恢复了乌克兰与其他国家在机械制造、管道工业等领域的关系,使乌克兰向俄罗斯的工业产品出口几乎翻了两番。

季莫申科管理经济的能力不能不让大多数人刮目相看,她也因此获得国际经济学专家评出的"世界最优秀的危机处理经理人"称号。

## 成为美女总理

尤莉娅·季莫申科的政治生涯可不像她的外表那样漂亮,她的从政之路布满了荆棘与坎坷。2001 年对于这位"公主"来说,就是被从宝座中拉到地上的一年。尤莉娅·季莫申科与时任乌克兰总统库奇马的关系本来如鱼得水,不料,拉扎连科 2000 年在国外受审,被查出接受了季莫申科 1 个多亿美元的活动经费,用于赶库奇马下台。此事被曝光后,她与库奇马关系不断恶化,2001 年 1 月,乌克兰总检察院以走私、行贿和偷漏税等罪名对季莫申科提出起诉。随后,库奇马解除了她的副总理职务。2 月,她被正式逮捕,在狱中经过了度日如年的 42 天,出狱时已奄奄一息,骨瘦如柴。

随后,季莫申科被指控在任乌克兰"统一能源系统公司"总裁期间,曾与政府官员勾结,从俄罗斯走私天然气达 30 亿立方米,获利达 4.45 亿格里夫纳(约合 8000 万美元)。在走私天然气过程中,她使用了伪造的文件并利用犯罪团伙达到目的。

出狱后不久,季莫申科站稳了脚跟,她开始了反击,发动了一场反对总统库奇马的运动,由此从一个在乌克兰不受欢迎的"暴发户",变成了能在公共场合煽动民众情绪的"元帅"。而她领导的政党"季莫申科联盟"也开始与尤先科领导的"我们的乌克兰"结盟。

久经商海风浪的季莫申科,对于政坛人事的潮起潮落和汹涌澎湃已能淡然处之了。她在以男性为主的政治游戏圈子中受到过提拔,也受到过排挤,但她从来没有放弃自己的政治理想和抱负。

季莫申科看似弱不禁风,却被西方媒体称为是"乌克兰政府中唯一的男人",是"乌克兰最强悍的人"。自 2004 年"橙色革命"以来,乌克兰政局变数不断,季莫申科就一直处在政治漩涡的中心,带着一副铁腕强硬的执政脾性走过乌克兰政局的跌宕起伏。

2004 年 11 月,乌克兰时任总理亚努科维奇在总统选举第二轮投票中得票率高于尤先科,并已接到了俄罗斯时任总统、亲自发来的当选贺电,但一场突如其来的"橙色革命",把距总统宝座还差半步的亚努科维奇活生生地拉下了马。

令世人大跌眼镜的是,正是这位"美女政治家"季莫申科的舍身投入才确立了那场大规模街头抗议的成功。在基辅街头持续数周的游行示威中,时年 44 岁的季莫申科穿着朴实无华的皮大衣,脑后盘着一根美丽的"麻花辫",头发在前额利索地分开了一条缝,站在反对派领袖尤先科的右边,他们强烈抗议亚努科维奇在选举当中依靠舞弊等不光彩勾当而夺取了选票。她举止端庄、优雅、外表柔弱,但在尤先科领导的"橙色革命"中冲在最前面,她为尤先科赢得了大量的选民的心。

季莫申科甚至冲上车顶指挥选民、维持秩序。在基辅独立广场,季莫申科一次次号召选民推翻舞弊政府。当游行队伍逼近总统府道路上的防暴警察时,季莫申科通过扬声器大声疾呼:"站在乌克兰公民一边!我请求你们支持人民和人民选出的总统!"随后,她透过盾牌的缝隙,把康乃馨花向警察们投掷了过去。最终,她穿过警察的包围,前去与当局谈判。于是,示威现场出现了戏剧性的一幕:许多捍卫当局的警察,变成了站在示威者一边的支持者。

"橙色革命"中,尤先科和季莫申科出双入对,每次都是肩并肩亮相。当时基辅街头的示威人群中,经常可以看到他们手挽着手站在一起的情景:季莫申科身材娇小,看上去弱不禁风;尤先科身材高大,神情坚定,硬气十足。两人站在一起,一柔一刚,相得益彰,俨然一对温情脉脉的情侣。

随后,在乌克兰法院监管下的第三轮投票中,尤先科联手季莫申科在美欧帮助下成功上演了"大逆转",反败为胜,尤先科如愿当选乌克兰新一任总统。作为回报,尤先科上台后签署的第一条总统令,就是任命季莫申科为政府代总理。

美国前国务卿康多莉扎·赖斯曾说过,华盛顿明白,"橙色革命"的真正推动者是季莫申科,"没有她的雄厚财力做后盾,尤先科的声音不可能这么响亮"。

"她是个铁娘子,一个严肃的女人",乌克兰政治分析家说,"她是尤先科背后的真正推动力量。"她是乌克兰反对派的二号人物,但"圈内人"都明白,这个财大气粗的女人才是乌克兰反对派真正的"NO.One"!季莫申科很快赢得了"橙色公主"的美誉。

2005 年 2 月 4 日,由 450 人组成的乌克兰议会以 357 票赞成、零票反对的表决结果,全票通过了尤先科对季莫申科的总理提名。季莫申科与尤先科这套"双驾马车"开始了执政之路。

"三十年河东、三十年河西"。无奈的亚努科维奇一夜之间从当权派变成了反对派。直至5年多之后，尽管当年的"橙色英雄"季莫申科不肯正式认输，但亚努科维奇还是重新夺回了乌克兰总统权杖。

## 与尤先科分道扬镳

2004年11月乌克兰爆发的"橙色革命"的成功，季莫申科功不可没，从某种意义上来说，是季莫申科将尤先科送上了总统宝座。从此，"尤先科—季莫申科"这两个连在一起的人名就成了一个闻名全世界的词组——个牢不可分的最佳政治组合的代名词。"橙色革命"的支持者们将尤先科和季莫申科誉为政治上的"完美搭档"。"橙色革命"的成功，也使许多人相信，"尤先科—季莫申科"这套政治上的双驾马车，将会一路走好，创造出让乌克兰国富民安的"橙色神话"。

在首度出任乌克兰总理期间，季莫申科施重拳打击"影子经济"，即剥夺钻政府官僚主义空子而窃取所得的财富和权力，并成功地使欧盟和美国承认乌克兰的市场经济地位。在那8个月中，季莫申科竟然推行了20个全新的全国项目，难怪美联社把她的执政风格称为"发烧型"。

季莫申科已是一人之下万人之上，但她从不掩饰自己的政治野心，大有盖过总统尤先科的势头。有批评者指责，季莫申科从不讳言自己希望登上《时代》周刊封面的愿望。她亲西方的立场也赢得美国等西方国家的支持。这导致季莫申科与尤先科两人第一次分道扬镳。

就在许多人都对这对"政治情侣"的治国之路大为看好之际，季莫申科上任仅仅两个月，就传出她与尤先科闹矛盾的消息。2005年4月中旬，季莫申科突然宣布无限期延迟原定的莫斯科之行。紧接着，乌克兰数名议员又透露，季莫申科与尤先科之间的"矛盾已达到了临界点"，女总理可能在几天之内辞职。这是季莫申科上任后第一次传出辞职传闻。

"尤先科—季莫申科"的危机主要源于季莫申科和国家安全与国防委员会秘书波罗申科两人的争执。他们两人是尤先科的左膀右臂，又是尤先科周围尖锐冲突的两大派别，早在革命胜利之初就为总理宝座进行了激烈争夺，随后又在各种国家事务中矛盾不断。但根本的原因，在于尤先科与季莫申科的意识形态冲突。尤先科坚持乌克兰走建立在民主与自由基础上的欧洲发展道路，而季莫申科则主张以"家长作风"和"民粹主义"走出一条特殊的道来。因此，她总是擅自行事，不承认总统的绝对领导地位。

他们之间的分歧在能源问题上集中体现出来，从而加深了双方的矛盾。2005年春开始，乌克兰的能源价格一直居高不下。季莫申科利用常见的行政措施，为能源价格设置重重限制，结果造成乌克兰能源严重短缺。尤先科认为，季莫申科采取的一些措施违背了市场规律，触怒了俄罗斯石油供应商，反而使危机加重。另外，乌克兰还出现了经济危机：工业生产增长率从13%下降到了2.5%，肉类和面包的价格上涨，经济投资急剧减少，资金大量外流。尤先科认为，所有这些都是由季莫申科政府擅作主张、一意孤行造成的。

2005年9月8日，尤先科办公室发表声明，宣布"整体解散"季莫申科仅仅领导了8个月的政府。尤先科和季莫申科这对曾经的"完美搭档"、由橙色革命磨炼出的"橙色情侣",就这样挥手作别。

# 第二次出任总理

遭尤先科解职后,季莫申科不顾两人之前多年的合作,主动向媒体公开了尤先科的丑闻。但随着 2006 年 3 月议会选举的临近,季莫申科却又主动向尤先科示好,表示愿意重新担任总理。为达到目标,季莫申科不惜吸收此前的某些政敌,让他们加入自己政党之中。

2006 年 3 月,乌克兰议会揭开了大选帷幕,季莫申科表现出来的政治野心更令尤先科不安。季莫申科计划得到议会 450 个议席中的 301 个,从而控制议会,修改宪法,拥有解散政府、弹劾总统的权力。她坚定地表示:"我不是小姑娘,我是战士,不会屈服。我不愿做乌克兰议会议长,不愿与地区党结盟,我要做'真正的'总理。"

2006 年 3 月 30 日,乌克兰中央选举委员会公布了乌最高苏维埃(议会)选举统计结果,5 个党派将进入新一届议会,其中地区党将获得议会 450 个议席中的 186 席,季莫申科竞选联盟 129 席,"我们的乌克兰"81 席,社会党 33 席,共产党 21 席。由于以上 5 个党派获得的席位均未超过半数,不能单独进行组阁,联合组阁前景成为选举后的最大焦点。不过,季莫申科誓言要与尤先科再度携手,以让自己重登总理宝座。

2006 年 6 月,乌克兰政府组阁谈判再起波澜。支持总统尤先科的政党联盟说,由于在议长人选上陷入僵局,"橙色联盟"已经中断组阁谈判。为挽救岌岌可危的"橙色联盟",尤先科表示,前总理季莫申科有资格再次成为总理。

为阻止前总理季莫申科重回总理宝座,乌克兰最大反对党的议员"封锁"议会,导致投票表决总理的议程被迫推迟。

2007 年 4 月 2 日,尤先科宣布解散议会、提前议会选举,但遭到总理维克托·亚努科维奇为首的议会多数派抵制,乌克兰政局随之陷入僵局。自 2004 年"橙色革命"以来,乌克兰政局变数不断,但尤先科、亚努科维奇和前总理季莫申科是其中不变的面孔。几年间,这 3 人在政治危机中有过短暂合作,也曾互为政敌,甚至相互攻击。

2007 年 9 月 30 日,在提前举行的议会选举中,季莫申科领导的"季莫申科联盟"赢得议会 450 个席位中的 156 席,该联盟随后同拥有 72 个议席的"我们的乌克兰—人民自卫"联盟组成议会多数派。47 岁的季莫申科终于卷土重来,第二次出任乌克兰政府总理。

铁腕的季莫申科在回答当反对派先锋、坐牢等一些具有挑衅性的问题时说,"在任何情况下",包括在监狱的那些日子里,她生命中"所坚持的东西"都不曾改变,"如果我生命里没有这些经历和体验,我可能早已丧失斗志"。

2007 年 12 月 18 日,乌克兰议会以举手表决方式,终于批准季莫申科出任政府总理。这是乌自 1991 年独立以来首次以这种方式对任命总理进行表决。

"尤先科—季莫申科"这个牢不可分的最佳政治组合的代名词再次在世人面前蹿升起来。人们期待着,"尤先科—季莫申科"这套政治上的双驾马车,再次创造出让乌克兰国富民安的"橙色神话"。

## 冲刺总统宝座失败

虽然乌克兰新一届总统选举 2010 年 1 月 17 日才正式举行,但各方选战却已在 2009 年 11 月初就腾起了硝烟。

2009 年 7 月 18 日,时任总统尤先科曾率他的支持者登上了乌克兰最高峰——西部喀尔巴阡山脉的戈维尔拉山,以显示自己竞选连任的决心,但此时支持率滑到了不足 4%,这让他难以乐观。分析人士称,这次总统选举很可能最终打破 2004 年乌克兰"橙色革命"后保持多年的尤先科、季莫申科和亚努科维奇之间的微妙"三角关系"。

10 月 19 日,季莫申科已开始通过个人网站筹集竞选总统资金,呼吁民众为其竞选活动捐款。乌总理的官方网站上也发起了"我选择尤莉娅!"的社会运动。其实,早在当年 6 月,季莫申科就已展开了自己的竞选活动,并多次在首都基辅和其他城市打出了"她就是乌克兰"等宣传口号。

"你们何时看见她流过眼泪? 没有,她任何时候、在任何人面前都不会屈服,她就是乌克兰,乌克兰就是季莫申科。"这是支持者对她的评价。

此次乌克兰总统大选,除了内政和经济问题以外,外交问题已成选战的一个热点话题。季莫申科强调,俄乌关系日益恶化,现任政府难辞其咎。她承诺,如果她赢得选举,她将采取措施努力恢复与俄罗斯的睦邻友好关系。而尤先科在接受西方记者采访时,毫不客气地指责季莫申科是"俄罗斯的代理人",批评季莫申科把乌克兰国家利益出卖给俄罗斯。季莫申科反唇相讥:"我认为,他已经精神失常了。"

尤先科以意识形态为先、喜欢务虚,季莫申科以现实利益为大、喜欢务实,亚努科维奇以官僚形象为主、喜欢务旧,各有长短;乌克兰选民中流传说,选择了尤先科就选择了"持续的动荡和混乱",而乌克兰再也承受不起折腾了;选择了亚努科维奇,就像选了"旧时代",但乌克兰百姓心中似乎还充满着对那个"官僚时代"的怨恨;选择了季莫申科,就可能选择了"从旧时代向新时代的过渡",也许季莫申科能够最终成为乌克兰的"铁娘子"、成为乌克兰的"女普京"。

2010 年 1 月 17 日,乌克兰新一届总统选举决战正式打响。次日公布的总统选举初步结果显示,亚努科维奇和现总理季莫申科的得票率遥遥领先于其他总统候选人,但得票均未过半,这对政坛男女冤家将在 2 月 7 日的第二轮选举中一决高低。发动"橙色革命"上台的现任总统尤先科则在选举中未能挽回先前民调已显示出的颓势,得票率仅为个位数。这次选举,终结了他带领乌克兰加入欧盟和北约的梦想,其连任梦也随之破碎。

在第一轮投票前后,季莫申科阵营加大宣传力度,高举"民族精神"旗帜,强调建立公平社会和有效行政体系,以创新推动经济结构改革,改善人民福祉。基辅街头汹涌的"橙色"人潮中,金色发辫盘头、身着白色西服的季莫申科出现在其中,似乎在回放当年"橙色革命"街头抗议的片段。

但第一轮投票结束,季莫申科比竞选对手亚努科维奇落后十个百分点。国内外的民调机构几乎都认定,季莫申科此次没有太多胜算,但季莫申科显然已经准备战斗到底。

亚努科维奇在第一轮投票结束后便对媒体放话,当上总统后要做的第一件事,就是把季莫申科赶下总理位置,并解散她的政府。这一次,季莫申科没有后路可退了。

两位领跑者的阵营都发出"豪言壮语",表达对赢得第二轮选举的信心。第一副总理亚历山大·图尔奇诺夫说,通过首轮投票,季莫申科阵营确信将在第二轮选举中以巨大优势获胜。"毋庸置疑,那将是一次决定性胜利。"前第一副总理兼财政部长尼古拉·阿扎罗夫认为,亚努科维奇接下来有"100%机会获胜"。"对他们来说,对季莫申科来说,没有丝毫(获胜)机会。"他说。

季莫申科在新闻发布会上称:"乌克兰并未改变我们在2004年开启的道路,亚努科维奇没有机会。"她的助手透露,季莫申科阵营将与排名第三位的候选人、乌克兰央行前行长季吉普科接触,以期与之联手,共同对付亚努科维奇。

很快,季莫申科就同亚努科维奇卷入了对抗的高潮,双方都指责对方企图操纵投票,以及向选民撒谎。季莫申科更是公开表示,若亚努科维奇试图操纵2月7日的总统选举,她将呼吁民众再次走上街头,发动比2004年更为激烈的第二次"橙色革命"。

在首都基辅的一个新闻发布会上,季莫申科对于竞争对手毫不心慈手软,再次指责亚努科维奇的地区党试图通过推动议会修改选举规则来操作选举,在选举中舞弊。不过地区党在前不久发表的一份声明中表示,季莫申科"歇斯底里的声明只不过是睁眼说瞎话而已"。

季莫申科针锋相对地放出狠话:"若是我们的选举不是真实地反映民众的意愿,选举的结果不能以诚实公平的方式得出,那我们就将呼吁民众起义。""如果亚努科维奇想要一个公平的竞争,我们都愿意奉陪,但如果他试图欺骗,我们将会以任何他根本设想不到的方法将他驱逐出这场角逐,甚至包括2004年橙色革命那样的方式。"而对于外界"抹黑对手"的质疑,她付之一笑。

乌克兰经济则在金融危机冲击下陷入严重衰退。2009年2月,乌克兰财政部长维克托·平泽尼克因预算编制与季莫申科发生争吵,愤而辞职,季莫申科随后直接管理经济,然而,日趋低迷的经济和政府内斗令乌克兰人极度失望。《独立报》评述说,无怪乎亚努科维奇可以把尤先科—季莫申科"双头政治"这一"橙色革命"产物称为"橙色噩梦"。

在2010年早春,如同季莫申科生命中的数度大起大落,这一次冲击乌克兰总统的尝试,已经宣告失败。在乍暖还寒的基辅街头,向选民们优雅致意的季莫申科,一如既往地将她独具魅力的金色发辫盘到脑后,如同一面闪亮的旗帜。

但谁也无法体会季莫申科此刻的心情,她也只能眼睁睁地看着昔日被她抹黑的亚努科维奇成为乌克兰总统。

5年前,亚努科维奇距总统宝座还差半步,"橙色革命"却一夜之间让权力成了泡影;但现在,亚努科维奇终于扬眉吐气、如愿以偿地拿到了"迟到了5年"的乌克兰总统权杖。

2010年2月25日,在11国外国元首和代表及乌各界人士的见证下,亚努科维奇名正言顺地成了乌克兰第四任总统。但当亚努科维奇从乌宪法法院院长手中接过将象征总统权力的权杖时，他同时也从"橙色政权"手中接过了一个"乱摊子"。面对着总统就职典礼现场——乌克兰议会大厅那 1/3 的空椅子，面带微笑的亚努科维奇心里很清楚——"打江山易、坐江山难"。在亚努科维奇的就职典礼上，人们只看到了乌第二任总统库奇马的笑容，却并未发现乌现任总理季莫申科、首任总统克拉夫丘克和第三任总统尤先科等人的身影，而与这些人一起抵制亚努科维奇总统就职典礼的还包括"季莫申科联盟"所属的近 150 名议员。

2010 年 3 月 3 日，乌克兰议会通过了对季莫申科政府的不信任案。当天，季莫申科和政府办公厅官员举行告别会，随后离职休假，看守政府总理一职由第一副总理代替。而在通常情况下，在新任总理候选人确认之前，季莫申科和她的内阁应作为临时政府继续行使职能。这也符合季莫申科不认输的个性——在乌克兰选举委员会宣布亚努科维奇获胜后，她一直不予承认，甚至要上诉到法院。

依照乌克兰宪法，一旦议会通过对内阁不信任案，内阁应宣布辞职，履行看守职责直至新政府组成。乌克兰议长弗拉基米尔·利特温宣布，季莫申科领导的执政联盟不复存在。

季莫申科在议会投票前的讲话充满火药味，她领导的政治联盟将成为坚定的反对派，不与亚努科维奇合作。

季莫申科盟友、前财政部长谢尔吉·泰勒希恩说，总统选举落败后，季莫申科深知下台不可避免，采取主动战术，把执政担子全推给亚努科维奇。

季莫申科跌离权力中心之后，很快又成为公众关注的焦点。不过，这一次不是攀登权力巅峰，而是惹上了恶性官司。2010 年 10 月，受雇于乌克兰现任政府的三家美国调查公司公开一份审计结果称，季莫申科领导的政府任职期间盗用了近 5 亿美元巨额公款。亚努科维奇政府打算通过法律途径，向季莫申科等人讨还这笔巨额资金。

2010 年 12 月，乌克兰总检察院再次对前总理季莫申科提起指控，原因是后者涉嫌挪用大约 12 万美元。这是季莫申科短期内第二次遭到指控。总检察院此前宣布，季莫申科涉嫌出任总理期间把出售温室气体排放权所获资金用于发放退休金，涉案金额大约 2.2 亿美元。如果这一罪名成立，季莫申科将面临最多 10 年的监禁。

2011 年 4 月，媒体又传出乌克兰副总检察长表示，针对 2009 年乌克兰与俄罗斯签订的天然气协议，该国检方已对前总理季莫申科立案调查。6 月 24 日，受到滥用职权罪名指控的季莫申科在首都基辅出席审前听证。她仍是一头标志性的金色盘发，身着米色套装，手持一束粉色玫瑰，在支持者欢呼声和掌声中走入法院。听证开始前，她在胸前画十字，从手提包中取出一本宪法，放在身前的桌上。

"这是一场闹剧，是把戏，而不是法庭听证"，她告诉法官罗季翁·基列耶夫，"法院系统已经成为亚努科维奇及其圈子的私人工具"，希望这名法官得到"拯救"。季莫申科称基列耶夫是"总统府的傀儡"，"无权审理这起案件"。

大约 1000 名支持者聚集在这座位于基辅市中心的法院外，打出"我们要保卫乌克兰！打倒傀儡法庭！"等标语。如果季莫申科罪名成立，她将错过 2012 年议会选举和下届总统选举。

# 世界最大的穆斯林国家首任女总统

## ——梅加瓦蒂

## 人物档案

简　　历：出生于印度尼西亚爪哇。其父是前总统苏加诺,1967年其父被苏哈托推翻,曾就读于印度尼西亚大学和万隆班查查大学,1987年当选为国会议员,1998年创立印尼民主斗争党并任总主席,1990年当选为副总统,2001年被任命为总统。

生卒年月：1947年1月23日~

性格特征：坚强、理智、果敢、坚决、聪慧、自信、独立、冷静。

历史功过：在任期间,坚持民族主义,保持政治稳定和国家统一,打击官僚腐败,建立廉洁政府,发展经济维护宪法,通过《"八五"宪法》第八个修正案,就总统大选等达成共识。其政策主张受到了广泛欢迎。

名家评点：她是印尼历史上第一位女总统。

她是世界上最大穆斯林国家的第一任女总统。

被誉为温和稳健的政治领导人。

## 最初的志向

1947年1月23日夜,风雨交加,梅加瓦蒂·苏加诺作为家中的第二个孩子和长女,出生于印尼首都雅加达,她的父亲苏加诺是印尼著名的政治家和总统。父亲在欣喜中给她取名"梅加瓦蒂"。"梅加"在印尼语中是"云朵"的意思,"瓦蒂"意为"女子"。小梅加瓦蒂在风雨中出生,名字又隐含了狂风暴雨,似乎预示着她的一生将经历风雨和坎坷。

梅加瓦蒂出生的时候,父亲苏加诺正忙于领导印尼人民与荷兰殖民者进行殊死搏斗。在她两岁的时候,荷兰与印尼签订了《圆桌会议协定》,答应向印尼联邦共和国"移交政权"。

1947年12月19日,印度尼西亚联邦成立,苏加诺再次当选总统。此时,小梅

373

加瓦蒂还不满周岁,她随着父亲一起搬进雅加达的共和国总统府。

作为父亲的掌上明珠,梅加瓦蒂享受着总统府的荣华富贵和父亲的慈爱与呵护。梅加瓦蒂小时候很漂亮,又伶俐可爱,父亲在众人面前时常提到"小梅加可像我呢!"他会用宽大的手掌托起梅加瓦蒂,把她高举在空中,小梅加瓦蒂经常被逗得咯咯直笑。父亲喜欢牵着梅加瓦蒂的小手,和她一起散步。每次出国访问回来,总不忘给小梅加瓦蒂带各种各样的小礼物。他办公的时候,一般不允许别人包括家人去打搅他,唯独小梅加瓦蒂被赋予"特权",而且随时都受到欢迎。

父亲喜欢和孩子们聊天,梅加瓦蒂任总统后在一次访谈中,说父亲是一位明智的老人,善于以自然的方式吃饭聊天、教育子女。孩子们和父亲谈论学校发生的事情,父亲也和他们谈论严肃的政治问题,引导他们进行一些讨论。梅加瓦蒂聪慧好学,善于独立思考,在父亲的熏陶和革命斗争环境的影响下,她从小就学到不少政治知识,并懂得不少事理。

梅加瓦蒂性格文静,待人接物落落大方,很有"第一小姐"的风范。苏加诺出访时也愿意带着她,让她增长见识。1961 年,苏加诺在贝尔格莱德参加不结盟首脑会议时,梅加瓦蒂才 14 岁。她当着许多国家领导人的面抱怨"蓝色的多瑙河"简直就是"深褐色的",引得在场各国元首哈哈大笑。

还是在小梅加瓦蒂咿呀学语的时候,苏加诺就在她的耳边低声地说道:"不要去理会那些毫无理想的年轻人的追求","那些没有理想的年轻人是没有机会的。"父亲对她的成长寄予殷切希望。当梅加瓦蒂进入花季的时候,她开始设计自己的未来了。

梅加瓦蒂的理想并不是成为像父亲那样叱咤风云的政治家。她看到印尼农业生产落后,粮食匮乏,民众生活艰苦,经常食不果腹,饥馑遍野,让父亲极为头痛。因此,她最初的志向是成为一名农业科学家,在实验室里工作的工程师,让印尼人民有足够的食物。

为实现自己的理想,她曾就读于万隆班查查兰大学农业系和印尼大学心理学系,但都没有完成本科课程。

1963 年,印度尼西亚农业歉收,苏加诺不得不用有限的外汇进口粮食。他还在 1964 年进行的一系列的演讲中,劝说人们食用玉米,并呼吁更多的人研究适合旱地耕作的水稻品种以应对粮食危机。梅加瓦蒂想成为农业科学家的愿望让苏加诺很高兴,他将梅加瓦蒂作为自己演说中的一个榜样,以此鼓励其他学生去努力研究印尼当前面临的种植困难和各种现实问题,积极投身祖国的建设事业。

不幸的是,梅加瓦蒂是总统的女儿,父亲从政生涯的坎坷不可避免地影响到她的生活,还有她的学业和理想。

## 从"公主"跌落到"贱民"

虽然有贵为总统爱女的荣耀,但梅加瓦蒂也亲眼看见了政治险恶的一面。梅加瓦蒂说自己"在将近 1/4 个世纪里,生活在一个充满高层政治斗争的环境里"。

1957 年 12 月 30 日,一次针对苏加诺的暗杀活动,给小梅加瓦蒂和她的兄弟姐妹们留下了永远抹不去的阴影。苏加诺在中雅加达辛克尼参加完其子女就读的学校举行的庆祝建校 5 周年仪式后,正准备离开时,一群匪徒突然出现,向苏加诺总统投掷了数枚手榴弹。不断的爆炸声与撕心裂肺的惨叫声使在场的梅加瓦蒂和哥哥甘特陷入深深的恐惧中。那次袭击事件造成 7 人死亡,100 多人受伤。虽然庆幸的是父亲没有受到丝毫伤害,但是,恐怖却给梅加瓦蒂留下了深刻的印象,也使她一生对暴力深恶痛绝,即使是在后来的政坛上,面对着曾经推翻父亲政权的对手苏哈托,她也生不起复仇的念头,她知道"复仇是从来不能解决问题的"。

除了针对父亲的恐怖活动,还有军队针对政权的颠覆活动。梅加瓦蒂 18 岁时,厄运再度降临。1965 年 10 月,以苏哈托为首的印尼陆军"将领委员会"发动颠覆苏加诺政府的政变。1967 年 2 月 22 日,苏加诺被迫宣布将总统权力交给苏哈托。3 月 12 日,临时人民协商会议选定苏哈托为代总统。第二年 3 月 27 日,正式任命他为总统。同一天,苏加诺被临时人民协商会议撤销总统职权,并遭软禁,后于 1970 年凄凉地离开人世。

父亲倒台,连累了梅加瓦蒂与她的 7 个兄妹,他们一家被逐出独立宫,成了社会上人们不可接触的"贱民"。他们的财产全部被充公,苏加诺的健康和精神状态也日益恶化,给子女带来了很大的负担;作为长子的甘特和长女的梅加瓦蒂不得不中途辍学,梅加瓦蒂被迫中断了在万班查查兰大学农业系上了两年的学业。

和父亲在一起,无论是享受荣华富贵还是经历政治劫难,政治在梅加瓦蒂的脑海里,从来就不是单色的,而是充满了无法预测的变数。对政治生活的认识,使梅加瓦蒂很珍惜稳定和宪政,这成为她后来从政生涯中一贯的原则和信念。在政治风雨中长大的梅加瓦蒂也逐渐形成了自己"沉默"的个性与政治风格。

梅加瓦蒂的母亲法玛瓦蒂是苏加诺的第二任妻子。法玛瓦蒂出生于苏门答腊农村,家境并不富裕。她的父亲是当地伊斯兰教团体的领导之一,给早期从事反殖民革命斗争、处于流亡状态的苏加诺以很大帮助。法玛瓦蒂的家成为苏加诺征战中的歇息地和情感寄托处。在频繁的接触中,苏加诺和法玛瓦蒂彼此相爱了。然而当时,苏加诺已经与英吉特结婚,虽然根据伊斯兰传统允许一夫多妻,但当苏加诺向法玛瓦蒂求婚时,生性要强、性格刚烈的法玛瓦蒂硬是要苏加诺与英吉特断绝关系并承诺今后不再另娶才答应嫁给他。

法玛瓦蒂陪伴着苏加诺度过了领导独立斗争的艰苦岁月。1945 年 8 月 17 日,印尼宣告独立那天升起的第一面国旗——红白两色旗,便是法玛瓦蒂亲手缝制的。法玛瓦蒂由此被印尼人民称为"国母"。

但是,苏加诺很快又有了新的心上人。在 1954 年 1 月,他提出要娶哈尔蒂妮为妻。此时,法玛瓦蒂刚生下第 5 个孩子,丈夫的移情别恋和背叛使她肝肠寸断、痛不欲生。法玛瓦蒂无法原谅丈夫的不忠,带着 9 岁的甘特离开了独立宫,而将 7 岁的梅加瓦蒂和其他 3 个孩子留给了苏加诺。母亲的离去,给年幼的梅加瓦蒂和兄弟姊妹的生活带来了很大的影响。最难让他们想象的是,在接下来的几年中,他们不得不面对父亲将第三、第四甚至第五任妻子带入他们的生活中的事实。

由于母亲的离去,父亲公务繁忙无暇顾家,身为长女的小梅加瓦蒂逐渐学会了自我照料,学会为父亲分忧解难,并承担起照顾弟弟妹妹的责任。梅加瓦蒂身上所具有的温柔与母性的品质得到了充分的发挥和展现,给她身边的人们留下了深刻的印象。当时居住在总统府的一位艺术家杜拉在提到梅加瓦蒂时曾说:"梅加瓦蒂甚至还是一个孩子的时候,她的行为和举止中就洋溢着母性的品质。"

政治的风云变幻和家庭的矛盾变故都锤炼了梅加瓦蒂的性格:含蓄、文静、坚毅、沉稳和务实,外表安静而内心坚持原则,使她能够坚强面对长大后生活与事业中的风风雨雨。在梅加瓦蒂当选总统之前的政治生涯中,人们发现她在政治斗争中经常是沉默着的、不显眼的。有人批评她没有政治经验和能力,有人却说她稳重和从容不迫,说她是头"沉默的雌狮",具有冲破任何艰难险阻的能力。

## 两个最重要的男人相继离去

20世纪60年代初,昔日的小梅加瓦蒂已经出落成亭亭玉立的大姑娘了。父亲对未来女婿的兴趣也与日俱增。

父亲的构想来自他对政治的现实考虑。由于印尼这个千岛之国,无论是过去还是现在,都有如一个不同种族、不同宗教、不同文化、不同语言、不同生活方式和不同社会组织等组成的万花筒。不同部族、种族、派阀间的争斗与矛盾层出不穷,印尼备受分离主义之苦,分裂与动荡几乎成为岛内政治始终如一的特色。国家的认同与团结始终是未完的政治主题。苏加诺的母亲来自巴厘岛,父亲来自爪哇,妻子来自苏门答腊,他就希望梅加瓦蒂最好能够为他找一个来自苏拉威西的能够配得上她的女婿,通过共和国"第一家族"的血缘纽带的延伸,来加强各民族内部的团结与统一。

但突然的政变让苏加诺的愿望成为泡影,女儿对婚姻的自主选择又让他的早期设想成为过眼烟云。

梅加瓦蒂一生曾三次挑战总统宝座,她的感情生活也经历了三个阶段。

梅加瓦蒂的第一次婚姻是嫁给了空军上尉、飞行员苏林德罗·苏伦多,此时的她才20多岁。一次偶然的机会,梅加瓦蒂邂逅了苏林德罗,两人一见钟情,深深地爱上了对方。梅加瓦蒂的温柔美丽、忧郁的神情下掩饰不住的庄重而高贵的气质,吸引着苏伦多含情脉脉的眼神;老实憨厚、身材魁梧的苏伦多让梅加瓦蒂觉得安全与可靠,他宽厚的肩膀是她可以依偎的港湾。他们热恋了。

由于苏加诺对女婿人选寄予了很高的期望,虽然现在自己下台处于软禁中,但是仍然保留着他的威严。再加上他的身体和精神状况明显不如以往,梅加瓦蒂和苏伦多都很谨慎与克制,不敢贸然造次。

最终,梅加瓦蒂通过母亲法玛瓦蒂向父亲转达了自己的意愿,希望能够得到父亲的允许和祝福。尽管苏加诺一开始很不情愿把女儿嫁给一个飞行员,希望梅加瓦蒂三思而后行,不要过于草率以致影响自己将来的幸福。但是,政治的不利形势已经无力扭转,依靠政治转机来为女儿找到一个更为合适的理想青年已成幻影,苏加诺只好接受现实,同意了女儿的婚事。此时的苏加诺已跌入政治谷底,除了祝福,没办法为女儿举行一场体面的婚礼,甚至连像样的礼物都拿不出来。婚礼相当简朴,只有双方家庭成员和一些亲友参加,过去追随他的政界友人唯恐避之不及,让苏加诺备感凄凉。

婚后,两人生活美满,一年后生了一个活泼可爱的小女儿。苏伦多一有空就带着她们母女在机场驻地附近的小镇和乡间游玩,一家人享受着甜蜜的生活。

但是,结婚不到 10 年,不幸就降临到他们头上了。1970 年 1 月 22 日,苏伦多在一次执行任务时神秘失踪。后来,苏伦多驾驶的飞机被证实失事,在伊瑞安查亚省比亚克坠毁。当时,梅加瓦蒂正怀着他们的第二个孩子。沉重的打击使梅加瓦蒂伤心欲绝,在绝望中等待奇迹的出现,她始终不能相信苏伦多就那样走了。但是,苏伦多再也没有回来。梅加瓦蒂以泪洗面,家里人怕她承受不了,轮番派人来安慰她、照顾她。

1970 年对梅加瓦蒂来说,可谓是祸不单行的一年:丈夫因飞机失事失踪,杳无音信;父亲苏加诺的身体也急剧恶化、奄奄一息,最后于 6 月 21 日去世。

一年中,生命中两个最重要的男人相继离去,给梅加瓦蒂带来了极大的痛苦。她一度把自己关在家里,默默地忍受着痛苦的煎熬。后来,在家人的劝慰下,她进入了印度尼西亚大学,专修心理学专业,她希望通过忘我的学习来摆脱痛苦的困扰,医治心灵的创伤。尽管这一次学业因为随后婚姻的原因没有完成,但是,她后来在政治生涯中的沉着稳重、临危不乱的良好心理状态,和这一段时期的学习不无关系。

# 情感历经挫折

与第一次婚姻相比,梅加瓦蒂与埃及外交官哈桑·贾迈勒·艾哈迈德的爱情悲喜剧更具有传奇色彩。

早在 1970 年,贾迈勒曾因苏加诺的去世以外交官的身份拜访过法玛瓦蒂,向他们一家表示慰问,因此,梅加瓦蒂与他早已认识。但直到在一次朋友的聚会上,两人才有了进一步的接触和了解,从相识到真正相知。在聚会上,两人谈得很投机,梅加瓦蒂为自己在一个异国男子面前倾诉衷肠而感到惊奇,贾迈勒也被这个气质高雅、娴静美丽而略带忧郁的南国少妇所吸引。从此以后,贾迈勒就经常到法玛瓦蒂家中拜访。贾迈勒的健谈、幽默和风趣,为梅加瓦蒂驱散了心头积压已久的乌云,所有的惆怅和苦恼烟消云散。贾迈勒为梅加瓦蒂重新点燃了对生活的希望之火。这一切,对一个经历了生活的苦难与挫折的人来说,是多么不容易啊!

但家人尤其是母亲法玛瓦蒂对梅加瓦蒂的新恋人很是反感,她不信任一个异国人,不愿意女儿漂洋过海远嫁他乡,更不愿意面对市井中的闲言碎语。她极力反对梅加瓦蒂与贾迈勒之间的关系,并发动全家对梅加瓦蒂展开心理攻势,劝说她放弃这段感情。梅加瓦蒂无法拒绝母亲的苦苦哀求,终于决定断绝与贾迈勒的关系。

1972 年 6 月 27 日,梅加瓦蒂与贾迈勒约在雅加达萨丽娜百货商店见面。但是,当真的面对着自己的爱人时,已经筑起来的“分手大堤”很快就倒塌了。还没有把话说完,梅加瓦蒂就已经伏在贾迈勒肩膀上泣不成声。

面对着痛苦的梅加瓦蒂,贾迈勒心痛不已。但他没有绝望,他拉着梅加瓦蒂的手跑出百货商店,他们私奔了。在苏贾布米的一家宗教事务所,他们很快办理了手续,正式结为夫妻。

爱情的力量战胜了亲情,梅加瓦蒂那时候的欲火一定迷障了她的理智。也许是她的母亲的哀号感动了天意,她的第二段传奇性的婚姻生活只持续了一个半小时就夭折了。母亲为防不测,一直派人盯梢他们,很快,梅加瓦蒂就被家人带回了两周后,夫妻二人在雅加达伊斯兰特别法庭再度相见,只是,这一次是宣告他们婚姻的终结。哥哥甘特在母亲的指使下,以印尼空军尚未宣布第一任丈夫苏伦多死亡为由,要求法庭否定梅加瓦蒂和贾迈勒之间仅仅半个月的婚姻关系。梅加瓦蒂在法庭上,没有进行争辩,在家人强大的意愿面前,她显得很无力。尽管贾迈勒在一边不断地催促她捍卫婚姻,但是梅加瓦蒂还是默默接受了法庭的裁决。

第二段婚姻就这样无疾而终。梅加瓦蒂再次黯然离开学校,中断了在印度尼西亚大学心理学专业的学习。

此后很长的一段时间里,梅加瓦蒂都很少与外界接触,只是在家陪伴着母亲和孩子,把大部分时间都花在照顾孩子、阅读、种植花卉和饲养小动物上。

此后一直到20世纪80年代末,梅加瓦蒂都过着舒适清闲的家庭生活。她没有想到的是,家庭妇女身份会成为她日后在总统竞选中备受政敌攻击的一大把柄。

与贾迈勒分手半年后,经人介绍,梅加瓦蒂认识了现在的丈夫陶菲克·基马斯。

1973年,梅加瓦蒂与陶菲克·基马斯正式结婚。在此后的几十年中,两人相濡以沫,感情甚笃,还生有一个可爱的儿子。他们的恩爱在很大程度上医治了梅加瓦蒂婚姻上的创伤。从此,梅加瓦蒂的命运开始了新的转变。

基马斯跟梅加瓦蒂志同道合。在她的从政生涯中,基马斯一直站在她身后支持她,为她四处奔走,同时还给了她一个稳定而温暖的后方。整个20世纪70年代和80年代,梅加瓦蒂默默地为自己的家庭和3个孩子承担着一个母亲的职责。连同梅加瓦蒂在内的苏加诺家族的后人,不管是因为厌倦了政治斗争的残酷,还是因为在位政权的高压,总之,他们似乎退出了政治舞台。生活中的梅加瓦蒂尤其沉默寡言。

但是,这种家庭主妇式的生活,在基马斯的影响下,终于有了改变。她开始了自己的政治生涯。

基马斯性格外向、活跃开朗,热衷于政治,曾是印尼民族党全国大学生运动协会的积极分子和印尼民主党党员,其家人都是苏加诺的忠实支持者,是人协和民主斗争党的重要人物;同时,也很有经济头脑,他经营着几家连锁加油站,比较富裕。作为商人的基马斯深刻地体会到政治稳定对经济的重要性,经济上小有成就的基马斯一直对政治抱有很高的热忱。

精明的基马斯明白妻子作为前总统"独立之父"长女在政治上所具有的潜在影响力和政治天赋,他鼓励妻子多了解政治,参与政治。20世纪70年代末,基马斯还专门陪同梅加瓦蒂前往欧洲国家考察那里的政治体制。在丈夫的影响和鼓励下,梅加瓦蒂重新找回对政治的兴趣。她开始关心国内外大事,并经常与丈夫讨论政治问题。在苏哈托政权的压制下,梅加瓦蒂还去往全国各地,了解基层民众疾苦。

20世纪80年代末,梅加瓦蒂开始在政坛上崭露头角,自此,直到当上总统的政治生涯,可以说,背后,丈夫基马斯功不可没。基马斯为梅加瓦蒂在政治上的发展竭尽全力,出谋划策,四处奔走,将在雅加达经营的7家加油站的大部分收入都提供给妻子,作为她竞选的资本。

2001年5月,基马斯为了妻子能够顺利登上总统宝座,亲自前往美国进行公关。基马斯给予梅加瓦蒂的政治生涯以巨大的精神和经济支持。

家庭与事业上的妇唱夫随造就了梅加瓦蒂和基马斯美满的婚姻生活。

## 政坛"乖乖女"

梅加瓦蒂从小受到严格的家庭教育,待人接物非常有礼貌,说话速度很慢,几乎谈不上抑扬顿挫。她心地善良,充满爱心,非常喜欢可爱的小动物。

不过,她非常难得流露自己的感情,在政治上也几乎没有任何花哨的手腕和技巧。当她走下飞机时,她不会像其他的大政治家那样充满信心,向下面欢迎的人群频频挥手致意,而是非常小心地看着脚底下的舷梯,盯着自己下梯子的步履。

也许是看透了政坛的尔虞我诈,苏加诺当年曾忠告自己的孩子:我对你只有一个希望,希望你以后不要当总统。

政变以后上台的苏哈托极力粉饰自己的统治,妖化苏加诺政权:专制政体、官员腐败堕落、经济崩溃;与苏加诺有关的政治思想、出版物都在违禁之列。在苏哈托高压的政治下,苏加诺家族与政治几乎绝缘,且已渐渐被人们淡忘。直到70年代末,苏哈托才开始部分恢复苏加诺总统的应有名分,给苏加诺家族及其后人一丝安慰。苏加诺的陵园在1979年竣工,并向公众开放。在之后的一年中,就有将近146万人瞻仰了苏加诺的灵寝,表达印尼人民对这位开国领袖的爱戴与怀念之情。

时光荏苒,斗转星移。尽管在苏哈托统治下,印尼社会经济有了一定的发展,但是,长期的独裁使得腐败问题日益严重、社会矛盾加剧,民怨日深。对现实的不满愈重,对往日的怀念就愈深。苏加诺所提倡的"平民社会"以及苏加诺的英雄形象一下子唤起了人们的崇拜。苏加诺家族因为长久以来没有介入政治,因而也就享有了圣洁的形象。20世纪80年代,印尼几度掀起了"苏加诺热"。苏加诺家族被人们重新记起。

在这样的背景下,再加上丈夫的鼓励,20世纪80年代,已至知天命之年的梅加瓦蒂终于开始打破苏加诺后人不能参与政治活动的禁忌,从幕后走到前台,正式涉足政坛。

1984年,梅加瓦蒂担任印尼民主党雅加达中央区分会主席。或许,这给了只注意对苏加诺儿子参政进行多方钳制的苏哈托政权开了一个不小的玩笑。梅加瓦蒂的登台亮相给不满于现政权的人们带来了希望。仰仗着父亲在印尼人民心中的影响力,没有政治经验、青涩的梅加瓦蒂咬紧牙关在坎坷的政治道路上摸索前进。

1986年,刚担任印尼民主党主席的苏亚迪发现了苏加诺姓氏在印尼所具有的特殊感召力,于是就决定让其家族成员加入印尼民主党,为该党赢得更广泛的支持。在几个子女中,梅加瓦蒂以稳重、务实、成熟、谨慎的姿态与个性成为最合适的人选。她有着贴近现实的心态与渐进改革的耐心与从容。而且,印尼民主党在政治理念上与苏加诺普世主义的传统还有着深厚的渊源。梅加瓦蒂愿意接受苏亚迪的邀请,加盟了印尼民主党。1987年大选中,梅加瓦蒂受到印尼人民几乎虔诚的拥戴,被选为民主党国会议员,民主党的人气大为上升。

1992年6月9日举行的大选中,苏加诺最小的孩子甘冉也加盟印尼民主党,为民主党添了不少亮色。梅加瓦蒂和丈夫基马斯则代表民主党双双进入国会，成为印尼历史上第一对夫妻议员。

尽管梅加瓦蒂走上政坛之路似乎很顺利，很快就脱颖而出，但是她始终保持着谦逊、谨慎的低调姿态，很少公开谈论敏感的政治话题，即使是在国会的历次会议中，她也常常一个人默默坐在会场的后排，一言不发。梅加瓦蒂从不在政治上乱出风头，总是以和蔼的微笑、温和的举止去面对她的支持者甚至政敌，因而被人们称为政坛"乖乖女"。

当被人们问及为什么步入政坛时，她曾说道："我没有当领导人的想法……既然我的孩子们已经独立了，我为什么不可以在政治上积极一点儿？"可见，在骨子里，梅加瓦蒂还是很东方的一个女性。

# 创建印尼民主斗争党

印尼民主党在两次国会选举中的成功，给苏哈托政府很大的冲击，苏哈托政权对民主党开始进行更多的压制。

1993年，印尼民主党换届选举中，再次被选为主席的苏亚迪却被印尼内政部宣布无效。选出的主席政府不承认，政府指定的候选人党员不认可，民主党陷入群龙无首的危机之中。这个时候，人们想起了梅加瓦蒂。9月11日，正在家中给女儿过生日的梅加瓦蒂迎来了约100名不请自到的民主党负责人。他们一致恳请梅加瓦蒂亲自上阵，竞选民主党主席，挽救民主党危机。言辞恳切，令梅加瓦蒂着实为之动容。

一方面是重振处于分崩离析边缘的印尼民主党，发扬先父苏加诺的遗志和政治理念，推进印尼政治民主化进程；一方面是挑战现有的独裁政治体制，要冒牺牲的危险，需要极大的勇气与魄力。梅加瓦蒂去祭拜了父亲在巴厘岛的陵墓，她要告诉父亲她的选择，从父亲那里得到力量与支持，让父亲保佑她竞选的顺利成功。

民众对梅加瓦蒂几乎赋予了迷信般的信任与期望。但是，政治目的向来都要靠复杂的政治运作手段来完成，在党派林立、派系复杂的印尼，不懂得这一点，就无法立足于政坛。梅加瓦蒂在私下与各方政治力量达成了妥协，为竞选的成功做好了充分的安排。在1993年12月，梅加瓦蒂终于冲破执政当局的阻挠，顺利当选印尼民主党主席，声望不断上升。

当年，苏加诺领导着民族联盟为东印度群岛的独立和自由而战，50年后，他的女儿梅加瓦蒂担任民主党主席，重新擎起了民主的旗帜，继承了父亲的遗志，为印尼的民主而战斗。

梅加瓦蒂当选为民主党主席后，将鲜明的民主立场摆在众人面前，得到越来越多的公众尤其是青年学生的支持，使民主党成为不折不扣的反对党和在野党。从1995年起，就有民主党支部发表声明，呼吁梅加瓦蒂以民主党人身份参加总统竞选。苏哈托政权——这个当年把苏加诺赶下台的政权，面临着前所未有的挑战，不安开始笼罩着执政者。

1996年，印尼民众中流传着梅加瓦蒂将与伊斯兰教联合会主席阿普杜拉·瓦希德组成联盟，参加国会大选并被提名为1998年总统候选人的传闻。

在群众呼声最高的时候,梅加瓦蒂选择了沉默。或许,她知道在这个时候,最简单的一句话都可以如石投湖般激起千层浪。曾经经历过政治风暴的她,不愿意去引发任何可能的政治动荡。法制与和平的民主的方式,是她一贯的原则,也是民主党的原则。民主党热爱宪政的精神,拥护国家的宪法和民主党的章程。是这种坚持,使她在政治上不轻易发表言论,不轻易做动作,始终保持必要的谨慎与沉默的个性。

可是"言者无意,听者有心",苏哈托政权对这个潜在的竞争对手不能不提高警惕。1996年,在印尼政府和军队的干预下,民主党内部爆发"倒梅内讧",她被解除民主党主席职务,亲政府的前民主党领导苏亚迪上台。

在当局恶劣的行径暴露之后,一直保持冷静与沉默的梅加瓦蒂勇敢地站了出来,呼吁维护宪法赋予的民主权利,引起了民众的热烈响应,其支持者与治安部队发生冲突,引发了印尼近20年最激烈的骚乱。在强权面前,梅加瓦蒂始终坚持以合法的方式进行斗争,显示了高昂的战斗精神。这场斗争,使全国反对势力在舆论和道义上都站在梅加瓦蒂一边,将她推到政治斗争的前沿,成为印尼政坛上举足轻重的人物,也为梅加瓦蒂另行成立民主斗争党奠定了群众基础。

梅加瓦蒂·苏加诺成为反抗强权的一面旗帜,是"民主和自由"的象征,在印尼民众中有着近乎神奇的力量。

1998年,在民众的抗议与多方政治力量的压力下,苏哈托被迫辞去总统职务,由副总统哈比比继任总统。与此同时,支持梅加瓦蒂参选总统的呼声越来越高。1998年10月,梅加瓦蒂另起炉灶,创建印尼民主斗争党,并任总主席,随后被提名为大选候选人。随即,在1999年6月举行的印尼第一次国会选举中,她领导的民主斗争党首战获胜,赢得绝大多数选票,她本人成为全国第一名当选的国会女议员。

梅加瓦蒂在大选中以压倒性优势胜出,使印尼人民对她当选下一任总统寄予了厚望。这位开国总统的女儿,一下子成了印尼炙手可热、家喻户晓的英雄人物。

中国有句古话:"天将降大任于斯人也,必先苦其心志,劳其筋骨,饿其体肤",事情后来的发展还真的充满了微妙的变数。印尼这个世界第一大穆斯林国家的众议院当时还无法接受一名女总统。不同的政治派系对梅加瓦蒂的胜利有着不同的反应。在堂而皇之的"女总统违背伊斯兰教义"的宣称下,梅加瓦蒂在与哈比比的争斗中,逐渐处于劣势,而事先以梅加瓦蒂支持者姿态出现并在各政治力量间充当调停者的瓦希德最终作为一匹"黑马",被推上了总统宝座,梅加瓦蒂则被任命为副总统。

梅加瓦蒂当时的对策是,接下副总统的角色,安静地等待,将来找机会登上总统的宝座。

尽管有人指责她缺乏政治经验和政见,尽管梅加瓦蒂也像她的支持者一样,经历了竞选的挫折与打击,但是,可贵的是,她能够很快从失望中走出来,接受瓦希德后来居上的现实,并甘愿担任副手,与瓦希德一度以"兄妹搭档"合作,成为印尼历史上的一段佳话。梅加瓦蒂与瓦希德的合作,充分展示了她政治上的成熟与良好的政治家风范。

印尼大学社会与政治学院前院长布迪阿纳教授公开表示:"千万不要小视这位

被称为'家庭主妇'出身的政坛女强人的能力","她能够悄悄地使那么多的群众如同着迷一般,给予她的民主斗争党大力的支持。"

# 毁誉交加的第一任女总统

梅加瓦蒂给人印象最深的是,无论在野还是执政,她始终把政治稳定放在第一位。当她在野的时候,她从来都不主动挑战和破坏现有政治秩序。尽管先前人们已经很多次呼吁她去竞选总统,但是,在乎政治稳定、了解政治现实的她,只有待时机成熟后,才会去做。屈居副总统之职时,瓦希德大权独揽,把她看作是没有能力治理国家的家庭妇女,在重要问题上,也不跟她这个"女流之辈"商量。明智的梅加瓦蒂不跟瓦希德计较,曾一度很低调,只做自己分内的事情。甚至当瓦希德受到人民的谴责、政治前途岌岌可危的时候,梅加瓦蒂还表示不想以"不友善的方式接管政权",甚少评论和公开反对瓦希德本人。尽管这里可能有对强大的伊斯兰势力的顾虑,但是,这些都反映了她一贯的尊重宪法和民主的原则。

但是,梅加瓦蒂绝不会不顾情势的发展,固执地保持沉默,她相信政权的合法性来自印尼人民。在印尼学生和民众一致要求弹劾瓦希德、支持梅加瓦蒂当总统的形势下,瓦希德政权处于风雨飘摇之中。梅加瓦蒂开始有意抵触瓦希德,改变先前的立场,与瓦希德保持距离,并做好取代瓦希德成为新总统的准备。

对国家的未来充满了热望的下层民众,用选票表达了他们对梅加瓦蒂的支持。2001年5月23日,印尼民主斗争党在雅加达举行百万人竞选活动,一时盛况空前。这一天,成千上万的梅加瓦蒂的支持者分乘卡车、大小巴士、自行车、摩托车等,高举党旗、标语和梅加瓦蒂的肖像,簇拥着标志该党的长达20米的特制大牛,在市中心的最现代化的达姆林大街欢呼奔跑。饱受经济衰退之苦的人们宁愿饿着肚子,也要花钱买来印尼民主斗争党的党旗披在身上,加入浩浩荡荡的游行队伍中。一些青少年还随着音响在街上载歌载舞。到处是长达数公里的游行队伍,塞车现象直到傍晚才得到缓解。如此规模宏大的游行实属几十年罕见。

在民众和各方政治力量的支持下,2001年6月23日,"人协"特别会议投票罢免瓦希德总统职务,选举梅加瓦蒂当选总统。下午5时18分,梅加瓦蒂在国会大厦正式宣誓就任印尼第五任总统,任期至2004年10月。

印尼建国之父苏加诺的长女梅加瓦蒂,成为拥有两亿人口的世界第四大国、同时也是世界上最大穆斯林国家的第一任女总统。

自1967年苏加诺被迫向苏哈托交出政权以来,梅加瓦蒂是第一位真正代表选民意志的总统。

梅加瓦蒂在印度尼西亚人的心灵中占有至关重要的位置。对许多印度尼西亚人来说,她的观点如何实际上并不重要,她已经成为印度尼西亚民主的象征。对那些对现有政治制度感到不满的人来说,她是使他们团结一致的凝聚力。

针对有关她"优柔寡断、缺乏治理国家的经验"的指责,梅加瓦蒂不断地把法律专家和经济学者拉到自己的阵营中,扩大她的"智囊团"。她的"智囊团"也极力把社会上对她的消极评价转化为有利的积极因素。

民主斗争党主席哈多诺说:"梅加瓦蒂只是不喜欢像某些人那样夸夸其谈,不做实事,到处抛头露面,她只是默默无闻地耕耘。她具有中庸、忍让、谦逊、关心民众疾苦的良好素质,这正是我们国家所需要的。"

在2001年7月就任总统之际,梅加瓦蒂接手的是一个经济落后、派系斗争复杂的国家。几任总统下来,一派烂摊子景象依然如故:政治上的分离主义、经济上的衰败、官员腐败、政治失控,前途布满荆棘。虽然梅加瓦蒂的支持者将对国家首位总统苏加诺的崇拜与敬意延伸到他的女儿梅加瓦蒂身上,在她身上寄予拯救民族的厚望;有少数人则对她的政治能力抱有怀疑的态度,背后有一个从事商业的丈夫也让人们担心她未来的政府能否逃脱腐败。

后来,在她的首届任期结束后,许多印度尼西亚人表示,国家的状况和她上任前没有太大的区别。3年任期内,猖獗的腐败和居高不下的失业率,让她无法成为受国民爱戴的女总统。但梅加瓦蒂的支持者从另一视角彰显着她的政绩:她取得了巨大的成就,执政期间稳定了国家的政局。

面对支持与怀疑,行动是最好的证明。梅加瓦蒂将自己的政治信念转化为了政策主张:坚持民族主义,保持政治稳定和国家统一;发展经济;维护宪法,进行法制和民主改革;打击官僚腐败,建立廉洁政府。事实证明,梅加瓦蒂的政策主张受到了印尼各界和国际社会的广泛欢迎,她本人被誉为温和稳健的政治领导人。

2002年8月,人民协商会议年会顺利召开,通过《"四五"宪法》第四个修正案,就总统直选等重大议题达成共识,决定从2004年起,总统不再由人民协商会议选举产生,改由全民直选,只能连选连任一次,每任5年。2002年10月12日巴厘岛发生重大爆炸事件,印尼政府采取一系列反恐措施,受到国际社会肯定。12月9日,政府与亚齐独立运动组织就停止敌对行动签署协议,亚齐紧张局势进一步缓和。

2003年7月底,在新一届总统竞选前夕,梅加瓦蒂并不是在紧张地和顾问讨论国家大事,而是一个人在看动画电影《怪物史莱克》。有媒体据此推测,在梅加瓦蒂内心深处,她一直把自己当作一位失去国土的落难公主,期待能够有一天推翻逆贼,收回她父亲的王位和国土。

当时,印度尼西亚人民也认为这位公主能够肩负起国家大业。但是,梅加瓦蒂不是苏加诺,更不是神。如果说印尼人民在早先支持梅加瓦蒂竞选总统时还相信她是上天赐予的"救世主"的话,那么,在梅加瓦蒂当选一段时间后,原来罩在她头上的开国元勋苏加诺的光环渐渐消失了,原先在人们心目中她那勇敢站出来抗拒苏哈托独裁政权的形象也渐渐模糊。梅加瓦蒂自己在取代瓦希德政权时曾说过:"衡量领导人称职与否的标准,应当是看他们是否有政绩,而不是权力有多大"。印尼人民在2004年的大选中已经印证了这一点。尽管这一次梅加瓦蒂不敌苏西诺,几乎和历届前任一样被民众冠以同样的批评,但是,考虑到印尼政治经济社会等等局面的复杂与棘手,再大的成绩也是杯水车薪,印尼的问题不是哪一届政府、哪一任总统所能够解决得了的。

## 连任梦碎

梅加瓦蒂的身上一直留有父亲苏加诺的烙印。是父亲,让她从小就懂得政治的艰难与复杂,使她始终保持谨慎与稳妥的作风;是父亲,让她体会和平的重要和底层民众的心声,使她时刻把政治稳定和国家统一放在第一位。梅加瓦蒂说自己从父亲那里学到了很多东西:在苦难时刻保持耐心,而在面对政治对手时要坚强。

2004年大选如期到来。共有5对总统和副总统候选人参加了这次角逐。他们是代表民主斗争党的梅加瓦蒂和穆扎迪、代表专业集团党的维兰托和瓦希德、代表印尼民主党的苏西诺和优素福·卡拉、代表民族使命党的莱斯和西斯沃诺以及代表建设团结党的哈兹和古梅拉尔。多次民意调查显示,此次选举基本形成梅加瓦蒂、苏西诺和维兰托三强问鼎的局面。

但是,随着正式投票日期的临近,不少人事先看好的现任总统梅加瓦蒂却连显颓势,这主要是跟梅加瓦蒂在任期间未能如她事先承诺的那样消灭腐败有关。印尼总审计署毫不客气地指出,过去两年间,腐败让印尼损失了整整23亿美元。

此时,媒体不断披露,梅加瓦蒂的家人直接牵扯到了腐败案,这很伤那些原本拥戴她的选民们的心。她的儿子普拉达玛给母亲惹了件烦心事。印尼反对党——民族觉醒党成员、国会特别调查小组负责人指责说,普拉达玛在没有依法公开投标的情况下,利用非法手段获得了在雅加达集市广场建造豪华公寓及购物中心的工程。她还被认为和某些工业权贵集团的关系过近,因此无法推动必要的司法与行政改革。此外,她还被批评为和民意脱节,背弃了支持她的贫苦大众;在她执政期间,失业率高达两位数,恐怖袭击不断,投资环境恶劣……梅加瓦蒂的支持率开始直线下降。

2004年7月5日,印度尼西亚历史上首次由选民投票直接推选国家最高领导人的选举投票正式拉开帷幕。印尼选民在全国32个省和特区的50多万个投票点进行投票,秩序井然。来自美国、联合国等国际机构的570人,以及印尼国内非政府组织的16万人参加了选举观察和监督活动。5日13时,投票顺利结束。26日,选举结果予以公布,参加竞选的5组总统候选人中没有一组在第一轮选举中出线,苏西诺和卡拉、梅加瓦蒂和穆扎迪得票最多,他们将在9月20日再度竞选,最后选出国家最高领导人。

在投票日前夜,现任总统梅加瓦蒂敦促印尼选民"向世界展示我们能够在民主、安全、有序以及和平的环境下举行选举"。但她受到了前四星上将、退役的前安全部长苏西诺强有力的挑战。

苏西诺给选民们的印象是虚心诚实、平易近人、坚定果敢,在2002年巴厘岛遭遇恐怖袭击时,时任政治与安全统筹部长的苏西诺展现了良好的反恐能力,他镇定自若的形象让他一夜之间名扬国际。在竞选活动中,这位将军不是给人"一介武夫"的感觉,他唱歌又写诗,颇为选民们喜爱。他的形象清廉,主要盟友是国会中的小党,推动改革没有任何包袱。金融市场对他的当选也反应积极,加上他不断表示会以果决领导进行肃贪、改善投资环境、增加就业机会,因此他最终获胜将不会令人感到意外。新的民意测验结果显示,苏西诺的支持率最高,远在竞争对手梅加瓦蒂之上。

2004年9月20日下午,印尼总统大选的第二轮投票活动结束。10月5日,印尼全国选举委员会正式宣布选举结果:民主党候选人苏西诺击败了时任总统梅加瓦蒂,当选为印尼第六任总统。梅加瓦蒂从此淡出了政治舞台。

10 月 19 日中午,作为印尼历史上的首位女总统,梅加瓦蒂最后以印尼总统的名义签署了 18 项法令、总统决定书和政府条例,从而完成了她作为第五任总统的历史使命。在竞选连任失败后,梅加瓦蒂未向苏西诺表示祝贺,但明确要求她的支持者接受民众的选择。随即,在完成了 3 年的执政后,她悄悄地离开了总统府。

2004 年 10 月 20 日上午,苏西诺在印尼议会大厦宣誓就职。但梅加瓦蒂提前离去,此举被认为是故意让新总统难堪。当天,苏西诺的竞选搭档优素福·卡拉也宣誓就任印尼副总统,各部部长名单随之出台。

# 第三次冲刺总统败落

蛰伏几年,身为印尼开国总统苏加诺的女儿、体内一直流淌着政治热血的梅加瓦蒂,在补偿性地享受着久违了的平静生活中,一定在不断积聚着图谋他日东山再起的力量。果然,2007 年 9 月 11 日,梅加瓦蒂在民主斗争党集会上宣布,自己将参与 2009 年的总统选举。

两年过去了,2009 年 7 月 8 日,决战时刻终于到来,复出的梅加瓦蒂第三次朝国家元首的宝座发起冲击。代表民主斗争党及其盟友的梅加瓦蒂与前特种部队司令普拉博沃结为竞选搭档,他们将与代表民主党及其联盟的苏西诺和布迪奥诺和代表专业集团党及其盟友的卡拉和维兰托展开激战。

梅加瓦蒂以前两次参选总统,在选民的印象中,她似乎不善言辞,很少接受采访或者公开表达言论。在这方面,梅加瓦蒂未得父亲的真传。苏加诺是一位直言不讳的领导者,有着振奋人心的演讲才能。2009 年第三次竞选总统,梅加瓦蒂不再沉默寡言,而是频频主动出击。她多次在公开场合指斥竞选对手在暗箱操作,她激愤地发表演讲道:"一开始我就担忧选民的选票问题。这场选举很有可能被人操纵了。"她向媒体抱怨,由于竞争对手的幕后操控,致使自己数以百万计的支持者没有得到选民的身份。同时,她还暗示,现任总统苏西诺的支持者企图操纵选举。"这对我们所有人都敲响了警钟:选举是人民表达自己主权和捍卫民主的一种方式。"

在一次电视辩论上,梅加瓦蒂表示,尽管普拉博沃曾经被控告侵犯人权,但是他也已经为此承担了后果。随后,在与媒体共进午餐的餐桌上,梅加瓦蒂还呼吁选民们再给普拉博沃一次机会。

梅加瓦蒂挑选普拉博沃搭档竞选总统,颇令外界震惊和不解。普拉博沃是梅加瓦蒂 10 年前推翻的印尼前总统苏哈托的女婿,按理说,他们两人本是政敌。在他们结成搭档前,两个人耗费了数周来决定应该由谁去竞逐总统职务,最后决定由梅加瓦蒂参加角逐。

梅加瓦蒂向选民承诺,如果当选总统,她将会对外国投资者采取更审慎更严厉的态度;同时,只要遵纪守法、公平竞争,她欢迎所有的投资者。"请一定到印尼来,看看我们发生了什么变化。当然我们很清楚我们还有很多不足。"

2009 年 7 月 25 日,印尼总统大选委员会正式公布了计票结果。数据显示,本次选举有效选票 1.215 亿张,约占登记选民总数的 70%;苏西诺和布迪奥诺共获得了 60.8% 的选票;梅加瓦蒂和普拉博沃的得票率为 26.79%;剩余选票由卡拉和维兰托获得。除苏西诺和布迪奥诺阵营外，其他两对候选人阵营都表示拒绝接受大选结果。梅加瓦蒂的一名发言人说，梅加瓦蒂拒绝接受现任总统苏西诺以压倒性优势获连任的选举结果，将在法庭上对选举结果发起挑战。

7月27日，卡拉和维兰托阵营向印尼宪法法院报告了55项在大选中发现的违规行为。该阵营成员安迪说，宪法法院很可能认定部分指控成立，并依照4月份国会选举时的做法，在部分地区重新举行选举。紧接着，梅加瓦蒂及其竞选搭档普拉博沃于次日要求宪法法院驳回大选委员会的计票结果，并在全国部分地区重新举行总统选举。梅加瓦蒂阵营表示，在大选委员会认定的合法选票中有2800万张存在被操纵的嫌疑。另外，他们还就大选委员会撤销9.6万个投票站、中止电脑计票和外国机构介入计票程序等50多项违规行为向宪法法院提出指控并提交了证据。同时，他们还要求在全国33个省和25个特区重新举行总统选举。

时任总统苏西诺否认总统选举存在大量舞弊行为，说反对派领导人有权对竞选结果发起"平和"挑战。苏西诺说，印尼法律允许对竞选结果有异议者上告，但"选举中的不规范行为并不一定意味着舞弊"。他说，选举中不规范行为必须得到纠正。

根据印尼选举法，如果三对候选人中有一方获得了50%以上的选票，就能够直接宣布获胜，不必再举行第二轮投票。但如果另两个阵营提出上诉，印尼最高法院将在14天内进行调查处理，之后才能决定苏西诺是否能够正式连任。

2009年8月18日，印尼大选委员会正式宣布，苏西诺及其竞选搭档布迪奥诺在7月8日举行的总统选举中获胜。10月20日，在赢得其第二个5年任期后，苏西诺宣誓就任印度尼西亚总统。

结局已定，梅加瓦蒂只好裹着破碎的梦想，孤独而去。

现今，梅加瓦蒂虽然不再活跃于前台，但她每天依然会关注国家的政治、经济事务，她始终记得自己作为一名政治家的责任，为着印尼、为着世界而奉献余热。

# 改写非洲历史的利比里亚女总统

## ——埃伦·约翰逊·瑟利夫

### 人物档案

**简　　历:** 出生于利比里亚,其父亲是利比里亚国家立法机构的第一位本土律师。毕业于哈佛大学,33岁担任了内阁财政部长,因政变被迫流亡国外,1997年重返利比里亚,2005年大选中胜出,2006年宣誓担任总统。

**生卒年月:** 1938年10月29日~

**性格特征:** 自信、独立、刚毅、聪慧、敏锐、冷静、果敢、做事乐观、开朗。

**历史功过:** 面对战乱和贫困的国家,努力实行改革。实施了援助女孩接受教育的项目。首次国事访问就是中国。利中双方通过各种机制在农业基础设施建设等领域开展了较有成效的合作。

**名家评点:** 是非洲历史上第一位通过民选上台的女总统。

享有"利比里亚铁娘子"的美誉。

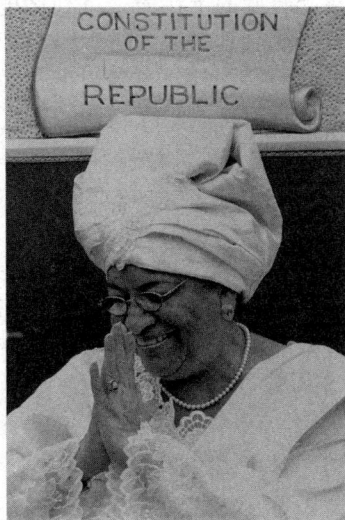

## 命运多舛

1938年10月29日,埃伦·约翰逊·瑟利夫出生于利比里亚伯米县一个家道殷实且具有书香气的家庭。她的父亲是当地古拉部落酋长的儿子,也是利比里亚国家立法机构的第一位本土律师。她的母亲在蒙罗维亚的殖民者家庭中长大,早年接受过系统的西方文化教育,并具有大学学历。利比里亚当时的经济文化极其落后,文盲约占总人口的75%,女人识字的更是凤毛麟角,相对富裕的家境却使瑟利夫受到了良好的教育。

1955年,年仅17岁的埃伦毕业于利比里亚一所会计和经济学学院。像那个时代的大部分利比里亚女孩子都要早早出嫁一样,她17岁就嫁给了詹姆斯·瑟利夫。但后来由于种种原因,她离了婚,独自抚养她和前夫的4个孩子,并留下了前

1961年，瑟利夫远赴美国科罗拉多大学继续学习经济学并取得了学位。后来，她又觉得需要补充管理学方面的知识，于是考入美国哈佛大学公共管理学院，主修公共管理学。1971年，她从哈佛毕业获得了MPA（公共管理硕士）学位，立即回国效力。学经济学专业出身的她学识出众，工作出色，很快便在男人占绝对多数的领域里崭露头角。从1977年至1980年的四年间，30余岁的瑟利夫历任利比里亚财政部部长助理、副部长和部长，她的仕途可谓平步青云，一帆风顺。

可惜好景不长，利比里亚政局出现了剧烈动荡。就在她刚刚出任财政部长的第二年，1980年4月12日，利比里亚政局出现了强烈"地震"，17名士兵发动了一次流血政变，并且一举成功。令人吃惊的是，这次军事政变的领导者的军衔居然只是一名上士，此人名叫塞缪尔·卡尼翁·多伊。"世无英雄，遂使竖子成名"，原本默默无闻的多伊一夜之间就从上士变成了利比里亚历史上第一位执政的土著人总统。

挑起政变的士兵命令将利比里亚政府中的13名内阁部长绑在木桩上，全部执行了枪决。瑟利夫侥幸逃生，她在利比里亚已无容身之地，只好秘密流亡到国外。其后，她曾一度回国，对多伊抱有幻想，出任利比里亚国家银行的负责人，但后来因发觉多伊政府有侵犯人权的劣迹，便辞职再度到了美国。几年后，在美国费城的一次公开演讲中，瑟利夫对多伊政府进行了严厉抨击和谴责。

1984年的一天，已经返国的瑟利夫带着随从经过一个坐落在由利比里亚通往几内亚的路上的村落，那儿恰好是其贴身护卫维撒的家乡，维撒高兴地对瑟利夫说，他的父母一定会非常欢迎她的到来，一定会盛情款待他们。经过多日的奔波，他们正非常疲惫，急需充足的睡眠和良好的给养。虽然整个利比里亚动荡不安，但瑟利夫眼前的村落似乎平安无事，村落的四周绿树葱茏，枝繁叶茂。瑟利夫决定到维撒的家稍事休整一两天。

然而，就在他们靠近村落的时候，忽然从一棵大树的后面向他们射来一梭子弹。训练有素的维撒猛地将瑟利夫扑倒在地，她因此获救了，但子弹却夺去了维撒年轻的生命。

后来调查发现，开枪的竟是维撒一个叫阿撒的邻居，他因为嫉妒维撒比自己有出息而想谋害他们。

1985年，当瑟利夫参加竞选时，由于她四处演说活动，多伊政府借机对她展开了猛烈的报复，以"肆意煽动"的罪名把她送上了军事法庭，并很快被判处10年监禁。后来，在美国等西方国家的强大压力下，多伊政府才不得已释放了瑟利夫。

瑟利夫被判入狱，意外地使得她猛然人气大增。在她出狱后，即被其所在政党"团结党"推选为参议员。但瑟利夫有着更为远大的政治抱负，她出人意料地婉言谢绝了本党的礼遇，她拒绝在多伊总统的政府中就职，并毅然重返监狱，与其他被关押的政治领袖并肩进行斗争。7个月后，由于众怒难犯，也由于美国等西方国家一再施压，独裁的多伊被迫下令赦免所有政治犯。瑟利夫胜利出狱，但仍受到跟踪和监视，最终她不得不再次选择流亡，前往美国，以图积蓄力量，重整旗鼓。

瑟利夫独特的人格魅力为她赢得了广泛的尊重。在美国，瑟利夫凭着自己深厚的专业知识和丰富的政治斗争经验，谋取了许多重要的职位。起初她在美国花旗银行驻外分支机构从事金融工作,担任设在肯尼亚内罗毕的花旗银行副总裁;几年后,她又出任联合国开发计划署非洲地区主任,后来还在世界银行工作过一段时间,并担任经济师这样重要的职务。

1996年8月,在西非国家经济共同体的斡旋下,利比里亚结束了历时7年的内战。1997年,瑟利夫重返利比里亚,并在当年7月19日举行的总统选举中,以"团结党"总统候选人的身份挑战独裁者、军阀查尔斯·泰勒。在那次选举中,瑟利夫是13名总统候选人中唯一的女性。虽然她本人从不将自己的性别看作是从政的障碍,可利比里亚此时还是一个民风相当保守的国家,离异还拖着4个孩子的瑟利夫因此不容易被人们接受。结果,泰勒赢得了3/4的选票,而"单亲妈妈"瑟利夫虽然得票数位居第二,但得票率却不到10%。多年后,瑟利夫仍对那次惨败感到愤愤不平,她对某媒体说:"离异独身成了对手抨击我的政治武器。在我们这个社会,一个女人如果身边没有丈夫,没人会看得起她。"

这年的夏天,在总统选举过程中,当瑟利夫带着随从再次经过当年让自己的随从维撒牺牲的村落时,尽管时间尚早,他们还可以往前赶不少的路,可她还是决定停下来。她永远不能忘记那两户因自己而彼此结仇的人家:一个家庭的孩子曾经是她的贴身护卫,另一个家庭的孩子则曾经暗杀过她。

当瑟利夫走进维撒的家时,她遇到了一件让她一辈子难以忘怀的震撼自己心灵的事。维撒的妈妈正从家里扛着一袋粮食往外走,看见儿子从前的上司,维撒的妈妈显得格外高兴,跟她热情拥抱,并将他们请到屋里热情招待。安顿好后,维撒的妈妈又扛起那袋粮食准备出门。瑟利夫好奇地问维撒的妈妈背着粮食要去哪里。维撒的妈妈说:"去给阿撒的妈妈送粮食,因为,阿撒开了黑枪后逃走了,十几年来一直杳无音信,阿撒独身的妈妈年老体弱,家里已揭不开锅了。"瑟利夫惊讶地睁大了眼睛,脱口而出道:"他们不是我们的敌人吗?"维撒妈妈的回答再次让瑟利夫惊讶不已:"那都过去了,就算了吧!以怨报怨,只能增加更多的仇恨。"

这位普通家庭主妇的话深深地震撼了瑟利夫:是啊,以仇恨面对仇恨,仇恨将永无休止,双方也永远无法摆脱仇恨。饱经战乱的利比里亚需要的不是仇恨,不是战争,而是宽容,因为,唯有宽容才能化解矛盾、消除隔阂、获得理解与尊重,并赢得民众的支持。

这次遭遇深深影响了瑟利夫,此后,她的处事原则和从政理念中融入了更多的宽容和悲悯成分,这也为她赢得了更多的人心。

# 竞选总统

"利比里亚"在拉丁语中的意思是"自由",它是非洲第一个建立共和国的国家。然而这个只有11万平方公里的西非小国却长期深陷战争泥潭。1989年底,地方军阀查尔斯·泰勒领导的"全国爱国阵线"(简称"爱阵")与多伊总统的政府军打起了内战。之后,"爱阵"内部分裂,形成了与政府军三方混战的局面。1990年,多伊政府被推翻,但内战并未停止。直至1997年,在联合国的监督下,泰勒才通过大选上台。然而,形势并没有明显好转,各派武装仍然交火不断。后来,在国际社会的干预和援助下,利比里亚战事渐息,2003年6月,政府和反政府武装签署停火协议。同年 8 月 11 日,泰勒政府正式下台,之后,利比里亚由临时过渡政府管理。

在久经动乱和政变的利比里亚,即便是搞军事独裁的泰勒最终放弃了自己的权力,要想组建起一个能为各方所接受的过渡政府,也并非易事。

2003 年 6 月,政府和两大反政府派别——"利比里亚人和解与民主联合"("利民联")和"利比里亚民主运动"之间签署了停火协议。而一旦牵涉过渡政府的组建,其他反对派和部族都将为自己争取利益,从而引发新的纷争。

利比里亚国虽小,但构成比较复杂。一是部族多,全国共有 22 个部族;二是政党多,国内有利比里亚行动党、利比里亚统一党、联合党等大小十数个政党组织,此外,还有许多反政府武装,各派之间政见分歧较大;三是存在多种宗教信仰,全国大约 60% 的居民信奉拜物教,25% 的居民信奉基督教,15% 的居民信奉伊斯兰教。

在 2003 年 7 月初,瑟利夫接受英国《每日电讯报》采访时表示,如果自己成功当选总统,她将用 5 年时间收拾泰勒留下的"烂摊子",此外,她还将以反人类罪的罪名将泰勒送上国际法庭。

"利比里亚铁娘子"瑟利夫始终没有放弃回国参政的梦想。她在接受《每日电讯报》采访时毫不掩饰自己的雄心:"我十分清楚地意识到,这一次我如果回去,不仅要重返政坛,还要竞选总统。虽然泰勒势力根深蒂固,但是这个国家无疑需要一场变革!"

不久,瑟利夫果然飞回了久别的祖国利比里亚,并受到人民的热烈欢迎。自 2003 年 10 月至 2005 年 10 月,她担任利比里亚全国过渡政府"政府改革委员会"主席。

2005 年 10 月,利比里亚总统大选再度拉开大幕,这是利比里亚在结束了十几年内战之后举行的首次真正意义上的民主选举。这次选举不仅利比里亚人极为重视,国际社会也给予了充分的关注,数百名国际监督员密切监视着这次选举。

有多达 20 余人获准参选利比里亚总统。尽管没有可靠的民意测验,但是 22 名总统候选人中呼声最高的只有两人:一个是曾经获得"世界足球先生"等称号的体坛明星乔治·维阿;另一个就是哈佛硕士、利比里亚"铁娘子"埃伦·约翰逊·瑟利夫。年逾花甲的瑟利夫将和比她年轻 30 多岁的足球明星乔治·维阿同场竞技。

维阿代表"民主变革大会党"参选。1966 年 10 月 1 日,维阿出生于利比里亚首都蒙罗维亚的贫民窟,他出身卑微,几乎没有见到过父母,是祖母把他一手养大。作为球员,维阿在足球场上取得了辉煌的成就,他在摩纳哥和米兰俱乐部效力期间,向世人展示了利比里亚球员的天赋;他在 AC 米兰司职前锋时,凭借出色的球技,在 1995 年连获"非洲足球先生""欧洲足球先生"和"世界足球先生"称号,一人同时把这三项足球顶尖荣誉揽于一身,这在世界足球史上还是第一次,所以 1995 年又被称为"维阿年"。此外,维阿还被"全球记者协会"评选为"20 世纪非洲最伟大的足球运动员"。贝利曾被评为"20 世纪南美最伟大足球运动员",而贝肯鲍尔则被评为"20 世纪欧洲最伟大的足球运动员",由此已可见维阿的足球水平和影响力。

利比里亚的调查机构纷纷看好球星维阿。辉煌的国际球坛生涯让维阿深受年轻人的喜爱,早已被当作利比里亚家喻户晓的国家英雄,这对瑟利夫构成了巨大挑战。在缺乏民族凝聚力和英雄精神鼓舞的这个西非小国,维阿从穷孩子到百万富翁的辉煌经历,使他成了利比里亚出身贫寒的青年纷纷效仿的榜样。维阿成名后从未忘记自己战火纷飞的祖国和多灾多难的非洲大地,为了让利比里亚足球获得在国际舞台上展示实力的机会以及帮助更多的年轻球员成长,维阿以个人的名义先后捐资几百万美元给利比里亚各个部门。除此之外,他还在非洲联盟的帮助下,在非洲几个国家建立了慈善机构,同时他也是国际救助儿童组织"联合国儿童基金会"的亲善大使。维阿的人道主义行为为他赢得了世界范围的称赞,许多人视他为"能把民众团结起来建设国家"的精神领袖。南非前总统曼德拉在 2004 年曾对维阿说,再慷慨的捐款都无法改变利比里亚糟糕的现状,只有成为总统,才能有机会为更多的同胞谋福利。这段话也是鼓励维阿积极参选的动力。

维阿的强劲对手、"团结党"主席瑟利夫在整体素质方面明显具有优势。维阿只接受过基础教育,连高中都没读完,而且几乎没有从政经验;无论受教育程度、政治资历还是金融从业经历,瑟利夫绝对可以算作利比里亚的"精英派",她受过高等教育,拥有哈佛大学公共管理学硕士学位,又在政坛"摸爬滚打"了几十年,拥有丰富的从政经验,曾在世界银行、联合国开发计划署、花旗银行等国际组织和金融机构担任过高级官员,还曾在前利比里亚总统威廉·理查德·托尔伯特的政府中担任过财政部长,是理论与实践结合的精英人物。大选开始之前,英国《星期日泰晤士报》就发表专栏文章指出,维阿和瑟利夫的竞选是利比里亚两大势力的较量,维阿代表的是文盲居多、食不果腹的贫苦草根阶层,而瑟利夫代表的则是受过良好教育的精英阶层。因此,这场选举也被视作两大势力的一次对决,有媒体将其戏称为"肌肉"与"大脑"的较量。

# 反败为胜

面对大热门维阿,"铁娘子"瑟利夫没有气馁,而是积极组织竞选团队分析优劣势。她所属"团结党"的竞选班子对选情进行了认真分析。尽管维阿很受年轻人的欢迎,但瑟利夫本人却相信在这个女性人口占国家总人口一半以上的国度她获胜的几率更大。不过,瑟利夫也清醒地认识到,即使自己能够最终获胜,征程也不会轻松。丰富的政治履历虽然为她赢得了不少政治资本,但她却担心这段经历会成为自己的一个包袱,特别是她与前总统泰勒的关系极有可能损害她在公众心目中的形象。

瑟利夫与泰勒的关系始于 20 世纪 80 年代。当时,年轻的泰勒与流亡美国的利比里亚人共谋推翻多伊政权,瑟利夫曾为泰勒筹款 1 万美元。但是,泰勒上台后却给利比里亚带来了无尽的灾难,几乎使这个国家完全崩溃。如今,瑟利夫面对选民坦然承认,轻信泰勒确实是她当年犯下的一个错误。不过,她为自己辩解说,她支持泰勒是为了推翻多伊的独裁统治,因为当时她把泰勒的叛乱看成是结束多伊专制的唯一途径;当她发现泰勒实际上是在为自己谋权时,她立即站到了他的对立面,并在此后的数年时间里致力于推翻他的统治。

在大选中,瑟利夫紧紧握住了利比里亚的命脉,她打出了"消除腐败,谋求发展"的竞选纲领。她深入到工厂和农村开展竞选活动,在博波鲁,瑟利夫站在一条满是水坑的土路上,借着车灯,在暮色中向选民发表演说,"我们再也不要任何腐败!"她在竞选时发表的"利比里亚人充满希望,我们知道要去做什么,也会去做"的演讲,深深地打动了选民。她承诺,如果当选,她会在6个月内让长期没水没电的蒙罗维亚通电;她还许诺将重建学校,并开办职业培训中心。"我们不想看到你们坐在村子里,我们希望能在学校中见到你们,"她对年轻人说,"你脑子里的东西,没有人可以夺走。"

瑟利夫的女性身份和视角也为她拉到了不少选票。她的竞选口号是"女人们,不要坐在那里,与男人们一起干些有意义的事情。"一次,她来到一群洗车工人中间,却惊异地发现没有女工人。一位工人告诉她:"这个活儿太辛苦,女人干不了。"于是瑟利夫对一群站在远处的姑娘大声说:"女同胞们,你们做好书写历史的准备了吗?我认为在利比里亚,现在是让女性展现能力的时候了。"无论是她的支持者还是批评者,都不否认只有她最了解教育的重要性,也最懂得年轻母亲的心理。这位"铁娘子"还承诺,就任总统后她将向人们展示她清新、温柔的一面。

瑟利夫雄心勃勃地向世界宣称:"这种趋势是不可逆转的,我一个人的演出很好地证明,不只在利比里亚,即使在整个非洲,女性都有资格领导国家。"

有不少反对者认为瑟利夫年纪太大、难以胜任一国之君的重任。不过,这位有着6个孙辈的67岁老祖母可是一点也不服老,并对赢得大选充满了信心。在一个竞选集会上,瑟利夫在火辣辣的骄阳下不用发言稿讲了20分钟,她在讲话中宣称:"女人准备创造历史。男人将跟我们合作。"这位略显佝偻却依然精力充沛的老祖母还在支持者"老妈,我们爱你"的欢呼声中,与众人载歌载舞,并不失时机地向孩子们发放糖果。

这次利比里亚总统大选经历了戏剧性的起伏,在10月11日举行的第一轮选举中,维阿有关消除腐败、恢复基本公共服务的承诺深受蒙罗维亚贫民区人们的欢迎,他因此而获得了29%的选票,在所有22名总统候选人中得票最多,高出第二名瑟利夫10个百分点。瑟利夫出师不利。根据利比里亚选举法,在没有人获得直接当选总统所需的半数以上选票的情况下,得票最多的前两名候选人必须在第二轮选举中一决雌雄。

瑟利夫第一轮选举失利,她深知接下来的一个月对于自己意味着什么:第二轮投票极有可能是自己人生最后一次向总统宝座冲刺的机会了,而维阿未来的机会一大把。因此,瑟利夫只能破釜沉舟、放手一搏了。

瑟利夫分秒必争、每票必争。她的主要策略是投入大量的资金,采用媒体闪击战,不断抨击对手维阿教育程度太低且没有从政经验。这些有计划的"诽谤性造谣"让国人的神经更为紧张,害怕再次出现混乱局面,内战后仅仅两年的和平毕竟是脆弱的。她提出咄咄逼人的竞选口号"我是女人,听我怒吼"。她的办公室的墙上张贴着美国民权领袖马丁·路德·金的演讲和显示如何前往偏远村庄的路线图。她亲自乘坐从邻国塞拉利昂租来的飞机,马不停蹄地前往道路不通的地区争取选民支持。

针对国家的一片乱象,她信誓旦旦地向选民阐明她的治国策略:"我希望修复劳动密集型产业的基础设施,恢复生产资源,重建公务员制度。国家不可能迅速恢复元气,但我相信只要我们努力,就一定会大获成功!"

2005 年 11 月 8 日,130 万利比里亚登记选民在全国 3070 个投票站用按手印的方式参加了第二轮总统选举。选举主办方在蒙罗维亚的教堂和学校为选民们设置了投票站,在首都之外的丛林里也设立了帐篷和茅屋供选民投票,有些投票地点选民需要走 4 天才能到达。230 名国际观察员和 4000 名利比里亚观察员对投票过程进行了监督,联合国维和部队也在蒙罗维亚市中心进行了严密布防,并禁止交通流动,以确保投票正常进行。

令乔治·维阿沮丧不已的是,第二轮选举投票结果发生了"逆转"——"铁娘子"后来居上,不会踢球的瑟利夫在"加时赛上金球制胜",赢了"世界足球先生"!尽管从维阿宣布竞选总统以来,人们一直将他视为最大的热门人选,但是先期进行的计票工作已经显示了他的失败。这位体坛巨星曾用自己的双脚"点亮"了世界足坛,如今当他渴望亲手重塑自己的故乡利比里亚——这个所谓"非洲最黑暗的角落"时,留下的却是壮志未酬的遗憾——在投票结束 3 天后,就有报道指出,虽然本次选举的票数统计还没有完全结束,但在已经获得结果的 91% 的选票中,维阿仅获得了 41% 的选票,而瑟利夫则已经获得了 59.1% 的选票,超过了半数。这意味着,总统之位已经成为瑟利夫的囊中之物,而维阿在政坛的首次"触电"将以失败收场。

39 岁的乔治·维阿表示不接受选举结果,"我们对整个选举过程表示质疑,因为选举存在欺诈行为,我已经获得了相关证据。"得知结果,维阿立刻召开了新闻发布会,他称自己是舞弊行为的牺牲品。"在选举开始前,我就截获了至少 3000 张支持瑟利夫的选票,这些选票是无效的,现在我要诉诸法律,同时我将寻求国际社会的支持。"随后,维阿向主持全国大选的委员会上交了正式申诉。不过,据驻利比里亚的国际观察团反应,整个投票过程并没有出现严重的违规行为。瑟利夫对此的回应是:"我认为我当选的趋势是不可逆转的","我希望维阿先生接受这一结果,因为它反映了利比里亚人民的选择。"

联合国驻利比里亚特别代表艾伦·多斯要求各方和平解决争端,他说:"现在利比里亚人民生活在和平的环境中,对此次选举结果表示异议不应该影响这个和平的氛围。我们主张各方尊重选举过程,并鼓励各方通过合法及适当的途径解决分歧。"

奇迹终于在这位果敢的女性手中诞生。2005 年 11 月 23 日,利比里亚全国选举委员会主席约翰逊·莫里斯在首都蒙罗维亚宣布,第二轮投票的最终统计结果显示,代表"团结党"参选的瑟利夫赢得了 59.4% 的选票,当选为利比里亚新总统;而代表"民主变革大会党"参选的维阿则获得了 40.6% 的选票。莫里斯同时宣布,调查证实,本次大选不存在大规模的舞弊行为,选举程序基本公平、自由、透明,大选结果具有合法性。

经历了漫长的等待和艰难的拼搏,瑟利夫平生愿望终于得以实现,早过花甲之年的她抬头仰望天空,眼中显出闪耀的光芒,发自灵魂深处的快感和激情,让人忽略了她身上的岁月刻痕。她在演说中表示,她将终结战乱和腐败等黑暗行为,并打破长久以来的男性统治,她呼吁所有非洲妇女帮助治理她们自己的国家。她说:"今天是我国历史进程中的一个新的开始,即我们有了第一位由民主选举产生的女总统。……我们粉碎了过去固有的统治模式,并且我希望所有的妇女可以抓住这个时机,积极参与国际和国内民事安定政治的事务。"瑟利夫最后说:"我国在经历了多年的动乱及不稳定后,将迎来新的黎明。"

大选结果正式公布后,维阿的支持者们涌上了蒙罗维亚街头,一些愤怒的群众甚至和联合国维和部队发生了冲突。在这种情形下,刚刚败选的维阿表现出了极绅士、极宽容的风度,他急切呼吁人们保持冷静,"我们已经经历了 14 年内战,利比里亚不需要战争与混乱。"

瑟利夫尽管力挫维阿获胜,但她在心底深深敬佩这位年轻、充满活力与想象力、宽容大度、顾全大局的政敌,她在其演说中对维阿表示感谢,说如果维阿愿意,希望他能够加入她的内阁,担任一个职位,比如青年和体育部长。

世界各国的许多媒体都在第一时间对利比里亚大选进行了报道。瑟利夫的当选意味着非洲大陆出现了第一位女性总统。在她之前,还从未有哪位非洲女性赢得过总统大选。英国广播公司报道称,瑟利夫取得的胜利对于利比里亚来说具有重要的象征意义,这一天对于非洲妇女来说也意义非凡。还有媒体评价说,全世界的人都希望这个接受过美国哈佛大学熏陶的非洲女强人能够不负众望,成为照亮非洲的"一个灯塔"。

# 走马上任

在非洲最古老的国家利比里亚政坛,瑟利夫以其独特的人格魅力赢得了人们的尊重。不过,其女性身份仍时常会成为一些人的话题。但是,瑟利夫本人认为自己在某些方面更像一个男性,她的支持者也经常会拿她的男性化性格开善意的玩笑,他们会说,"她是我们的男人"。即使在当代的非洲,女子当选高级官员也非常少见。在成为利比里亚总统候选人之后,瑟利夫曾经严肃地问过加纳时任总统约翰·库福尔:"你能接受一位女总统吗?"结果库福尔说:"我从来都没把你当成女人。"

对于这个回答,瑟利夫只能一笑了之,但是她在某种程度上也不得不赞同库福尔的回答。被称为"利比里亚铁娘子"的她说:"我这一生涉足了妇女通常不会进入的艰难领域。"当然,在更多的场合,领导一帮"大男人"进行工作的瑟利夫所展现出的则是自信、自尊和自强。在一次接受记者采访时她曾表示:"对于自己的女性身份,我非常自豪。有的时候我会告诉周围的人,我性格很强硬,我是个政治家,身为女人只是碰巧。"

2006 年 1 月 16 日,新任利比里亚总统瑟利夫在利比里亚首都蒙罗维亚宣誓就职。国际社会普遍寄望这位女总统能够带领利比里亚人民走出黑暗。

令世人惊讶不已的是,此时的利比里亚刚从战火中走出,仍是一片废墟,被称为"非洲最黑暗角落",瑟利夫的就职典礼面临着重重尴尬,首都蒙罗维亚甚至找不出一所像样的建筑举行典礼,各国嘉宾只能坐在塑料椅子上,头顶椰子树叶搭成的凉棚,才得以躲避烈日的蒸烤。此外,这些各国政要还需徒步走路才能抵达招待会现场。好在国际政要们并不计较这些。

在利比里亚议会大厦前的广场举行的就职典礼上,这位非洲历史上的第一位民选女总统身穿米色非洲套裙,戴着传统的非洲头巾站在利比里亚红白蓝三色国旗下。在就职仪式后的演讲中,瑟利夫激情满怀地说道:"今天是一个新时代的开始,我国在经历了多年的动乱及不稳定后,将迎来新的黎明。……尽我所能,忠诚、尽责、公平地履行作为利比里亚共和国总统的义务和职责。"

她在竞选总统时曾打出了"根除腐败,谋求发展"的口号,在就职演说上,她再次表明了自己跟腐败斗争到底的决心,她明确表示她的政府将加大反腐败的力度,她说:"不管它在哪发生,无论是谁,我都将向腐败宣战!"她郑重地向国人和世界承诺自己上任后首先要做的几件事:打击腐败以重获国际援助者的信任,恢复蒙罗维亚的供电以及为去年解除武装的10万人安排出路。她说:"在我的政府里,腐败将是主要的社会公敌,我们将与之奋战到底。"她发誓要"让孩子们再度欢笑"。"我们会把青春和未来还给他们。利比里亚将在我们手中铸就,我们会爱它并为它骄傲。"演说结束后,一袭白衣的瑟利夫与身着彩色服装的妇女们一起,在体育场内翩翩起舞。

从此,瑟利夫开始了为期6年的总统生涯。她的胜利将在非洲引发一场妇女革命。她说:"利比里亚人民通过民主选举产生了一位女性总统的过程创造了历史,整个非洲的人民都在观望。他们在焦急地等待,他们希望看到这个结果,因为这将为妇女打开更多的大门,让她们能够以比现在更有效的姿态在社会各阶层参与竞争。"

这位前财政部长和在联合国和花旗银行都任过要职的女强人深知,自己将面临着严峻的挑战。她所接手的是其前任总统泰勒留下的一个"烂摊子"——一个拥有300万人口、曾饱受战乱和贫困惊吓的国家。利比里亚曾经是西非各国羡慕的富庶之国,但自1989年爆发内战以来,利比里亚已成为"非洲最黑暗的角落",经济社会发展十分落后,年度财政预算只有区区8000万美元。长达14年的内战造成利比里亚至少25万人死亡,100万人逃离家园。血腥战场上曾一度出现握枪的10岁孩子。基础设施破坏情况异常严重,以至于首都蒙罗维亚十几年来一直没有自来水和电力供应。全国到处缺水、缺电、没有良好的公路网,学校缺少座椅,失业率高达80%,其300多万人口中大部分是文盲,几十万人仍然居住在收容所里,靠救济度日,而很多受过良好教育的人则生活在海外。国家的治安只能依靠联合国驻扎在利比里亚的维和部队。利比里亚人民面临的经济挑战十分严重,国家预算已收缩至其战前水平的一部分。利比里亚欠下大约30亿美元外债……瑟利夫在预选前接受采访时曾表示:"回首往事时发现,我的生活充满了战斗,参与各种论战仅仅是为了坚定自己的政治信念。我一贯站在可以更好地为国家服务的立场上。所以对于我来说,不能只站在一边,要坚持自己的想法,要有所行动,我知道什么才是利比里亚人民最需要的。"

面对这样一个满目疮痍的国家,"铁娘子"瑟利夫从来没有退缩。问鼎总统宝座后,信心十足的瑟利夫在接受采访时说:"选举的结果是整个利比里亚人民的选择,他们希望我能够带领全国人民达成更大的谅解,从而使国家彻底摆脱战争,走向和平发展的道路!""我给这个(总统)职位带来了专业能力,带来了民主原则,还带来了一个母亲的敏感。"

瑟利夫这位寡居的祖母级人物说到做到,她首先计划在半年之内恢复首都的供电,到2008年,每个村庄都能喝上干净的井水,实施初等义务教育。利比里亚政府接着实施了具体援助女孩接受教育的项目。

国家重建需要大量国际投资。最了解问题严重性的人莫过于瑟利夫，她的大部分职业生涯都在帮助别国发展经济。而她的国家现在迫切需要她的经验。

# 政坛独秀

如同瑟利夫在就职演说中强调的那样，选择投票给她就是选择改变这个国家。刚刚走出内战阴影的利比里亚，在2008年又面临着横扫全球的金融海啸的考验，但危机没有打垮这位已到古稀之年的"铁娘子"，在其坚强的领导下，利比里亚取得了令人瞠目的飞速发展。

为应对高粮价，2008年以来，瑟利夫下令取消了进口大米的消费税和年底前所有农业材料和供给的税收，以鼓励农民提高粮食产量。

2008年12月9日，瑟利夫以自己的不懈努力，荣获2008年度"联合国粮食及农业组织塞雷斯奖章"。联合国粮农组织塞雷斯奖创立于1971年，以罗马神话中保佑农业丰收的女神"塞雷斯"命名，专门授予在促进农业和粮食安全方面做出突出成绩的女性。联合国粮农组织总干事雅克·迪乌夫说，与几年前的食品危机相比，现在利比里亚农业已经取得巨大进步，利比里亚政府努力确保粮食供应和粮价稳定。联合国粮农组织将继续支持利比里亚农业发展计划。而瑟利夫承诺，利比里亚政府还将加强农业建设，以使农产品能够自给自足。

2009年7月，在利比亚举行的非洲联盟第13届首脑会议上，非洲各国领导人就建立统一的行政机构来管理政策事务的问题，各执己见，互不妥协，一时出现了僵局。如同万绿丛中一点红，在男性领袖群中鹤立鸡群的瑟利夫微笑着说，建立这样的行政机构并不是向非盟机构出让主权，而是为非洲国家建立共同面对国际事务的平台，制定统一对外的方针立场。她的表态让起先持反对意见的国家领导人重新审视这一提案，避免了不欢而散的结果。峰会结束时，非洲各国领导人经过长达15个小时的激烈讨论，终于通过将非盟委员会改为非盟权力机构的文件草案，授予该机构更大的权力，提高非盟在应对国防、外交以及国际贸易实务上的能力。

这次峰会，不仅让非洲各国领导人再度领教了瑟利夫卓绝的外交才华，也让全世界政坛和民间目睹了这位"铁娘子"打破僵局、峰回路转的人格魅力。

2009年，美国国务卿希拉里·克林顿访问利比里亚期间，向这位同为活跃世界政坛的女性送上了由衷的赞誉："从战乱到重建、从无序到民主、从绝望到希望"，希拉里用这短短三组形容词概括了瑟利夫主政利比里亚以后所发生的惊人巨变。

2009年年底，瑟利夫在接受当地媒体采访时披露，利比里亚的经济增长率达到6%左右，并有望很快摆脱几十年积累下来的高达490万美元的债务负担，利比里亚中央银行的国际储备金从500万美元增长到5000万美元。当前，全国已有200多所学校、30所医院和诊所以及几座政府办公楼、法院等重建或装修完工。

从2009年开始，瑟利夫政府就大手笔地通过回购政府债券，来增加市场的现金流通量，拉动投资，刺激经济。瑟利夫表示，在2011年年底她的任期结束前，她要推行各类内政外交政策，让利比里亚的每一个孩子都再次绽开灿烂的笑容。

2009年10月29日，瑟利夫迎来了自己的71岁生日，她对媒体表示，不排除参加 2011 年总统大选的可能。瑟利夫说,她将根据自己的健康状况以及她对工作的热情来决定她将要做什么,更重要的是,她也将根据人民的意愿,来做出自己的决定。不过,当年她在竞选时曾经表示,在 6 年总统任期结束后不会寻求连任。

2010 年 8 月 26 日,美国《新闻周刊》评出了"全球 10 位最受尊重国家领袖",瑟利夫赫然在列。10 位上榜领袖受人尊敬的理由各不相同,譬如:印度总理辛格是一位老到的经济学家,一手将印度打造为 21 世纪的新兴大国,其人温和、谦逊、清廉,在国际上威望极高,被誉为"领袖们敬爱的领袖";马尔代夫总统纳希德是一位环保主义英雄,自 2008 年担任马尔代夫总统以来,一直努力遏止气候变化,提高人们对环境特别是岛屿国家环境问题的认识,被誉为"绿色领袖";英国 200 年来最年轻的首相卡梅伦从工党政府的手上接过经济和反恐战的烂摊子后,果断推行削减财赤政策,迅速稳定市场,被称作"雄心勃勃的新手"。而瑟利夫上榜的理由是:收拾了两次内战遗留下的烂摊子、五年内使利比里亚获得重建和新生而被誉为"重建者"。

人们有理由相信,利比里亚杰出女总统埃伦·约翰逊·瑟利夫还将凭借智慧和魄力、铁腕与柔情、耐心与果敢,继续在非洲政治和经济舞台上扮演更加活跃的角色。

# 与北约"叫板"到海牙

## ——米洛舍维奇

## 人物档案

**简历**：斯洛博丹·米洛舍维奇，前南斯拉夫政治人物、塞尔维亚共和国总统（1989 年～1997 年）、南斯拉夫联邦共和国（南联盟）总统（1997 年～2000 年）、塞尔维亚社会党创党人和领导人（1992 年～2001 年）。

**生卒年月**：1941 年 8 月 20 日～2006 年 3 月 11 日。

**性格特征**：态度强硬。

**历史功过**：在民族问题上，他一改铁托时代的宽容政策，转而采取了强硬态度。他以反官僚主义为理由逐渐取消了包括黑山、伏伊伏丁那和科索沃的地方选举出的领导人。1989 年米洛舍维奇领导的塞尔维亚国民大会修改宪法，1990 年米洛舍维奇试图在南共联盟十四大上修宪以赋予总统更大的权力，克罗地亚和斯洛文尼亚的代表退席抗议，造成南共联盟分裂。

## 勇涉政坛

1941 年 8 月 20 日，当第二次世界大战硝烟正浓时，斯洛博丹·米洛舍维奇出生于贝尔格莱德南部的波扎雷瓦茨，是一名贫穷而保守的塞尔维亚东正教牧师的次子。父母给他起了一个充满希望的名字："斯洛博丹"，意即自由。他的父亲祖籍黑山，对神学极感兴趣，一生迷恋于宗教。他的母亲是共产党人，在为革命而战。因此，搞政治的与信奉神学的这两个人之间经常发生口角，而米洛舍维奇所受到的教育就是在这样的气氛中进行的。父亲最终认输了，他放弃了一切，回到老家黑山过起了隐居的生活，后来开枪自杀。再后来，作为将军的叔叔也以同样的方式自杀了。幸运的是，他还有令人崇敬的母亲。在铁托时代，是她说服米洛舍维奇加入了共青团。后来，母亲在自己教书的波扎雷瓦茨学校里自缢身亡。对父母悲惨死亡的事情，他本人从来是只字不提的。毫无疑问，这给他带来了难以言喻的心灵创伤。破碎的家庭，双亲自尽的悲惨现实，对造成米洛舍维奇不怕孤立、直面逆境，善于从绝处求生的刚强性格起了很大的影响。

小时候，整洁乖巧的斯洛博丹深得母亲的喜爱。据一个同龄人的回忆，米洛舍维奇总是郁郁寡欢，穿戴整齐，喜欢跟比自己大的孩子在一起而不愿与同学为伍。他循规蹈矩，"把自己想象成车站站长或彬彬有礼的公务员"。

20世纪50年代末，米洛舍维奇来到贝尔格莱德，在贝尔格莱德大学攻读法律，由于政治上的早熟，他逐渐引起了首都共产党机构的注意，成为一名积极的共产党员，并担任学生支部的负责人。期间，他同伊万·斯坦鲍里奇成为好朋友，进而认识了伊万的叔叔彼塔·斯坦鲍里奇——当时的塞尔维亚总理。此后，斯凭借其亲属曾是铁托总统的"身边人"这个背景，沿着政治阶梯步步高升时，总是不忘拉米氏一把。经这位高官的大力褒奖和推荐，他在后来仕途上一帆风顺。大学毕业后，他担任过贝尔莱德市市长的经济顾问和该市天然气公司的经理。1978年，他被任命为南斯拉夫最大的银行贝尔格莱德银行董事长。他任该职时曾多次访问美国，这使得他对美国社会有了较为深刻的理解。他的英语讲得非常流利，与外国同行交流业务时得心应手。1983年，他走上政治舞台，当选为南共联盟主席团中央委员。

此后，米洛舍维奇在政坛步步升迁，1984年他当上了首都贝尔格莱德市的党主席。两年后，他又跃升为塞尔维亚共产党政治局主席，从而跻身最高领导层。同年5月，他当选为塞尔维亚共和国主席，并牢牢地控制住了那里的党组织和新闻媒体。

1987年4月一个灰蒙蒙的傍晚，在普里什蒂纳城外的波列村，愤愤不平的塞族人成群结队，声称在占人口多数的阿尔巴尼亚族人手里受到压制。他们涌向一个昏暗的会议厅，一心想让新任共产党负责人米洛舍维奇了解他们的苦衷。手舞大棒的警察拦住了他们。这时，身材敦实、长着一副娃娃脸的米洛舍维奇眼含同情的泪水走出大厅。他看了看眼前的景象，告诫警察不要乱来，慷慨激昂地对塞族人说："在塞尔维亚的土地上，你们不会再挨打了！"这句振奋塞族人心的响亮的宣言很快传遍了塞尔维亚。

随后两年，群众集会风起云涌，他几乎走遍了塞尔维亚和每一个城镇，掷地有声地表示要掀起一场"反对官僚作风的革命"。米洛舍维奇向塞族人承诺实行改革并把科索沃确定为第一个目标。当时，科索沃阿族极端势力加强了分裂活动，压制和驱赶那里的塞族人，而他的政治导师、塞主席团主席斯坦鲍里奇却对此采取不疼不痒的"温和态度"。为了维护国家的安定、统一和塞尔维亚民族利益，米洛舍维奇毅然决然地支持群众将斯氏轰下了台。1989年，当科索沃的动乱不断升级时，他果断地将坦克开到了这里，大肆镇压独立势力，很快完全控制了科索沃和伏伊伏丁那，并得到黑山政权的声援，使得这两个省不脱离塞尔维亚。这赢得了塞族人的极大支持，成千上万的塞族人走上街头对他的行动表示支持。在塞族人的住宅、店铺和汽车里，他的画像取代了威名一世的铁托的画像。

随着南斯拉夫民族矛盾加剧，塞尔维亚学院的一些激进分子联合发表了他们著名的"备忘录"，强烈要求把移居南联盟其他共和国（主要是克罗地亚和波黑）的200万塞族人也包括到塞尔维亚共和国内。身为土生土长的塞尔维亚人，米洛舍维奇对这份备忘录十分欣赏，这成为他未成文的"大塞尔维亚"计划，要实现该计划，必须重划边界，迁徙人口，这引起了随后多年的冲突。

1989 年东欧剧变后，该地区的一些共产党组织和其头面人物纷纷改换门庭，南斯拉夫处于风雨飘摇之中，生逢乱世的米洛舍维奇乘势而上，高举重振"大塞尔维亚"的大旗，于 1990 年 7 月当选为由塞共改组而成的塞尔维亚社会党的主席，而后依仗着自己多年积累下的实力，在年底进行的多党制大选中一举当选为该共和国总统。1991 年，南斯拉夫联邦共和国当中的斯洛文尼亚、克罗地亚、波斯尼亚和黑塞哥维那以及马其顿相继宣布独立，南斯拉夫联邦共和国宣布解体，而塞尔维亚和黑山两个共和国则于 1992 年 4 月 27 日宣布组成南斯拉夫联盟共和国。此时，前南斯拉夫的一些政坛元老、新秀也在多党制的浪潮中纷纷下野，米洛舍维奇却稳如泰山，并且还加强了自己的地位。1992 年 12 月，在南联盟塞尔维亚共和国议会大选中，米洛舍维奇以较大的优势战胜与之角逐的南联盟总理帕尼奇，再次登上塞尔维亚总统宝座。1997 年 7 月 23 日，米洛舍维奇在南斯拉夫联盟总统选举中获胜，出任南联盟总统。

对于米洛舍维奇何以能在东欧剧变的强大冲击波中站稳脚跟，继续驰骋政坛，人们说法不一。有人说他"手腕高明"，善于审时度势，及时将塞尔维亚共产党改头换面；有人认为他是以廉洁的作风、坚韧不拔的精神赢得了人心；更多人断言，在前南斯拉夫的动荡中，米洛舍维奇善于利用塞尔维亚人的民族情绪，这才是他成功的最根本的原因。西方则认为，米洛舍维奇这位态度强硬的前共产党人，十多年的执政都是以蔑视西方为基础的；这位大塞尔维亚的鼓吹者，从没有放弃让所有塞族人一起生活在一个塞尔维亚国家的梦想。

南斯拉夫人颇有些自豪地说，自铁托 1980 年去世以来，南斯拉夫还没有一位像米洛舍维奇这样的领导人，使得自己成为一个具有支配地位的铁托式人物，拥有至高无上的权威。

## 叱咤风云

米洛舍维亚奇具有律师般的雄辩口才，他口若悬河，振振有词，言词也极富鼓动性。在塞尔维亚人的多次集会上，每当他一露面，聚会在现场的广大群众便会出现一种激动不已的情感，这种情感通常只能在最受欢迎的摇滚歌星音乐会上才能看到和体会到。

前南斯拉夫一位政治家这样描述米洛舍维奇："他是一个连多瑙河都不让平静的人，他总是让人感到在破除某种东西。"米洛舍维奇认为，"塞尔维亚要摆脱经济不发达状态，必须组成一个国家，成为真正的共和国"，让"所有的塞尔维亚人生活在一个国家里"。他的大塞尔维亚思想对前南地区的冲突不能说没有影响。

有人说，是他鼓动克罗地亚和波黑境内的塞族先后成立了"自治区"和"共和国"，在前南局势紧张、克罗地亚塞族聚居区的 60 万塞族居民宣布建立一个"克拉伊拉塞尔维亚共和国"时，塞尔维亚共和国给予正式承认。南内战爆发后，米洛舍维奇要求南人民军去保护克罗地亚和波黑境内的塞族人。1991 年 7 月初，他亲自到塞尔维亚和克罗地亚边境检阅正在演习的塞尔维亚地方卫队。

但是，建立"第三南斯拉夫"只是米洛舍维奇的一个梦。南斯拉夫一分为五的现实早已将他的这个梦想打碎了。

米洛舍维奇当选为南联盟总统后,《纽约时报》称他为政治风浪中的"不死鸟"。的确,面对巴尔干半岛的风云变幻以及西方长期的封锁制裁,他都能对局势做出准确分析和正确判断,从而沉着应对,利用西方国家之间的不和,利用俄罗斯对他的支持以及国内居多数的塞族人对他的信任,在巴尔干政坛上叱咤风云,纵横捭阖,以铁腕手段始终牢牢把控着最高权力。

塞尔维亚和克罗地亚在 1991 年开战之后,塞尔维亚的经济萧条、通货膨胀使米洛舍维奇的威望和地位一度发生动摇。联合国对南斯拉夫实行全面禁运之后,他的处境更加困难。国内一些知识分子和大学生肯定他对塞尔维亚的历史性贡献的同时,也要求他以大局为重,自动引退。反对派则继续攻击他将共盟改名不过是换汤不换药,说他对内仍搞以公有制为主体的多种所有制、对外仍奉行不结盟政策,使国家无法摆脱困境,坚决要他交权。迫于强大的压力,米洛舍维奇曾表示,如果他的去职能导致西方取消制裁,他愿意付出这个代价,然而,甚至连反对派也不得不承认,他的下台可能使局势更加混乱,取代他的可能将是狂热的塞尔维亚民族主义分子,后果也许更不堪设想。这样,米洛舍维奇以退为进,又保住了自己的总统宝座。虽然在西方经济制裁、武力威胁的步步紧逼下,米洛舍维亚奇不得不做出让步,但他依然屹立于政坛,并使南联盟总统这个虚位变得大权在握。

米洛舍维奇的高超政治技巧使他屡次安度危机。他始终高举民族主义大旗,在国内牢牢控制局势,并在普通百姓中享有崇高威望。1996 年底,反对派在贝尔格莱德举行游行示威,抗议执政党在地方议会选举中"作弊"。游行持续了 2 个月,西方以为米洛舍维奇的末日到了,但他却坚持下来,直到反对派的临时联合阵线四分五裂。当时还发生了一件具有戏剧性的事:拥有私人银行和电视台的大富翁卡里奇在反对派游行达到高潮时,在别人的怂恿下,心血来潮地宣布问鼎政坛,要与米洛舍维奇竞争南斯拉夫总统一职,起初米洛舍维奇不动声色,在卡里奇蹦跶了几天之后,他断然下令国有企业从卡里奇银行里提取存款,并下令电信部门限制对卡里奇的电视节目转播时间,这样的釜底抽薪之术,一下子令卡里奇清醒过来,胆战心惊地退出了竞选,并表示要痛改前非,不再过问政治。

米洛舍维奇是位审时度势的政治家,他在同对手谈判时力求控制主动。1993年 7 月,为了使反政府游行中被捕的反对派领导人武克·德拉什科维奇获释出狱,法国总统密特朗的夫人达尼埃尔·密特朗亲赴贝尔格莱德说项斡旋,但是米洛舍维奇坚决拒绝释放德拉什科维奇。他说这种事要由最高法院决定,然后他在电视镜头前祝密特朗夫人在贝尔格莱德逗留愉快,并彬彬有礼地请她别忘了代他向她丈夫问好。5 年后,还是这位武克·德拉什科维奇,却被米洛舍维奇变戏法似的招到身边做了南联盟的副总理。当北约对南联盟发动空袭后,德拉什科维奇公开指责米洛舍维奇领导的南联盟塞尔维亚社会党利用国家处于战争状态的机会加强统治地位,还流露出悲观情绪,说什么"应该认识到南联盟无法打败北约"等。米氏闻听此言很是气愤,便毫不犹豫地撤去了德拉什科维奇的副总理职务,理由是他的讲话同政府的政策不一致。

米洛舍维奇对待波黑塞族的态度也是这样灵活多变。米洛舍维奇同波黑塞族领导人卡拉季奇没有多深的交情,但出于维护塞尔维亚人的利益,他们有关建立大塞尔维亚的主张如出一辙,米洛舍维奇找到了自己在波黑的代言人。他积极地支持他们,用大笔经费为塞族购买武器、弹药和燃料,还派遣几支突击队前去援助卡拉季奇。直到1994年夏天,米洛舍维奇实际上一直是完全支持波黑塞族的。但是,随着后来局势的变化,国际社会把南斯拉夫视为波黑内战的支持者,开始对其进行军事经济等方面的包围和封锁,米洛舍维奇才开始改变支持波黑塞族的强硬立场,想以牺牲同波黑和前克罗地亚的塞族利益来换取国际社会取消制裁。他先是断绝了对波黑塞族的一切援助,1995年7月底,当卡拉季奇命令塞军司令姆拉迪奇夺回被克罗地亚攻占的地盘时,姆拉迪奇却根据米洛舍维奇的授意按兵不动,卡拉季奇一怒之下想收回兵权,哪料到姆拉迪奇有米洛舍维奇的背后撑腰拒不交权,医生兼诗人出身的卡拉季奇无计可施。接着,米洛舍维奇决定踢开卡拉季奇,直接上阵,代表波黑塞族参加在美国代顿举行的谈判。根据谈判规定,波黑塞族的3名代表与南联盟塞尔维亚的3名代表共组塞族代表团与穆克两方进行谈判,而声称代表塞族整体利益的米洛舍维奇将有一锤定音的权力,卡拉季奇居然像二战时列强签署瓜分捷克的"慕尼黑协定"时在会场外徘徊的捷克代表那样被剥夺了决定自己命运的权力。卡拉季奇虽心有不甘,但波黑塞族势单力薄,失去了母国的援助,根本无法支撑下去。这时的卡拉季奇才逐渐明白,自己的命运原来掌握在贝尔格莱德的米洛舍维奇手中,现在,自己的使命已经完成,该是兔死狗烹了。从1995年8月起,北约对波黑塞族进行了大规模空前的轰炸,卡拉季奇成为千夫所指,而真正操纵这场战争的米洛舍维奇却在国际社会中大出风头,俨然一位和平使者,使得西方特使开始像朝观一样纷纷到贝尔格莱德来与他谈判。1995年12月14日,米洛舍维奇和波黑总统伊泽特贝戈维奇、克罗地亚总统图季曼一道,在巴黎签署了波黑和平协议。

正因为此,与米洛舍维奇打过交道的一位西方外交官颇有见地地说:"华盛顿的很多官员公开辱骂米洛舍维奇,说他是巴尔干地区的主要问题,但他也是解决问题的钥匙,西方在解决这些问题时需要他。"

同为敢于同西方大国正面对抗的小国领导人,米洛舍维奇与伊拉克总统萨达姆却不可同日而语。西方基本上不屑与萨达姆直接打交道,对付他只能用大棒——制裁和轰炸。西方当然也恨米洛舍维奇,希望他尽早下台,但仍愿意同他坐下来谈判,采取胡萝卜加大棒的政策。这就是为什么美国特使霍尔布鲁克近4年来先后74次赴贝尔格莱德谈判的原因。

霍尔布鲁克对米氏的谈判手腕多有领教,他在《为了结束战争》的一书中称赞米洛舍维奇"风度优雅、富于魅力、说话含糊其词",说"米洛舍维奇的巧妙之处就在于他知道该如何迷惑别人或抗拒别人。前一天他还激烈反对的东西,第二天就转而同意了;或者刚刚表示对事情的进展感到高兴,随即又去开倒车。米洛舍维奇跟他的对手对着干,出其不意地袭击敌人,而且乐此不疲。"

西方人士对米洛舍维奇的评价是:"米洛舍维奇给所有接触过他的人都留下了极好的印象。"他能讲一口流利的英语。他被看作是一个性格坚强的人,但他的容貌与他的性格很难相符,他那丰满的面颊总给人一副娃娃脸印象。他的穿着是西方式的。他喝加冰块的威士忌,吸意大利香烟,一举一动总是给人以心情愉快的感觉。很多同米洛舍维奇打过交道的美国参议员或众议员走出他的办公室时都会惊叹:"他并不是我原先想象的那样呀!"他知道如何同对手周旋,并在适当的时候敢于说"不",同时也会在他认为必要时采取灵活的手段。他的对手往往因为摸不到他的思路而焦躁愤怒,而他自己则轻松自如地握着底牌怡然自得。

美国外交官沃伦·齐迈尔是世界东西方关系的裁军问题专家,1965年至1968年曾任美国驻前南斯拉夫联邦大使馆一等秘书,1989年又出任驻南大使,在他1996年出版的回忆录《灾难的根源——南斯拉夫和它的摧毁者们》一书中,他谈了对当时担任塞尔维亚总统的斯·米洛舍维奇的印象。作者写道:

在给人初步印象很美好的同时,米洛舍维奇又是个非常冷漠的人。只有当他说"你好","再见"的时候,脸上才会露出难得的一丝笑容。一次,美驻南使馆政务参赞陪同美教会神职人员同他会晤,谈到美对阿尔巴尼亚政策时,他直截了当地说,"你们美国支持阿尔巴尼亚,把它看成永不沉没的航空母舰,企图让阿尔巴尼亚向北扩张,把整个巴尔干地区纳入你们同德国瓜分的势力范围……"作为美国代表,我认为有必要澄清事实。稍后,我会见他时向他指出,这种分析是错误的。他听后如同受到人身攻击一样跳了起来,脸色突然变得异常可怕,他的助手不得不把他劝离会场。1991年3月,他同我还有其他6个西方国家驻南大使共进午餐,那时他正经历着政治生涯中最富有爆炸性的危机。但是,他出现在我们面前时,给人的感觉是,没有比同我们共进午餐更能使他愉快的了。当时,我不能不钦佩他的气度和镇定。我感到在我面前存在着"两个"米洛舍维奇:一个是固执,专横,好斗,善于制造混乱,喜欢使用武力,一心想建立一个大塞尔维亚共和国的米洛舍维奇;另一个是有礼貌,平易近人,对南斯拉夫的各种难题努力寻求明智的解决方法的米洛舍维奇。"两个"米洛舍维奇又有着共同的特点:不喜欢阿尔巴尼亚人,全力维护塞尔维亚的利益,认为世界正联合起来反对塞尔维亚。

# 铁血硬汉

真正使米洛舍维奇扬名世界的是由于科索沃问题成为国际焦点。

科索沃是南斯拉夫联盟塞尔维亚共和国的一个自治省。它位于塞尔维亚的南部,与阿尔巴尼亚和马其顿接壤,面积约1.1万平方公里,人口约200万,阿尔巴尼亚族人占90%以上。科索沃曾是中世纪塞尔维亚王国中心,塞尔维亚人把科索沃看成是本民族历史和文化的摇篮。1389年,土耳其人占领了科索沃。在此后近500年的奥斯曼土耳其的统治下,大批塞族人被迫外迁,阿族人乘机迁入,并逐渐成为科索沃的主体居民。1912年,科索沃地区并入塞尔维亚版图。二战结束后,科索沃随塞尔维亚进入南斯拉夫社会主义联邦共和国。1974年,南斯拉夫新宪法承认科索沃自治。

长期以来,科索沃阿族人一直闹独立,企图建立科索沃共和国,与阿尔巴尼亚合并。1989年,米洛舍维奇领导的塞尔维亚当局修改宪法,取消了科索沃的大部分自治权力;1990年,他又下令解散了科省议会和政府。这使得科索沃阿族人大为不满。阿族人随后宣布建立"科索沃共和国",并选出拥有博士学位、作家称号的鲁戈瓦为"总统"。但这个"共和国"除了阿尔巴尼亚之外,并未得到国际社会的承认。自1994年后,一个由激进的分离主义分子组成的"科索沃解放军"在科索沃各地制造恐怖活动,企图达到独立目的。1995年有关南斯拉夫波黑问题的代顿协议签订后,西方国家企图将科索沃问题国际化,米洛舍维奇旗帜鲜明地一再指出,科索沃是南的内部事务,坚决反对外来干涉。米洛舍维奇对南斯拉夫联邦解体无比痛心,因此誓言在他担任总统期间绝不能像600年前科索沃落入土耳其人手中那样,让历史悲剧重演。

1998年2月,阿族武装分子与当地塞族警察发生冲突,科索沃危机再度激化。尽管面临着西方的巨大压力,米洛舍维奇仍毅然果断地将大批部队开进科索沃,在7个月的拉锯战中将反叛势力一举荡平。他手上的牌是,西方声称不支持科索沃独立,因此不希望看到叛军势力坐大,所以他放手干了起来。到10月份,一直隔岸观火的西方以制止人道主义灾难为由,重新向米洛舍维奇施加压力,米洛舍维奇从现实出发,在与霍尔布鲁克进行九轮谈判后做出重大让步,允许欧洲安全与合作组织派2000名观察员到科索沃监督停火,并答应从自己土地上撤走部分军队。

1999年2月,科索沃双方在法国的朗布依埃举行了四轮谈判。谈判一波三折,险象环生,会场外是北约"战斧式"巡航导弹和B52轰炸机的军事高压威胁,会场内是美国国务卿奥尔布赖特和法、英两国外长的督阵施压,美、欧、俄的3名特使则在塞阿两族代表团之间穿梭往来,居中调停。在最后期限来临之际,连北约盟军最高司令和阿尔巴尼亚外长都被紧急招来做劝说工作。

米洛舍维奇拒绝让步,他一针见血地揭露说,西方大国同阿尔巴尼亚族分裂势力事先制定了所谓的和平协议,强迫南斯拉夫接受。如果签署这一协议,南斯拉夫将无权在科索沃部署警察和军队(除少量边防军),这将使南政府彻底失去对这一地区的控制,几年后科索沃无疑要独立出去。另外,美国及其北约盟友根本不是要解决科索沃问题,其真实目的是要借机向科索沃部署军队。如果这次南斯拉夫做出让步,将来西方还会在伏伊伏丁那、桑贾克等地做文章,南斯拉夫的主权与领土完整将受到严重威胁。

科索沃和谈已经到了关键时刻,科索沃阿尔巴尼亚族代表团单方面在协议上签了字。于是,欧美各国轮番警告南联盟:要么签字,要么接受北约轰炸的命运。欧安组织观察团成员早已等得不耐烦撤走了。北约欧洲盟军最高司令韦斯利·克拉克露骨地恫吓说,如果塞尔维亚不答应协议,北约就要"开始让我派出飞机"。米洛舍维奇面无惧色地回敬这位四星上将:"你们威胁塞尔维亚,是战争罪犯。"

米氏的强硬态度令以"老大"自居的美国很是恼火,他们决定要"教训"这个小国首脑了。但他们还要在动手前装模作样地做些"和平努力",于是美国特使霍尔布鲁克1999年3月22日晚上和23日上午和米洛舍维奇进行了两轮共6个小时的会谈,米洛舍维奇仍坚持立场,拒绝签字。

米洛舍维奇早就说过:"如果北约部队不请自来,那么,我们将把它看成是侵略者和敌人。南斯拉夫有进行自卫的合法权利。"而美国和北约盟国早已扬言:"在科索沃问题上,我们的一致是毫不保留的。"这就意味着以北约军事打击迫使米洛舍维奇就范,采取"以炸迫和"方针。看谁更硬?局面明摆着:"人为刀俎,我为鱼肉",用米洛舍维奇的话说,这其实是借维和之名行强占一国领土之实。

米洛舍维奇从本国利益出发,不准外国军队进驻科索沃,但却实实在在面临军事打击的危险。美国国务卿奥尔布赖特早就警告过米洛舍维奇,如果他不签字,他就犯了"严重错误",一切后果由他承担。北约和阿族一方则认为,米洛舍维奇是个见风使舵的人,"你对他硬,他就软,你对他软,他就硬"。"只要你给米洛舍维奇一点空间,他就会耍花招。"

可米洛舍维奇偏偏不听话,甚至大敌当前,还硬挺着:"科索沃不存在战争,只有反恐怖行为,不需要外国军队进驻。"他强硬地表示,即使遭到北约的轰炸,也不能出卖国家利益。当霍尔布鲁克对他下达最后通牒时,一向被认为难以捉摸的米洛舍维奇对谈判桌上的老对手袒露心扉:"科索沃比我的脑袋还重要,你叫我怎么让步?在协议上签字意味着3年后科索沃自动独立,我担不起这个历史责任!你们实在要打,那就来吧!"

恼羞成怒的北约悍然对南联盟发动了空袭。

由19个盟国组成的北约为何要对一个巴尔干小国如此大动干戈?

冷战后的欧洲战略格局发生了巨大变化,冷战时期东西欧之间力量大体平衡的天平倾覆;俄罗斯在被迫将自己的势力撤出东欧之后还要再去痛苦地咀嚼冷战遗留下的恶果;而以美国为首的北约在以胜利者的姿态为苏东的剧变欢呼雀跃的同时,为了巩固冷战的成果,又大举东扩,图谋控制整个东欧,进而将俄罗斯的势力完全驱逐出东欧;绝大多数东欧国家出于自身的国家利益考虑也纷纷制定了"回归欧洲"的外交政策,积极寻求加入北约。唯有地处巴尔干要冲、具有重要战略地位的南联盟根本不买北约的账,不仅从未提出过要加入北约,而且一直与俄罗斯保持着密切的联系。加之米洛舍维奇是南斯拉夫共产党出身,就任南联盟总统后并没有改变自己的一贯作风,在西方那些死抱冷战思维不放的人的眼里,他俨然成了"东欧最后一位未悔改的共产党领导人";而南联盟的社会制度也没有发生太大的变化,更被西方视为"欧洲的最后一个布尔什维克桥头堡"。这是一心想要完全控制东欧与巴尔干的美国和北约所无法容忍的,故而米洛舍维奇领导下的南联盟就成为北约东扩路上最大的一块绊脚石,被北约视为眼中钉、肉中刺,必欲除之而后快。

在波黑内战中,北约就曾考虑过要对南联盟动武,但实在找不到可以说得过去的理由,只好鼓噪对南联盟进行了全面的制裁和武器禁运。在此期间,美国还想方设法、不择手段地想把米洛舍维奇总统搞下台。据南联盟国家电视台1999年1月30日公布截获的美国中央情报局的一份绝密文件《中情局援助南联盟反对派计划》称,1998年美国用于支持南联盟反对派搞颠覆活动的费用高达1000多万美元,而鉴于1999年形势的变化,还将要把这项费用猛增到3000多万美元。美国人的处心积虑略见一斑。而早在20世纪90年代初,英国首相撒切尔夫人就曾发出这样的呼吁:"应立即派空军直接轰炸贝尔格莱德,推翻欧洲残存的最后一个共产党政权!"英国军情六处在1992年曾想制造车祸暗杀米洛舍维奇。1998年2月以来,科索沃问题日益凸显,正苦于没有突破口的美国和北约趁机介入。他们打着"保护人权"的旗号,先有意利用传媒将冲突炒热,使科索沃问题国际化,继而再政治孤立南联盟,甚至煞费苦心地炮制了所谓"拉察克村惨案",要搞臭南联盟,接着抛出所谓"科索沃问题和平协议框架体系",以大兵压境的方式企图逼南联盟就范。哪知铁血男儿米洛舍维奇是块硬骨头,无奈之下的北约只好扯下"人道主义"的幌子,大打出手了。

# 抵抗北约轰炸

当北约开始轰炸后，米洛舍维奇神情严肃地发表电视讲话，号召全国人民"采取一切手段保卫国家"，他说："目前发生的一切关系到国家的自由。科索沃只是外国军队企图侵入的开端。我们要不惜一切代价保卫国家。"

面对着世界上最强大的联盟发动的高技术条件下的局部战争，米洛舍维奇深知，南联盟拥有的 13 万兵力、1000 枚"萨姆"地空导弹、4 艘带有航空导弹和舰舰导弹的驱逐舰、15 架"米格—29"战斗机根本不是对手，但他显然研究了美国最近的挑战者—伊拉克、朝鲜、越南等，从中学到的东西比一般人都多。他有他的生存战略。早在几个月前，他就未雨绸缪，紧急部署，做好了应付战争的准备，一方面许诺减少在科索沃的驻军，一方面开始把军队从军营调回战场，给秘密警察配备重武器，进行实弹演习。他还把多余的供给品和弹药埋了起来，以免受到北约的轰炸。在轰炸开始前的那几天，他的指挥官开始把地面部队分散，并利用山地的复杂地形作了精心的伪装，有效地保存了有生力量，以同将来可能侵入的北约地面部队展开游击战。

自北约对南联盟发动空袭以来，米洛舍维奇总是让西方国家有点措手不及。他展开一场灵活的心理战，为的是分裂国际社会，争取一直摇摆不定的舆论的同情。这位贝尔格莱德的强权人物不失为一位令人生畏的战术家，他总是对敌对双方的力量对比有着清醒的认识。

他命令南联盟军队保持克制，没有向驻扎在马其顿和阿尔巴尼亚的北约部队发射一枚导弹，为了尽可能保护自己的防空防御系统，它做出一副让人不可小看的架势。另外，米洛舍维奇还避免像萨达姆一样在作战能力方面乱夸海口。他对北约空袭的第一个反应是要表明自己具有的危害力量：大批的科索沃阿族人难民让西方国家面临二战结束后欧洲的一次史无前例的人道主义危机，同时面临整个巴尔干地区从此动荡不安的危险。后来米洛舍维奇又退让一步，呼吁阿族难民重返家园，同时在控制科索沃之后，还于 1999 年 4 月 6 日宣布对"科索沃解放军"单方面停火，并且开始和科索沃阿族的温和派领导人鲁戈瓦进行政治谈判，使西方散布的鲁戈瓦"已失踪""可能被害"的谣言不攻自破。此后，鲁戈瓦带上米氏的信件出访意大利，在访问过程中并没有像西方想象的那样对南联盟进行"血泪控诉"，这很令北约失望。

北约国家过去谴责米洛舍维奇对科索沃进行"种族清洗"，现在却又开始为不准离家的阿族人的命运担忧。同样，南联盟政府还利用抓获的三名美国士兵来捉弄美国人的神经。他们没对这些美国兵进行公开审判，而米洛舍维奇现在又显示他的"宽厚"，在与美国著名的人权运动领袖杰西·杰克逊会谈后，他释放了三名美国兵，以此向美国国民作反战宣传。

这些缓和举动被塞尔维亚国家电视台和各家媒体大规模轮番地宣传，以此证明北约的"极端顽固主义"，目的是让人民更加相信他们的国家确实受到了"侵略"，从而使他们更加紧密地团结在当局周围。

米洛舍维奇的建议旨在恢复其在国际舞台上的信誉，他把希望寄托在很多越来越担心战火燃遍整个巴尔干的国家身上。北约大国目前仍然一致拒绝同塞尔维亚当局做任何妥协，除非它从科索沃撤军，并且接受北约在科索沃驻军。不过即便是在欧洲，支持谈判解决科索沃问题的呼声也越来越高。

北约的疯狂轰炸在继续，米洛舍维奇仍然一如既往地工作着，他仍然主持内阁会议，仍然在接待外国要人，他仍然在发布抵抗北约侵略的命令。

当北约开始轰炸南联盟时，北约上下都曾表达了这么一种愿望，即通过空袭，给南联盟政府内部造成紧张局面，最好由此引发军队的叛乱，将米洛舍维奇轰下台，但这种苗头迄今一点也没有，相反，轰炸使得南联盟空前地团结一致。

熟悉米洛舍维奇的人说，米洛舍维奇是坚强的人，北约的轰炸根本不可能让他屈服，即使是地面部队入侵，也不会让他屈服。他虽然对他在贝尔格莱德的住宅被炸感到愤怒，但并不惊慌，这只会使他抵抗北约侵略的决心更加坚定，南联盟外长约万诺维奇在一次记者招待会上说，"要是有人闯入你家里，把你的家毁坏的话，你会有什么反应？"而这正是现在米洛舍维奇总统和南联盟人民的反应。

问到米洛舍维奇对于导弹袭击他的住宅反应时，约万诺维奇引述米洛舍维奇的话说，"是很可怕"，但如果是袭击居民区的话，"会比这更可怕"。

米洛舍维奇的朋友说，在困境下他才会更加显示出他的能力和勇气来，北约拿炸弹来威胁他，这是根本行不通的。即便过去反对过他的人，现在也承认，北约犯了低估了米洛舍维奇和南斯拉夫人民的错误。轰炸只能使人民更加拥护米洛舍维奇。熟悉贝尔格莱德政治行情的人士认为，米洛舍维奇不会被国内的反对派搞掉，也不会在军方的叛乱中下台，因为政治上的反对派势力太弱了。

一段时间以来，在科索沃，在南联盟其他许多地方，人们经常呼喊着口号，挥舞着米洛舍维奇的画像，表达对他的支持，但是在贝尔格莱德，这种景象并不是很多，原因是米洛舍维奇并不希望人们赞美他个人，在困难时刻，他更要同人民在一起。一位驻联合国人权委员会的南高级官员曾在一次公开场合说：米洛舍维奇是勇敢的，我们的人民也是勇敢的，个个都是米洛舍维奇。

1999年4月27日是南联盟的国庆节。这天上午，米洛舍维奇来到距贝尔格莱德10多公里的阿瓦拉山。虽然这里随时有遭到轰炸的危险，但他依然神情自若地检阅了仪仗队，在庄严的国歌声中向"无名战士墓"献了花圈。花圈缎带上写着：光荣属于南斯拉夫及其对侵略者的英勇抗击，光荣属于英雄的南斯拉夫人民和他们为自由进行的斗争。

面对北约的狂轰滥炸，米洛舍维奇深知南斯拉夫人民的劫难在所难免，国家经济水平将倒退数十年，但他没有任何退路，只有硬挺着直至北约提出有利于他的停火条件。他的坚定信念是，南斯拉夫可以成为别国的好伙伴，但"决不会成为任何的人的奴仆"。即使在军事上他失败了，但在塞族人的心目中，他还是胜利者——为捍卫民族利益不惜与强大的西方抗衡叫板。

然而，对祖国的这份爱的执着，那些掌握着生杀大权的欧美国家领导人并不理解，他们认为，米洛舍维奇之所以选择战争，是为了保住自己的总统位子！

## 誓保祖国

1999年4月18日，米洛舍维奇的夫人、南斯拉夫左翼党主席米里亚娜·马尔科维奇给英国外交大臣库克写了一封公开信,驳斥库克散布的关于她在北约愈演愈烈的空袭中已携子女逃离南斯拉夫的谣言,并以一句成语回敬库克:"以小人之心,度君子之腹。"

米里亚娜在信中说,她得知库克公开讲她携子女逃离南斯拉夫的消息后,她的第一个反应是感到惊奇,"因为,大英帝国的外交大臣除了关心别人的家小以外无所事事"。她说,当然,库克谎称她同家人逃离南斯拉夫,不只是"无所事事的结果",而是对她一家和南斯拉夫抱有敌意,试图离间总统与南斯拉夫人民的关系。米里亚娜说,北约的轰炸使许多人丧生,国家遭到严重的破坏,而库克是制造这场灾难的"策划者和执行者之一"。

米里亚娜强调,"我的家就在南斯拉夫,我誓与米洛舍维奇和南斯拉夫人民共存亡。"她和她的家人同所有其他南斯拉夫人一样,在坚守自己的岗位,她的孩子们"非常爱国,也非常勇敢"。她说,她每天都呆在南斯拉左翼党总部,南斯拉夫人每周都能几次从电视里得到有关她的消息。她的女儿玛丽亚仍然是一个在青年人当中很受欢迎的"科沙瓦"电台的领导人,儿子马尔科是波扎雷瓦茨市一个国内最大"马尔纳"夜总会的老板,目前也仍然留在祖国。由此,人们在关注科索沃战争的同时,也关心起这位南联盟总统夫人来了。

米里亚娜·马尔科维奇在南斯拉夫是一位颇有影响力的人物。她的生活充满了传奇色彩。她曾说:"在我的基因中就有政治。"此话一点不假。她的父母亲是二战时期与铁托并肩战斗的游击队员,她出生在作为游击队根据地的深山密林里。她的母亲维拉·米尔蒂奇后来当上了贝尔格莱德地下党的书记,1943年被德国纳粹抓获并处决。为了纪念母亲,她喜欢人们叫她米拉(意为和平)。之后,小米拉被送到与罗马尼亚接壤的小镇波蔡热瓦由祖父母照料。把她抚养成人的姑母是铁托的亲密助手。她的叔父德·巴尔科维奇在1983年至1984年曾担任共产主义者联盟主席,自20世纪70年代至1986年退休,他一直是塞尔维亚的领导人之一。孩提时代的米里亚娜就非常要强,并且充满了远大志向,上小学时没有得到最高分她就会哭鼻子。20世纪60年代,米洛舍维奇结识了这位热情的姑娘,当时两人均在贝尔格莱德大学就读。米洛舍维奇学法学,米里亚娜学社会学。以后,除了米洛舍维奇服兵役外,两人从未分开过。

米里亚娜对米洛舍维奇非常有信心。是她在青年时代发现了米洛舍维奇的政治才能,唤醒了他沉睡的雄心壮志。据说有一次,米洛舍维奇和夫人从铁托巨幅画像前走过,当时米里亚娜对他说:"有朝一日,你将是第二个铁托,你的照片将挂在墙上。"她把他介绍给铁托身边的人,其中就有斯坦鲍利奇,他是铁托时代的实权人物。米洛舍维奇从此追随斯坦鲍利奇一步步地走上了政坛。

在米里亚娜的档案里,她的自我介绍简洁明了:马列主义社会学教授,博士,共产党员,喜欢别人称呼自己为"同志",推崇和平主义、世界主义和南斯拉夫主义;读过萨特等人的著作。外貌特征:身高1.62米,乌黑的头发,上面经常插着一朵塑料雏菊花。现在是贝尔格莱德大学的老师。

米里亚娜还是一位作家,人们经常可以看见她在各种女性杂志上撰写的关于女性题材的文章。但是,这位"第一夫人"绝对不是个"花瓶"式的人物,她极具个性,有时,她的"激进主义观点比她丈夫还激烈"。精通历史、熟悉国际关系的米里亚娜对政治更是有着敏锐的洞察力。据说早在 1987 年她就预感到了前南斯拉夫的解体。有一次她在亚得里亚海岸对丈夫说："斯洛博丹,我看到了民族主义的幽灵。"据说,米洛舍维奇 1988 年在科索沃战役 600 周年纪念会上的撼动人心的讲演就是她写的讲稿。1994 年,当反对党甚嚣尘上的时候,她同几位志同道合的朋友组建了自己的政党南斯拉夫左翼联盟,在许多方面给予丈夫的社会党以有力的支持。

米洛舍维奇出任总统后,身为贝尔格莱德教授的米里亚娜很快成为丈夫的出色助手,在维护国家和民族利益方面成为丈夫的坚强后盾。1998 年 6 月中旬,当不少科索沃平民在战火丧生、大批难民四处逃亡时,米洛舍维奇到俄罗斯会见叶利钦。一直关注丈夫的米里亚娜从电视屏幕中看到,叶利钦呼吁南斯拉夫立即停止军事进攻,并与科索沃阿族领导人签署和平协议。然而站在一旁的米洛舍维奇却神情严肃、一言不发。就在这天傍晚,米里亚娜在保镖的护卫下来到南斯拉夫国家电视台演播室,她说她有话要对全国人民说。

她在电视中慷慨激昂地表示,科索沃问题目前没有和平协议可言。科索沃是南斯拉夫塞尔维亚的神圣领土,任何人,不管是阿尔巴尼亚人,还是美国或德国人都休想把它分割出去。

她的讲话只向国内播出,没向世界转播。观察家认为,这表明,米洛舍维奇在公开场合对科索沃问题表示沉默,而他的夫人则把他心里想说的话说了出来。

在南斯拉夫,米里亚娜经常在国家电视台出现,她以一个学者的身份分析国内外形势,提出处理某些问题的看法,并对某些重大事件做出预测。由于她的身份特殊,人们往往把她的观点视为政府的观点。所以西方观察家认为,她实际上是政府的代言人。

为此她遭到了西方国家的憎恨,西方舆论界称她为塞尔维亚的"红色巫婆",并且说表面上似乎没有太多总统的威严和气势的米洛舍维奇是一个为人厚道的人,他的强硬态度完全是因为极具权力欲的米里亚娜在幕后操纵的结果。北约上层也一致认为,在过去几年的巴尔干战争中,南斯拉夫的许多重大政治军事决定都出于米里亚娜之手。不过,不管外界对于她的评价带有多么浓厚的政治色彩,一个不可否认的事实是,在南斯拉夫抵抗北约侵略的斗争中,米洛舍维奇是台前主帅,而她则是幕后英雄。

1999 年 4 月 29 日,美国哥伦比亚广播公司电视新闻节目主持人采访了米里亚娜。这个镇定自若的第一夫人把北约的轰炸比作美国当年在越南徒劳无益的军事行动:"我不断地想起我大学宿舍的墙上曾经贴过的关于一名美国军人的招贴画。画的是一名在越南战死的美国军人,底下写着'为什么?'"她认为美国人找错了对手,"我必须说美国的这种行为不是勇者的行为,这就像一个 40 岁的男子要打一个 10 岁的孩子一样。"

在主持人问她科索沃是否存在种族清洗时,她回答说:"没有,绝无此事。"她说塞族人所做的只是保卫自己的家园。"塞族人没有杀阿族人,也没有驱逐他们。这就像跟你说今天是星期三,而实际上是星期四一样。"她还义正词严地说,南斯拉夫是在保卫自己的领土,阿族也不会背叛南斯拉夫,他们从没有想过要把科索沃从南联盟分裂出去,如果他们没有受到外部世界鼓励的话。

米里亚娜还对把她丈夫比喻成希特勒的说法嗤之以鼻,她说米洛舍维奇生活作风严谨,不搞个人崇拜,他不憎恨任何人,也不对任何人施用暴力。

有这样风雨同舟的亲密顾问作自己的喉舌,米洛舍维奇感到很是满足。

## 从未屈服

以美国为首的北约对南联盟实施的狂轰滥炸,并未把米洛舍维奇搞垮。但在2000年9月的南联盟大选中,西方集团利用各种手段扶持反对党,大力倒"米",终于用选票把米洛舍维奇赶下了台。

失去政权后的米洛舍维奇,也就等于失去了人身安全的庇护。在西方的精心算计和国内反对派的里应外合下,他遭到了逮捕,继而被押到了海牙前南战犯国际法庭的监狱里,过起了囚禁生活。

这位久经考验的政治强人,没有消沉,而是把铁窗当战场,同强权者开始了另一种顽强的抗争。每次出庭受审时,他都保持着其一贯不向西方低头的气度,坚定而冷静,目光里充满着对法庭的蔑视,他拒不承认法庭的合法性,尖锐地抨击法庭是虚伪的,宣称对他的指控是错误的。西方国家正绞尽脑汁搜集所谓的"证据"为他定罪,他对这些"证据"却不屑一顾,并以雄辩的口才加以驳斥。其硬汉形象为人所称道。

在米洛舍维奇这个誓不屈服的人看来,正如他的妻子加战友米里亚娜在1994年出版的《夜与昼》一书前言中所说的那样:"现在正处于漫漫黑夜之中,但我坚信黑暗将过去,前方必是灿烂的黎明。"

# 一个令美国很不爽的伊朗总统

## ——马哈茂德·艾哈迈迪-内贾德

### 人物档案

简历：全名马哈茂德·艾哈迈迪-内贾德，伊朗现任总统。出生于伊朗德黑兰市东南部加姆萨尔的一个平民家庭，父亲是一名铁匠。艾哈迈迪·内贾德早年就步入政坛，曾任西南部库尔德市市长顾问。内贾德深得广大普通民众、特别是弱势群体的支持。2005年6月当选伊朗总统。2009年6月大选，获62.63%选票，连任成功。

生卒年月：1956年10月28日~

性格特征：作风低调、朴实亲民、勤俭廉政，思想极端保守。

历史功过：艾哈迈迪-内贾德主张发展"公正的国际关系"，主张所有国家一律平等，伊朗愿与世界上所有国家发展关系，特别是发展与周边国家、伊斯兰国家的关系。关于伊美关系，他认为，只要美国对伊朗采取敌视态度，伊朗就不会、也没有必要改善与美国的关系。

在核问题上，他强调伊朗拥有掌握和利用民用核技术的权利。他表示要坚决维护伊朗自己的利益和立场，决不屈服于外来压力，在任何条件下都不会放弃和平利用核能的权利。他同时表示，伊朗没有研制核武器的企图，并愿意与欧盟通过真诚的对话来解决矛盾和分歧。

## 穷人的"黑马"

他无论从长相到气质再到经历都实在太普通，思想极端保守，下令男女必须分乘电梯，但他赢得了伊朗广大穷人的心。伊朗首都德黑兰城西有一幢新建的普通公寓楼。2005年6月18日下午6时左右，在这幢连空调也没有装的公寓楼大厅里，拥挤着100多名各国记者，他们不停地擦额头上豆大的汗珠，时不时抱怨两声，但怎么也不愿意离开自己占好的位置，到外面去吹吹风。几天前还在拉夫桑贾尼那富丽堂皇的办公室，与他对坐而谈的CNN首席国际记者克里斯蒂娜·阿曼普，也包着一条花头巾挤在前排,不停地用采访本扇着风。

他们都在等一个几天前都懒得采访的人物:保守派总统候选人艾哈迈迪-内贾德。

# 一战成名

艾哈迈迪-内贾德目前担任德黑兰市市长,在他宣布参加竞选以后,很少有人注意到他。在很多人眼里,他是靠着和领袖哈梅内伊的密切关系才挤进了候选人的名单,而他所争取到的,也只不过是个陪太子读书的角色。

说实话,人们有充分的理由不去注意他,他实在是太普通了。从长相到气质再到经历,他都实在没有任何引人注目的地方。在大选投票前所进行的各项民意测验中,艾哈迈迪-内贾德的排名都是不前不后,像他这个人给大家的印象一样,是一杯温吞水。

然而这杯温吞水却在18日这天沸腾了。当天中午第一次公布阶段性计票结果时,艾哈迈迪-内贾德在得票总数上占据"坐三望二"的位置,此后,他逐渐缩小了与第二名卡鲁比的差距,同时甩开了其他候选人。

很多新闻记者此时突然意识到,一旦艾哈迈迪-内贾德杀出重围,可能自己连他的资料图片都没有。正焦急地查阅竞选信息的时候,记者们忽然欣喜地发现,当天下午6点,在城西的那幢普通公寓楼里,就有一场艾哈迈迪-内贾德的记者招待会,于是纷纷拍马杀到,一路好找自不待言。

# 政治立场

艾哈迈迪-内贾德作风低调、朴实亲民、勤俭廉政,深得广大普通民众、特别是弱势群体的支持。在担任德黑兰市市长期间,他采取措施改善德黑兰的交通状况,并稳定了该地区的物价。

艾哈迈迪-内贾德属于伊朗伊斯兰革命后的第二代。在政治上,他坚持"维护伊斯兰价值观"的立场。竞选期间,艾哈迈迪-内贾德一再重申,一旦当选总统首先要做的就是切实维护国家法律和宗教习俗的尊严。在选举中获胜后,艾哈迈迪-内贾德发表声明说,他将致力于建设一个"现代和进步"的伊朗,使伊朗成为"伊斯兰世界的典范"。

在经济上,艾哈迈迪-内贾德强调,国家资源不应当过分集中于政府手中,应当交给人民用于推动国家发展。他认为,目前伊朗对私有化的理解不全面,私有化并不意味着要出售国家财富。艾哈迈迪-内贾德还强调社会公正的重要性,认为社会公正问题应当是国家经济发展计划的核心。

在对外政策上,艾哈迈迪-内贾德主张发展"公正的国际关系",主张所有国家一律平等,伊朗愿与世界上所有国家发展关系,特别是发展与周边国家、伊斯兰国家的关系。关于伊美关系,他认为,只要美国对伊朗采取敌视态度,伊朗就不会、也没有必要改善与美国的关系。

在核问题上,他强调伊朗拥有掌握和利用民用核技术的权利。他表示要坚决维护伊朗自己的利益和立场,决不屈服于外来压力,在任何条件下都不会放弃和平利用核能的权利。他同时表示,伊朗没有研制核武器的企图,并愿意与欧盟通过真诚的对话来解决矛盾和分歧。

奉行强硬路线保守派。

自上台以来,艾哈迈迪－内贾德大幅增加政府开支,加大对边远地区基础设施建设的投资和对中低收入家庭补贴力度,赢得了部分民众的支持。但在其执政期间,伊朗通货膨胀率大幅上涨,2007 年曾一度达到 29%,物价上涨、失业率上升和住房紧张等问题比较突出。在外交上,艾哈迈迪－内贾德持强硬政策,拒绝在伊朗核问题上做出妥协,主张和平利用核能是伊朗的合法权利。

# 成功连任

2009 年 1 月 28 日,内贾德的媒体顾问阿里·阿克巴尔·贾万弗卡在接受采访时说,艾哈迈迪—内贾德将参加 6 月举行的总统选举,谋求连任。贾万弗卡说:"他自然会成为候选人……他将这么做来完成自己的职责……将再次参选来看自己的项目取得成果。"据贾万弗卡介绍,艾哈迈迪－内贾德本次竞选活动将与上次不同,上次竞选时主要是向人民展示自己,而本次竞选将向人民展示任总统期间取得的成就。

# 反驳批评

艾哈迈迪－内贾德对西方持强硬立场,致使一些人批评他的言行使伊朗遭孤立,但也有不少人认为他用这种方式捍卫了民族利益。

伊朗一些反对派人士和某些媒体还批评艾哈迈迪－内贾德的经济政策致使通货膨胀率上升。

贾万弗卡当天驳斥了这类指责,说通货膨胀率上升与伊朗的自然灾害和世界日用品价格上涨有关。而伊朗一些商品的价格已有回落,通过膨胀率处于政府控制之下。

"政府的政策符合帮助穷人的原则,对那些对政府持批评态度的人和媒体我们不担心,我们坚信我们走的道路正确,"贾万弗卡说。

据法新社分析,经济问题将是竞选活动中的主要议题。

艾哈迈迪－内贾德上次参选时得到了众多穷人的支持。他当时的竞选纲领包括反腐和更公平分发石油财富等。最近几周,伊朗一些有影响的人物公开表达了支持他再次参选的立场。

伊朗总统可以连任一届,但也可以在完成两个连续任期后隔届再选。某些改革派人物和保守派人物已表达了参选意向。

法新社说,接任艾哈迈迪－内贾德当德黑兰市长的穆罕默德－巴吉尔·卡利巴夫被视为保守派的主要候选人,而改革派的前总统穆罕默德·哈塔米被视为潜在候选人。前议长迈赫迪·卡鲁比也是改革派,已宣布参选。

伊朗媒体报道说,前总理米尔·侯赛因·穆萨维也有可能参选。

2009 年 6 月 12 日,伊朗举行总统选举。6 月 13 日,伊朗内政部长萨迪克·马赫苏利宣布,根据最终计票结果,现任总统艾哈迈迪-内贾德以 62.63% 的得票率在总统选举中获胜。

马赫苏利在内政部举行新闻发布会上宣布,艾哈迈迪-内贾德获得 62.63% 的选票,前总理穆萨维获得 33.75% 的选票,艾哈迈迪-内贾德以绝对优势成功连任伊朗总统。其他两位候选人前伊斯兰革命卫队总司令穆赫辛·雷扎伊和前议长卡鲁比得票率分别为 1.73% 和 0.85%。

马赫苏利说,此次总统选举的投票率达到 85% 左右,"空前的高投票率是这次选举的一大胜利,进一步加强了伊朗民族团结"。

此前呼声较高的改革派候选人穆萨维对计票结果表示抗议,称计票过程和选举过程均存在许多违法违规操作,并警告不会就此屈服。

在回答记者有关此问题的提问时,马赫苏利说,此次总统选举是在严密的监督下进行的,目前没有任何选举和计票存在舞弊的报告。他还说,"如果穆萨维对选举结果存在疑问,可以寻求通过合法途径解决,这是他的合法权利。"

伊朗总统选举每 4 年举行一次。总统由公民直接投票选举产生,可连任一届。

6 月 13 日晚,艾哈迈迪-内贾德使用波斯语发表讲话。他说:"人们为我的政策投票。那是一次自由、健康的选举……是一次重大胜利。"

"所有人都应尊重民众的投票……我们需要一个平静的氛围来建设国家。"

他感谢支持者创造"这一伟大史诗",表示他在新任期内将在"更高、更广阔的前景下"沿着相同道路前进。

艾哈迈迪-内贾德认为,伊朗民众积极参与选举"鼓舞其他国家,让那些不怀好意者感到失望"。他还谴责外国媒体的报道伤害伊朗民众,"大量外国媒体……内部宣传机构……策划针对我们国民的全面战争"。

# 从铁匠之子到穷人代表

艾哈迈迪-内贾德 1956 年出生于一个铁匠家庭,从小就不富裕的家庭背景使他养成了俭朴节约的生活习惯。甚至在担任了德黑兰市市长以后,他的衣食住行都与千百万普通工人没有区别。

19 岁时,艾哈迈迪-内贾德考上了德黑兰工业科技大学建设系,毕业后,他又曾两度回母校深造,最终于 1997 年获得了交通运输工程博士学位,取得了专家治国的资本。

艾哈迈迪-内贾德早年就步入政坛,曾做过西南部城市库尔德市的市长顾问,此后逐步升迁,90 年代初担任过西北部阿尔达比勒省省长,任内连续三年评为国家模范省长。在这以后,他还担任过伊朗伊斯兰革命卫队特种部队司令。由于对于他的经历人们知之甚少,给人留下了神秘感,因此一度有传言说他担任过秘密警察,不过对此他并不承认。

2003 年 4 月,艾哈迈迪-内贾德出任德黑兰市市长。任内采取了一些花钱不多、但效果明显的措施,在一定程度上改善了德黑兰的交通状况。同时,他又想方设法稳定了该地区的物价,获得了市民的支持。

由于朴实亲民、勤俭廉政，艾哈迈迪－内贾德深得广大社会下层的支持和爱戴。可以说，广大穷人是他的政治基础。在竞选中，他也一再承诺当选后要为穷人多谋福利，这为他争取到了不少选票。

从男女"分乘电梯"到"分日工作"

支持艾哈迈迪－内贾德的选民，除了贫苦大众外，就是一些思想极端保守的原教旨主义者。艾哈迈迪－内贾德是极端保守派的代表，在竞选宣传期间，连其他保守派候选人都不时触及比较敏感的"民主""改革"等话题。对此，他不但闭口不谈，而且还一再重申，一旦当选首先要做的，就是切实维护国家法律和宗教习俗的尊严。在对外政策上，他也是坚决的强硬派，主张在对美关系和核问题上概不妥协。

艾哈迈迪－内贾德在担任德黑兰市长之初，就下令市政府办公大楼的电梯必须男女分乘。在他获得第二轮总统选举的资格后，德黑兰的市民中流传着一则政治笑话，说艾哈迈迪－内贾德准备在当选总统后规定，伊朗的男女必须分单双日在不同的时间上班。

正是由于思想保守，艾哈迈迪－内贾德反对者也不少，尤其是在年轻人中，他的口碑非常不好。这使他在第二轮选举中面临着很大困难。

目前，由于改革派在第一轮选举中全面落败，改革派政党以及支持他们的选民，大都已经成为拉夫桑贾尼的支持者，他们这是为了阻止自己更不喜欢的艾哈迈迪－内贾德上台。而保守派这边的重组却不太顺利，在第一轮投票中支持其他保守派候选人的选民，这次不见得会投艾哈迈迪－内贾德的票。总体上说，他目前处于劣势。

但是，艾哈迈迪－内贾德已经让世界震惊了一次，谁能保证他不会再来一次呢

# 敢向美国叫板

2005 年 9 月 18 日，伊朗首都德黑兰机场，伊朗第一副总统和政府军方高官列队欢迎总统内贾德的归来。内贾德看上去轻松又自信，他坦言，刚刚结束的联合国首脑峰会是一项极其繁重的任务，不过他已经很清楚地向全世界传递了伊朗的想法。在这场与西方国家的"心理战"中，他成了首脑会议上最引人注目的明星。

## 自信轰动联合国

这次首脑会议是内贾德 6 月当选总统后在国际舞台上的首次亮相，亮相的地点又是在伊朗的"老冤家"美国，所以肯定会有一些"故事"发生。果不其然，美方给他签证就很磨蹭，直到 9 月 6 日才签发，而且只在联合国总部周围 40 公里内有效。9 月 15 日，内贾德站在联合国讲台上毫不留情地批评美国，虽然没有指名道姓，却让美国代表如坐针毡，只有缺席以示抗议。

与美方的表现相比，内贾德却表现得落落大方，不卑不亢。他在讲话中首先对"卡特里娜"飓风的受害者表示同情，接下来又软中带硬地批评美国滥用东道主地位为其他国家代表设置障碍，谴责少数国家打着安全的旗号发动毁灭性战争。会

下,他在与美国媒体代表举行的早餐会上侃侃而谈。他的大度与自信令记者对这位"没有外交经验的总统"刮目相看。美联社评价说,内贾德的亮相"引起极大轰动",他将外交上的强硬态度和"出乎意料"的公关技巧灵活巧妙地结合在一起。

## "就想让他打美国人的脸"

许多人认为,内贾德当选总统得到了宗教势力的鼎力支持,因为他是最能代表保守派势力对付美国的人。一位保守派人士在内贾德当选后称:"我投他一票就是要让他去打美国人的脸。"显然,内贾德纽约之行"不辱使命"。

内贾德当选总统后,一位退役美军上校指认他参与过1979年扣押美国使馆人员的事件。这个事件是导致两国断交的导火线。目前美国仍在对此进行调查。对美国扣来的这顶"大帽子",内贾德只用了"可笑"来形容,他说,不知道美国人怎么会得出这么荒唐的结论。

不管有没有这段"个人恩怨",内贾德都对美国持强硬态度。他曾说,伊朗人民绝不接受霸权,"美国有断绝与伊朗外交关系的自由,伊朗也有权决定是否与之恢复外交关系。"他还批评欧盟将人权问题与核能问题搅在一起,"欧盟应该从象牙塔上下来,不要站在远处骄傲地指手画脚。"

## 过着"斯巴达式"生活

内贾德低调朴素的生活习惯也为他赢得了民众的尊重。用西方记者的话说,内贾德过的简直是"斯巴达式"的生活。在担任德黑兰市长期间,他们一家一直住在一套三居室的简单住宅里,家里没什么家具。每天上班他还自带午餐。家里唯一的一辆私车是1977年出厂的法国产"标致"牌小轿车,这辆老爷车里连空调都没有。正是这种勤俭廉政的作风使他赢得了社会下层的支持与爱戴。

当选总统后,内贾德继续保持着俭朴的作风。他没有像前任那样搬入豪华的官邸,而是住进了市中心的旧总统办公室。他还下令去掉办公室里的所有豪华装饰,甚至将办公室里的名贵波斯地毯送给了国家地毯博物馆。

## 回应安理会制裁决议

联合国安理会9日就伊朗核问题通过第1929号决议,决定对伊朗实行自2006年以来的第四轮制裁。

当天的表决结果显示,安理会15个理事国中有12个国家投赞成票,土耳其和巴西投票反对,黎巴嫩弃权。

根据决议,主要制裁措施包括禁止伊朗在国外参与核领域的投资活动;禁止各国向伊朗出口坦克、战斗机和军舰等重型武器装备;禁止伊朗进行任何与可运载核武器弹道导弹有关的活动;加强在港口和公海对涉嫌运送违禁品货船的检查措施;禁止各国与伊朗进行与核活动有关的金融交易,同时禁止伊朗在国外开设可能会被用于资助其核活动的独资或合资金融机构。

决议附件中包含了自安理会制裁伊朗以来通过的最大的一个制裁清单,其中包括将受到资产冻结的 40 多家伊朗实体,其中许多实体与伊朗伊斯兰革命卫队有关。伊朗原子能组织伊斯法罕核技术中心负责人贾瓦德·拉希奇则被列入禁止出国旅行的制裁人员名单。

美国国防部长罗伯特·盖茨说,伊朗面临的后果比制裁决议更加严重。伊朗总统警告,对伊朗实施新一轮制裁危及核谈判前景。

安理会本月轮值主席、墨西哥常驻联合国代表克劳德·埃莱尔 8 日在安理会闭门会议后宣布,将于美国东部时间 9 日上午 10 时(北京时间 22 时)投票表决制裁伊朗决议。如果决议通过,将是联合国第四次就核计划对伊朗实施制裁。

美联社报道,决议草案附录将伊斯法罕核中心原子能组织负责人贾瓦德·拉希奇和 40 家伊朗实体列入制裁名单。制裁一旦生效,拉希奇无法进入他国,海外资产将遭冻结。遭制裁实体中,15 家与伊朗伊斯兰革命卫队有关联,22 家涉及从事核或弹道导弹活动,3 家与船舶运输业相关。一些西方外交官告诉路透社记者说,制裁名单在投票开始前也许还将小幅修改。

法新社援引决议草案内容报道,制裁措施包括禁止向伊朗出售坦克、战机、大口径火炮等重型武器;禁止向伊朗转让弹道导弹技术;禁止与伊朗就铀矿开采和铀浓缩等敏感活动展开合作;检查可疑船只。

制裁措施还针对涉嫌违反核不扩散政策的伊朗金融机构。美国国务卿希拉里.克林顿说,这将是伊朗所受制裁中"最严厉"的一次。盖茨当天与英国国防大臣利亚姆.福克斯会谈后发出威胁,美国和西方盟国准备采取比决议更严厉制裁。"这份决议将为单个国家提供法律平台,使他们可以采取远超过决议本身的进一步行动。这是决议众多优点之一,"盖茨说,"我相信,一些国家将相当迅速地采取行动。"

# 伊朗警告

美国常驻联合国代表苏珊·赖斯称,美国仍奉行谈判和制裁并举的"双轨制"策略。"我们的目的仍是说服伊朗停止核计划,以真诚态度与国际社会展开建设性谈判。"不过,伊朗总统马哈茂德·艾哈迈迪-内贾德警告,谈判和制裁只能选其一。他说:"如果美国和其盟友认为,他们能够一面通过反对伊朗的决议,一面与伊朗展开谈判,那就错了。""任何人如果以强硬方式同伊朗对话,那么伊朗将以同样方式回应。"伊朗上个月同意将大约 1200 公斤低纯度浓缩铀运往土耳其,换取国际社会提供的核燃料。

艾哈迈迪-内贾德说,希望西方国家抓住这次机会,因为它将"不会重现"。艾哈迈迪-内贾德当天在土耳其参加亚洲相互协作与信任措施会议峰会。俄罗斯总理弗拉基米尔·普京也出席这次会议。

普京说,如果艾哈迈迪-内贾德认为有必要,他愿意两人会面。普京认为,制裁措施应适度,"不应该给伊朗和平利用核能带来障碍"。

# 质疑 9·11 事件死难人数

伊朗总统艾哈迈迪-内贾德发表反美和反以色列言论,质疑 9·11 事件的死难人数和否认发生过德国纳粹在二战期间屠杀 600 万犹太人的事件。

他也重复网上流言,说 9·11 事件前夕有人向犹太人通风报信,所以当天他们都没去纽约世贸中心上班。

内贾德已不止一次发表反美、反以色列的言论。他前天在德黑兰举行的大会上讲话时声称,2001 年 9 月 11 日,在纽约和华盛顿发生的客机撞击事件,是美国刻意加以渲染,借此为进兵阿富汗和伊拉克找理由。

他说,报道中指出纽约世贸中心被毁造成众多人伤亡,但是事实上,并没有证据可以证明。而"犹太复国主义者"事前已接到密报。

他称,没有犹太人死于世贸中心内,这是因为在前一天,他们已获得通知不要去上班。

内贾德说:"根据美国的说法,有 3000 人在这起事件中死亡,可是却没有任何报告透露他们的名字。或许你们有看到,可是我没有。"

# 伊朗革命精神 VS 美国价值

"年轻人和女性很快会发现他(内贾德)和那些毛拉们是无法接受的。"这是拉姆斯菲尔德对内贾德上任后的预期。但刚刚就任不到一个月,内贾德推出的第一个重要举措就是帮助年轻人解决住房和结婚问题。

8 月 30 日,伊朗副总统拉赫巴尔宣布,伊朗将从石油收入中拿出 13 亿美元的巨额资金设立"爱情基金",用于解决伊朗年轻人就业、结婚和住房问题。拉赫巴尔说:"'爱情基金'是对政府'把石油收入放到人民餐桌上'这一新口号的落实。"

对于伊朗这个 30 岁以下年轻人口比例高达 70% 的国家,解决年轻人的住房与婚姻问题有着不同寻常的意义。伊斯兰革命后,伊朗出现了生育高潮。这些 80 年代后出生的伊朗年轻人面临的是居高不下的失业率和大城市一再飙升的房价。在德黑兰,一位政府公务员平均月收入为 220 美元,而租一间小公寓每月至少需要 300 美元。因此很多伊朗年轻人因为无钱结婚而一再推迟婚期,这也成了伊朗国内日益严峻的社会问题。

很显然,一些美国学者在看待内贾德时,对自己所向披靡的精英式的价值取向是自信的。美国华盛顿近东政策研究所的副所长帕特里克-克劳森于 7 月 29 日接受美国《封面杂志》网站采访时说:"内贾德头脑简单的民粹主义根本无法解决伊朗的问题,他把通货膨胀归咎于商人哄抬物价,他对可以创造就业的外国投资持敌对态度。他的政策就是已经过了时的'第三世界主义'。但是许多底层伊朗人却被他的这些政策吸引了,因为他们太需要经济增长了。因此我认为内贾德很可能会度过一个蜜月期——毕竟他个人正直朴素,不像伊朗有些作风腐败的'老革命'。但是此后,人们只会失望,尤其是当他的阵营中许多人涉及个人腐败时。他的两个前任,哈塔米和拉夫桑贾尼都曾经经历了同样的支持率不断下滑的过程。"

然而,平民出身的内贾德也有他的自信。在谈到金融问题时他的观点是:"现在,私人银行在经济中没有任何积极或建设性的作用,更多的是起了破坏性的作用。"在谈到石油问题时他的观点是:"我会砍掉那些紧紧掌控着我们石油的当权者的黑手,我会以我的生命捍卫这一点。伊朗的石油价值应该体现在每个老百姓的餐桌上。"

　　在谈到加入 WTO 时他的观点是:"伊朗在加入世界贸易组织之前至少需要三年时间,我们需要时间,我们需要保护我们的民族工业。"事实上,内贾德以上观点可以浓缩成他最近说过的一句话:"我要把伊朗革命精神推向全球,以消除全球的不公正。"

　　9 月中旬,内贾德将前往美国参加联合国大会,在这次大会中将提出伊朗有关核谈判的新提议。到时美国的学者们能从那张平民化的脸上读出伊朗革命精神对美国的"大中东民主计划"有多大杀伤力吗? 他们能透过内贾德的那张脸读出普通伊朗民众对自己国家的真实期待吗?

# 恐怖大亨——本·拉登

## 人物档案

**简历**：全名奥萨马·本·拉登，通称为本·拉登或本·拉丹，是基地组织的首领，现被指为美国 2001 年"9·11"袭击事件的幕后总策划人，并被放在美国联邦调查局通缉名单的首位，被广泛认为是"世界上最大的通缉犯"。在相当长的一段时间内，本·拉登一直被普遍认为藏身于阿富汗与巴基斯坦边境一带。2011 年 5 月 1 日晚，美国官员表示本·拉登已经死亡，美当局已经找到他的尸体。

**生卒年月**：出生日期：1957 年 3 月 10 日~2011 年 5 月 1 日。

**安葬之地**：葬入大海。

**性格特征**：沉默寡言，手段毒辣。

**历史功过**：在外人眼中，本·拉登一直是个冷酷的恐怖分子，而家人眼中的本·拉登则容易害羞，对去世多年的父亲念念不忘，甚至还对女人心怀畏惧，到底哪个才是本·拉登的真正面目？

## 爱看西方电影

"他是一个沉默寡言甚至有些害羞的人，身材瘦削，身高达到 193 公分-198 公分之间，留着浓密的络腮胡子，像个文弱书生，平时常穿一件白色的阿拉伯长袍，讲起话来轻声轻语。"这是美国著名记者约翰·米勒笔下描述的一位阿拉伯老人。不过，可别以为他是慈祥的邻家大叔，米勒告诉你，这个人其实是"恐怖大王"本·拉登。

见过拉登的人都会对拉登外貌和他所作所为的强烈反差印象深刻，并会对他如何走上恐怖主义的道路充满好奇。米勒也不例外。

谈到 1998 年在阿富汗山区采访拉登的场景时，米勒说，拉登对他喋喋不休地谈论美国人的坏处，并发誓要战斗到最后一刻。"当谈到这里的时候，拉登瘦弱的身躯，仿佛一下子充满了力量，似乎回到了血气方刚的年轻时代。"

美国媒体曾报道称，拉登年轻时是个积极的人，无论在事业上还是在生活上，他都严守宗教信条,并且以助人为乐为好。

1957 年,拉登出生于沙特阿拉伯的吉达,由于家族与沙特王室沾亲带故,所以拉登出生后一直享受着当地最好的教育和生活环境。在吉达,拉登度过了小学和中学的时光,这段日子对拉登今后的人生影响极为重要,因为吉达是穆斯林圣城麦加的门户,当地宗教学研究十分繁盛,拉登就读的就是宗教学校,从小熟稔教义,并树立了复兴阿拉伯王朝的志愿。

由于少年拉登成长的年代正好是石油价格暴涨导致西方经济危机之际,这更加坚定了拉登轻视西方的信仰。同时一些阿拉伯国家的社会问题,让拉登也感到社会的不公。

拉登的亲戚曾对美国媒体介绍,少年拉登是一名阿拉伯理想主义者,他和朋友们谈论的话题,不是哥哥姐姐们所喜欢的名车和珠宝,也不是到伦敦和巴黎去度假,而是怎么把金钱用来服务于一个传统的阿拉伯社会。"他小时候,只要见到街上的乞讨者,就会央求着大人给他们施舍;看到有朋友穿着短袖衣服,就会指责他们不穿长袍违反教义。"

虽然拉登从小就表现出了潜在保守的宗教立场,不过西方媒体也曾引述拉登家族朋友的话说:"他虽然和其他孩子有点不同,不过要是玩起来,也绝不含糊。"

拉登家族的友人卡里德·巴塔费曾说,拉登小时候很喜欢运动,踢球、登山都比较内行,是个活泼的孩子。巴塔费比拉登大几岁,在十几岁的时候,几个人经常踢足球,而拉登的球技比他们都好。

巴塔费还对美国媒体透露,拉登年轻的时候甚至喜欢看西方的电影,不过没听见他发表过什么评论,但是会模仿主角的打斗场景比比画画。而且,他去电影院通常都是一个人。

米勒也回忆说,拉登确实比较喜欢安静的独处,而且立场坚定,为了自己的目标可以放弃一切。他在和拉登交谈的时候,发现拉登周围的陈设非常简单,似乎过着一种苦行僧一样的生活。他的几个孩子穿的衣服和普通的孩子没有区别,有些地方还磨出了口子。

当米勒问他,是不是不喜欢金钱。拉登回答:"我的事业需要金钱,但我不需要。"

# 年少痛失父爱

妻子嫌吃苦想离婚,思想保守的拉登一口答应,"我的事业不是每个人都能承受的。"

任何人都不能否认的是,拉登后来发动的各种袭击背后,需要强大的财力支撑。能够足以维持这么大开销的是拉登家族的庞大资产。难怪美军说,拉登家族的荣耀成就了如今的恐怖主义。

拉登出生在一个有权有势,而且子孙众多的家族,和拉登同辈的兄弟姐妹就有高达 52 人,拉登在其中排名第 17。

这个家族产业主要是建筑和工程。在老家吉达、首都利雅得等大中城市,隶属于拉登家族的建筑工地随处可见,他的父亲老奥萨马是这个家族当然的继承者,但是在 1967 年,也就是拉登只有 10 岁的时候,父亲死于一场意外的坠机事件。

拉登人生有三个转折点,其一是 10 岁时父亲坠机身亡;其二是亲自"拉帮结伙"到阿富汗抗击苏联入侵者;其三是对海湾战争时沙特政府的表现失望。其中父亲坠机身亡,应该是令拉登"早熟"的重要原因。

由于子女众多,老奥萨马或许并没有花特别大的精力在拉登身上,但拉登从小对父亲却十分崇拜。拉登年老的舅舅曾透露,拉登对他讲过,听到父亲去世的消息,让他不知所措。"因为在他心目中,父亲是这个家族的纽带。"

没有资料显示父亲去世后,拉登的生活发生了什么变故。但西方媒体猜测,拉登从小没有了父爱,在这么一个庞大且势利的家族里生活肯定会闷闷不乐。一些美军的心理学家在 2001 年"9·11"袭击案发生后,还曾以此来推断拉登袭击无辜平民的心理,或许就与其小时候亲情淡漠有关。

拉登的大哥萨利姆在老奥萨马辞世这一突如其来的事件之后,迅速接手了家族的产业,并将其发扬光大。萨利姆和拉登不同,他比拉登要开放得多,喜欢接受新事物,不拘小节,并且很会和上层维持关系。

在萨利姆接手家族产业的 20 多年内,他积累了大量财富,甚至与沙特国王和美国白宫高层都建立了密切关系,这为拉登家族兴盛不衰创造了条件。

和很多兄弟姐妹一样,拉登大学毕业后也进入了大哥掌管的家族企业,运用他所学到的知识和与王室的特殊关系,拉到了大量合同,并赚取了数十亿美元的利润。但由于和哥哥的理念不合,拉登后来离开了企业。

美国军方曾保守估计,拉登的个人财富实际上至少有 5 亿美元,这成了拉登实施恐怖主义活动的资本,即使拉登的所作所为令沙特王室不满,并将其开除国籍后,这笔钱中的一大部分也没有被冻结。

拉登结婚比较早,刚读大学的时候,他就步入了婚姻的殿堂。他力主一夫多妻制,并且亲自实践。他一共娶了 4 位妻子。

由于年轻时长相英俊,拉登的 4 任妻子也都长得漂亮而且知书达理。他的第一任妻子就是 17 岁时迎娶的舅舅家的女儿。不过这位妻子对拉登的后半生的恐怖主义生活却没有多大影响。曾经担任过拉登贴身保镖的阿布·扬德尔在 2004 年接受一家阿拉伯电视台的采访时表示,在拉登被美军通缉东躲西藏、四处流亡期间,除了第 1 位妻子外,其他 3 位妻子都陪在身边。

拉登对待妻子的态度大度得令人吃惊。曾有一位妻子觉得跟着拉登吃苦太多,想要离婚,没想到保守的拉登一口答应。据保镖扬德尔介绍,拉登曾对这位妻子说:"我同情和尊重你的决定,我的事业不是每个人都能承受的。"

# 揭开反美大幕

拉登给沙特国王写信,指责沙特让美军进驻背叛伊斯兰教义,让西方人进来是"引狼入室"。

拉登的"事业"开始于 1979 年的阿富汗战争。当年苏联大举入侵阿富汗,阿拉伯世界掀起了一股反对苏联入侵的浪潮。拉登和一群有着同样信仰的阿拉伯朋友,不远千里来到阿富汗,并且断断续续地呆了 10 年之久,直到苏联解体前从阿富汗撤军。

在阿富汗,拉登创建名叫"服务营"的组织,招募阿拉伯志愿者帮助阿富汗难民以及和苏联士兵作战的人。由拉登牵头,1988年"服务营"摇身变为被后世广为诟病的"基地"组织。

曾采访过拉登的美国记者米勒说,阿富汗给了拉登"实践"战争的机会,让拉登加深了"西方世界是霸权主义"的印象。更为重要的是,他在这里初步结识了塔利班,发现彼此"情投意合"。

上个世纪90年代初,苏联被阿富汗战争拖垮,让拉登一度以为敌人已经消失,但回国不久的拉登,很快就陷入到了另一场思想的漩涡中——1991年海湾战争爆发,拉登向沙特王室提出启用"基地"组织来保护国家的建议。在苦苦等了数天之后,拉登等到的却是沙特王室的一口回绝。而沙特政府甚至同意美军设立军事基地。此举令拉登十分不满。

有资料显示,拉登曾给沙特国王写过一封"愤怒的信",指责沙特背叛了伊斯兰教义,让西方人进来是"引狼入室"。

中国现代国际关系研究院反恐中心主任李伟认为,海湾战争是拉登开始反美的肇始,这件事对他的刺激最大。拉登自认为自己代表贫穷和正义的穆斯林,其他欢迎美军进驻的阿拉伯政府都已经异化,成了美国的帮凶。

沙特政府对拉登也感到愤怒,甚至取消了拉登的国籍,拉登此后一段时间在北非国家苏丹、阿拉伯半岛的也门"流亡"。跟着他的,除了妻子和孩子之外,还有从阿富汗带来的"兄弟们"。这些人最终都成了"基地"组织的骨干。1996年,拉登被迫来到了塔利班统治下的阿富汗,试图在这里实现自己的梦想。

李伟认为,"拉登的梦想很大,很有野心"。据他介绍,拉登不在乎沙特政权,在意的是在整个中东、北非的阿拉伯地区,实现14-15世纪那样的阿拉伯帝国的复兴。为此就必须要打败他所认为的"最大恶魔"——美国。拉登认为,美国是苏联之后对阿拉伯世界最危险的敌人。所以2001年"9·11"发生后,美国决然出兵阿富汗,不达目的誓不罢休。

# 美国本土施袭

美国媒体狠批白宫:这个大个子阿拉伯人,为什么在拿过我们的援助后,又来袭击我们?

"9·11"是拉登最为外界所知的一次恐怖主义行动,正是这次行动改变了当时的世界政治走向和国际关系格局。

拉登从苏丹来到阿富汗之后,塔利班首领奥马尔对他极为欢迎。不过拉登并没有像奥马尔等塔利班高层一样住在首都喀布尔的官邸内,而是宁愿住在郊外偏僻而简陋的小屋中。

他的低调,换来的却是"基地"网络在阿富汗的大规模扩张。

美国联邦调查局的探员杰弗里·雅思科曾在美国媒体发表文章称,正是在阿富汗,拉登才决心将"基地"组织建成一个有严格规制、并且发动圣战的恐怖集团。

美国方面称,1998年拉登对美国人策划发动了一次恐怖主义袭击,这是拉登和美国政府之间第一次大规模的较量。

当年夏天,炎热异常的肯尼亚首都内罗毕发生爆炸,爆炸地点正好是美国驻肯大使馆,不久之后美国驻坦桑尼亚大使馆也发生了爆炸。两起袭击造成200多人死亡上千人受伤,死伤者中有不少美国人。

不久后,一身迷彩服,包着头巾,背后靠着一支 AKS-74U 步枪的拉登出现在互联网上,他宣布"圣战"开始。

这时候的拉登,开始正式进入到美国大众的视野当中。美国媒体开始狠批美国政府,称"这个曾在阿富汗反对苏联的大个子阿拉伯人,为什么在拿过我们的援助后,又来袭击我们?"

此后随着拉登"作案"越来越大,最终美国人开出的悬赏价格由500万美元水涨船高至5000万美元天价,要拉登的项上人头。

2001年9月11日,作为美国资本主义象征的纽约世贸大厦双子座塔楼被撞毁,美军也开进阿富汗。拉登从此开始了近10年东躲西藏的生活。

"猫捉老鼠"的游戏玩了10年后,拉登在美军名为"定向"的突袭行动中被击毙,行动持续大约40分钟。22年圣战,10年逃亡,在40分钟的枪炮声中灰飞烟灭。

# 遗体被葬入海

将近10年前发生的"9·11"事件改变了美国,也改变了世界。"9·11"事件后,美国以反恐为名相继发动阿富汗战争和伊拉克战争。近10年来,有关本·拉登的去向扑朔迷离,美国对此如芒在背。

奥巴马就任美国总统后不久,就曾命令美国中央情报局将击毙或者抓捕本·拉登作为打击"基地组织"的首要任务。去年8月,美国情报部门已获悉有关本·拉登的线索。据不愿透露姓名的美方高官介绍,根据被美国羁押者的供述,美国情报机构已经认定本·拉登对一名信使格外信任,并相信这名信使与本·拉登躲藏在一起。去年11月,美国情报机构发现这名信使住在巴基斯坦北部城市阿伯塔巴德一处占地300多平方米的院落内。这个院落墙高5.5米,墙头装着有倒刺的铁丝网。大院有两个安全门,但大院内的房间里既没有电话也没有互联网。美国中央情报局分析人员认定,这处耗资100万美元"定制"的院落内一定隐藏着一个重要的恐怖分子。在进行反复推断后,他们几乎肯定隐藏其中的就是本·拉登。

美国总统奥巴马上周在获知本·拉登就在这处院落的确切情报后,于4月30日下令实施突袭行动。5月1日清晨,美国中央情报局准军事部队与美国海军精锐部队第六海豹突击队乘坐直升机联手执行了此次突袭任务。除了本·拉登头部中弹当场死亡外,另有3名成年男子丧生,其中一人为本·拉登的儿子。

阿伯塔巴德四面环山,植被茂盛,道路整洁,是巴基斯坦北部军事重镇。美国一直说,本·拉登最可能隐藏在阿富汗与巴基斯坦交界的大山里。但谁也没有想到,自从2001年年底在美军眼皮底下从阿富汗东部托拉博拉山区消失以后,本·拉登最终转移到距伊斯兰堡不足100公里的阿伯塔巴德。据巴媒体报道,本·拉登从去年8月就开始和妻子、儿女住在这里。

美方高官称,美军验证了本·拉登的遗体。美国东部时间5月2日凌晨,美联社报道称,本·拉登的遗体已被葬入大海。

# 掐美七寸的反美强人

## ——乌戈·查韦斯

## 人物档案

**简历:**乌戈·查韦斯,全名乌戈·拉斐尔·查韦斯·弗里亚斯,是第53任的现任委内瑞拉总统。

**生卒年月:**1954年7月28日~

**性格特征:**作风强势,语言幽默,近乎独裁,敢于抗争。

**历史功过:**身为玻利瓦尔革命的领导人,查韦斯提倡他对于"21世纪社会主义"的理想、拉丁美洲的整合、和他所谓的反帝国主义。除此之外,他也大力批评新自由主义的全球化以及美国的外交政策。

## 早年生涯

查韦斯在1954年7月28日生于巴里纳斯州的萨瓦内塔。他的双亲都是学校教师,他是第二个儿子。他是混合了印第安人、非洲人和西班牙人血统的后裔。查韦斯和其他5名兄弟姊妹在萨巴内塔附近的一栋茅草屋里长大。在年幼时,查韦斯与他的哥哥一同被送至萨巴内塔与他们的祖母居住,在那里,查韦斯学习了一些才艺如绘画、歌唱、和棒球,同时也就读当地的胡利安·皮诺(Julián Pino)小学。他后来被送至巴里纳斯州的城镇以就读丹尼尔·弗洛伦西奥·奥利里(Daniel Florencio O'Leary)高级中学,并且获得科学的毕业文凭。

在查韦斯17岁时,他进入了委内瑞拉军事学院,在1975年获得军事学和工程学的硕士学位,以候补的中尉身份服了几个月的兵役,接着查韦斯被批准前往卡拉卡斯的西蒙·玻利瓦尔大学研读政治学,但最后并没有获得文凭。

在大学就读时,查韦斯和几名伙伴共同构思了一种热情的左翼民族主义理论,他们称之为"玻利瓦尔主义"(Bolivarianism),灵感是来自于19世纪的委内瑞拉革命家西蒙·玻利瓦尔,玻利瓦尔也影响了秘鲁的独裁者胡安·贝拉斯科·阿尔瓦拉多以及许多的社会主义和共产主义领导人。在这些年里查韦斯也热衷于体育运动的新闻和文化的活动。尤其查韦斯参加了 Criollitos de Venezuela 的棒球和垒球队伍,在 1969 年与他们一同参与了委内瑞拉的全国性棒球冠军赛。查韦斯也写了许多诗、故事、和理论的文章。

在结束学习后,查韦斯进入军中正式服役,担任驻扎在巴里纳斯州的反暴动大队的成员。查韦斯的军事生涯长达 17 年,在这段期间中他曾担任各种职位、指挥、和幕僚人员位置,最后终于提升至中校职。查韦斯也在委内瑞拉军事学院担任教师和员工职位,当时查韦斯最出名的是他热情的教学风格,和经常对于当时委内瑞拉政府及社会做出强烈批评。在这个时期,查韦斯还成立了玻利瓦尔革命运动 MBR-200 组织。之后查韦斯继续升任至一些高等级的职位,还数次获得勋章。

## 政变未遂

在总统卡洛斯·安德烈斯·佩雷斯的执政下,委内瑞拉的经济状况一直低迷不振,人民不满的声浪也持续高涨,查韦斯为发动军事政变而进行了大量的准备工作。原本的日期选在 1991 年 12 月,最后延至 1992 年 2 月 4 日的早晨才发动。在计划里,查韦斯所指挥的 5 个营的武装部队将会进入卡拉卡斯市区,攻击并占领市内的主要军事和通讯设施,包括总统官邸、国防总部、军事机场、和历史博物馆在内。查韦斯的最终目标是俘虏现任总统佩雷斯。

查韦斯的部队数量仅占委内瑞拉全体军事部队的 10%;同时,许多泄密者、背叛者、计划错误、和其他预料之外的差错很快便使查韦斯陷入不利的情况,而且一小队的背叛者切断了与历史博物馆的联系,使查韦斯无法与其他潜伏在各地委内瑞拉军队里的间谍和内应取得联系。更糟的是,查韦斯的盟友无法成功地在国家广播电台播放他们事先所录制的起义宣言。当政变展开时,他们也没有成功捕捉总统佩雷斯:在战斗中造成 14 名士兵阵亡,50 名士兵和 80 名平民受伤。其他地区的政变部队获得了一些进展,在当地居民的自愿协助下占领了一些大城市如巴伦西亚、马拉开波和马拉凯。不过,查韦斯的部队最终无法攻占首都卡拉卡斯。

在政变失利后,查韦斯向政府自首。他被允许出现在国家电视广播上以呼吁其余的叛乱部队停火,当他进行呼吁时,他还著名的讽刺道他只是"暂时地"(por ahora)失败了。查韦斯成了全国的焦点人物,许多贫穷的委内瑞拉人则将他视为是对抗政府贪污和腐败的英雄人物。查韦斯被送往监狱服刑,而原本政变所要打倒的目标—总统佩雷斯则在 1 年后遭到弹劾。在监狱里,查韦斯的眼睛长出了赘肉,赘肉后来还滋长至他的虹膜。他的视力逐渐恶化,尽管经历许多治疗和手术,查韦斯的视力已经永久地减弱了。

## 政治崛起

在经过两年的监禁后,查韦斯于 1994 年被总统拉斐尔·卡尔德拉赦免。被释放后,查韦斯将 MBR-200 重新组织为新的第五共和运动(MVR—Movimiento Quinta República, V 代表了罗马数字的五)。到了 1998 年,查韦斯开始竞选总统。查韦斯以他所提出的玻利瓦尔主义作为他政见的基础,查韦斯和其追随者称他们的目标为"铺设一个新共和国的根基"来取代现有的制度,他们主张现行的两党制度传统只不过是政治分赃的制度。相当具争议性的,委内瑞拉最大的两间外国银行—西班牙对外银行(Banco Bilbao Vizcaya Argentaria,BBVA)和西班牙国家银行(Banco Santander Central Hispano,BSCH)在选战中违法地资助了查韦斯数百万元。

查韦斯利用他的领导魅力和华丽的演说风格——大量运用口语和粗话的方式——赢得了委内瑞拉大量的贫穷人口和工人阶级的支持。1998年5月,查韦斯的民调已经上升至30%,到了8月又蹿升至39%。查韦斯最后在1998年12月6日的选举中以56%的得票率获胜,当选委内瑞拉第53任总统。

## 就职总统

查韦斯在1999年就职总统后便展开了广泛的制度转变。在查韦斯执政下的委内瑞拉社会,从原本旧政府所采纳的自由市场经济和新自由主义原则,迅速地转变为准社会主义的收入重新分配和社会福利计划。查韦斯也完全颠覆了原有的外交政策传统,断绝原本与美国和欧洲的战略利益连结,改朝向非主流的外交路线,成为南半球世界发展和整合的范例。

查韦斯的改革获得了大量的称赞,也招致大量的批评。许多委内瑞拉人也对他抱持着反感,尤其是社会的上层和中上阶层,他也被揭发进行了许多广泛的政治压迫和人权侵犯。查韦斯政策所引起的巨大争议也在2002年酝酿了一场试图推翻他的短暂政变,和2004年的罢免投票,也有许多阴谋论认为外国势力企图经由军事政变和刺杀、甚至是军事入侵来推翻查韦斯。无论如何,查韦斯在现代政治里依然是具有相当影响力的人物,也是国际上反抗华盛顿共识和美国外交政策的代表人物之一。

## 宪法改革

查韦斯在1999年2月2日宣誓就职。查韦斯在最初几个月里主要专注于新的立法和宪法改革,以废除旧有的政治制度。第二个重点则是即刻分配更多政府资金援助新的社会计划。

不过,由于当时正值油价的最低点以及暴涨的国际利率,随之而来的经济衰退震撼了委内瑞拉,大幅缩减的国库预算根本无法提供查韦斯足够的资源以兑现选前承诺的大规模反贫穷计划。因此,查韦斯将注意力集中于开销庞大但却与社会发展无关的机构:军队。查韦斯下令所有军队部门都必须构思出消除贫穷以及推展城市和社会发展的计划。平民-军事合作的方案以"玻利瓦2000计划"为名开始进行,这个计划也是受到了1990年代早期古巴总统菲德尔·卡斯特罗所推行的类似计划影响。玻利瓦2000计划的范围包括了道路建筑、房屋建设、和大规模的疫苗接种。这个计划在2001年由于部队军官被揭露和指控贪污的事件而结束,当中还包括一些之后在2002年4月参与反查韦斯的叛变的军官。

查韦斯的经济政策与先前的执政者完全不同,停止继续私有化委内瑞拉的国有股份—例如社会安全制度、铝产业股份和石油产业。不过,虽然查韦斯希望促进财富的重新分派、增加管制、和社会开销，但他也不反对外国对委内瑞拉进行直接投资。与之前几任总统相同的是，查韦斯也试图吸引国外直接投资的涌入，以避免经济陷入资金外流和通货膨胀的危机。

查韦斯也降低了委内瑞拉的石油开采，以获得更高的石油价格，这至少能在理论上提高石油的收入，以此来提高委内瑞拉严重萎缩的外汇存底。他还极力游说其他的石油输出国组织成员国减少石油的产量。由于这些干涉石油产业和石油输出国组织的行动，查韦斯被取了一个"价格骗子"的诨名。查韦斯也试着重新谈判在他执政之前委内瑞拉与菲利普石油（Philips Petroleum）和艾克森美孚所签订的60 年开采权契约，这些契约使外国石油公司每年得以从委内瑞拉抽取的大量石油中赚进数百亿元，但却只付出 1% 左右的税赋给委内瑞拉政府。后来查韦斯称他的目的便是要彻底的国有化委内瑞拉的石油资源。虽然与外国石油公司的重新谈判并没有成功，但查韦斯仍专注于改进国内税赋和查账制度的效率，尤其是针对主要公司和地主的部分。

不过，到了 1999 年中旬，查韦斯原先所承诺的反贫穷法案却在国民大会中遭到反对派议员的阻挠，愤怒的查韦斯于是宣布将在 1999 年 7 月再进行两次全国性选举—距离之前的总统大选只有一个月。第一场选举是全国性的公民投票，决定是否要举行一次全国性的制宪会议，制宪会议将会采用与查韦斯政治意识形态相近的框架作为委内瑞拉的新宪法。第二场选举则是要选出这次制宪会议的代表。制宪的公民投票以 72% 的同意票通过，而在第二个选举中查韦斯的第五共和运动以及其他联盟政党联合组成的爱国者标竿联盟（Polo Patriotico）赢得了制宪会议中95%（131 个议席中的 120 个）的议席。

到了 1999 年 8 月，制宪会议建立了一个特别的"紧急司法委员会"，这个委员会拥有排除法官而无须与其他政府分支协商的权力——最后超过了 190 个法官被控贪污而停职。在同一个月里，制宪会议宣布"立法紧急情况"，由一个 7 人组成的委员会来取代一般由国民大会所运作的立法功能，于是立法机构对于查韦斯政策的抵抗便立刻瘫痪了，同时制宪会议也禁止国民大会进行任何形式的会议。

制宪会议本身则设计了新的 1999 年委内瑞拉宪法，由 350 个条文构成，成为世界上最为冗长的宪法之一。同时也将国家的正式名称从原本的"委内瑞拉共和国"改为"委内瑞拉玻利瓦尔共和国"。新宪法将总统的任期从 5 年提升至 6 年，并将原本的任期限制从一届提升至两届，并且设立了罢免总统的全国公民投票制度——也就是委内瑞拉的人民能够以公民投票的方式提前撤换总统。这样的公民投票必须有一定数量的联署才能发起。新宪法也给予总统解散国民大会的权力，使总统的权力大为增加。新宪法将原本两院制的国民大会转变为一院制的立法机构，新立法机构的权力则大不如前。新宪法条款创立了一个新的职位——公共辩护人，公共辩护人拥有监督总统、国民大会、和宪法的行动的权力，查韦斯称公共辩护人是新政府里的"道德部门"，以捍卫公共和道德利益为职责。最后，委内瑞拉的司法制度被改革了，在新的宪法下，法官必须通过公共的检验才能就职，而不是像以前一般只需国民大会的任命。

新的宪法条文经由 1999 年 12 月的全国选举通过了，制宪会议也因此完全依照着查韦斯的意愿架构了一套新宪法。查韦斯主张，为了成功和广泛的推行他所计划的社会正义政策,这样的改变是绝对必要的。他计划要彻底改变委内瑞拉的政府和政治架构,并且依照 1998 年竞选时的承诺,要开放更多委内瑞拉的政治环境给独立政党和第三政党。在这个过程中,查韦斯也试着对反对他的政党民主行动(Acción Democrática)和 COPEI 施加致命打击。

1999 年 12 月 15 日,连续数周的大雨造成了遍及全州的山崩,夺走至少 30,000 人的生命。批评者宣称查韦斯因为专注于公民投票和政府的改革,而忽略了民防组织提出的洪水泛滥的紧急报告。政府则否认这些批评,查韦斯亲抵灾区领导救灾行动。在这之后,2000 年又发生了一次山崩,但已减低至只有 3 人死亡了。

新的一院制的国民大会在 2000 年 7 月 30 日进行选举,在同一场选举中,查韦斯也支持重新进行总统选举。查韦斯的联盟一举获得了国民大会里三分之二的议席,而查韦斯则在总统选举中获得 60% 的选票。国际性的卡特中心监视这次选举,他们的报告认为由于选举缺乏透明度、选举委员会的偏袒态度、和查韦斯政府施加的压力,国民大会的选举是违反宪法的,但他们的报告并没有改变选举委员会公布的结果。不过,他们认为总统重新选举的部分是合法的。

稍后,在 2000 年 12 月 3 日,地方的选举和公民投票也举行了。公民投票决定是否同意由查韦斯提出的一个法案——强制所有委内瑞拉的工会举行由国家监督的选举。这个公民投票被国际的工会组织广泛谴责,包括国际劳工组织在内都批评这是政府对工会内部的过度干涉,这些组织还扬言要对委内瑞拉进行国际制裁。

在 2000 年 5 月和 7 月的选举后,查韦斯提出了"授权法案",并由国民大会通过。这个法案将授权查韦斯以法令治理委内瑞拉一年。在 2001 年 11 月,也就是授权法案过期前一个月,查韦斯一口气颁布了 49 项法案。这些法案包括了碳氢化合物法和土地法,委内瑞拉商会联盟(Fedecámaras)和委内瑞拉劳工联盟(Confederación de Trabajadores de Venezuela, CTV)则极力反对这些新法案,并准备在 2001 年 12 月 10 日举行一次产业总罢工,希望总统能重新考虑这些法案,并且针对这些法案进行公开辩论。不过,罢工行动最终并没有成功影响查韦斯的决定或政策。

当查韦斯执政的第三年结束时,查韦斯的主要政策已经成功打击了委内瑞拉的地主,查韦斯的改革据称也改进了社会福利,降低了婴儿必死率,并且已经粗略架构了一个由政府出资的免费健保制度,以及免费的教育制度——最高到达大学教育的阶段。到了 2001 年 12 月,随着查韦斯控制资本的政策,委内瑞拉的通货膨胀已从原本的 40% 下降至 12%,而经济发展则稳定维持在 4% 左右。查韦斯的政策据称也增加了小学的入学人数高达一百万学生。

# 政变罢工

在 2002 年 4 月 9 日,委内瑞拉劳工联盟的领导人卡洛斯·奥尔特加(Carlos Ortega)展开一次为期两天的总罢工。4 月 11 日,大约 500,000 人参与了抗议活动,游行队伍聚集至委内瑞拉国有的委内瑞拉石油公司(Petróleos de Venezuela SA, PDVSA)总部,以抗议最近遭开除的人员。接下来罢工队伍计划前往总统官邸,当时总统官邸周遭则有另一波拥护查韦斯的游行队伍。查韦斯政府以公共宣传为名强行征收媒体的广播时间,在午后进行了数次广播,要求抗议者返回家中,并且播放冗长的演讲录音,企图掩盖接下来暴力冲突的新闻。两队游行队伍的冲突迅速爆发,枪战和暴力行为不断出现,卡拉卡斯的都市警察队(由反对党市长所管辖)、委内瑞拉的国家警卫队(由查韦斯指挥)、和双方的狙击手都集中在冲突爆发的地点。

紧接着,预料之外的,委内瑞拉军队的最高司令官卢卡斯·林孔·罗梅罗(Lucas Rincón Romero)在广播上宣布查韦斯已经签下总统辞职书。同时查韦斯则被带至军事基地监禁,军队将领们宣布由委内瑞拉商会联盟的主席佩德罗·卡尔莫纳(Pedro Carmona)担任临时总统。卡尔莫纳颁布的第一个命令是撤销所有由查韦斯主导的社会和经济政策,包括放松查韦斯设立的信用管制,取消石油价格的控制,提高石油生产至查韦斯执政前的水平。卡尔莫纳也下令解散委内瑞拉的国民大会和司法机构,同时将国名改回委内瑞拉共和国。

卡尔莫纳的法案造成查韦斯的拥护者在整个卡拉卡斯展开暴动和洗劫。忠心于查韦斯的部队则展开反政变攻击,这些士兵进攻并收复了总统官邸,并且救回了遭俘房的查韦斯。短命的政变政府于是垮台,查韦斯在 2002 年 4 月 13 日星期六的晚上重新复位,在整个事件结束后,卢卡斯·林孔被重新任命为最高司令官,并在 2003 年成为了内政部长。后来反对派主张,由于卢卡斯·林孔依然站在总统那一边,因此整场事件并非一场政变,只不过是查韦斯被迫辞职后的权力真空罢了。

在查韦斯于 2002 年 4 月重新执政后,他下令针对政变展开调查,而委内瑞拉官方报告则与查韦斯所推测的答案一致——2002 年政变是由美国所发起的。在 2002 年 4 月 16 日,查韦斯宣称政变当天曾有一架持美国注册号码的飞机降落并停留在 Orchila 岛的空军基地——也就是查韦斯被拘禁的地方。在 2002 年 5 月 14 日,查韦斯宣称他已经握有美国军事介入 4 月政变的证据。他宣称政变时委内瑞拉的雷达显示出美国的海军舰艇和军机在委内瑞拉周遭出现。卫报也刊出了一篇由左翼评论家和海军分析家 Wayne Madsen 撰写的评论文章,主张美国海军曾介入政变。美国民主党的参议员 Christopher Dodd 要求对此进行调查,调查结果则认为"美国官方采取了适当的行动,美国与在委内瑞拉发生的 4 月政变无关",不过他们并没有提供和海军有关的证据。

查韦斯也宣称,在政变结束后,美国依然企图要推翻他。在 2002 年 10 月 6 日,他宣称他拆穿了一次新的政变计划,并且在 2002 年 10 月 20 日,他宣称他差点在前往欧洲访问的旅程中遭到暗杀。在同一时期,一名美国驻委内瑞拉的大使曾秘密警告查韦斯两次可能的刺杀计划。

在重掌权力后,查韦斯立刻开始稳固他的政府的支持度。首先,查韦斯开除了 6 个将军,并且彻底更换了委内瑞拉军队的上层指挥阶级,以拥护查韦斯的人员替代之。查韦斯也试着巩固他在军队普通士兵之间的支持度。他展开了支持军队老兵的雇用和补贴计划,也发布了新的平民—军事合作发展计划。

不过,距离 4 月政变仅仅数个月后,查韦斯政权又面临新一波危机。为了替社会计划筹措更多资金,同时也是为了报复政变事件,查韦斯在 2002 年底试图彻底控制委内瑞拉石油公司和其收益,对此委内瑞拉石油公司的劳工在 2002 年 12 月 2 日发起了一次罢工,这次罢工由工会联盟、产业巨子、和石油劳工主导,试图停止委内瑞拉石油公司的运作,借由切断极重要的政府石油收入来逼迫查韦斯退位。结果导致委内瑞拉的石油和石油副产品的输出完全停顿,碳氢化合物的缺乏很快遍及了整个委内瑞拉,加油站前大排长龙。使得委内瑞拉面临必须进口石油的窘境。查韦斯对此则开除了委内瑞拉石油公司的反查韦斯高阶干部并开除了18,000名的劳工,查韦斯宣称这些人在石油的收益管理上进行贪污和造假,而遭查韦斯开除的反对者则宣称他只不过是出自个人政治动机罢了。稍后,反查韦斯的激进分子还宣称查韦斯授权建立黑名单以阻止员工参与罢工。在经过激烈争论后,委内瑞拉的法庭最终判定开除这些员工是违法的,并下令立刻归还他们原有的职位。

尽管总统任期限制只有12年,查韦斯时常暗示他将会继续掌权25年,但他对此则加以否认。不过,查韦斯最近曾提议修改宪法允许第三届总统任期。在2002年11月接受访问谈到有关罢免总统的公民投票时,查韦斯称"就算我们假定公民投票进行并且获得90%的罢免票,我也不会离职。想都别想,我是不会离职的。"后来当罢免投票失败时,他则放低身段称"如果反对派赢了,那我真的会离职。"

# 罢免选举

在2003年何2004年查韦斯进行了一连串的社会和经济计划,以维持人民的支持。在2003年7月他展开了"鲁宾逊计划"(Misión Robinson),以提供免费阅读、书写、和算数课程给超过150万委内瑞拉的成年人文盲(在查韦斯1999年执政之前)为目标。在2003年10月12日查韦斯又发起了"瓜依凯布洛计划"(Misión Guaicaipuro),计划保护委内瑞拉原住民族群的生计、信仰、土地、文化、和其他权利。在2003年底,查韦斯展开了"苏克雷计划"(Misión0 Sucre),以提供200万名没有完成基本教育的委内瑞拉成年人免费的高等教育为目标。在2003年11月查韦斯展开「里巴斯计划」(Misión Ribas),计划提供改善的教育和文凭给五百万名委内瑞拉的高中退学生。在鲁宾逊计划展开后一周年的纪念典礼上,查韦斯向50,000名接受识字教育完毕的委内瑞拉民众演讲道"在一年内,我们已经使1,250,000名委内瑞拉人毕业了。"不过,查韦斯仍然遭遇一些不小的挫折,尤其是通货膨胀率在2002年飙升至31%,并且在2002年依然维持27%左右,使得贫穷人口生活更为艰难。

在2004年5月9日,126名哥伦比亚人在袭击一座接近卡拉卡斯的农场时被捕获,查韦斯立即指控他们是由外国支持的准军事部队,意图以暴力推翻他的政权。这些事件只不过更为激化了委内瑞拉社会里拥护和反对查韦斯的阵营的对立。查韦斯还宣称在2004年也有一场密谋推翻他的政变,这起政变的真假直到今天仍然没有定论。在2005年10月,27名被控的哥伦比亚人被判有罪,其余的人则被释放并驱逐出境。

在2003年年初和中旬,一个名为"Súmate"的公民投票权利组织开始募集发动罢免总统的公投选举所需的数百万份签名,到了2003年8月已经募集大约320万份签名,但由拥护查韦斯者占多数的选举委员会则拒绝接受这些签名,因为宪法规定必须在总统任期的一半(也就是三年)过后才能发起罢免,而这些签名在查韦斯尚未任职满三年前便已开始收集。反对派和国际间的新闻报道查韦斯开始处罚那些参与联署的人,而查韦斯的拥护者则宣称许多劳工曾在工作场所被其雇主强迫提供签名。在 2003 年 11 月,反对派又重新收集了一次联署,在短短 4 天内收集了高达 360 万份签名。这时有传闻指称查韦斯曾使用欺骗手段愚弄签署的收集者,于是全国各地都发生了暴动。

宪法的条款要求必须收集 20% 选民的签名才能发起罢免公投。除此之外,签署人的国民身份证号码也并没有被保密住。反对派还指控查韦斯政府借由给予非法移民和难民们公民权来提升联署的门槛,选民注册人数在公民投票前提升了 200 万人,使得发起罢免公投所需的门槛大幅提升了 20% 。

许多报道也指称查韦斯政府对公开邮寄联署签名的人施加惩罚,政府部门包括国有的委内瑞拉石油公司、卡拉卡斯地铁、和由查韦斯拥护者控制的公共医院都被指控曾随意开除参与签署的员工。最后,反对派的领导人向国家选举委员会递交 2,436,830 份有效的签署后,选举委员会在 2004 年 6 月 8 日宣布召开罢免公投。查韦斯和其政治联盟也开始动员选民投下“否”的选项。

罢免投票在 2004 年 8 月 15 日举行,结果有 59% 的选票投下“否”的选项。欧盟的观察员宣称查韦斯政府对他们施加了太多的限制,使他们无法观察这次选举。卡特中心的观察则认为这次选举是公平而且开放的。批评者宣称这是虚假的结果,并且以一些文件来证明完全相反的选举结果,许多人也质疑由政府所有的投票机器是否真实。反对者宣称这是一次“大规模诈骗”的选举,并且质疑卡特中心的推论,不过,由反对派所进行的五次民意调查也显示查韦斯会获胜。

罢免投票胜利后,意气风发的查韦斯宣称他在对抗贫穷之外,也将会展开对“帝国主义”的斗争。虽然查韦斯保证将会展开与反对派的对话,但查韦斯的政府不久后就开始报复 Súmate 的发起人,控诉他们叛国和与外国势力通敌,指控他们经由全国民主基金会收受美国国务院的资金。

# 外交关系

由于公民投票的胜利,查韦斯的首要目标—基本的社会和经济改革以及财富的重新分配都戏剧性地加快进行了。查韦斯再次将“玻利瓦尔任务”的发展和实践放在他政治行程的最前线。全球油价的飙涨使查韦斯赚进了数十亿额外的外汇存底,经济成长率相当显著,在 2004 年到达了 2 位数字,在 2005 年也维持 9.3%。

许多新的政策都是在 2004 年之后实行的。在 2005 年 3 月,查韦斯政府颁布了一系列的媒体管制法案,判定媒体毁谤和造谣公共官员是非法的行为;对查韦斯和其他官员进行人格诋毁将可能招致最长 40 个月的刑期。当查韦斯被问到是否会真的因为遭毁谤而拘禁媒体人物 40 个月时,查韦斯评论道:“我不在意他们(私营媒体)如何称呼我……如同堂吉诃德说的‘如果有狗在叫,是因为人们都在工作’”。查韦斯也借着颁布更多的新法案来扩展土地重新分配和社会福利的计划,包括了“返回农村计划”(Mission Vuelta al Campo)、“全国健康计划”(Mission Barrio Adentro),两个计划都在 2005 年 6 月展开,并且以建构、支持、革新第二位(整合诊断中心)和第三位(医院)的公共健保制度为目标,以及“米兰达计划”(Mission Miranda),建构了全国性的民兵制度。在同一时期,委内瑞拉的医生展开了罢工,以抗议新的政策淘汰了他们原先工作的机构,而改以古巴的医生取而代之。

查韦斯在 2004 年和 2005 年开始专注于委内瑞拉的外交关系上,经由新的双边和多边的协议,包括了人道支持和建设计划。查韦斯的努力获得了各种程度的胜利,许多其他国家的领导人,争取到包括阿根廷的内斯托·基什内尔、中国的胡锦涛、古巴的菲德尔·卡斯特罗和伊朗的马哈茂德·艾哈迈迪内贾德的友谊。在 2005 年 3 月 4 日,查韦斯宣称由美国支持的美洲自由贸易区(FTAA)已经"死了"。查韦斯宣称新自由主义的发展架构是无法套用至拉丁美洲国家的,因此反面的、反资本主义的架构才能增加委内瑞拉、阿根廷、和巴西等国家之间的贸易和外交关系。查韦斯也宣称他希望建立一个与 NATO 类似,但属于左翼的、拉丁美洲的军事合作架构。

在 2004 年和 2005 年,查韦斯也试图让委内瑞拉军队减少在武器来源和军事方面与美国的连结。查韦斯统治下的委内瑞拉逐渐改向不同的武器产出国购买军火,例如巴西、俄罗斯、中国和西班牙。这些军火的买卖使委内瑞拉与美国逐渐产生摩擦,因此查韦斯直接结束了两国的军事合作关系。他也要求现役的美国军人离开委内瑞拉。除此之外,在 2005 年查韦斯在米兰达计划中宣布创建一支大型的"后备军人部队",包含了由 150 万名委内瑞拉公民组成的民兵部队——作为抵挡外国介入和入侵的手段。在 2005 年 10 月,查韦斯驱逐了一个名为"新部落使命团"(New Tribes Mission)的基督教传教组织,指控他们是"帝国主义的渗透者"并且藏匿中央情报局的人员。同一时期,他授予了亚马逊族原住民所居住的 6800 平方公里的土地不可割让的头衔,使这些土地无法以西方形式的所有权头衔做买卖。查韦斯以这些改变来证明他的革命也是捍卫原住民权利的革命。

在这个时期,查韦斯更专注于非主流的经济发展和国际贸易模型,许多计划都雄心勃勃的采取了以整个半球为范围的国际协议形式。例如在 2005 年 8 月 20 日,查韦斯在古巴派遣前来的医学院交换学生的毕业典礼上,演讲称他将会建立与古巴类似的医学院,提供免费的医疗训练——将花费 200 亿至 300 亿美元的经费以训练超过 100,000 名医师,这些医生将依据承诺前往贫穷的南半球国家提供医疗服务。他宣称这个计划将会继续进行十年,而新的学校将会包含超过 30,000 个新地点,以提供来自拉丁美洲和加勒比海国家的贫穷学生免费的医学教育。

查韦斯也运用国际舞台上的大量机会来对比他的计划和新自由主义全球化两者产生的结果,最值得注意的,他在 2005 年联合国的世界高峰会上指责由新自由主义推行的方针,例如资本流动的自由化、移除贸易障碍、和私营化等等是造成开发中国家贫穷的原因。查韦斯也警告世界能源危机的逼近,尤其是碳氢化合物的耗尽(根基于哈伯特顶点理论上),他主张道:"我们正面临史无前例的能源危机……石油已经要开始耗尽了。"同时,在 2005 年 11 月 7 日,查韦斯在阿根廷举行的美洲国家首脑会议中提及美洲自由贸易区的失败时,宣称"今天最大的输家就是乔治·沃克·布什",查韦斯也把握机会宣传他所创立的非主流贸易模式——名为美洲玻利瓦尔另类选择(ALBA—Alternativa Bolivariana para América),由委内瑞拉和古巴合作在 2004 年 12 月 14 日展开。

# 国内政策

查韦斯的国内政策以"玻利瓦尔任务"为根基,玻利瓦尔任务是一系列的政治活动,以彻底改变委内瑞拉的经济和文化情况为目标。

玻利瓦尔任务授权政府展开大规模的反贫穷计划,建构数以千计的免费医疗诊所来照顾穷人,和针对委内瑞拉成人文盲的教育计划—据称成果使超过一百万人识字,以及法定的食物和住宅补贴。从 1998 年至 2005 年,婴儿必死率已经显著的下降。

查韦斯的支持者称这整起任务是由公民和劳工们所管理监督的,任务也没收了许多被指控为已无人使用的土地和工厂,改授予之前没有土地的穷人和原住民小区。

在 2006 年 3 月,小区会议法被批准了,借由这项法案,小区共同体能够自行组织小区会议,政府会承认这些会议的合法效力,会议也能够取得联邦的资金和土地以用于小区计划。省略了由地区和国家政府管制可能造成的腐败和贪污。

查韦斯第一次当选时的政见便是反贪污和重新分配财富给予穷人,但批评者认为他的政策都是最容易产生贪污和犯罪的部分。他们也指出在警察和军事部队里存在着广泛的贪污现象,并指责查韦斯的政策造成首都卡拉卡斯的谋杀案件比率居高不下。除此之外,批评者指责查韦斯建立的"玻利瓦尔小组"武装部队滥用暴力,并指责查韦斯的公民后备军人政策只是想要胁迫国内的反对派并压制内部的冲突罢了。国际特赦组织的报告认为委内瑞拉仍缺乏一个独立和公正的司法机构],美国国务院则认为委内瑞拉的执政和法律权力过度集中而没有经过任何制衡。同时,批评者认为查韦斯政府不愿意利用私营部分功能的结果导致了公共建设的失败和住房建筑的赤字。

查韦斯在 2007 年 3 月 30 日表示在 2007 年内建立 132 个社会主义培训中心。在 4 月 24 日下令该国所有企业职工每周至少上 4 小时马克思主义理论课,将该规定还将向军队和学校推广。在 4 月 29 日,委内瑞拉社会主义统一党进行党员登记,旧有的第五共和运动及一些其他政党被合为该党,该党成了委内瑞拉最大的左翼政党。查韦斯的批评者认为查韦斯政府的政治举动是强化意识形态。

# 劳工政策

查韦斯与国内最大的工会联盟——委内瑞拉劳工联盟(Confederación de Trabajadores de Venezuela, CTV)之间一直关系紧张,委内瑞拉劳工联盟长期以来都予反对党民主行动(Acción Democrática)结盟。在 2000 年 12 月的地方选举中,查韦斯发起一项公民投票以强制工会内部必须进行由国家监督的选举,这个动作被国际劳工组织强烈谴责,认为这是查韦斯试图干预工会内部的事务。在公民投票通过后,委内瑞拉劳工联盟被迫进行内部选举,选举结果仍由反查韦斯的领导人卡洛斯·奥尔特加(Carlos Ortega)获胜而得以继续担任劳工联盟的主席,而拥护查韦斯的候选人则指责这场选举是个大骗局。

由于委内瑞拉劳工联盟的反查韦斯立场，查韦斯的支持者另外成立了委内瑞拉国家劳工工会(Unión Nacional de Trabajadores)，以彻底取代委内瑞拉劳工联盟为最终目标。几个支持查韦斯的工会都从委内瑞拉劳工联盟里退出，改加入国家劳工工会旗下，国家劳工工会的成员数也不断增长。在 2003 年，查韦斯改派遣国家劳工工会前往周年性的国际劳工组织会议，将委内瑞拉劳工联盟排除在外。

2005 年 1 月 19 日，一间名为 Venepal 的造纸工厂倒闭了，劳工们占据了工厂并重新开始生产以示抗议，但工厂资方扬言要变卖整个工厂的配卖。查韦斯于是下令国有化这间工厂，将信用贷款的尺度延伸至劳工身上，并下令委内瑞拉的教育机构向这间工厂购买更多纸张。这些都是查韦斯扩大国家干预经济的一部分。

# 经济政策

委内瑞拉是世界上的主要石油输出国，石油也成为委内瑞拉发展经济的基础。查韦斯鼓吹石油输出国组织限制石油出产量以获取更高油价，使他被冠上"价格骗子"的浑名。在石油输出国组织 2006 年 6 月举行的会议上，委内瑞拉是唯一一个希望借由降低石油出产量以提升油价的成员国。在查韦斯执政下，委内瑞拉最大的国有石油公司——委内瑞拉石油公司减少了 25% 的石油出产量，委内瑞拉无法达成现行的石油产出配额。不过，福布斯主张这是因为一些石油产出国出于政治的动机而试图诋毁委内瑞拉的产业。查韦斯试图扩展委内瑞拉的出口市场版图，加强与其他开发中国家的合作开发计划，包括阿根廷、古巴、中国和印度。油价的高涨使委内瑞拉获得了更多进行社会计划的资金，但也造成委内瑞拉经济越来越依赖查韦斯政府和石油产业的支撑，私营部分扮演的角色则逐渐萎缩。

查韦斯将委内瑞拉石油公司置于能源和石油部门的管辖之下。查韦斯也借由提高共同开采委内瑞拉石油所需的开采权费用来增加更多石油收入。查韦斯也试着清盘委内瑞拉石油公司在美国的子公司 Citgo 名下的财产。能源和石油部门成功的重组了 Citgo 的利润结构，使得委内瑞拉石油公司的收益大为提升。

在查韦斯的执政下，从 1999 年至 2004 年，人均 GDP 下跌了 1～2%，但由于石油价格的飙涨、石油罢工的结束、和石油消耗的大量增长，最近委内瑞拉的经济状况相当茁壮，GDP 成长比率在 2004 年达到 18%、2005 年 10%。许多经济成长都是直接由最贫穷的人口区块受益，实际收入在 2003 年至 2005 之间据报成长了 55% 之多，不过一些经济学者认为这种成长只要油价下跌便会随之停止。从查韦斯上任到现在为止，委内瑞拉政府的统计数字指出失业率下降了 6.4% 而贫穷人口比率则下降了 6%。世界银行的报告指出在过去十年委内瑞拉的贫穷人口下降了 10%，从 40% 下降至 30%。不过，一些社会学家和经济学家主张委内瑞拉政府的贫穷报告并没有与其庞大的石油收入作成比例的计算。

委内瑞拉的失业率从 2003 年 20% 的最高点——也就是长达 2 个月的罢工和停工导致全国的石油产业瘫痪时，下降至 2006 年 2 月的 10%。不过，一些经济学家认为最近所创造的工作机会并非固定性的，一旦油价下跌，公共预算将无法再付出这些工作的薪水，这些人将再度失业。

2007 年 3 月 30 日实行"集体所有制"，将大型农场收归国有及重新分配闲置土地给穷人。

2007 年 5 月 1 日,由于委内瑞拉已经提前还清国际货币基金组织和世界银行的 30 亿美元债务,查韦斯宣布委内瑞拉退出这两个组织,并要求它们归还原先委内瑞拉缴纳的成员国会费。

# 个人生活

乌戈·查韦斯曾经结婚两次。他第一次婚姻是和一名来自查韦斯老家萨巴内塔的贫穷家庭妇女南希·卡谬斯(Nancy Colmenares)。查韦斯和卡谬斯的婚姻维持了 8 年,并生下 3 名小孩:Rosa Virginia、María Gabriela、和 Hugo Rafael。查韦斯于 1992 年政变未遂而入狱,两人因此而离婚。在查韦斯第一次婚姻的期间,他也和一名年轻的历史学家 Herma Marksman 发生关系,两人的关系维持了 9 年之久。查韦斯的第二次婚姻是和一名记者 Marisabel Rodríguez,查韦斯和她生下了另外一名女儿:Rosa Inés,查韦斯也已经有一名孙女 Gabriela 了。

查韦斯出身于天主教家庭,虽然他也曾和委内瑞拉的天主教神职人员和新教教会产生一系列的争执。他通常将他个人的信仰视为私人的事务,但在查韦斯的总统任期里,查韦斯逐渐透露他的信仰观点,宣称他的信仰、和他对于耶稣个人生命和意识形态的解释,深切影响了他的左翼和进步主义思想。

# 开通微博

2010 年 7 月,委内瑞拉总统查韦斯日前表示,自从公布他的微博客 Twitter 账号以来,3 个月内他已经收到 28.8 万条求助信息。他已经组建专门的工作小组负责处理这些信息。

在一次官方活动中,查韦斯透露,他已经通过微博客收到 28.7921 万条求助信息,目前已责成一个政府机构小组负责处理。查韦斯表示,所有援助请求中,1.9 万条是找工作、1.7 万条是找房子、1.2 万条是希望能贷款、7000 条是寻求法律援助。他还收到 13.9 万条支持自己的信息,8.8 万条投诉信息和 6.6 万条批评他的信息。针对批评言论,查韦斯都一一予以回应。

自今年 2010 年 4 月底公布账号以来,查韦斯在 Twitter 上已经拥有了 67.4 万名"粉丝",其中仅一天就增加了 1000 人。查韦斯的微博客地址是 chavezcandanga,其中"Candanga"在西班牙语中意为"恶魔",但在委内瑞拉俚语中形容某人不知疲倦、精力充沛。在简介中,查韦斯称自己是"委内瑞拉玻利瓦尔共和国总统、玻利瓦尔战士、社会主义者以及反帝国主义者"。

美国迈阿密大学全球政策中心主任苏珊·库夫曼评价称,查韦斯使用微博客和个人网站等现代媒体,结合拉丁美洲特有的政治特色,在维持个人关系上取得了成功。

# 掐美七寸

查韦斯一上台就把前任佩雷斯的亲美政策抛到爪哇国。他从不放弃攻击美国的任何机会,从布什政府发动的伊拉克战争,到美国倡导建立的美洲自由贸易区,都被他毒舌相加,令人怀疑他是否含有仇美血统。美国攻打伊拉克,他说这是要争夺中东石油;美国推动美洲自由贸易区,他说是想利用各国开放市场的机会为美国资本开路,让拉美各国的经济严重依附美国。

最让美国恼火的是,查韦斯与卡斯特罗关系非同寻常。他们两人同声提出,美洲国家联合起来反对美国的自由贸易区,而取代以一个旨在改变拉美国家广大贫苦人民生活的"美洲国家替代发展计划"。这还不是全部,在拉美山河一片红、左派力量坐大的趋势下,查韦斯还公开邀请玻利维亚的古柯农组织领袖莫拉莱斯、尼加拉瓜桑蒂诺民族解放阵线的奥尔特加、萨尔瓦多法拉本多·马蒂民族解放阵线头目韩达尔等与他一起上《你好,总统》的电视节目,大谈左翼政党的理想,试图将"玻利瓦尔思想"传播到整个拉美。

美国政府虽然恼火,但却受制于人。委内瑞拉是美国的第四大石油供应国,实在不好反目。美国油轮仅需一个星期就可以把委内瑞拉石油运到美国本土,而从波斯湾运油则要耗去一个多月。查韦斯相信,他掐住了美国的七寸,只要稍微发力,美国就会窒息。所以,他经常把石油作为武器,向布什政府挥来挥去。例如在2005年9月5日,他就对美国有线新闻网(CNN)记者声威赫赫地警告:"要是他们用战舰、情报人员、炸弹和海军等等手段来攻击我们,你最好忘掉石油。"

查韦斯还在各种场合不断揭露美国中情局酝酿了暗杀他的计划。他多次公开说,如果哪一天他突然死了,那肯定是美国人干的,"国民们,你们一定要记住这一点"。

# 反美强人

在首都加拉加斯游逛的游客们一定会鲜明感觉到,查韦斯正在报复那个以前从来不关心穷人的资本主义社会。许多极端贫困的穷人也相信,委内瑞拉式的腐败资本主义就是导致他们受苦受累的罪魁祸首。而查韦斯,意味着解放,意味着希望。

一个支持者说,他希望查韦斯永远统治,美国人撒谎污蔑也不能让他改变这个信仰。"查韦斯是代表穷人来统治的总统"。查韦斯任内,委内瑞拉经济年增长率已达9%。他坚决反对美洲自由贸易区,明确表示"不再是任何人的后院",强调拉美的团结与合作。他还加快石油国有化,让政府牢牢控制经济命脉。在社会领域,他利用石油收入向社区提供免费医疗。他命令建立平价市场,以平均低于市场30%的价格出售食品及日用品。

按查韦斯自己的说法,委内瑞拉寻求成为世界上一个小强国,不照搬大国模式,而是有自己的政策。

一个支持者说:"如果你觉得我们像古巴,那么确实,我们许多委内瑞拉人都这样认为。"委内瑞拉前驻古巴大使泰尔哈搭特也深信，总统先生是要将国家从美帝国主义的魔爪中解救出来。

此外，查韦斯像卡斯特罗一样，也表现出对美国贫苦大众怀有同情心，并且还伸出过援手。例如2005年9月份查韦斯向美国提供了一百万桶原油，意思是帮助美国人民应对卡特里娜飓风造成的原油紧缺。2005年寒冬来临时，查韦斯又下令向美国马萨诸塞州的贫困家庭提供1200万加仑燃料，价格仅为市价的40%。

查韦斯深远的改革在委内瑞拉国内和国外都引起极大的争议，获得许多的称赞，但也招致大量的批评。

过半数的委内瑞拉人认为查韦斯拯救了贫穷人口，但许多人则认为他越来越偏向独裁，而且误导了经济发展。一些外国政府则视查韦斯为全球石油价格和地区性稳定的威胁，但一些国家则相当欢迎他的双边贸易以及相互的援助协议。

# 争议批评

查韦斯的人格特质在委内瑞拉国内和国外都极具争议性。批评者宣称查韦斯是一个危险的军国主义者和独裁主义革命者，批评他危及了委内瑞拉的民主发展。美国总统乔治·沃克·布什描述委内瑞拉的民主状态已经"濒临死亡边缘"并且"毫无执政权力的制衡和分散"，宣称查韦斯"背叛了委内瑞拉的选民""压制了民主的讨论环境""反抗外部对于民主政治行动的支援"并且坚定地"攻击委内瑞拉的民主制度"。

有关国内政策方面，批评者认为在查韦斯任内委内瑞拉的贫穷和失业率依然没有明显改善，而且贪污腐败和犯罪行为丛生。他们也举出了衰退中的公共建设以及连基本药物和健康支援都相当缺乏的公共医院他们也质疑在玻利瓦尔任务中管制现金并援助数百万委内瑞拉贫穷人口的社会计划，背后的动机究竟为何。一些查韦斯的支持者也抱怨查韦斯并没有完全实现竞选时所承诺的劳工和土地改革。

批评者也宣称查韦斯政府在选举中进行了广泛的舞弊行为，尤其是在2000年和2004年的选举，以及最近的宪法公民投票。人权组织如国际特赦组织和人权观察组织也大量记载了查韦斯政府违反人权的案例。美国国务院称委内瑞拉对于国际反恐的合作行动几无贡献而且也相当不感兴趣，尤其是在处理邻国哥伦比亚的恐怖组织哥伦比亚武装力量（FARC-EP）和民族解放军（ELN）的态度上，虽然他们并没有证据能证明查韦斯确实与恐怖主义有所牵连。

一些公共人物曾呼吁对查韦斯进行刺杀，最值得注意的是电视节目的福音传教人Pat Robertson，其他曾呼吁刺杀查韦斯的还包括委内瑞拉演员奥兰多·乌达内塔（Orlando Urdaneta），和委内瑞拉前总统卡洛斯·安德烈斯·佩雷斯。2001年至2004年的美国驻委内瑞拉大使Charles Shapiro也曾秘密警告查韦斯两次可能的刺杀计划。